目 录
CONTENTS

目录
CONTENTS

现代化史研究

现代化的“中国道路”

——中国现代化历史进程的若干思考

在世界各国现代化进程中，中国的现代化道路究竟是否具有某种独特性？是否真的存在具有特殊学理意义的现代化“中国模式”或“中国道路”“中国经验”？在中国历经曲折又重新崛起、经济腾飞、声誉日隆、在世界舞台扮演越来越重要角色的今日，尽管还存在各种质疑，但中国的确走了一条与众不同的、独特的现代化道路，创造了属于自己的现代化发展经验，为现代化理论作出了自己的特殊贡献，这是不争的事实，并日益成为绝大多数学者的共识①。

本文并无意于全面描述现代化进程中的“中国道路”或总结“中国模式”的特征及内涵，而仅仅是从历史的视角，围绕中国现代化的独特性、政府在现代化中的关键作用、传统与现代化的关系等重点问题，提出自己不成熟的看法。

一、现代化与近代化：中国现代化的独特性

究竟何谓现代化？不同的现代化理论流派有不同的界定，但多数学者将之视为人类社会正在经历的一次巨大、全面和深刻的社会变革。著

① 关于中国现代化史研究，国外的代表性著作主要是罗兹曼、布莱克、利维、牟复礼等9位学者共同撰写的《中国的现代化》，英文版由美国 Free Press 1982 年出版，中译本分别有江苏人民出版社 1988 年版（1995 年、2003 年再版）和上海人民出版社 1989 年版两种。中国大陆有关中国现代化史的研究，在 20 世纪 80 年代中后期和 90 年代一度形成高潮，其代表性著作可参见本文有关注释。

名现代化史研究专家，美国普林斯顿大学布莱克教授指出："如果有必要定义，那么'现代化'或许可以被界定为一个过程，在这一过程中，历史上形成的制度发生着急速的功能变迁——它伴随科学革命而到来，反映了人类知识的空前增长，从而使人类控制环境成为可能。"① 罗兹曼教授也指出："我们认为，现代化是人类历史上最剧烈、最深远并且显然是无可避免的一场社会变革。是福是祸暂且不论，这些变革终究会波及与业已拥有现代化各种模式的国家有所接触的一切民族。"②

诚然，现代化是"一场社会变革"，但它又不是一般意义上的社会变革，而是特指人类社会从传统的农业社会向现代工业社会转型的历史过程。这一过程涉及全球的经济、政治、社会、思想、文化、心理各方面的巨大变迁。现代化又是一个连续不断的历史长过程。大体说来，它发源于16世纪的欧洲，中经18世纪工业革命而向全世界传播，一直持续到今天也未停止。尽管现代化有种种不同的模式，比如最起码就有资本主义模式和社会主义模式，但是这一历史过程又存在某些基本的共同特点：机械化、自动化、专业化和都市化程度的提高；非生物性能源的广泛使用；经济持续增长；教育的高度普及；法制化进程的推进；个人自主性和理性思想的增强；等等。而对这一历史进程所作的专门性、系统性阐释和探索，则形成所谓"现代化理论"③。

现代化与我们通常所说的"近代化"有何区分，又有何联系？尽管有的论者并不赞成使用"近代化"这个词语，主张要统一使用"现代化"一词，即英语 modernization④。但在我们看来，"现代化"与"近

---

① C. E. 布莱克著，景跃进、张静译：《现代化的动力——一个比较史的研究》，浙江人民出版社，1989年版，第6页。

② 吉尔伯特·罗兹曼主编，国家社会科学基金"比较现代化"课题组译，沈宗美校：《中国的现代化》，江苏人民出版社，1995年版，第4～5页。

③ 有关现代化的理论研究参见丁学良《"现代化理论"的渊源和概念构架》(《中国社会科学》1988年第1期，第65～78页)，肖枫、吕瑞勤《西方发展学述评》(《中国社会科学》1990年第6期，第49～68页)以及罗荣渠、章开沅、虞和平等人著述中有关现代化理论研究学术史的论述。

④ 罗荣渠：《现代化新论——世界与中国的现代化进程》，北京大学出版社，1993年版，第1～8页。

代化”这两个概念既有区分又有联系，在作了清楚的界定后，有同时使用的必要。近代化并不完全等同于现代化，它仅仅是现代化这一持续至今的历史长过程中的一个具体发展阶段，或者简单地说，近代化就是各国近代史上的现代化过程，可视之为各国“早期的现代化”（the early modernization）。

现代化的基础与核心是经济发展，经济的现代化（即广义的工业化）构成整个社会现代化的最主要标志。从工业化进程看，如果说现代化涵括了工业社会酝酿、起飞、成熟和高度成熟这四个完整阶段①，那么，近代化则仅仅涉及酝酿和起飞两个阶段。近代化与资本主义的产生与发展存在内在联系。近代化的核心和实质内容是早期工业化，而近代工业所体现的新兴生产力又统一于近代资本主义生产方式之中，因此近代化在很大程度上也就是资本主义化（尽管“现代化”就其全过程看并不等同于“资本主义化”）。马克思曾经指出：“在16世纪和17世纪，由于地理上的发现而在商业上发生的并迅速促进了商人资本发展的大革命，是促使封建生产方式向资本主义生产方式过渡的一个主要因素。……但现代生产方式，在它的最初时期，即工场手工业时期，只是在它的各种条件在中世纪内已经形成的地方，才得到了发展。”② 恩格斯也说过：“蒸汽和新的工具机把工场手工业变成了现代的大工业，从而使资产阶级社会的整个基础发生了革命。工场手工业时代的迟缓的发展进程变成了生产中的真正的狂飙时期。”③ 这里有两点值得注意：第一，马克思和恩格斯所说的“现代”，是指他们所生活的19世纪资本主义时代。这个已经过去150多年的“现代”，我们今天当然只能理解成

① 罗斯托著，国际关系研究所编译室译：《经济成长的阶段》，商务印书馆，1962年版，第10页。

② 中共中央马克思恩格斯列宁斯大林著作编译局：《马克思恩格斯全集》（第46卷），人民出版社，2003年版，第371页。

③ 中共中央马克思恩格斯列宁斯大林著作编译局：《马克思恩格斯全集》（第26卷），人民出版社，2014年版，第277页。

“近代”。因此，马克思他们大量提到的“现代工业”“现代社会”“现代生活方式”等问题，都应当归结到近代化范围来讨论。第二，资本主义化即近代化过程自 16 世纪就已“迟缓地”开始了，18 世纪发生的工业革命只不过大大加速了这一过程。因此，简单地将现代化或近代化界定为“人类社会从工业革命以来所经历的一场急剧的变革”①，在时限上是不准确的。概而言之，近代化主要指整个社会摆脱中世纪的封建社会形态而资本主义化的历史过程。在欧洲这个过程开始于 16 世纪和 17 世纪的科学和技术革命，中经 17 世纪英国和 18 世纪法国的政治革命、18 世纪中叶至 19 世纪初期的工业革命而逐步完成，由此而引起的变化则冲击和影响了整个世界，形成世界性的社会“型变之链”②。

从上可见，“近代化”一词在研究现代化史时是一个颇具张力的重要概念，并不是可有可无的。尤其在研究中国现代化的完整进程中，引入“近代化”概念显得十分必要，它恰好能表达出中国现代化进程的独特性。所谓“中国近代化”，即中国近代历史上的现代化过程，也可以说是中国早期的现代化。

如果作一个粗略的划分，在历史时序上，中国的现代化过程始于 19 世纪 60 年代晚清政府的“洋务运动”（或称“自强运动”），中经 1911 年辛亥革命和 1949 年新中国成立等一系列历史大事变，一直持续至今天也没有最终完成。其间，按现代化模式的不同，又大致上可划分为两大段：1860—1949 年资本主义近代化（早期现代化）阶段，约 90 年；1949 年至今的社会主义现代化（通常称为“四个现代化”）阶段③，约 67 年。这两大阶段呈现出截然不同的历史运行方式，但又存在若干

① 罗荣渠：《现代化新论——世界与中国的现代化进程》，商务印书馆，2004 年版，第 16～17 页。

② 关于社会的“型变之链”，可参见金耀基：《从传统到现代》，中国人民大学出版社，1999 年版，第 106 页。

③ “四个现代化”是指农业现代化、工业现代化、国防现代化和科学技术现代化。参见《周恩来文选》（下卷），人民出版社，1984 年版，第 412～413 页；《邓小平文选》（第 2 卷），人民出版社，1983 年版，第 182～183 页。

共同的历史基因，构成了一部波澜壮阔、独具特色的中国现代化史。

1949 年以前的中国早期现代化（近代化）是一个屡遭挫折的失败的现代化，具有“被动性、复合性、非自主性和非统一性”四个特点①。近 100 年中，从洋务运动到戊戌维新，从晚清新政到辛亥革命，从民国肇建到国民革命运动，不同的政治力量提出了不同的救国主张，企图使中国实现资本主义近代化，达到抵御外侮、富国强兵、建成工业化国家的目的。100 年过去了，这一目的并未实现，中国的近代化最终以失败告终。到 1949 年为止，中国远未实现向资本主义工业化国家的转型，仍是一个极端贫穷落后的农业国。中国近代化的失败，充分证明西方资本主义现代化模式并不完全适用于中国，勉强推进的结果，只能使中国在半殖民地半封建社会的尴尬境地中越陷越深，左冲右突，却难觅出路②。换言之，没有民族独立就没有真正的现代化，恰如胡绳所指出的：“讲现代化，也不能不区别帝国主义所允许范围内的现代化和独立自主的现代化。”③ 所谓“帝国主义所允许范围内的现代化”，往往是有限的和局部性的现代化，正如马克思在《不列颠在印度统治的未来结果》中所指出的那样，尽管不列颠在印度统治时带来了铁路等某些现代变化，但是“在大不列颠本国现在的统治阶级还没有被工业无产阶级取代以前，或者在印度人自己还没有强大到能够完全摆脱英国的枷锁以前，印度人民是不会收获到不列颠资产阶级在他们中间播下的新的社会因素所结的果实的”④。

1949 年后新中国在共产党领导下所推进的现代化运动则完全是另一番景象，其基本态势虽历经波折，但终获成功，显示出强大的生命力

---

① 虞和平：《商会与中国早期现代化》，上海人民出版社，1993 年版，第 13～18 页。

② 关于近代中国半殖民地半封建社会所具有的“持续过渡”的过渡型社会性质的系统论述，参见马敏：《过渡形态：中国早期资产阶级构成之谜》，中国社会科学出版社，1994 年版。

③ 胡绳：《从鸦片战争到五四运动》，“再版序言”，人民出版社，2010 年版，第 9 页。

④ 中共中央马克思恩格斯列宁斯大林著作编译局：《马克思恩格斯全集》（第 12 卷），人民出版社，1998 年版，第 250 页。

和创造性。这一阶段大致可分为三个时期：（1）1949—1966 年的奠基时期，通过采用苏联式的计划经济模式，中国初步打下了工业化的基础，但也同时存在体制僵化、工农业发展不平衡等问题；（2）1966—1978 年的停滞时期，十年“文革”给中国的现代化造成浩劫，国民经济濒临崩溃的危险；（3）1979 年至今，中国进入改革开放新时期，社会主义现代化以加速度发展，取得空前成功，创造了中国崛起的奇迹，并最终形成现代化的“中国模式”或“中国道路”。

将中国现代化进程分成资本主义近代化和社会主义现代化（“四个现代化”）两个大的阶段来观察、比较，我们可以得出如下启示：

第一，与欧美、日本等国近代化与工业化、资本主义化同时实现不一样，近代中国的近代化与工业化、资本主义化是不同步的，在近代化过程中并没有同时实现国家的工业化和资本主义化，反而陷入了半殖民地半封建社会的畸形社会形态，由此形成中国近代化和现代化道路的特殊性。换言之，中国现代化道路是历史形成的，所谓现代化的“中国模式”其实是历史选择的结果，必须回到中国近代历史中寻求答案。

第二，正因为中国的近代化并没有真正完成，所以今天的社会主义现代化建设还得补近代化的课，要完成双倍的历史任务。这当然不是回头搞资本主义，而是在社会主义制度下发展本来应由资本主义创造出来的大工业生产力和相应的市场经济。某种意义上，这也就构成我们国家今天之所以尚处在不成熟和不完全的社会主义形态——社会主义初级阶段的历史根由，同时，也意味着社会主义现代化事业的推进将异常艰难和异常曲折。

第三，既然中国现代化进程以 1949 年为界，可谓前后两重天，那么，研究中国现代化，就必须对这前后两个阶段的历史进行比较分析，找出促成其根本变化的原因，以及在背后制约两者的共同历史因素（所谓“大传统”）。此外，也应分析 1978 年改革开放后中国社会主义现代化呈现加速发展的背后动因，对新中国前 30 年与后 30 年历史进行客观的比较研究，充分认识解放思想与改革开放的划时代意义，从而为下一步的发展厘清前进的道路，寻找到最适合中国的现代化模式，实现中华民族伟大复兴的中国梦。

二、国家与社会：政府在现代化中的关键作用

国家（政权力量）与社会（民间力量）构成推动现代化进程的两根最有力的杠杆，而两者之间是否能形成良性互动关系，遂成为各国现代化能否取得成功的关键所在。对中国和东亚国家而言，由于独特的历史文化背景，政府这只“看得见的手”往往所起的作用更大，是东亚各国现代化进程中关键的关键。过去的现代化研究，对代表市场和自由经济的“市民社会”的作用强调比较多，而对国家政权本身的作用和国家治理能力现代化的研究则相对薄弱，这是以西方现代化模式为范本研究世界现代化历史进程的无可避免的弊病之一。

新近的经济史研究表明，直至清朝的中期（18 世纪后半叶），与政治上新兴王朝的强势相一致，中国的经济在世界上仍保持着领先地位。据英国学者安格斯·麦迪森的估计，1820 年中国的国内总产值仍占全球总产值的 32.9%①。换言之，在 19 世纪以前，中国与西方经济总量的差距其实并不大，中国真正全面落后于西方应该是在 19 世纪中叶进入近代以后开始的。

中国近代的衰落有着对外战争失败等多方面的复杂原因，但缺乏一个强有力的具有现代化意识的国家政权（主要指中央政府）则是其中最主要的原因之一。从 1840 年到 1842 年第一次中英鸦片战争开始，再到辛亥革命前后，中国一直处在一种“国家危机”（nation crisis）或“权威危机”（authority crisis）之中，随着地方督抚势力的坐大，中央的权

---

① Angus Maddison. The World Economy, Development Centre of Organization for Economic, Co-operation and Development, 2003, p. 263.

威和实际控制力迅速流失。据估计，19 世纪后期，中国的国民生产总值可能达到 33.38 亿两白银，其中政府收入总额约占国民生产总值的 7.5%，而北京中央政府所得到的份额实际仅为 3%①。在有限的财政收入中，用于军费和巨额战争赔款的支出大增，仅鸦片战争的各种耗费使中国直接所受的损失就高达上亿两白银②。

国家权威的式微使政府推动早期工业化的能力大打折扣，民族危机空前严重，无论是改革派还是革命派，一直都在努力探索一种能够带领中国实现近代化的新型国家形式。辛亥革命及民国的建立，意味着传统中央集权官僚体制的崩溃，却并不标志着新型现代国家体制的建立。民国实质上是一个“军绅政权”③，新的中央政府仍徒具形式，在“共和”的招牌下，国家实际陷于军阀割据和长期分裂状态，长期的政治衰退导致近代化迟迟走不上轨道。由于辛亥革命后建立现代型国家的任务并未实现，所以继起的国民党和共产党都把重建国家当作最主要的目标。1928 年国民政府虽然实现了表面的“军政统一”，但中国从没有真正统一过，中央政府的财力和精力大部分消耗于连绵不断的内战和抗日战争之中，无力从事大规模经济建设和基础设施建设，中国向现代工业社会的转型亦随之陷入困境。

1949 年共产党领导的新中国的建立从根本上改变了中国的政治生态，国家在新的基础上重新获得统一，建立起了一个稳定的、具有强大生命力和动员能力的中央政府，从而解决了启动经济现代化的两个基本政治条件：实现国家统一与恢复民族主权。

国家统一与民族独立带来的直接结果便是国家汲取财政的能力空前

---

① 费正清编，中国社会科学院历史研究所编译室译：《剑桥中国晚清史：1800—1911 年》（下卷），中国社会科学出版社，1985 年版，第 79 页。

② 彭泽益：《清代咸同间军需奏销统计》，《十九世纪后半期的中国财政与经济》，人民出版社，1983 年版，第 17 页。

③ 陈志让：《军绅政权：近代中国的军阀时期》，广西师范大学出版社，2008 年版，第 173 页。

增强，能够顺利实现财政与税收这一最主要的现代国家职能，从而为迅速建立起现代工业体系，最终实现国家工业化创造了前提条件。与近代历届政府相比，共产党领导的新的中央政府具有最强的财政整合能力与经济动员能力。简言之，其优势便在于能够最大限度地集中力量办大事，解决一系列棘手的经济重建问题。

新中国成立伊始，在经济上中央实行的第一个重要战略措施便是统一全国的财政经济，对全国的财政收支、物资调度和全国的现金实行集中统一管理，从而使国家的财力空前壮大，政府财政收入占国民收入比重迅速提高。随着国家财力的增长，政府由弱变强，中国经济发展呈现良好发展势头，终于摆脱了历史上长期停滞甚至衰退的恶性循环。“一五”计划五年中，总共完成基本建设投资总额550亿元，有428个项目全部建成投产，109个项目部分投产，新增固定资产达到440亿元，其中新增工业固定资产达到214亿元，超出旧中国近百年积累的工业固定资产60%左右①。这些初步的建设成就，为中国工业化的腾飞和实现经济现代化奠定了良好基础。

以上事实说明，在现代化的起飞阶段，尤其在中国这样一个曾经极度贫穷落后的大国要启动工业化和现代化，必须要有一个统一的、独立的民族国家，必须要有一个强有力的中央政府，这是实现现代型经济增长和国家现代转型的必要的制度前提。此外，从改革开放以来社会主义现代化全面推进、中国迅速崛起的过程中，也可看到政府在其中所起到的举足轻重的关键作用。1978年以来改革开放和经济发展大好局面的形成，是一个由下而上集中群众智慧，同时由上而下形成决策指导的双向互动过程。其中，以邓小平为核心的新的党中央的改革眼光、气魄与决断又起到了关键性作用。

概括而言，政府在现代化进程中的作用，首先是类似于发动机的启

① 邓力群、马洪、武衡：《当代中国经济》，中国社会科学出版社，1987年版，第313页。

动作用，在最关键的时候作出最关键和最正确的决策，从而找到一条适合自己国情的现代化道路。政府主导现代化进程，主要体现为路径选择与政策制定的主导作用。在从计划经济向市场经济转型过程中，政府对经济现代化又可起到助推器和调节器的作用。社会主义市场经济实质上是市场+计划的混合式经济，市场在起决定作用的时候，也离不开计划的调节，这就为政府发挥作用提供了广阔的空间。

当然，政府在经济发展中的关键作用并不是无限的，也不是越大越好，越多越好。政府作用的发挥，必须在国家与社会、政治与经济之间找到最佳的平衡点。我们既需要一个强大的有经济指导和运作能力的政府，同时又需要一个充满活力和主动性的民间社会，把政府和民间的力量紧密结合在一起，以达成最佳的配合效应，形成国家（政权力量）与社会（民间力量）之间的良性互动关系。

三、传统与现代：传统在现代化中的“活用”

经验告诉我们，正如历史本身无法完全割裂一样，传统与现代之间也并不存在一条截然的界限，常常是你中有我、我中有你，相互依存、相互关联。强调现代化对传统观念和传统文化的否定，并不意味着现代化可以脱离传统而发展。正因为如此，中国的现代化不是对传统的全盘否定，而在更大程度上，是对传统的转化和“活用”，是传统在现代的“再生”。所谓传统的“活用”，一是要寻找和发现那些数百年甚至数千年“一以贯之”，继续显现着历史和现代价值的“活着的传统”①，说明其为什么仍然“活着”；二是要辨认和发掘那些看似落后、过时的旧传统中包含的合理因素，使之通过一定形式转化服务于现代。从这两个维度来观察，中国延绵数千年的传统文化，实则是一个历史资源的宝库，

① 有关“活着的传统”，参见高王凌：《活着的传统：十八世纪中国的经济发展和政府政策》，北京大学出版社，2005年版，第208页。

从中可以发掘出有利于现代化的无穷无尽的思想资源。

“今天”是“过去”的延续。中国现代化为什么走了一条与众不同的独特道路？现代化的中国模式为什么呈现出今天的形貌？我们必须回到“过去”，回到“历史”，回到那些曾经和正在制约中国现代化的“历史因素”之中。严格讲，只有回到现代与传统的真实关联中，方能最终寻觅到导致形成当代中国现代化道路的正确答案。

（一）市场传统与今天的市场经济：市场经济的源头活水

中国的改革开放是从计划经济向市场经济转轨开始的，活跃的市场经济无疑是推动中国经济快速增长的最重要因素之一。中国当代市场经济从无到有，从起辅助和补充作用到起“决定性作用”，为什么会获得如此之快的发展？为什么能很快为社会大众所接受？追溯起来，可能与明清时期甚或更早时期的市场传统不无关系。

根据一些新经济史学者的研究，中国或许早在宋代便出现了第一次商业革命，明清时期在东南沿海一带商品经济和市场已有相当程度的发展，尤其在江南地区，甚至出现了与欧洲同期相似的“原始工业化”（proto-industrialization）或“早期工业化”现象[①]。正是因为有历史上的商品经济与市场的传统，所以，一旦放开限制，鼓励市场经济发展，那些蛰伏已久的种子便会破土发芽，如雨后春笋般茁壮成长。今天中国经济最发达的地区仍然是江浙和广东沿海一带，与明清时期江南和岭南地区商品经济的发达和“原始工业化”现象的出现，显然有着历史的内在联系。这些地区乡镇企业普遍开花，某种意义上也与江南和岭南的手工业传统不无关系[②]，从家庭作坊和工场手工业到同样技术设备相对落后的现代乡镇企业，只有一步之遥。历史上手工业的发达及其对过密人

① 李伯重：《江南的早期工业化（1550—1850）》，社会科学文献出版社，2000年版，第6～14页。

② 梁柏力：《被误解的中国——看明清时代和今天》，中信出版社，2010年版，第219～220页。

口的消化，也造成在中国工业化过程中，出现了传统手工业与近现代大工业长期并存的“二元工业化”格局①。很显然，在历史实际中，传统并没有完全消失，而是穿越时空继续延续。

（二）中央与地方：两个积极性的发挥

中国当代经济发展中，中央政府起着关键和决定性的作用，这是无可置疑的，但地方政府的作用同样不可小视，省际、县际近乎白热化的激烈竞争，已是公开的秘密②。中央与地方积极性的发挥，既是中国经济快速发展的动力源泉和秘密所在，也是一种根深蒂固的历史传统。

自秦始皇统一中国，废分封、立郡县开始，郡县官吏便由中央统一任免，地方必须服从中央（朝廷），军权、政权、财权归于统一，也就是所谓“中央集权”。但在实际运行中，地方在服从中央的前提下，仍有许多自主权，可根据中央的意旨自主推进地方经济、文化、教育、社会的发展，即所谓“善政”，政绩突出者受到中央的奖励。从历史上看，过度集权与过度分权，都易形成弊政和乱政，只有在集权与分权之间建立起适度平衡时，地方配合中央，真正靠“两条腿走路”，善政及太平盛世则较易出现。

新中国成立后，改革开放前30年是高度中央集权，地方无条件服从中央，一切听从上面的行政命令，执行严格的计划经济；改革开放后30年则通过不断的制度创新（如中央与地方分税制），逐渐形成中央集权为主、地方分权为辅的混合体制，发挥中央与地方积极性，较好地促进了中国经济的发展。

---

① 关于近代中国的“二元工业化道路”，参见彭南生：《中间经济：传统与现代之间的中国近代手工业（1840—1936）》，高等教育出版社，2002年版，第321～324页。

② 关于“县际竞争”对中国经济发展的重要性，参见张五常：《中国的经济制度》，中信出版社，2009年版，第166～170页。

（三）冲突与合作：中国式市民社会的历史解读

当代中国式市民社会的特征与西方“市民社会”或“公民社会”有所不同，即与国家的冲突和对抗不是其主导面，调适与合作才是其实际取向，这同中国历史上国家与社会关系、官民关系的传统不无关系。

在中国古代，由于实行“政教合一”，中国传统政治观念中，完全不存在西方式的“耶稣的归耶稣，凯撒的归凯撒”这种政治理念，也不存在类似西方教会的社会组织形式。在“普遍王权”的观念下，国家权力具有不受限制、不受阻碍的特征，通行无阻地贯彻于都市社会之中。这样，中国也就不存在西方式的相对独立的“自治城市”，更谈不上享有政治特权和相当自由度的“早期市民社会”(the early civil society)①。

近代城市社会中，随着自治的呼声日高，通过创设商会、商团、教育会、救火会、市民公社等社会组织和团体，逐步形成了近代“市民社会”的雏形，把“独立社会”的营造推向了实践阶段②。近代中国市民社会雏形与近代欧洲市民社会有很大区别，其建成的初衷，并不是要与专制国家权力相抗衡，而是协调民间与官方的关系，以民治辅助官治，补官治之不足。1909 年初出台的《城镇乡地方自治章程》，其第一条即规定：“地方自治以专办地方公益事宜，辅佐官治为主。按照定章，由地方公选合格绅民，受地方官监督办理。”③ 此外，作为近代市民社会基层组织的商会一类社团，往往一开始就包孕着“官督商办”的二重因素，“通官商之邮”，成为国家与社会之间的联系纽带，同西方民间社团

---

① 关于近代资产阶级市民社会的发展，马克思和恩格斯有相当多的论述，例如在《英国工人阶级状况》中，恩格斯即指出：“工业革命同时又推动了整个市民社会的变革，它的世界历史意义只是现在才开始被认识。”[中共中央马克思恩格斯列宁斯大林著作编译局：《马克思恩格斯选集》(第 1 卷)，人民出版社，2012 年版，第 87 页]

② 马敏：《试论晚清苏州的“市民社会”》，《辛亥革命史丛刊》(第 10 辑)，湖北人民出版社，1999 年版，第 93～127 页。

③ 《政治官报》(光绪三十四年十二月二十八日〈1909 年 1 月 19 日〉)，《清末官报汇编》(第 70 册)，国家图书馆文献缩微复制中心，2006 年版，第 35～43 页。

那种纯民间、纯自治的性质大不相同①。

上述历史传统不能不影响到当代中国式市民社会的性质和特点。由于政治文化传统的不同，中国现代社会建设不一定非要采用西方意义的与政府必然对立的“市民社会”或“公民社会”模式及其政治哲学，为“民主”而民主，而应当采用更符合自己国情和文化传统的中国式市民社会模式。这个模式的基本特征，就是走政府与民间平等协商、“官民共治”之路。政府与社会不是“零和”关系，而是“共赢”关系；市民社会成员不是通过与政府尖锐对抗来证明自己的存在和价值，而是通过有效沟通、参与和协商解决社会的实际问题，从而形成一整套具有中国特色的市民社会理论和相应的现代民主制度安排。

（四）法治、德治与礼治：治国理政的多样性

国家治理现代化关键在法治，即依法治国。“法令行则国治，法令弛则国乱。”② 法治是治国理政的基本方式，也是国家稳定和发展的重要保障，尤为今天中国所亟须，依法治国是中国的根本出路。但法治中国建设又必须切合中国的实际，使法的精神植根于中国社会历史土壤之中，使法律条文能够得到真正的实施。在这方面，中国历史上长期形成的法治传统和法律文化中蕴含着极其丰富的养分，稍加去芜存菁，即可“活用”于当代。

与一般以为中国古代长期实行“人治”、缺乏“法治”的模糊认知不同，其实中国很早就有自己的法律体系和法治思想，与儒家并列的一大学派即为“法家”，战国初期李悝的《法经》系世界上最早的刑律经典之一。但古代中华法系的特点，一是“民、刑不分”“诸法合体”；二是援儒入法，以德治和礼治辅助法治，或者三者并用③。这一法治传

① 关于晚清商会亦官亦商的二重性，参见马敏：《过渡形态：中国早期资产阶级构成之谜》，中国社会科学出版社，1994年版，第177页。

② 王符著，汪继培笺，彭铎校正：《述赦》（第16）《潜夫论笺校正》，中华书局，1985年版，第190页。

③ 马敏：《中国文化教程》，华中师范大学出版社，2005年版，第168～169页。

统，既有其优长，也有其毛病。

在今天国家治理现代化进程中，中国古代法、德、礼三维“综合治理”的传统，总体看仍十分值得借鉴。依法治国是我们的基本国策，但并非我们治国理政的唯一手段，法律毕竟不是万能的。在中国这样一个具有悠久历史的文明型大国中进行治理，应充分利用我们丰厚的历史文化资源，在依法治国的同时，同样重视以德治国和以礼（礼仪、礼节、乡规民约等）治国，将法治、德治和礼治有机结合起来，综合加以运用。中国应当充分汲取传统文化的养分，实现“法治之国”与“礼仪之邦”的高度契合，走出一条富有中国特色的现代化法治道路。

（五）民本与民生：以民为本的现代化

以人为本、以民为本的民本观是儒家学说的精华，也是中国古代的优良文化传统。民本与民生不可分。中国传统民本主义向来关注民生问题，“天地之大德曰生”①，认为只有解决好了“民生”，即人民的衣食住行等基本的生计问题，才能“得民心”，而得民心者得天下。孟子主张的“制民之产”，其核心思想就是要重视解决人民的生计问题②。

以史为鉴，中国的现代化也必须是以人为本、以民为本，重视民生。首先，执政为民，民生为大。推进现代化、发展经济的根本目的，在于“养民”“富民”，让人民过上幸福的生活，“人民对美好生活的向往，就是我们的奋斗目标”③。其次，在经济发展过程中必须注意分配公平问题。防止出现严重的贫富不均，做到“求富”与“均富”要同时并进。民主革命的先行者孙中山就曾提出了著名的“民生主义”，希望通过“平均地权”“节制资本”，以解决土地过分集中与资本垄断问题；通过生产与分配并重，以解决国民所得相对平均问题④。孙中山的提醒

---

① 阮元：《周易正义·系辞下》，《十三经注疏》，中华书局，1980年版，第86页。

② 阮元：《孟子注疏·梁惠王上》，《十三经注疏》，中华书局，1980年版，第2671页。

③ 习近平：《习近平谈治国理政》，外文出版社，2014年版，第4页。

④ 孙中山：《三民主义·民生主义》，尚明轩：《孙中山全集》（第1卷），人民出版社，2015年版，第492～506页。

值得注意，以民为本的社会主义现代化，必须实现发展成果由人民共享，消除过大的城乡差距和贫富收入差距，走共同富裕的道路；必须建立更加公平可持续的社会保障制度，做到学有所教、劳有所得、病有所医、老有所养、住有所居，让普通老百姓真正分享到改革发展的红利，全面建成小康社会。

四、结语

现代化对许多发达国家而言，是一个业已结束的过程，它们已经处在“后现代化”了，但对中国而言，现代化还是正在发生的事，还是一个有待实现的“梦”，中国仍在“现代化”中。因此，对中国现代化的理论探讨仍然是一个极具现实意义的课题。

中国现代化所走的独特的“中国道路”及所创造的“中国模式”，必将极大地丰富和完善现代化理论，使世界现代化史有重新书写的必要。因为其中有太多出人意料和超越常轨的东西，用既有的现代化理论似乎没法给出圆满的解释。

“中国道路”和“中国模式”很大程度上是中国近代历史发展的必然结果，其根子还在于中国不同于西方的历史和文化传统。在中国发生的种种“奇迹”和创新，除当代人的智慧和勇气外，更多的可能还是要回到历史中去寻求答案，要找出其背后隐藏的“一以贯之”的“历史因素”。我们常说“四个自信”：道路自信、理论自信、制度自信、文化自信。其中，道路自信是根本，文化自信是基础，而无论道路自信、理论自信、制度自信或文化自信，又皆是源于历史的比较，是5000年文明传承和170多年近现代历史不断探索、比较的结果。

中国的成功证明了现代化进程中，西方道路并不是唯一的道路，西方模式也不是唯一的模式（当然，具体而言，西方模式又可细化为各种不同的模式）。西谚云：“条条大路通罗马。”（All roads lead to Rome）

中国的现代化固然要学习西方，但既不能照搬这种与那种西方模式，也不能照搬苏联与日本模式，只能是创造性地探索属于自己的模式。尽管中国现代化模式也有其缺陷和不足，但必须依靠它自身在实践中自我纠正、自我完善、自我成熟，而不可能以其他任何一种外来模式来取代它。各国的现代化道路和模式必须根据各国自身历史、文化和现实，即国情来决定。国情与世情是决定中国道路和中国模式的根本因素，也是现代化路径选择的最根本考量。

中国现代化还在进行之中，中国梦的实现还要靠中国人民努力去奋斗，中国奇迹也还没有最后终结，任何预言目前可能都还为时过早。所以，还是应像但丁所说的那样："走自己的路，让别人说去吧。"

［本文原刊于《中国社会科学》2016 年第 9 期］

努力构建中国特色现代化史理论体系

——新中国史学发展 70 年的一个侧面

新中国史学已走过了整整 70 个年头。70 年来，在几代学人的不懈努力下，新中国史学取得了极其丰硕的成果，并初步形成了以马克思主义为指导的中国史学理论体系。这一史学理论体系，既有对中国优秀史学传统的继承，又有因时而变、与时俱进的创新。其中，根据中国现代化的实践经验，在借鉴与反思西方现代化理论的基础上，努力构建具有中国特色的现代化史理论体系，是新中国史学发展的最新进展之一。

一、新中国现代化史理论的历史渊源

对“现代化”历来有各种各样的定义，但通常认为，现代化主要是指 18 世纪工业革命以来人类社会从传统的农业社会向现代工业社会转变的历史过程。而对这一历史过程所作的专门性、系统性的阐释与探索，便形成所谓现代化理论。

尽管一度流行的现代化理论主要产生于 20 世纪六七十年代以美国为主的西方学者，但在近代中国却有着更早的历史渊源，这就是 1933 年 7 月《申报月刊》特辑所发起的有关“中国现代化问题”的讨论。这场讨论实际上从 20 世纪 20 年代一直延续到 40 年代，30 年代则是其高潮，讨论中所涉及的问题集中体现了当时中国知识分子对现代化的认识，同时也说明现代化理论并非西方独有的专利，它很早便引起了中国学界和社会有识之士的关注。

我个人认为，在那场讨论中，最值得关注的焦点之一，是时人对工业化与现代化关系的探讨。这既是当时争论的中心，也是梳理中国现代化史理论最重要的历史线索。

近代中国，除民族生存危机外，最能引起人们关注的，便是中国如何才能从积贫积弱变得富足强盛，也就是如何通过工业化而实现现代化，与西方列强并驾齐驱，自立于世界民族之林。如罗荣渠教授曾指出，在那场讨论中，“虽然论者对现代化缺乏统一认识，但认为应‘着重于经济之改造与生产力提高’，以及类似的论文，在讨论中明显占上风”①。黄兴涛、陈鹏也强调，尽管当时人们已开始注意从整体上和多侧面去把握现代化的概念，但是“工业化与机械化仍是当时国人把握‘现代化’概念时较为一致，也更具底盘意义的基础内涵”②。

这就意味着，在当时意见纷纭的现代化讨论中，聚焦点已逐步归结到“工业化”上，更有甚者，则直接将工业化等同于现代化，认定现代化的目标就是要通过产业革命实现中国的工业化；工业化不仅具有经济上的变革意义，而且具有社会整体变革的意义。如 1933 年，经济学家张素民就明确指出：“就国家社会而言，现代化即是工业化（industrialization)。凡一个现代化的国家，即是一个工业化的国家。……工业化为其他一切的现代化之基础，如果中国工业化了，则教育、学术，和其他社会制度，自然会跟着现代化。”③ 向工业化方向的聚焦并非偶然，乃是当时西方工业化进程的影响、中国落后的现实、唯物主义思潮的传入等多重

---

① 罗荣渠：《从“西化”到现代化——五四以来有关中国的文化趋向和发展道路论争文选》，北京大学出版社，1990 年版，第 15 页。

② 黄兴涛、陈鹏：《民国时期“现代化”概念的流播、认知与运用》，《历史研究》2018 年第 6 期，第 81 页。

③ 张素民：《中国现代化之前提与方式》，《申报月刊》1933 年第 2 卷第 7 号，第 43 页。

因素共同作用的结果。

值得注意的是，工业化问题，不仅是当时现代化问题讨论的聚焦点，而且自身就构成了中国近代历史的一条重要线索。晚清以降，就中国工业化问题所进行的讨论，事实上远早于对现代化问题的讨论。如1897年梁启超就曾提到过，“中国他日必以工立国”①。1898年，康有为更明确要求清政府将“定为工国”作为自己的“国是”②。此外，张謇的“棉铁主义”和孙中山的《实业计划》都曾提出在中国实现工业化的方案和途径。到20世纪20至40年代，各种报刊上有关工业化的讨论文章，数量上远超过有关现代化的讨论，并且有多种专书出版。由此可见，在当时探讨中国发展出路时，工业化与现代化（近代化）都是重要的思想主张之一，但从时序上讲，工业化主张似更早于现代化主张，其声浪和影响也曾一度超过后者。

更值得注意的是，20世纪30年代现代化讨论中受唯物史观影响的共产党人和左翼人士，如恽代英、杨明斋、杨铨等人，绝大多数主张要突出现代化的经济发展内涵，视工业化为现代化的核心目标。如同黄兴涛、陈鹏的论文所揭示：“理解并认同‘科学化’‘工业化’‘机械化’‘民主化’等共识性内涵，并将其作为国家发展的正确方向，可谓20世纪30年代中后期及之后中国共产党领导层把握和使用‘现代化’概念的基本思路。不过相对而言，他们对现代化的理解更偏重科学技术和社会生产发展等方面。”③

在做了如上工业化与现代化历史线索的思路清理之后，我们就不难理解，为什么在1949年新中国成立后很长一个时期（大致为改革开放前30年），现代化并非新中国的主流话语，反而是对社会主义工业化道

① 梁启超：《变法通议》，《饮冰室合集》（第1册），中华书局，1989年版，第70页。

② 康有为：《请励工艺奖创新折》，中国史学会：《戊戌变法》（二），上海人民出版社，2000年版，第227页。

③ 黄兴涛、陈鹏：《民国时期“现代化”概念的流播、认知与运用》，《历史研究》2018年第6期，第86页。

路的探索成为新中国经济建设的主旋律。内中其实有着一个自然而然的历史传承、接续过程。相对那些比较模糊、空洞的现代化概念，共产党人似乎更看重比较实在的工业化路线，并愿为此而脚踏实地地去奋斗。1949年3月，党的七届二中全会即明确指出，“要使中国稳步地由农业国变为工业国，由新民主主义国家转变为社会主义国家”。为了迅速改变旧中国极端贫穷、落后的现状，从1953年“一五”计划开始，中国开始了大规模的工业建设，旨在通过建立独立完整的工业体系，实现社会主义工业化的宏伟目标①。

围绕新中国的上述建设目标，在新中国成立初期，理论界和学术界对中国工业化的目标、内容、实现方式和重点任务等进行了大量的理论探讨，产生了一批相应的学术成果。这些探讨，在当时历史条件下，固然主要受到苏联工业化模式和理论的影响，过分强调了重工业发展的重要性，带有一定片面性。回过头来看，也未尝不是受到民国时期关于工业化和现代化讨论的影响，如关于农业国工业化的讨论，关于国民经济结构的讨论，关于工业化与计划经济、工业化与社会主义的讨论，在民国时期的那场大讨论中，似乎都可以找到其思想的渊源。

因此，从表面看，新中国的现代化史理论是受西方学术影响的结果，但实际上却渊源有自，其历史比西方还早了约30年。虽然从表面上看，新中国前三十年并没有产生系统的现代化思想，甚至连现代化的字眼也很少出现，但通过对与现代化密切关联的社会主义工业化的理论探讨和实践，现代化事业实际上仍在进行之中，具有中国特点的现代化思想和经验也在潜移默化地积累过程之中。这一切，均为后来中国特色现代化史理论体系的创立奠定了历史的基础。

二、改革开放以来对中国特色现代化史理论的探索

在新中国历史上，最早提出“现代化”一词的是周恩来总理。他在

① 赵德馨：《中华人民共和国经济史（1949—1966）》，河南人民出版社，1988年版，第198、214页。

1954年的一次讲话中，首次提出要把我国建设成为“强大的社会主义的现代化的工业国家”①。1963年他又明确提出了“四个现代化”的概念，指出：“我们要实现农业现代化、工业现代化、国防现代化和科学技术现代化，把我们祖国建设成为一个社会主义强国，关键在于实现科学技术的现代化。”② 然而，在当时举国都在为实现社会主义工业化而奋斗时，现代化的概念和主张并未引起广泛的关注，更谈不上系统的理论和学术研究。

直到1978年中国改革开放正式拉开帷幕，现代化建设才成为国家的重要国策。与此同时，随着国门的开放，20世纪六七十年代兴起于西方的现代化思潮蜂拥而入。如何回应现代化理论与实践的挑战，走出一条“中国式”的现代化道路，遂成为中国理论界和学术界不得不面对的一大课题，构建具有中国特色的马克思主义现代化史理论的使命也随之产生。

20世纪80年代至90年代初，北京大学罗荣渠教授是中国现代化史理论创建过程中最具代表性的学者之一。罗荣渠教授通过出版《现代化新论》等一系列著作，率先将现代化研究引进史学领域，通过吸收和整合西方学术界的研究成果，结合中国历史实际，提出了比较系统的关于马克思主义现代化理论的主张，为创建中国特色的现代化史理论奠定了初步的研究基础③。其理论探索和创新主要包括以下内容：

首先，运用唯物史观对现代化概念作了新的阐释。在西方现代化理论中，关于现代化的定义并没有一个统一的说法。社会发展学派偏重于现代化的经济发展内涵；结构功能学派强调整体社会结构变迁；社会学

① 中共中央文献编辑委员会：《周恩来选集》（下卷），人民出版社，2004年版，第132页。

② 中共中央文献编辑委员会：《周恩来选集》（下卷），人民出版社，2004年版，第412页。

③ 关于罗荣渠教授在现代化理论研究中的学术贡献，主要参见邹兆辰、杨丽珍：《罗荣渠的现代化研究及对当代史学的影响——访林被甸教授》，《史学月刊》2001年第3期，第138～142页；何顺果：《评罗荣渠教授新著〈现代化新论〉》，《北京大学学报》1994年第3期，第102～104页；尹保云：《社会科学研究的新突破——罗荣渠〈现代化新论〉研讨会综述》，《史学理论研究》1994年第3期，第154～156页；等等。

和文化人类学派则将现代化视作一种心理态度、价值观和生活方式的改变过程，看作一种“文明的形式”。罗荣渠教授从唯物史观出发，认为现代化广义上是指工业革命以来现代生产力引发社会生产方式与人类生活方式的大变革，是以现代工业、科学和技术革命为动力，从传统农业社会向现代工业社会的大过渡。尽管现代化不等同于工业化，其涵盖范围超过了工业革命、工业化等概念，但其核心内容仍然是工业化，现代化的基本动力是工业革命所解放出来的现代生产力，现代化的根本方向是追求工业文明。这样，就将“现代化”从一个超时空的比较空泛的概念，确定为一个既有起点也有终点的特定的历史发展阶段，“从而变成一个可以明确界定的科学范畴”，大大拓宽了西方现代化和发展理论的研究领域和范围。

其次，提出了“一元多线”历史发展观的现代化整体阐释框架。依据马克思主义的生产方式发展观，罗荣渠教授在现代化史研究中提出了“一元多线”的历史发展观，并以此作为现代化史研究的整体性阐释框架。这里，“一元”是指社会发展的物质基础是社会生产力，推动社会发展的根本动力是经济力的变革，即所谓“中轴原理”：与生产关系相比较，生产力才是社会发展和变革的主轴；“多线”则是指同一性质与水平的生产力可能与几种不同的生产关系相适应，同一种生产方式在不同的历史条件下可以适应不同的社会结构，工业文明的演进可以有多种形式。“一元性是社会发展的共性，多线性是社会发展的特殊性，两者在特定的历史过程中形成共性和特殊性的统一。”① 值得注意的是，罗荣渠教授提出的“一元多线”历史发展观，并不是要否认历史上存在“五种生产方式”的嬗替，只是不赞成在实际历史发展中每一个国家和每一个民族都是按照五种生产方式的序列纵向继承发展的单线观点，并认为单线继承的观点并非马克思的原意。在现代化史研究中，“一元多

① 邹兆辰、杨丽珍：《罗荣渠的现代化研究及对当代史学的影响——访林被甸教授》，《史学月刊》2001年第3期，第140页。

线”历史发展观的最大意义，便是突破了西方现代化理论中根深蒂固的“西方中心论”，将现代化从“资本主义化”和“西方化”的范式中剥离出来，进而探讨不同国家，尤其是发展中国家实现现代化的不同道路和不同模式。

最后，对中国近代历史上的现代化进程作了初步的总结和提炼。尽管罗荣渠教授关于现代化理论的思考以世界史为主，侧重于理论的创建，但又史论结合，将中国近代历史巨变放到世界现代化史的总进程中考察，对中国近代的现代化进程提出了自己的初步看法。其基本观点是中国走向现代世界是各种内外因素相互作用的“合力”推动的结果，无论是“西方中心”观还是“中国中心”观，都是片面的；在内外因素交错作用下，近代中国的变革呈现出衰败化、半边缘化、革命化、现代化四大趋势的互动，并构成中国近代历史发展的基本线索。他反对将革命化和现代化看作截然对立的两种趋势，认为中国现代化的特点恰在于通过革命化而走向现代化。他还根据这四大趋势的变化特点，总结了中国现代化三次模式大转换的发展历程。

几乎与罗荣渠教授同时，武汉的章开沅教授及其团队通过“中外近代化比较研究”重点项目成果，也对中国现代化史研究作出了开创性的贡献。

同罗荣渠教授着重从世界史视角对现代化进程进行理论思考不同，章开沅教授及其团队更侧重于“由中国看世界”，对中国早期现代化（或称近代化）历史进程进行中外比较研究，从历史实证中提炼、归纳中国现代化的诸多特征。该团队提出研究现代化历史，尤其是研究包括中国在内的后发现代化国家的历史，应建立如下认识基础：（1）现代化历史研究依然要加强和深化对政治斗争史、政治发展史的研究，但又不能停留于对这一主线的原有水平的讨论。（2）现代化不是欧化、西化或资本主义化，而是全球所有国家普遍的发展过程。后发现代化国家文化传统、国情和时机等条件不一样，自会走上不同的现代化道路。（3）后发展国家现代化的开端、进程和状况是这个国家内部因素和世界外部因素共同作用的结果。(4) 区分绝对意义的现代化和相对意义的现代化是十分必要的，因为后者关注的是从传统社会向现代社会转变的每一个过程和步骤，而不只是那些长远和抽象的现代化指标体系①。

除关注经济和政治因素外，章开沅教授及其团队对现代化过程中的文化因素、传统与现代化的关系问题，以及人的现代化问题，给予了更多的重视，在一定程度上弥补了罗荣渠教授在这方面的不足。章开沅教授指出，现代化不等于"西化"，也不是简单的"工业化＋民主化"，"它是一个完整的社会变革系统工程"，其中，"工业化与国民经济的持续增长诚然是实现现代化的物质基础与重要关键"，然而，"如果社会人文环境得不到应有的改善，如果人民生活总体素质存在着严重缺陷甚至继续恶化，则很难说是已经全面实现了现代化"②。在传统文化与现代化的关系上，则应注意处理好"离异与回归"的矛盾。所谓"离异"是指向西方文明的模仿、学习与趋近；所谓"回归"则指从传统文化中寻求本民族的主体意识，"离异不可无根，回归不可返古"③。

20 世纪 80 年代到 90 年代中期，除以罗荣渠教授为首的北京大学团队和章开沅教授率领的华中师范大学团队对现代化史进行了卓有成就的研究外，其他学者也分别从各自领域对各国现代化历史展开研究，初步形成了改革开放后"现代化史研究"的第一个"热潮"。主要著作有：钱乘旦和陈意新著《走向现代国家之路》(1987 年)、钱乘旦著《第一个工业化社会》(1988 年)、侯建新著《现代化第一基石——农民个人力量增长与中世纪晚期社会变迁》(1991 年)、许纪霖和陈达凯主编

① 罗福惠：《现代化研究与近代史研究探论》，《华中师范大学学报》(哲学社会科学版) 1991 年第 3 期，第 64～65 页。

② 章开沅、罗福惠：《比较中的审视：中国早期现代化研究》，"序言"，浙江人民出版社，1993 年版，第 4～5 页。

③ 章开沅：《离异与回归——传统文化与近代化关系试析》，"前言"，湖南人民出版社，1988 年版，第 1～2 页。

《中国现代化史（1800—1949）》（第1卷，1995年）等。

20世纪90年代中期以来，中国的现代化史研究持续走热。据北京大学世界现代化进程研究中心不完全统计，仅1998年后三年间国内便有近百种关于现代化的专著出版。21世纪头十年，现代化研究相关著作更是达到上千部之多。其中，比较重要的有吴承明著《中国的现代化：市场与社会》（2001年）、虞和平主编《中国现代化历程》（三卷本，2001年）、董正华著《世界现代化进程十五讲》（2009年）、钱乘旦主编《世界现代化历程》（2015年）等。同时兴起的是现代化研究丛书出版热，如南京出版社出版的“中国现代化丛书”（胡福明主编，1998年）、辽海出版社出版的“西方国家的民族文化与现代化丛书”（中国社会科学院世界历史研究所编，2006年）、北京大学出版社和商务印书馆等出版的“世界现代化进程研究丛书”（1990—2004年）、高等教育出版社和商务印书馆等出版的“第二次现代化丛书”（何传启主编，1999—2013年）、北京大学出版社出版的“中国现代化报告”系列（何传启主编，2001—2018年）等。以上研究所涉范围十分广泛，主要包括三方面的主题：一是结合现代化对中国历史和现实的反思；二是对传统文化和现代化关系的持续讨论；三是进一步总结世界各国现代化模式和中国现代化的历史①。其中，何传启等提出的“第二次现代化”的观点颇值得关注。他们认为，世界现代化进程可分为两大阶段：“第一次现代化是从农业社会向工业社会、从农业经济向工业经济的转变；第二次现代化是从工业社会向知识社会、从工业经济向知识经济的转变。”目前，重点是要以新的研究方法对“新型现代化”（即第二次现代化）进行定量与定性相结合的系统研究②。

进入新时代，中国共产党作出关于全面建成社会主义现代化强国的

---

① 陶海洋：《当代现代化研究的理论述评》，《江苏大学学报》2007年第5期，第25～32页；马勇：《回顾与前瞻：中国现代化史研究的重启、推进和深化》，《河北学刊》2015年第1期，第55～60页。

② 何传启：《中国现代化研究的近百年回顾》，《理论与现代化》2018年第1期，第37页。

新部署，现代化的时间表和路线图由此进一步明晰。围绕与中国现代化最新实践密切相关的道路、制度、理论、方案、经验等问题，中国式现代化理论再次引起学界热切关注，并随之产生一系列新的研究成果。这些成果以世界视野和当代立场观照中国现代化的最新实践和理论问题，将习近平新时代中国特色社会主义思想与现代化理论紧密相融，着力探讨和总结现代化的"中国方案""中国智慧"，为构建中国特色的现代化史理论体系提供了新的视角与新的思考①。

由此可见，自 20 世纪 80 年代以来，我国的现代化史研究尽管时间不长，还存在这样或那样的不足，无论在理论体系的完善和史论结合上都还有可待改进之处，但几乎涉及了现代化史的所有重要领域和重要问题，对中国近代以来的现代化历程更是作了深刻反思，并已初步形成现代化史研究的中国学派。总体而言，可以说取得了长足进展，在国际学术界产生了重要影响。

三、构建中国特色现代化史理论体系的进一步思考

近 40 年来中国的现代化史研究为何能够取得长足进展？关键有两点：一是坚持以马克思主义为指导，赋予了现代化理论更为宏大、深刻的内涵；二是将世界和中国的现代化进程紧密结合，与时俱进地回应了时代提出的重大课题和重大需求。

构建中国特色现代化史理论体系，其中最重要的一点，就是要弄清马克思主义与现代化理论的关系。因为中国特色的现代化史理论，说到底就是马克思主义现代化史理论，以唯物史观为指导乃是现代化史理论中国学派的根本特色。罗荣渠教授曾深刻论述过，马克思虽未使用过

① 巩瑞波：《综述与展望：理解"现代化中国方案"的四重维度》，《当代世界与社会主义》2019 年第 2 期，第 200～208 页；王敏：《新时代中国社会主义现代化理论的新发展》，《福州党校学报》2018 年第 3 期，第 15～19 页。

“现代化”一词，但他关于现代化的思想早在唯物史观形成之初即已提出，事实上马克思的社会发展理论的中心部分正是关于现代社会的发展问题。因此，“马克思主义的现代化理论应是马克思主义的发展理论和发展社会学的最新部分，应是运用多学科方法研究现代社会发展的综合的科学理论”；将马克思主义社会发展观与方法论应用于现代化研究，关键是要理论联系实际，“把对现代化作为世界性进程的整体考察当作建立综合理论的基础，在这一基础上开展对各个层面的横剖面研究或专题性研究”①。

以唯物史观为指导，结合中国现代化道路的实际，我们认为，在构建中国特色现代化史理论体系过程中，还应对以下理论问题予以更多的关注：

（一）持续推进现代化理论的“本土化”与“中国化”

中国现代化研究本身是应中国改革开放和现代化建设的大潮而起的，其任务和目标是要走出一条“中国式”的现代化道路，因此必须要服中国的“水土”，对中国的路子。简言之，只有同中国现代化实践密切结合并能够指导中国现代化实践的理论，才是中国真正需要的现代化理论。

如果说在改革开放之初，我们引进和研究现代化理论主要是为了通过研究西方现代化的经验为中国找到一条适合自身发展的现代化道路，即通过什么样的方法、步骤，如何选择最优化的方案，将我国建设成为社会主义现代化强国，那么，经过40年快速发展之后，我们今天最迫切需要的则是对现代化的“中国经验”“中国道路”“中国方案”进行系统、全面的理论概括，上升为具有高度学理性和原创性的“中国理论”，从“照着讲”到“自己讲”，进而对世界现代化理论作出中国学派的理

① 罗荣渠：《建立马克思主义的现代化理论的初步探索》，《中国社会科学》1988年第1期，第62页。

论贡献。其中，尤其需要深入思考的是：中国特色社会主义与中国现代化的内在关系究竟是什么？中国现代化道路的本质特征是什么？这条道路与中国近现代历史的关系是什么？与中国传统文化的关系是什么？中国现代化实践所创造的具体经验是什么？中国现代化方案对发展中国家的现代化到底有哪些启示？中国道路是否具有可持续发展的可能？这一系列问题，都需要在现代化理论的持续“本土化”“中国化”过程中加以解决。

（二）进一步聚焦生产力和科技发展在现代化中的核心作用

生产力决定生产关系，是历史唯物主义的基本原理，也是经济、社会发展的基本规律。长期以来，我们往往有意无意地将这一对基本关系颠倒过来，研究生产关系、上层建筑较多，研究生产力自身发展状况和作用反而较少。为此，我们必须回到历史唯物主义的原点，加强对现代化过程中生产力发展状况的研究，对近现代以来生产技术变革、资源利用、劳动力供求、劳动生产率提高、环境演变等涉及生产力的各方面进行过细的考察，进而研究生产力如何决定了生产关系的变化、发展，经济基础如何决定了上层建筑，近代工业革命所创造的巨大生产力如何深远地影响了世界和中国的历史进程，尤其是经济全球化背景下的生产和再生产有何新趋势、新动能、新形式。

生产力诸要素中，科技发展及其所带来的产业结构升级，始终是生产力发展的核心动力，也是现代化的根本动力。工业革命以来，人类已经历了三次产业革命，并正在经历新的产业革命即第四次产业革命。最新科技发展和产业革命给人类社会带来的无限广阔的发展空间和机遇，怎么估计也不为过。我们必须未雨绸缪，坚持创新驱动战略，在新科技革命中下好“先手棋”，抢占制高点，以科学技术的现代化引领和推动中国全面现代化。

（三）正确理解现代化史范式与革命史范式的关系

历史有着内在的继承性与延续性。现代化的“中国道路”和“中国模式”很大程度上是中国近代历史发展的必然结果，其根子还在于中国不同于西方的历史和文化传统。因此，要讲清中国现代化道路的特点，就必须要回到中国近代历史的独特性中去寻求答案。

中国近代历史的特点之一，是自1840年鸦片战争以来，由于帝国主义的侵略，中国逐步沦为半殖民地半封建社会，救亡图存成为近代中国的主题。当时中国面临的两大任务：一是摆脱帝国主义的统治和封建势力的压迫，争取民族独立和人民解放；二是通过工业化和现代化使中国富强。如同刘大年同志所指出：“中国近代110年的历史基本问题是两个。一是民族不独立，要求在外国侵略压迫下解放出来；二是社会生产落后，要求工业化、近代化。两个问题内容不一样，又息息相关，不能分离。”① 就二者关系而言，十分明显的是，没有民族独立和人民解放，就不可能有真正的工业化和现代化，也不可能实现国家的富强。只有赢得反帝反封建斗争的胜利，推翻半殖民地半封建统治秩序，才能为工业化和现代化开通道路。正因为如此，革命史范式成为中国近代历史叙事的主流模式，就不足为奇了；政治史相比经济史受到更多的关注，也不足为奇了。

应该说，从中国近现代历史的全过程来看，革命史范式和现代化范式并非两种截然对立的范式，既不能以现代化否定革命化，也不能以革命化排斥现代化，二者是可以相互包容和相互补充的，随时代演变各自都有可能成为某一时代的主导性范式②。大体上，1949年以前，是以革命化为主导；1949年以后，随着新中国大规模经济建设的展开，工业

① 刘大年：《当前近代史研究的几个理论问题》，《刘大年集》，中国社会科学出版社，2000年版，第5页。

② 关于革命史范式与现代化范式的关系，较详细的论述可参见张海鹏：《中国近代通史》（第1卷），江苏人民出版社，2006年版，第38～50页。

化和现代化则成为时代的主流。值得注意的是，即使是以革命史范式书写中国近代史的马克思主义史学家，也并没有完全排斥“工业化”和“现代化”理念；而即便是当工业化和现代化取代革命化成为时代主流之后，革命化的传统和精神也并未过时。在新的时代条件下，革命化还会继续延续和传承，进而型塑中国工业化和现代化的特质，使其区别于西方式的现代化。这也正是我们今天还要强调革命文化传统重要性的原因所在。历史地看，革命化和革命文化实已融为中国现代化进程的重要组成部分，无法“告别”，更不容舍弃。

(四) 积极面对新时代、新使命的挑战

随着中国特色社会主义进入新时代，我国的现代化事业也随之进入了一个全新的阶段。新时代现代化目标体系的确立和完善，对现代化理论的发展提出了新要求和新挑战，同时，也为进一步构建中国式现代化理论体系提供了新的历史契机。结合“强起来”的时代内涵和中国梦的奋斗目标，新时代的现代化研究应有其新使命和新重点，应在理论创新上实现重大突破。

一是要重视现代化中的“制度”因素，把握新时代现代化的本质特征。中国式的现代化道路有很多经验可以总结，但最根本和本质的一条，便是充分发挥了中国特色社会主义政治制度的优势。中国奇迹之所以能够产生，关键在于有中国共产党的领导、有一个强有力的中央政府、有人民代表大会制度、有中国共产党领导的多党合作和政治协商制度、有社会主义市场经济制度。中国式现代化本质上是社会主义现代化，是现代化因素与社会主义因素的有机结合，中国特色社会主义是新中国一切成绩取得的基础和根本性的制度保障。制度优势与治理方式密不可分，目前亟须加强对国家治理体系和治理能力现代化的研究，充分发挥国家在现代化中的凝聚和引领作用；同时，也要加强对社会治理方式的研究，充分激发社会的活力和创造性，形成国家与社会在现代化中

的强大合力。

二是要重视现代化中的“公平”因素，实现以人民为中心的现代化。新时代的现代化需要更加突出以人民为中心的价值取向，更加注重人的现代化，让普通老百姓分享更多发展的红利，走共同富裕之路。为此，必须研究如何才能打好脱贫攻坚战，使贫困人口能全部按时、保质脱贫；必须研究如何提供更高质量的社会保障和教育、医疗服务，真正做到学有所教、劳有所得、病有所医、老有所养、住有所居；必须研究如何不断改善民生，提高老百姓的生活幸福指数，坚持居民收入增长和经济增长同步、劳动报酬提高和劳动生产率提高同步，持续增加城乡居民收入，使老百姓有更多的获得感和成就感，营造更加和谐、稳定的社会局面。

三是要重视现代化中的“质量”因素，实现更高水平的现代化。如果说在改革开放后现代化建设的第一阶段，我们注重的主要是经济发展的数量指标，将蛋糕做大，解决从“站起来”到“富起来”的转变，那么，在“强起来”的新时代，我们则必须注重发展的质量，走内涵式发展之路，实现从数量之强向质量之强的转变。为此，必须研究在现代化中如何进一步转变发展方式，优化经济结构，完善现代化经济体系和产业体系，不断增强我国经济创新力和竞争力，走创新型国家建设之路。新时代的现代化还包括以建设“美丽”中国为目标的生态现代化。我们必须秉持绿色发展理念，着力解决突出环境问题，坚持节约优先、保护优先、自然恢复为主的绿色发展方针，推动工业文明向生态文明转型，“形成人与自然和谐发展现代化建设新格局”。

四是要重视现代化中的“国际”因素，实现更加开放的现代化。如果说在现代化重启的第一阶段，我们更多的是眼光向内，通过改革开放，引入国外的资金、技术和人才，促进综合国力的成长，那么，新时代的现代化将会是更加开放、更加国际化的现代化，中国将在世界现代化进程中发挥更为重要的作用。因此，我们必须研究面对“百年未有之大变局”，如何顺应经济全球化的世界潮流，坚持多边主义和贸易自由化原则，反对单边主义和逆全球化思潮，更多地参与、引领全球治理变革的进程，更多地在国际事务中发出中国声音，提出中国方案，推动构建人类命运共同体，为人类和平发展贡献中国智慧。

综上，现代化已是当今世界范围内不可逆转的社会发展潮流，是史学和其他社会科学研究的题中应有之意。但源起于西方的现代化理论，主要是对西方国家发展经验的概括和总结，具有很大的局限性和浓厚的西方中心主义色彩，我们可以借鉴和参考，但绝不可以盲目照搬，必须实现突破和超越。可喜的是，新中国成立 70 年来，特别是改革开放 40 年来，中国史学界和理论界结合中国社会主义现代化的丰富实践，以马克思主义为指导，已经初步构建了中国特色的现代化史理论体系，逐步从现代化理论的“跟跑者”成长为“引领者”。世界性的现代化进程还远未结束，新一轮现代化浪潮正在神州大地兴起，我们必须有新的思考和新的作为，必须在前人研究的基础上有新的突破，真正做到“立时代之潮头，通古今之变化，发思想之先声”，为世界现代化理论的创新和发展作出中国学者应有的贡献。

［本文原刊于《历史研究》2019 年第 4 期］

中国式现代化新道路的历史演进及前瞻

习近平总书记在庆祝中国共产党成立100周年大会上的讲话中指出，我们坚持和发展中国特色社会主义，推动物质文明、政治文明、精神文明、社会文明、生态文明协调发展，创造了中国式现代化新道路，创造了人类文明新形态①。2021年7月6日，在中国共产党与世界政党领导人峰会的主旨发言中，习近平总书记强调，中国共产党将团结带领中国人民深入推进中国式现代化，为人类对现代化道路的探索作出新贡献②。我们应当如何理解中国式现代化？中国式现代化新道路经历了什么样的历史演进过程？中国式现代化新道路究竟"新"在何处？中国式现代化对人类现代化道路探索究竟作出了什么新贡献？对这些问题的回答，既是当下中国式现代化理论探索的聚焦点，也是哲学社会科学学术体系和话语体系建设的"必答题"。

一、中国式现代化的历史演进之路

"中国式现代化"是中国共产党在探索现代化建设过程中提出的一

① 习近平：《在庆祝中国共产党成立100周年大会上的讲话》，《人民日报》，2021年7月2日，第2版。

② 习近平：《加强政党合作　共谋人民幸福》，《人民日报》，2021年7月7日，第2版。

个重要概念，是“四个现代化”概念的深化与发展。

中国共产党自成立以来，始终将为中国人民谋幸福、为中华民族谋复兴作为自己的初心使命。新中国成立后，在中国人民站起来的基础上，中国共产党随即开始了对社会主义工业化、现代化道路的探索。1954 年，第一届全国人民代表大会召开，在有关国民经济发展目标和任务中，宣告要“建设起强大的现代化的工业、现代化的农业、现代化的交通运输业和现代化的国防”①。1956 年，党的八大将这四个现代化的任务写进党章。在 1957 年 2 月《关于正确处理人民内部矛盾的问题》和同年 3 月《在中国共产党全国宣传工作会议上的讲话》中，毛泽东指出，要将我国建设成为一个具有“现代工业、现代农业和现代科学文化”的社会主义国家②。随后，毛泽东首次提出了工业、农业、科学文化、国防四个现代化的内容③。1964 年底，根据毛泽东的提议，周恩来在第三届全国人大第一次会议上宣布，我国今后的战略目标，“是要在不太长的历史时期内，把我国建设成为一个具有现代农业、现代工业、现代国防和现代科学技术的社会主义强国，赶上和超过世界先进水平”④。至此，“四个现代化”概念正式成型。

20 世纪 70 年代末，在“四个现代化”基础上，邓小平首次提出“中国式现代化”概念。1979 年 3 月 21 日，邓小平在会见英中文化协会执委会代表团时提出：“我们定的目标是在本世纪末实现四个现代化。”两天后，他在政治局会议上又把他刚刚提出的“中国式的四个现代化”表述为“中国式的现代化”⑤。在党的十二大开幕式上，邓小平

① 周恩来：《政府工作报告》，《人民日报》，1954 年 9 月 24 日，第 1 版。

② 中共中央文献研究室：《毛泽东文集》（第 7 卷），人民出版社，1999 年版，第 207、268 页。

③ 中共中央文献研究室：《毛泽东文集》（第 8 卷），人民出版社，1999 年版，第 116 页。

④ 中共中央文献研究室：《邓小平年谱（1904—1974）》（下），中央文献出版社，2009 年版，第 1840 页。

⑤ 中共中央文献研究室：《邓小平年谱（1975—1997）》（上），中央文献出版社，2004 年版，第 496、497 页。

明确指出，“我们的现代化建设，必须从中国的实际出发”，必须“把马克思主义的普遍真理同我国的具体实际结合起来，走自己的道路，建设有中国特色的社会主义”①。由此，中国特色社会主义和中国式现代化成为时代的命题。

“当代中国是历史中国的延续和发展。”② 中国式现代化道路是历史形成的，是历史和人民选择的结果。因此，研究中国式现代化，首先必须回溯历史，了解中国式现代化的来龙去脉，才能真正认识中国式现代化的根本性特征。从历史来看，中国的现代化同西方不一样，它从一开始就具有自身的独特性。尽管真正意义上的中国现代化建设是从新中国成立之后，尤其是改革开放后逐渐展开的，但其源头却可以追溯到半殖民地半封建社会时期的“近代化”（早期现代化）过程。因此，中国现代化进程从总体上可分为资本主义“近代化”与社会主义“现代化”两大历史阶段，这两大阶段有着截然不同的历史运行方式，但又存在若干共同的历史基因③。

中国近代化始于19世纪60年代的洋务运动，终于1949年新中国成立。洋务运动、戊戌变法、辛亥革命等，一定意义上均可视为实现近代化的尝试和探索。中国近代化本质上就是资本主义化，但又是不成功的资本主义化，通常被称作“强迫型现代化”或“失败的现代化”。以资本主义方式实现工业化、民主化是中国近代化的核心内涵，但由于旧中国半殖民地半封建的社会性质、帝国主义和封建势力的干扰，这两个目标都未能实现。直到1949年，中国仍然是一个“一穷二白”的落后农业国家，工业基础极其薄弱，近代工业生产设备（包括工厂、铁路、矿井等）仅合人民币128亿元，近代工业产值仅占工农业总产值的17%④。事

① 邓小平：《邓小平文选》（第3卷），人民出版社，1993年版，第2～3页。

② 习近平：《在纪念孔子诞辰二千五百六十五周年国际学术研讨会暨国际儒学联合会第五届会员大会开幕会上的讲话》，人民出版社，2014年版，第12页。

③ 马敏：《现代化的“中国道路”——中国现代化历史进程的若干思考》，《中国社会科学》2016年第9期，第31页。

④ 吴承明：《中国资本主义与国内市场》，中国社会科学出版社，1985年版，第133、135页。

实证明：不改变旧中国半殖民地半封建的社会性质，没有国家独立和民族解放，要实现近代化只能是不切实际的幻想。

1949年新中国成立后，中国的现代化进程步入崭新阶段，即从资本主义近代化发展为社会主义工业化、现代化阶段。新中国的社会主义现代化大致可划分为两大时期：1949年至1978年的奠基时期与1978年至今的快速发展时期。在奠基时期，主要是通过制度变革和道路探索，为现代化打下坚实基础；1978年改革开放后，则是中国现代化的突飞猛进时期，我国面貌的巨大改变，主要是在这一阶段实现的。2020年，中国国内生产总值达到101.6万亿元人民币，是1978年的276倍，人均国内生产总值是1978年的187倍①。事实证明，中国用短短几十年时间走过了发达国家几百年的工业化历程，中国的现代化取得了空前成功。

将中国现代化历程划分为资本主义近代化和社会主义现代化两个大的历史阶段，同时细分为若干小的阶段，有助于我们从“大历史”视角较为全面地把握、分析中国现代化的总体面貌和基本特征。

首先需要明确的是，“中国式现代化”主要是指在中国共产党领导下的社会主义现代化，而不是指旧中国的资本主义近代化。中国近现代毕竟是一个连续的历史过程，发生在当代中国的社会主义现代化，必然会受到近代早期现代化进程中诸多不利因素的制约和影响。例如，资本主义近代化并没有为中国创造出大工业生产力和相应的市场经济基础，我们不得不白手起家搞经济建设，这正是我们今天仍处在社会主义初级阶段的重要原因之一。因此，研究中国式现代化，首先是要将以1949年为界的两大阶段现代化进程进行关联性分析，既看到二者间的历史连续性，又要看到二者间的本质区别，从而厘清中国式现代化道路的历史

---

① 1978年中国国内生产总值为3678.7亿元，人均国内生产总值为385元。参见国家统计局官网“国家数据·年度数据·国民经济核算”数据，https://data.stats.gov.cn/easyquery.htm?cn=C01，2021年11月2日。

起源及相关特征。

更为重要的是，要将1949年以后的社会主义现代化历程作为一个整体来分析。一方面，要观察这70年来贯穿始终的整体性特征；另一方面，则要将这70多年划分为更为具体的发展阶段，进而探讨每一阶段的发展内容及特点。1949年至1978年的奠基时期，可细分为：（1）社会主义改造与初步工业化时期（1949—1966），其特征为从新民主主义社会向社会主义社会过渡，以及以第一个和第二个五年计划为标志的大规模工业化建设；（2）十年“文革”与拨乱反正后改革开放起步时期（1966—1978），其特征为“文革”期间的经济停滞与改革开放的历史性抉择。而1978年至今的迅速发展时期，则可细分为：（1）1978年至2012年是中国快速富起来的阶段；（2）2012年党的十八大之后是中国迈入强起来的阶段。这两个阶段总的特征均为经济与社会的高速发展，但前一阶段主要强调量和规模的发展，后一阶段则更加重视质和水平的提高。

对中国式现代化道路特点的探讨，应将重点主要放在新中国成立后的70多年，尤其要关注改革开放40年来中国的巨大发展和成功经验。当然，这种探讨又离不开对1949年前中国近代化道路的历史回顾与纵向比较。

二、中国式现代化新道路“新”在何处

中国式现代化道路之“新”：一是它不同于1949年以前的中国近代化，选择了一条全新的中国特色社会主义道路，呈现出无比光明的前景；二是它不同于西方资本主义现代化，走出了一条自己的路，并超越了西方式现代化，开辟了后发国家走向现代化的崭新道路。我们大体可从“整体之新”与“新时代之新”两个维度来把握。

就“整体之新”而言，1949年新中国成立以来，尤其是1978年改

革开放以来，中国式现代化探索主要呈现出以下整体特征：

（一）本质上是社会主义现代化，有别于资本主义现代化

中国式现代化同西方国家现代化、1949 年以前中国近代化最大的不同以及本质区别，便是前者是社会主义的现代化，而不是资本主义的现代化；是以人为本、以人民福祉为中心的现代化，而不是以资本为中心、建立在资本原始积累基础上的现代化。

中国之所以选择社会主义现代化道路，根本上是由本国特殊的国情决定的。1949 年新中国成立时，面临的基本国情是人口多、底子薄、经济极端落后。全国 5 亿多人口，绝大多数生活在农村，80%以上是文盲①。1952 年，国民收入总额为 589 亿元，按人口平均仅为 104 元②。

要在这样一个极端贫穷落后的超大人口规模的国家实现工业化、现代化，就必须实行以公有制为基础的社会主义制度，集中一切资源，尽快发展经济和民生，以满足广大人民群众物质和文化生活需要。反之，只有实现现代化大生产，社会主义制度才有强大的物质基础，才能不断巩固和发展。对中国而言，社会主义制度和现代化是彼此不可分割的，中国特色社会主义现代化道路既是历史的选择，也是实现民族复兴的必由之路。

（二）充分发挥制度优势，以举国之力推进现代化

中国式现代化道路之“新”，根本在于制度之新。“制度优势是一个国家的最大优势，制度竞争是国家间最根本的竞争。”③ 新中国所建立的社会主义政治经济制度，不仅彻底改变了半殖民地半封建旧中国一盘散沙、近代化迟迟上不了轨道的旧貌，而且相较于西方资本主义，也具

---

① 朱汉国：《当代中国社会史》（第 4 卷），四川人民出版社，2019 年版，第 1439 页。

② 赵德馨：《中华人民共和国经济史（1949—1966）》，河南人民出版社，1989 年版，第 215 页。

③ 习近平：《习近平谈治国理政》（第三卷），外文出版社，2020 年版，第 119 页。

有自己独特的制度文明优势，这是我们取得一切成绩的基础和保证。

中国共产党的领导是中国特色社会主义最本质的特征。在党的统一领导下，中国现代化始终拥有坚强而稳定的政治领导核心，得以构建起一个高效能政府，其决策的担当力与回应的及时性均世所罕见。

以人民为中心是中国共产党执政的核心理念。从中央到各级地方，均建立了人民代表大会制度和政治协商制度，让人民享有充分民主权利，积极参政议政，营造了全国上下团结一心，共商国是、共谋发展的良好政治氛围。人心齐，泰山移。人民群众的无限创造力，正是中国式现代化取得成功的最大秘诀。

集中力量办大事是中国特色社会主义的突出优势。党的领导和人民支持使国家可以集中财力和物力，有计划、有步骤地推进现代化建设。计划与市场相结合，政府有形之手与市场无形之手携手并进，形成合力，促使劳动、知识、技术、管理和资本的活力竞相迸发，使一切创造社会财富的源泉得以充分涌流。

（三）坚持以经济发展为中心，以改革推进现代化

新中国成立之初，党的第一代领导集体直面时艰，以社会主义工业化为目标，通过实行计划经济体制，逐步建立了比较完善的工业体系，使旧中国贫穷落后的面貌得以根本扭转，人民初步安居乐业。在探索社会主义建设过程中，由于缺乏经验，急于求成，也遭遇了一些挫折。例如，高度集中的计划经济体制使社会生产力不能得到充分解放，平均分配的政策使工作效率低下。1978 年 12 月十一届三中全会上，党的第二代领导集体审时度势，作出了改革开放的历史性决定，把全党工作重点转移到社会主义现代化建设上来，经济建设成为一切工作的中心，各项改革措施相继出台，迅速形成改革开放、欣欣向荣的大好局面。正是在不断深化改革过程中，不适应生产力发展的经济关系得到调整，一切有利于发展社会生产力、有利于增强国家综合实力的要素和活力都得到空

前释放与扩大，中国经济和社会实现了前所未有的快速发展，创造了举世瞩目的“中国经济奇迹”。

（四）注重各方面平衡，坚持协调发展

中国是一个大国，地域辽阔，城市与乡村、沿海与内地、东部与西部差异巨大，因此，在现代化发展过程中，各方面的协调发展至关重要。在城市发展与农村发展的协调上，改革首先从农村破冰，从亿万农民脱贫致富做起，走出了一条城市带动乡村、城乡同步发展的中国特色乡村振兴之路；在区域协调发展上，通过深入实施西部开发、东北振兴、中部崛起、东部优化等一系列战略，破解了地区发展不平衡的难题，奏响了区域协同发展的“交响乐”。

中国式现代化，不仅注重人们物质生活水平的提高，同时也关注人们精神文化生活的丰富，从5000多年深厚的文明传统中汲取养分，为实现民族复兴熔铸精神之魂。“两个文明”一起抓，物质文明与精神文明协调发展，构成中国式现代化的鲜明特征。

（五）坚持对外开放，融入国际发展潮流

中国式现代化能够取得巨大成功，除归功于对内改革外，对外开放的基本国策也甚为关键。改革开放以来，中国以巨大的自信和坚定的步伐迈向国际、拥抱世界，参与国际大循环，成为经济全球化的受益者之一。中国2001年11月正式加入WTO后，外贸总额持续大幅增长，于2013年超越美国成为全球货物贸易第一大国，并始终保持全球第一大出口国和第二大进口国地位，成为名副其实的“世界工厂”。在对外开放中，中国通过实施“引进来”和“走出去”战略，全面促进了开放型经济发展，加快了中国经济融入全球化进程，极大拓展了中国经济发展的空间。中国式现代化走出了一条既发展自身、又造福世界的现代化之路。

2012年党的十八大之后，中国特色社会主义建设迈入从富起来到强起来的新时代，中国式现代化建设也随之进入一个新阶段，即习近平总书记所概括的“两个一百年”奋斗目标的“历史交会期”。在全面建成小康社会的基础上，我国正向着全面建成社会主义现代化强国的目标迈进，中华民族伟大复兴进入了不可逆转的历史进程，中国式现代化道路随之呈现出若干新的时代特征，可概括为以下几方面：

一是更加重视创新思维的创新型现代化。创新是21世纪信息化时代的根本特征，是引领发展的第一动力。新时代的新型现代化，必须以新发展理念为精髓，实现从观念到制度、从经济发展模式到关键技术的全面创新。经济发展要着眼于从短期型向长期型、从数量型向质量型的转变，走内涵式发展之路，不断突破核心关键技术创新，实现高质量、高水平发展，构筑起以国内大循环为主体，国内国际双循环相互促进的新发展格局；政治发展将致力于国家治理体系和治理能力的创新，在强调政府统筹管理的同时，着力加强和改善基层社会治理，实现政府治理、社会调节和居民自治的良性互动，不断提升国家治理水平的现代化。

二是更加重视共同富裕的共享型现代化。习近平总书记指出：“共同富裕本身就是社会主义现代化的一个重要目标。”① 以人民为中心，坚持共建共享，实现共同富裕，是社会主义现代化的本质要求，也是中国共产党的初心使命。打赢脱贫攻坚战，全面建成小康社会，为进一步促进共同富裕创造了良好条件。新时代的新型现代化，将更加致力于解决发展不平衡不充分的问题，既要坚持发展，不搞整齐划一的平均主义，继续做大“蛋糕”，也要坚持共建共享，在发展中保障和改善民生，努力分好“蛋糕”，让改革发展成果更公平地惠及全体人民。

三是更加重视生态环保的绿色型现代化。“生态兴则文明兴，生态

① 《习近平在中共中央政治局第二十七次集体学习时强调　完整准确全面贯彻新发展理念　确保“十四五”时期我国发展开好局起好步》，《人民日报》，2021年1月30日，第1版。

衰则文明衰。”在社会主义现代化建设过程中，我们越来越清醒地认识到，生态环境是人类生存之本、文明发展之源，“绿水青山就是金山银山”，中国式现代化应是人与自然和谐共生的现代化。新型现代化的基本特征之一，就是必须牢固树立绿色低碳发展理念，高度重视环境保护问题，切实改善生态环境质量，走出一条经济发展与生态文明建设相辅相成、相得益彰的新发展之路，形成生态文明新形态。

四是更加重视整体开放的共生型现代化。当今世界正在经历百年未有之大变局，经济全球化也面临各种阻力，但各国走向开放、走向合作的大趋势并没有发生改变。因此，新型现代化只能是更加开放、更加包容的现代化。习近平主席代表中国政府明确宣示，绝不走“国强必霸”的西方大国崛起老路，而是要走通过合作共赢实现共同发展、和平发展的现代化道路，积极推动完善全球治理。人类文明具有多样性，各个国家走向现代化也有着不同路径，但不同文明之间、不同现代化道路之间，完全可以做到交流互鉴、取长补短、共存共生，共同探索走向现代化的路径，共同构建人类命运共同体。

三、中国式现代化实践呼唤新的理论突破

中国式现代化新道路，既有其历史和实践逻辑，也有其哲学和理论逻辑。相较于中国现代化实践所取得的巨大成功，稍显遗憾的是，我们不得不面对这样一个事实：对中国现代化学术理论的总结和探讨，远远赶不上实践发展的步伐。

现代化理论源起于20世纪六七十年代的美国与欧洲，主要探索人类社会如何从传统农业社会过渡到现代工业化社会，以及由此而引发的广泛而深刻的社会结构变化。作为一种综合性的社会科学理论，现代化理论涉及的学科非常广泛，包括政治学、经济学、社会学、历史学和文化人类学等。

作为一种新的研究范式，现代化理论对我们认识和探讨中国现代化问题具有一定借鉴意义。它将现代化视作一个不断从传统性向现代性转变过程的观点，为分析长期性社会变迁提供了一个可资参考的理论框架；它强调现代化是一个“连贯的整体”，都市化、工业化、世俗化、民主化、教育普及等，并不是偶然、凌乱发生的，而是“有规则地一起出现”①。这种具有系统性、整体性、联系性的观点，对于分析现代化的复杂社会现象提供了方法指引；而不同国家和文明间的现代化比较研究，则有助于从全球化视角观察人类现代化历史进程。

现代化理论范式在提供新的问题意识、概念话语、分析视角与方法的同时，又存在极大局限性。因为这一范式基本上是基于欧美经验，尤其是美国的经验形成和发展起来的，而把非西方国家的现代化过程视作对西方道路的仿效、重复，因此，这种研究范式存在根深蒂固的“西方中心主义”色彩。例如，西方现代化理论通常将民主化、市场化、法制化、工业化、都市化等指标，作为衡量现代化程度的核心指标，但在评价标准上，则基本上是趋同化的：认为只有一个标准，就是西方文明的标准；只有一个价值观，就是西方的“普世价值观”。如1960年麻省理工学院国际问题研究中心编制的发展中地区现代化统计指数，就是按当时大约60个民族国家的政治民主程度排队，以此作为衡量发展中国家政治现代化的标准②。布莱克也基本上是以社会结构和政治现代化（主要是民主程度高低）作为基准，对各国进行现代化类型划分③。到20世纪90年代，福山的“历史终结论”，更是将西方的“普世价值观”推到极致，乐观地认为西方自由民主已取得最终胜利，成为“人类意识形

① 塞缪尔·亨廷顿著，李盛平、杨玉生等译：《变革社会中的政治秩序》，华夏出版社，1988年版，第32～33页。

② 罗荣渠：《西方现代化史学思潮的来龙去脉》，《历史研究》1987年第1期，第167页。

③ C. E. 布莱克著，段小光译：《现代化的动力——一个比较历史的研究》，四川人民出版社，1988年版，第148～175页。

态进步的终点”与“人类统治的最后形态”①。尽管福山后来对自己这种极端观点进行了一定程度的修正，但仍坚持认为“历史终结”只是延迟了而已。

显然，具有明显“西方中心”色彩的现代化理论，并不适用于中国。它既不能完全概括中国的现代化实践，也不能合理解释中国的现代化实践，更不能有效指导中国的现代化实践。中国现代化面临的是双重问题：一方面是一个不发达国家如何实现现代化，另一方面是一个有着悠久文明历史的大国如何有尊严地实现现代化转型。中国在各国现代化的共性之外，自有基于本国国情的特殊性，有着自身发展的规律与规范，不可能纳入西方现代化的唯一模式之中，注定要走一条独特的现代化之路。

其实，早在 20 世纪 80 年代初西方现代化理论进入中国之际，许多有识之士就已经意识到西方现代化理论的诸种弊端，提出中国需要自己的现代化理论，走中国式的现代化道路，并为此作出巨大努力。为了探索如何才能走出一条中国式现代化道路，以罗荣渠为代表的一批学者，在广泛借鉴西方现代化理论的基础上，紧密结合中国历史实际，比较系统地提出了创建马克思主义现代化理论体系的主张。与此同时，章开沅等学者也从历史比较角度，展开了对中国早期现代化的比较研究。在他们的带动下，中国曾一度兴起了现代化研究的热潮②。比较遗憾的是，因种种原因，中国本土的现代化研究虽取得了长足的进展，产生了一大批学术成果，但总体而言，仍然缺乏系统性和理论原创性，尚未真正形成比较成熟的马克思主义现代化理论学派。尤其是相对最近 40 年中国式现代化实践的飞速发展，我国的现代化理论研究还跟不上时代的步伐，无法对丰富多彩的中国现代化实践进行及时的理论总结并提供相应

① 弗兰西斯·福山：《历史的终结》，远方出版社，1998 年版，第 1 页。

② 马敏：《努力构建中国特色现代化史理论体系——新中国史学发展 70 年的一个侧面》，《历史研究》2019 年第 4 期，第 14 页。

理论指导。

与40年前重在引进现代化理论、思考中国的现代化之路应该如何走不同，今天最需要的则是对现代化的中国经验、中国道路和中国方案进行系统、全面的理论概括与总结，并上升为以中国经验为内核的原创性“中国理论”，从而对探索人类现代化道路作出中国学派的理论贡献。

尽管全面开展中国式现代化新道路的理论探讨，还有很长的路要走，但习近平总书记近期有关中国式现代化的重要论述，已经对现代化的中国实践、中国创造作出高度概括，指明了中国现代化道路的新定位，树立了中华文明发展的新标杆。为此，首先我们要以马克思主义关于历史发展的普遍性与特殊性观点为指导，明确现代化虽是人类社会走向富强的必由之路，但通向现代化的道路却不止一条，各国都有选择适合自身现代化道路的权利，从而把握好特殊性与统一性、主体性与开放性的有机统一。其次，要坚持将马克思主义基本原理同中国具体实际相结合、同中华优秀传统文化相结合，与时俱进，切实提炼出中国式现代化所具有的实践特色、理论特色、民族特色和时代特色。再次，要通过深入学习贯彻习近平总书记关于发展的重要思想，认识到中国式现代化新道路追求的是全面发展、协调发展和永续发展；是要沿着中国特色社会主义道路方向，以人为本，推动物质文明、政治文明、精神文明、社会文明、生态文明协调发展，推动实现人的全面发展和社会全面进步。最后，要以习近平总书记所倡导的大历史观为指导，从5000年中华文明史、500多年世界社会主义发展史、180多年中国近现代史、70多年新中国史和40多年改革开放史的多重视角，考察中国式现代化道路如何创造了人类文明新形态，反映了人类的共同价值和诉求，推动了人类文明的整体进步。

总之，中国开拓的现代化新道路，是世界上最大的发展中国家依据自身国情、独立自主闯出的一条新路，是对不同于既往的人类文明新形态的探索。我们必须另辟蹊径，在历史、现实与未来的关联中，提炼、总结出一套新的理论体系，为世界上那些渴望独立发展、走符合自身国情现代化道路的国家，提供可资借鉴的中国方案。

［本文原刊于《历史研究》2021 年第 6 期］

中国近代史学术话语体系建设的若干思考

——以“近代”“近世”等概念为论述中心

中国近代史作为一门独立学科，自20世纪30年代建立迄今已有90余年的历史。历经几代史家的建设，中国近代史学科体系已趋于成熟，既有别于1840年以前的古代史，也有别于1949年以后的当代史，但无可否认的是，因本门学科毕竟诞生于20世纪“西学东渐”的大潮之中。因此，无论是在理论范式、问题意识、研究方法乃至话语体系方面，均深受西方史学的影响，至今尚未完全实现本土化转型。

对长期以来中国近代史研究模式中所带有的西方特征，部分西方学者也有所反思。典型的如美国史学家柯文的名著《在中国发现历史——中国中心观在美国的兴起》。在他看来，20世纪70年代以前，西方的中国近代史研究基本上以“西方中心”论占据主导，可概括为三种模式：“冲击—回应模式”“传统近代模式”“帝国主义模式”。为此，他提出应建立基于“中国中心观”的研究模式，即从中国内部而不是从西方着手来研究中国历史。该书中译者林同奇认为：“中国中心观对美国的中国史研究，起了真正的解放作用，其批判锋芒是相当尖锐的。”①但是，针对柯文的新思考，也有中国学者质疑：“《在中国发现历史》一

① 柯文著，林同奇译：《在中国发现历史——中国中心观在美国的兴起》，“译者代序”，中华书局，1989年版，第6页。

书出版后，曾唤起国内读者对‘中国中心’说的误读与追捧，冷静想想，用西方概念与知识体系叙述的‘中国’真的是‘中国中心化’的中国吗?”①

正是基于以上问题意识，为了从根源上建立近代中国本土化“知识体系”，最近20年来，中国史学界在词汇史、概念史、观念史、知识转型史等领域进行了广泛、深入的学术探讨，并取得了有目共睹的学术成就。如冯天瑜、沈国威等对来自日本的近代汉字术语、词汇进行的文化探源研究；方维规、李宏图、孙江、黄兴涛等的概念史研究；金观涛、刘青峰夫妇通过关键词梳理进行的观念史研究；桑兵、章清、杨念群等的近代知识转型研究等②。这些研究通过对近代中国众多名词术语、概念、观念、知识范畴的系统清理和文化探源，透视其背后所蕴含的思维方式和价值观念变革，揭示与之相关联的历史变迁，极大地丰富了人们对中国近代史的认知③。

目前面临的问题是，如何在前期概念史研究的基础上更进一步，利用在概念史“知识考古”中获得的大量素材和成果，有意识地去建构具有本土特色的中国近代史学术话语体系。这大致包括三个方面的意涵：一是以中国为本位，对近代史上的名词术语、概念观念进行分类梳理，鉴别其内在属性；二是以历史发展大势为观照，判定哪些词语、概念和观念在推动历史实践和历史变迁上起到了更为关键的作用；三是在“话语”分析基础上对众多概念、观念进行整合，以形成既包罗宏富又具有明确指向和内在逻辑关联的话语体系。这样做的前提，是需要为相关概念、观念的“历史化”“社会化”“系统化”提供更为宏观的理论思维框架，确立概念整合的相关标准和原则，并找到相应整合方法。在上述方面，研究者们都已有所探讨，但似乎还有可以进一步深化的空间。个人

① 孙江：《概念、概念史与中国语境》，《史学月刊》2012年第9期，第9页。

② 李里峰：《概念史研究在中国：回顾与展望》，《福建论坛》2012年第5期，第92～100页。

③ 黄兴涛：《近代中国新名词的思想史意义发微——兼谈对于“一般思想史”之认识》，《开放时代》2003年第4期，第70～82页。

认为，就中国近代史学术话语体系构建而言，沿着本土化、中国化方向，大量具体的词语、概念和观念可尝试纳入以下几对更为核心的概念框架中来进行整合和讨论（当然又不局限于这几对核心概念）。

一、时间维度上的“近世”与“近代”

根据学者们的研究，“近世”与“近代”都是中国古已有之的概念，用于指称较近的王朝或时代。清末民初，随着西方史学传入中国，尤其受日本的影响，古典的“近世”“近代”概念获得了现代意义上历史分期的新意。“近世”通常指宋元明清（或仅明清）以来的中国历史，“近代”则多指1840年鸦片战争以后的中国历史，当然也有二者混用的情况①。笔者趋向于明清近世说，但却无意介入“近世”与“近代”的含义之争，而更关注同二者紧密相关的“近世化”和“近代化”趋势如何影响、制导了中国近代话语体系的形成。

如所周知，中国“近代化”通常指鸦片战争后中国在西方影响下所发生的一系列经济、政治、社会和思想的变迁过程，这是一种“天崩地裂”般的时代之剧变，或称“数千年未有之变局”。但是，人们通常忽略了在此“变局”发生之前约两三百年间（大约从明代晚期开始），中国传统农业社会中已经酝酿着重大的社会变动：与工商业空前繁荣相伴随的是商业化、城市化、平民化、世俗化的经济社会变化趋势，以及由经世实学和“新民本”思想等所体现的启蒙思潮的兴起。这一系列暗潮汹涌的社会变迁可名之为“近世化”趋势——中国正以自己的方式步出中世纪而迈向近代②。如果说，中国“近代化”过程更多体现的是由西

① 方秋梅：《“近代”、“近世”，历史分期与史学观念》，《史学史研究》2004年第3期，第54～64页；赵庆云：《何为“近代”——中国近代史时限问题讨论述评》，《兰州学刊》2015年第11期，第77～89页。

② 有关“近世化”的提法，参见伊藤正彦：《“传统社会”形成论＝“近世化”论与“唐宋变革”》，姜锡东：《宋史研究论丛》（第14辑），河北大学出版社，2013年版，第201～225页。但其内涵则尚须进一步讨论。

方入侵所引发的社会“突变”，那么，“近世化”则更多体现的是出自中国社会内部的“渐变”，一种在传统中的“自身之变”。中国近代历史的走向，应是近代突变与近世渐变双重因素作用的结果，而越是近代早期，内在渐变的影响和制导作用则愈加明显①。

因此，追寻中国近代历史，建构近代史话语体系，必须仔细重建鸦片战争之后“近代化”与明清以来“近世化”之间的内在关联。既要关注“近代之变”的巨大作用，也不能忽略更长时段的“近世之变”的持续影响。换言之，西方影响并非导致中国近代变局的唯一因素，许多从西方或日本引入的词语和概念，如果脱离了明清以来“近世化”渐变过程的制导，我们便很难理解其起源及真实的内涵。譬如，“经济”“实业”“实学”“实务”“商务”“通商”“重商”“富强”“利权”“财务”“财富”“资本”“民主”“民生”“自治”“权利”“格致”“科学”“物质”“博物”“制造”等概念，其内涵和外延均深受明清经世实学思想的影响，是士大夫经世事业在近代的延伸与扩展。清末民初的知识分子在选择和创制这些词语、概念时，并不是任意的，而是受制于其内在的儒学价值观，其源头又可上溯到明末清初顾炎武、黄宗羲等人的启蒙思想。

二、空间维度上的“天下”“万国”与“世界”

“近世”“近代”一旦与“化”相挂钩，便摆脱了单纯“朝”和“代”的时间局限，于历史时间之外同时具备了历史空间意涵。1901年，梁启超曾借用西方史学分期方法，将中国历史划分三个大的时期：“第一上世史，自黄帝以迄秦之一统。称为中国之中国”；“第二中世史，自秦一统后至清代乾隆之末年。是为亚洲之中国”；“第三近世史，自乾隆末年以至于今日。是为世界之中国”②。此说最重要的意义便在于打

① 有关刘广京、余英时等对近世“渐变”的论述，参见马敏：《“放宽中国近代史研究的视野”——评介〈近世中国之传统与蜕变〉》，《历史研究》1999年第5期，第130～139页。

② 梁启超：《中国史叙论》，汤志钧、汤仁泽：《梁启超全集》（第二集），中国人民大学出版社，2018年版，第319～320页。

破了王朝更迭的传统史观，从中国与世界的关系重新界定中国历史。

考虑到梁启超当时所言的“近世”，实为“近代”，因此，他所指出的这种时空结合意义上的历史“中国”的区分，揭示的乃是古代中国与近代中国“天下”观念的差异。在古代中国（包括近世），一般人心目中只有“天下”的观念，而没有“世界”的概念。茫茫宇内，中国既是大地的中心，又是“天下”的共主。中国不仅通过“华夷之辨”“用夏变夷”确立了华夏与周边少数民族的关系，而且通过“朝贡贸易”体系确立了与亚洲周边国家的关系。即便是在已进入“近世”的明代中期至乾隆朝，虽已有少数西洋人（如葡萄牙人）东来，但就整体而言，中国人的“天下”视野仍局限于“中国”自身及周边的亚洲属国。只有到了鸦片战争以后，中国才被迫纳入一个更大的世界秩序之中，开始了从“天下”到“万国”乃至“世界”的转变，成为“世界之中国”。

正如许多论者业已指出的那样，晚清从“天下”观到“万国”观的转变，首先体现在世界空间意识的改变。通过传教士的输入及林则徐、魏源、徐继畬等人编写的地理图书，人们才逐渐具有了“地球”的概念，知道中国并非大地的中心，而只是无数国家之中的一国，“盖今之天下，乃地球合一之天下”①。其次，“国际秩序”的概念逐渐取代了“华夷秩序”概念。正是在派遣驻外使节，出洋经商、留学，以及参与世界博览会（时称“万国赛会”）的过程中，中国方逐步明晰了由主权国家构成的近代“国际秩序”，以及中外交涉（邦交）的基本规则。中国不仅只是国际大家庭中的一员，而且在弱肉强食的“殖民—帝国”体系中，还是处于弱势的一方，那种自诩为“华夏中心”的陈腐“天下”观不攻自破。20世纪初，具有更加多元、竞争和流变意义的“世界”观念，又进一步取代“万国”观，成为近代中国更为规范和流行的国际观，中国历史被进一步整合进“世界”历史。

---

① 王韬：《弢园尺牍续钞》，中国史学会：《洋务运动》（一），上海人民出版社，1961年版，第514页。

在概念史意义上，从“天下”到“万国”和“世界”的衍变启发我们，众多同国际交涉相关词语和概念，诸如“夷务”“夷情”“泰西”“西洋”“东洋”“地球”“万国”“邦交”“洋人”“洋务”“中外”“中西”“交涉”“赛会”“竞争”“商战”“公法”“公会”等，只有纳入从古代、近世到“近代”的历史转折过程之中，方能确切界定其实际内涵，并观察到其中流转衍变的规律和趋势。中国进入“近代”的重要特征之一，便是大量涉外新词语、新概念井喷式地涌现。从19世纪中期到20世纪初，短短几十年间，涉外概念的语义便从讥讽性的“夷”，一变而为羡慕性的“洋”，再变而为平等性的“西”与“外”，相关的组合词和话语也随之大量产生，内中的嬗变因由颇堪玩味①。

三、社会维度的“国家”与“社会”

社会学意义上，广义的“社会”概念泛指人类社会组织的总称，既包括国家，也包括区别于国家和家庭的其他社会组织；狭义的“社会”则是有别于国家的由群体和社团构成的社会组织。近代西方的society概念，除上述两层含义外，还有政治含义上的联结国家与民间社会的“公共领域”与“市民社会”。

与西方不同，传统中国社会中，“溥天之下，莫非王土；率土之滨，莫非王臣”。自秦代一统天下以来，君权至上，国家至上，民间社会的空间被严重挤压，基本上不存在西方意义的“公共领域”。总的讲，是“国家强于社会”，“社会”则被抽象化和空洞化，处于暂时“缺位”的状况。而在明清“近世化”过程中，随着市民阶层的兴起，国家财政状况的恶化，以及以黄宗羲、顾炎武、唐甄等为代表的“新民本思想”对专制皇权的批判，国家对社会的控制有所松动，以绅士为中心的民间社

---

① 方维规：《“夷”“洋”“西”“外”及其相关概念——论19世纪汉语涉外词汇和概念的演变》，《北京师范大学学报》（社会科学版）2013年第4期，第57～70页。

会逐步形成。进入近代以来，尤其在甲午战后，受西方自治思想的影响，各种民间社团获得空前发展，与之相关联的“公共领域”也开始成熟起来。

中国现代性政治话语体系的形成，正是在上述从“近世”向“近代”转型背景下，以国家、社会及其互动关系为主轴展开的。如“政治”“政府”“维新”“变法”“新政”“立宪”“宪政”“共和”“革命”“民主”“民权”“民族”等关键词，大体反映了从传统封建“王朝”向现代“民族国家”的转型过程；“群”“会”“社会”“社团”“结社”“集会”“演讲”“绅士”“绅董”“绅商”“议员”“公益”“公论”“公理”“公利”“自治”“民主”“民治”“权利”“秩序”等关键词，则大致反映了19世纪至20世纪初，中国民间社会在从“绅士公共空间”[①] 向“绅商公共领域”，继而向“市民社会雏形”转型的过程。同时，也反映了国家与社会之间在近代大过渡、大转折过程中的互渗、互动及博弈：从民间社会一度空前活跃，最终又回复到“国家强于社会”的传统。

中国近代史学术话语体系的构建，除寻找以上核心概念和话语框架进行相应整合，探索其中生成、衍变的规律外，还须着力探讨近代话语体系形成过程中的其他基本特性，比如中西二元结构特性、演化过程的阶段性特征等。

首先，就近代话语体系的中西二元结构特性而言，罗志田曾借王国维的话概括为“道出于二”，或中西新旧之间的缠绕互竞；金观涛、刘青峰则称之为“中西二分二元意识形态”。这些见解都极具启发性。中国近代史话语体系的构建，固然要坚守中国中心立场，以中国化、本土化为根本取向，但丝毫不意味着可以脱离西方，无视西方思想和话语的巨大影响。在近代，西力入侵和西学东渐虽带有侵略性和强制性，但相较于传统中华农业文明而言，彼时之西学毕竟是近代工业文明的产物，

① 金观涛、刘青峰：《观念史研究：中国现代重要政治术语的形成》，法律出版社，2009年版，第74页。

体现着人类文明发展的方向，因此，向西方学习，大规模引进西方的名词、概念、思想和话语，在很长一段时间是不可避免的，且已成为朝野的共识。如梁启超所言："盖大地今日只有两种文明：一泰西文明，欧美是也；二泰东文明，中华是也。二十世纪，则两文明结婚之时代也。"① 但是，学习和借鉴西方，又并非意味着全盘西化和一路向西。因为，首先当西方冲击中国之时，中国不仅已有几千年不曾中断的文化传统，而且传统本身也在变化之中，中国人毕竟还是中国人，中国社会毕竟还是中国社会；其次，中国接受西方什么，不接受什么，以及取舍选择的标准，均受到既有文化观念和价值标准的制约。因此，中国近代话语体系的形成，既要"鉴诸国"，也要"法后王"，应以中国文化为基盘，选择性接收并消化西学及其表达方式，其结果，只能是"不中不西即中即西"即谓之"新学"②。会通中西、融通古今，遂成为建构中国近代学术话语体系的基本原则之一。

其次，不容忽视的是近代话语体系构建中的阶段性特征。金观涛、刘青峰曾从观念史意义上将中国社会现代转型区分为三个阶段：儒学式公共空间形成之前的阶段（明末清初至 1895 年）、建立民族国家阶段（1895—1915 年）、学习西方失败后的社会重构阶段（1915 年至今）。与之对应的是社会思想演变亦分成近代、现代和当代三个时期③。尽管如此划分是否恰当还可以再讨论，但这对探讨如何结合中国近代社会转型来建构相应的学术话语体系却颇具启发性。

简言之，建构中国近代史学术话语体系，必须放宽历史的视野，突破 110 年（1840—1949 年）的界限，在一个更大的框架和更长的时段中来观察和思考。至少要向上延伸到明清之际，尤其要重视明清之际社会与文化的内在变迁；同时也要向下延伸到 1949 年之后，因为还存在一个从旧中国转变为新中国的历史过渡期。为此，结合中国史与世界史

① 梁启超：《论中国学术思想变迁之大势》，上海古籍出版社，2001 年版，第 8 页。
② 冯天瑜、黄长义：《晚清经世实学》，上海社会科学院出版社，2002 年版，第 590 页。
③ 金观涛、刘青峰：《观念史研究：中国现代重要政治术语的形成》，法律出版社，2009 年版，第 97 页。

的内在关联及中国近代社会转型，中国近代学术话语体系构建过程大致可划分为：(1) 明清以来本土话语自我变迁为主的“近世”时期 (16 世纪至 19 世纪中期)；(2) 1895—1919 年学习西方思想和话语的高潮时期；(3) 1919—1949 年在学习西方基础上本土话语全面重构时期；(4) 1949—1950 年新旧话语转换过渡期。其间，从话语叙事转换的视角，又大致包括自明清以来的“近世”话语叙事（以经世思想为代表）、自 1840 年以来的“近代”话语叙事、自 1919 年以来的“现代”话语叙事，以及 1949 年以来的“当代”话语叙事。而众多研究范式，如较普遍的“革命史”范式、“现代化史”范式、“民族复兴史”范式、“社会主义史”范式等，则是贯穿于其中的阶段性主流话语范式。所有同近代中国相关词语、概念、观念的整合，皆可融入这个更大的话语体系框架之中来考虑和建构。

总之，就中国近代史学科建设而言，学科体系、学术体系和话语体系“三大体系”的建设，是一个不可分割的整体。其中，学科体系建设是基础，学术体系建设是核心，话语体系建设是前提。之所以认为话语体系建设是前提，乃是因为学科体系的宏伟大厦和自成一格的学术体系，都必须建立在能够自洽的话语体系基础之上，必须通过相应的话语体系来表达和传播。如恩格斯所言：“一门科学提出的每一种新见解都包含着这门科学的术语的革命。”[①] 术语革命是实现学术理论革命的前提，但术语革命本身并不仅仅是新术语、新概念的发明和移植，更重要的是，必须借助于相应的理论框架构建起一整套由术语、概念和范畴所构成的完整学术话语体系。正因为如此，话语体系建设既是目前“三大体系”建设中相对滞后的“短板”，同时又成为建设中国特色、中国风格、中国气派历史学科的突破口。

［本文原刊于《近代史研究》2022 年第 4 期］

① 中共中央马克思恩格斯列宁斯大林著作编译局：《马克思恩格斯全集》（第 44 卷），人民出版社，2001 年第 2 版，“英文版序言”第 32 页。

孙中山与近代中国社会

过渡特征与中国近代社会形态

半殖民地半封建社会的提法可以说是对中国近代社会属性比较准确的概括。然而，一个似乎长期没有得到很好解决的问题是：这种公认的畸形社会形态在总体结构和运动方式上究竟有何一以贯之的整体性特点？换句话说，它究竟何以能成为一个相对独立的社会形态？我以为，可以用“持续过渡性”来概括中国半殖民地半封建社会（1840—1949年）的整体特点，并由此而深化对该社会形态的研究。半殖民地半封建社会其实就是一种特殊的过渡形态社会。

所谓过渡，在这里特指社会性质变化（社会革命）从其初始变化状态到完成状态的中间转化过程，亦即经由部分质变导致根本质变的社会变革过程。无论是马克思主义经典作家所揭示的比较典型的原始社会、奴隶社会、封建社会、资本主义社会和社会主义社会这五种社会形态的相互更替，或是以更长历史阶段着眼的原始社会→农业社会→工业社会的发展序列，其间都经历了一个或长或短的中间过渡期，而绝非在一个晚上就完成了转化。社会形态的转换过渡形式是丰富多样的。一方面，不同社会的历史传统和客观环境决定了它在向下一社会形态的转变中将采取的过渡形式；另一方面，过渡形式的不同往往又给新的社会形态的发展道路造成深刻影响。这种互为作用的历史连锁反应，在中国近现代社会历史行程中表现得十分清晰。

一、近代一体化趋势与不同过渡类型

人类近代历史与前近代历史有着截然不同的运行轨迹。如果说，漫长的古代农业社会一般是多元和独立发展的，形形色色的农业文明国家形同孤岛般沉浮于世界的海洋之中，那么，近世文明的发展在很大程度上则是世界性和一体化的，呈现出跳跃发展的态势。从欧洲涌起的工业化浪潮无可阻挡地冲向世界每一个角落，强迫所有落后农业民族改变其自然历史行程，朝着一个既定方向发展——绝对服从工业化的需要。正如《共产党宣言》所描绘的："资产阶级，由于一切生产工具的迅速改进，由于交通的极其便利，把一切民族甚至最野蛮的民族都卷到文明中来了。它的商品的低廉价格，是它用来摧毁一切万里长城、征服野蛮人最顽强的仇外心理的重炮。它迫使一切民族——如果它们不想灭亡的话——采用资产阶级的生产方式；它迫使它们在自己那里推行所谓文明制度，即变成资产者。一句话，它按照自己的面貌为自己创造出一个世界。"① 这个新创造出来的世界正是由世界市场联成一体的世界。生产力的迅速增长缩小了诸社会或诸国家间的距离，从前各民族画地为牢、自给自足的状态被各国之间的彼此渗透和互相依赖所取代。近代一体化趋势不光表现为世界空间距离的拉近和历史时间距离的缩短，而且体现在经济、政治和意识形态的一体化发展，机器生产、工厂制度、民主程序、社团组织、自由意识构成一个环环相扣的有机整体。

正因为近代一体化发展的中心和起点是西欧，世界其他地区从中世纪向近代社会的过渡只能在欧洲影响世界的特定时代条件下进行，因此，这次人类历史上最为壮观的社会结构演变，在其早期发展阶段，很大程度上就不得不表现为西方化或资本主义化（当时通常称之为"洋

① 中共中央马克思恩格斯列宁斯大林著作编译局：《共产党宣言》，《马克思恩格斯选集》（第1卷），人民出版社，1972年版，第255页。

化”或“欧化”)。然而，尽管一体化趋势表明在近代人类社会发展中共性因素是空前增强了，但历史发展毕竟还是普遍性与特殊性、常规性与变异性的有机统一，西方化绝对不可能将一个成熟民族的传统和特性统统化掉。透过近代一体化趋势的帷幕，我们仍能看到各种相互区别的历史过渡形式，它们好比座座造型各异的桥梁，导引着具有不同历史传统的社会从中世纪迈入近代。

根据过渡的起因和社会结构演化方式的不同，我们首先将各国向近代资本主义工业社会的过渡形式区分为自发与强迫两大类型。自发型过渡是指在封建社会的母腹中首先孕育形成一种以商品经济、手工工场、自治城市和自由意识为标志的资本主义潜结构，然后，在社会内部矛盾运动的推动下，这种潜结构不断放大并取代旧有封建结构，社会由封建形态逐渐过渡到资本主义形态。自发型过渡是社会内部因素自然演化的结果，西欧各国的资本主义化均属自发过渡类型。其中，英国于16世纪左右已逐步形成潜在资本主义结构，并于18世纪末率先完成了向资本主义工业社会的过渡。在持续数百年的过渡期中，17世纪爆发的资产阶级革命和18世纪中叶发生的工业革命为两个具有里程碑意义的历史事件。自发过渡类型国家里，美国的情况比较特殊。北美大陆原来并不存在封建的生产关系，殖民地社会“一开始就建立在资产阶级基础之上”①。因此，美国向资本主义工业社会的自发型过渡，表现为挣脱英国的殖民统治，并以移入的资本主义经济逐步排斥落后的南部种植园经济，跳跃性地实现了这一社会变革。

同自发型过渡相反，在强迫状态中向资本主义社会过渡并不是社会内部矛盾自然演变的结果，而是后进国家在早期资本主义国家的威胁和侵凌之下，被迫中断自己历史的正常发展程序，移入资本主义生产方式，变更或改造原有经济、政治结构。显然，较之于自发型过渡，以硬

① 中共中央马克思恩格斯列宁斯大林著作编译局：《马克思恩格斯选集》(第3卷)，人民出版社，1972年版，第398页。

性移植为特征的强迫过渡是一个痛苦尤烈的过程。不幸的是，在近代，所有东方农业民族，包括中国、俄国、日本和印度在内几乎无一例外地被迫采取了这种非正常的过渡形式。

若以过渡的结果来判断，强迫型过渡又可进一步区分为完成型与未完成型两类。前者以俄国和日本为代表，后者以中国和印度为典型。面对来自西方的压力，俄国在保持国家独立的前提下，废除农奴制并实行其他一系列经济和政治改革，结果在一百多年的时间内走完了西方几百年的历史行程，于19世纪末20世纪初实现了资本主义工业化（即通常所说的近代化）。据俄国官方的统计，1890—1900年间，俄国工厂增加18.3%，工人增加66.6%，生产总额增长100%①。日本的资本主义化过程始于19世纪中叶。当时，随着1854年《日美和好条约》和其他不平等条约的签订，日本面临沦为半殖民地的危机，因此，日本在资本主义化起步阶段较俄国面临更为严峻的挑战。但是，经过1868年开始的明治维新，日本自上而下励精图治，锐意改革，迅速掀起了产业革命浪潮。1894年，日本的企业数仅3240个，资本总额为294579000日元；1914年企业数已达16858个，资本总额达2218290000日元，企业数量增加13618个，资本额增加了约6倍②。1910年，日本工业产值占工农业总产值的50.2%，首次超过农业产值；1915年工业产值已达工农业总产值的56.4%③，这意味着日本已从一个落后的农业国变成初具规模的工业国。俄国和日本通过强迫过渡而实现资本主义近代化的历史事实说明，强迫型过渡虽然面临极其不利的国际环境和市场条件，但如果能正确对待挑战，不失时机地依靠国家政权力量进行改革，大胆移植资本主义生产方式。那么，后进国家完全可以实现社会变革，跨入先进工业

① 梁士琴科著，李延栋等译：《苏联国民经济史》（第2卷），人民出版社，1954年版，第198页。

② 中村隆英：《日本经济的成长和结构》，东京大学出版会，1979年版，第72～73页。

③ 安藤良雄：《近代日本经济史要览》，东京大学出版会，1975年版，第8页。

国家的行列。

然而，同属强迫过渡型的中国和印度，较之于俄国和日本却有着截然不同的命运。印度自沦为英国殖民地后，处境极为悲惨，不仅完全丧失了国家主权，财富也大量外流。单就两项主要的殖民地贡赋——英国投资的红利总额和从印度国库汇往宗主国库存的款项，1885—1891 年间，每年即达 3000 万英镑。若再加上其他贡赋，印度每年的贡赋总额将超过一亿英镑①。显而易见，对印度这样一个已沦为殖民地的国家来说，倘若不结束被奴役的状况，根本不可能实现向资本主义工业社会的过渡。印度道路是资本主义工业化陷入流产的典型形态之一。

资本主义工业化陷入流产的典型形态之二，即是以中国为代表的半殖民地半封建社会道路。事实上自洋务运动以降，中国便缓慢地开始了以工业化为目标的资本主义近代化过程，但直到 1949 年为止，中国远未实现向资本主义工业社会的过渡，仍是一个极端贫弱落后的农业国。抗日战争以前，我国近代工业产值只占工农业产值的 10%左右，而农业和手工业的产值却占到 90%左右。到 1949 年，中国近代工业产值也仅占工农业总产值的 17%。而早在 1913 年，俄国近代工业产值就已占工农业总产值的 42.1%②。

既然无可辩驳的事实证明，直到 1949 年中国还没有实现资本主义工业化，那么，由此便可以判断：自 1840 年鸦片战争以来中国所跌入的半殖民地半封建社会，实质上是一种卡在封建主义与资本主义，独立国与殖民地之间的过渡社会形态。这种畸形社会形态是近代资本主义一体化趋势与原有封建社会运行轨道碰撞、夹击的合力结果，是传统与现代、沉沦与进步、封闭与开放、外来因素与内部因素相互纠缠混合的杂交体。在这一过渡社会形态中，旧的经济关系和社会阶级结构已面临全

① 安东诺娃等主编，北京编译社译，吴长福、杨德友校：《印度近代史》，生活·读书·新知三联书店，1978 年版，第 548～549 页。

② 马洪：《中国工业经济问题研究》，中国社会科学出版社，1983 年版，第 8 页。

面危机和不断被削弱，但却未被彻底摧垮；新的经济关系和社会阶级结构已经产生并有了初步发展，但却无法完全成熟和顺畅发展，以致不能够最终取代旧结构。结果是新旧社会结构之间交错杂陈，陷入僵持不下、难决胜负的不死不活状态。作为历史发展必然链环的过渡期滞化为畸形社会形态，失去了沟通封建社会与资本主义社会的本来含义。显然，那种非此即彼的“两分法”框架根本无法容纳这一既非纯粹封建社会又非完全资本主义社会、既非纯粹的殖民地又非真正的独立国的过渡型社会怪胎。然而，它毕竟是一种客观的社会存在。

正由于近代中国一直滞留在半殖民地半封建的过渡型社会之中，因此，一种持续的过渡性便构成了中国近代社会运动的基本特征。“今日之中国，过渡时代之中国也。……中国自数千年以来，皆停顿时代也，而今则过渡时代也。”① 所谓持续过渡，是指中国近代社会历史演化的总趋势是勉力朝着独立资本主义工业化社会的目标前进，但由于封建历史传统的巨大惯性力量和外来殖民势力的干扰，这种不断的前进运动又始终难以达到目标，新社会的诞生陷于痛苦的难产，与之相伴随的是长期社会动荡和一次又一次的历史反复。可以说，中国近代社会结构和运动所具有的种种离奇矛盾，都是围绕持续向资本主义社会过渡但又始终不能完成这一根本矛盾产生和发展起来的。也因此，没有光明前途的持续过渡性便成为我们解开中国半殖民地半封建畸形社会形态之谜的根本着眼点。

二、非稳定过渡型结构

在社会结构意义上，中国近代社会的持续过渡性体现为非稳定的过渡型结构。

---

① 梁启超：《过渡时代论》，《清议报全编》（卷2），横滨新民社辑印，第45～46页；沈云龙：《近代中国史料丛刊三编》（第15辑），文海出版社，1986年版。

社会结构是人与人之间结成的某种相对确定性关系。社会结构的大系统是由经济结构、政治结构和意识形态（文化）结构这三个子系统交互作用而组成的。其中，经济结构是基础，政治和文化结构属于上层建筑。中国半殖民地半封建过渡型社会结构也无例外地是由经济、政治和文化三大子系统构成，但它同其他已经定型和趋于成熟的社会结构的显著区别在于：其子系统内部要素和各子系统相互关系尚处于不断生成、构造的极端活跃期中，控制调适功能也尚不健全，因而呈现出非稳定特点。当然，这里所说的非稳定性只是一个相对的概念，是仅就该社会结构同超稳定社会结构（如中国封建社会）和稳定性社会结构（如西方近代资本主义社会）相比较所具有的不同特点而言。因为严格说来，任何实际存在的组织结构都是以组成部分及其关系的相对稳定性为前提的，如果是绝对非稳定或完全混沌一片，那已经不成其为组织结构了。

中国半殖民地半封建社会结构之所以呈现出非稳定特点，关键在于其经济、政治和思想诸子系统均包含着既彼此矛盾对立又相互依赖联结的三重因素：传统封建因素、本国资本主义因素和外来殖民因素。

经济结构上，居主体地位的仍是以小农经济为核心的封建经济，其两翼是传统手工业与旧式商业。自开埠通商以来，封建经济虽然已开始了缓慢的解体过程，但它的基本性质和主要特征在近代历史上并无根本改变，构成其核心部分的小农经济照旧保持着以种植农业为主、分散经营、集约化程度较高但主要依靠畜力和人力的传统特点，并同小手工业和商业高利贷紧密结合在一起。据 1935 年的抽样调查，中国家庭农场的平均面积为 15.75 亩，其中约三分之一的农场面积在 10 亩以下①。在整个 19 世纪和 20 世纪初年，中国家庭农场的平均面积，只有当时美国农场的 1/60，法国农场的 1/10 左右②。在这种分散、细小的农业经济中，地主所有制仍是土地占有的主要方式。1949 年新中国成立前，

① 张培刚：《农业与工业化》（上卷），华中工学院出版社，1984 年版，第 212 页。
② 黄宗智：《华北的小农经济与社会变迁》，中华书局，1986 年版，第 12 页。

仅占农村人口4%的地主，却占有耕地的60%至70%。收租形式虽逐渐从分成租转变到定额租，从实物租向货币租过渡，但租额并无大的改变，通常占产量的50%左右，甚至有高达60%至75%的①。尽管典型的耕织结合、自给自足的小农家庭经济已在日渐解体，但从全国范围看，传统手工业仍不失为小农经济的重要补充和可靠支柱。据1947年的统计，与农业关系密切的饮食品制造业和纺织业中，不使用原动力的传统手工业分别占76.36%和71.14%②。

于小农经济、传统手工业和旧式商业三位一体的封建经济之外，本国近代资本主义经济也开始逐步地成长起来。1936年，本国近代产业资本（包括工矿业、交通运输业），已达177600万元，占全部工业资本总额的21.6%；近代工业产值为33.19亿元，占当年工农业生产总值的10.8%③。在这些工矿企业中，基本实行着与封建经营和剥削截然不同的工厂制度和资本主义雇佣劳动制。同本国资本主义经济相并存和竞争的还有外国殖民经济。这种经济最早表现为商业资本的渗入。1900年以前，中国对外贸易较之于闭关自守时代虽已有了显著增长，但贸易入超总额并不算太大，中国对外贸易主要还是在不平等条约下的商品交换。20世纪以后，中国对外贸易发生明显变化，在1914年第一次世界大战前的13年内，中国贸易入超总额达1604577000关两，为在这之前37年里入超额的六倍多。与此同时，这13年内中国金银进口净值达14691267关两④。这笔巨额国际支出大部分转成列强在中国的投资或对中国政府的贷款。帝国主义对中国的大规模资本输出，主要始于1895

① 李文治：《中国近代农业史资料》（第1辑），生活·读书·新知三联书店，1957年版，第267页；黄宗智：《华北的小农经济与社会变迁》，中华书局，1986年版，第223页。

② 彭泽益：《近代中国工业资本主义经济中的工场手工业》，《近代史研究》1984年第1期，第127页。

③ 丁世洵：《关于中国资本主义发展水平的几个问题》，《南开大学学报》1979年第4期，第20～27页。

④ 郑友揆、程麟荪：《中国的对外贸易和工业的发展》，上海社会科学院出版社，1984年版，第334～343页。

年甲午战争以后，其形式包括企业投资、铁路投资、银行投资、借款、商业投资等。外国殖民经济在中国近代经济结构中所占地位如何呢？依据1936年的数字，外国产业资本占中国产业资本总额的78.4%；外国资本已大体控制了中国生铁产量的97%，钢产量的83%，机器采煤量的66%，发电量的55%，纱锭数的46%，线锭数的67%，织布机数的56%，铁道运输的90%①。一句话，它们已经垄断了中国的经济命脉，成为中国近代经济结构中举足轻重的主导性因素。由此也就不难看出，半殖民地不单纯是一个国家政治地位问题，而还有其特定的经济内涵。

中国近代社会的政治结构也是由三重因素混合组成的。主体结构是从历史上延续下来的皇帝—官僚—士绅的官僚体制，其明显特征是高度中央集权和对社会的强控制。辛亥革命后虽然废除了帝制，但官僚、军阀和士绅三位一体的官僚型专制结构并无实质性改变。自然，在时代潮流和中国内部民主运动的冲击下，封建专制政治结构也不可能完全原封不动地存在下去，它在保持实质不变的前提下又不断发生着外形改观，并同某些新的政治因素相融合。在清末，新的政治因素表现为略具资本主义代议政治性质的资政院、咨议局和若干地方自治机构的设立；在北洋军阀和国民党统治时期，则通过所谓参议院、国会和形形色色的民间社团得以体现。尽管这些新的组织机构的民主色彩极其微弱，有的甚至完全形同具文，但在性质上它们毕竟属于与封建官僚政治有所区别的新因素。而用一只看不见的手从背后操纵主体性封建专制加从属性民主形式的复合政治结构的，则是帝国主义在华政治势力。这股势力由各列强驻华使节、中国政府所雇洋员、政治军事顾问、洋商、租界殖民当局乃至某些传教团体等联结起来，用各种手段和方式左右中国政局。辛亥革

① 严中平等：《中国近代经济史统计资料选辑》，科学出版社，1958年版；吴承明：《中国资本主义发展述略》，中华书局编辑部：《中华学术论文集》，中华书局，1981年版，第303～346页。

命前的清政府已沦为“洋人的朝廷”；北洋军阀各派系不过是各帝国主义豢养的走狗；四大家族支配的国民党政权实则为美、英财阀的代理人。显而易见，帝国主义在华政治势力不仅是中国近代社会政治结构中不可分离的因素，而且是起着支配作用的重要因素。国家主权不断沦丧，正是半殖民地半封建社会的一个重要政治特征。

混合型经济结构之上，并与混合型政治结构相呼应的，是封建文化、帝国主义殖民文化、民族资产阶级新文化相杂拌的文化（意识形态）结构①。其中，以儒家道德伦理观和价值观为核心的封建文化，长期占据统治地位，反映并维护着封建经济、政治形态。同封建文化相勾结、共订城下之盟的帝国主义殖民文化具有双重性格：在主子一方，是唯意志论和赤裸裸的奴役主义，诸如19世纪英、法所奉行的“炮舰政策”和美国所鼓吹的“门户开放”主义；20世纪日本所宣扬的“大东亚共荣圈”等。而在唯洋大人之马首是瞻的奴才一方，则是“全盘西化”的民族虚无主义和奴化思想。民族资产阶级新文化是作为封建文化和帝国主义殖民文化的对立物出现的，它在前期表现为激进民族主义、民主主义和温和的改良主义、重商主义，后期则表现为比较成体系的实业救国、教育救国和科学救国思想，以及与之相应的社会心态。“新文化运动”时期所呼唤的“德（democracy）、赛（science）二先生”，正是民族资产阶级新文化的代称。

混合型经济、政治和文化结构的矛盾复杂性在于，虽然我们可以从宏观理论上抽象出三种不同因素系列，但在实际历史中，它们却往往是交融互摄、牵连杂糅，传统的与现代的扭在一起，没落的与新生的缠在一道，很难截然划分开来。经济结构中，外国殖民经济、传统小农经济和本国资本主义经济既彼此矛盾又相互依存和结合的情形，在农副产品出口贸易中表现得尤为典型。帝国主义的原料掠夺贸易极大地刺激了中

① 此时无产阶级新文化尚处于萌生状态。

国几种主要经济作物的畸形发展，加速了农产品商品化过程。如茶叶出口一项，19 世纪 50 年代上半期达 80 余万担，60 年代增至 100 余万担，80 年代则猛增至 200 余万担[①]。以后在印度、锡兰、日本和爪哇茶的竞争下，华茶出口虽呈现出下降趋势，但一直为中国出口农产品的大宗。生丝、蔗糖、大豆、烟草、棉花等的出口也曾一度出现猛增的趋势。围绕上述大宗出口农副产品的增长，一些与对外贸易密切相关的加工工业同步获得发展，这些行业包括制茶、制糖、榨油、轧棉、缫丝、制烟、制蛋等。在这由种植、加工和收购三个经济环节串联起来的产销网中，三种不同经济成分似乎都暂时丧失了其独立性，相互依赖，从属于统一的世界市场。传统小农经济显现出某些非传统的特征，民族资本主义经济同外来殖民经济搅在一起。此外，政治结构中，资产阶级议会制度直接移植在封建专制的国体上，极不和谐地共处着。文化结构中，最陈腐的观念往往以最时髦的形式袍笏登场，混淆视听；与民族资产阶级新文化相对立的外来殖民文化，恰好又是前者得以萌生的触媒。

由混合型经济、政治和文化结构彼此联结所组成的中国半殖民地半封建过渡型社会形态的整体结构框架，同中国封建社会的超稳定社会结构框架存在明显区别，详见图 1、图 2：

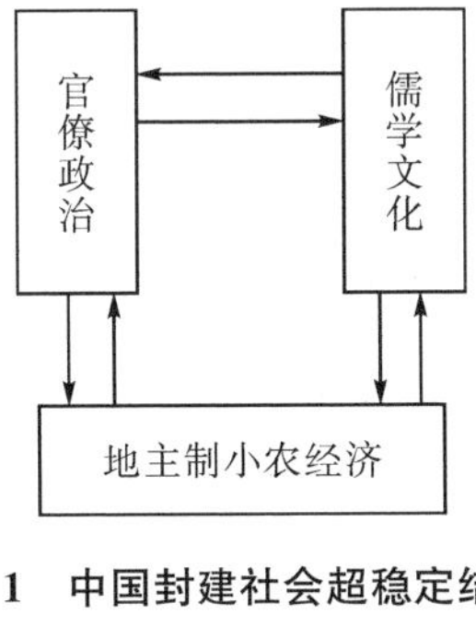

图 1　中国封建社会超稳定结构

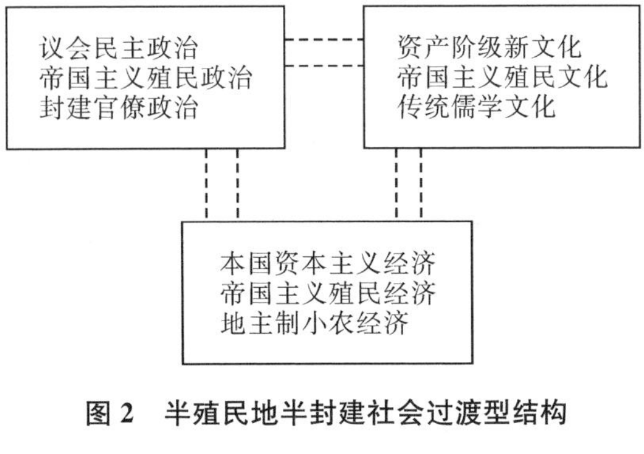

图 2　半殖民地半封建社会过渡型结构

中国封建社会结构之所以具有超稳定特点，首先在于其三大子系统

---

① 姚贤镐：《中国近代对外贸易史资料》，中华书局，1962 年版，第 1606 页。

的构成是高度统一或一体化的，它们统一于东方式的封建主义。这种内在统一性使经济、政治和文化形态三方面能相互适应和配合，达到高度的平衡状态。一旦出现不平衡，一体化结构又可以随时通过自我调节或周期性社会震荡（如农民起义）使之恢复平衡，从而维持社会结构的稳定。反观中国半殖民地半封建社会结构，由于其经济、政治和文化三大子系统分别包含着彼此对立的三重因素，它们之间的联系和结合方式是多种多样、歧异复杂的，因此，其整体结构和功能很难达到稳定状态。换言之，超稳定结构的中国封建社会的运行轨迹是相对单一和较易把握的；而过渡型中国近代社会的运行轨迹则是多向性和难以预料的，它在扑朔迷离的历史动荡中走着“之”字路线，它在痛苦艰难地寻求着新的平衡。我们可以形象地把中国近代社会设想为一个巨大的渡轮，该渡轮已经离开了中国封建社会高度平衡状态的此岸，徐徐向另一种平衡状态的彼岸驶去，但彼岸究在何处？茫茫迷雾，竟一时无从辨晓。

非稳定过渡型社会结构自身所包含的深刻矛盾及其对新的平衡状态的寻求，业已昭示了中国半殖民地半封建社会形态的历史暂时性。

三、过渡轨迹与矛盾特色

中国近代社会在非平衡状态中的持续过渡，是一个包括双重运动的统一历史发展过程。第一重运动是帝国主义和封建主义既矛盾又勾结，不断加深中国的殖民地化程度；与此同时，外国资本的入侵又促使封建经济关系解体，并造成畸形的资本主义发展。第二重运动是中国的进步社会力量通过民族战争和发展民族资本主义，力图遏止将中国完全殖民地化的势头。这双重运动相互碰撞、扭斗的结果，是中国历史沿着半殖民地半封建化的非正常道路跛行。半殖民地半封建社会相对于完整的封建社会究竟是历史的进步还是历史的沉沦？实在难以遽然断定。如果说其间毕竟隐含着历史的进步，那也是以太过惨重的代价来换取的。

循双重运动轨迹交叉定位，我们大致可以确定中国半殖民地半封建社会的发展进程。1840—1895年为半殖民地半封建社会的形成期，主要标志是两次鸦片战争和甲午战争及其一系列不平等条约的签订使中国社会逐步跌入半殖民化的深渊；民族资本主义开始产生。1895—1913年，为半殖民地半封建社会的完型期，主要标志是从资本主义商品入侵到帝国主义资本输入；民族资本主义的初步发展及辛亥革命的发生和失败。1913—1927年，为半殖民地半封建社会的成熟期，主要标志是列强支持下的军阀专制和割据；民族资本主义步入短暂的黄金时代；新民主主义运动的兴起。1927—1949年为半殖民地半封建社会的高度成熟期与走向崩溃，主要标志是帝国主义对中国经济命脉的操纵及政治控制的强化；国民党独裁统治的确立及其失败；以四大家族为代表的官僚垄断资本对民间资本的摧残；抗日战争和人民解放战争的胜利。

尽管可以作出上述阶段划分，但是，半殖民地半封建社会毕竟是一个完整的过渡社会形态，其阶段特点始终受到持续过渡总体特点的制约。因此，虽有经济和政治上这样那样的变动，但其非稳定的过渡型社会结构始终未变，其异彩纷呈、斑驳繁复的矛盾特色也始终未曾改变。

除帝国主义与中华民族的矛盾、封建主义和人民大众的矛盾这些主要社会矛盾而外，处于过渡行程中的近代中国社会还面临若干最基本的悖论。

悖论之一：西方资本主义侵略的双重性质。一方面，它完全改变了中国社会的自然历史进程，使这个封闭和近乎停滞的东方封建大国发生了前所未有的巨变，正如马克思所指出的："清王朝的声威一遇到不列颠的枪炮就扫地以尽，天朝帝国万世长存的迷信受到致了命的打击，野蛮的、闭关自守的、与文明世界隔绝的状态被打破了。"① 显然，在这一意义上，西方对中国的入侵是不可避免的，它充当着促进人类社会变

① 中共中央马克思恩格斯列宁斯大林著作编译局：《马克思恩格斯选集》（第2卷），人民出版社，2012年版，第2页。

革的"历史的不自觉的工具"；另一方面，西方对中国的入侵又是以最野蛮的民族征服方式进行的，如同英国对印度的征服一样，"是被极卑鄙的利益驱使的，在谋取这些利益的方式上也很愚钝"①。这种野蛮的征服和蹂躏给中华民族带来无穷无尽的灾难和屈辱，以至于"在这场决斗中，陈腐世界的代表是激于道义原则，而最现代的社会的代表却是为了获得贱买贵卖的特权——这的确是一种悲剧，甚至诗人的幻想也永远不敢创造出这种离奇的悲剧题材"②。那么，在文明传播与野蛮征服合二为一、泥沙俱下的情势下，落后的中国是迎还是拒？

悖论之二：对传统的困惑。传统是历史的馈赠，我们无从选择。然而，在近代一体化趋势和工业化浪潮的冲击下，我们所承袭的传统的很大部分都已显得落后和过时，因此，很大程度上的反传统是绝对必要的。但是，反传统又只能在传统的基座上展开，传统本身又在反传统中延续，站在传统中反传统，这不能不是一个明显的悖论。能否超越传统？如何超越传统？这使人们陷入极大的困惑。

悖论之三：发展民族资本主义的两难抉择。一方面，为了避免中国沦为完全的殖民地和促进国家的独立、民主与富强，除了大力发展民族资本主义，别无选择；另一方面，中国近代所面临的恶劣的国际国内环境，又决定了资本主义化道路在中国根本走不通，发展民族资本主义绝无光明前途。那么，在这桩希望渺茫的冒险事业中，究竟是行还是止？

不难想象，在上述主要矛盾和若干悖论的基础上展开的近代化过程，必然是一幅离奇的变形图景。

首先是一系列的发展不平衡："微弱的资本主义经济和严重的半封建经济同时存在，近代式的若干工商业都市和停滞着的广大农村同时存在，几百万产业工人和几万万旧制度统治下的农民和手工业工人同时存

① 中共中央马克思恩格斯列宁斯大林著作编译局：《马克思恩格斯选集》（第9卷），人民出版社，2012年版，第149页。

② 中共中央马克思恩格斯列宁斯大林著作编译局：《马克思恩格斯选集》（第2卷），人民出版社，2012年版，第26页。

在……若干的铁路航路汽车路和普遍的独轮车路、只能用脚走的路和用脚还不好走的路同时存在。”① 城市与农村、沿海与内地发展不平衡显得格外突出和严重。在外国资本主义刺激下，中国的城市，尤其是沿海沿江的大城市空前膨胀起来，商品化程度急剧提高，并日益从自然经济的轨道中游离出来，成为农村的一种对立力量。以上海为例，1840 年人口仅 25 万左右，到 1895 年便增加一倍，第一次世界大战期间已猛增至 300 万左右②。1913 年，上海一口在全国对外贸易中所占比重已达 42.6%③。作为南方最大口岸的广州，1844 年进出外国商船数为 602 艘，282227 吨，1913 年已达 9120 艘，5162167 吨④。作为长江中游最大通商口岸的汉口，1867—1933 年直接对外贸易总值从 522342 关两增至 26899040 关两，约增长 50 倍⑤。随着这些城市商品贸易的迅速发展，各类大小工厂纷纷设立，居民的消费水平和生活方式发生着谐应的变化。然而，与城市的畸形资本主义化形成鲜明对比的是，广大内地农村的面貌变化甚小或根本谈不上什么变化。同英国资产阶级革命前夕资本主义深入农村，造成农村生产方式空前变革的情形截然相反，近代中国农村基本上滞留在中世纪田园牧歌式的古老与宁静之中，而与之相伴随的则是贫穷、落后和愚昧。旧中国农村的机械使用稀少到几乎要从农业生产中排除出去的程度。1873 年到 1934 年的 60 年间，耕地面积增加仅及 1%。如果以 1903—1934 年计，则完全没有增加⑥。反之，

① 毛泽东：《中国革命战争的战略问题》（1936 年 12 月），《毛泽东军事文集》（第 1 卷），军事科学出版社、中央文献出版社，1993 年版，第 708～709 页。

② 罗兹·墨菲著，上海社会科学院历史研究所编译：《上海——现代中国的钥匙》，上海人民出版社，1986 年版，第 26 页。

③ 郑友揆、程麟荪：《中国的对外贸易和工业发展》，上海社会科学院出版社，1984 年版，第 29 页。

④ 程浩：《广州港史（近代部分）》，海洋出版社，1985 年版，第 73、157 页。

⑤ 张克明：《汉口历年来进出口贸易之分析》（1867—1932 年），《汉口商业月刊》1935 年第 2 卷第 2 期，第 12～16 页。

⑥ 1935 年中央农业实验所统计摘要。转引自王亚南：《中国半封建半殖民地经济形态研究》，人民出版社，1957 年版，第 251 页。

据1924—1934年的统计，10年内已垦地的荒废面积占原垦地面积的10.64%①。主要农作物产量不仅没有明显增长趋势，在若干年份反而有所下降。因此，如果说近代中国社会运动的总趋势是不断向畸形的资本主义过渡，那么农村与城市、内地与沿海的发展基本上是脱节的，内地农村的过渡速率惊人地低于沿海城市。

失却平衡的两极分化直接导致了种种在正常发展社会中少见的历史怪现象。譬如，一般说来，农村中大量雇佣劳动的出现应是资本主义生产关系兴起的征兆，16—17世纪的英国农村便是如此。但对中国近代农村普遍存在的雇佣劳动却不能简单作如是观。“在这样一个小农经济中，社会变迁的主要内容是趋向越来越多同时束缚于家庭农场和雇佣劳动的半小农、半雇农。”② 正由于小农经济的分化和变异主要是在小农经济自身范围展开的，因此，那种认为农村自然经济的分解为城市提供了大量雇佣劳动力的说法，便值得推敲；那种以农村雇佣劳动普遍与否来估价中国农业经济近代化程度高低的理论也应予以质疑。对中国近代的经济危机同样不能照着一般常态去理解，这种危机的性质往往是两重的：一方面属于传统封建经济恐慌范畴，另一方面又具有市场危机性质。所以，其表象也是参差离奇的，既有恐慌性的生产严重不足，又同时出现市场上产品滞销和物价下跌。1932年许多省份米价下跌30%，但广东却因粮食缺乏，每年由九龙、汕头等地输进外米达1440万担③。常常有这样的咄咄怪事：同一时期、同一生产部门中，中国人经营的企业在不断倒闭破产，而外国人经营的企业却扩大而繁荣。

同若干畸变形态相应的是一系列不正常的超前性发展：自由竞争尚未充分展开，集中和垄断业已开始；统一的国内市场尚未真正形成，若干地方市场已被纳入世界市场；资产阶级政治制度尚未最终确立，无产

① 严中平等：《中国近代经济史统计资料选辑》，中国社会科学出版社，2012年版，第353页。

② 黄宗智：《华北的小农经济与社会变迁》，中华书局，2000年版，第302页。

③ 参见《中国的农业恐慌及农村状况》，《中国经济》1935年第3卷第11期，第1～22页。

阶级革命形势却已酿成。短短一百多年中，各派政治力量竞相登台表演。今天还是神奇，明朝就化为腐朽，历史的新陈代谢似乎从未如此富于戏剧性。

然而，令人费解的是，尽管表面看上去热热闹闹、轰轰烈烈，历史行进的节奏似乎是空前增快了，但实质性的社会变化却又是如此之少。偌大一场辛亥革命在鲁迅笔下的“鲁镇”所引起的全部反应，不过是赵七爷之辈将乌黑油亮的长辫子盘上去，待到张勋复辟又放下来①。难怪一位满含愤怒的诗人要把他侧身其间的旧社会描写成：吹不起半点涟漪的绝望的“死水”②。说到底，这一切恐怕还得归结于半殖民地半封建社会那种不伦不类、不死不活的持续过渡的整体特点。

以过渡形态视角观照中国近代社会，历史给予我们的启迪是极其丰富的。

第一，既然旧中国的种种离奇矛盾和弊端皆源于那个不合理的半殖民地半封建过渡型社会结构，那么，中国要实现工业化、走上健康发展的大道，就必须跳出这一历史设下的“怪圈”，创建一种崭新的稳定性社会结构。尔后的历史事实表明，这种新的稳定性社会结构非他，只能是社会主义制度。但由于我国社会主义直接脱胎于半殖民地半封建过渡型社会，因此，较诸于其他发达社会主义国家，它具有更加突出的不完善、不纯粹、不成熟的特征，占统治地位的社会主义新因素与残余封建主义、资本主义旧因素将长期并存，多种经济成分也将长期并存。这些，便从根本上决定了我国社会主义必须经历一个特殊的历史发展阶段——社会主义初级阶段。

第二，既然半殖民地半封建社会是一个形象模糊、不伦不类的过渡型怪胎，那么，我们在研究中国近代历史时，须充分考虑到这段历史发展的极端复杂性和特殊性，多几分辩证法，少一点简单化。比如，中国

① 鲁迅：《风波》，《呐喊》，人民文学出版社，1979 年版，第 48～56 页。

② 闻一多：《死水》，《闻一多诗集》，四川人民出版社，1984 年版，第 197～198 页。

资产阶级的软弱和妥协性格，似乎就并非纯然是经济力量薄弱所致，而自有其社会和阶级结构方面以及历史传统上的深层原因。有些长期以来争论不休的复杂社会群体——亦官亦商的绅商、半中半西的买办等，从过渡形态理论似乎可以作出比较合理的解释。再如，过渡性特点曾使中国近代历史上那些最先进的中国人往往陷入难以自拔的内心矛盾和二重分裂人格之中，甚至连孙中山那样的伟大人物也未能幸免。质言之，他们终究只是过渡性时代和过渡性社会中的过渡性人物。如果说过去我们为了从具体到抽象，简约明确地把握中国近代社会性质和近代历史的大体轮廓，曾不得不以牺牲历史的丰富性为代价大量省略了若干中介环节，那么今天需要反省的则是：在对中国近代社会这类明显的过渡社会形态的考察中，中介环节的大量省略，是否会影响到对其本质特征的正确把握？逻辑和经验证明，为了完成从抽象到具体的过程，有血有肉地研究中国近代历史，我们必须适当地恢复某些被省略的中介环节，使连续转化过渡的历史行程呈现本来面目，即以历史的态度来研究中国近代社会的历史。

第三，中国半殖民地半封建过渡型社会形态的客观存在说明，尽管马克思主义经典作家在创构他们的理论体系时，曾用社会发展五阶段理论对人类社会形态演化的最一般规律作了深刻的阐述，但是具体历史发展过程却是无限丰富、千姿百态的，这里往往存在若干始料未及的“例外情况”和无暇顾及的“历史细部”。因此，对于历史研究者来说，也就没有必要用五阶段论去套用、剪裁一切社会的实际历史发展，而只能是具体问题具体分析，以历史唯物主义为指针，创造性地丰富和发展马克思主义社会形态学说。

［本文原刊于《历史研究》1989 年第 1 期］

论孙中山伟人品质

一

伟人人各殊异。孙中山只是属于那种政治领袖型特定范畴的伟人。他一生的功过是非、成败荣辱，主要由他在政治实践中所发挥的作用及其成就来判定。因此，我们必须首先把他视为一个政治家而置于严格的政治范围内，考察其伟人品质的第一层次：政治品质。

政治品质是政治家独具一格、相对稳定的政治素质的抽象概括。就具体内容说，它包括政治家的政治性格、能力和行为方式（作风）等。如果说，政治活动本身充满了大量机遇、变故、假象等偶然性因素，那么，政治品质则以其相对稳定性、一致性和明确性集中体现了政治家思想和行动的主导特点，有如拿破仑的雄风一世、林肯的朴素无华、俾斯麦的“铁血主义”、波拿巴的装腔作势、梯也尔的卑鄙奸诈等。

那么，孙中山政治性格、能力和行为方式所体现出的主导特征究竟是什么呢？

激进实践倾向，此其一。在政治生活中格外重视和强调勇敢无畏、入世进取的“行”，构成孙中山奋斗生涯的基本风貌。他的哲学是行动的哲学；他的人生是战斗的人生。诚如鲁迅先生所评价：“中山先生的一生历史俱在，站出世间来就是革命，失败了还是革命。”①

尽管孙中山激进实践品格的形成可以追溯到他的大学时代，但其真正趋于成熟和具有自身特点，却是在1894年以后。表现之一，上书李鸿章失败，使孙中山“知和平之法，无可复施”②，遂摒弃了一度存在的改良思想，明确地把救国与革命联系起来，以职业革命家自任。1896年孙中山复函英国著名汉学家翟理斯，较集中地剖白了初步定型的革命实践家情怀：“心伤鞑虏苛残、生民憔悴，遂甘赴汤火，不让当仁，纠合英雄，建旗倡义。拟驱除残贼，再造中华，复三代之规，而步泰西之法。”③ 1905年孙中山与严复会晤于伦敦，针对其所持改良主义政治主张，明确地宣布：“俟河之清，人寿几何？君为思想家，鄙人乃执行家也。”④ 表现之二，孙中山以“不畏其难”的激进实践精神，不断扩展自己的社会活动范围，建立起广泛的社会联系，积累了丰富的实际斗争经验。1900年以前，孙中山主要以海外华侨社会为其革命基地，联络对象也主要是“闻革命排满之言而不以为怪者”⑤ 的会党中人。1901年以后，随着革命形势的发展，孙中山逐渐把活动范围从海外延伸到国内，将联络对象由会党、华侨扩展到日本、欧洲的留学生群和内地知识分子。既潜心于武装起义的发动和筹款，同时注目于革命团体的组织建设。因此，到1903年左右，孙中山的政治领袖地位已基本确立，被誉称作“近今谈革命者之初祖，实行革命者之北辰”⑥。

毋庸讳言，孙中山激进实践倾向虽集中体现了他基于崇高理想的积

---

① 鲁迅：《中山先生逝世后一周年》，《集外集拾遗》，人民文学出版社，1973年版，第152～153页。

② 孙中山：《孙中山选集》（上卷），人民出版社，1956年版，第24页。

③ 中国社会科学院近代史研究所：《孙中山全集》（第1卷），中华书局，1981年版，第46页。

④ 严璩：《侯官严先生年谱》，王栻：《严复集》（第5册），中华书局，1986年版，第1550页。

⑤ 孙中山：《孙中山选集》（上卷），人民出版社，1956年版，第172页。

⑥ 中国史学会：《中国近代史资料丛刊：辛亥革命》（一），上海人民出版社，1957年版，第90页。

极进取、勇敢无畏的革命精神和品质，但也夹带着某种“知其不可而为之”的“拼命三郎”似的冒险主义，有时甚或表现为偏狭的实用主义倾向——为了目的不择手段。这两点在孙中山发动的各次武装起义和国际交往中表现得尤为明显。就前者而言，孙中山受“欲收发难速效”根本战略思想的左右，往往不顾客观形势成熟与否，便轻率发难，“出大冒险之策”①，指望“一击而中”。另外，孙中山虽并不大力提倡个人恐怖主义，但原则上也不完全反对采用暗杀手段以助革命进行，主张“暗杀须顾当时革命之情形，与敌我两者损害孰甚”②。至于政治上的实用主义，近年日本史学界讨论得颇为热烈的1911年底至1912年初孙中山为获得借款同日本方面进行的几项交涉，尤其所谓“割让满洲”贷款问题，提供了若干不可忽视的新佐证③。其实，一个资产阶级革命家在向顽梗强大的封建统治势力冲锋陷阵时，带有某种冒险主义和实用主义倾向丝毫也不足怪，这正是他所代表的阶级既要奋斗又内体虚弱的矛盾表征。

然而，孙中山毕竟不是一个盲目的实践家。他在偏重实践的同时，并未忽视理论的指导作用。作为革命活动家，孙中山的行政才干或许比不过宋教仁，军事才能又比黄兴逊了一筹，但在政治眼界和理论素养上，他却高出于黄、宋诸人，始终坚持“为主义而奋斗”。这就不难理解为什么只有他能成为众望所归的革命领袖。如时人所评：“真有革命思想而又实行革命之规划者，舍孙文以外，殆不多见也。”④ 不过，孙中山的理论兴趣既有别于梁启超、章太炎一类宣传鼓动家的文山论海、振聋发聩，且稍异于谭嗣同、严复所擅长的深邃的哲学思辨，而嘱意创建一套能用以指导资产阶级革命斗争的政治理论学说。

① 中国社会科学院近代史研究所：《孙中山全集》（第1卷），中华书局，1981年版，第501页。

② 中国社会科学院近代史研究所：《孙中山全集》（第1卷），中华书局，1981年版，第585页。

③ 藤井昇三：《孙中山的对日态度——从对日依靠到对日批判》，《纪念辛亥革命七十周年学术讨论会论文集》（下册），中华书局，1983年版，第2525～2537页。

④ 《大陆报》1904年第2卷第9号，第55页。

综上可见，孙中山虽也兼有“学者和革命家的品质”，但后一种品质又远超越于前者。他的理论思维始终是围绕和服从于现实斗争的需要。他的主要特点不是坐而论道，而是起而实行。他往往不是等一切想好后再干，而是干起来再想，边干边想。他的三民主义学说便不是产生在他投身革命之前，而是在实际斗争中创造和不断完善的。孙中山后来提出“知难行易”说的初衷，也是想“使中国人无所畏而乐于行”[①]。尽管他的知行说具有“以行而求知，因知以进行”[②] 的合理内核，但作为一种行动哲学，着意突出强调的仍是“行”（实践）而非“知”（认识）。

孙中山政治品质的另一主导特征，是带有某种浓厚的伦理道德色彩。它可离析为两个彼此关联的基本色调。

首先是内在的理想人格塑制。严格说来，政治家的政治业绩并不一定与其伦理人格成正比。然而真正伟大并被人民长久崇敬的杰出历史人物，却少有不具备伟大的人格。孙中山之成为中国民族资产阶级的政治领袖，很大程度上即是依靠其伟大人格所形成的无形感召力而赢得了众多信徒和追随者。他的政治魅力和神秘性，主要就在于此。

中国近代历史上，能像孙中山那样把从政与理想人格培养高度统一起来，“天下为公”，为政清廉，绝不以权谋私的政治家并不多见。为了实现“求吾民真正之幸福”[③] 的崇高理想，孙中山不惜失“谋生之地位”，去“固有之资财”[④]，弄得倾家荡产，长期亡命异国他乡。在个人生活上，孙中山也是一贯以淡泊自持，“简单朴素”[⑤]。其《家事遗嘱》中所言“尽瘁国事，不治家产”八个字，既是对他自己政治人格的公正评价，也可算作他留给后人的一份最珍贵、丰厚的遗产！

---

① 孙中山：《建国方略》，上海民智书局，1925年版，第1页。
② 孙中山：《建国方略》，上海民智书局，1925年版，第56页。
③ 《孙中山档案》（卷7—5），中山故居藏。
④ 中国社会科学院近代史研究所：《孙中山全集》（第1卷），中华书局，1981年版，第421页。
⑤ 马湘口述：《孙中山的伟大人格》，《光明日报》，1956年10月26日。

其次是孙中山内在人格追求向外延伸为“君子政治”的理想作风。所谓“君子政治”，即在政治斗争中讲求“君子风度”，遵守信义，不滥杀无辜。他情愿“以道德影响力作战”，“用谈判以代杀戮，妥协以延长奋斗”①。用他自己的话来说，“中国式之革命家，究不过抱温和主义，其所主张非极端主义”②；“汤武革命顺乎天应乎人”，“不嗜杀人者能一之”③。

客观地说，孙中山“君子政治”的善良愿望和动机无可訾议，因为它体现了对政治哲学高远境界的憧憬和追求。然而，同康德“道德的政治家”类似，“君子政治”的理想在实际政治斗争中又不过只是一种空想。如黑格尔所指出，历史往往是通过善的反面——恶来替自己开辟道路的。孙中山的失误，尚不是缺乏随机应变的策略性和灵活性，而是过分相信人们（包括敌人）的纯良秉性和美好许诺，将“恻隐之心”的人道博爱用得太泛太滥，以致个体人格的纯真流变为政治上的天真、轻信甚至优柔寡断。这样，虽造就了一个善良长者，但却难以成为一个能满足本阶级需要的强有力的政治家。民国初年，孙中山“尽让政权于袁氏”④，虽主要为客观政治情势所逼迫，但从个人主观原因分析，又同孙中山本人对袁的轻信和缺乏相应的实力及手段不无关系。在国际交往中，孙中山也往往因过分强调“国际协作”“不讲打的好道德”⑤，而忽略必要的针锋相对的斗争，屡被帝国主义分子所欺蒙。尽管现实斗争有时也会对孙中山进行强制性纠正，使他被迫采取某些与自己本性相拂逆的策略和手段（如对恐怖暗杀活动的首肯等），但在总体上，“君子风

---

① 史扶邻语，转引自吴相湘编撰：《孙逸仙先生传》（上册），台北远东图书公司，1982年版，第5页。

② 史扶邻语，转引自吴相湘编撰：《孙逸仙先生传》（上册），台北远东图书公司，1982年版，第5页。

③ 孙中山：《孙中山选集》（下卷），人民出版社，1956年版，第635、653页。

④ 《国父全集》（第2集），台北“中央文物供应社”，1961年版，第68页。

⑤ 孙中山：《孙中山选集》（下卷），人民出版社，1956年版，第637页。

度”仍不失为孙中山政治品质特色之一。于是在某些场合，主观人格追求同政治职业要求的内在冲突，就常陷孙中山于勉为其难的尴尬境地，阻碍他在政治上获得更大的成功。

上述孙中山政治品质的两大主导特征，又是由一个最基本的核心——民粹主义风格所辐射形成。按照列宁的定义，中国民粹主义即是“战斗的、真诚的民主主义”①。它不仅具有“避免走资本主义道路的愿望”“宣传和实行激进的土地改革计划”② 这些主观社会主义的思想内核，而且有与之相应的风格外壳。如果说，民粹主义风格在俄国曾表现为民意党人的密谋方式和激进的个人恐怖主义，那么，在中国，则通过孙中山及其战友同样不乏冒险精神，但毕竟少了几分恐怖色彩的激进实践倾向和高尚道德追求得以集中体现。尽管激进政治实践与高尚道德追求之间难免发生冲突和矛盾，但这两者却真实地在中国民粹主义者身上实现了历史的统一：唯其是“战斗的”，因而渴望入世进取的革命实践，甚至不惜冒险犯难以求成功；唯其是“真诚的”，所以“充满崇高精神和英雄气概”③，即使在冒险犯难中也处处透露出某种理性和伦理的光辉。

需要指出的是，以民粹主义风格为内核的孙中山政治品质是一个多元、多维的复杂组合体。内中既含有大量肯定性因素，也有若干否定性因素。因而在实际运动中，随外在政治环境的变迁、影响，它既可能正向地表现为杰出伟大（革命激情、崇高理想、实践精神、高尚情操，等等），也可能逆向地表现出不那么杰出伟大（冒险主义、实用主义、幼稚轻信、软弱妥协，等等）。孙中山的政治家形象正是建立在这种双向

① 中共中央马克思恩格斯列宁斯大林著作编译局：《列宁选集》（第2卷），人民出版社，1972年版，第424页。

② 中共中央马克思恩格斯列宁斯大林著作编译局：《列宁选集》（第2卷），人民出版社，1972年版，第425页。

③ 中共中央马克思恩格斯列宁斯大林著作编译局：《列宁选集》（第2卷），人民出版社，1972年版，第424页。

逆反的矛盾运动中。我们对他政治品质所作出的“伟大”的判断，不过就其本质特征和主要运动趋向而言，并不排斥它本身具有的深刻矛盾性及其表象的斑驳繁复，歧异多变。

二

孙中山主要是一个政治家，但同时又是一个普通人。他的政治家属性归根结蒂不过是其普通人属性的升华与提炼。所谓人的属性，主要就是指生物人与社会人相统一的个体心理品质。正是这种兼有主观与客观、生物与社会双重属性的心理品质构成了孙中山伟人品质的第二层次。较之于第一层次的政治品质，心理品质具有更深层内在、持久稳定的特点。如果说，政治品质只是在有限政治范围内模糊不清地展现着孙中山的伟人形象（存在种种假象和复杂人为因素），那么，心理品质则在全部生活范围内处处展示出他的自我与个性并构成前者的内在依据。很明显，脱离了后者就无法正确认识前者，而只有在两者动态统一的基础上才能建立起立体、完整和真实可信的孙中山伟人形象。过去孙中山研究所存在的简单化倾向之一，即是没有充分揭示他的深层心理品质结构及其与政治实践的内在联系，因此在说明他的政治行为时，往往缺乏深度和说服力。

用个性心理学术语来表述，心理品质是指个体所表现出来的经常和稳固的心理特征的综合。概括气质、性格和能力诸方面，孙中山心理品质具有以下综合性特征。

（1）恢宏气度。毛泽东同志曾提到，孙中山先生有一种宏伟的气魄。此种气魄，显然主要不是由某种外表体征所造成的印象，而是一种经由言谈举止传神达意的内在气质。它首先同一种开放型、立体型思维方式相联系。孙中山眼界开阔，思路宽广，当别人只注意局部的时候，他往往能看到全体；当别人只忙于应付现实时，他却能回溯历史，展望未来。“他不仅看到广东、港澳，而且看到整个中国，看到亚洲以至全世界。他不仅想到当前的民族民主革命课题，而且想到革命后怎样使中国臻于富强。”① 既自尊、自强、自信，又不深闭固拒，而是以谦虚的态度不断追求真理和进步，构成孙中山恢宏气度的另一特色。尽管孙中山十分自信，具有我行我素的强大独立人格，但在重大关键问题上，却往往不乏自知之明，爽快地承认生活迫使他承认的东西，绝不沉湎于过去，而是始终面向未来，以充分的勇气和宽广的胸襟接受“种种可宝贵最难得的教训和经验，来办以后的事”②。

（2）过人胆略。孙中山自幼便具有藐视困难，敢担风险的过人胆略。他少年时捣毁神像，反对给他二姐缠脚的惊人之举，便是处于萌芽状态中的反抗意识。成人之后，此种胆略遂发展为勇于开拓进取、不畏冒险牺牲的良好心理品质。孙中山非常强调做人要有为国家、为民族奋斗牺牲的献身精神。他指出：“革命起义之时，人人心中有勇猛进取精神，而无一丝怕念存于其间，故成功得若是之迅且速也。”③ 他号召人们“不惮举其个人之自由权利、生命财产而牺牲之，以冀奠我华夏”④。在这方面，孙中山始终是身体力行的。他是“把对形势的充分了解和不顾一切的勇气结合起来的人”⑤，无愧为敢说敢当、踔厉敢死的大丈夫。当别人替他的安危担心时，他却以一种坦然的口吻谈道，已“把这类问题置之度外”⑥，认为自己总“没有一次贪生怕死”⑦。

（3）顽强意志。“心坚则不畏大敌”，磨砺弥坚的罕见意志力构成孙中山最为突出的性格特征。孙中山在总结自己的革命经历时说：“文奔走国事三十余年，毕生学力尽萃于斯；精诚无间，百折不回，满清之威

---

① 章开沅、林增平：《辛亥革命史》（中册），人民出版社，1980年版，第13页。
② 孙中山：《孙中山选集》（下卷），人民出版社，1956年版，第515页。
③ 中国社会科学院近代史研究所：《孙中山全集》（第2卷），中华书局，1981年版，第496页。
④ 孙中山：《孙中山选集》（上卷），人民出版社，1956年版，第101页。
⑤ 《德臣西报》，1896年12月3日。
⑥ 中国社会科学院近代史研究所：《孙中山全集》（第1卷），中华书局，1981年版，第553页。
⑦ 胡汉民：《总理全集》（第2集），上海民智书局，1930年版，第471页。

力所不能屈，穷途之困苦所不能挠；吾志所向，一往无前，愈挫愈奋，再接再厉。用能鼓动风潮，造成时势。”① 人贵在持志有恒。一时的冒险犯难，还算不得特别艰难，但几十年从不稍懈的一贯奋斗拼搏却需要超人的意志和毅力。孙中山能形成滴水穿石的韧性风格，做到在颠踬困厄中“愈挫愈奋”，除意志因素外，还在于他具备充分发展的心理自控调节机制，对挫折失败抱有极为豁达开通的见解：“吾人办事，无论成败，于处置外，一有余力当立他事，毋令成败之迹稍留于怀。”②

（4）强烈使命感。孙中山的胆略和意志力主要来源于他强烈的人生使命感和时代紧迫感。他最喜欢说的两句话是“天命无常”和“有志竟成”。前者强调人的命运并非派定，而在于主观争取创造；后者意指只要不懈奋斗，终能如愿以偿。两题合解，即为有所作为的人生使命感。与众不同的是，孙中山的人生使命感又同更高层次的历史使命感相结合，从而具有“替天行道”，以天下为己任的意味。所谓：“当此千钧一发之秋，不得不自进为革命之先驱，而以应时势之要求。”③ 此外，孙中山还同时具有只争朝夕的时代紧迫感。他深深意识到“河清无日，坐失良机，殊可惜也”④，有志之士当“发奋为雄，乘时报国”⑤。强烈使命感和高度紧迫感犹如巨鼓洪钟，交相激荡，随时对孙中山耳提面命，使之始终感到一强大精神压力，从而像大多数历史伟人那样，受某种内在意向驱使，不稍懈怠地朝着自己的既定目标挺进，“我不管革命失败有许多次，但总要希望中国的革命成功，所以便不能不总是奋斗”⑥。

（5）深厚同情心。孙中山的同情心既包括对劳动人民悲惨境遇的真

---

① 孙中山：《建国方略》，“自序”，上海民智书局，1925 年版，第 1 页。

② 陆达节：《孙中山先生逸语》，江西省三民主义文化运动委员会，1935 年版，第 41 页。

③ 中国社会科学院近代史研究所：《孙中山全集》（第 1 卷），中华书局，1981 年版，第 173 页。

④ 孙中山：《孙中山选集》（上卷），人民出版社，1956 年版，第 167 页。

⑤ 中国社会科学院近代史研究所：《孙中山全集》（第 1 卷），中华书局，1981 年版，第 187 页。

⑥ 《黄琪翔对孙中山先生的回忆》，《光明日报》，1956 年 10 月 31 日。

诚同情，同时还包括更广义的“普及于人人”的“兼爱”或“博爱”①。这种深厚、广袤并具有超阶级性质的同情心源于孙中山对人类互助天性的确信不疑，他认为：“物种以竞争为原则，人类则以互助为原则。”②正由于孙中山的同情心绝非出于政治需要伺机换上的虚假面孔，而是自然流出的心理倾向，因此就使他的个性在钢铁般的坚硬中又带有某种人情味，给人以“温和端正”的印象③。

（6）旺盛求知欲。孙中山一生嗜书成癖，寻求新知几乎成了他生活的第一需要。他曾说：“我一生的嗜好，除了革命之外，只有好读书；我一天不读书，便不能够生活。”④ 但似乎还不能纯然从个人兴趣爱好上理解孙中山的求知欲，而必须看到这是近代先进人士从封闭、狭隘的中世纪跨进广阔多变的近代社会后，感到亟须调整、补充知识结构的普遍心理趋向，只不过在孙中山身上表现得尤为强烈突出罢了。孙中山的求知欲除具有旺盛、多维、持久的特点外，还注意讲求定向发展和效用。当他立定从政志向后，便主要围绕社会改革的大目标采撷新知，注重学习历史、哲学、政治、军事、经济和地理等方面的知识，而对小说、诗词之类则相对忽略。旺盛求知欲和科学的学习方法不仅使孙中山具有渊博学识和求新精神，而且训练了他的思维分析能力，使之具备了超过许多同时代人的智力和知识结构。

然而，孙中山毕竟是人而非神。除上述基本属于肯定范畴的综合性特征外，他的心理品质也带有明显的弱点和缺陷。与他恢宏大度的气质特征相伴随的，是某种不切实际、耽于幻想的理想主义。一些细心的研究者指出，孙中山有时易于头脑发热，空口许愿，以显示自己的非凡气魄。譬如，孙中山曾于1912年声称要在十年之内筑二十万里铁路，事

---

① 孙中山：《孙中山选集》（下卷），人民出版社，1956年版，第650页。

② 孙中山：《建国方略》，上海民智书局，1925年版，第50页。

③ 吴稚晖：《我亦一讲孙中山先生》，《吴稚晖全集》（第5册，第9卷），上海群众图书公司，1927年版，第48页。

④ 黄昌谷：《孙中山先生之生活》，上海民智书局，1927年版，第13页。

实上这是难以实现的①。此外，同孙中山的自信和顽强并存的，则是偶尔流露出的过分自信和偏激固执。例如他与黄兴就同盟会旗式问题的争论，就大有在非原则问题上固执己见之嫌。再如孙中山于 1914 年创建中华革命党时，不顾包括黄兴在内许多党人的反对，坚持要党员立誓效忠于他本人和按指模，除政治方面的原因外，同他个性上的过分自信和偏激固执不无关系。孙中山心理品质中主要优缺点的相反相成、截然并存：肯定规定性的热情、积极、刚强和否定规定性的躁急、偏颇、固执两极并存转化，辩证统一使然。从个人主观原因上讲，则是在突破和改造中国人求稳、克制和保守的传统心理品质时矫枉过正，没能正确把握好适当平衡的度。

尽管如此，孙中山心理品质在各元素彼此渗透、制约的总体结构上表现出极大完整性和优越性，具有充满活力和冲击力、创新精神强、顽强持久性强、承受力和灵活性大等整体特征，是一种高度近代化的心理品质结构。其他革命领导人，如黄兴、宋教仁、章太炎等或在胆略，或在意志，或在学识方面都可能有自己独到之处，然而就总体来看，却只有孙中山才真正具备充任革命领袖的最佳（相对而言）心理品质结构。他的气魄和胆识，使之能于独擅胜场的改良主义思潮中，首先揭橥三民主义政治纲领，另辟一条直截了当的革命新径；他不存芥蒂于心，但以天下为怀的豪爽大度的个人气质，为他晚年毅然实行三大政策，走“以俄为师”的道路，提供了主观心理方面的依据；他的坚强意志和韧性，对于从事长期而严酷的革命斗争是不可或缺的；而他旺盛的求知欲和敏锐的观察、判断力又在一定程度上弥补了他缺乏的思想深度。

如前所述，在孙中山政治品质与心理品质的相互联系上，前者通常受制于后者。具体言之，孙中山激进实践品格主要建立在他恢宏气度、

① 薛君度：《辛亥革命新论》，中华书局编辑部：《纪念辛亥革命七十周年学术讨论会论文集》（下册），中华书局，1983 年版，第 2578～2599 页。

过人胆略、奋斗牺牲精神和顽强意志力等综合性心理素质上；而他“君子政治”的追求，显然又主要以深厚同情心和对人类互助天性的笃信为其内在依据。正如他政治上的无畏顽强以性格的勇敢倔强为指归一样，他心地的纯真善良又在某种程度上决定了他政治品格的“善良”。总之，他的政治品质与心理品质在运动方向上基本趋于一致，这可视为他政治品质能保持某种相对稳定性和明确性的主观内部原因。然而，心理品质对政治品质的制约和影响又并非只是同向同步的简单一致。由于深层心理品质之作用于外在政治品质还得经由若干中介环节（环境因素、思想认识、情绪体验，等等），并受到政治需求的牵制，因此，二者在一致性基础上又存在间或出现的偏差或逆反性。否则就难以解释，孙中山既是一个性格特殊、坚强和勇敢的人，何以有时又会在实际斗争中表现出某种软弱甚至妥协？孙中山即一贯怀有深厚同情心和主张人道博爱，何以又会亲自去组织暗杀团?[①] 显然，政治有自己内在的规律与法则，个人品质有时倒显得无足轻重了。值得注意的是，由于中国近代社会运动异常急剧复杂，此种心理品质与政治品质的偏差或逆反性往往显得格外突出。这无疑给近代政治人物评价增添了难度和复杂性。

三

任何丰富个性中都寓有更深刻的共性（必然性）。孙中山也不可能超然物外。透过他的伟人品质，可以发现种种使其不得不如此的客观制约因素。很大程度上，正是那些“一切社会关系的总和”的共性隐秘因素构成了孙中山伟人品质的内在本质。但在结构顺序上，这种内在本质并不是水平地构成他伟人品质的第三层次，而是纵向交融于政治品质（第一层次）和心理品质（第二层次）中，对之产生影响和制约。

---

① 柏文蔚：《五十年经历》，《近代史资料》1979 年第 3 期，第 4～62 页。

恩格斯曾指出："十八世纪的伟大思想家们，也和他们的一切先驱者一样，没有能超出于他们自己的时代给予他们的限制。"① 孙中山也是自己时代的产儿。他之所伟大，从根本上说，就在于他能够自觉"适乎世界之潮流，合乎人群之需要"，顺应时代潮流前进。十九世纪末二十世纪初在中国大地上喧腾而至的时代潮流，正是近代民族运动和资产阶级民主革命的正式合流。伴随新世纪的悄然降临，曾于十九世纪九十年代掀起过层层波澜的改良主义"黄金时代"终于谢幕了，革命派成为新的时代潮流的代言人，如他们所宣称："霹雳一声，开二十世纪之风云，腕力高扬，张自由之旗鼓。席卷二十一省，尽苏亿兆人，尽国民之责任，种同胞之幸福。纵事不成，以血相继，不然，则印度、埃及之苦，即渡太平洋而进我黄河、扬子江之间矣。"② 随着民族矛盾和阶级矛盾的急剧激化，推翻腐朽封建统治，建立资产阶级共和国，谋求中国的独立、民主、进步和富强成为历史的必然和时代中心课题。孙中山正是集真诚的爱国主义与战斗的民主主义于一身的历史伟人。他个人的勇气、智慧、才能、美德以及他独特的政治品质，都是因能较好地适应和解决当时的时代中心课题，从而才具有了"伟大"的含义。如此看来，改良派政治代表康有为之落后于孙中山，更多的是时代发生位移的必然结果。后来，也正是这种时代的位移，使孙中山和民主革命派曾领"风骚"的时代在辛亥革命后很快便发生倾斜（这是孙中山在民初始终不能成为政治最强人的根本原因），并必然地被以毛泽东为代表的马克思主义者所取代。

除去"时势造英雄"的一方面，时代对历史人物的制约又表现为他们的心理和活动无可避免地要带有自己时代的印痕。总的说来，中国近代是一个过渡性的大时代，在这短暂的百余年中压缩了近代西方几百年

① 中共中央马克思恩格斯列宁斯大林著作编译局：《马克思恩格斯选集》（第3卷），人民出版社，1972年版，第405页。

② 《义和团有功于中国说》，《清议报全编》（卷26），横滨新民社辑印，第189页。

的历史行程，近代化浪潮不可遏制地从技术引进层次到思想启蒙层次，进而又迅速推进到政治制度变革层次，波波相续，异彩纷呈。作为生活于过渡时代的过渡性历史人物，从康有为、梁启超、严复到孙中山无不打上了时代所具有的新旧杂陈、半生不熟、矛盾多变的历史烙印。民族救亡的特殊紧迫性和令人眼花缭乱的多种选择，使这些破冰开路的先行者们无暇把许多截然对立的思想学说、风格品质有机和谐地统一起来。这正是孙中山政治品质和心理品质内在矛盾的总根源。然而，尽管具有上述共同时代特征，但每一历史人物具体生活于其中的时代氛围又并不完全雷同。时代的阶段性因过渡的丰富层次而显得异常清晰和紧凑。那种“江山代有才人出，各领风骚数百年”的停滞性局面在近代社会已不复存在了。如果说 19 世纪普遍信奉的原则和行为方式是“托古改制”的叩头请愿，那么 20 世纪初年所时兴的原则和行为方式则是激烈的“武器批判”。戊戌那一代人重在思想启蒙，维新变法是迫不得已之举；辛亥时期的仁人志士则重在革命行动，宣传鼓动不过是借以呼风唤雨的手段而已。经过戊戌、庚子两次流血，历史变得更为大胆和激进了。甚至连一向温和的立宪派，最后也不得不诉诸以死相争的国会请愿和流血的保路斗争。不同的具体时代特色，赋予康有为和孙中山两派人物不同的秉性和风格。孙中山之于康有为少了几分古色古香、老成持重，但却多了几分简捷明朗和无畏勇气。他政治品质的激进实践倾向和不怕幻灭、不怕失败、冲劲十足的个人秉性，既是新的“破坏时代”风气使然，反过来又恰好扣准了时代脉搏的跳动节拍。

在阶级社会中，时代对历史人物的制约往往是通过阶级的中介来实现。如马克思指出的那样，历史伟人究其实无非是“经济范畴的人格化，是一定的阶级关系和利益的承担者”①。孙中山的活动和人格，很大程度上就是当时的时代主角——早期民族资产阶级的“人格化”。他

① 卡尔·马克思：《资本论》，“初版序言”，经济科学出版社，1987 年版，第 4 页。

一方面汲取了那个处在上升时期的阶级的全部朝气和进步性，并纳入自己的伟人品质中，从而与李自成、洪秀全似的“闯王”或“天王”有着本质的区别；另一方面，他也或多或少承袭了那个阶级与生俱来的毛病和缺点，从而又区别于更为先进的无产阶级革命伟人。

然而，仅满足于对孙中山伟人品质的阶级实质做些笼统的评论，显然是极为肤浅的。时代特征的具体化与阶级特征的具体化存在逻辑上的一致性。作为民族资产阶级政治领袖，孙中山自然在总体上代表了该阶级各个阶层、集团的长远和共同利益，具有十分广阔的社会背景。但阶级性对孙中山的制约，又并非各个阶层、集团利益总和的笼统派定，而是有侧重、有层次地通过具体政治氛围、群体性人际关系来实现的。因此，要显现出孙中山伟人品质的特殊阶级“性相”，就必须把握住最为经常和直接对他起客观制约作用的具体化阶级因素。

就民族资产阶级的大范围来考察，孙中山显然更直接代表着同阶级主体——工商资本家保持一定距离的小资产阶级新式知识分子群（主要是其中的革命派），更多地具有这一社会群体的政治特征和心理状态。与张謇等工商资本家相比较，小资产阶级新式知识分子群一般年龄结构较为年轻，并多曾寄迹海外，直接接受了西方近代民主思想的洗礼，对劳动人民抱有同情心理，与封建势力的联系也较为间接，因而大都能在一定程度上摆脱其阶级主体畏首畏尾、“素性圆滑”的性格特征制约，表现出某种心理状态的健康、开朗和政治上的朝气、激进。小资产阶级知识分子群同阶级主体之间在价值观和伦理观上的距离感及其政治上的游离性，使他们的激进政治主张长期难以为国内工商资产阶级所理解和接受，因此也就缺乏强有力的阶级基础，结果他们不得不转而同劳动人民建立较多的联系（主要通过会党）。然而，小资产阶级所具有的狂热性和缺乏科学的世界观，使他们既不愿做深入持久地发动群众的艰苦工作，又提不出解决土地问题的真正科学合理的方案。这样，他们便注定得不到来自下层劳动人民的广泛支持，而只好孤军奋战。孙中山政治上的不幸和悲剧主要也就在这里。

在小资产阶级新式知识分子群的小范围内，孙中山又更接近于由他本人和朱执信、廖仲恺等构成的民主革命派中的急进派层次（尽管他们并没有单独的组织）。和黄兴、宋教仁、章太炎、陶成章等来自内地和江浙一带的革命家不同，这批人大多籍隶广东，与华侨社会和华侨资产阶级有着更为天然、密切的联系。由于他们汲取了华侨资产阶级反帝反封建较为彻底的优点，因此同阶级主体（国内工商资产阶级）的政治游离性更大，具有更鲜明的中国民粹主义色彩，空想社会主义倾向也更为突出（如民生主义的提出和坚持）。而且，他们“在某种程度上甚至承认西方无产阶级革命的正义性”①，愿意同广大工农群众结成同盟军，共同防止资本主义所带来的弊病，这就为其后三大政策的制定作了历史铺垫。很明显，孙中山伟人品质，浓缩体现的主要就是资产阶级民主革命急进派的政治和心理特征。

不同时代和阶级召唤不同的伟人，不同文化背景则哺育出品格迥异的伟人。时代、阶级与文化因素始终是密不可分的。区别只在于，时代和阶级对历史人物的制约影响，一般是由表及里，由政治品质到心理品质的渗透过程；而文化因素的制约却是一个由内而外，由心理品质辐射到政治品质的过程。从文化角度看，辛亥那一代革命家可目之为东方型近代资产阶级革命家。首先，他们产生、活动于与西方社会截然不同的东方殖民地、半殖民地的农业国，不得不被迫同时与帝国主义和封建势力两面作战，经常陷入力不从心的困难境地。虽是如此，但同“早已抛弃了青年时代的一切理想”的同时代西方资产阶级相比较，他们却不乏青春朝气和活力，“相信未来，奋不顾身地为未来而斗争”②。其次，他们因要从西方近代文明中“盗取火种”，所以不同程度地具有“西化”

---

① 章开沅：《论同盟会的性质及其内部分歧》，《历史研究》1978年第11期，第42页。

② 中共中央马克思恩格斯列宁斯大林著作编译局：《列宁选集》（第2卷），人民出版社，2012年版，第424页。

倾向；但他们毕竟又吮吸着古老东方文明的乳汁长大，因此不可避免地继承了东方民族文化心理结构。这既给他们消化和运用西方民主政治造成一定障碍，同时也使之具备了基于几千年文化心理累积化生出的东方政治家风度：深沉内在、含蓄克制、人情风味、身先士卒、品格感召，等等。孙中山的政治品质就带有某种鲜明的东方文化特征。从其激进实践倾向中，不难领悟到儒学文化经世致用、舍身成仁的实践理性精髓；而其浓厚的伦理道德色彩，更是儒家“修身、齐家、治国、平天下”这套“内圣外王”的微言大义在新的历史条件下的借用与发挥。事实上，那种多少带有几分神秘意味的人格修养和无形政治感召力，并非中国革命家所独具，从印度“圣雄”甘地身上也可寻其径迹。不过，这又得溯源于与儒学文化歧异的另一东方文化传统了。

过去人们在强调孙中山的西方经历时，往往忽视了他长期生活于其中的主要是西方、日本和东南亚的华人社会。当时，那些“海外孤儿”们尚未真正同所在国的社会和文化融为一体，普遍遭到歧视和排斥。因此，在这种正处于形成过程的“华侨文化圈”中，由本位儒学文化造就的社会氛围和心理仍居主导地位，而这就为孙中山民族特性的保有和发扬提供了客观外在条件。辛亥时期的人们称孙中山为“倡吾民权自由之说，而最富民族思想”① 的“东大陆之华、拿”②，可以说正是对他伟人品质所蕴含的东方色彩和民族特性的客观评价。

四

历史制约人，人也创造历史。伟人的产生实际上是一个社会历史条件客观制约与个体自我塑造矛盾统一、螺旋上升的过程。如果撇开具体历史环境中个体的主动性自我塑造，就很难理解，为什么在大致相同的

① 《警钟日报》，1904 年 12 月 20 日。
② 《复报》，1907 年 1 月 30 日，第 8 期，第 17 页，“历史”。

时代、阶级和文化背景条件下，会产生如许品貌多姿、风格迥异的历史人物？自主观能动性方面观之，伟人品质的形成又与其独特生活经历和一连串自我选择不无关系。时代、阶级和文化的本质规定性只有通过个人经历和自我选择的媒介，才能最终达到现实化和个性化，否则，就只能是一种思辨的存在。而根据个性心理学理论，个性形成具有某种时限性。到达一定阶段，人的个性就很难再有质的突破，更多倒是原有品格的展开和补充。所以，探索孙中山伟人品质（尤其是深层心理品质）的形成，其早年生活经历影响和他在其中所作出的自我选择，便显得尤为重要了。

出身于珠江三角洲的一户贫农家庭，既构成孙中山人生经历的起点，也是对其心理品质和以后的政治品质施以深刻影响的重要因素之一。卑微家庭背景所造成的压抑感，曾在少年孙中山敏感的心灵中投下一团巨大的阴影。这阴影又因珠江三角洲华侨巨富甚多，同港澳交通甚便的人文地理环境而变得格外厚重。孙中山后来曾不无感触地回忆："吾自达到运用脑力思索之年龄时，为我脑海中第一疑问题者则为我自己之境遇，以为吾将终老于是境乎，抑若何而后可脱离此境也。"① 显然，农民家庭出身既使少年孙中山直觉地感受到没有凭恃，又迫使他不得不通过个人奋斗来改变自己的厄运，由此激发出刻苦学习、探究人生和社会的强大内在冲击力。"生而贫"的社会群属感，也使孙中山在政治上易于同情劳动人民的悲惨境遇，并构成他考虑社会改造问题的出发点之一。他曾说过："吾若非生而为贫困之农家子，则或忽视此重大问题（按：平均地权问题）亦未可知。"②

然而，单凭农民家庭出身，孙中山显然还不能成其为近代资产阶级革命伟人。历史之垂青于孙中山，在于他曾较早地接受了系统西方教育。如他后来所回顾："忆吾幼年，从学私塾，仅识之无；至檀香山，

① 中国社会科学院近代史研究所：《孙中山全集》（第1卷），中华书局，1981年版，第583页。
② 中国社会科学院近代史研究所：《孙中山全集》（第1卷），中华书局，1981年版，第583页。

就傅西校，见教法之善，远胜吾乡，故每课暇，辄与同国同学诸人相谈衷曲，而改良祖国，拯救同群之愿，于是乎生。”① 自十三岁起便正式就读于西式学校，不仅使孙中山走上了一条较彻底地摆脱中世纪的封闭、狭隘和愚昧状态，迈向近代资本主义文明的捷径，而且也使他幸免了不少同时代启蒙者和革命者在所难逃的劫数：他们先是在子史经义的封建传统教育中形成自己的世界观和人生观，然后再借用西学的理论武器来批判世界和自己。及至这种批判短时不能奏效，他们便怀疑甚至抛弃了“批判的武器”，最终被因袭的传统负担所压倒。康有为、梁启超、严复如此，章太炎又何尝不是如此？谋其新，务必去其陈。唯其旧的太多，新的便难以生根立命。长期寄迹海外的经历，还使孙中山能在一定程度上超脱于本位文化系统的局限，自外冷静对比、反思中国社会现状和传统文化之不足，作出比较客观的判断和相对正确的抉择。孙中山政治上的高瞻远瞩和不乏坦然向西方学习的勇气，便与此很有关系。可见，较系统、长期的西式教育和西方生活经历，对孙中山伟人品质的形成无疑起了决定性作用。

关于西方近代文明对孙中山的具体影响，人们已从哲学和政治思想方面进行了许多有益探索。然而，一般却相对忽略了西医职业和基督教信仰对孙中山个性人格塑造所起的作用。其实，孙中山伟人品质中格外引人注目的人道博爱特色和实践献身精神，在很大程度上应溯源于这两大因素的潜移默化。

具体地说，西医职业的专门训练和实践，首先使孙中山具备了注重观察与实验的近代科学态度和实事求是的思想方法。这样当他“抛弃其医人生涯，而从事于医国事业”② 时，便能清醒地认识到，“解决社会问题，要用事实做基础，不能专用学理的推论做方法”③，尊重社会发展客观规律，强调实践精神。其次，孙中山政治和心理品质也积淀了医

① 吴相湘：《孙逸仙先生传》（上册），远东图书公司，1982 年版，第 32～33 页。

② 许师慎：《国父革命缘起详注》，正中书局，1947 年版，第 5～6 页。

③ 胡汉民：《胡汉民先生自传》，台北党史会，1978 年影印本，第 198 页。

生职业所要求的同情心和道德责任感等个性特点。在社会实践中，孙中山正是把医道中“救死扶伤”的人道主义扩而及之政治领域广义的人道主义，倡言人的尊严、平等、权利和自由，完成了由疗治拯救个体到疗治社会和拯救民族的逻辑过渡。尽管孙中山的人道主义具有某种超阶级的抽象性和虚伪性，并对其政治品质起了某种消极影响，但总的说来，在当时的历史条件下仍不失为一种进步思想因素。

基督教信仰则使孙中山在“西化”过程中迈出了既矛盾痛苦但又颇为紧要的一步。从此，他在皈依上帝的同时取得了一张出入西方社会的“优惠门票”，把自己同整个西方近代文明更紧密地联结在一起①。基督教信仰对孙中山所施影响有积极与消极两方面。在消极意义上，尽管孙中山更多地视上帝为一种至善人格存在，但在某些特定场合，又难免“祭神如神在”地寄希望于那个冥冥中的救世主。例如蒙难伦敦之时，孙中山就曾“一连六七日，日夜不绝祈祷，愈祈愈切，至第七日，心中忽然安慰，全无忧色，不期然而然，自云此祈祷有应，蒙神施恩矣”②。此外，基督教义中“爱、信、从”三主德等说教，也在一定程度上磨蚀了孙中山的斗争锋芒。而自积极面言之，孙中山又从来不是一个循规蹈矩的基督徒，对僵化烦琐的教规教仪和陈腐教条大多处之淡然。据冯自由回忆，孙中山在日本和美国时，“除假座基督教堂讲演革命外，足迹从未履礼拜堂一步”③。不难看出，作为资产阶级革命伟人，孙中山更为关注的，是如何“从神道而入治道”④，从近代基督教中借取救世、平等、公正、友爱和进取的“宗教魂”以锻冶自身品格和救国救民。他曾认为：“予深信予之革命精神，得力于基督徒者实多。”⑤ 正由于此，

① 在近代，经过宗教改革和内部分化后的基督教——新教实际上已成为“资本所特有的宗教”（马克思语）。

② 中国社会科学院近代史研究所：《孙中山全集》（第1卷），中华书局，1981年版，第45页。

③ 冯自由：《革命逸史》（第2集），商务印书馆，1943年版，第12页。

④ 中国社会科学院近代史研究所：《孙中山全集》（第1卷），中华书局，1981年版，第46页。

⑤ 陆达节：《孙中山先生逸语》，江西省三民主义文化运动委员会，1935年版，第50页。

孙中山伟人品质并没有因宗教信仰而夹带某种晦涩神秘成分；反之，却因移宗教徒的虔诚态度和献身精神于革命事业中，从而使自身品质显得更纯洁明朗、崇高可敬。

上述西方经历和影响对孙中山来说固然重要，但据此得出孙中山是一个“完全西方化”的中国人的结论，却又大谬不然。本位文化背景对其伟人品质的客观制约，已如前述。更为重要的是，孙中山主观上从来就是站在鲜明的民族立场，抱着“改良祖国，拯救祖国”的良谟宏愿去了解和学习西方的。他学习西方，但又从不迷信和盲从于西方，而是充满民族自豪感和民族自信心，坚定不移地相信：“中国人天生的聪明才力，比东洋人西洋人都要好得多。我们国家改造好了，中国的强盛还要驾乎他们之上。”① 这一点便从本质上决定了孙中山“生来不是做买办或‘英王的中国臣民’的料子”②，而始终是一个具有中华民族风骨的人和最真诚的爱国主义者。揆诸史实，孙中山醉心西学之时，丝毫也没有表示对中国传统文化的轻视。他在就读于博济医校期间，便特地请了一位先生教授中国经史。他还曾经风趣地提道：“尝效村学生随口读过四书五经者，后忘之。但欲改革政治，必先知历史。欲明历史，必通文字。乃取西译之四书五经历史读之，居然通矣。”③ 愈到晚年，孙中山愈是清醒地意识到，舍弃中国本位文化的全盘西化根本行不通，因之十分注重合理继承传统文化中的精华，进行民族心理和文化的新建设。他指出：“中国固有的优美道德，是应当保留。至于欧美科学文明，则宜努力探求。”④ 可以这样认为，博采东西方文明之所长熔为一炉，而又自成其面貌，既是孙中山个性塑造的成功之路，也构成其伟人品质最根本的特征。

---

① 胡汉民：《总理全集》（第 2 集），第 443 页。

② 史扶邻：《孙中山与中国革命的起源》，中国社会科学出版社，1981 年版，第 34 页。

③ 《少年中国晨报》（旧金山），1916 年 8 月 19 日。转引自薛君度：《黄兴与中国革命》，湖南人民出版社，1980 年版，第 193 页。

④ 陆达节：《孙中山先生逸语》，江西省三民主义文化运动委员会，1935 年版，第 54 页。

无可否认，孙中山在力求将东西方文明熔于一炉的过程中，也有种种不当和失误。例如，他对中国“忠孝”“仁爱”“信义”“和平”等固有道德的重新解释和改造制作，就失之粗糙和肤浅，某些地方尚未脱出旧道德的窠臼。这就很难使两种文明有机衔接起来，实现农业社会旧文明向工业社会新文明的顺利转化。除此之外，他通过信仰基督教直接楔入西方近代文明的特殊方式，也不宜盲目效尤。然而，孙中山所开辟和坚持的历史方向毕竟是划时代的。他那种既保持民族精神，又不抱任何偏见地向西方学习的态度，他那种知难而进，勇于实践，奋斗不息，“振兴中华”的崇高精神和品质，不仅成功地塑造了一个近代伟人形象，而且在今天仍具有某种现实意义。

现代人不过是近代人的承续和发展。新时期精神文明建设和国民性塑造，应当继续近代中国人的典范、伟大革命先行者孙中山先生所开拓的方向，既不固步自封、不假外求，又自信、自尊、自强，立足本位文化，放眼整体性人类文明。历史已经预示：伴随科学技术振兴和物质生活的丰裕，一代具有开放型、进取型、科学型、理智型个性品质特征的社会主义新人破土崛起，将成为古老中华民族重新焕发其青春活力的真正标志。

[本文原刊于《历史研究》1986 年第 6 期]

论孙中山的现代国家建设思想

政治现代化是现代化的一个重要方面，而具有现代导向的、高效而有力的现代型国家的建设，又是实现政治现代化的关键。要成功地推行现代化，社会系统必须创造出新的政治体系，即用国家行为来推动社会和经济变革，为现代化廓清道路。国家（主要指中央政治）的主体作用，在像中国、日本这样的后发型现代化国家的成长历程中，表现得尤为明显。晚清以降，如何摆脱国家权威危机，创建一个能适合现代化发展需要的新型国家体制，一直是困扰几代中国人的核心问题。不同阶级和不同社会的代表给出了不同的答案。其中，孙中山以三民主义建设现代型国家的政治理念，不仅标志着近代中国人向西方学习达到一个新的高度，而且蕴藏着实现政治现代化的丰富内涵，值得深入加以探讨和借鉴。

一

现代型国家的建设从属于政治发展的范畴，即要建立现代国家体制，必须发展出一套现代的“理性的”法律制度和行政系统。此一问题的发生，又在于西潮东渐以来，传统政治体制及其理念与现代政治发展产生了根本性的抵触、冲突，而不得不加以变易。因此，对传统中国政治体制的审视，便成为讨论问题的起点。

所谓“传统政治体制”，系指自秦汉以来，中国“霸王道杂之”，融儒、法两家意理所发展出的一套高度中央集权的官僚体制和“大一统”的帝国体系。在这一帝国体系中，君权具有至高无上的地位。同时，这一帝国体系又实行“政教合一”的国家体制，儒家思想提升为国家意理，渗透到国家制度之中，君主不仅是至高无上的统治者，而且是作为教主的“圣王”，负有解释法律、教化社会的责任。世袭的“普遍王权”与崇高的“教主”地位相结合，构成专制皇权的合法性基础，万世一系，牢不可破。对此，德国著名社会学家马克斯·韦伯有深刻的洞察，他认为：“（在中国）世俗权威与精神权威均操纵在一人手中，其中尤以精神权威的力量至为强大。”① 在他看来，中国的君主犹如一位教皇，中国的皇帝是运用真正意义上的卡里斯马型权威（Charismatic authority）进行统治的。在行政意义上，中国高度中央集权化的官僚制度“具有精密的专门化和职能区分，并由职业官僚遵照高度理性化并有案可稽的成规及先例进行管理”②。

由于中国传统政治体制与小农自然经济具有高度的相适应性，因而在政治秩序上为早熟的中国古代农业文明提供了制度保证。从现代政治角度看，中国高度中央集权的官僚制度也有其致命的缺陷。首先，这种集权的行政官僚体制仅仅延伸到县一级，县以下的广大基层社会则由士绅加以间接地控制，实则处于高度分散的无组织状态。这样，便形成了一个明显的悖论：一方面是高度的中央集权和行政的高效率，但另一方面至高无上的皇权（中央政府）又缺乏真正强有力的对全社会的控制和动员能力。这与现代社会对政府的行政要求显然是有差距的。

其次，由于实行“政教合一”，中国传统政治观念中，完全不存在西方式的“耶稣的归耶稣，凯撒的归凯撒”这种政治理念，也不存在类似西方教会的与国家相平行的社会组织形式。尽管从理论上说，存在一

---

① 马克斯·韦伯：《中国的宗教》，纽约自由出版社，1964年版，第38页。

② 罗兹曼：《中国的现代化》，江苏人民出版社，1988年版，第271页。

个与“政统”相并行的“道统”，但又如余英时先生所说：“道统是没有组织的，道的尊严完全要靠它的承担者——士本身来彰显。”①

再次，中国传统官僚体制所能维持的，实际上只是较强的政治统治和较高的行政效率。简言之，即集中在“治人”或“人治”上，在经济方面却主要采取“无为而治”的办法，任其自然发展，“管”与“卡”多于疏导和组织，也就是说国家的财政汲取能力和经济管理职能都是十分薄弱的，发育并不充分。这在自然经济为主的小农经济社会中可能尚能应付自如，但在“商战”剧烈的近代社会，就显得左支右绌，无法适应社会变迁的需要了。正因为如此，诸如韦伯和布罗代尔这样思想深刻的社会学家和历史学家，均不约而同地将中国没有能产生资本主义的原因，首先归结为其政治制度的阻梗②。

迄至清代，秦汉二朝所创制的传统集权政治体系持续两千余年，不仅没有根本性的变异，反而因满族的异族统治而变本加厉，即令平庸如嘉庆帝者，也“乾纲独揽”，控制严密，“令出惟行，大权从无旁落”③。于是，在西方强有力的挑战之下，专制集权政治制度所固有的种种弊端，完全暴露无遗。最明显的例证，即在于这种传统政治制度既无法有效地加强国防，动员民众，抗拒外敌的入侵，也没有能力汲取足够的财力，将国家导入经济现代化的轨道，与外人展开激烈的商战；反之，却在历次对外战争中一次次惨败，一次次以割地赔款告终。历经两次鸦片战争的奇耻大辱后，冯桂芬指出中国不仅仅是在军事器械方面不如西方，而且在政治制度方面也落后于西方：“人无弃才不如夷，地无遗利不如夷，君民不隔不如夷，名实必符不如夷。”④ 传统政治制度的权威

① 余英时：《史学与传统》，台北时报文化公司，1984 年版，第 79 页。

② 布罗代尔的论述，参见布罗代尔著，杨起译：《资本主义的动力》，生活·读书·新知三联书店，1997 年版；韦伯的论述，参见马克斯·韦伯著，康乐、简惠美译：《中国的宗教：儒教与道教》，广西师范大学出版社，2004 年版。

③ 《清实录·仁宗实录》(卷 94)，嘉庆七年二月乙丑条。

④ 冯桂芬：《制洋器议》，中国史学会：《中国近代史资料丛刊：戊戌变法》(第 1 册)，上海人民出版社，1957 年版，第 30 页。

性和神圣性开始受到最初的怀疑。及至1894年甲午战争中老大帝国的中国惨败于"蕞尔小夷"的日本，国家与民族的危机已是迫在眉睫，几乎稍有良知的人都清楚，中国两千年沿袭下来的专制政治制度已到了"变亦变，不变亦变"，非改不可的地步了。

正是在这样的背景和情势下，各种改变中国传统政制的言论和主张应运而生，不胫而走。其中，影响最大，论证最详，且各领时代风骚的，实际是两套政治变革方案：一套是君主立宪的方案，一套是民主共和的方案。

君主立宪的政改方案由改良—立宪派提出，以后由清政府有保留地加以采纳。君宪政治的基本出发点，是要通过现政权以渐进的方式自上而下地实行政治体制的现代化改革，用君主立宪制度代替君主专制制度，实行资产阶级和贵族地主阶级联合专政，在中国发展资本主义。早在戊戌变法期间，康有为便反复申言，变法改制的根本，是要"开国会，立宪法"①。以后，梁启超进一步阐释了改良—立宪派的"政治革命"的主张，提出："吾所下政治革命之定义，谓革君主专制而为君主立宪也。"② 在国家政体方面，资产阶级立宪派主张实行英国式议会制君主立宪政体，通过保留一个没有实权的君主和控制国会，"进焉则取而代之，退焉则使官僚内阁唯唯服从。"③ 清政府中的改革派则主张师法德国和日本，实行二元制君主立宪政权，在这一政体下，君主的权力受到宪法和议会的限制，但君主仍握有实权，"大权统于朝廷"，"君主有解散议会、否定议会决议的权力"④。立宪派力主君宪政治的基本依

① 康有为：《敬谢天恩并统筹全局折》，光绪二十四年五月初一日，中国史学会：《中国近代史资料丛刊：戊戌变法》（第2册），上海人民出版社，1957年版，第214～216页。

② 《答某报第四号对于〈新民丛报〉之驳斥》，《饮冰室合集》，"文集十八"，中华书局，1936年版，第92页。

③ 张枬、王忍之：《辛亥革命前十年间时论选集》（第3卷），生活·读书·新知三联书店，1960年版，第677页。

④ 故宫博物院明清档案部：《清末宪备立宪档案史料》（上册），中华书局，1979年版，第37页。

据，在于这种政治变革方案最适合于中国“民智未开”，“国民程度不逮”的实情，可以避免“必极猛烈”的流血冲突，实现平稳有序的政治过渡，系社会代价最小、实行可能性最大的政治现代化方案。然而，这一方案所隐含的一个前提，则是要“保大清”，挽救清王朝覆灭的历史命运。这又是与时代潮流相背逆的。

与君主立宪相并行的是革命派提出的民主共和的政改方案。1894年孙中山秘密创立革命小团体“兴中会”，在“兴中会”的誓词中首次提出“驱除鞑虏，恢复中华，创立合众政府”的主张，即主张彻底推翻清朝专制统治，创建“主权在民”的民主共和国。1903年以后，民主共和思想蔚成时代潮流，与君主立宪的政治主张比肩而行。而首先对民主共和国蓝图进行初步描绘的，又当数年轻的革命者邹容。邹容在那本石破天惊、影响巨大的《革命军》一书中，将革命成功后建立的新国家定名为“中华共和国”，共和国“建立中央政府为全国办事之总机关”，“投票公举一人为暂行大总统，为全国之代表人”，“全国无论男女，皆为国民”，“个人不可夺之权利，皆由天授”。诸如此类的民主原则凡二十五条，“悉仿美国共和模式办理”。邹容的主张，在当时堪称最早、最为清晰的民主建国方案，但论证尚不充分。

继邹容之后，孙中山在他所创办的东京革命军事学校中提出“驱除鞑虏，恢复中华，创建民国，平均地权”的誓言。1905年8月同盟会成立后，这十六个字成为同盟会的政治纲领。1905年11月，孙中山在为同盟会机关报《民报》撰写的“发刊词”中，首次概括性地提出了民族、民权、民生的三民主义：“……今者中国以千年专制之毒而不解，异种残之，外邦逼之，民族主义、民权主义殆不可以须臾缓。”① 尽管此时之三民主义还仅仅是一个理论轮廓，但已经为中国现代型国家建设提供了一个基本指导思想。正是在这种先进的政治理念导引下，辛亥革

① 孙中山：《民报创刊词》，《孙中山全集》（第1卷），中华书局，1985年版，第288页。

命洪波涌起，席卷中国。

1911年的辛亥革命及民国的建立，意味着传统专制皇权官僚体系的崩溃，但却并不标志着新型现代国家体制的最终建成。南京临时政府的建立，仅仅是范围有限、为时极短的民主共和实验。以世袭皇权为标识的旧的合法权威倒台后，没有新的合法权威来填补这一政治真空，中国仍一直处于一种“国家危机”或“权威危机”（authority crisis）之中。被袁世凯所篡夺的“民国”实质上是一个“军绅政权”①，新的中央政府仍只徒具形式。革命之后，“县款不解省，省款不解中央”② 成为极普遍的现象。“无量头颅无量血，可怜购得假共和”，辛亥志士蔡济民的诗句，正是对袁世凯借共和之名，行专制之实的无情揭露。在“共和”的招牌下，国家实际陷于军阀割据和长期分裂状态，持续的政治衰退导致现代化迟迟走不上轨道。

正由于辛亥革命后“民主建国”、建立现代型国家的任务并未实现，所以孙中山及其追随者仍把重建国家当作最主要的目标，并为此而进行不懈的理论探索，终于在其晚年构筑成了在中国建立现代新型国家的较为系统、完整的理论学说。这一理论学说不敢说是绝后的，但至少是空前的，实乃我国实现政治现代化的一座取之不竭的思想宝库。

二

孙中山有关现代型国家建设的思想虽是长期思考的结晶，并随革命实践发展而不断增易，具有明显的阶段性特征，但我们仍然能将之视作一个理论整体，从不同的层次加以把握和考察。为此，我们将从两个层次来考察孙中山的国家建设理论：第一个层次为理论构想意义上的国家建设思想，牵涉现代国家建设的缘由、现代国家的结构及其本质意义。

---

① 陈志让：《军绅政权：近代中国的军阀时期》，广西师范大学出版社，2008年版。
② 吴鼎昌：《大借款乃财政之将来》，《庸言》1913年第1卷第13号，第5页。

概言之，即理想方案。第二个层次为实行意义上的建设现代国家的操作程序、实行步骤，牵涉现代国家建设的战略和行动方针。概言之，即实行方案。

先让我们讨论孙中山现代国家建设的理想方案。

（一）民族建国——国家现代化的基础

民族主义是一个历史的范畴，而近代民族主义又是与资本主义的上升时代相联系的。19 世纪的欧洲是民族主义兴盛的时代，同时也是民族运动风起云涌的时代，拿破仑统治的法国在欧洲的扩张、意大利和德意志的统一建国运动，均属近代民族运动的范畴，并大大增强了欧洲各国的近代民族意识。20 世纪初年的爱国志士曾将 19 世纪世界历史，归结为"民族主义发达史"，谓：

> 民族主义者，十九世纪之产物，而亦其主人翁也。维也纳会议成一民族主义与自由主义之大过渡，乃法国第二革命起，而全欧之机大动，而奥意战，而德奥战，而奥匈战，而德法战，而东方问题，而爱尔兰自治。及其将终，而莫阿之役，美西之役，日本之维新，义和团之扰乱。落落诸大事，无一非由是民族主义者磅礴冲击而成，故一部十九世纪史，即谓民族主义发达史可也。①

无论当年的爱国志士对近代民族主义的解释是否正确，但孙中山受欧洲民族主义运动的启发，以此作为在中国构建现代化新型国家的起点，却是不争的事实。1904 年 7 月，孙中山在东京对留日学生演讲，便首次提到了通过鼓吹民族主义，建立民主共和国的思路，说："我们生在中国，正是英雄用武之时，反都是沉沉默默，让异族儿据我上游，而不知利用此一片好山河，鼓吹民族主义，建一头等民主大共和国，以执全球的牛耳，实为可叹！"②

---

① 余一：《民族主义论》，《浙江潮》1903 年第 2 期，第 15～16 页。

② 孙中山：《中国应建设共和国》，《国父全集》（第 3 集），台北"中央文物供应社"，1961 年版，第 3 页。

建设现代型国家，促进国家的进步，首先涉及的便是国家整合问题，这也是政治现代化的一个重要层面。所谓国家整合（national integration），即是将社会上不相属的各部分统合成为关系密切的一个整体。民族国家的建立，既是国家整合的目标之一，也是实现现代国家整合的基本方式之一。

在孙中山看来，中国最大的危机，便是“不合群”，呈一片散沙状态，缺乏内在的凝聚力，他说：“我们这种民族，处境在世界上，是什么地位呢？用世界各民族的人数比起来，我们人数最多，民族最大，文明教化有四千多年，也应该和欧美并驾齐驱。但是中国人只有家族和宗教的团体，没有民族的精神，所以虽有四万万人结成一个中国，实在是一片散沙，弄到今日是世界上最贫弱的国家，处国际中最低下的地位。”① 如何改变这种一盘散沙的状况，使中国人能做到“合群”呢？孙中山认为，这就需要“提倡民族主义，用民族精神来救国”②，“结合四万万人成一个坚固的民族”，最终建成一个以中华民族作为实体的、统一的新型民族国家。这一新型的民族国家将成为四万万人的政治认同对象和政治效忠对象，只有这样，才能解决中国人的政治认同危机，消除政治认同上的分歧，而一跃成为一个“合群”、团结的民族。

在晚清，孙中山认为阻碍中国建设民族国家的主要障碍有二：一是满族少数人对多数民族的统治；一是中国受到列强的侵略和欺凌，在国际上处于被压迫的地位。因此，孙中山所提倡的民族主义和民族建国，对内而言，就是排除满族的专制，建立一个多民族的共和的国家，使汉、满、蒙、藏各民族处于平等地位，都能有共同参与国家政治的权益。1912 年民国建立后，孙中山对辛亥革命中的民族主义进行了总结，说：“征之历史，世界革命有因种族而起，有因政治而起，（中略）我国去年之革命是种族革命，亦是政治革命，何则？汉、满、蒙、回、藏五

① 孙中山：《民族主义》，《孙中山选集》（下卷），人民出版社，1956 年版，第 593～594 页。
② 孙中山：《民族主义》，《孙中山选集》（下卷），人民出版社，1956 年版，第 646 页。

大族中，满族独占优胜之地位，握无上之权力，以压制其他四族。满洲为主人，而他四族皆为奴隶，其种族不平等，达于极点。”① 正因为如此，在晚清，集民族革命与政治革命为一体的“排满”——推翻清朝的统治成为当时革命的中心任务，也是建立新型民族国家的第一步。对外而言，民族主义的要义则是要废除帝国主义的不平等条约和不平等待遇，使中华民族在国际上求得独立、自由及平等的地位。孙中山说：“什么是民族主义呢？就是要中国和外国平等的主义。要中国和英国、法国、美国都是一律平等的主义。”② 孙中山之所以格外强调各民族的独立、平等地位，显然是基于中国实际上已沦为列强的“次殖民地”这一殊可堪忧的现实，希图中国能作为一个新型民族国家日趋强盛，来日与列强并驾齐驱，他说：“前清专制，持其‘宁赠朋友，不与家奴’之政策，屡牺牲我民族之权利，与各国立不平等条约。至今清廷虽覆，而我竟陷于列强殖民地之地位。”③ 他又说：“欧战以还，民族自决之义，日愈昌明，吾人当仍本此精神，内以促全国民族之进化，外以谋世界民族平等。”

可见，孙中山所提倡的民族主义和民族国家，是要将我国分离的各民族统合为密切关联的一整体——中华民族，并将许多分散的小社会（家庭、宗族）结合为互有关联的大社会——民族国家，对内求得国家的统一及强盛，对外求得民族独立与平等，为国家的现代化建设赢得一个好的环境，创造一个崭新的局面。这一理论思想，不仅找到了现代国家建设中政治认同的对象和目标，而且寻求到了实现国家整合的具体路径。这就是通过唤醒民族意识，建设民族国家而形成新的政治中心和团结中心，“由宗教的团体，结合成民族的大团体”，“把全国的人都联络

① 孙中山：《在北京五朝共和合进会与西北协进会的演说》，《孙中山全集》（第2卷），中华书局，1985年版，第438～439页。

② 孙中山：《女子要明白三民主义》，《孙中山选集》（下卷），人民出版社，1956年版，第554页。

③ 孙中山：《中国国民党宣言》，《孙中山全集》（第7卷），中华书局，1985年版，第3页。

起来”①，谋求中国的独立与富强。

（二）民主建国——现代国家的本质

对民主的追求，是现代政治发展的根本方向。孙中山提倡民族主义，整合各民族为民族国家，其根本目的，就在于彻底改革中国的传统政治，通过推翻清王朝，一举废除已实行了两千多年的帝制，建立主权在民的民主共和政体。孙中山很早说过，“中国数千年来都是君主专制政体，这种政体，不是平等自由的国民所堪受的”，这种政体“是恶劣政治的根本”，“照现在这样的政治论起来，就算是汉人为君主，也不能不革命”②。新型民主国家与过去封建王朝的根本区别，便在于前者系“主权在民”，后者系“主权在君”。“主权在民”遂成为现代型国家的基本政治特征。所谓“主权在民”，即意味着人民在政治上平等，有参与政治的充分权利，“凡人民之事，人民分理之”③。在这一意义上，孙中山将自己所倡导的革命，称之为“国民革命”，或“平民革命”，“今者由平民革命以建国民政府，凡为国民皆平等以有参政权；大总统由国民公举；议会以国民公举之议员构成之；创定中华民国宪法，人人共守；敢有帝制自为者，天下共击之!”④“主权在民”，使国家的法理基础从万世一系的“君权”转移到“四万万人一切平等”的民权，这不仅扩大了民众政治参与的程度，唤起了民众对政治改革的欲望，而且奠定了新型民族国家的“政治合法性”。所谓“政治合法性”（political legitimacy），就是指政治系统的成员对现行政治体认同与评价的程度。认同和评价程度愈高，就表示该政治体的合法性愈高，反之则否。一言

① 孙中山：《民族主义》，《孙中山选集》（下卷），人民出版社，1956年版，第644页。

② 孙中山：《在东京〈民报〉创刊周年庆祝大会的演说》，《孙中山全集》（第1卷），中华书局，1985年版，第325页。

③ 孙中山：《在东京〈民报〉创刊周年庆祝大会的演说》，《孙中山全集》（第1卷），中华书局，1985年版，第318页。

④ 孙中山：《中国同盟会革命方略》，《孙中山全集》（第1卷），中华书局，1985年版，第296～297页。

以蔽之，“政治合法性”即指民心向背的程度，“水能载舟，亦能覆舟”，失去民心的政治实体，也就失去了其政治合法性，清王朝的覆灭，袁世凯“洪宪称帝”的失败，皆是明证。所以，建立一个为全民拥护的合法性的民主政府，是民族国家得以维系和壮大的关键。

现代型国家的另一个显著特征，系通过建立合理而完善的政治制度来进行国家的整合。政治制度及相应的行政机能愈完善，政府便愈有力量，国家愈强盛。马克斯·韦伯将此种在制度和行政机能上发育完善的政治系统称为现代型的“科层制”（bureaucracy），它实质上是指现代社会实施合法统治的行政组织，是一种高度“理性化”的政治组织机构的“理想类型”。形式法规确定每个机构的管辖范围，规定机构内的权力分布，把每个职位与责任联系起来并为履行职责而建立规则秩序。此外，科层制的合理性的另一方面是它把行政管理效率置于首位。

尽管没有直接的证据显示孙中山曾受到马克斯·韦伯政治社会学思想的影响，但在现代国家理念方面，孙中山的思路和韦伯是比较接近的。他们都主张现代化国家形式应得到充分的发展，应建立一个高效率的、真正能行使国家职能的强有力的政府。在政体建设上，孙中山最突出的贡献，便是提出了“五权分立”政府的学说。

“五权分立”以“权能区分”为重要前提。孙中山所提出的五权分立的政府与西方流行的三权分立的政府最大的不同，便是将西方政治学说所忽略的“政权”与“治权”做了明确的区分。孙中山说：

> 在我们的计划之中，想造成新的国家，是要把国家的政治大权，分开成两个。一个是政权，要把这个大权，完全交到人民的手内，要人民有充分的政权，可以直接去管理国事。这个政权，便是民权。一个是治权，要把这个大权，完全交到政府的机关之内，要政府有很大的力量，治理全国事务。这个治权，便是政府权。人民有了很充分的政权，管理政府的方法很完全，便不怕政府的力量太大，不能够管理。①

① 孙中山：《民权主义》，《孙中山选集》（下卷），人民出版社，1956年版，第756页。

具体内容上，政权为人民控制政府的权力，即直接民权中的选择权、罢免权、创制权、复决权。治权就是行政权、立法权、司法权、考试权、监察权，它实际属于政府的治理功能。孙中山认为，只有用人民的四个政权来管理政府的五个治权，那才能算是一个真正完全的民权政治机关。孙中山之所以要进行这种权能区分，一方面是因为看到某些西方民主国家民权太为泛滥，“民权发达了以后，人民便有反抗政府的态度，无论如何良善，皆不满意。如果持这种态度，长此以往，不想办法来改变，政治上是很难望进步的”①；另一方面，他又看到一些新兴的民族国家，政府的权力太大，以致发展到压抑民权，流于专制。孙中山的良苦用心，便在于通过将政府和人民的权力划清，各自在权力许可范围内充分活动，维持两者之间的适当平衡，这样既能最大限度地发挥民权的制衡作用，又能让政府功能有最为充分的发展空间，成为强有力的“万能政府”，促进国家政治的现代化。

在权能区分的基础上，孙中山主张在“治权”范围内以“五权分立”来规划国家的政体建构。他认为西方资本主义国家实行立法、司法和行政三权分立的办法，对打破专制制度，保障人民的民主权利的确有不可磨灭的贡献，但在实际运用中，也生出不少的流弊，如议院和国会往往擅行立法权以挟制行政机关，成为“议院专制”，使行政机构不能正常运转，同时在官员的选拔任命上也存在不少弊端。因此，他提倡汲取中国传统政治的精华，于三权之外，再加上考试权和监察权，使五权能够很好地相互配合，“连成一个很好的完壁，造成一个‘五权分立’的政府”②。按照孙中山的设计，与“三权分立”强调权力间的制衡不同，“五权分立”着重强调权力间的分工与配合，五权之间固然要发挥

① 孙中山：《民权主义》，《孙中山选集》（下卷），人民出版社，1956年版，第731页。
② 孙中山：《民权主义》，《孙中山选集》（下卷），人民出版社，1956年版，第731页。

分立的精神，以防止专权，更要发挥相辅相成的作用，使五权密切配合，相辅为用，为民众谋福利①。由于五权分立最重要的目标是建立“万能政府”（即高效政府），而政府的本质是行政功能，故行政权在五权中是最为具体、最能代表政府行为的，因此，行政权在理论上应该成为五种治权的中心，其他四权应配合行政而发挥作用。这也是孙中山“五权分立”理论的特色之一。总之，孙中山认为他所提倡的五权分立的政府是他的一大“发明”，是一种“破天荒的政体”，依靠“五权宪法”所建立的民主共和国将是最为理想和良善的政体，可以达到“完全无缺的治理”。尽管在实际政治实践中“五权分立”的构想仍有其自身的流弊，但这一构想本身却反映了孙中山在设计未来民主共和国的蓝图时，既能效法西方最好的民主制度模式，又试图避免在西方政治制度中已经出现了弊端的良好愿望。权能区分学说及“五权分立”模式毕竟是孙中山国家学说中最具特色的部分。

（三）民生主义——国家的经济功能

欧美自由经济一般多强调市场的自发调节功能，较少措意于国家的经济组织功能，即奉行“最小的政府干预，最大的经济自由”原则。孙中山主张民生主义，强调政治革命和社会革命毕其功于一役，实质上是强调国家在社会经济发展中的重要组织、调节作用，主张政府积极干预经济，充分发挥其经济组织职能。这一理论对后发现代化国家依靠国家政权力量，迅速实现现代化转轨，不无启迪意义。

孙中山民生主义的目标，首在求富，即发展经济，增强国家的经济实力。孙中山认为，贫穷是中国最大的问题，也是国力不强的根本原因，因此，他主张：“中国今日苟欲图强，必先致富。”② 在求富求强的

---

① 孙中山：《五权宪法》，《孙中山选集》（下卷），人民出版社，1956年版，第572～587页。

② 孙中山：《国民党政见宣言》，《国父全集》（第4集），台北“中央文物供应社”，1984年版，第79页。

同时，孙中山因目睹欧美资本主义社会贫富不均、社会问题层出不穷的现实，又竭力主张求均，以达公平分配，实现社会主义。在这方面，孙中山的两条基本措施是：第一，“平均地权”，以解决土地问题；第二，“节制资本”，以解决资本垄断、贫富不均的问题，对工业化过程中可能产生的社会问题防患于未萌。

无论是实现求富或均富的目标，孙中山民生主义均十分强调国家的积极干预，这也是孙中山经济理论与自由资本主义经济最大的区别之处。

孙中山认为，像中国这样的贫弱国家，要谋求富强，不能单纯依凭个人资本慢慢积累，而要个人经营与国家经营双管齐下，他说：“中国实业之开发应分两路进行：一、个人企业，二、国家经营是也。凡夫事物可委诸个人，或者较国家经营为适宜者，应任个人为之，由国家奖励，而以法律保护之。……至其不能委诸个人及独占性质者，应由国家经营之。”① 以国家的力量经营实业，发展经济，能集中物力、人力，保护均衡的发展，“要解决民生问题，一定要发达资本、振兴实业”，“要赶快用国家的力量来振兴工业，用机器来生产”②。在中国的特殊国情下，只有大力依靠政府的力量发展“国家资本”，方能在经济发展中兼顾国计民生，实行有计划的、均衡的经济发展。孙中山比较诸家经济学说，指出：“中国不能和外国比，单行节制资本是不足的。因为外国富，中国贫，外国生产过剩，中国生产不足。所以中国不单是节制私人资本，还要发达国家资本。……如果不用国家的力量来经营，任由中国私人或者外国商人来经营，将来的结果，也不过是私人的资本发达，也要生出大富阶级的不平均。”③ 孙中山希望通过国家发展实业，管理资本，用所得利益发展社会公共福利事业，一举解决经济发展与社会发展

① 孙中山：《民生主义》，《孙中山选集》（下卷），人民出版社，1956 年版，第 802 页。

② 孙中山：《中国同盟会革命方略》，《孙中山全集》（第 1 卷），中华书局，1985 年版，第 297～298 页。

③ 孙中山：《民生主义》，《孙中山选集》（下卷），人民出版社，1956 年版，第 802 页。

问题：

> 惟所防者，则私人之垄断，渐变成资本之专制，致生出社会之阶级，贫富之不均耳。防之（之）道为何？即凡天然之富源，如煤铁、水力、矿油等，及社会之恩惠，如城市之土地、交通之要点等，与夫一切垄断性质之事业，悉当归国家经营，以所获利益，归之国家公用。如是，则凡现行之种种苛捐杂税，概当免除。而实业陆续发达，收益日多，则教育、养老、救灾、治疗及夫改良社会，励进文明，皆由实业发展之利益举办。以国家实业所获之利，归之国民所享。①

此外，无论“平均地权”，还是“节制资本”，孙中山均以国家的组织力量是赖。所谓土地“涨价归公”，也就是归之国家财政，不仅使国家有大宗财源收入，以供公共建设和公共福利的支出，并且可减轻一般人民的赋税负担。

可见，孙中山建设现代国家的思想是与社会发展问题相联系的，平均地权与节制资本的作用是要缩小社会财富分配的差距，防止社会财富过度集中，造成经济垄断和贫富不均的现象。这种寻求国家与社会发展平衡模式，强调国家干预经济的主张，显然和西方社会主义者的立场更为接近。这也使孙中山的现代国家学说带有明显的民粹主义理想色彩。

三

现在，再让我们从实施方案的角度，进一步讨论孙中山的现代国家建设思想。当然，实施方案与理论构想两者有时是不能截然分开的，常常具有亦此亦彼的特征。

关于国家现代化的实施步骤，孙中山根据其丰富的革命实践经验和

① 孙中山：《中国实业如何能发展》，《孙中山全集》（第5卷），中华书局，1985年版，第135页。

对中国国情的把握，也有着非常深入细致的考虑，这集中体现在他关于革命程序论和政党政治的论说之中。

由于中国有着几千年君主专制的历史，无论是国家与社会两方面都缺乏实行民主政治的必要的心理和制度准备；而在中国这样一个东方大国中，实现从农业宗法社会向现代工商社会的转型，也需要一个较长的过渡期，其间必然经历新旧思想与新旧制度的激烈冲突。孙中山对此有深切的了解，故提出"革命程序论"的主张，以期中国现代民主政治的发展能循合理的和有秩序的演进，在稳定中求发展，而不骤然实行欧美式的民主政治。早在1905年同盟会在东京成立之后，孙中山便在同盟会军政府宣言中提出民主建国必须经历三个程序：第一期为"军法之治"，为军政府督率国民扫除旧污的时代；第二期为"约法之治"，为军政府授地方自治权于人民而自总揽国事的时代；第三期为"宪法之治"，为军政府解除政权，以宪法规定的国家机关分掌国事的时代①。民国成立后的最初几年，孙中山深感革命方略未能逐步实行，革命程序依然处于第一阶段，故1914年于中华革命党党章中又重申军政、训政、宪政三期革命程序。1924年国民党实行改组时，孙中山更正式地把军政、训政、宪政三期革命方略写入《国民政府建国大纲》，以此作为指导国民革命，建设现代国家的政治纲领，为此孙中山昭示国人："今后的革命，不但当用力于建设，且当规定不可逾越之程序。"② 至此，孙中山革命程序论的规划乃灿然大备，正式确立。

孙中山的革命程序论实质上是实现国家政治现代化的一种策略理论。这种策略理论的提出，使孙中山建设现代国家的宏大计划不致流于空想，而能够随着历史的进程一步步加以实现。这一实践性很强的理论自然成为联结孙中山民权主义政治蓝图与中国社会实际的桥梁，在孙中

① 孙中山：《中国同盟会革命方略》，《孙中山全集》（第1卷），中华书局，1985年版，第297～298页。

② 孙中山：《国民政府建国大纲》，《孙中山全集》（第9卷），中华书局，1985年版，第126～129页。

山现代国家理论的思想系统中占有重要的地位。革命程序论的精义在于强调国民政治能力和国家建设能力的养成，即视现代政治发展为一个培植、教育的过程，十分巧妙地借取了中国传统政治中注重教化的传统。正因为“革命程序论”以渐进性的培养、训练为特征，旨在将民主观念内化于每一国民的人格中，培养人民参政的能力，形成推行民主政治的各项条件。因此，在军政、训政、宪政三时期中，虽各有其重要性，但作为过渡的训政时期，又居于承先启后的关键地位，尤其值得重视。

对政党政治的高度重视，构成孙中山现代国家政治学说另一重要思想，同时也是他政治现代化实施方案的一个重要环节。就政治理想而言，孙中山无疑最为推崇全民政治，他说：“民国是以四万万人为主，我们要想是真正以人民为主，造成一个驾乎万国之上的国家，必须要国家的政治，做成一个‘全民政治’。”① 然而，全民政治毕竟是现代政治的最高理想，是现代政治发展的大趋势，而在建设现代化国家过程中，却有赖于依靠政党政治来逐步实施全民政治。政党是用以组织扩大政治参与的主要工具，也是现代化政治发展中不可或缺的组织保证之一。由于政党与民主政治的实施有着如此密切的关系，所以也引起孙中山的高度重视，他说：“夫国家之成立，必赖乎政治。而民国之政治，若普问于国民之可否，岂不是行极繁之手续？故欲简而捷，必赖政党。今与二三政党商量妥协，而国之政治即举。”② 现代政治往往是通过代表不同政治利益的政党通过相互间的驳难、争议，同时又相互妥协、配合来实际运行的，所以政党的存在和有序竞争是国家政治进步的标志，“国家必有政党，一切政治始能发达”③。“组织政府，则成志同道合之政党内

① 孙中山：《国民要以人格救国》，《国父全集》（第3集），台北“中央文物供应社”，1984年版，第277页。

② 孙中山：《政党与政府之重要关系》，《国父全集》（第3集），台北“中央文物供应社”，1984年版，第111页。

③ 孙中山：《政党宜重党纲党德》，《国父全集》（第3集），台北“中央文物供应社”，1984年版，第109页。

阁……以其所信之政见，举而措之裕如。退而在野，则使他党执政，而己处于监督之地，相摩相荡，而政治乃日有向上之机。”① 可见政党既是操作现代国家的政治组织，也是体现民意的管道和工具，“各政党集一般优秀人物组织而成。各持一定之政见，活动国内，其影响及于国家政治，至远且大”②。

民国成立后，孙中山政党政治的理想实际并未实现，许多在正常政治环境中所认可的政治原则都变形走样，以致虽政党林立，但纷争不已，政治没有实际的进步，民国也只是徒具虚名。这种政治不靖的现状，直接造成营造现代型国家的困难。现实政治的困境，使孙中山不得不暂时推迟实行多元的政党政治，而提出更能集中政治力量精英以从事国家政治建设的“以党建国”和“以党治国”的口号。他说：“我们知道要改造国家，非有很大力量的政党，是做不成功的；非有很正确的共同的目标，不能够改造得好的。我从前见得中国太纷乱，民智太幼稚，国民没有正确的政治思想，所以便主张‘以党治国’。但是到今天想想，我觉得这句话还是太早。此刻的国家，还是太乱。……所以现在国民党的责任还是要先建国，尚未到治国。”③ 以后他又将政党政治与“革命程序论”相结合，提出在军政阶段，采用“以党建国”，先以武力扫除国内的各种政治障碍，集中各阶层的势力而统属于革命党，实行国民革命，以推翻军阀统治。在训政阶段，采用“以党治国”，由革命党担负起训政的责任，训练人民如何去使用民权，培育民主政治，以实现向宪政的过渡④。只有到了宪政阶段，方才推行两党制或多党制的政党政

---

① 孙中山：《国民党组党宣言》，《国父全集》（第4集），台北“中央文物供应社”，1984年版，第68页。

② 孙中山：《党势之盛衰全视党员智能道德之高下》，《国父全集》（第3集），台北“中央文物供应社”，1984年版，第107页。

③ 孙中山：《革命成功在乎革命党员有团体》，《国父全集》（第3集），台北“中央文物供应社”，1984年版，第341～342页。

④ 孙中山：《训政之解释》，《国父全集》（第3集），台北“中央文物供应社”，1984年版，第184～185页。

治，最终实现“民有”“民治”“民享”。

现代化的国家建构，除强有力的中央政府外，还须辅以与中央相辅相成的地方政府，以达到政令的贯通，国家的各项功能得到充分的发挥。清朝的覆灭，即与中央的无法驾驭地方，地方势力坐大不无关系。有鉴于此，孙中山的国家学说对中央政府与地方政府的关系予以了充分的注意。按照孙中山的构想，中央与地方关系应采取“均权制度”，即中央政府与地方政府在权限上有明确划分，既不使权力偏向于中央而变成中央集权，也不使权力偏向于地方而造成地方分权。基本原则是：“凡事务有全国一致性质者，划归中央；有因地制宜之性质者，划归地方；不偏于中央集权或地方分权。”①

为了实现均权主义的政治构想，地方政府方面必须要有一套切实可行的制度，为此，孙中山倡行地方自治，他说：“立国根本，在于人民先有自治能力，所以地方自治为最重要之事，现应从一乡一区推而至于一县一省一国，国家才有希望。”② 唯孙中山主张地方自治以县为基础，实行分县自治，因为根据中国的国情，县在面积、人口、资源、行政诸方面都比较便于推行自治，“若一县办有成效，他县必争先仿行；如是由一县而推之各县，以至一省一国，而民国之基于是乎立”③。在实施步骤上，孙中山则主张在军政、训政、宪政三时期中的训政时期完成地方自治，为宪政的实行打下基础。在孙中山看来，循序渐进地推行地方自治，对于改良中国政治，有极重要的意义：“发展地方自治，将以练国民之能力，养共和之基础，补中央之所未逮也。”④

---

① 孙中山：《建国大纲》，《孙中山选集》（上卷），人民出版社，1956年版，第571页。

② 孙中山：《改造中国之第一步只有革命》，《孙中山选集》（上卷），人民出版社，1956年版，第42页。

③ 孙中山：《地方自治开始实行法》，《国父全集》（第6集），台北“中央文物供应社”，1984年版，第165页。

④ 孙中山：《国民党组党宣言》，《国父全集》（第4集），台北“中央文物供应社”，1984年版，第72页。

四

至此，我们可以对孙中山的现代国家建设思想做一简短的总结与评价。

中国自19世纪中叶跨入近代历史以来，一直面临两大政治任务的挑战：一是“国家建构”(state building)，一是“民主建构”(democrace building)①。昔日一统帝国的崩解，引发了现代民族国家的建构问题，而在未来现代民族国家的形式中，又无可避免地遇到主权在民的民主建构问题。面对这双重历史任务（同时也是双重的历史难题），各派政治力量相继提出了解决方案，也就是不同的现代国家建设理论。相比较而言，在中国共产党登上历史舞台之前，孙中山以三民主义建设现代国家的思想理论，可以说是最系统、最深刻和最完善的理论方案。

其一，理论上的全面性。这一体大精深、包罗宏富的理论以民族建国为历史和逻辑的起点，在回应世界性的民族主义潮流，构建新型民族国家的理论思考中，比较成功地解决了中国现代型民族国家的承载实体、国家整合与国家认同等一系列理论问题。同时，它又以民主建国的纲领和民权政治的理念，比较圆满地解决了现代民族国家的政体建构问题。如果切实地按照孙中山所规划的“权能分立”“五权宪法”和“均权制度”做法，的确有可能使主权在民的政治理念转变为“制度性”的民主政体，从而缔造一个不同于西方“三权分立”的东方新型民主国家。此外，孙中山还从国家与社会关系的角度，注意到了国家的经济组织功能、中央集权与地方分权的均衡发展等为以往的国家理论所忽略或论述不够的问题，呈现出理论体系上的系统性和完整性。到目前为止，可以说是集中外政治理论的精华，而创制出的有关中国现代政治发展和

---

① 金耀基：《中国政治传统与民主转化》，《中国社会与文化》，牛津大学出版社，1992年版，第118页。

国家建设最具有魅力的学说之一。

其二，思想上的前瞻性。尽管孙中山是资产阶级民主革命派的杰出代表，但他的思想学说在某些方面已超越了资产阶级革命的限制，而具有鲜明的社会民主主义的特征。这集中体现在他的国家学说已超前性地考虑到了政治革命完成后所遗留的社会分配不公的问题，而主张“种族政治革命”与“社会革命”，“毕其功于一役”。他已预见到“世界开化，人智益蒸，物质发舒，百年锐于千载，经济问题，继政治问题之后，则民生主义跃跃然动。二十世纪不得不为民生主义之擅扬时代也”①。因此，一定要未雨绸缪，在从事现代国家政治建设的同时，完成社会经济的建设，防患于未然：“主张解决民生问题的方法，……是要用一种思患预防的办法，来阻止私人的大资本，防备将来社会不均的大毛病。”②与此同时，孙中山也很早便意识到了在中国这样的落后国家从事现代化建设，决不能盲目地走欧美自由资本主义的老路，而要突出国家对经济的干预作用，把全国大矿业、大工业、大商业、大交通，“如银行、铁道、航路之属，由国家经营”，全力“制造国家资本”，“发展国家实业”，将“所得的利益归人民大家所有”，以达到“众人能够共产的大目的”③。这不仅开创了东亚“国家规制的资本主义”之先河，而且与时下提倡的社会主义市场经济的内涵也颇为接近。这不能不归结到孙中山所具有的深刻历史洞察力和思想的前瞻性。

其三，实践意义上的可操作性。并非像有的人所批评的那样，孙中山的国家政治学说仅仅是一种高悬的理想，不具备在中国实施的可能。反之，孙中山的国家政治学说恰恰是在总结辛亥革命实践经验的基础上，根据中国的文化传统和现实国情，逐渐补充、完善而最后定型的。就这一学说中的“革命程序论”“政党政治”“地方自治”等理论而言，

① 孙中山：《〈民报〉发刊词》，《孙中山选集》（上卷），人民出版社，1956年版，第713页。
② 孙中山：《民生主义》，《孙中山选集》（下卷），人民出版社，1956年版，第804～808页。
③ 孙中山：《民生主义》，《孙中山选集》（下卷），人民出版社，1956年版，第804～808页。

显示孙中山在考虑现代国家建设的实际步骤、实施办法上面，花费了大量的心血与时间。就本质政治特征来说，孙中山与其说是一位革命的理论家，毋宁说是一位革命的实行家。他的中心思维所在，不是去构造一套现代国家建设理论，而是实际地在中国建成现代化国家；不是鼓吹和传播民主政治，而是真正在中国实行民主政治，建设以民权为核心的民主政治制度。诚如他在民国初年批评那些认为他理想太高的人，实际上是根本没有弄懂他的"革命程序论"的学说。有些人对孙中山在民国成立后为何要写一本《民权初步》的小册子大惑不解，实际上这正是孙中山的清醒之处和过人之处。他非常清醒地意识到，中国由于几千年实行封建专制，人民缺乏基本的民主训练，甚至连基本的"集会之原则，集会之条理，集会之习惯，集会之经验"都一窍不通①，更不用说参与民主政治，进行民主选举了。因此，在中国推行民主政治，建设现代型国家，非得从最基本的集会规则、结社规则、选举规则等进行训练，使国人养成组织的能力及重秩序、守纪律的精神，以作为建国、治国的阶梯，使民主政治逐渐走上轨道。应当说，孙中山这种极其重视民主政治的实践，注重从实际生活中培育民主精神的风格，正是我们今天在政治现代化建设中所应加以汲取和仿效的。

看来，孙中山建设现代国家的理论之所以难以在中国实施，其主因并不在这一理论系统本身，而在于实际政治操作的不力和失误。即在现实的政治斗争中，孙中山缺乏将其政治理念转变为实际政治制度的力量和手段，无法在军阀割据、武人政治的恶劣环境中建成一个与其学说相符合的民主、高效、廉洁的现代化国家。加拿大学者陈志让先生曾十分精辟地指出：孙中山那一时代的革命者大都注意"应该如此"的品质，不大注意如何达到"应该如此"的能力。"除了学说、主张、说服力之外，他（孙中山）没有别的力量——政治、经济、军事的力量。他也没有超人的手法与行政才能。"②

---

① 孙中山：《建国方略》，《孙中山选集》（上卷），人民出版社，1956年版，第340页。

② 陈志让：《中山北上与历史评价问题》，中国孙中山研究学会：《孙中山和他的时代——孙中山研究国际学术讨论会文集》（上册），中华书局，1989年版，第213页。

有关孙中山政治理论最终落空的原因，尽管可以从主客观方面作出种种分析，但最基本的原因，还是在于孙中山没有真正找到可以去实现他宏伟政治蓝图的政治力量。作为激进的资产阶级民主派的代表，孙中山并没有对软弱的中国资产阶级寄予过多的希望，而是自视为“全体平民”的代表，倡导“全民革命”与“全民政治”。孙中山认为：“吾人之要求则在于全体平民自己组织政府，以代表全体平民之利益，不限于商界。”① 又说：“近世各国所谓民权制度，往往为资产阶级所专有，适成为压迫平民之工具。若国民党之民权主义，则为一般平民所共有，非少数人所得而私也。”孙中山还把他所希望建成的现代国家比作一个大公司，认为人人都是公司的股东和有权去管理一切事务。至于政府，那必须是“替人民做工夫”的②。

这种“全民政治”和“全民国家”的理念，在理论上是可以成立的，但在实际政治中又很难行得通，其政治上的抽象性和普泛性，极易导致“人人都是主人，人人又都不是主人”的诡论，造成没有实质上的阶级力量或政治势力来支撑“全民国家”的大厦，而使该大厦变成空中楼阁。一方面孙中山极其同情劳动人民，尤其是农村中的穷苦大众，但其民生主义中又没有一个能真正解决农村土地问题，实行“耕者有其田”的土地改革方案，这样，对广大农民而言，民生主义仍是画饼充饥，无法调动他们对革命的热情。孙中山等人对资本家的抨击和批评，也使这个新兴阶级闻名丧胆，而宁愿与袁世凯等旧势力结成同盟，出现了那种“资产阶级的思想家和资产阶级自己，代表者和被代表者，都互相疏远了，都不再互相了解了”③ 的尴尬政治局面。

此外，某些号称孙中山“忠实信徒”的人在实际政治斗争中歪曲孙

① 孙中山：《改造中国之第一步只有革命》，《孙中山选集》（上卷），人民出版社，1956年版，第42页。

② 孙中山：《民权主义》，《孙中山选集》（下卷），人民出版社，1956年版，第760页。

③ 中共中央马克思恩格斯列宁斯大林著作编译局：《马克思恩格斯选集》（第1卷），人民出版社，2012年版，第675页。

中山的政治理念，滥用孙中山的政治学说，也是造成孙中山现代国家建设思想迟迟难以实现的原因之一。例如，孙中山所提倡导的“以党治国”“以党建国”的政治主张，作为“政党政治”的先导和铺垫，本是有其积极意义的，但被蒋介石等发挥到极端，则成为实行一党专制和政治独裁的口实，最终形成与民主精神截然冲突的所谓“党国体制”。根据金耀基先生的分析，这种“以党代国”的“党国体制”，以革命为姿态，宣称为民意之唯一代表，结果形成“党国霸权”(party state hegemony)，“消极地不允许社会有任何反对党国的组织力量之存在，积极地更在控制与转化社会。事实上，国家与社会是或几乎是重叠的。亦即党国之外，不容忍有一独立或足资抵制党国的社会”①。按此一原则所建立的国家体制，显然与孙中山的政治追求不啻南辕北辙了，根本无法按照孙中山的规制建设现代国家。

当然，对孙中山建设现代国家的思想学说，我们又不妨作长远的历史考察，不必局限于历史的某一时段，在某一历史时段不可能实现，并不意味着永远不可能实现。今日台湾当局不得不改弦易辙，放弃一党专制的“党国霸权”，开放党禁，实行民选，多少证实了孙中山对民主建国时代潮流不可阻挡的高瞻远瞩的预测。在海峡两岸实行“一国两制”、重建统一大业的历史性选择中，孙中山的政治理念再度重放异彩，为两岸的政治沟通搭起一座桥梁，也不是完全没有可能性的。

[本文原刊于《华中师范大学学报》(人文社会科学版) 1998 年第 4 期]

---

① 金耀基:《中国政治传统与民主转化》,《中国社会与文化》,牛津大学出版社,1992 年版,第 119 页。

孙中山与张謇实业思想比较研究

孙中山与张謇，一位是近代中国的大政治家，被誉为“国父”；一位是近代中国的大实业家，被尊为“实业之父”。其实，孙中山作为政治家，亦有极富远见且相当系统的实业建设思想，集中体现在其大气磅礴的《实业计划》中；而张謇作为实业家，也抱有相当远大的政治抱负与治国理想，强调地方自治，并将南通打造为誉满中国的模范县。他们均为中国早期现代化事业的伟大开拓者，均是勇立历史潮头、为中华之崛起而奋斗终身的思想家和实干家。

本文拟从更加宏阔的视角，侧重比较研究这两位伟大先行者的实业思想和振兴中华的主张，为今天中国现代化建设事业提供可资借鉴的思想资源①。

一、殊途同归的“实业救国”

中国近代所说的“实业”，是对农工商等生产和流通事业的总称，

① 以往研究孙中山和张謇的实业思想或更广泛的经济思想，多分别论述，或以一人为主顺带涉及另一人。20 世纪 90 年代以来，开始有学者对孙中山和张謇的经济思想进行比较研究。比较重要的成果有苑书义的《孙中山与张謇的农业近代化模式述论》（《学术研究》1996 年第 10 期，第 22～27 页）、茅家琦的《孙中山与张謇经济思想比较研究》（崔之清：《中国早期现代化的前驱——第三届张謇国际学术研讨会论文集》，中华工商联合出版社，2001 年版，第 25～31 页）、杨宏雨的《跨世纪的沉思：孙中山、梁启超、张謇社会经济改造观研究》（吉林大学出版社，2005 年版）等。上述成果主要就孙中山与张謇经济思想的某一侧面或某一时段进行比较研究，如茅家琦教授的文章即着重对张謇和孙中山 1912 年至 1913 两年间有关讲话中的经济思想进行阐述和比较，提出了若干颇有启发性的见解。

尤指以资本主义生产方式经营的近代工业。张謇曾说："实业者，西人赅农工商之名，义兼本末。"[①] 所谓"实业救国"，即是通过发展农工商等实业来改变中国贫困落后的面貌，从而挽救中国、振兴中华。

张謇是近代中国较早提出"实业救国"论的人物之一[②]。

针对甲午战前流行一时的"商战"和"以商立国"等思想主张，张謇早在1895年夏所拟《代鄂督条陈立国自强疏》中，便首次提出商务立国为肤浅之见，强国之本在于工，应以工立国。他说："世人皆言外洋以商务立国，此皮毛之论也，不知外洋富民强国之本实在于工。讲格致，通化学，用机器，精制造，化粗为精，化少为多，化贱为贵，而后商贾有贸迁之资，有倍蓰之利。"他指出日本的强大，关键即在于重视工业发展，以工业带动商业，"即如日本，尤重工政。该国于通商都会遍设劝工场，聚民间所出器用百货，第其最精，此亦仿西洋之例。国家予牌以赏，俾使专其利。是以百工竞劝，制造日精，销流日广"[③]。1897年，张謇更进一步提出，"凡有国家者，立国之本不在兵也，立国之本不在商也，在乎工与农，而农为尤要"[④]。

张謇还明确将振兴实业与国家存亡相结合，认为振兴实业的根本目的在于救国与救民，提出"天下将沦"，唯实业和教育"有可救亡图存之理"[⑤]。只有依靠发展实业，才能改变中国积弱积贫的现状，培植抵抗外侮的实力。"救穷之法惟实业"，"中国人数之多甲于五洲，但能于工艺一端，蒸蒸日上，何至有忧贫之事哉！此则养民之大经，富国之妙

① 张謇：《记论舜为实业政治家》，曹从坡等：《张謇全集》（第5卷，上），江苏古籍出版社，1994年版，第151页。

② 关于张謇"实业救国论"，较为系统的论述可参见虞和平：《张謇——中国早期现代化的前驱》，吉林文史出版社，2004年版。

③ 张謇：《代鄂督条陈立国自强疏》，曹从坡等：《张謇全集》（第1卷），江苏古籍出版社，1994年版，第37页。

④ 张謇：《请兴农会奏》，曹从坡等：《张謇全集》（第2卷），江苏古籍出版社，1994年版，第13页。

⑤ 张謇：《日记》光绪二十九年十二月八日，曹从坡等：《张謇全集》（第6卷），江苏古籍出版社，1994年版，第521页。

术，不仅为御侮计，而御侮自在其中矣”①。他十分清晰地揭示了发展实业与抵抗外侮的内在关系。

实业救国也是张謇以状元身份投身工商实业的内在驱动力。张謇在《东游日记》中提到，早在1886年他就有了振兴实业须由士人率先倡导的想法，但真正下定决心“以身饲虎”，将振兴实业的思想化为实际行动，以一介书生投身实业，却是在“大魁天下”两年之后，即1896年。是年，刚在甲午战争中惨败于日本的中国，涌动着一股通过创办实业抵制外来经济侵略、挽救民族危亡的热潮，而一批如张謇一样的爱国士大夫则成为其中的中坚力量。据张謇自述，正是甲午一役的巨大刺激，才使他痛定思痛，认识到救国必须从振兴实业入手，由此走上实业救国的艰辛道路。“自前清甲午中国师徒败衄，乙未马关订约，国威丧削，有识蒙垢，乃知普及教育之不可已。……当是时，科举未停，民智未启，国家有文告而已，不暇谋也；地方各保存固有公款之用而已，不肯顾也。推原理端，乃不得不营实业。然謇一介穷儒，空弩蹶张，于何取济。南通固中外有名产棉最王［旺］之区也。会有议兴纺厂于通而谋及者，乃身任焉。”②

状元实业家的特殊身份，使张謇十分自然地将“实业救国”与“教育救国”紧密结合在一起，提出著名的“父教育而母实业”的救国主张。在他看来，教育是救国的根本，“非人民有知识，必不足以自强”，但实业是教育的基础，“然非先兴实业，则教育无所资以措手”③。因此，张謇所提倡的“实业救国”论，落脚点和根本点都在于发展教育，

① 张謇：《代鄂督条陈立国自强疏》，曹从坡等：《张謇全集》（第1卷），江苏古籍出版社，1994年版，第38页。

② 张謇：《南通师范学校十年度支略序》，曹从坡等：《张謇全集》（第4卷），江苏古籍出版社，1994年版，第107页。

③ 张謇：《垦牧公司第一次股东会演说公司成立之历史》，曹从坡等：《张謇全集》（第3卷），江苏古籍出版社，1994年版，第384页。

培植人才，而不在实业本身。“窃维环球大通，皆以经营国民生计为强国之根本。要其根本之根本在教育。”[①] 这已将发展实业、兴办教育与强国三者关系讲得非常透彻。

无独有偶，比张謇晚出生 13 年的孙中山，也是从青少年时期就开始关注中国实业发展，尤其对如何发展农业有独到见解[②]。1894 年在《上李鸿章书》中，孙中山批评舍本逐末、追求坚船利炮的洋务运动，提出只有通过振兴实业、发展经济才能救中国的经济纲领。“窃尝深维欧洲富强之本，不尽在于船坚炮利、垒固兵强，而在于人能尽其才，地能尽其利，物能尽其用，货能畅其流——此四事者，富强之大经，治国之大本也。”[③] 竭力主张通过采用西方资本主义方式，全面发展中国的农工商实业。

历史并没有假以孙中山通过改良来发展实业、振兴中华的机会。上书李鸿章的失败，使孙中山很快丢掉对清政府地方实力派的幻想，毅然决然走上以武力推翻清王朝的革命道路。从此，在相当长的时期中，以革命为本业的孙中山甚少谈实业，认定要先破坏后建设，先革命后实业，把实业建设的任务延至革命胜利之后。

但是，即便是在为革命奔走呼号之时，孙中山也没有忘记革命的根本目的，是为在新的基础上建设一个全新的中国，是为最终能够谋求中国的独立与富强。因此，1894 年创立檀香山兴中会时，孙中山在为该会起草的章程中，特别强调：“是会之设，专为振兴中华、维持国体起见。”[④] 首次喊出“振兴中华”的口号。次年在《香港兴中会章程》中，

---

① 张謇：《江苏教育总会咨呈江督、苏抚、宁苏提学司请开办实业教员讲习所文》，曹从坡等：《张謇全集》（第 4 卷），江苏古籍出版社，1994 年版，第 90～91 页。

② 在 1890 年《致郑藻如书》中，孙中山曾提及：“留心经济之学十有余年矣，远至欧洲时局之变迁，上至历朝制度之沿革，大则两间之天道人事，小则泰西之格致语言，多有旁及。”［《孙中山全集》（第 1 卷），中华书局，1981 年版，第 1 页］在写于 1891 年前后的《农功》中，孙中山对发展农业问题，则多有心得［《孙中山全集》（第 1 卷），中华书局，1981 年版，第 3～6 页］。

③ 孙中山：《上李鸿章书》，《孙中山全集》（第 1 卷），中华书局，1981 年版，第 8 页。

④ 孙中山：《檀香山兴中会章程》，《孙中山全集》（第 1 卷），中华书局，1981 年版，第 19 页。

又特别加上“本会之设，专为联络中外有志华人，讲求富强之学，以振兴中华、维持国体起见”①，将革命的目的与中国的富强和振兴更密切地联系起来。1905年同盟会成立后，孙中山等在为之制定的革命方略中，也明确提出要通过发展教育和交通，“兴起农工商实业之利源”②。

武昌首义之前，实业建设确非孙中山最欲迫切解决的问题，但辛亥革命取得成功之后，国家建设问题便成为孙中山思考的中心，其实业救国的思想也日臻成熟。尤其在辞去临时大总统后，“实业”与“建设”更成为孙中山谈得最多的话题。至宏大的《实业计划》出台，孙中山的实业思想遂达到一个顶峰。

概括而言，辛亥革命后孙中山的实业救国思想主要有以下内容：

其一，“建设是革命的惟一目的”，革命与建设并不相违。针对很多人误以为革命党人只会破坏、不思建设的指责，孙中山尖锐地反驳：“兄弟奔走革命二十年，从事破坏，然亦时时研究建设。今以后，亦惟与国人共谋建设。”③ 后来，孙中山在《建国方略》中将他所要从事的建设名之为“革命之建设”，并解释：“革命之建设者，非常之建设也，亦速成之建设也”；“革命之破坏与革命之建设必相辅而行，犹人之两足、鸟之双翼也。”④ 这里所言的建设，虽含义甚广，但主体仍为实业建设，即国家经济的发展。孙中山还认为“破坏易，建设难”，“破坏乃暂时的作用，建设乃永久的事业”⑤。

其二，“振兴实业，诚为急务”，实业建设是救国的根本之道。孙中山高度评价实业在国家建设中的基石作用，指出：“余观列强致富之原，

---

① 孙中山：《香港兴中会章程》，《孙中山全集》（第1卷），中华书局，1981年版，第22页。

② 孙中山：《中国同盟会革命方略》，《孙中山全集》（第1卷），中华书局，1981年版，第297页。

③ 孙中山：《在沪举办茶话会上的演说》，《孙中山全集》（第3卷），中华书局，1984年版，第325页。

④ 孙中山：《建国方略·孙文学说》，《孙中山全集》（第6卷），中华书局，1985年版，第207页。

⑤ 孙中山：《在上海国民党恳亲会的演说》，《孙中山全集》（第3卷），中华书局，1984年版，第2页。

在于实业。今共和初成，兴实业实为救贫之药剂，为当今莫要之政策。”① 他认为实业是“人类发达之基”，乃“兴国之要图”“救亡之急务”②。尤其在中国这样一个极端贫困的国度，“非振兴实业不能救贫”③。他还指出，中国当前之所以面临如此大的危机，“莫不知为实业不振，商战失败”，“遂致民穷财尽，举国枯涸，号为病夫。爱国之士，悚然忧之，莫不以发展实业为挽救之方矣”④。为此，孙中山与大实业家张謇一样，视实业为“救国之道”，“实业主义为中国所必需”⑤。

其三，“不用机器必不能发达”，实业救国的关键是要实现中国工业的近代化。同张謇一样，孙中山也将以发展近代机器大工业来实现国家强盛及近代化视为实业救国的目标。孙中山领导革命之初，便主张“学习欧美之所长”，即通过学习欧美的先进科学技术来迎头追赶西方。辛亥革命后，他更加看重以机器大工业为代表的资本主义生产力在实业救国中的巨大作用，认为机器与民生有莫大关系，“机器巧则百艺兴”，“必须用机器以辅助中国巨大之人工，以发达中国无限之富源也”。在《实业计划》“篇首”中，孙中山指出：“中国今尚用手工为生产，未入工业革命之第一步，比之欧美已临第二革命者有殊。故于中国两种革命，必须同时并举，既废手工采机器，又统一而国有之。于斯际中国正需机器，以营其巨大之农业，以出其丰富之矿产，以建其无数之工厂，以扩张其运输，以发展其公用事业。”

从上可见，就实业思想和主张而言，张謇与孙中山的出发点基本相

① 孙中山：《在上海中华实业联合会欢迎会的演说》（附：同题异文），《孙中山全集》（第2卷），中华书局，1982年版，第341页。

② 孙中山：《建国方略·孙文学说》，《孙中山全集》（第6卷），中华书局，1985年版，第227～228页。

③ 孙中山：《在上海中华实业联合会欢迎会的演说》，《孙中山全集》（第2卷），中华书局，1982年版，第339页。

④ 孙中山：《中国实业如何能发展》，《孙中山全集》（第5卷），中华书局，1985年版，第133页。

⑤ 孙中山：《中国之铁路计划与民生主义》，《孙中山全集》（第2卷），中华书局，1982年版，第492页。

同，即由爱国、救国的初衷走上发展实业、振兴中华的道路。救国始终是他们实业思想的底色和基石，也是解读他们全部实业主张的中心线索。他们的实业主张之所以不同于一般实业家或思想家，盖在于内中有充满忧虑感、急迫感和使命感的强大驱动力，即强烈的爱国之心。如孙中山所表露的，“中国富源之发展，已成为今日世界人类之至大问题，不独为中国之利害而已也。惟发展之权，操之在我则存，操之在人则亡，此后中国存亡之关键，则此实业发展之一事也”①。

在张謇和孙中山实业思想的形成过程中，甲午战败是一个关节点，也是他们由关注实业和民生的改良主义者转而投身实业或奋起革命的起始点。表面看来，他们由此而分道扬镳了，但其终极目标即“救国”，却始终没有改变。如章开沅先生所言：“1895 年中国有三个人各自作出自己一生最重要的选择：康有为选择了变法，孙中山选择了革命，张謇选择了实业，而其终极目标都是救国，可以称之为殊途同归。”② 而他们能够殊途同归，深刻说明救国或救亡是当时最紧迫的时代任务，也是各派新兴政治力量最能达成共识之处。为救国，他们有可能从对立走到一起，结成政治上的联盟，如辛亥革命期间革命党人与立宪派的短暂合作就是如此。孙中山与张謇在实业思想上有许多相似之处，究其根源亦在于此。

从救国这条线索看，张謇的思想是比较一贯的，主要是主张实业救国，并身体力行，他的贡献主要体现在对中国实业发展的实际推动上。孙中山的思想则呈跳跃式的发展，变化起伏很大。1895 年以前，他以改良为主，重视发展农业和工商实业，力图中国富强。1895 年之后，他转向革命，以推翻清王朝、建立民主共和国为目标，为此不断举行各种规模的武装起义，屡败屡战，愈挫愈奋，直至武昌首义成功。革命成

---

① 孙中山：《建国方略·实业计划》，《孙中山全集》（第 6 卷），中华书局，1985 年版，第 378、250～251、248～249 页。

② 章开沅：《张謇感动中国——纪念啬翁诞辰 150 周年》，周新国：《中国近代化先驱：状元实业家张謇》，社会科学文献出版社，2004 年版，第 19～20 页。

功后，尤其在让位袁世凯之后，他的兴趣再度转向实业建设，为修建铁路而奔走呼号，殚精竭虑。但 1913 年“二次革命”的枪声打响，孙中山的实业梦破碎，重新回到革命。直至晚年，在革命尚未成功的情况下，提出恢弘的《实业计划》，为心目中的强盛中国勾画了一幅蓝图。孙中山的实业思想与革命思想交相重叠，其实都围绕他心目中一个更大目标：救国。投身革命是志在推翻清朝而救国，振兴实业则是为通过强国而救国。为救国，他可以暂时放弃实业而革命；为救国，他也可以在革命之后大谈建设，也可以边革命、边建设，只要能救中国，使中国走向富强，他均可为之，均力倡之。显然，只要围绕救国这一中心线索，孙中山实业思想的变化轨迹及特色就可以看得十分清楚。所以说他与张謇是殊途同归，绕了一个圈，又回到同一起跑线上：救国救民。

这种以救国为基调的实业思想，与一般实业家或思想家的实业思想是很不相同的。他们可能并不看重如何兴利，如何经营，如何实行企业管理，而更看重实业的社会功能与实业家的社会责任，具有更为宽广的视野和更高的思想境界，如主张实业与教育并举（“父教育而母实业”）、主张实业与民生并重（民生主义）、主张实业建设与社会建设同时推进（“地方自治”“天下为公”）等，或多或少都带有一些理想化色彩和社会改良的目标。必须在这样的大视野下，才能正确理解孙中山和张謇所秉持的独特实业主张，把握住他们孜孜以求的大目标、大格局、大境界。

二、各具特色的工业化方案

近代以来，尤其是甲午战后，逐渐认识到“工”比“商”更重要，甚至提出朦胧的工业化主张的人并不在少数，早期除张謇外，梁启超、康有为等人也有类似的思想火花。如 1897 年，梁启超曾提到，中国“他日必以工立国者也”①。1898 年，康有为不仅主张要“成大工厂以兴

① 梁启超：《变法通议·论译书》，《饮冰室合集》（第 1 册），中华书局，1989 年版，第 70 页。

实业”，更明确要求清政府将“定为工国”作为“国是”①。有学者认为，“定为工国”就是实现国家工业化，这是中国历史上第一次提出国家工业化口号②。其实，近代人物中真正提出比较完备的近代工业化方案的人是张謇与孙中山。

张謇的近代工业化方案集中体现在他所倡言的“棉铁主义”中③。张謇关于中国近代工业化应由棉铁入手的想法，由来已久。早在1910年南洋劝业会召开期间，张謇发起劝业会研究会，探讨振兴中国实业的办法，便已经提出要着重发展棉业和铁业。“至柔惟棉，至刚惟铁，神明用之，外交内治裕如，岂惟实业。”④ 1913年，张謇出任北京民国政府农商总长后，在发表的《实业政见书》中，更明确宣布，“謇对于实业上抱持一种主义，谓为棉铁主义”⑤，正式揭橥“棉铁主义”的实业主张。在张謇看来，发展实业，实现中国的工业化，必须要有轻重缓急，要区分重点或主导部门，即“的”，“（实业发展）无的则备多而力分，无的则地广而势涣，无的则趋不一，无的则智不集，犹非计也。的何在？在棉铁”⑥。同其他工业门类相比，棉纺织和钢铁这两大部门最为重要，需要优先予以发展。“实业以振兴棉业之纺织为内维，扩充矿业之煤铁为外境”⑦，这两项实业发展了，就能掌控经济的要害与全局，

① 康有为：《请励工艺奖创新折》，中国史学会：《中国近代史资料丛刊：戊戌变法》（二），上海人民出版社，2000年版，第227页。

② 赵靖：《中国近代振兴实业思想的总结——论孙中山的〈实业计划〉》，《经济研究》1982年第7期，第64～71页。

③ 关于张謇“棉铁主义”的思想，已有学者做过比较系统的探索，可参见章开沅：《张謇传》（中华工商联合出版社，2000年版）；周见：《近代中日两国企业家比较研究：张謇与涩泽荣一》（中国社会科学出版社，2004年版）；虞和平：《张謇——中国早期现代化的前驱》（吉林文史出版社，2004年版）。

④ 张謇：《海关进出口货价比较表序》，曹从坡等：《张謇全集》（第3卷），江苏古籍出版社，1994年版，第785页。

⑤ 张謇：《实业政见宣言书》，曹从坡等：《张謇全集》（第1卷），江苏古籍出版社，1994年版，第274页。

⑥ 张謇：《对于救国储金之感言》，曹从坡等：《张謇全集》（第1卷），江苏古籍出版社，1994年版，第154～155页。

⑦ 张謇：《日记》宣统二年十一月二十八日，曹从坡等：《张謇全集》（第6卷），江苏古籍出版社，1994年版，第643页。

“棉铁两业，可以操经济界之全权”①。“以棉铁为主要，以类于棉之稻、麦，类于铁之煤为从要，其他如水利、如电、如铁路、如汽车为次从要。”② 应在优先发展棉铁两大工业门类基础上，辅之以发展其他矿业、银行业、航运业、农业、渔业，从而实现中国的工业化和经济近代化。这就是张謇所给出的中国工业化的实施方案和路线图。

与张謇相比较，孙中山提出关于中国实现工业化的具体方案稍晚，但却更为宏大、全面和系统。这一方案和路线图具体展现在《实业计划》之中③。孙中山的《实业计划》具体包括六大计划，其主要内容为：（1）建设北方大港、东方大港和南方大港三大世界级港口；（2）修筑总共10万英里长的六大铁路系统；（3）修筑100万英里长的公路网，整治长江、淮河、黄河等内河水系；（4）通过大规模移民开发边疆；（5）全面开采煤、铁、石油、有色金属等矿藏；（6）发展轻重工业和现代农业，规划衣、食、住、行等涉及民生的各项实业④。显然，这是一个旨在全面发展中国经济，实现工业化，从而振兴中华的宏伟计划。

比较孙中山与张謇所提出的工业化方案，两者最显著的区别在于发展经济的战略重点或优先发展方向有所不同。与张謇将发展重点与突破方向选在棉纺与钢铁工业上不同，孙中山将战略重点定位于交通与运输，尤其是铁路、道路与港口建设，以此作为发展中国经济的突破口。

---

① 张謇：《汉冶萍就职演说》，曹从坡等：《张謇全集》（第3卷），江苏古籍出版社，1994年版，第793页。

② 张謇：《商榷世界实业宜供求统计中国实业宜应供求之趋势书》，曹从坡等：《张謇全集》（第3卷），江苏古籍出版社，1994年版，第826页。这段话虽是为组建国际合作的“银公司”而发，但实则反映张謇以棉、铁为纲来构建实业门类关系，区分行业发展轻重缓急次序的实业思想，在研究其“棉铁主义”时亦值得加以重视。

③ 孙中山的《实业计划》原本以英文撰写，1918年曾将部分内容译为中文发表，1920年出版英文本，1921年出版中文本，后编为《建国方略》之二《实业计划》（物质建设）。

④ 关于孙中山《实业计划》建设内容，有“六大计划”与“十大计划”不同的说法，本文依据《实业计划》中孙中山本人“六大计划”的提法，同时参照郭绪印、胡海英《孙中山〈实业计划〉的首创性和超前性》（《上海师范大学学报》2009年第4期，第102～109页）一文所做的归纳。

孙中山在论及实业计划发展重点时，曾说："予之计划，首先注重于铁路、道路之建筑，运河、水道之修治，商港、市街之建设，盖此皆为实业之利器，非先有此种交通、运输、屯集之利器，则虽全其（具）发展实业之要素，而亦无由发展也。"①

交通尤其是铁路先行，是孙中山实业计划的突出特色与亮点。据统计，《实业计划》的六大计划中，涉及交通事业的即占 4 个，在文字分量上占全部计划的 3/4，足见孙中山对发展交通的重视②。孙中山宏大的交通规划，将分别建造北方（位于河北唐山）、东方（位于杭州湾或上海）和南方（位于广州黄埔）3 个世界级大海港，4 个二等港，9 个三等港及 15 个渔业港；建设中央、西南、东南、东北、西北、高原六大铁路系统，总计形成 10 万英里的铁路网；同时修建遍及全国的 100 万英里的公路网，使中国各地连成一体，并与世界各大港口通航，融入一体化发展的全球经济之中。

孙中山之所以如此重视交通运输在经济发展中的作用，是因为他认为，只有把交通运输的基础建设搞好，实业的各项要素才能调动、整合起来，发挥产业的整体效应。据此，他提出"交通为实业之母，铁路又为交通之母"，铁路是经济发展的重中之重，"苟无铁道，转运无术，而工商皆废，复何实业之可图？"孙中山很早便领悟到"要致富，先修路"的道理，指出："吾方潜心规划铁路大计，将使中国全境四通八达，此诚发展中国财源之第一要策。此事告成，则中国虽有一千兆外债，亦不患无力偿还矣。"③ 又说："夫铁路者，今日文明富强之利器也……民欲兴其国，必先修其路。"④ 孙中山之重视铁路建设，也有政治方面的考

---

① 孙中山：《中国实业如何能发展》，《孙中山全集》（第 5 卷），中华书局，1985 年版，第 134 页。

② 郭绪印、胡海英：《孙中山〈实业计划〉的首创性和超前性》，《上海师范大学学报》2009 年第 4 期，第 104 页。

③ 孙中山：《在上海与〈大陆报〉记者的谈话》，《孙中山全集》（第 2 卷），中华书局，1981 年版，第 383、385 页。

④ 孙中山：《〈铁路杂志〉题辞》，《孙中山全集》（第 2 卷），中华书局，1981 年版，第 567 页。

虑，认为铁路与维护国家主权密切相关。他将中国和日本做比较，认为日本是岛国，对海洋的依赖性很强，因此格外注重航海业的发展，而中国为大陆国，腹地广阔，“必先务陆运，即铁道之发达，然后经济、政治、教育、军事等乃有可言”①。从近代历史看，中国的铁路自己不修，外人就会来掠夺，“铁道为人所夺，国即为人瓜分”②。“故今日我国，如欲立足于世界，惟有速修铁路，以立富强之基。不然，外人之势力日益伸张，而铁路政策，实足以亡人家国。”③ 孙中山在1912年4月辞去临时大总统职务之后不久，即“拟专办铁路事业，欲以十年期其大成”④，宣布要在10年之内修筑20万里铁路，并为此作出了巨大努力。

在实现工业化和振兴实业的方式上，张謇和孙中山也有所区别。茅家琦教授认为，“孙中山与张謇经济思想的巨大差异主要表现在如何看待国营企业和民营企业问题上”，孙中山主张发展国营经济，张謇则反对国营经济，主张“概罢官业，招商顶办”⑤。这大体是不错的，但更准确地讲，应该是张謇更强调发展民营经济，孙中山则强调国营经济与私人经济要兼顾发展。

尽管也提出过金、银矿和铸币厂应由国家开办，国家必须参与经营煤、铁等资源性行业，但总体而言，张謇基本是站在民间资本的立场，力主国家退出企业经营领域，只是协助私人举办企业，即所谓“民办官助”，为资本主义经济的自由发展开路。早在1896年创办大生纱厂时，张謇有鉴于过去洋务企业中官办及官督商办的种种弊病，竭力主张要

① 孙中山：《在日本邮船公司招待会的演说》，《孙中山全集》（第3卷），中华书局，1981年版，第16页。

② 孙中山：《在北京报界欢迎会的演说》（附：同题异文），《孙中山全集》（第2卷），中华书局，1981年版，第435页。

③ 孙中山：《在北京中华民国铁道协会欢迎会的演说》，《孙中山全集》（第2卷），中华书局，1981年版，第436页。

④ 孙中山：《在上海与〈民立报〉记者的谈话》，《孙中山全集》（第2卷），中华书局，1981年版，第381页。

⑤ 茅家琦：《孙中山与张謇经济思想比较研究》，崔之清：《中国早期现代化的前驱——第三届张謇国际学术研讨会论文集》，中华工商联合出版社，2001年版，第28页。

"仿泰西集资之法"，实行完全商办，"奉设通厂之始，听商自便，官为保护，是为商办"①。后来，在经费难筹、不得不引入官股时，张謇亦强调此为"绅领商办"，不让官股控制企业。1906 年，他更明确提出"商自经营，官为保护，绅通官商之情"的"民办官助"的实业发展思路②，主张官民各司其职，国家要尽可能从各项"官业"中退出。他认为日本近代经济发展成功，很重要的一条，便在于正确处理好官方与民间在企业经营中的关系，"日本士大夫为官商，听其人之志愿，方为官则一意官之事，及为商则一意商之事"③。民国初建，张謇出任农商总长后，即仿行日本明治维新后的"官业处理"，公布自己的"官业主张"："謇意自今为始，凡隶属本部之官业，概行停罢，或予招商顶办，惟择一二大宗实业，如丝、茶改良制造之类，为一私人或一公司所不能举办，而又确有关于农工商之进退者，酌量财力，规划经营，以引起人民之兴趣，余悉听之民办。"④

相比之下，孙中山则更强调按照实业的不同部类，由国家和私人分别经营。孙中山主张："凡夫事物之可以委诸个人，或其较国家经营为适宜者，应任个人为之……至其不能委诸个人及独占性质者，应由国家经营之。"⑤"当由国家经营管理"的实业范围，包括"凡天然之富源，如煤铁、水利、矿油等，及社会之恩惠，如城市之土地、交通之要点，与夫一切垄断性质之事业"，以及"银行、铁道、航路之属"⑥。可以由

① 张謇：《为纱厂致南洋刘督部函》，曹从坡等：《张謇全集》（第 3 卷），江苏古籍出版社，1994 年版，第 16 页。

② 张謇：《答南皮尚书条陈兴商务、改厘捐、开银行、用人才、变习气要旨》，曹从坡等：《张謇全集》（第 2 卷），江苏古籍出版社，1994 年版，第 53 页。

③ 张謇：《日记》光绪二十九年五月十五日，曹从坡等：《张謇全集》（第 6 卷），江苏古籍出版社，1994 年版，第 494 页。

④ 张謇：《宣布就部任时之政策》，曹从坡等：《张謇全集》（第 1 卷），江苏古籍出版社，1994 年版，第 275 页。

⑤ 孙中山：《建国方略·实业计划》，《孙中山全集》（第 6 卷），中华书局，1981 年版，第 253 页。

⑥ 孙中山：《中国实业如何能发展》，《孙中山全集》（第 5 卷），中华书局，1981 年版，第 135 页；《中国国民党第一次全国代表大会宣言》，《孙中山选集》（下册），人民出版社，1956 年版，第 527 页。

私人经营的范围，则包括涉及衣食住行等基本生活资料的生产行业。总体而言，孙中山强调国营企业与私人企业应兼顾，防止过度国营或过度私营的弊病，但其关注重点却在于由国家经营的主导性、基础性产业，诸如交通、水利、矿业等，借此保障基本的国计民生及国家经济的快速发展。他所主张的国营事业的范围远较张謇所主张的为大、为宽。

诚如许多研究者已经指出的那样，作为工业化或经济近代化的方案，孙中山的《实业计划》的确较张謇的“棉铁主义”更为宏大、完整和全面。笔者认为，还必须结合两套工业化方案产生的时代条件及孙中山和张謇的个性特征，对其作更为深入的研究，既要看到它们的不同特点，同时又要看到二者的互补性，在更长时段和更大空间中来看它们所要解决的中国工业化的历史任务，对之作出更合乎历史实际的评判。

其实，就这两套方案所包含的精髓而言，很难有高下之别、优劣之分，它们是在不同时代条件和不同视角下所提出的不同解决方案，皆合于中国的国情，皆有其成立的理由。如果说有区别，则只是近与远、急与本、小与大的区别。张謇为实业家，较孙中山更为务实，更倾向于解决当下实业发展的急迫问题；孙中山为政治家，较张謇更富理想主义，眼界更宽，视野更大，更善于规划未来中国的宏大远景。张謇的主张更多出自地方、民间立场，孙中山的主张则更多出自全局、国家立场。

张謇的棉铁主义是一种为救急、解近渴的工业化方案。张謇之所以将发展棉、铁两项作为振兴实业的重点和主导部门，根本原因在于其棉铁主义萌生于他对当时海关贸易报告的披阅和总结，是19世纪“商战”思潮的延续和深化，将“商战”推向了“工战”的新境。1910年，张謇披览光绪一朝的海关贸易册，已发现“自海禁开通，各国农工制作之货，岁月输入，我之金钱日以漏出”，其中最为大宗的输入品，即为棉、铁两项，这使张謇忧心忡忡，“如寐始觉，如割始痛；如行深山，临悬崖，榛莽四出，披而始识无路；如泛雾海，见一岛屿，若隐若见，而始得所趋”。为此，张謇提出“我国实业，当从至柔至刚之两物质（指棉与铁，引者注），为应共同注意发挥之事”[1]。民国成立后，张謇掌管全国实业，更发现棉、铁为国际贸易竞争的焦点所在，其中棉织品尤为焦点之焦点，“今日国际贸易大宗，输入品以棉为最。……查近十年中海关贸易册，棉输入额多至一万八千余万。此乃海关估价，核之市价，近且及倍”。中国对铁的需求也极大，“而吾国铁产极富，以至富之矿产，应至大之需要，岁可得数千万。一出一入，相差之度，不可以道里计”。为了应对这种由贸易战所引发的中国财富的巨大漏卮，唯一解决之道，就是发展中国自己的棉铁产业，与列强展开经济的竞争，“欲赢此数万万，当用何法？则惟有并力注重输入额最高之物，为捍卫图存之计，若推广植棉地、纺织厂是；又惟有开发极大之富源，以驰逐于世界市场，若开放铁矿、扩张制铁厂是”[2]。用现在的术语来讲，张謇所看重和使用的实际上是注重进口替代的发展战略，这种战略在短期内效果往往是明显的，可以快速提升本国经济竞争的实力。

张謇之重视棉铁，也与他在家乡南通创办实业的亲身经历有关。张謇的家乡江苏通州、海门一带盛产优质棉花，手工纺织业素来发达。张謇创办大生纺纱厂，直接原因就是为了抵制洋纱对当地棉纺业的巨大冲击，挽回遭受损失的利源。他在为大生纺纱厂拟订的厂约中指出：“通州之设纱厂，为通州民生计，即为中国利源计。通产之棉，力韧丝长，冠绝亚洲，为日厂之所必需，花往纱来，日盛一日。捐我之资以资人，人即用资于我之货以售我，无异沥血肥虎，而袒肉以继之。利之不保，我民日贫，国于何赖？”[3] 为此，他试图在家乡探索一条以棉纺业为龙头，垦盐、植棉、纺纱、织布、销售环环相套，大工业与小农经济相结合，农工商一体化协调发展地方经济之路。实质上，也是探讨在中国这

---

① 张謇：《海关进出口货价比较表》，曹从坡等：《张謇全集》（第3卷），江苏古籍出版社，1994年版，第784页。

② 张謇：《实业政见宣言书》，曹从坡等：《张謇全集》（第1卷），江苏古籍出版社，1994年版，第274页。

③ 张謇：《厂约》，曹从坡等：《张謇全集》（第3卷），江苏古籍出版社，1994年版，第17页。

样一个落后的农业国究竟如何实现工业化的可行之路①。而这似乎才正是张謇棉铁主义工业化方案的精髓所在，也是张謇实业思想和实践中最为出彩的部分。就工业化与农耕社会的关系而言，张謇的思考显然比孙中山更为深刻，也更为系统，并形成了一套自成体系的近代化“乡土社会”建设模式——南通模式②。

相形之下，尽管孙中山不是张謇式的实业家，也没有类似于张謇立足家乡发展实业的人生抱负，但他却可以超越地方、放眼全国乃至全球来构筑自己的实业规划，更加注重国民经济发展的完整性与平衡性，由此形成更具有宏大气象特色的实业思想主张。

值得注意的是，孙中山的《实业计划》固然是近代中国人能够提出来的最富想象力、最宏伟的经济近代化建设的纲领，但它又具有突出的超前性特点。无论是修筑 10 万英里铁路和 100 万英里公路网，还是建设世界级的三大海港，以及黄河、长江、淮河的治理，都不是短期内可以实现的，当时的中国也不具备从事如此大规模经济建设的条件。孙中山所设定的许多宏伟建设目标，时至今日也还没能完全实现。因此，孙中山一再强调，他所提出的只是中国实业建设的“大方针”“大政策”，具体实施则有待进一步的科学论证和各种主客观条件的成熟③。

但绝不能据此断定《实业计划》是空想，是说大话（如同当时一些人所批评的），从更长的历史时段来看（比如一百年），不难发现，孙中山的经济战略眼光是远大的，其预见性是惊人的，对今天中国的经济建设仍具有启发性。如孙中山最为看重的铁路建设，截至 2010 年底，中国铁路营运里程总长已达 9.1 万公里（约合 5.64 万英里），居世界第二④，

---

① 关于对张謇农工一体近代化的构想与实践的更具体的论述，可参见林刚：《长江三角洲近代大工业与小农经济》，安徽教育出版社，2000 年版。

② 关于“南通模式”的详细论述，可参见马敏：《营造一个和谐发展的地方社会——张謇经营南通的启迪》，《华中师范大学学报》（人文社会科学版）2006 年第 2 期，第 41～49 页。

③ 孙中山：《建国方略·实业计划》，《孙中山全集》（第 6 卷），中华书局，1981 年版，第 249 页。

④ 金翰苇：《铁路建设将继续推动中国工程机械行业快速发展》，《今日工程机械》2011 年第 11 期，第 69 页。

中国公路网总里程更是达到 398.4 万公里（约合 247.55 万英里），超过孙中山建设 100 万英里公路的设想近 1.5 倍①。青藏铁路的通车，实现了孙中山修筑高原铁路线直通拉萨的构想。天津港、上海港、广州港等一系列大港口的建设，使孙中山建北方大港、东方大港和南方大港等世界级大海港的良谟宏愿正逐步得以实现。在内河水利整治方面，不仅长江、淮河、黄河得到空前治理，而且孙中山当年设想过的“当以水闸堰其水”的长江三峡大坝建设工程也顺利建成，成为世界上最大的水力发电站②。

因此，张謇和孙中山的工业化方案各具特色，都有着很大的价值和启发意义。中国近代工业化比较理想的方案，应该是将张謇的救急方案与孙中山的长远方案结合起来，兼顾地方性、区域性与全国性发展，既考虑当下也顾及未来，既注重中国经验的独特性又顺应世界经济发展的普遍规律性，在工业与农业、基础设施建设和民生经济建设方面寻求平衡和持续的发展。

三、不谋而合的“开放主义”

孙中山思想的开放是不言而喻的，长期漂泊海外的独特人生经历，使之成为近代革命家中对世界情势最为了解的人物之一。由此，孙中山实业思想的又一突出特征，便是极为彻底的“开放主义”③。

---

① 冯蕾：《全国公路网总里程达到 398 万公里》，《光明日报》，2011 年 3 月 24 日，第 1 版。

② 1924 年 8 月 27 日孙中山在《三民主义》之“民生主义”第三讲中，更明确提出要利用三峡的水力来发电，“又像扬子江上游夔峡的水力，更是很大。有人考察由宜昌到万县一带的水力，可以发生三千余万匹马力的电力，像这样大的电力，比现在各国所发生的电力都要大得多；不但是可以供给全国火车、电车和各种工厂之用，并且可以用来制造大宗的肥料”，可参见孙中山：《三民主义》，“民生主义”，《孙中山全集》（第 9 卷），中华书局，1986 年版，第 402 页。

③ 关于孙中山开放主义的内涵，可参见俞中：《孙中山的开放主义初探》，中国孙中山研究学会：《孙中山和他的时代——孙中山研究国际学术讨论会论文集》（中册），中华书局，1989 年版，第 1530～1548 页。

循着魏源、林则徐等“睁眼看世界”的思路，孙中山认为，要从根本上振兴中国实业，就必须破除闭关主义，实行开放主义，尽可能地利用外资、外才来发展本国的经济，“中国人向富于排外性质，与今之世界甚不相宜。……以前事事不能进步，均由排外自大之故。今欲急求发达，则不得不持开放主义。利用外资，利用外人，皆急求发达我国家之故，不得不然者”①。

孙中山将近代中国的落伍归结为清王朝的因循守旧、深闭固拒，未明世界大势，“本其狭隘之心胸，自私之僻见，设为种种政令，固闭自封，不令中土文明与世界各邦相接触”②。这种闭关自守的国策，与世界范围内工业文明的兴起格格不入，自然会延误中国的发展，以致“国政腐败，已达极点”③，必须从根本上变更盲目排外的心理和习惯，改变闭关锁国的愚昧政策，主动实行开放主义，才能为实业发展创造必要的前提和宽松的环境，“现世界各国通商，吾人正宜迎此潮流，行开放门户政策，以振兴商业”④。

表面上看，张謇由儒入商，曾为立宪派领袖人物，老成持重，但在经济发展问题上，却同孙中山一样抱有十分开明的开放主义态度。他认为，发展棉、铁产业，振兴中国经济，“非用开放主义，无可措手”⑤。如果说，甲午战后张謇的对外开放经济思想还有所保留，在主张举借外债修筑铁路的同时，对洋商到中国内地经商办厂尚持保留态度，那么，在其棉铁主义实业观基本成形之后，张謇逐步形成一套相对完整的对外

① 孙中山：《在济南各团体欢迎会的演说》，《孙中山全集》（第2卷），中华书局，1981年版，第481页。

② 孙中山：《对外宣言书》，《孙中山全集》（第2卷），中华书局，1981年版，第9页。

③ 孙中山：《在日本东亚同文会欢迎会的演说》，《孙中山全集》（第3卷），中华书局，1981年版，第14页。

④ 孙中山：《在上海报界公会欢迎会的演说》，《孙中山全集》（第2卷），中华书局，1981年版，第499页。

⑤ 张謇：《宣布就部任时之政策》，曹从坡等：《张謇全集》（第1卷），江苏古籍出版社，1994年版，第276页。

开放经济思想体系[①]，认为中国积弱积贫的现实情况，决定了在发展实业过程中，必须实行更加积极的门户开放政策，做到“以兴实业以为挽救贫弱之方，又以开放门户，利用外资，为振兴实业之计”[②]。

在实行开放主义的经济主张中，孙中山和张謇又都不约而同地将对外开放的重点放在利用外资来发展中国实业上[③]。

其一，他们都认为利用外资来发展实业是世界各国的通行办法，中国应仿效之。

孙中山指出，当今世界，任何一个国家的经济发展，事实上都离不开其他国家的参与和投资，“方今世界交通，一国有大计划，若合数国之力以经营之，则事之成功甚易，以一国独当之，则成功极难”[④]。利用外资发展本国经济的办法，“在中国虽为创建，而在他国已司空见惯矣。且利用此办法者，无处不奏伟大之成效也。中国如能利用此项办法，其成功自必伟大”。他举例说，即使如美国这样世界上最富有的国家，也同样通过举借外债或利用外资来发展经济，“当其发展实业之初也，资本则悉借之欧洲，人才亦多聘之欧洲，而工人且有招之中国”。美国“连贯国疆极端之铁路系统，大部分皆由外资敷设。在美国富源未开发以前，早期敷设之铁路，事实上亦不得不利用外资也”[⑤]。

张謇早在1895年便主张仿各国成例，通过举借外债来发展中国实

---

① 周见：《近代中日两国企业家比较研究：张謇与涩泽荣一》，中国社会科学出版社，2004年版，第222～223页；虞和平：《张謇——中国早期现代化的前驱》，吉林文史出版社，2004年版，第68～76页。

② 《关于利用外资振兴实业办法给大总统呈文》，中国第二历史档案馆沈家五：《张謇农商总长任期经济资料选编》，南京大学出版社，1987年版，第140页。

③ 关于孙中山利用外资的主张，可参见郑伟章：《全面利用外资是加速中国经济建设的有效办法——孙中山解职后在从事经济建设活动中的一系列合理主张》，中国孙中山研究学会：《孙中山和他的时代——孙中山研究国际学术讨论会论文集》（中册），中华书局，1989年版，第1510～1529页。

④ 孙中山：《在济南各团体欢迎会的演说》，《孙中山全集》（第2卷），中华书局，1981年版，第481页。

⑤ 孙中山：《中国之铁路计划与民生主义》，《孙中山全集》（第2卷），中华书局，1981年版，第490页。

业，“今日赔款，所借洋债已多；不若再多借十分之一二，及此创深痛巨之际，一举行之。负累虽深，而国势仍有蒸蒸日上之象”，“果从此立自强之机，自不患无还债之法”①。1911 年，张謇结合宪政改革，又提出要“慎举国债”，强调“经国会之议决”后，可借外债用于振兴实业，推广铁路，“然借之公例，必政府与国民均有用债之能力，而后可利用之以为救时之药”②。民国肇建之后，张謇利用外资来发展中国实业的思想更加清晰，也更为系统，在给袁世凯的呈文中，明确提出“利用外资，为振兴实业之计”的方针③。

其二，孙中山与张謇都分别提出了如何利用外资的具体办法与措施，使之具备可操作性，同时也体现一定的灵活性。

在利用外资发展中国实业的实施办法上，孙中山提出“借资”“合资”“批办”三种形式。所谓“借资”，即“借外债以兴实业”，通过“抵押贷款”等形式借用外国资金来自办企业、兴修铁路；所谓“合资”，即“华洋合股”，与外国企业共同出资、合作经营；所谓“批办”，即将企业、铁路等批给外国人独资举办，“定以期限，批与外人承筑，期满无价收回”。三种办法中，孙中山又认为以“批给外国人包办”最为有利，“中国资本、人才、方法三事皆缺，若批办则可收三事之利”④。

在如何利用外资上，张謇也曾提出过一些具体主张，并代表政府制定相应的政策。张謇认为，应采取多种形式来引进外资，包括独资经营、合资经营、借款和代办等方式。独资，即由外资企业独立出资，包

① 张謇：《代鄂督条陈立国自强疏》，曹从坡等：《张謇全集》（第 1 卷），江苏古籍出版社，1994 年版，第 40 页。

② 张謇：《咨议局联合会请饬阁臣宣布借债政策呈都察院代奏稿》，曹从坡等：《张謇全集》（第 1 卷），江苏古籍出版社，1994 年版，第 166 页。

③ 张謇：《筹划利用外资振兴实业办法呈》，曹从坡等：《张謇全集》（第 2 卷），江苏古籍出版社，1994 年版，第 169 页。

④ 孙中山：《在济南各团体欢迎会的演说》，《孙中山全集》（第 2 卷），中华书局，1981 年版，第 481 页。

办经营，这种利用外资的办法张謇提出得很早，认为“铁路可令洋商包办；兵轮可令洋商包办”①。关于合资，张謇认为“此为利用外资最普通方法”，其有利之处在于，“盖有利与外人相共，亏损亦然。在华人一方，虽不能独占利益，而所冒之险，亦止及其半也”。关于借款，张謇认为存在一定风险，要谨慎从事，“凡事业确有把握者用之”，“不可轻准商民借用外款。此种担保，即以厂屋、机器为最宜”。关于代办，张謇建议最好“凡先难后易可以永久获利之事业用之”。张謇认为，通过代办之法利用外资，系“互享利益之法，最为平善”②。

其三，孙中山和张謇对利用外资均有自己的底线和原则，强调必须在不损害国家主权的前提下进行。

孙中山为利用外资确立两条基本原则：(1)“必选最有利之途以吸外资”③；(2)“不失主权”“不用抵押”④。其中，最重要的原则和前提是必须维护国家主权⑤。孙中山指出，晚清政府举借外债之所以遭国人反对，关键在于丧失主权，“实因条约不善，动辄妨碍国权”。其实，“并非外债即不可借”，“若能使借债之条约不碍主权，借债亦复何伤!”⑥ 孙中山还格外强调利用外资时必须让外国公司或合股公司遵照

① 张謇：《代鄂督条陈立国自强疏》，曹从坡等：《张謇全集》（第1卷），江苏古籍出版社，1994年版，第40页。

② 张謇：《筹划利用外资振兴实业办法呈》，曹从坡等：《张謇全集》（第2卷），江苏古籍出版社，1994年版，第169～170页。

③ 孙中山：《建国方略·实业计划》，《孙中山全集》（第6卷），中华书局，1981年版，第254页。

④ 孙中山：《与胡汉民廖仲恺的谈话》，《孙中山全集》（第1卷），中华书局，1981年版，568页。

⑤ 关于举借外债与维护主权问题，孙中山认识上有一个逐步发展过程。在武昌首义成功后的南京临时政府时期，面对严峻的财政危机，万般无奈之下，孙中山等人的确考虑过通过抵押轮船招商局和汉冶萍公司甚至租借“满洲”给日本来获取日本财阀的贷款，为此遭到张謇等人的抵制，张謇甚至因此愤而辞职。但这类举债因多种原因并未实现。而在解除临时大总统职务后，尤其在晚年孙中山对举借外债中的抵押转而持相当谨慎的态度，对维护主权则一再加以强调，足证其思想的发展变化和日臻成熟。

⑥ 孙中山：《在北京报界欢迎会的演说》，《孙中山全集》（第2卷），中华书局，1981年版，第431页。

中国法律办理，尊重中国的司法主权，他担心，如“用某国之资，则必遵某国之律，如此主权丧失，永无收回治外法权之望”①。1913年2月，孙中山访日期间，与日本“实业之父”涩泽荣一等人商谈合办中国兴业公司计划书草案的条文时，特别强调“本公司为中日合办之股份公司，根据中华民国之法律而设立之”，尽管日本方面以种种理由反对这一条，但孙中山始终坚持，认为“依中国的法律设立本公司，颇为妥当”。后因民国初期相关法律未及制定，孙中山作出让步，同意“暂依日本法律创立该公司”，但同时强调：“将来中国新法律制定后，必须根据中国法律而更改之。”②

同孙中山一样，张謇也注意到在利用外资过程中如何维护主权的问题，强调“借外资不可丧主权”，使用外资一定要“使条约正当，权限分明”③，尽可能防止对民族资本企业的冲击。他“参照各国成例”，对使用外债作了许多限制性规定，借此最大限度地维护华商的权益，“在外人方面，仅处于债权地位，与所营事业之盈亏无涉。除普通利息外，各项利益为华人独享，苟有折阅，亦归华人独任”④。他也认为，借外债最好由民间和私人从事，尽可能淡化政府行为，“商借商还，不涉国际”⑤。张謇还格外强调举借外债，不能盲目、草率从事，必须注意到“用之何事”，“用者何人，用以何法”等细节⑥。但凡兴办合资企业，则必须做到“遵守中国法律”，“按照公司条例，呈验资本”，同时须提供保证金，“预缴税银”，以求万无一失⑦。

---

① 孙中山：《致袁世凯周学熙电》，《孙中山全集》（第3卷），中华书局，1981年版，第9页。

② 陈旭麓、郝盛潮：《孙中山集外集》，上海人民出版社，1990年版，第563、201、208页。

③ 张謇：《宣布就部任时之政策》，曹从坡等：《张謇全集》（第1卷），江苏古籍出版社，1994年版，第276页。

④ 张謇：《筹划利用外资振兴实业办法呈》，曹从坡等：《张謇全集》（第2卷），江苏古籍出版社，1994年版，第169～170页。

⑤ 张謇：《致赵凤昌函》，曹从坡等：《张謇全集》（第2卷），江苏古籍出版社，1994年版，第86页。

⑥ 张謇：《拟发展盐垦借款成立后宣言》，曹从坡等：《张謇全集》（第3卷），江苏古籍出版社，1994年版，第662页。

⑦ 张謇：《筹划利用外资振兴实业办法呈》，曹从坡等：《张謇全集》（第2卷），江苏古籍出版社，1994年版，第170～171页。

孙中山与张謇不约而同地主张利用外资来发展中国的实业，源于他们都有通过国际合作或“与世界共经济”来开发中国富源的良好愿望①。他们在一定意义上都超越了同时代的中国人，而更多地是从世界经济一体化的高度来思考中国经济发展问题，如张謇所言：“办一省事，要有一国的眼光，办一国事，要有世界的眼光。”②

孙中山的《实业计划》实质上就是试图依靠全面利用外资来实现的计划。他在起草《实业计划》时，主要期待的便是来自国外的资本及技术援助，而并不指望靠中国国内的资金来支撑如此庞大的建设计划，《实业计划》最初系以英文写成，并取名为《国际共同发展中国实业计划书——补助世界战后整顿实业之方法》，即是一个明证。孙中山长期的海外经历使他对世界经济的走势有明确的了解，他坚定不移地认为，中国经济实乃世界市场之一部分，必须依靠国际资本的援手方能得到发展。“方今世界交通，一国有大计划，若合数国之力以经营之，则事之成功甚易，以一国独当之，则成功极难。”③

张謇也早就观察到世界经济一体化的大趋势。“今之何时乎？商业衰敝至于此极，而世界经济之潮流喷涌而至，同则存，独则亡，通则胜，塞则败。”④ 基于这一认识，张謇进而提出合乎儒家大同之道的经济大同的理论主张，“所谓天下一家，中国一人，所谓货恶其弃于地也，不必藏于己，力恶其不出于己也，不必为己。其道正合于大同之原理”，“世界未来大势，骎骎于大同。而就实业论，亦有不得不趋向大同之势”。从经济大同理论出发，张謇认为应该积极谋求世界范围内的经济互助，充分利用外资，达到“与世界共经济”之目的。“夫世界果不欲

① 张謇：《致商会联合会函》，曹从坡等：《张謇全集》（第1卷），江苏古籍出版社，1994年版，第291页。

② 张孝若：《南通张季直先生传记》，中华书局，1930年版，第297页。

③ 孙中山：《在济南各团体欢迎会的演说》，《孙中山全集》（第2卷），中华书局，1981年版，第481页。

④ 张謇：《致商会联合会函》，曹从坡等：《张謇全集》（第1卷），江苏古籍出版社，1994年版，第291页。

趋向大同，不欲以中国为市场，不欲中国发展供给各国之原料，则亦已矣。如其欲之，中国内地风气尚未尽开，资本又不充裕，试问舍世界各国经济互助，有何别法?”①

显然，无论是孙中山，还是张謇，其对外开放，利用外资的主张均有其深厚的思想基础，并非心血来潮的临时动议。若再作深入一步的比较，则会发现孙中山在利用外资方面似比张謇考虑得更全面。尽管孙中山的实业思想和利用外资的主张有着明显的理想化色彩，但在他内心深处，对外国资本家的利己本质还是有所认识和警惕的。早在1906年，孙中山在回复一位外国友人的函中曾指出：“可能我未曾正确理解您对美国资本家的呼吁，但是，如果不是纯粹的利他主义态度的话，我认为这种呼吁是没有任何好处的。他们不至于笨到这般地步：实行商业的自杀，来帮助中国拥有自己的工业威力而成为独立的国家。我坚决相信：如果我们稍微表现出要走向这条道路的趋向时，那么整个欧美资本主义世界就会高喊着所谓工业的黄祸了。因此，他们的利益首先在于使中国永远成为工业落后的牺牲品，这是十分明白和容易理解的。”② 孙中山晚年决计“以俄为师”，借用外资的范围，将苏俄包括进来③，提出中国“可以俄国援助为依赖”④，甚至还提出“我们要拿外国已成的资本，来造成中国将来共产世界”⑤。他已经在一定程度上意识到，单单依靠外资并不能真正解决中国经济发展问题，解除帝国主义经济的压迫，建立独立的民族工业体系，才是发展中国实业的正道，“我们国家的土地有这样大，矿藏有这样富，农产有这样多，为什么还弄到民穷财尽，人

① 张謇：《商榷世界实业宜供求统计中国实业宜应供求之趋势书》，曹从坡等：《张謇全集》（第3卷），江苏古籍出版社，1994年版，第825、820、826页。

② 孙中山：《复鲁赛尔函》，《孙中山全集》（第1卷），中华书局，1985年版，第322页。

③ 俞中：《孙中山的开放主义初探》，《孙中山和他的时代——孙中山研究国际学术讨论会论文集》（中册），中华书局，1989年版，第1545页。

④ 孙中山：《孙文越飞联合宣言》，《孙中山全集》（第7卷），中华书局，1985年版，第52页。

⑤ 孙中山：《三民主义·民生主义》，《孙中山选集》（下册），人民出版社，1956年版，第804页。

民日日受贫穷的痛苦呢？最大的原因，是受外国经济压迫”①。这样的认识，实际已涉及实行对外开放、利用外资的政治前提问题，的确难能可贵。

相较而言，张謇在利用外资来发展实业上更为率真、急迫，有时甚至对外国资本家抱有更多不切实际的幻想。如 1922 年至 1923 年，在日本“工业日本，农业中国”的经济侵华野心已十分明显的情况下，张謇仍幻想通过中国“植棉”、日本“纺织”的分工方式来实现中日经济的互补，指望向涩泽荣一财团大借款，甚至不惜以大生三个纱厂作为担保②。除日本外，张謇对美国资本家也抱有不切实际的期望，曾指望转而向他们借款来解决大生集团的财政危机，在他看来，“太平洋两岸大陆中美若弟兄，而共和之辈分中美若师弟，以其关系之切，自应有提挈之亲”③。

张謇与孙中山在利用外资上所存在的这种认识上的差距，除性格、经历、见识等方面的因素外，关键在于孙中山毕竟是政治家，具有政治上的实用主义，讲求相互利用，各谋所需，不会天真到相信外国资本家真会发善心帮助中国；张謇则是较为尊重道德原则的实业家，是典型的近代儒商，太相信道义原则，且在大生纱厂的经营中深陷财务危机，不得不四处求援，试图摆脱企业破产的命运。张謇在经营企业中所饱尝的甜酸苦辣和深深的失望与无助，又是孙中山所难以体会的。因此，同为利用外资，政治家孙中山更多的是一种策略考虑，实业家张謇则更多的是现实的需求和真心的渴望。孙中山重在设计，张謇则重在操作。这种通过大规模的借用外资来建设的设想，在他们所处的帝国主义殖民扩张时代尚不具备条件，到头来都只能陷入空想。这又是孙中山和张謇均始

① 孙中山：《女子要明白三民主义》，《孙中山选集》（下册），人民出版社，1956 年版，第 556 页。

② 章开沅：《开拓者的足迹——张謇传稿》，中华书局，1986 年版，第 319～320 页。

③ 张謇：《为组合中美实业复芮恩施博士函》，曹从坡等：《张謇全集》（第 3 卷），江苏古籍出版社，1994 年版，第 803 页。

料未及的。

四、以民为本的共同思想基础

研究孙中山和张謇的实业思想，不能孤立地就实业谈实业，而必须将其置于各自的思想体系之中，方能把握他们实业思想的本质与精髓，对之作出更全面、深入的评价。

综观孙、张二人的实业主张，不难发现，除始终如一的救国目标外，还有一条贯穿其中的思想主线和基本色调，那就是二人所同时具有的既朴素又深沉的民本主义追求和民生主义关怀。以民为本、以民生为本，构成他们实业思想的共同思想基础。

孙中山与张謇都是农民的儿子，都来自农村，对中国底层劳动大众的苦难有实际了解并抱有深切的同情。因此，他们力倡发展实业，最根本的目的，是想通过"货畅其流"而强国富民，拯救民众于水深火热之中，使之过上殷实、富足的日子。

作为一代儒商，张謇的实业思想与儒家思想是密切相关的，其中最根本的便是儒家"仁政"思想与民本思想，这是张謇构筑其实业思想的基石。已有学者指出，"孔子主张的'百姓足，君孰与不足'这一富民为先的民本主义经济思想始终是贯穿张謇实业思想的一条主线"，并认为这种民本主义思想可具体概括为"救民""富民""育民""护民"四个方面①。这无疑是很有见地的，但笔者认为，"救民"与"富民"主张更是张謇实业思想的核心精神与根本出发点，也是理解张謇全部思想体系的关键，十分值得重视。救民是发展实业的目的，通过实业而富民，解决最基本的民生问题，则是救民的根本手段与途径。张謇以状元身份从事实业，毅然决然创办大生纱厂，其初衷便是要尽士大夫的本

① 周见：《近代中日两国企业家比较研究：张謇与涩泽荣一》，中国社会科学出版社，2004年版，第227～229页。

分，救民于水火之中，如他所说："我们儒家，有一句扼要而不可动摇的名言'天地之大德曰生'，这句话的解释，就是说一切政治及学问最低的期望要使得大多数的老百姓，都能得到最低水平线上的生活。"为此，张謇将他所创办的纱厂命名为"大生"，意为办厂目的在于解决老百姓的生存，"没有饭吃的人，要他有饭吃；生活困苦的，使他能够逐渐提高。这就是号称儒者应尽的本分"①。

张謇认为，实业的功用在于可以富民，能最大限度富民的产业就是最值得发展和推广的产业，比如棉纺业是劳动密集型产业，能够给许多穷人带来工作机会，因此在经济落后的中国一定要大力发展棉纺业，"救穷之法惟实业，致富之法亦惟实业。实业不能三年、五年、十年、八年，举世界所有实业之名，一时并举。则须究今日如何而致穷，他日如何而可富之业。私以为无过于纺织，纺织中最适合于中国普遍用者，惟棉"②。由此，可看到张謇提倡棉铁主义的另一层深意，就是这两大产业尤其棉业乃是关乎百姓（特别是广大农民）能否尽快脱贫致富的生计性产业，所以才必须优先发展③。张謇的民本思想是与其最内层的农本思想交织在一起的，他所重视的"民"，很大程度上是指穷苦的农民，兴办棉纺业，关键是要为这些农民大众谋一个饭碗，解决他们的生计问题。所以，他在举办大生纱厂初见成效时，仍强调"民生之业农为本"，"工次之"④，"惟是实业以农为本"⑤。在张謇看来，只有能够与农业发生联动，带动农村发展的工业，才能算得上中国最需要的真正的实业。

---

① 刘厚生：《张謇传记》，上海书店，1985年版，第251、252页。此系刘厚生记录张謇与他本人1909年冬的谈话内容。

② 张謇：《拟请酌留苏路股本合营纺织公司意见书》，曹从坡等：《张謇全集》（第2卷），江苏古籍出版社，1994年版，第144页。

③ 周见：《近代中日两国企业家比较研究：张謇与涩泽荣一》，中国社会科学出版社，2004年版，第228页。

④ 张謇：《通如海棉业工会棉产统计报告书序》，曹从坡等：《张謇全集》（第3卷），江苏古籍出版社，1994年版，第801页。

⑤ 张謇：《致齐耀琳函》，曹从坡等：《张謇全集》（第2卷），江苏古籍出版社，1994年版，第374页。

实业与民生不可分，这才是张謇最根本的实业观。

孙中山的民本主义在其经济观上集中体现为民生主义思想主张。民生主义可以说是孙中山思想体系中最具特色的思想，而其发展实业的主张则是民生主义的重要组成部分。

首先，在孙中山看来，发展实业的根本目的，是要解决民生问题，是“养民”，要以“养民”为本位。孙中山强调，“资本主义是以赚钱为目的，民生主义是以养民为目的”①。为了达到养民的目的，政府就必须发展与民生相关的各种实业，为老百姓提供衣食住行的基本生活保证。孙中山在《建国大纲》中提出，“建设之首要在民生。故对于全国人民之食衣住行四大需要，政府当与人民协力共谋农业之发展，以足民食；共谋织造之发展，以裕民衣；建筑大计划之各式屋舍，以乐民居；修治道路、运河，以利民行”②。“我们要解决民生问题，不但要把这四种需要弄到很便宜，并且要全国的人民都能够享受。”③ 各地方政府亦有“养民”之责，“土地之岁收，地价之增益，公地之生产，山林川泽之息，矿产水力之利，皆为地方政府之所有，而用以经营地方人民之事业，及育幼、养老、济贫、救灾、医病，与夫种种公共之需”④。

其次，实业建设与经济发展必须注意分配公平问题，防止出现严重的贫富不均，“求富”与“均富”要同时并进。孙中山认为，“经济进步，机器发明，而生产之力为之大增。得有土地及资本之优势者，悉成暴富；而无土地及资本之人，则转因之谋食日艰。由是富者愈富，贫者益贫，则贫富之阶级日分，而民生之问题起矣”⑤。为解决经济发展可能引发的贫富不均的社会问题，孙中山开出三副药方：第一，“平均地

① 孙中山：《三民主义·民生主义》，《孙中山选集》（下册），人民出版社，1956年版，第822页。

② 孙中山：《建国大纲》，《孙中山选集》（下册），人民出版社，1956年版，第569页。

③ 孙中山：《三民主义·民生主义》，《孙中山选集》（下册），人民出版社，1956年版，第822页。

④ 孙中山：《建国大纲》，《孙中山选集》（下册），人民出版社，1956年版，第569页。

⑤ 孙中山：《三民主义》，《孙中山全集》（第5卷），中华书局，1985年版，第191页。

权”，以解决土地问题；第二，“节制资本”，以解决资本垄断问题；第三，生产与分配并重，以使国民所得在分配上相对平均、相对公平。“我们要完全解决民生问题，不但是要解决生产的问题，就是分配的问题，也是要同时注重的。”① 由此可见，孙中山发展实业，不是片面追求经济发展指标，而是要最大限度地改善民生，提高老百姓的生活幸福指数，“要四万万人都可以享福，把中国变成一个安乐国家和一个快活世界”②。

在注重民生、解决社会不公的依靠主体与实施路径上，孙中山与张謇却有着明显不同。简言之，孙中山走的基本上是国家路线，张謇走的则基本是民间路线。

在孙中山看来，在中国特殊的国情下，不仅求富的主体是国家，而且均富的主体也应是国家，只有依靠国家的力量大力发展国家资本，方能在经济发展中兼顾国计民生，有效地防止贫富不均。孙中山比较诸家经济学说后，指出：“中国不能和外国比，单行节制资本是不足的。因为外国富，中国贫，外国生产过剩，中国生产不足。所以中国不但是节制私人资本，还要发达国家资本。……如果不用国家的力量来经营，任由中国私人或者外国人来经营，将来的结果，也不过是私人资本发达，也要生出大富阶级的不平均。”③ 孙中山认为，最理想的途径是运用国家力量来发展实业，运作资本，用所获之利发展社会公共福利事业，经济发展与社会保障同步，毕其功于一役，“惟所防者，则私人之垄断，渐变成资本之专制，致生出社会之阶级，贫富之不均耳。防之（之）道为何？即凡天然之富源，如煤铁、水力、矿油等，及社会之恩惠，如城

① 孙中山：《三民主义·民生主义》，《孙中山选集》（下册），人民出版社，1956年版，第820页。

② 孙中山：《女子要明白三民主义》，《孙中山选集》（下册），人民出版社，1956年版，第560～561页。

③ 孙中山：《三民主义·民生主义》，《孙中山选集》（下册），人民出版社，1956年版，第802页。

市之土地、交通之要点等，与夫一切垄断性质之事业，悉当归国家经营，以所获之利益，归之国家公用。如是，则凡现行之种种苛捐杂税，概当免除。而实业陆续发达，收益日多，则教育、养老、救灾、治疗及夫改良社会，励进文明，皆由实业发展之利益举办。以国家实业所获之利，归之国民所享"。这种强调国家干预经济、防止贫富不均的主张，被孙中山称为"吾党所主张民生主义之实业政策"①。

与孙中山截然不同，张謇关注民生是眼光朝下，从自己的家乡南通做起，通过发展地方实业，力图造就一个富足丰裕、安定和谐、幼有所育、老有所养、残有所助、死有所葬的理想化的"新世界雏形"。他曾说："謇抱村落主义，经营地方自治，如实业、教育、水利、交通、慈善、公益诸端。"② 又说："士负国家之责，必自其乡里始。"③ 他回忆，"而自乙未以后，国势日亟，知非教育不足以图存，非实业不足以自治，乃以绵力经营地方；亦时虑一得之愚，强聒于当时之政府，始终迄不见纳。故自持村落主义益坚，亦冀不幸而亡，留此为国不尽无人之记念"④。事实上，经过张謇兄弟持续几十年不间断的努力，南通终于从一个经济落后、交通不便、风气闭塞的小县城建设成为经济繁荣、民生富足、文化发达的"模范县"，一个"新世界的雏形"。诚如胡适所评价："他（张謇）独立开辟了无数的新路，做了三十年的开路先锋，养活了几百万人，造福于一方，而影响及于全国。"⑤

孙中山与张謇在振兴实业时不约而同地以民为本、以民生为本，提倡经济发展与社会福利并重，最大限度地防止贫富不均的产生，固然是

① 孙中山：《中国实业如何能发展》，《孙中山全集》（第5卷），中华书局，1985年版，第135页。

② 张謇：《呈报南通地方自治第二十五年报告会筹备处成立文》，曹从坡等：《张謇全集》（第4卷），江苏古籍出版社，1994年版，第457页。

③ 张謇：《垦牧乡志》，曹从坡等：《张謇全集》（第3卷），江苏古籍出版社，1994年版，第390页。

④ 张謇：《请解农商部长职转任水利局务呈》，曹从坡等：《张謇全集》（第1卷），江苏古籍出版社，1994年版，第310页。

⑤ 胡适：《南通张季直先生传记序言》，张孝若：《南通张季直先生传记》，上海书店1991年影印本，第3页。

有鉴于西方资本主义所引发的严重社会问题（孙中山尤其如此），但更多地却是受中国儒家传统的“民本”主义思想的影响（张謇较孙中山更甚），从内心深处追求“天下为公”的大同理想社会，并以实现此理想社会作为自己最大的人生抱负。孙中山最喜欢给别人书写的条幅便是“天下为公”。他的民生主义的目标，是要实现“人人皆为生产分子，则必丰衣足食，家给人足”的没有剥削的“大同”社会，“民生就是人民的生活，社会的生存，国民的生计，群众的生命。……故民生主义就是社会主义，又名共产主义，即大同主义”；他民族主义的奋斗目标，也是实现人人平等，没有压迫的“大同”社会，“我们要将来能够治国平天下，便先要恢复民族主义和民族地位。用固有的道德和平做基础，去统一世界，成一个大同之治，这是我们四万万人的大责任”①。

同孙中山一样，张謇心目中所憧憬的也是儒家理想中“天下为公”的大同社会，这个大同社会是古人所能想象的人类社会的至善之境：“大道之行也，天下为公，选贤与能，讲信修睦。故人不独亲其亲，不独子其子。使老有所终，壮有所用，幼有所长，矜寡孤独废疾者，皆有所养。……是谓大同。”② 与一般士大夫所不同的是，张謇并不局限于对大同社会的空想，而是脚踏实地，一点一滴地从发展实业、建设家乡、经营南通做起，为家乡人民谋福祉，“做一点成绩，替书生争气”，实现“天下一家、中国一人、民吾同胞、物吾与也”的宏大社会理想③。

综上，孙中山和张謇的实业思想均是以民为本、以民生为底色的。他们都深受中国古代“大同”思想的影响，有着实业之外的更大社会关怀和责任担当，不仅要振兴实业、发展经济，更要使人民从经济发展中

---

① 孙中山：《三民主义·民族主义》，《孙中山选集》（下册），中华书局，1985年版，第765、660页。

② 陈澔：《礼记·礼运第九》，上海古籍出版社，1987年版，第120页。

③ 张謇：《师范学校开校演说》，曹从坡等：《张謇全集》（第4卷），江苏古籍出版社，1994年版，第25页。

受益，改善和满足大多数人的民生问题，实现社会的共同富裕。他们不是一般意义上的实业家，而是集士大夫理想与现代经营思想于一身的实业战略家、思想家，是列宁所赞誉的具有“避免走资本主义道路的愿望”“充满崇高精神”的中国民粹主义者①。

五、结语

乍看起来，孙中山与张謇是经历、教育背景、个性乃至政治主张都相去甚远的人，但二人在实业思想上却有着诸多惊人的相似之处，其见解往往不谋而合。他们均抱有“实业救国”的宏大志向，为振兴中华、强盛国家而孜孜奋斗，是中国经济现代化的先驱；均提出过实现中国工业化的宏伟规划，是中国近代工业化的设计师与实践者，为后世留下了极其宝贵的经济建设思想资源；均以博大的胸怀和开放的心态面对世界经济一体化发展，力倡利用外资发展中国经济，为中国改革开放提供了宝贵的历史经验；均以人为本、关注民生，积极探索经济与社会的同步发展，具有超前的眼光和对民众的深厚同情之心，是难能可贵的“天下为公”典范。

当然，他们也有自身的特点与难以避免的局限。孙中山更重理想，张謇更重实践；孙中山更重长远，张謇更重当下；孙中山更重全国，张謇更重家乡；孙中山更为广博，张謇更加务实。他们都有真诚的一面，但同时又有天真的一面；孙中山更为激进，张謇则过于稳健。一如张謇对孙中山的评价：“今中山死矣，其功其过，我国人以地方感受观念之别，大抵绝不能同。然举非常大事人，苟非圣贤而贤哲为之左右，必有

① 中共中央马克思恩格斯列宁斯大林著作编译局：《中国的民主主义和民粹主义》，《列宁选集》（第2卷），人民出版社，1972年版，第424、425页。值得注意的是，张謇在政治上素持稳健甚至流于保守的政治立场，不同于孙中山激进的、战斗的民主主义，但在社会主张上又同孙中山一样具有同情劳苦大众，希望避免资本主义所造成的贫富悬殊与社会不公，实现大同理想社会的民粹主义倾向。

功过并见之处。鄙人愿我国人以公平之心理、远大之眼光对孙中山，勿爱其长而因护其短，勿恨其过而并没其功；为天下惜人才，为万世存正论。”① 这样的评价，对张謇一样适用，对评价二人的实业思想，亦同样适用。

孙中山与张謇的实业思想对后人的启迪是广泛而深刻的。在振兴实业、发展经济，实现中国现代化过程中，必须尽可能做到：

第一，要具有更加长远、宏阔的眼光，注重经济发展的系统性、可持续性。无论是张謇的“棉铁主义”，还是孙中山的《实业计划》，都有较为全面、系统的经济思想和恢弘气度，而后者尤为突出。他们尽管都有各自所确定的实业发展重点和主导部门，但又都注重工业与农业、主导部门与非主导部门之间相互促进，追求系统而长远的发展。如孙中山所言：“欲谋实业之发达者，非谋其一端则可成效也。必也万般齐发，始能收效。”② 这种“万般齐发”的系统、平衡、可持续的经济发展思想，对今天现代化建设中既注重工业的先导作用，又强调农业的基础作用，既注重当下，又看到长远，寻求可持续的科学发展具有重要的借鉴作用。

第二，要以更加开放的思想，继续利用外资、外才，在改革开放上寻求新突破。张謇与孙中山的一个最大共同点是思想十分开放，具有广阔的世界眼光，力求在世界经济一体化发展过程中，取世界之所长来发展中国的经济，而不是故步自封，关起门来发展实业。如张謇所提出：“对于世界先进各国，或师其意，或撷其长，量力所能，审时所当，不自小而诿，不自大而夸”③；“法古法今，法中国，法外国”④。中国经济

---

① 张謇：《追悼孙中山演说》，曹从坡等：《张謇全集》（第5卷，上），江苏古籍出版社，1994年版，第492页。

② 孙中山：《复李村农函》，《孙中山全集》（第5卷），中华书局，1985年版，第122页。

③ 张謇：《为南通地方自治二十五年报告会呈政府文》，曹从坡等：《张謇全集》（第4卷），江苏古籍出版社，1994年版，第459页。

④ 张謇：《谢参观南通者之启事》，曹从坡等：《张謇全集》（第4卷），江苏古籍出版社，1994年版，第468页。

发展的一条基本经验就是始终坚持改革开放，善于利用外资、外才，抓住了国际形势变化所带来的稍纵即逝的历史发展机遇。

第三，要更加注重中国国情，切合中国实际，走出一条中国特色的现代化道路。孙中山与张謇都始终怀抱着要使中国国强民富的宏大理想，但他们并非空想主义者，而是脚踏实地、一切从实际出发的实干家。张謇在南通实业与社会的建设上，既立意高远，学习和借鉴西方，又事事从本国实际和南通地区的实际出发，充分利用本地自然资源、人力资源和社会资源，走出一条手工业与机器工业相结合、城镇带动农村的区域近代化道路，形成中外瞩目的早期现代化的南通模式①。而随着对孙中山《实业计划》的深入研究和时间的推移，人们越来越发现，其实这一发展中国经济的宏大计划，完全不是过去所认为的纯属“空想”，反而是经过大量认真的调研、勘察，有相当的学理和事实依据②。从长远看，完全是符合中国国情，一切从中国实际出发的雄伟规划，并正在一一变为现实。这一切，对探讨中国特色社会主义道路及总结现代化建设的“中国模式”和“中国经验”，无不具有历史启迪意义。

第四，要更加关注民生，把经济发展与改善人民生活相结合，取之于民，用之于民，使社会更趋公平、正义与和谐。早在百年以前，孙中山和张謇便已觉察到欧美资本主义国家国富民穷、贫富不均、社会问题层出不穷的现实，因而提出主张“节制资本”“平均地权”，将实业发展与解决广大人民“吃饭”“穿衣”相结合，通过实业而“救穷”“致富”。时至今日，尽管中国经济有了极大发展，人民生活水平也在不断提高，

① 马敏：《营造一个和谐发展的地方社会——张謇经营南通的启迪》，《华中师范大学学报》（人文社会科学版）2006 年第 2 期，第 41～49 页；邵耀辉、王倚海：《张謇与霍华德建城思想比较研究》，周新国：《中国近代化先驱：状元实业家张謇》，社会科学文献出版社，2004 年版，第 170～192 页。

② 如孙中山对北方大港、东方大港、南方大港的选址分析，对六大铁路系统及其支线网的设计，以及对长江、淮河、黄河的治理规划等，大都非常精确、详瞻，具体入微，甚至手绘大量地图，这些工作若没有大量的知识储备、调查研究甚至亲自查勘，是不可能完成的。另从《实业计划》后所附外人复函中，亦可见一些外国名人、专家对孙中山的研究乃至论据多持肯定态度。

但孙中山和张謇当年所言的资本主义的“祸害”“不公”，却并未完全解决，民生问题还十分突出。而他们在解决民生问题或社会问题上，都曾提出许多极富建设性的见解，十分值得今人认真加以总结，在民生建设上迈出更加坚实的步伐，真正做到经济发展与社会发展同步，生产与分配并重，国强与民富同步，一切以人为本，以改善民生为本，以社会和谐发展和人民生活幸福作为我们奋斗的根本目标。

[本文原刊于《历史研究》2012 年第 5 期]

商人、商会与绅商

中国近代商人心理结构初探

中国近代商人，是指辛亥革命前既包括由旧趋新的商人，也包括亦工亦商的实业家和亦官亦商的“绅商”人物。通常所称的民族资产阶级不过是这一社会群体进一步分化、聚合的产物。本文拟通过对中国近代商人心理结构的考察，加深对民族资产阶级矛盾性格的认识。

一

中国的近代，既是一个不幸可悲的时代，又是一个充满挑战和机会的变革时代. 以大炮为后盾的商品和资本输入，不仅冲击了中国的市场，而且也冲击着中国人自成一格、源远流长的社会价值观念。“野蛮的、闭关自守的、与文明世界隔绝的状态被打破了……接踵而来的必然是解体的过程。”① 社会变动所引起的经济生活和思想意识形态的改观，需要相应的积累和提炼，并非一蹴可就。然而，作为社会存在与社会意识形态中介的社会心理，却可能较为灵敏、迅速地对社会变动作出反应。种种社会变迁作用于商人的心理，首先引起的便是情绪（心境）的波动和变化。与中世纪社会环境相适应的旧的心理平衡被打破了，但新的平衡尚未建立起来。于是商人心理便呈现出下述种种处于社会过渡期

① 中共中央马克思恩格斯列宁斯大林著作编译局：《马克思恩格斯选集》（第 2 卷），人民出版社，1972 年版，第 2～3 页。

特有的情绪状态。

（一）危机感

封建社会中的商人虽然曾受抑商政策的束缚，但尚可苟且偷生，甚至可能小有发展，一般不存在普遍、持久的危机感。只是到了近代，天朝上国屡败于“蕞尔小夷”，割地赔款引起了社会的普遍震惊和怀疑，危机感才随之发生。近代商人的危机感，固然有作为中国人之一份子对亡国灭种惨祸所感到的巨大担忧和恐惧，但作为“经济范畴的人格化”，商人的眼界又取决于手中的算盘。他们往往从特定社会地位和职业观点出发，将民族危机感具体化。

首先表现为对“商战”失败、利权外溢、己利被夺的无情现实的担忧和恐惧。有的说：“海禁既开，白人竟拓商场于东方大陆。懋迁之所及，即成为势力范围。不费一兵，不遗一镞，即能吸我膏血，握我利权。”① 有的说：“今日开海上某埠头，明日开内地某口岸，一国争，诸国蚁附，一国至，诸国蜂从。”② 有的痛切地指出：“今日之世界，经济竞争之世界也。……争之而不胜，则领土日蹙，国势大衰，虽欲维持其二等国之地位，而尚不可终日。”③

其次是在开设公司厂矿、经营铺户钱庄等具体工商实业活动中，由于遭受外国资本的排挤，封建官府的朘削，以及原料短缺、资金不足等压力而产生的附体缠身的危机和不安全感。这可举近代工商界领袖人物张謇为例。张謇以状元身份办实业，自诩为“通官商之邮”的绅商，可算是树大根深，得天独厚，但其内心也经常为一种莫可名状、惶惶不安的恐惧心理所笼摄：“謇今者譬之跻危涉险之人，攀虎豹而踞虬龙，稍有错趾眴睛，皆有齑粉之势。”④ “且夫攀藤而跻绝壁，精耸气骞，共命

① 《论振兴商务当先兴农业工业》，《东方杂志》1905 年第 7 期，第 101 页。
② 《商务二》，夏东元：《郑观应集》（上册），上海人民出版社，1982 年版，第 610 页。
③ 《论各国经济竞争之大势》，《商务官报》（第 1 册），第 3 期，第 1 页。
④ 《为纱厂致南洋刘督部书》，曹文麟：《张啬庵（謇）实业文钞》，文海出版社，1969 年版，第 112 页。

于藤，苟未陟巅，藤时时可中断而踣也；纵扁舟而陵风涛，乾眩坤愕，共命于舟，苟未薄岸，舟时时可倾覆而没也。……此謇之不能不凛然以恐而悄然以悲者也。”[①]“謇含垢忍尤，遭闵受侮，千磨百折，以成此区区工商之事者，其危苦独心喻之，固不能尽其百一也。”[②]

张謇心境尚且如此，其他本小利薄、攀附难周的商人，其忧虑心理更可想而知了。这种危机感沉淀弥漫于近代商人心际，既给他们造成巨大心理压抑，又不断催逼他们自我审视，自我更新，以确定自己在危机和变局中的社会位置和责任。

（二）自重感

近代商人的自重，一方面是在危机和恐惧心理作用下反省“千古变局”与自身关系的逻辑结论，另一方面则是近代社会变迁实质内容的反映。开埠通商的社会效应，致使“士农工商”的排列顺序失去了相应的现实环境。二十世纪初清政府采取的一系列奖励工商实业的措施，更直接使“商”的社会地位大幅度提高。从“四民之末”的卑贱到邀享“加头品顶戴”“赐双龙金杯”[③]的恩宠，对商人心理刺激不可谓不大。因之，随着自卑心理逐渐消除和自尊心的恢复，商人产生了自重感。这首先表现为一种因社会地位升迁、职业价值得到社会重视而自内心生发出的愉悦情绪：“我们经商的人，生在这西历一千九百余年，叫什么二十世纪实业竞争的时代，也真尊贵的很了。……天下最有活泼的精神，最有发达的能力，能够做人类的总机关，除了商，别的再也没有这种价值了。”[④]

---

① 《大生纱厂章程书后》，曹文麟：《张啬庵（謇）实业文钞》，文海出版社，1969年版，第1页。

② 《承办通州纱厂节略》，曹文麟：《张啬庵（謇）实业文钞》，文海出版社，1969年版，第122页。

③ 《改订奖励华商公司章程》，商务印书馆编译所：《大清光绪新法令》（第十六册），商务印书馆，1909年版，第50页。

④ 《经商要言》，张枬、王忍之：《辛亥革命前十年间时论选集》（第1卷，下册），生活·读书·新知三联书店，1960年版，第890页。

这些言论尽管有些夸大其词，但内中流泻的自重、自尊的健旺心理趋向，毕竟是难能可贵的。自尊自重距某种社会责任感相去并不遥远。于是，商人的自重又有更高一层的表现形态——社会抱负。他们认识到："上古之强在牧业，中古之强在农业，至今世强在商业。……国强之基础我商人宜肩其责"①，"今日之商家，实操我支那民族存亡起废之权者也"②。

如果说恐惧心理机制上的危机感还停留在较为粗糙、原始的直觉状态，那么，自重感尤其是其社会责任感的表现形态就已较多地凝聚了理性因素，折射出一种意志和道义的光彩，比较集中地体现了近代商人心理素质中积极进步的一面。这也正是近代商人作为整体同中世纪商人心理的质的区别之所在。早期民族资产阶级在锻造自身阶级品格的过程中，便进一步提炼、净化了这些心理素质材料，表现出历史的进步性。

（三）落伍感

若是将自重视为主观自我评价和认同，落伍感则是横向客观比较的结果。中国同工业化国家在科技方面存在的巨大差距，使近代商人对我国工商业颓萎疲敝的现状深感焦虑和不满。他们感叹地说："他人之制造日新月异而岁不同，吾国则千年犹一。欲其不相见绌也，难矣"③，"再阅十年，而我商界之面目仍旧，恐华商无立足之地"④。

值得庆幸的是，就多数商人而言，落伍所导致的焦虑既没朝着顽固派所表现出的阿Q式精神胜利法方面逆转，如某士大夫痴人说梦似的自我安慰："今此通商诸国，天假其智慧，创火轮舟车以速其至，此圣教将行于泰西之大机括也。"⑤ 也没有退滑为悲观主义的自暴自弃，而

① 《兴商为富强之本说》，《商务报》1905年第8期。
② 《商业发达论》，《江苏》第3期，第88页。
③ 《改革中国制造业论》，《京报》，1907年6月8日。
④ 《清末苏州商会档案》（第56卷），第21页。
⑤ 李元度：《答友人论异教书》，葛士浚：《皇朝经世文续编》（卷一），第10页。

是表现为一种深沉严肃的历史紧迫感和知耻图强的心理态势，如有的声称："今则一息尚存，苟能群策群力，收回我已失之利权，发挥我无尽之蕴藏，与彼角逐于经济竞争之世界，争存于惨淡猛烈之剧场，至二十世纪之中叶，我支那民族握全地球商业上惟一之霸权未可知也。"①

（四）归属感

以一种长期停滞社会的习惯眼光来看，近代社会变化的频率实在太快太猛了，以致商人们被一股无形的力量推出中世纪的运行轨道后，一时竟无所适从。于是，寻求自身的归属就变得十分迫切和必不可少了。显然，归属感正是基于一种莫辨自我、孤独乏援的空落心境。归属的目的，无非是要在最大限度内完善自我的"近代"形象，争得"社团法人"的立足地位。这既是"我中国商人沈沈冥冥为无法之商久矣"② 的历史反省，也可以说是商人对此不合理现实的主动抗争。因此可以说，近代许多商人之竞相投资新式工矿企业和铁路，除争利的直接经济动因外，还有受时代风尚左右，追求自我实现和完善的心理深层动因。不过，在另一意义上，这又构成那种不讲经济效益、一窝蜂而上的心理根源。

然而，中国近代商人的归属感更多地还是表现为"结民力""合大群""固结团体"的联合愿望和要求："中国商人素无合群思想，故数千年来，未占有历史之光荣者。"③ "今宜亟为合小以致大，联散而成聚，舍个人商业而营社会商业，舍家庭工业而营工场工业矣。"④

19 世纪末 20 世纪初各类资本主义性质的股份公司得以蓬勃发展，商会、商团、救火会、工业联合会、市民公社等名目繁多的资产阶级社团组织纷纷建立，在某种意义上，正是近代商人归属心理经长期积蓄后

① 《商业发达论》，《江苏》第 3 期，第 88 页。
② 《苏州商会档案》（第 3 卷），第 57 页。
③ 《论商会倚赖政府》，《东方杂志》1904 年第 5 期，第 55 页。
④ 《论组合》，《商务官报》1906 年第 15 期，第 7 页。

的自然外化。

总的说来，虽然上述诸种情绪状态是彼此渗透和制约的，但危机感起着支配作用，自重不过是在危机和变局中的自我评价，落伍感只是在危机的重压下才产生的真正清醒的意识，归属感更是在危机和恐惧心理驱使下所作出的向心聚缩和自我塑制。显然，普遍缺乏安全感，重新寻求稳定中心，构成了中国近代商人最本质的共同情绪特征。

二

社会心理结构中由气质、性格、风俗、习惯等要素组成和体现的心理特质，较诸情绪状态属于更深层次。如果说情绪是社会心理结构的动态部分，心理特质则是它的稳定成分。情绪往往受心理特质制约和支配。

近代中国商人的心理特质固然浸透、涵蕴了通常所说的民族文化心理，但又并不完全等同于后者。其中虽有民族文化的沉淀，但更有延续几千年之久的工商实践活动的内化和近代新鲜经验的渗入。因此，它毕竟是中国近代商人所独具的。概括说来，中国近代商人心理特质具有某种新旧交叉融合但又由旧趋新的特征。

（一）由忍耐性向抗争性过渡

儒学传统讲究以理节情，因此，含蓄节制、吃苦耐劳成为中华民族的传统美德。然而，这种忍耐性过了头，则容易流变为逆来顺受的奴隶性。中国商人忍耐性心理素质中大量积淀的正好是后一种因素。中国人常喜欢说“忍辱负重”，去掉负重的意义把“忍辱”二字加在中国商人身上，真是再恰当不过的了。税收负担上，“一货一人，税而又税。朘膏咋髓，一羊十皮。熙熙而来者，无所牟其利”①。在个体人格上，其

① 梅国祯：《请罢榷税疏》，陈子龙等：《皇明经世文编》（卷四五二），第4969页。

地位形同罪人。早从汉代起就明文规定“贾人不得衣丝乘车”①。问题的可悲性在于，传统贱商政策和儒学“贵义贱利”的价值观化为一种伦理——心理传统移入商人内心，积累成一种根深蒂固的自卑心理，认为自己所遭受的侮辱是天经地义，从而失却了抗争的勇气。封建社会中工商业者长期承值的所谓“捐输”“报效”和见官下跪等，虽是出于不得已，但也有某种逆来顺受、天命难违的原罪和奴隶劣根性在内。

这种传统心理延续到近代就变得十分危险了。在激烈的“商战”中，事事让人，必然意味着著著失败；柔懦不武，招致的后果便是“屡衄于外”。所以，有人指出：“若再不拼一死，冒万险以恢复，既损之名誉，又失之权利，则二十世纪之世界恐无我国民立足之地矣。”②

当时，在商人中盛行一时的“尚武”之风，便较为集中地体现了对不思反抗、“张公百忍”的忍耐性的反省，而要求培养起冒险犯难的勇武反抗精神。有的指出：“今欧亚大通，见欧洲之俗尚武则中国文弱之俗当变也。”③ 有的慨叹：“中国民族之不武也久矣，岂特商人哉。宜其为各国所轻也。……见中国龙旗当风飞舞，又未尝不思一奋其尚武之精神也。”④

商团的创建正是这一心理变迁的表现：“今日之世，必兵赖商，商赖兵，而后得列于经济竞争之世界也。”⑤ “当此四郊多垒，凡所以增进国民思想，担荷军人责任，为操员等稍盖往日之愆者，则又惟来者之是赖。”⑥

值得注意的是，商人“尚武”抗争心理锋芒所指，并未放过长期压榨自己的封建专制政权，他们认为：“东方之国自古无巨大商业，非其民不善经商，乃由国家政法、社会习惯均有所以贬抑之束缚之，故致此耳。”⑦

---

① 司马迁：《史记》卷三〇《平准书》八。
② 《论国民之责任》，《东方杂志》1907 年第 8 期，第 158 页。
③ 《风俗篇》，《申报》，1907 年 4 月 3 日。
④ 《发起中国商团有功中国之虞洽卿观察》，《华商联合报》第 5 期，第 1 页。
⑤ 《论各国经济竞争之大势》，《商务官报》第 1 册第 3 期，第 3 页。
⑥ 《苏州商团档案汇编》，第 59～60 页。
⑦ 《论中国宜保护商务》，《时报》，1994 年 7 月 26 日。

所以，连张謇这类素以稳健著称的绅商，也公然声称，在财政经济方面，“人民听官之压制而不呼吁政府，亦是放弃立宪国国民身份”①。

（二）由封闭保守性向开放进取性过渡

封闭性的小农经济和万世一系的专制皇统使一般人普遍具有保守的特点。商人亦不例外。旧式商人的保守，表现在经营活动中墨守成规、目光短浅，不敢竞争、怕冒风险，往往“以末致富，以本守之”。在心理机制上，则表现为封闭、静止的“知足”，安于现状，不思进取，“知仿模而不知创造，能用旧而不能求新”②，缺乏近代西方商人那种“视重洋为坦途，等万里于庭户”的开拓竞争精神。此种心理状态也反映在一般生活方式和习惯中。与欧洲商人相反，中国商人办事常常不讲时间和效率，带有某种懒洋洋、无所谓的特点，“半日可毕之事，延至一日，费光阴于无用”③。

中国近代商人虽始终没有完全摆脱因循保守的劣根性，但对此种心理和精神状态已日益表示不满。有的指出：“外来之商力如万丈潮流，侵入内地，致我商家悉为其冲决颠荡，而生计因之日蹙。然仍墨守胶执，不知有挽回抵制之策。甚至各处已改其方针，一方犹安其故步；同业已竞于新法，一人犹狃于成规。”④ 有的感叹：“公司有章程而不知办法；劝业有银行而不知举行；铁政、矿政大利所在，而股票无人承购；瓷器茶叶为外销上品，而制造不为改良，拘守成法，一不豪变。若长此终古，商务之颓败，更不可言矣。”⑤

不满是变革的起点，于是有种种鼓吹竞争、谋求改革的倡言。有的

---

① 《清末苏州商会档案》第116卷，第26页。

② 《兴商为强国之本说》，《东方杂志》1904年第3期，第43页。

③ 《与子侄论商务书》，夏东元：《郑观应集》（下册），上海人民出版社，1988年版，第623页。

④ 《商业首重调查说》，《大公报》，1905年3月15日。

⑤ 《近来江西商务颓败之原因》，《商务官报》第2册第4期，第19页。

说："竞争者，实为立国之基础，而挽回国势之要务也。"① 有的说："今既共处竞争世界，而尚不求进步，是人日见其进，我即日见其退，必致受优胜劣败之惨剧矣。"② 有的说："时至今日，所谓商战世界实即学战世界。……学堂也，讲习所也，皆为商界下新种子也。"③

在种种破保守、谋进取的倡言和行动中，已经在心理上发生着缓慢而广泛的潜移默化作用。譬如，1910 年召开的规模巨大的南洋劝业会，使商人们感到"荡心骇目，巍然焕然"，"一日观会，胜于十年就学"④，自觉或不自觉地接受了近代文明洗礼。另外，商人们对工商关系的反省，也间接反映了开放进取心理的逐渐增强。商人们对那种将商业与工业割裂开来，重贸迁而轻制造的保守逐利倾向已或多或少有所认识："今商界风气渐开，农工尚少讲求。顾工与商尤有直接之关系，工以商为尾闾，商以工为源头也。"⑤ 商人社会心理的变迁，从其对后继者的要求上表现得更为具体。他们心目中理想的工商人才，已不再是那种能写会算的精明管账先生，而是"注重普通各科学""不独通文义，算术、历史、舆地、制造见长也，且能周知各国之情势"⑥ 的具有丰富新知识的开拓型人才。

(三) 由依赖性向独立性过渡

大一统封建专制社会的突出弊端之一，便是将个性消溶于被过分强调的群体共性中，从而泯灭了个性。

由于长期受贱商政策的摧抑，中国商人缺乏独立性更为严重，其突出表现就是他们总是祈求某种他体的保护。中国工商业者的行会组

① 《说竞》，《申报》，1906 年 1 月 3 日。
② 《论中国欲先自强宜先消融各种界限》，《京报》，1907 年 5 月 2 日。
③ 《清末苏州商会档案》(第 56 卷)，第 21 页。
④ 《南洋劝业会记事第二》，《东方杂志》1909 年第 4 期，第 49 页。
⑤ 《清末苏州商会档案》(第 3 卷)，第 56 页。
⑥ 《清末苏州商会档案》(第 56 卷)，第 21 页。

织——公所（包括部分工商会馆）都各有特定的保护神，如丝业的轩、木作的鲁班、硝皮的关帝、药业的神农等①。每年按时祭祀，虔诚万分。之所以如此，除对难以预测的天灾人祸的恐惧外，恐怕就得归结为由于内在独立性的缺乏从而寄希望于冥冥神灵保佑的依赖心理了。不过，神的显灵毕竟属于虚幻。因此，在现实生活中，商人们又不得不转而寻求"人格神"——"官"的庇护。于是，历史上有商人按时承值官差、出赀捐纳功名职衔等种种怪现象出现。

到近代，资本主义生产方式的出现及其新的社会经济价值观为商人独立意识的发展创造了外在环境条件。随着新兴资产阶级经济、政治力量的扩大，商人对封建政权的离心倾向也日益增强。越来越多的人意识到，中国工商不振的重要原因之一，就是商人普遍缺乏自立精神和主观能动性。事事仰赖官府，结果处处为官府掣肘。"有独立自治之力则可，无独立自治之力而徒欲依赖政府，以搏头等顾问官之荣名，则吾犹见其害而不见利也。"② 由此引出的逻辑结论必然是官商分治，去依赖心而谋独立性。有的提出："商管银钱账项买卖，绅管学习机器教训学徒，官主保护而不侵利权。即有事涉衙门，有绅承当，不累商民，无可疑惧。"③ 有的认识到："无政治之思想，乏国民之精神，终无以争存于商战之世，独立于列强之间也。"④

商人的独立心理，往往又是在帝国主义和封建势力淫威压制之下，陷于完全绝望处境时而发生的某种质的飞跃。例如，在1907年江浙保路风潮中，绅商们便发出了"思叛其上"的呼号："故窃谓时处今日，为诸君计，惟有力击其依赖之性质，当此矢尽援绝之时，力为破釜沉舟之计。"⑤

① 江苏省博物馆：《江苏省明清以来碑刻资料选集》，生活·读书·新知三联书店1959年版，第19、81、163、223页。

② 《论商会倚赖政府》，《东方杂志》1904年第5期，第56页。

③ 《陕西集股创用机器织布说略》，章开沅：《论张謇的矛盾性格》，《历史研究》1963年第3期，第88页。

④ 《商业发达论》，《江苏》第3期，第89页。

⑤ 《论浙路宜速招足股本以救借款之失》，罗家伦：《江浙铁路风潮》（第1册），"中国国民党中央委员会党史史料编纂委员会"，1968年版，第168页。

1909年正式在全国推行的地方自治运动，更是商人独立自治心理迅速发展的一个时期。苏州观前市民公社的“报告册弁言”明确吐露：市民公社不过是“独立社会之起点”，“异日者，合无数小团体成一大团体，振兴市面，扩张权利。不惟增无量之幸福，更且助宪政之进行”①。由此可见，独立性的具备，虽与依赖性相反对，却并不排斥合群性。在独立自治基础上的“合小以致大，联散而成聚”，实际已是更高层次的归属合群。

当然，社会心理变迁需要较长时日。这里强调中国近代商人心理特质呈现出某种过渡特征，只是为着说明他们内心深处已包含着新旧两种因素。就发展趋势而言，旧的不断消亡，新的不断成长。然而，商人心理变迁过程毕竟才开始，因此，不少商人，尤其那些同新式企业并未发生关系，仍斷守祖传字号陈旧格局的商人，其心理内层变化甚少或根本就没有变化。初期商会“事事皆仰成官断”，其总协理一定得由官府行文札委的反常历史现象，便说明官对商的驾驭或反过来说商对官的依赖状态并未从根本上改变。

还应该指出，仅仅说明近代商人开始由忍耐、保守、依赖向抗争、进取、独立过渡，尚不足概括其心理特质的全貌。事实上，构成其心理特质的要素，至少还可归纳出自私性、动摇性、伪诈性数端。不过，这些都是世界上各国资产阶级共具的阶级本性，东西方亦然，早期与晚期亦然。

三

外层动态情绪和内层心理特质彼此渗透、制约，构成中国近代商人独具一格的过渡型心理结构。它虽是对中世纪商人封闭性、稳定性心理

① 《苏州市民公社档案选编》，《观前大街市民公社缘起》（1910年6月），《辛亥革命史丛刊》编辑组：《辛亥革命史丛刊》（第四辑），中华书局，1982年版，第59页。

状态的突破与扬弃，但又未最终完成这种突破与扬弃，尚处于不断的整合、构造的过程中，因而表现出非稳定性和开放性的总体特征。

内部构架上，首先是各组成元素间缺乏某种动态平衡。占有极大比重的恐惧心理缺少相应的安全感与之均衡，因此难以真正树立起应付危机和挑战所必不可少的自信心。归属心理中，始终还是缺乏强大的内在独立人格精神与之协调，表现为无法根除对偶像或新的强力中心的企盼、依赖。民国初年，袁世凯正是利用了商人这种心理，上下其手，使广大商民一度成为他窃国称帝的驯服工具。其次是层次性、类型性等一般系统所具有的结构特点在该心理结构中尚未最后定型和明晰化。因此，很难说清上、中、下层商人心理究竟有哪些具体差别。同时，商业资本家和产业、金融资本家的心理也往往是交叉共融，你中有我，我中有你，缺乏鲜明个性色彩。最后，该心理结构亦缺乏某种强大的内聚力和自我调节、适应功能，不能随时有效地同化或排斥外来因素的侵扰，因而易受社会环境变动的影响。这同中国民族文化心理结构表现出的相对稳定、自我调节、难以被外来因素同化的总体结构特点恰好相反。

近代中国商人过渡型心理结构还具有矛盾差异性大、逆行退化可能性大的特点。

所谓矛盾差异性大有两层含义：一是指商人心理素质中包容的种类成分繁杂，既有中国的，也有西方的；既有传统的，也有近代的。并且常常是异质同构，彼此矛盾对立、牵制转化，因而显得极不稳定。二是指该心理结构层次类别性虽未定型，但已有此发展趋向，并逐渐形成某种心理类型差异。同是恐惧心理，在买办身上就少带危机色彩和时代紧迫感，而更多地表现为奴才对主子诚惶诚恐，唯命是从的卑下情绪。以唐廷枢为例，他在所附股的三家外国轮船公司中，既是公司董事，又是华股领袖，而且还担任上海轮船招商局的总办，然而在其外国主子面前，他却始终是诚惶诚恐、低声下气地以“佣人”自居①。同一民族资

① 汪敬虞：《唐廷枢研究》，中国社会科学出版社，1983年版，第114页。

产阶级，那些经营新式工矿企业的产业资本家较之纯粹的商业资本家，心理状态一般要开通些。矛盾差异性大带来的有利之处，是近代商人心理结构不带有僵死、硬化的毛病，可塑性较大。梁启超提出的过渡时代人物应当具有三种德性：冒险性、忍耐性、别择性①，正是站在资产阶级立场考虑国民心理和性格的重新塑造问题。

逆行退化可能性大，则是指商人心理结构中的积极因素完全有可能打破进化常规，逆转为消极因素。例如，在某种条件作用下，自重可能朝自卑方向逆转，自立也可能朝依赖方面逆转。尽管任何社会心理结构内部都存在守恒性与逆行退化性的矛盾对立运动，但中国近代商人心理的逆行退化显得尤为突出。许多早年雄心勃勃的实业家，到晚年都郁悒寡欢、心灰意冷，恐怕并非只是一种生理衰老现象，其原因更多地还在于他们因备尝创业艰辛和濒临破产命运而产生的心理方面的逆行退化。张謇晚年遁入佛门就具有典型意义，从其《千龄观自酬词》中不难领悟到那种空虚迷惘、走投无路的失落心境："观北风澜夹小湖，观南山霭落平芜，行都不得无南北，坐倚危栏听鹧鸪。"

过渡型心理结构的非稳定性特征意味着中国近代商人没有一个坚固的心理结构，因而其内心世界随时充满着深刻的矛盾。他们既为多样化竞争社会提供的巨大而多渠道的发财机会所吸引，但又一时适应不了近代生活的节奏，对那狭小、恬静的中世纪生活仍怀眷恋之情。他们对西方资产阶级的经济侵略有切肤之痛，但又不得不拜它为"老师"，在某些场合还得对这位面目狰狞的"先生"俯首帖耳。他们虽对封建统治者丧失了信心，甚至认为"吾国无商部而商人尚得自生自息于交通贸易之场，自有商部而吾商人乃转增无数剥肤吸髓之痛"②，但又缺乏与之彻底决裂的勇气，且时时寻求其保护。总之，他们一只脚已跨进了自由竞争的大门，另一只脚却还陷在中世纪的泥淖中难以自拔，这便是他们内

① 梁启超：《过渡时代论》，《清议报全编》（第1册）。

② 《论商部与商业之关系》，《时报》1905年1月9日。

心矛盾痛苦的总根源。从士大夫转到工商界，有如张謇的“状元办厂”，自然难免抉择的痛苦；放弃买办生涯转到民族工商的行列，同样得经历内心深处的矛盾冲突。1873 年即写出《救时揭要》的郑观应，到 1881 年面临脱离买办生涯抉择时，仍是考虑再三、举棋不定，陷入“心若辘轳，殊难臆决”① 的极其矛盾的心理状态。20 世纪初年资产阶级革命派发出的“中国魂兮归来”的呼号，固然反映了资产阶级先进知识分子试图按照本阶级意愿塑造国民新灵魂的强烈愿望，但深究下去，不正也透露了资产阶级那种旧魂已亡、新魂未至，上不沾天、下不着地的悲凉沉重的失落感吗？因而可以说，在某种程度上，中国资产阶级在政治斗争中表现出的种种妥协、稚弱的阶级品格特点，与其缺乏强固成熟的心理结构不无关系。

任何社会心理变迁都有其现实的根基。辛亥革命前中国近代商人过渡型心理结构，归根结蒂，又受制于中国近代社会过渡性总体运动特点。商人们内心的深刻矛盾状态和在矛盾冲突中螺旋上升的心理发展趋向，似乎都可以从中国近代社会内部旧结构系统已开始消亡，新的结构系统正在构造，社会运动呈现出变化大、曲折多、新旧杂陈、进退交叉等特点得到较为合理的解释和说明。总之，没有彻底、深刻的社会变革，也就难以建立起新的稳定心理结构，这是不能强求于前人的。

［本文原刊于《中国社会科学》1986 年第 5 期］

① 《复津海关道郑玉轩观察书》，夏东元：《郑观应集》（下册），上海人民出版社，1988 年版，第 779 页。

商事裁判与商会

——论晚清苏州商事纠纷的调处

随着近代中国从传统的农业社会向近代工商业社会转型，大量的商事纠纷逐渐构成为城镇民事诉讼的重要组成部分。近代商会档案为我们研究这些纷纭的商事纠纷提供了丰富的第一手资料。本文拟利用晚清苏州商会档案中大量的商会“理案”记录，分析晚清商会商事调处的性质、特点及其运行情况。

一、晚清商会“理案”职能的形成

在传统中国社会，商事纠纷的审理主要操之于地方官府衙门之手，这种司法制度难免呈现专制的弊端。各级衙门视商事纠纷为钱债细故，经常是敷衍延宕，经年不理；有时则悖情违理，胡断乱判，任意收审管押，使商人的损失不仅得不到补偿，反致涉讼破费，甚至倾家荡产。如早期维新思想家陈炽所抨击：“中国积习相沿，好持崇本抑末之说，商之冤且不能白，商之气何以得扬？即如控欠一端，地方官以为钱债细故，置之不理已耳，若再三渎控，且将管押而罚其金。”① 1898 年以后，清政府设立商务局，兼理商事纠纷。但商务局开初只任用候补官员，不

① 赵靖等：《中国近代经济思想资料选辑》（中册），中华书局，1982 年版，第 84 页。

任用一般商董，局务主要由官僚一手操纵，“官与商隔阂”，“商情甘苦，终难上达”① 的状况并无实质性变化。朝廷的上谕也不得不承认：“中国商民平日与官场隔阂，情谊未能遽孚，而不肖官吏或且牵掣抑勒，甚至报关完税多所需索，商船验放到处留难，遇有词讼，不能速为断结，办理不得其平，以致商情不通，诸多阻滞。”②

鉴于商人的强烈要求和巩固自身统治的考虑，清政府终于在1904年初颁行《商会简明章程》二十六条，谕令在全国普遍设立商会，同时规定商会有权调处商事纠纷。该章程第十五条指出：“凡华商遇有纠葛，可赴商会告知。总理定期邀集各董秉公理论，以众公断。如两造尚不折服，任其具禀地方官核办。”③ 这样，商会调处商事纠纷的职权明载条文，得到清政府正式承认。

各地商会成立时，均把受理商事纠纷、保护商人利益写进章程，并设立专门机构负责受理商事纠纷。号称“中国第一商会”的上海商业会议公所于1902年开办时，其章程规定：召开特别会议时，“遇有不平之事，欲求申诉，由受屈之人先三日将事由告知本公所，刊发传单，邀集公正绅商届期同为调处，以评曲直，捏诬者罚”④。1904年的《上海商务总会暂行试办详细章程》，更明确规定商会宗旨之一为“维持公益，改正行规，调息纷难，代诉冤抑，以和协商情”⑤。各地商会所设理案机构名称不一，成都商务总会设商事公断处，其理案成绩“昭昭在人耳目”，即使清政府开设地方审判厅后，商人遇有聚讼，“仍愿受公断处判断，不愿赴审判厅诉讼”，认为审判厅中充任“法官”者，并不“通晓

① 《请设上海商业会议公所折》，盛宣怀：《愚斋存稿》（卷七），思补楼藏本，1932年，第35页。

② 朱寿朋：《光绪朝东华录》（五），中华书局，1958年版，第5091页。

③ 《奏定商会简明章程二十六条》，《东方杂志》1904年第1期，第7页。

④ 上海商务总会：《上海商务总会历次奏案禀定详细章程》，上海集成图书公司，1907年版，第4～6页。

⑤ 《上海商务总会暂行试办详细章程》（1904年1月），天津市档案馆、天津社会科学院历史研究所、天津市工商业联合会：《天津商会档案汇编（1903—1911）》（上），天津人民出版社，1989年版，第5页。

商事”，唯恐“因误会而误判”①。后来，成都商会在商事公断处基础上，还设立商事裁判所，宣布“专以和平处理商事之辖，以保商规、息商累为宗旨”，使工商户“免受官府之讼累”②。保定商务总会设立商务裁判所后，“凡商号一切诉讼案件，概归商务裁判所办理”③。天津商人对受理商事纠纷持比较谨慎的态度，有的绅商认为“官府不能办结之事，万勿交商会办理，缘官府刑讯理处之俱穷，商会焉能处理也”，而且商会也不能像官府那样雇用侦探和巡察人员来办理案件④。因此，“（商事）裁判所万不可有”。后来采取比较折中的办法，由商会设评议处，选任评议员若干名负责评议和调处各种商事纠纷。

苏州商会正式设立专理商事纠纷的公断处虽然是在 1913 年⑤，但在 1905 年商会创立之初拟定的试办章程中，已阐明“调息纷争”为宗旨之一，并设立十余名理案议董专门负责处理商事纠纷，对有关实施办法也作了详细规定和说明。

商会理案继承了中国民间“调处息讼”的传统，是民间社会调处纠纷的一种形式。中国民间调处息讼的传统由来已久，最突出的即是由宗族组织调处宗族内部的纠纷。传统行会组织如公所、会馆等也往往通过“公同议罚”“同业公议”的办法调处某些行业内部的纷争⑥。近代商会通常以行会为其组织基础，其头面人物往往又同时是行会的董事，商会

① 《成都商会为设立通省商会联合会事照会天津商会》（1911 年 5 月 11 日），天津市档案馆、天津社会科学院历史研究所、天津市工商业联合会：《天津商会档案汇编（1903—1911）》（上），天津人民出版社，1989 年版，第 97 页。

② 《四川成都商会商事裁判所规则》，《华商联合报》第 17 期，第 2 页。

③ 《保定商会设所裁判讼案》，《华商联合报》第 8 期，第 1 页。

④ 《华世铭为商会首在兴商务开商智不应设裁判所事致刘樾臣函》（1903 年），天津市档案馆、天津社会科学院历史研究所、天津市工商业联合会：《天津商会档案汇编（1903—1911）》（上），天津人民出版社，1989 年版，第 32 页。

⑤ 苏州商会《奉部颁布商事公断处章程》，于 1913 年 2 月 1 日改“理案处”为“商事公断处”，选庞鼐君为第一任处长。

⑥ 《长元吴三县为苏州冶坊应给正作工价赏银悉照九五银八五折实足发给不得克少增多勒石碑记》，《江宁县缎机业行规碑》，江苏省博物馆：《江苏省明清以来碑刻资料选集》，生活·读书·新知三联书店，1959 年版，第 122、468 页。

以“理案”的方式来调处商业纠纷，与传统行会集众“公议”行内纷争显然存在历史的渊源关系。

然而，商会所具有的“理案”职能，在一定程度上又不完全等同于传统的民间调处息讼。在中国古代社会中存之既久的民间调处息讼，其形式是多样的，没有法定的程序，没有固定的调停人，甚至没有固定的场所，或祠堂公所，或田头村舍，只要能够达到“息讼”的目的就行。但商会“理案”是在近代商品经济有所发展的时代背景下产生和确立的，其“理案”职能载之于国家的明文规定，订有专门的理案章程，配置专门的理案人员，并依照一定的程序进行，结案后按统一格式上报有关衙署。因此，商会的“理案”机构实际上已具有某种民间法庭的性质，至少在组织形式和程序上更为接近现代法制社会中比较流行的商事仲裁制度，即由商业纠纷双方邀请共同信任的第三方（仲裁机构）调处裁决纠纷。诚如时论所评：“商会有评论曲直之权，无裁判商号诉讼之权。今若此是，商会俨然公庭。”①

商会对商事纠纷的调处，本质上属于诉讼程序之外的民间调处，有别于官府（主要是州县）所从事的诉讼调处，也就是说它尚未进入正式的民事司法审判程序之中，商会调解不了，移交官府审理，才算正式进入民事司法审判程序。因此，天津商会评议处成立之初规定：“各项未成讼者，妥为理处；若已成讼，本会未便评议。”② 苏州商会制定的理案章程中也有类似的表述：“（公断）决议后或未允协，两造互有翻异或尚多疑窦，当再详细研究，可于下期再集两造提议一次。如仍不协，即罢议，任其涉讼有司。”③ 然而，在实际情况中又远非如此简单。一些

---

① 《保定商会设所裁判讼案》，《华商联合报》第8期，第1页。

② 《天津商务总会所属各处公订办公专条》（1905年），天津市档案馆、天津社会科学院历史研究所、天津市工商业联合会：《天津商会档案汇编（1903—1911）》（上），天津人民出版社，1989年版，第55页。

③ 《苏州商务总会理案章程》，章开沅等：《苏州商会档案丛编》（第1辑），华中师范大学出版社，1991年版，第522页。

已经告到官府，正式成讼的案件，官府考虑案情较轻，又往往移交给商会调处，采取堂上堂下相结合，诉讼内与诉讼外调解相结合的办法处理。这样，商会事实上又不得不处理一些业已成讼的案件。民国初年，天津商会评议股即将受理案件对象明确规定为："未起诉前，工商业者声请评议者及既起诉后受法院委托者，本股均受理之。"①

下面，我们再结合晚清苏州商会理案情况，进一步具体讨论商会调处商事纠纷的实际运行及其特点。

二、苏州商会"理案"情况概述

根据苏州商会档案中保存的历年商会理案记录，苏州商会自光绪三十一年一月成立至次年二月，受理各业案件约达 70 起，其中已顺利了结的占 70%以上，迁延未结而移讼于官府的不到 30%②。如从成立之时至宣统三年八月统计，苏州商会所受理的案件更多达 393 起，有的案件还经过反复的调查与集会审议。显然，处理商人之间的各种纠纷已成为苏州商会的主要活动之一。

从内容上看，由商会受理的案件均与商务有关，最多的是钱债纠纷案，即欠债、卷逃等，约占 70%；其次是行业争执、劳资纠纷、假冒牌号、房地产继承、官商摩擦、华洋商人纠葛，等等。1905 年至 1911 年苏州商会受理的商事纠纷分类见下表③：

案件类型	案件事例	百分比（%）
欠债	200	50.89

① 《天津总商会章程及办事细则》(1918 年 8 月 25 日)，天津市档案馆、天津社会科学院历史研究所、天津市工商业联合会：《天津商会档案汇编（1912—1928）》(第 1 册)，天津人民出版社，1989 年版，1992 年，第 49 页。

② "苏商总会布告十五阅月各宗理案"，章开沅等：《苏州商会档案丛编》(第 1 辑)，华中师范大学出版社，1991 年版，第 522 页。

③ 据《苏州商会档案丛编》第 1 辑中"苏州商务总会受理商事纠纷一览表"制表。

续表

案件类型	案件事例	百分比（%）
卷逃	75	19.08
冒牌	16	4.07
行内纠纷	35	8.91
劳资纠纷	8	2.04
地产	17	4.33
继承	2	0.51
涉外纠纷	5	1.27
捐税	5	1.27
其他	30	7.63
总计	393	100

在“理案”方式上，晚清苏州商会并没有设立评议处、公断处、商事裁判所之类的机构，而是遴选若干名正直、公正的理案议董，于商会召开常会期间负责处理各类商事纠纷。根据商会制定的理案章程及有关理案记录，商会理案的程序为：首先由纠纷双方开具节略（类似于状纸）到会，然后由理案议董分别邀集原告和被告，“详询原委”，并记录在案。接着，商会召传有关见证人查询，掌握证据。在此期间，被告如要求再行申辩，准其赴会申述一次。然后，商会邀请涉讼双方所属行业的董事及中证人到场，详细询问案由。最后经商会议董“秉公细心研究一番”，提交公断。公断时原告、被告双方及其有关人员均到场与座，“如中证人不到，不能提议”。公断时允许有关人员旁听，但旁听人不能从旁插议，或帮助原、被告申辩。审理过程中，涉讼双方均可当众陈述情由。审理结果公布后，议董亦书名签字，“以示不再更动”①。

商会理案的最大特点是，破除了匍伏公堂、刑讯逼供的衙门积习，

① 《苏州商务总会理案章程》，章开沅等：《苏州商会档案丛编》（第1辑），华中师范大学出版社，1991年版，第521页。

以理服人，秉公断案，主要采取倾听原、被告双方申辩，以及深入调查研究、弄清事实真相，剖明道理的办法予以调解息讼。以苏州商会自订章程中的话说，即“本会调处事件以和平为主，秉公判断”①。这里的“和平为主”，就是尽量不激化矛盾，通过商会的居间调停，使争讼双方在心服口服的情况下接受裁决，达到息讼的目的。所谓“秉公判断”，也就是站在相对客观的立场进行仲裁之意。商会的裁决并不带有最终裁决的性质，而属于可再议或上诉有司的仲裁。理案章程规定：“议决后或未允协，两造互有翻弃或尚多疑窦，当再详细研究，可于下期再集两造提议一次。”试办章程第五十二条也载明：“如两造相持不下，准其赴诉有司，如迁延不结，两造仍愿会中调息者，本会亦不推辞。”由此表明，商会理案有别于官府衙门的刑讯逼供和简单裁决，较为尊重当事人的权利。

当然，商会理案虽以居间调停和仲裁为主，基本属于民事案件中的调处息讼范围，但当证据确凿，败诉一方仍不遵守劝戒调解者，商会也予以强制性处罚或令其退出商会，或由官府配合强制执行裁决。如光绪三十二年七月商会受理的钱业徐津士亏欠庞秉铨股款一案，系由震泽县署在双方已提起诉讼的情况下，移交商会审理。商会作出被告徐津士折偿原告庞秉铨洋5000元的裁决，并“书立票据”，但徐津士到期仍不缴款，商会遂移请吴县官衙协助押退，迫使其陆续缴洋2000元，其余款项请震泽县衙门“发封房屋作抵”②。在很大程度上，正是这种强制性制裁，使商会理案有别于传统的民间调处息讼而具有某种权威性。

商会理案的结案形式，基本类似于府州县自理民事案件的结案。通行的做法是在案件审理（包括调解）终结时，由涉讼双方或其指定的代表人出具息讼甘结、销案禀呈等文书，再由商会加以简短的批语，移县

① 《苏商总会通告选举规定》，章开沅等：《苏州商会档案丛编》（第1辑），华中师范大学出版社，1991年版，第27页。

② 《光绪三十二年七月分理结钱业亏欠讼事一起》，章开沅等：《苏州商会档案丛编》（第1辑），华中师范大学出版社，1991年版，第568页。

衙销案即算正式结案。下录为典型的商会结案公文：

光绪三十二年二月理结缎业亏欠讼事："结案实情：王蔚才、王一林承认欠缎庄贷款。魏炳章出为调处。照原议折成清偿。缎庄出具息讼结，由会移县销案。"①

由于商会所实际享有的商事裁判权又是不完全的，因此对一些案情复杂的案件或涉外案件，其结案形式往往是移交给有关衙门了事，并不作出具体裁决。如光绪三十二年闰四月处理的米业稻船被日轮撞沉一案，商会结案记录如下：

结案实情：由会移洋务局核办。复据武阳商会移催，以事关交涉，复请移阳湖县禀详上宪核办。②

唯此类实际未结之案件仅占商会所处理案件的少数，不足30%。总的来讲，商会理案的效果是非常显著的，工商户交口赞誉："遇有亏倒情事，到会申诉，朝发夕行，不受差役需索之苛，并无案牍羁绊之累，各商借资保护，受益良非浅鲜。"③ 商会理案的业绩之所以较官府为佳，主要在于商会本身是商人自己的社会组织，对有关工商各方面的情况比较熟悉，主其事者往往系当地素孚声望的工商界头面人物，与广大工商业者的切身利益息息相关，故其理案大都能切中问题的症结，作出比较公允的判断和仲裁，一扫官府审案或借机敲诈勒索，或任意迁延时日，甚或妄加裁决的种种陋习。连当时督办苏省农工商务局在致苏州商会的公函中也不得不心悦诚服地表示："对商事纠纷，地方官多视为钱债细故，讯结无期，不免拖累……事关商民争讼，本局不若贵会见闻之真切。遇有疑难尚须集思广益，随时咨请指示，以晰是非而判曲直。"④ 商部

① 《光绪三十二年二月分理结缎业亏欠讼事一起》，章开沅等：《苏州商会档案丛编》（第1辑），华中师范大学出版社，1991年版，第561页。

② 《光绪三十二年闰四月分理结米业稻船撞沉讼事一起》，章开沅等：《苏州商会档案丛编》（第1辑），华中师范大学出版社，1991年版，第565页。

③ "苏州商会档案"乙$_{2-1}$，67/43。

④ "苏州商会档案"乙$_{2-1}$，68/23。

在颁发给苏州商会的一份札文中也曾提及：商会已卓有成效地理结了大量钱债讼案，“其中时有曾经纠讼于地方衙门经年未结之案，乃一至该地评论之间，两造皆输情而遵理结者，功效所在，进步日臻”①。可见，商会在调解商事纠纷方面所作的努力及显著成效，不仅受到商人的欢迎和赞誉，而且也获得官方的首肯。商会理案，不仅具有合法性，而且逐渐具有一定的权威性，它继承了中国传统司法制度中调处息讼的通行做法，但其民间法庭的意味转强，与传统行会制度下的同业“公议”及古代社会中的民间息讼活动均有一定区别。

三、若干典型案例的调处

民事案件的裁决必须援引一定的法律条文，以法律为准绳，这是现代司法审判制度的基本准则。即使是民事调解（包括诉讼内调解和诉讼外调解），也必须依据一定的法律和道德规范进行。那么，晚清商会调处各种商事纠纷的依据和原则究竟是什么呢？我们结合几个具体的案例，对此略作说明。

（一）张金业与金线业纠纷案

明清以来，苏州的行会制度日趋完备和成熟，即使是相近的行业，也往往各立门户，自建行会。如金箔一项，分为贴金箔和切金箔两个行业。贴金箔业制作张金，切金箔业则用张金捻制金线，1873 年彼此立有金箔公所和圆金公所，从原料的收购到产品销售，均畛域分明，互不侵越。光绪三十二年五月，金线业十余户联名向长洲县衙禀控张金业商户违规从郊区采购金线，并“盗袭制造”“任意越项搀夺”，抢夺了本属金线业的生意。县衙为此警告张金业圆金公所司董，令其“循照旧章”，各做各业，“毋许平空搀夺，以安生业”②。张金业不服县衙判决，指责

---

① “苏州商会档案”乙$_{2-1}$，69/2。

② 《长洲县谕饬圆金公所》，章开沅等：《苏州商会档案丛编》（第 1 辑），华中师范大学出版社，1991 年版，第 574 页。

金线业“奸控讼制，希图把持”，并反告金线业一些商户偷挂张金招牌，坏了张金业生意。县衙无从判断谁是谁非，故照会商务总会传集双方处理。商会接手此案后，传集两业董事公议，决定仍照行会旧规，“各归本业”，张金业永不收乡工金线，金线业则不再到南京、杭州、上海、镇江等地收买张金，“如违认罚”。双方签字画押，“永远遵守”①。

岂知事隔数月，双方又故态萌发，互相抢夺对方生意，并不遵守原订议约。商会在得到金线业违约证据后，处以十倍罚款。然而金线业却抗不遵罚，理由是苏州张金业“所造之货更不如前”“不能合用”。这实际上就是要打破张金业在苏州长期以来的市场垄断。张金业一方则以应划清手工业制造与商业贩卖的界限为由，认为金线业即使享有专利，也只是在于“捻金线”的制作过程，一旦制成产品，进入市场，他业即有购买或不购买的权利，因此主张张金业既应有收购乡工金线的自由，也应有自捻金线的权利。在旧的行规已无约束力的情况下，商会无奈，只好于光绪三十四年结案，照章议令金线、张金两业退出商会，以示惩罚②。

（二）敬业公所纠纷案

苏州猪肉业商人分别设有敬业公所（经营肉类）、猪业公所（经营生猪）和毗陵会馆。宣统元年初，三家联合公议行规，规定十家之内不得新开肉店，如有违规者，罚请听清音（地方戏剧）三堂，办酒席六桌。若不遵从，禁止其余行店与其交易③。但不久即相继有张阿世、任建卿、谢瑞福、金松泉等欲违规设店。敬业公所为此呈文苏州商会，声

---

① 《张金业公兴公司与金线业绣章公司议约》，章开沅等：《苏州商会档案丛编》（第1辑），华中师范大学出版社，1991年版，第578页。

② 《理结金线、张金两业纠讼案记录》，章开沅等：《苏州商会档案丛编》（第1辑），华中师范大学出版社，1991年版，第588页。

③ 《敬业、猪业公所等联盟合同》，章开沅等：《苏州商会档案丛编》（第1辑），华中师范大学出版社，1991年版，第618～619页。

称：此店若开，势必致阖业交哄，不独乱公所规章，祈请商会劝令该诸商，“易地开张”，如不遵从，即“从严惩处，以儆众业”①。苏州商会表示：“有此紊乱行规而不力争，则后之效尤者必踵相接。”② 商会维护既有传统行会制度的态度是十分明显的。然而，此案的处理却旷日持久，商会虽一再“调劝两造，唇焦舌敝”，任、谢等商家却据理力争，态度强硬地表示：“现今商等股份已竟（经）集足，店事已定，一切资财物件均已办齐，约计用去银洋一千余元。一旦被伊等霸阻，致商等血资化为乌有，生业维艰，无可设法。”③ 为此，商会曾多次移文县衙，“希即派差前往谕禁”。但到最后，商会不得不稍作让步，拟定一折中性调解方案，判决准允开设新店，但每户需视具体情节缴纳行规钱一百元到三百元给敬业公所，“此后闻有违章开设者，以此为例”④。此案虽使十家之内禁开新店的传统行规终于被打破，但必须事先缴纳行规钱，又在一定程度上维护了行会组织的体面，对欲开设新店的商户来说仍是一笔不小的负担，行会传统的影响依然存在。

（三）枣商会馆基地纠纷案

位于苏州阊门外的枣商会馆系清嘉庆年间由河北、山东的枣商会同苏州南北货业商人共同修建，后毁于兵燹，只剩一亩三分基地，向归南北货业商人掌管。光绪三十三年南北货业商人王生茂等通过苏州商会向苏省商务局缴款领得印照，先拟修复会馆，后又决定在基地上改建民房出租。岂知在苏山东人小阿三、陈胜泉等闻讯后，以王生茂等并非山东

① 《敬业公所致苏商总会函》，章开沅等：《苏州商会档案丛编》（第1辑），华中师范大学出版社，1991年版，第621～622页。

② 《苏商总会致吴县陈介卿函》，章开沅等：《苏州商会档案丛编》（第1辑），华中师范大学出版社，1991年版，第628页。

③ 《任建卿等呈吴县禀》，章开沅等：《苏州商会档案丛编》（第1辑），华中师范大学出版社，1991年版，第620页。

④ 《苏商总会理处任建卿案记录》，章开沅等：《苏州商会档案丛编》（第1辑），华中师范大学出版社，1991年版，第631～632页。

人氏，无权拥有山东会馆地基为由，向官衙兴讼。稍后，山东籍江阴县令孙友萼、常熟县令毕培先也出面干预，要求以此地基兴建山东全省会馆。于是，围绕这一亩三分基地，互相争讼不休。江苏巡抚令农工商务局审理此案，苏州商会配合调查，提供处理意见。然而，商会与农工商务局对此案的分析和处理意见却大相径庭。农工商务局从维护地方官员利益出发，不顾先前业已发给该业商人地基印照的事实，以南北货业商人不能提供该地基的原始地契为由，将该地基没收充公，划归南阳印刷官厂建立发行所，“另于城内拨给荒地区留建枣商会馆”①。商会在召集各方调查、评议后，认为农工商务局的判决并不恰当，此地基理应归南北货业商人所有。因为在各方都拿不出原始地契为据的情况下，应从既成事实和公产管理惯例出发，作出公允的判决。由此观之，其一，该地基初为枣商之公产，王生茂等以坐贾经管行商之产业，“于理亦无不顺，且有确凿之证据在”。其二，南北货业从光绪二十四年起，就开始为该地产立户纳粮，是其事实上的合法占有者。有此二证，“孰是孰非不言而喻”②。结果，农工商务局将此案上呈江苏巡抚。巡抚作出退缴印照、补给地价、地产充公的最终裁决，商人和商会方面只得负气作罢。

（四）美孚洋行违约设栈销售煤油案

根据中国与西方各国所签订的条约，洋商在中国设立行栈商店进行贸易，唯限于通商口岸。自 1908 年起，美孚洋行即开始在苏州租界内设栈销售煤油。1911 年美孚洋行买通苏商施炳卿，从沪宁铁路线偷偷运进大批煤油，拟违约在租界以外的齐门西汇设立洋栈销售。广货业全体商人联名告到商会，要求予以取缔。苏州商会传集被告施炳卿及原告洋广货业商人四名到会审理。经各理案员晓明利害，多方劝导，施炳卿

① 《农工商务局为转知苏抚批示照会苏商总会》，章开沅等：《苏州商会档案丛编》（第 1 辑），华中师范大学出版社，1991 年版，第 604～605 页。

② 《苏商总会为剖陈会馆争执始末呈苏抚文》，章开沅等：《苏州商会档案丛编》（第 1 辑），华中师范大学出版社，1991 年版，第 610～611 页。

终于表示："现既同业反对，已经辞绝，我决不做。"商会认为，此事事关主权，尽管施炳卿已表示不再做此生意，但难保其他人不接手做下去，因此要求洋广货业"公同研究""于业中有无关系"，通过行规的约束力使洋商无法在内地设栈。结果，在全行业的一致抵制下，美孚行栈不得不另行搬迁①。

（五）恒康钱庄向日商索赔案

1907年，苏州恒康钱庄通过日商大东轮局运送现洋5000元至湖州，验收时发现短缺700元，于是该钱庄转请苏州商会出面向日商索赔。苏州商会受理此案后，照会日本驻苏州领事，转达了恒康钱庄的正当索赔要求，但日商却百般推诿抵赖，拒不认赔。苏州商会只得致函湖州商会，认为"此事转辗经手，未能明确指实在何处遗失，势必互相推诿，非严密调查，殊难水落石出"②，同时顺水推舟将此案的审理转予湖州商会。湖州商会复函指出，"洋人强词夺理，抹情混争，殊属不顾名誉"，仍请苏州商会继续与日本领事交涉，要求"照章赔偿，以昭信义"③。在档案资料中，却未见苏州商会再有下文回复，其是否继续采取措施据理力争不得而知。据估计，此案最终很可能还是因"事关交涉"，无以措手，最后不了了之。

从上述案例中，已经可以清楚地看出，苏州总商会理案所依据的仍是传统的行会规章、经商惯例，以及传统的伦理道德规范。他们并不具备西方的法律意识，也基本上不具引法律条文，而是"研究情节，秉公判断"。在断案的具体依据上，商会与官衙并无大的区别。在上述金线

---

① 《三义公为施炳卿勾结美孚洋商设栈呈苏商总会节略》《广货同业为劝谕施炳卿辞去美孚买办呈苏商总会节略》《美孚设栈运销理案记录》《广货业为移究奸民勾结美孚洋商设栈呈苏商总会文》《苏商总会为查办美孚洋商事移农工商务等局文稿》《长洲县为禁止洋商设栈照会苏商总会》，章开沅等：《苏州商会档案丛编》（第1辑），华中师范大学出版社，1991年版，第828～832页。

② "苏州商会档案"乙$_{2-1}$，291/27。

③ "苏州商会档案"乙$_{2-1}$，291/23、25。

业与张金业纠纷案及敬业公所纠纷案中，商会基本的判案思路即是不能破坏既有的行会制度，要安守本业，符合行会的规章。敬业公所一案，在商会看来，“该业公所行规早经立案，商会何能令之改章。商会为各业之团体，有一业中之一人率乱行规而可以迁就，则他业之效尤者亦必踵相接，关系颇巨”①。在这里，一成不变的行规就是铁律，就是商会据以判别公与私、对与错的唯一准绳。官衙亦如此。金线业与张金业争执一案，长洲县衙在给商会的有关照会中将官方的看法表达得非常清楚：“希即秉公理劝，传谕该两业遵照堂谕及前在议约办理，均不准互相搀夺，以免争竞而维商业，是所厚望。”② 抑制竞争、维持现状的行会精神，构成其判断是与非的基本出发点和依据。在枣商会馆基地纠纷案中，商会判断商人一方占理，所依据的无非是商人管理公产的传统惯例，而非严格意义上的法律。因为依照法律，土地的所有权必须以契约为凭。在这一点上，无论官衙的主观动机如何，其坚持在无地契可凭的情况下，判将该地产充公，就法律而言，是站得住脚的。

在一般情况下，商会依据传统行规、商家通例以及传统道德规范“秉公断案”，通常是得心应手的，尤其一般钱债讼案等均能迅速了结，深受商民欢迎。但以传统行规和道德规范为据进行裁判，毕竟是商品经济不发达的农业社会的产物，是民事法律规范没有长足发展的替代物，具有某种模糊性和落后性。在商品经济已有所发展的近代社会，仍坚持以这一套传统规范作为调节人们社会关系的基本依据，就难免由于缺乏健全的法制，尤其是缺乏成文民事法所造成的种种弊端。弊端之一，是由于过分强调公允、折中、调和的传统道德伦理，而漠视了法的准确性和权威性。苏州商会于 1906 年 8 月理结的一件绸缎业诈扰讼事，即体现了“情”大于“法”的特点。俞平之原系振源永绸缎庄的伙计，1903 年病故。但俞平之的媳妇俞顾氏却于 1907 年 6 月持一假造的“并无图

---

① 《苏商总会为请公断纠纷致吴县陈介卿函》，章开沅等：《苏州商会档案丛编》（第 1 辑），华中师范大学出版社，1991 年版，第 628 页。

② 《长洲县为请转谕张金、金线两业不得互相搀夺事照会苏商总会》，章开沅等：《苏州商会档案丛编》（第 1 辑），华中师范大学出版社，1991 年版，第 586 页。

章之存折”要求该店清付存款。店方向县衙控告俞顾氏。这本来是一桩一目了然的诈骗案，但县衙却以“俞平之究系伙友”为由，认为万事以和为贵，“和气生财”，令该庄照付了事。该庄不服，认为“折据全凭图章，商家通例。破例付洋，后患无穷”。此案遂由县衙移交商会审理。商会也坚持“和为贵”的伦理信条，居然“酌劝该庄给俞姓葬费三十元，格外体恤”，对俞顾氏则未加任何责罚①。此案处理的不合理性是显而易见的，但在中国的传统伦理规范中，这种不合理性似乎又是可以接受的。在前述敬业公所纠纷案中，商会一方面坚持按既定行规办事，不允张阿世等“紊乱行规”，但一方面又碍于人情，表现出相当的灵活性，在一封向县衙疏通的函件中说：“日前渠等屡请有体面者到会陈说，复亲自到会申诉集股开张一切费用所耗不资，其情词亦足动人。”② 如同此案所表明的，在“情”与“法”的矛盾中，商会有时是很难掌握判断标准的。弊端之二，当遇到处理某些传统规范所不能涵括的，由于新的社会变动所引起的案件时，商会便显得力不从心，进退失据。如处理华洋商人交涉案件就是如此。商部奏定章程第十六款规定：“华洋商人遇有交涉龃龉，商会应令两造各举公证人一人秉公理处，即酌行部断。如未能允洽，再由两造公正人合举众望夙著者一人从中裁判。”③ 据此规定，华商与洋商的纠纷，主要也应由商会调处，但由于涉及外商的讼案关系国与国的交涉，非寻常商事纠纷可比，往往无从掌握判断是非的标准，又无成例可循，因此通常是推给官方了事。

商会理案之所以几乎不援引成文法，一是因为继承了清代民事司法审判“以礼入法”“准情酌理”的传统，以传统伦理道德作为调处息讼的指导原则。再就是因为清代法律系统基本上是民、刑不分，“诸法合

① 《光绪三十二年七月分理结绸缎业诈扰讼事一起》，章开沅等：《苏州商会档案丛编》（第1辑），华中师范大学出版社，1991年版，第568页。

② 《苏商总会为请公断纠纷致吴县陈介卿函》，章开沅等：《苏州商会档案丛编》（第1辑），华中师范大学出版社，1991年版，第628页。

③ 《商部奏为劝办商会以利商战角胜洋商折》（1904年1月11日），天津市档案馆、天津社会科学院历史研究所、天津市工商业联合会：《天津商会档案汇编（1903—1911）》（上），天津人民出版社，1989年版，第25页。

体”，缺乏独立的民事法规。因此，在具体理案时，往往无从具引成文法律条文进行仲裁。

晚清时期，在西方法律思想的影响下，清政府已开始着手制定民法，具体做法是“先订商律，作为则例”。1904 年 1 月，商律中的《公司律》及《商人通例》九条告成，旋即由清廷颁布施行。《商人通例》比较具体地规定了商人的法律身份与经商权力。《公司律》则详细规定了各种股份公司的组织形式、创设办法及经营管理方法，并给予商办公司与官办、官商合办公司同等的法律地位①。作为第一部不完全的商法，《商律》对近代商人的经商活动提供了某种法律保障，同时也为解决商事纠纷提供了一定的法律依据。然而，在实际生活中，这类新型法律又基本只是停留在纸上，并没有能够成为处理商事纠纷的法律依据。如上海商人所指出：“政府一定《公司律》，再定《破产律》，虽奉文施行，而皆未有效力。”② 在全部晚清苏州商会理案档案中，看到商人援引《商律》条文的唯一记载，系江苏九县九十二家酱坊 1907 年 6 月为官方筹款所抑勒酱捐而共同呈给商部的禀文。该禀文谈到筹款所以调取账簿查账相威胁时称：“《公司律》尚有关于营业之秘密不便遽行宣布者不准率先查阅之，诚以账簿为商家紧要之件，犹官府之印信文卷未可漫以予人，否则有罚，照簿记学例，且有科罪专条。大地一辙，不独中国商界为然。”③

总之，商会理案在形式与内容上存在深刻的内在矛盾。就其组织形式、理案程序看，较多地受到近代西方法制的影响。成都商会曾云：“法国商务裁判所办法之大概，查与成都总会商事公断处章程多所吻合。”④ 但在理案的原则和依据上，商会理案又基本上没有脱出中国王

① 马敏：《我国第一部正式商法》，《史学月刊》1984 年第 1 期，第 108～109 页。

② 《上海商务总会致各埠商会拟开讨论商法草案书》，《申报》，1907 年 9 月 10 日。

③ 《苏属九县九十二家酱坊为筹款所抑勒酱捐呈商部禀》，章开沅等：《苏州商会档案丛编》（第一辑），华中师范大学出版社，1991 年版，第 1061 页。

④ 《成都商会为设立通省商会联合会事照会天津商会》（1911 年 5 月 11 日），天津市档案馆、天津社会科学院历史研究所、天津市工商业联合会：《天津商会档案汇编（1903—1911）》（上），天津人民出版社，1989 年版，第 99 页。

朝法律系统的窠臼，主要仍在传统法律规范中运行。商会理案的双重性质，反映了近代中国社会转折过渡、方新方旧的内在特性。

四、商事纠纷调处中的官商关系

商会通过行使不完全的仲裁权而调处各类商事纠纷，意味着晚清民事司法制度开始发生了某些新的变化。这种变化如能持续发展下去，就有可能导致确立处理商事纠纷的现代商事仲裁制度——那种行政、司法高度合一的专制集权结构将会有所突破，这是商会理案所蕴含的进步历史内涵。当时，一些地方衙门已隐约意识到商会理案可能会构成对地方官司法权限的侵夺，因此表现出强烈的不满。1909 年，湖州劝业道曾批示武康县商务分会章程说："查核所拟章程，诸多不合，并有理案问案等名目，尤属侵越行政之权。即欲调处商界争端，亦仅能由该会协议和息，不得受理诉讼。"① 此批示在《华商联合报》刊出后，立即受到许多商会和商人的指责。对于初步取得的商事裁判权，商会采取了比较强硬的态度加以维护，力图能够较为独立地行使这一职权。成都商会在为协请农工商部奏设商事裁判所致各地商会的照会中，将这一意图表述得十分清楚，指出："商事交涉，纠葛繁多。学法律而充法官者，断难通晓商事，不将商事提出另设一所专管，则法庭审讯，一有因误会而误判者，必至是非不明，判断失当。内之无以令国人信从而生法律效果，外之莫由使外商帖服而收治外法权。"②

尽管商会理案意味着晚清商会已享有部分商事裁判权，但商会所实际掌握的这部分权力又是十分有限的。由于中国历来没有独立于国家权力之外的社会，商会理案也不可能脱离国家权力的制约而独立运行，而

---

① 《海内外商会纪事》，《华商联合报》第 15 期，第 2 页。

② 《成都商会为设立通省商会联合会事照会天津商会》（1911 年 5 月 11 日），天津市档案馆、天津社会科学院历史研究所、天津市工商业联合会：《天津商会档案汇编（1903—1911）》（上），华中师范大学出版社，1991 年版，第 97 页。

只能处于后者的有效监督之下，作为由官方垄断的司法审判制度的某种补充形式而存在。首先，商会的部分裁判权与官衙的绝对司法权之间有着明确的界限，商会有权处理的，只是情节较轻的商事纠纷，绝不允许参与刑事案件和与商事无涉的民事案的审理。1909 年苏省农工商务局为处理商事诉讼权限事专门照会苏州商会，强调："其有刑盗重大案件，仍由各商民自赴本管有司衙门控告……以清界限。"① 其次，商会的裁判是被严格置于官方的监督和控制之下，官方衙署享有最终裁决权。有清一代州县一级衙门从未放弃对普通民事案件的自理权（即完全的管辖权）。部颁《商会简明章程》第十五条规定：如涉讼双方不服从商会的处理，"准其禀地方官核办"。凡是"经商会调处而不折服，或不愿商会调处者"，均可向商务局裁判员申诉，"听候示期集讯"②。1911 年清政府对民事审判制度作了进一步调整，再度限制商会的权力，规定在各地设立各级审判厅，"商事诉讼自应一概归并"，凡未设审判厅的地方，商事诉讼"应暂仍旧贯，由府州县受理"③。这种制度规定形成了商会、商务局、审判厅和府州县均可受理商事纠纷的复杂格局，但基本司法权力仍旧掌握在府州县级地方官手中。1911 年 10 月农工商部曾专门下文各地商会，强调"嗣后商人争讼，未设审判厅地方，应仍赴府州县呈诉，上控案件，本部及劝业道概不受理"④。官方对商会理案的司法监督则主要是通过每年申报一次的"理案簿"来体现。该理案簿有统一的格式，要求各商会将受理的案件按月填入，开明案由、原被告和中证人姓名、理结情况、时间等，以便"事前既易研求，而事后亦易于考查"⑤。

---

① 《农工商务局为处理商事诉讼照会苏商总会》，章开沅等：《苏州商会档案丛编》（第 1 辑），华中师范大学出版社，1991 年版，第 528 页。

② 《农工商务局为处理商事诉讼照会苏商总会》，章开沅等：《苏州商会档案丛编》（第 1 辑），华中师范大学出版社，1991 年版，第 528 页。

③ 《江苏提法使为转知受理商事诉讼办法移苏商总会文》，章开沅等：《苏州商会档案丛编》（第 1 辑），华中师范大学出版社，1991 年版，第 528 页。

④ 《江苏提法使为转知受理商事诉讼办法移苏商总会文》，章开沅等：《苏州商会档案丛编》（第 1 辑），华中师范大学出版社，1991 年版，第 529 页。

⑤ 《商部为理结讼案、按年报部事札苏商总会文》，章开沅等：《苏州商会档案丛编》（第 1 辑），华中师范大学出版社，1991 年版，第 523、522 页。

官府与商会之间形成一种既相互依赖，又相互矛盾、摩擦的复杂关系。

官、商之间的相互依赖，表现在官方司法系统通过使商会参与处理商事纠纷，相对增强了对社会的控制能力，提高了审理商事诉讼的效率。1905—1911 年苏州商会所处理的 393 起商事纠纷中，有 55 起系已经向官府（主要是县衙）起诉，又由官府移转给商会进行调处的商事案件，占商会处理案件的 14%。这类案件往往情节较为复杂，很难予以剖明。由于商会议董熟知商事习惯，却常常能得心应手地处理，“凭两造当面秉公议劝理结，俾其勿延讼累”①。商会方面则借助于官方的权威来施行商会的裁判权力，所谓：“上赖官威，下施严厉之法。”② 在商会需要采取强制性措施来贯彻裁决时，如押运款项、查封房屋和拘押人员等，大多移请官衙派巡警、差役协助“强制执行”。当商民与地方官员或警察发生冲突时，商会往往可越级上告，或直接移请有关衙署核办。如 1906 年 9 月理结的经纬业商人吴子谓被警兵殴打致伤一案，即由苏州商会移请巡警总局核办，重惩警兵，并将东路巡官徐某记大过一次③。此外，对于劳资之间的纠纷，商会有时也从中调解，但更多的则是移文官府请派兵弹压。如 1908 年 4 月纱缎业机工为增加工资，发起罢工，业董们告到商会，商会即移请县衙出示布告，“严禁聚众停工，并派差巡逻弹压”④。

由于处理商事纠纷的权限划分并不十分清楚，商会和地方官府及商务局等衙署在事实上同时享有调处商事纠纷的权力，而官方对商会染指司法裁判权又始终存有戒心，因此，晚清官商之间因司法问题而引起的

① 《商部为理结讼案、按年报部事札苏商总会文》，章开沅等：《苏州商会档案丛编》（第 1 辑），华中师范大学出版社，1991 年版，第 523 页。

② 《农工商务局为处理商事诉讼照会苏商总会》，章开沅等：《苏州商会档案丛编》（第 1 辑），华中师范大学出版社，1991 年版，第 527～528 页。

③ 《光绪三十二年八月分理结经纬业被警兵殴伤讼事一起》，章开沅等：《苏州商会档案丛编》（第 1 辑），华中师范大学出版社，1991 年版，第 569 页。

④ 《苏商总会为请弹压张香桥工匠暴动移元和县文》，章开沅等：《苏州商会档案丛编》（第 1 辑），华中师范大学出版社，1991 年版，第 652 页。

矛盾和摩擦从未间断，有时甚至弄到尖锐对立的地步。其中，商会与商务局的关系尤其紧张。前述枣商会馆基地案中，商会认为农工商局在官员与商民的纠讼中明显地偏袒官员一方，以致“始讼时本无纠葛，亦易裁判，徒以官商相争，碍难断结”。农工商局在其中扮演了极不公正的角色，“似此牵累至数十商人，又将赔偿至万数千金，不可不谓非农工商局之忽出忽入有以致此”①。1909 年，苏省商务局增设裁判课员清理钱债讼案，要求苏州商会将理结各案按月报送，“以资考核”，俨然一副上级机关督察下属机构的口吻。苏州商会则针锋相对，首先指明本会“按照定章只是年终将已结未结各案汇册报部一次，其呈报贵局一节，并无部章可稽”。接着不客气地指出，“商会性质与有司衙门之有所统属略有区别……与贵局统辖之地方官非一律”，并要求“所有贵局讯结各案，亦请按月照送一份，以资联络而备参考”②。商务局没有料到商会态度会如此强硬，不得不复函解释并表示歉意。

苏州商会与官府围绕商事裁判而发生的矛盾和摩擦，在 1911 年 7 月因厘金改革而引发的“栾得周石灰船案”中达到了公开对抗的程度。

栾得周系江苏泰州船商，宣统三年闰六月初五与朱某、徐某等船商在宜荆周茂昌石灰行装运石灰并完纳统捐③后，于初十日驶抵无锡黄埠墩厘卡持票投验。该卡扦手宗云向他们每船索“背手洋”（报效费别称）10 元。船户们未遂其欲，宗云即令启舱扦验，勒补六百石捐钱。僵持至十八日，栾得周等只好忍气吞声共认补捐钱 320 石。不料是夜三更，轮船上所装石灰因屡经启舱扦验，失风暴化，船身四分五裂沉入水底。栾一家仅得身免，船上所装 750 担石灰及全部什物器具悉化乌有，损失

① 《苏商总会为调查会馆基地所属事移农工商务局文》，章开沅等：《苏州商会档案丛编》（第 1 辑），华中师范大学出版社，1991 年版，第 612 页。

② “苏州商会档案” 乙$_{2-1}$，67/23。

③ 统捐系江苏在厘金改革中由官方倡设的一种新的收捐办法，此办法遭到广大商民的强烈反对。

达3000元之巨。栾得周将此事告到金匮县衙，并同时请宜荆商务分会代为向苏州商会呈控。苏州商会以此案作为统捐扰商的典型事例，要求官府公允解决。谁知官官相护，此案一拖将及两月之久，害得栾得周一家十余口“寄居邑庙庑下，惨苦不可名状”①。朱、徐两船亦旅资罄尽，典贷俱穷，仍未放行。商会一再施加压力，苏州巡抚只好函催金匮县令抓紧结案。该县令对此案的审理更使商民为之哗然，不仅只断给船户恤洋百元，将扦手宗云斥退了事，还反诬商会有把持结讼罪。商会尽管万分不服，但自知官方“声气广通，权力甚大”，而己方则“力量单薄”，“不能与抗”②，只得负气作罢。

正当“栾得周石灰船案”由于官方不公正的判决草草结案之时，武昌城已打响了辛亥革命的第一枪，清王朝行将寿终正寝。回过头来看，商民与官府之间围绕商事裁判问题日益激化的矛盾冲突仅仅具有某种象征意义，抑或它本身就是导致清政府逐渐丧失民心，走向崩溃的潜在因素之一，历史似乎已经作出了公正的裁决。

因此，如果说商会理案毕竟体现了晚清司法制度中的某种近代性变迁，那这种变迁也仅仅只是刚刚开始而已，中国离一个真正的现代法治社会仍相距甚远。

［本文原刊于《历史研究》1996年第1期］

① “苏州商会档案”乙$_{2-1}$，127/88。
② “苏州商会档案”乙$_{2-1}$，129/66。

中国和日本的近代“士商”

——张謇与涩泽荣一之比较观

东亚各国在从传统农业社会转变为近代工商社会的历史过程中，存在着某些相似的经历。以社会阶级关系的转型而言，中国有亦士（绅士）亦商的所谓“士商”中介过渡，日本也有亦士（武士）亦商的所谓“士商”承上启下。在价值观上，中国和日本“士商”共开近代东亚士商伦理之先河，其流风余响至今未绝。张謇和涩泽荣一各为中日近代史上的“实业之父”，又是两国近代“士商”的代表人物。因此，将此二人做一比较研究，对于把握东亚社会经济发展的特色以及厘清东亚企业精神的起源，将不无裨益。

一

张謇出生于清朝咸丰三年（1853 年），卒于民国 15 年（1926 年），享年 73 岁。涩泽荣一生于日本天保十一年（1840 年），卒于昭和六年（1931 年），享年 91 岁。尽管涩泽荣一长张謇 13 岁，但两人大致生活于同一时代。这期间，日本经历了划时代的明治维新运动（1868 年），从而将日本的历史由中世纪导入近代。中国也先后经历了戊戌变法（1898 年）和辛亥革命（1911 年）等大的政治变革，从而由中世纪传统社会迈入近代社会。因此，对中日两国而言，张謇和涩泽荣一所生活的时代，均是大变革、大转型的时代，而他们俩则注定了要充当该时代的弄潮儿。

不无巧合的是，张謇和涩泽荣一具有十分相似的家庭背景，这对于他们早年的气质和思想不无深刻的影响，而且在一定程度上影响到他们成年后对人生道路的抉择。

张謇出身于江苏海门常乐镇一个富裕农民兼小商人的家庭。祖上系江苏通州（今南通）人，原来是较为富有的地主家庭。到祖父辈因“不治生计”和赌博，方把家产败尽。张謇的祖父名朝彦，于穷困潦倒之余入赘于通州吴圣揆家。吴家原在通州金沙开一间小瓷货店，后迁至海门常乐镇。朝彦入赘吴家后，除租种几亩田以外，也兼营瓷器贩运。张謇的父亲名彭年，成人后奉父命兼祧吴氏，先后娶万氏、金氏。张謇系金氏所生之第三子，排行四①。

涩泽荣一生于日本国武藏国榛泽郡血洗岛（今玉崎县大里郡丰村里大字血洗岛）一个武士归农的豪农家庭。家中世代从事农业、养蚕，并兼营蓝靛染料（时称蓝玉商），经济上颇为优裕。至涩泽荣一父亲市郎右卫门一代，更经营杂货及金融业，成为当地的新兴资本家②。

当时，中国的富裕农家和商人家庭，多半希望自己的子弟走科举入仕这条道路，以提升自己的社会地位，而其经济能力又尚可承受教育子弟的费用。因此，张謇自幼便受到较好的传统教育。起初是入邻塾由邱畏之先生发蒙，到 10 岁已经读完《三字经》《百家姓》《神童诗》《酒诗》《鉴略》《千家诗》《孝经》《大学》《中庸》《论语》《孟子》《诗经》《国风》等书③。自 15 岁起，张謇即开始了漫长而艰辛的科举生涯。在历经 26 度寒暑的曲折坎坷、大小近 30 余次场屋搏杀之后④，张謇终于

---

① 张謇：《啬翁自订年谱》，原稿石印本，咸丰三年癸丑（1853 年）。

② 幸田露伴著，余炳跃译：《涩泽荣一传》，学林出版社，1992 年版，第 1～2 页。

③ 张謇：《啬翁自订年谱》，同治二年癸亥（1863 年）。

④ 张謇：《柳西草堂日记》，文海出版社，1967 年版，光绪十二年（1886 年）四月十一日记：“合戊辰以后，计凡大小试百四十九日在场中矣。”

在已逾不惑之年达到了士人生涯的最高目标——状元及第。在当天的日记中，他不无感慨地写道："栖门海鸟，本无钟鼓之心；伏枥辕驹，久倦风尘之想。一时予以非分，事类无端矣。"① 看来，旷日持久的追求，反倒使张謇多少看淡了功名利禄、宦海沉浮。但不管个人志趣如何，在这崎岖而漫长的场屋生涯中，儒家伦理道德已然深深印刻在张謇的脑海之中，其士人心态和人生观早已定型。

涩泽荣一虽生活在一衣带水的东瀛日本，但通关之前的日本却是深受儒家文化影响的国度，因此，同张謇一样，涩泽荣一幼年即以汉籍发蒙，陆续诵读过《孝经》《小学》《大学》《中庸》《论语》等儒家经典著作。自 12 岁起，涩泽荣一又开始学习日本本土神道无念流，受到了当时中产阶级家庭所要求实施的"素养注入教育"。成年后，在讨幕运动时代潮流的影响下，涩泽荣一曾一度参加过尊王攘夷活动，追随诸侯一桥庆喜左右，并因此而提升为武士阶级。庆应二年，庆喜担任幕府将军后，他在极其矛盾的心情中做了幕臣。1867 年庆喜命他随其弟昭武赴欧洲考察。等他于 1868 年 12 月回国时，日本已经历了明治维新的巨大变革。涩泽荣一于 1869 年被明治政府启用，入大藏省供职，初任大藏省租税官，兼任制度改革小组主任，后官至大藏少辅事务次官②。

对张謇和涩泽荣一而言，真正构成其一生转折点的，并非他们在仕途上的飞黄腾达、春风得意，而是他们毅然决然以官吏、士人身份投身实业界，由此踏上了新的人生之路。明治六年（1873 年）5 月，涩泽荣一等与大久保利通因军费和各省预算增额而发生政见分歧，藏相井上馨乃辞去职位，涩泽荣一随之辞官下野，从此义无反顾地投身实业界。

涩泽荣一之舍"官场"而奔"商场"，固然是出于宦海生涯的偶然失意，却又以明治维新前后对官商关系的深刻反省为其思想转变的基础。在对西方社会的深入观察中，他已领悟到一国的繁荣富强必须依赖

① 张謇：《柳西草堂日记》，光绪二十年（1894 年）四月二十二至二十五日。
② 幸田露伴著，余炳跃译：《涩泽荣一传》，学林出版社，1992 年版，第 72、100 页。

市民社会的繁荣和商业社会的成长这一道理，认识到培养工商业者的实力，提高他们的地位和品格是当务之急。“欧美各国能有当时的昌盛，全是因为工商业发达的缘故……因此，就有了这样的想法：为了国家，得图谋工商业的发达，于是始决心要成为实业界的一分子。”① 因此，当一些朋友对涩泽荣一弃官经商的决断提出忠告时，他坦然地答道：

君之忠告不无道理，而我之信念亦不可变更。我仍将走自己的路。承蒙君言我有才干，不胜感激；果真如此，更应退出官场。若人才皆集中于官界，而平庸之辈散于民间的话，何能指望一国之健全、进步与发展？

恕我直言，平庸之辈能担任官吏，而非英俊之才不能从事工商业界。现在的工商业界正缺少这些人才；多数人都受士农工商等级思想的影响，认为政府职员高人一等，而工商业者自觉低贱。这种错误的想法必须扫清。②

在以后的几十年中，涩泽荣一以“论语加算盘”的口号相标榜，纵横商场，先后创办了日本“第一国立银行”、“王子制纸会社”（1873年）、“大阪纺织公司”（1883年）、“东洋汽船会社”（1896年），以及日本第一家私营铁路公司“日本铁道会社”（1881年）。在日本资本主义发展史上，涩泽荣一因创下无数个第一，而无可争议地成为日本近代“实业之父”，为日本近代企业基础的奠定作出了不可磨灭的贡献。据日本著名经济史学者土屋乔雄博士的研究，与涩泽荣一有关的经济事业，包括以下各个部门和行业：银行、造纸、海运、保险、啤酒、化肥、制丝、制绒、织物、制麻、制帽、制革、制糖、玻璃制造、点心、酱油、清酒、制蓝、制冰、印刷、陶瓷器制造、砖瓦、水泥、冶铁、造船、船

---

① 涩泽荣一：《论语与算盘》（中译本），允晨实业股份有限公司，1987年版，第77页。

② 松村信治郎：“代序”，幸田露伴著，余炳跃译：《涩泽荣一传》，学林出版社，1992年版，第4页。

坞、火车、汽车、自行车、煤气、电力、土木建筑、港口建设、土地经营、交易所、仓库、旅馆、采矿业（铜、铁硫磺、硝石、煤炭、石油）、制药、化学工业、农业、畜牧、养蚕、林业、水产业、信托、电话、铁路运输、航空，以及进出口贸易和实业学校等。与他有关的会社（公司）多达 500 余家①。

张謇之投身实业，始于他文章“大魁天下”，获得状元称号的第二年，即 1896 年。是年，刚在甲午战争中痛败于日本的中国，涌动着一股由民间创办实业，抵制外来经济侵略的热潮，而张謇等具有爱国思想、又比较务实的士大夫则已然成为民间创办企业的中坚力量。张謇后来曾回忆，正是甲午战败的巨大刺激，使他意识到救国须从振兴实业入手，他说：

> 自前清甲午中国师徒败衄，乙未马关订约，国威丧削，有识蒙诟，乃知普及教育之不可已。……当是时，科举未停，民智未启，国家有文告而已，不暇谋也。地方各保存固有公款之用而已，不肯顾也。推原理端，乃不得不营实业。然謇一介穷儒，空弩蹶张，于何取济？南通固有名产棉最王［旺］之区也，会有议兴纺厂于通而谋及者，乃身任焉。②

光绪二十二年（1896 年）正月，张之洞奏派张謇和苏州在籍前国子监祭酒陆润庠、镇江在籍前礼科给事中丁立瀛，分别在通州、苏州、镇江设立商务局，并推动当地实业的兴办。三人中，除丁立瀛在镇江无所作为外，两位长江南北的“文章魁首”则各有佳绩。张謇在通州发起创立大生纱厂，陆润庠在苏州发起创设苏纶纱厂和苏经丝厂③。自此，张謇以“状元”身份办实业，一发而不可收，先后创办了各类企业约

---

① 幸田露伴著，余炳跃译：《涩泽荣一传》，学林出版社，1992 年版，第 164～177 页。

② 张謇：《南通师范学校十年度支略序》，《张季子九录·教育录》（卷三），中华书局，1931 年版，第 15 页。

③ 对张謇“奉旨总理”，弃官经商的复杂政治背景和心态，章开沅先生在《开拓者的足迹——张謇传稿》（中华书局，1986 年版）中有细致的分析，参见该书第 53～56 页。

30家，所涉及的行业包括纺纱、面粉、榨油、轮船、肥皂、瓷业、电灯、垦牧、盐业、渔业、水利、地产等。张謇亦当之无愧地成为中国的涩泽荣一，荣膺“中国实业之父”的称号。《关册》推崇他：

> 起家寒素，以第一人大魁天下，授职修撰，笃念桑梓，自以振兴实业为己任，于是制造各事次第兴办，无不赖其维持，人皆称道不置。推张殿撰意，凡由外洋运来各货物，均由中国自行创办，惟一己之办有限，须集众力以图之。在张殿撰声望夙著，人皆钦仰，一时富户，咸愿出资，推为领袖，与其遇事决断，不致有掣肘。①

张謇以状元身份办实业，实现了士人与商人的结合，遂成为亦士亦商的中国“士商”。所谓士商，实系既有以科举功名所体现的社会地位和特权，同时又经商营工的社会群体。这一社会群体起源于明清，成熟于近代，系一典型的过渡性社会群体。该群体集绅士与商人的双重身份和双重性格于一身，上通官府，下达工商，构成官与商的中介，传统与现代之间的桥梁，对近代社会经济和政治发展起着不可低估的作用②。涩泽荣一以下级武士改革派身份入实业界，成为亦武士亦商人、“士魂商才”的日本“士商”，在日本近代化过程中也同样起着承上启下、举足轻重的作用。

由于以张謇为代表的中国士商与以涩泽荣一为代表的日本士商各自构成两国早期工商资产阶级的重要原型和本态，因此，对之进行比较研究，进而把握东亚社会近代演化的一般规律及特殊性，就显得十分重要了。

二

如果将以张謇为代表的中国“士商”与以涩泽荣一为代表的日本

① 《关册》(中文本)，1905年，镇江口，第48页。

② 士商又属绅商阶层的一支，有关中国近代绅商的系统论述，马敏：《官商之间——大变动中的近代绅商》，天津人民出版社，1995年版。

“士商”作一细致的比较，就会发现，这两个处于近代化初期阶段的重要社会群体在基本价值取向和思想理念上是非常接近的，存在着若干相似之点。

（一）以儒家伦理为内核，辅之以西方资本主义经营之道

张謇一类士商的最基本的思想和性格特征，用一句话来概括，即是“言商仍向儒”（张謇语）。他们虽横跨于士人和商人两大社会群体之间，但基本认同点仍在绅和士，儒家伦理道德规范才是他们赖以安身立命之基，经商逐利不过是借以实现人生抱负的方式和手段，并非人生的目的。他们往往是“商名儒行”，融儒家伦理于经商活动之中，视孔孟之道为最高的“贾道”，身在沽肆中，志在阿堵（钱财）外，并不过分计较钱财，倒更看重自身的名节与修养。“有大志，不局局锥利间，治贾不暇给，而恂恂如儒生”①，这就是中国士商的自画像，也是“言商仍向儒”的基本内涵。正因为忠实于儒家的信条和规范构成士商的本质特征，所以，当为时势所迫不得不厕身历来被士大夫视为末业的商界时，身为士大夫的张謇其内心的矛盾和痛苦是难以言喻的。他曾自述初创大生纱厂时的黯然心境：“驵侩黠吏阴嗤而阳弄之者比比皆是，然而闻谤不敢辩，受侮不敢怒，闭目塞耳，趱程盲进。”② 在《为纱厂致南洋刘督部书》中，他曾抱怨道：“抑三载以来，謇之所以忍侮蒙诟，伍生平不伍之人，道生平不道之事，舌痒而笔凋，昼惄而夜腆者，不知凡几。”其实，由“蒙世疑谤，不可穷诘”等外在因素所造成的心理压力倒在其次，真正使张謇心态严重失衡的，是来自他长期奉若神明的儒家伦理价值观与现实的尖锐冲突。作为一介寒士，张謇曾说过他“自少不喜见富贵”，仅以“读书励行，取科名，守父母之命为职志”。而投身实业则势

① 张海鹏、王廷元：《明清徽商资料选编》，黄山书社，1985年版，第453页。
② 曹文麟：《张啬庵（謇）实业文钞》，文海出版社，1969年版，第94页。

必与富人为缘，“适违素守”，因此，他将自己以状元身份办实业视作“捐弃所恃，舍身喂虎”①。“謇含垢忍尤，遭闵受侮，千磨百折，以成此区区工商之事者，其危苦独心喻之，固不能尽其百一也。”② 被守旧士大夫所目为叛逆的张謇，骨子里却依然是一介儒生。张謇曾将他创办企业的动机，归结为力矫宋儒只说而不做的积弊，“做一点成绩，替书生争气”③。“既念书生为世轻久矣，病在空，在负气，故世轻书生，书生亦轻世。今求国之强，当先教育，先养成能办适当教育之人才，而秉政者既暗蔽不足与谋，拥资者又乖隔不能与合。然固不能与政府隔，不能不与拥资者谋，纳约自牖，责在我辈，屈己下人之谓何?”④ 可见，张謇始终将自己视作“商人中的书生”，不逾儒家伦理道德的规范。

涩泽荣一则以“士魂商才”来概括日本士商的基本理念。所谓“士魂”，他解释为“卓立人世间必备的武士精神”，但他又进一步阐释，“如何涵养士魂？典籍所授固然很多，但仍以《论语》一书所言为涵养士魂的根本”⑤。至于商才的培养，“亦全在《论语》之中”⑥。这样，涩泽荣一就使儒家伦理同样成为日本近代资本主义形成时期的指导理念。“士魂商才”，也就是要按照儒家伦理道德来经营近代企业，“所谓商才，原以道德为本，舍道德之无德、欺瞒、诈骗、浮华、轻佻之商才，亦即卖弄小聪明、小利口者，根本算不得真正的商才。故商才不能背道德而存在，则论道德之《论语》自当成为培养商才之所依”⑦。据此，涩泽荣一提出了明治时代日本士商的一句著名口号，即“以《论语》为商业上的圣经”⑧。这句口号又被化约为“论语加算盘”风行一时。

---

① 曹文麟：《张啬庵（謇）实业文钞》，文海出版社，1969 年版，第 78 页。
② 曹文麟：《张啬庵（謇）实业文钞》，文海出版社，1969 年版，第 112 页。
③ 宋希尚：《张謇的生平》，台北中华丛书编审委员会，1963 年版，第 177 页。
④ 张謇：《啬翁自订年谱》，光绪二十二年丙申（1896 年）。
⑤ 涩泽荣一：《论语与算盘》（中译本），允晨实业股份有限公司，1987 年版，第 19 页。
⑥ 涩泽荣一：《论语与算盘》（中译本），允晨实业股份有限公司，1987 年版，第 19 页。
⑦ 涩泽荣一：《论语与算盘》（中译本），允晨实业股份有限公司，1987 年版，第19 页。
⑧ 涩泽荣一：《论语与算盘》（中译本），允晨实业股份有限公司，1987 年版，第5 页。

（二）道德与经济合一的“义利两全”说

中国士商与日本士商均突破传统儒家思想耻于言利的观念，对义与利的关系作出了新的诠释。涩泽荣一提出，实际上孔子并不轻视利和富贵，只是强调不能见利忘义、“淫于富贵”，而要按“正道”取得富贵，“精神的向上和财富的追求必须齐头并进”，这就是“论语加算盘”的“义利两全”①。涩泽荣一认为，世上的工商业目的都是图利，“如果工商业没有增加利润的效能，工商业就毫无意义也没有什么公益可言”。但如果全为一己之利，根本不顾他人，则失去了图利的根本意义。义利两全，应是在“义”的指导下求利。这里，一是指从事企业经营等经济活动要以协助国家实现“富国强兵”“殖产兴业”为根本目的，在追逐利润的同时，兼顾国家的利益。二是指要以“仁义道德、公正之理为本”，统驭追逐利润的活动，“极力将恪遵仁义道德以进而利用厚生之道做为行事的方针，并努力确立义理合一的信念”，做到“富且能行仁义”②。在追求物质财富的同时，还要寻求精神上的发展，不做金钱的奴隶，“精神的向上和财富的追求必须齐头并进，而人应该秉持的坚强信仰也必须由此出发”③。涩泽荣一主张，在激烈的市场竞争中，也要讲仁义道德，如果把竞争强调过了头，就成了“为富不仁”了。他说：“任何行业都有竞争，……如果对增加自己的财富一事，也起了激烈竞争的念头，心想比别人拥有更多的财富，则发展至极，就会完全背弃道义的理念，也就是说，为了目的不择手段。”④

---

① 涩泽荣一：《论语与算盘》（中译本），允晨实业股份有限公司，1987年版，第56页。
② 涩泽荣一：《论语与算盘》（中译本），允晨实业股份有限公司，1987年版，第131页。
③ 涩泽荣一：《论语与算盘》（中译本），允晨实业股份有限公司，1987年版，第56页。
④ 涩泽荣一：《论语与算盘》（中译本），允晨实业股份有限公司，1987年版，第244～245页。

张謇也赞成义利统一说，主张“非私而私也，非利而利也”，“不市侩而知市侩之情伪，不工党而知工党之趋向”①，为地方公益和国家强盛而不惜贬低士人身份，孜孜牟利。他曾说过：“认定吾为中国大计而贬，不为个人私利而贬，庶可达而守不丧，自计既决，遂无反顾。”② 张謇还主张以是否具有道德心，作为判断“义”的标准之一，他说：“吾国人重利轻义，每多不法行为，不知苟得之财，纵能逃法律上之惩罚，断不能免道德上之制裁。”③ 作为“商人中的书生”，张謇个人的商业道德是无可非议的，称得上“清正廉洁”四字。据大生公司的董事言：“张謇个人对于大生公司之款项往来，界限极清，他从开办公司之时起，直到逝世时为止，无论个人之生活如何困难，从未在大生账上挂欠一文，对于其他公司亦然。若张謇以个人名义办理之慈善事业，如育婴堂、养老堂等机关，除大生公司额定捐款之外，有时亦向大生通融，等到年底结账时，积欠若干，张謇即在上海登报卖字，以偿还大生。”④ 这种道德至上的伦理主义倾向，正是中国士商的突出思想和行为特征之一。

（三）热心公益与教育，具有较为深广的社会关怀度

中国士商和日本士商均不单纯将兴办企业视作一种纯粹营利的经济活动，而是将此视为社会责任的一环，作为实现其人生抱负的手段。例如张謇兴办实业的主要目的即在于振兴教育，推动地方自治，而不单纯是追求更多的利润。张謇素来重视教育的作用，认为“国存救亡，舍教育无由，而非广兴实业何所取资以为挹注？是尤士大夫所当兢兢者矣”⑤。人才出于教育，但兴办教育需要经费，于是又不得不仰仗于实

① 曹文麟：《张啬庵（謇）实业文钞》，文海出版社，1969 年版，第 178 页。
② 曹文麟：《张啬庵（謇）实业文钞》，文海出版社，1969 年版，第 178 页。
③ 宋希尚：《张謇的生平》，台北“中华丛书编审委员会”，1963 年版，第 163 页。
④ 刘厚生：《张謇传记》，上海书店，1985 年版，第 258～259 页。
⑤ 张謇：《癸卯东游日记》六月初四日，辑入《柳西草堂日记》之中。

业。这就是张謇曾说过的“父教育而母实业”。由士林出发，经过商贾又回归士林。这是“言商仍向儒”的另一层含义。张謇素来以热心公益，推行地方自治为职志。按他的想法，应从实业入手，而后教育，而后慈善，而后公益，而后整个地方自治。他曾说过：“窃謇抱村落主义、经营地方自治，如实业、教育、水利、交通、慈善、公益诸端。”① 有关实业、教育、慈善和公益之间的关系，张謇说：“以举事必先智，启民智必由教育，而教育非空言所有达，乃先实业，实业、教育即相资有成，乃及慈善，乃及公益。”② 教育也好，实业也好，公益也好，在张謇这样的士商看来，最终目的都是要为社会和民众谋福利，使黎民百姓过上稍好的日子。用张謇的话来说，就是：

> 我们儒家，有一句扼要而不可动摇的名言“天地之大德曰生”。这句话的解释，就是说一切政治及学问最低的期望要使得大多数的老百姓，都能得到最低水平线上的生活。……换句话说，没有饭吃的人，要他有饭吃；生活困苦的人，使他能够逐渐提高。这就是号称儒者应尽的本分。③

涩泽荣一也很注重教育和社会公益，主张学习欧美国民务实的做法，以增进知识，尤其是关于国计民生的理财之学（经济学）。他认为“一人得利不如社会大众蒙惠”，实业家对“举凡社会救济、公共事业等等，要经常率先参与尽力，则社会才能日趋健全，同时，自己的资产运用也能渐次稳健踏实”④。在谋取财富之时，当常常思及社会的恩谊，“无忘对社会尽到道德上的义务”⑤。据统计，涩泽荣一一生曾参与了600多件非营利事业，如国际交流、社会事业、福利设施、宗教、文化

---

① 《呈报南通地方自治第二十五周年报告会筹备处成立文》，《张季子九录·自治录》，中华书局，1931年版，第14页。

② 《谢绝参观南通者之启事》，《张季子九录·自治录》（卷四），中华书局，1931年版，第2页。

③ 刘厚生：《张謇传记》，上海书店，1985年版，第252页。

④ 涩泽荣一：《论语与算盘》（中译本），允晨实业股份有限公司，1987年版，第133页。

⑤ 涩泽荣一：《论语与算盘》（中译本），允晨实业股份有限公司，1987年版，第133页。

教育、劳资协调等。明治四十二年（1909年），年近古稀的涩泽荣一辞掉了在公司担任的大半职务，专心于民间经济外交、国际交流、社会福利等公共事业活动①。涩泽荣一的传记作者曾反复强调涩泽荣一这样的明治时代企业家与封建时代旧式商人在志向上的区别，写道：

商人自古以来就存在。然而那不过是沟通有无、埋头于金银之间的人，是唯有生财置产之念的人；而像荣一这样为增进国家和民众的福利而从事商业的人物，这以前几乎没有过。……同样地，从事各种实业，建功立业的人自古以来也有之，那也多半是为自己个人的利益而经营，像荣一这样以全社会实业的普及及其广收效益为目的的人则少而又少。②

说涩泽荣一完全不为自己个人的利益而经营，显然系溢美之词，但他比旧时代的商人有一种更为宽广深厚的国家观、社会观和公益观，倒也的确不假。

当然，中国士商与日本士商的思想理念在相似的大前提下，也存在若干明显的差别，这与中、日民族特点和民族文化的差异密切相关。如涩泽荣一从日本土生土长的神道文化体系出发，即大力提倡日本商人应以贯彻大和魂化身的武士道立于世，“不管于商业、工业，都要本此心灵”③。他认为武士道的真髓近乎正义廉直、侠义、礼让、敢作敢为等美俗。过去仅施行于士人社会，现在则应该行于商业上，成为经商营工的道德指导原则，并据此提出“武士道即实业之道”的命题④。然而，在负面意义上，武士道中所包含的盲目效忠、牺牲自我等理念，又易将此“实业之道”导向极端民族主义，成为日本财阀与军国主义沆瀣一气

---

① 松村信治郎：“代序”，幸田露伴著，余炳跃译：《涩泽荣一传》，学林出版社，1992年版，第6页。

② 幸田露伴著，余炳跃译：《涩泽荣一传》，学林出版社，1992年版，第153页。

③ 涩泽荣一：《论语与算盘》（中译本），允晨实业股份有限公司，1987年版，第223页。

④ 涩泽荣一：《论语与算盘》（中译本），允晨实业股份有限公司，1987年版，第221页。

的思想理论依据。涩泽荣一即曾主张，“如在战争中日本经常占据世界的优越社会地位一般，在工商业方面也能与世界各国较长短”①。这里似乎已有某种与儒商伦理不协和的弦外之音。相比较而言，中国士商则更执着于传统儒家“仁”的观念，有时甚至以“不争”和“让利”去实现“仁”的理想人格。中国晚清另一位著名士商经元善曾明确提出要“不背儒宗非他教”，以儒律己，融儒于商，“终身立志行事，原学圣贤，不敢背儒门宗旨”②。为了达于圣贤境界，逐利应适可而止，不为金钱所累，“锱铢必较，实非本性所近，且所觅蝇头，皆是末中之末”③，“士志于道，而耻恶衣恶食者”④。但这种为过分追求人格完善而漠视经济利益的倾向，有时其实又是有碍于商业竞争的。从现代商战的眼光来看，并不完全可取。

以上各点相互联系和组合，即构成了一种不同于近代西方商人精神的近代东亚士商经济伦理观。根据马克斯·韦伯的观点，西方近代资产阶级以基督新教的“天职”（calling）观念为核心，形成了特殊的近代资产阶级的经济伦理。该伦理使资产阶级商人意识到自己充分受到上帝的恩宠，只要他们的道德行为没有污点，只要财产的使用不致遭到非议，他们就尽可“随心所欲地听从自己金钱利益的支配，同时还感到自己这么做是在尽一种责任”⑤。简言之，将利欲的冲动和最大限度地攫取利润披上来自上帝的“合法性”的外衣。相反，由中国和日本士商所体现的近代东亚士商伦理并不强调金钱利益至上和个人主义的原则，而是基于儒家“天人合一”“中庸之道”的哲理，以仁、义、礼、智、信等儒家道德规范为其内核，将经商营工视同治家、治国的大事，讲究宽

① 涩泽荣一：《论语与算盘》（中译本），允晨实业股份有限公司，1987年版，第22页。
② 《五誓斋记》，虞和平：《经元善集》，华中师范大学出版社，1988年版，第238页。
③ 《富贵在天说》，虞和平：《经元善集》，华中师范大学出版社，1988年版，第241页。
④ 《复某姻世兄书》，虞和平：《经元善集》，华中师范大学出版社，1988年版，第125页。
⑤ 马克斯·韦伯：《新教伦理与资本主义精神》，生活·读书·新知三联书店，1987年版，第138页。

容大度、至诚待人、信用第一、义在利先等经商原则，反对唯利是图、见利忘义的做法。同时，强调商人的社会责任感和群体意识、家族观念，以服务社会、有利于公益为标的。随着时间的推移和资本主义工商经营实践的深入，这种带有深刻传统烙印的近代东亚士商伦理逐步与西方资本主义经营方式与管理方式相融合，从而化生出融儒家文化色彩与西方资本主义于一体的现代东亚企业精神，风行于日本、新加坡、中国台湾、中国香港、韩国等地，推动了所谓“东亚经济奇迹”的出现。

三

令人深思的是，在思想理念和行为准则上颇为接近的中国与日本的士商，却有着极不相同的历史命运。一般而言，这两个社会群体各自构成本国传统社会力量向近代资产阶级转化的中介桥梁，但日本士商伴随着本国资本主义的节节胜利，较为顺畅地实现了自身向新型工商企业家的社会转型，成为在民间推动市场经济的主导力量，促进了至今仍在左右日本社会的“公司文化”和相应的企业精神的形成。而中国士商自身转化过程步履蹒跚，始终与官场有着夹杂不清的血缘联系，国家与社会力量的分离过程迟迟难以完成。张謇曾谓：“中国近日官皆商也，商可官也。弊在不当通而通。”① 他并嘲自己系“介官商之间，兼官商之任”，且“通官商之邮”②。民国以后可以没有士商、绅商等的名目，但官、商之间互为利用、权钱交换却始终没有中断，较纯粹的企业家阶层的诞生陷于难产。以张謇和涩泽荣一个人论，两人在个人的气质、思想主张和兴办实业的成就上虽可大相媲美，各领风骚，但个人际遇和最终命运却又是如此截然不同。与涩泽荣一得到明治政府的大力扶植，终于

① 曹文麟：《张啬庵（謇）实业文钞》，文海出版社，1967 年版，第 354 页。
② 曹文麟：《张啬庵（謇）实业文钞》，文海出版社，1967 年版，第 116 页。

成为实力雄厚的大财阀相比照[①]，张謇以绅商身份办实业，尽管也能取得一定的成功，但处境却不知要艰难多少。在1903年东游参观日本殖产兴业的成就之后，他曾为之感叹不已，认为提倡实业“在吾国如张单弦适旷野，因未有屑听而悯我一日之劳也”[②]。尤其到晚年，回想在中国办实业的种种艰辛，眼看自己手创的大生企业系统每况愈下，张謇这位“商人中的书生”心里更有说不完的辛酸，道不尽的愁苦，如其《释愁》诗所沉痛表述的：“生已愁到死，既死愁不休。”这既是个人沉浮际遇之愁，也是有感于生不逢时之愁！

1922年，由于外部条件的日趋恶劣及内部经营管理不善，大生企业系统陷入了捉襟见肘的财务困境。该年大生一厂结亏为39万多两，二厂结亏为31万多两；一厂负债总额达12428720两，二厂负债总额为3520004两。也是在这一年，大生资本集团向银钱业抵押借款已达397万两之多[③]。在如此困窘不堪的境况下，张謇只得把“得救”的希望寄托于举借外债。无独有偶，中国“实业之父”首先求助的，却是东瀛“实业之父”涩泽荣一财团。大约在1922年8月间，张謇委托裕华盐垦公司经理陈仪、大有晋盐垦公司经理章亮元、大生纱厂高级职员张同寿前往日本，正式向日本大资本家涩泽荣一等提出大借款的请求。日方曾派驹井德三到南通来调查并与张謇接触。由于在纺织业上张謇长期以日本作为竞争对手，日方对于贷款问题态度相当持重，拖延两年之久仍未成立[④]。大生资本集团的经营情况愈益恶化。到1925年，仅大生一厂的债务已经高达9069000两以上，为其资本总额的258.89%。该年7月，由上海的中国、交通、金城、上海四行和永丰、永聚钱庄组成债权

---

① 由于涩泽荣一在兴办实业方面所取得的巨大成就，明治政府将其列入华族，授予男爵称号，民间则视涩泽荣一为实业界的“大雄宝殿”。

② 张孝若：《南通张季直（謇）先生传记》，中华书局，1930年版，第115页。

③ 南通市档案馆、南京大学历史研究所、江苏省社会科学院经济史课题组等：《大生企业系统档案选编》，南京大学出版社，1987年版，第753、385页。

④ 驹井德三：《中国江苏省南通州张謇关系事业调查报告书》，转引自章开沅：《开拓者的足迹——张謇传稿》，中华书局，1986年版，第32页。

人团，全部接办了大生各厂①。

张謇大生企业集团的失败具有某种提示性意义。它至少表明，相同的思想理念也会导出不同的经营效果，关键似乎还在于理念之外的“经济因素”，即各种经济关系和社会条件之“总和”。在这方面，中、日两国却是不可同日而语的。

首先，通过明治维新后所推行的“殖产兴业”和20世纪初年的产业革命高潮，日本已一跃而变为亚洲第一个资本主义国家，资本主义生产关系有了全面的发展。1886年，日本全国仅有各类公司（会社）1794个，1899年则达7631个，1909年更高达11549个。1886年，日本全国工厂数为874家，1900年已增至6992家②。1869—1901年，全日本业已开办银行2400家③。从可比的农业与工业比例关系演变看，在“殖产兴业”和产业革命初期，农业一直占有绝对大的比重，随着工业的发展，其比重逐渐下降。大体到1910年，工业和农业拉平，以后双方的位置便颠倒过来。到1930年，农业的比重降至四分之一强，工业则占绝大的比重，约为工农业总产值的71.7%④。在贸易结构上，到1900年前后，日本逐步摆脱了半殖民地的贸易结构，开始形成既依附欧美列强，又对亚洲实行掠夺扩张的新的贸易结构⑤。市场机制的发育成熟和经济的成长，为日本士商向近代工商资本家转化提供了一个宽松的环境和可以施展抱负的舞台，如涩泽荣一的传记作者所言：

> 下野到民间的荣一犹如骏马飞驰在平坦的大道上，一日千里，势不可当。……以其脱颖的天资、丰富的阅历、豪迈的精神，一句话，以已经完成人生修养的伟丈夫的气概去从事自己早就盼望的事

① 章开沅：《开拓者的足迹——张謇传稿》，中华书局，1986年版，第324页。

② 高村直助：《日本资本主义史论——产业革命·帝国主义·独占资本》，密涅发书房，1980年版，第47、52页。

③ 正田健一郎、作道洋太郎：《概说日本经济史》，有斐阁，1978年版，第221页。

④ 安藤良雄：《近代日本经济史要览》，东京大学出版会，1979年版，第59页。

⑤ 有关日本近代贸易结构的变化，详见万峰：《日本资本主义史研究》，湖南人民出版社，1984年版，第四章各节，第190～212页。

业。除此而外，他还具备已经得到的社会地位、权威、信用，有旺盛的精力，有合适的时代环境，万事俱备，只需要他站出来汇集百溪，滚滚流入汪洋大海。①

反观中国，经济近代化步履蹒跚，所谓“洋务运动”和兴办实业，多系雷声大，雨点小，实质性的经济变化甚微，产业革命陷入难产。尽管自洋务运动以降，中国便缓慢地开始了工业化过程，然而，直到1949年为止，中国还未实现向资本主义工业国家的过渡，仍是一个极端贫弱落后的农业国。1949年，中国近代生产设备（包括工厂、铁路、矿井等），仅合人民币128亿元。抗日战争以前，中国近代工业产值只占工农业总产值的10％左右，而农业和手工业的产值却占到90％左右。到1949年，中国近代工业产值还仅占工农业总产值的17％②。工业化的流产，导致民族私人资本始终难以摆脱资金少、规模小、设备不全和技术落后的弱者地位。据统计，1895年至1913年间开设的549家中国民族资本厂矿里，资本在10万元以下者303家，占总数的55.3％；而同时期创设的在华外国资本厂矿里，资本在10万元以下者仅7家，占总数的5.1％。外国资本企业的平均规模为民族工矿企业的2.8倍③。规模相对狭小和设备极端落后，使民族私人资本在与外国资本的竞争中处于十分不利的地位，难以进行资金积累和技术改造。此外，半殖民地半封建的经济结构和资本主义生产关系发展不充分，又使民族私人资本面临极其不利的市场条件。半殖民地半封建中国的国内市场，具有长期不统一、狭小和不稳定的特点。这些特点体现在国内运输不便、度量衡和货币不统一、物价差别极大、市场需求难以预测等各个方面。面对如此恶劣的经济条件，纵使是最上乘的经营理念，也难免回天乏术。这就不难理解“状元资本家”张謇为何要一再感慨：“謇不幸而生中国，不

① 幸田露伴著，余炳跃译：《涩泽荣一传》，学林出版社，1992年版，第156页。

② 吴承明：《中国资本主义的发展述略》，《中华学术论文集》，中华书局，1981年版，第314页。

③ 汪敬虞：《中国近代工业史资料》（第2辑，上册），科学出版社，1957年版，第399～400页。

幸而生今之时代，尤不幸而抱欲为中国伸眉、书生吐气之志愿，致以嚼然自待之身，溷秽浊不伦之俗。”①

其次. 从表面现象看中国和日本的士商均是介于官商之间，与政府保持密切联系，张謇与涩泽荣一二人的经营无不具有官方背景。但只要将晚清政府与日本明治政府稍做比较，就会看到二者在本质属性上存在着根本差异。经明治维新而产生的明治政权是一个带有封建色彩的资产阶级政权，相反统治中国的晚清政府基本上是古老封建王朝的延续。正因为清政府和明治政府具有截然不同的属性，代表着不同的社会利益，因此它们在本国现代化过程中所起的作用就大不相同。明治政府具有“坚决汲取西洋文明”的勇气和开放心态，“施政方针专在教育、殖产、工业、贸易、航海等事业上，大奖励之”②。对本国资产阶级大加扶植，一旦遇到挫折，又能以灵活的态度进行调整③，所以能够领导本国现代化成功，为涩泽荣一一类实业家创造施展才华的空间。而专制、腐朽的清政府在推行现代化改革时，往往是墨守成规，缺乏得力的措施，对新兴资产阶级又处处存以戒心，结果往往白白浪费了历史提供的宝贵机缘和时间，无法将中国社会发展导入现代化的轨道。因此，对于日本资产阶级和新兴社会势力而言，明治政权是一个靠得住的政府，它竭尽全力发展资本主义、扶植资产阶级的做法，使政府与民间形成一股推动现代化的强大合力。如日本政府正是在以涩泽荣一为首的日本绵丝纺织同业联合会的要求下，废止了绵丝的出口税和棉花的进口税，使日本迅速成为世界纺织大国。反之，对中国早期资产阶级和其他新兴社会势力而言，清政府却是一个难以信赖和无法依靠的政府，彼此间的合作与妥协只是暂时的，矛盾与冲突却是根本和长久的。正如有的商人所抱怨：“吾国无商部而商人尚得自生自息于交通贸易之场，自有商部而吾商人

① 《为实业致钱新之函》，《张季子九录·实业录》（卷八），中华书局，1931年版，第24页。

② 土屋乔雄：《明治前经济史研究》（第1卷），日本评论社，1944年版，第37页。

③ 如明治政府为扶植私人资本主义企业而采取的“官业处理”政策，即是一个典型的例子。

乃转增无数剥皮吸髓之痛，天下名实不相副之事，乃至如此。”① 张謇访日时，非常羡慕：“日本凡工业制造品运往各国，出口时海关率不征税，转运则以铁道就工厂，又不给则补助之，国家劝工之勤如是。……与世界竞争文明，不进即退，更无中立，日人知之矣。”② 反观中国，国家课税之重，无以复加。厘税一项，就税率而论，“随卡随货而异其税率，可谓全出于税吏之私意”③；就苛罚而言，“商民虽已完税，每经一卡，仍复多方挑剔，或指为售票不合，或指为斤两不符，或指为石斗不实，吹毛求疵，留难百出。黠者重贿以求出脱，懦者饮泣以听苛罚”④。张謇们在当时办实业的艰难程度，完全可想而知。

当然，除客观环境条件而外，大生资本集团后期之经营不善，主要还在于自身企业经营管理方面的原因。第一，不顾经营规律，使股东在八厘“官利”之外，尚享有超企业负担的高额股息。欧战期间，某年付给股东之息金，竟有50%之多，骇人听闻⑤。不合理的利润分配，使企业难以扩大再生产和更新设备。第二，集团各子公司之间界限不清，权责不明，经常无偿调拨，互挪资金，使亏空企业拖垮了赢利企业。根据1924年的清账结果，各盐垦公司挪用大生公司之款，约在500万元以上。如曾任大生二厂经理的刘厚生所指出：“所有张謇经办之各实业，组织皆不健全，没有基层负责的规定，事无巨细，表面上皆须向首领请示。其实首领对于各盐垦之实情，并不彻底明了，而任用匪人，弊端甚多。”⑥ 应当说刘厚生的批评不是没有道理的。由于张謇并没有像涩泽荣一那样彻底辞官为商，下野民间，以全副精力投入资本主义企业经营活动，而是不断出入于官场与商场之间，民国初年又担任农商部总长一

① 《论商部与商业之关系》，《时报》，1905年1月9日。
② 张謇：《癸卯东游日记》，六月初六日。
③ 张謇：《癸卯东游日记》，六月初六日。
④ 高柳松一郎：《中国关税制度论》（第4编），商务印书馆，1926年版，第49页。
⑤ 刘厚生：《张謇传记》，上海书店，1985年版，第257页。
⑥ 刘厚生：《张謇传记》，上海书店，1985年版，第259～260页。

职，加之社会活动太多，终日穷于应付，在具体的企业经营实践上主要由其弟张謇操作。因此，张謇本人反倒相对缺乏企业管理实际经验，很难将其经营哲学转化为具体的企业行为。

由此可见，实业家个人总是或多或少地受制于时代与环境条件，现代资本主义的发展和企业精神的形成，根本上仍是资本主义经济关系之总和的产物，归根到底是由强烈的经济冲动和市场法则所造成，文化因素在其中仅仅起着次要和辅助作用。被人们所推崇的现代东亚企业精神，首先是一种经济主张，其次才是一种文化理念。其核心内容如市场观念、契约观念、竞争观念、赢利意识、创新意识、管理意识等，与西方企业精神并无二致。儒家伦理中的某些观念只有与市场法则和相应的现代经济观念相结合，方能发挥化腐朽为神奇的功效，推动本国经济和社会发展。中、日两国的现代化过程具有如此不同的历史命运，关键还在于各自不同的社会经济环境以及经济成长与社会发展的导向，而不单纯在于文化的异同。由张謇等中国士商和涩泽荣一等日本士商所倡导的近代东亚士商伦理（主要是儒家伦理），仅仅是一种由传统精神向现代企业精神转化的一种“过渡物”，它尚须与西方资本主义的经营理论和本国资本主义的工商实践相结合，经过内在的整合过程，方能渐次转型为现代企业精神。这一过程在日本进行较为顺畅，形成了以对公司的绝对忠诚和家族集团主义为标识的现代日本企业精神；在中国则困难重重，长期难以完成其整合过程，除个别企业集团而外，一直难以形成特点鲜明的现代中国企业精神。有关这一点，由于涉及中、日近代社会演化过程以及西方思想与中国和日本传统文化复杂的整合过程，似须另作专文申论。

简言之，我们既要看到东亚儒家资本主义所蕴含的儒家文化特色，但又不能夸大这种特色，以致反而忽略了内中所含的现代工业文明的真髓。东亚资本主义发展和它所创下的“经济奇迹”是诸多社会因素交互作用的产物，儒家文化中的某些伦理思想因素在其中仅发挥着“助力”

和“规范”的作用，而不能单独起到推动现代经济发展的作用。就如同在西方不能仅仅依靠新教伦理而发展出资本主义一样，在东方也不可能指望仅仅依靠儒家伦理而实现社会的工业化和现代化。新文明召唤着新的价值观念；新时代需要有新的道德系统相配套。它们的产生不可能完全脱离传统，但其发展却一定可超越传统。正因为如此，在东亚早期现代化阶段，中国和日本的近代士商以基本相同的经济伦理观为起点，却导引出如此不同的历史结局，也就不足为奇了。

［本文原刊于《近代史研究》1996 年第 1 期］

试论晚清苏州的“市民社会”

有关晚清“公共领域”(public sphere)的发展，近年来曾经成为西方中国近代史研究一个热门话题，国内学者也有所涉及①。但对与“公共领域”概念密切相关的“市民社会”(civil society)在中国近代社会的发展，论者们却大多言之不详，或限于一般性的推论，缺乏较翔实的实证研究②。本文试图证明：在晚清苏州，随着近代城市公共领域的扩张，一个具有近代特征的市民社会的雏形业已呈现，并对城市生活施以广泛的影响。同时，市民社会的初步形成也促进了近代城市的社会动员，促进了城乡的进一步分离，为民间社会力量的兴起与发展提供了某种制度性保证。

---

① 关于晚清公共领域发展的主要著作，主要参见冉玫铄(Mary B. Rankin)：《精英行动主义与中国政治变革：浙江省(1865—1911)》，斯坦福，1986年；罗威廉：《汉口：商业与社会》，斯坦福，1984年；《汉口：冲突与社区》，斯坦福，1989年。有关这一问题的各种对立观点的讨论，则主要参见《近代中国》(*Modern China*)1993年第2期，总第19卷。国内学者论文参见王笛：《晚清长江上游地区公共领域的发展》，《历史研究》1996年第1期，第5～16页。

② 有关中国市民社会的一般性讨论，可参见《主题研讨：市民社会与中国》，《中国社会科学季刊》(香港)1993年第4期。笔者认为，“市民社会”虽然是一个来自西方的概念，与西方的历史文化传统和社会变迁相联系，有其特定的内涵，但考虑到中国近代社会历史进程有受到西方影响(即“西化”)的一面，因此，将“市民社会”概念引入对中国近代城市社会的研究，作出符合中国社会历史发展实际的论证，仍是有其意义的。单用“社会”或“民间社会”的概念已无法准确概括清末民初城市社会的一系列新变化、新发展。更何况在西方观念影响下，晚清历史文献中已经出现了“市民公社”“独立社会”之类的提法和相应的近代社团组织。

一、苏州市民社会的初步形成

苏州近代市民社会的形成虽然只是20世纪初年的历史现象①，但其渊源又可追溯到明清时期所普遍存在的地方社会组织。

明清时期苏州已是江南地区最重要的商业中心，由于封建经济、文化在这一地区趋于高度发展，工商业也十分繁盛，相应在地方社会组织上也呈现出繁密现象。苏州名目繁多的传统结社组织一般建立在明清之际，有的甚或可追溯到宋、元时期。除士大夫的诗文结社和民众的乡约结社、宗教会社而外，这些地方社会组织和团体大致可分为救灾（义仓、义庄、火社）、教育（义塾、书院）、慈善（各类善堂）、工商（会馆、公所）四大类，其中又以慈善和工商两类居多并富有代表性。

苏州的慈善机构和团体历史悠久，但又尤其大量出现于太平军被镇压后的同（治）、光（绪）年间，反映了该地区重建过程中绅权的大力扩张。据方志记载，其名目可考者，就有普济堂、推仁局、种善局、毓元局、轮香局、儒孤学舍、恤孤局、洗心局、体善堂、养牲局、救生局、惜字局、助葬会、栖流所等30余种②。这些机构和团体往往由地方绅士创设和经管，依靠官款、捐款、义田、义屋、义冢、义学等“公产”支持，“冬则施衣被，夏则施帐扇，死而不能殓者施棺，病而无医者施药，岁荒则施粥米”③，调节、维持地方社会秩序，保证基层社会的安定。江苏巡抚丁日昌曾评价苏州的慈善团体，谓：“弟里居时，每见孤贫、育婴、恤嫠诸善举，由绅董经营者，虽不能滴滴归源，尚有七八成可归实济。”④ 足见其经营尚有成效。

---

① 明清城市中已有包括商人在内的各色“市民”，但尚未形成横向联系密切的、有组织的“市民社会”。

② 据民国《吴县志》，“公署”。

③ 民国《吴县志》卷52，“风俗”。

④ 丁日昌：《抚吴公牍》（卷18），第2～3页。

明清苏州的会馆、公所，既指商人和绅士捐资兴建的公用建筑物——公产，但同时又是商人社会组织的名称。二者的区别在于：会馆主要由同籍商人建立，兼具同乡会的性质；公所则多由同行业商人所创建，具有更明显的行会组织特征。会馆、公所在捐资办法、房契与资金管理，以及“会首”、董事或司年、司月的推选办法上，大致有一套基本相同的组织规章，但往往又比较粗糙简单，缺乏详细的文字规定。如潮州会馆于1784年所订的组织规章，谓：“延请董事经理，三年一更，七邑轮举。一应存馆契据，递交董事收执。”[①] 至于云锦公所于1885年所订组织办法就更为简单，只是简单地写道：“由同业中轮当司年、司月经理，互相稽察。”[②] 在功能上，会馆、公所的基本职能之一，是周济同业，兴办各项慈善事业，以为同乡或同行商人提供经商的种种方便。1868年苏州银楼业创设怀安公所，即特别强调：“将来整顿行规，兴办善举。”[③] 梳妆公所也明确规定：“如遇有病无力医治伙友，由公所延医诊治给药，设或身后无着，给开衣衾棺木，暂葬义冢。”[④] 在此意义上，会馆、公所的商业性功能又与慈善类组织的社会功能合一。据统计，迄于晚清，苏州先后建立过50所会馆和210所公所[⑤]。

明清苏州所存在的大量“公产”（已如上述）、“公事”（防火、防盗、修桥、铺路、水利、民间赈济等）、“公益”（育婴、恤孤、养老、掩骸等），以及与之相配合的大量民间社会组织的活动，说明传统公共领域在明清时期，尤其在19世纪末呈逐渐扩张的趋势。这不仅加强了士绅对地方事务的控制，而且说明封建社会后期城市社会形态有进一步

① 苏州博物馆等：《明清苏州工商业碑刻集》，江苏人民出版社，1981年版，第340页。
② 江苏省博物馆：《江苏省明清以来碑刻资料选集》，生活·读书·新知三联书店，1959年版，第16页。
③ 江苏省博物馆：《江苏省明清以来碑刻资料选集》，生活·读书·新知三联书店，1959年版，第157页。
④ 江苏省博物馆：《江苏省明清以来碑刻资料选集》，生活·读书·新知三联书店，1959年版，第118页。
⑤ 据吕作燮、洪焕椿的统计。

的发展，民间的自主性和凝聚性均有所增强。然而，值得强调的是，这一切又仅仅是在传统农业社会框架所允许的范围内发生和展开的，并不具有体制性（constitution）变革的意义。也就是说，并非像一些论者所揭示的：中国在19世纪末期，随着诸如会馆、公所、书院、善堂、义仓等地方社会组织的扩展，已经导致某种体制意义的改变，逐渐发展出类似于欧洲近代资本主义社会初现时期所特有的“市民社会”及“公共领域”一类的事物①。对此，美国学者孔飞力曾不无见地地指出：“是否明清时期中国地方精英与城市行会商董的行为方式，根本与哈贝马斯所提出之批判的及言论的理想型风马牛不相及，以致他们的世界并不仅是程度上有所差异，而更是在性质上截然不同?”②

在黑格尔、哈贝马斯等西方思想家的概念中，“市民社会”及与之相关的“公共领域”是有其特定内涵的③。在最一般的意义上，它们是指以市场经济为基础，以契约关系为中轴，以尊重和保护社会成员的基本权利为前提的某种社会自发组织状态。近代西方市民社会的产生和发展，与西方近代民族国家的形成密切相关，特别是与近代欧洲资本主义的发展相联系，一言以蔽之，它是资产阶级的市民社会。以此来衡量，如果要问能否像哈贝马斯等在欧洲早期资产阶级社会所见到的那样，在中国近代社会发展中也同样能窥见一个带有若干近代资产阶级社会性质的“公共领域”和“市民社会”，那么，回答是它们仅仅在20世纪初年才刚刚显露出来，而且主要出现在若干商业发达的城市之中，尤其是那些作为通商口岸的较大城市。

20世纪初年，随着资本主义因素在中国的增长，同时也由于清政

---

① 美国学者罗威廉、冉玫铄即持此种看法。

② 孔飞力：《公民社会与体制的发展》，《近代中国史研究通讯》（台北）第13期，第82页。

③ 黑格尔著，范扬、张企泰译：《法哲学原理》，商务印书馆，1961年版，第197～252页；马克思著，熊伟译：《黑格尔法哲学批判》，人民出版社，1963年版；哈贝马斯：《公共领域的结构转型》，学林出版社，1999年版。

府自上而下次第推行“新政”和“地方自治”运动，中国城市社会开始出现了一种具有重要社会意义的变化，即涌现出了大量具备近代色彩的新式社团，尤以商会、商团等新式商人社团最为引人注目。有关新政期间苏州近代新式社团的创办情况，略述如下：

商会。1904 年初清政府颁行《商会简明章程》，谕令各省设立商会，上海首先在商业会议公所的基础上创设。苏州绅商认为“自（上海）设会以来，小而驳斥词讼违章，大而抵制美约，皆得收众志成城之效”①，“亟应联合各业设立商会，方足以振兴工业，齐一商志”。于是，由王同愈、尤先甲等发起呈文商部，请求设立苏州商务总会。1905 年 6 月苏州商务总会正式成立，拥有会员 76 人，从中遴选议董 16 人，尤先甲、倪思鼎分任总、协理。苏州所辖各县镇，先后设立了 8 个商务分会及若干商务分所②。

苏商体育会。1906 年秋，苏州绅商杭祖良、邹宗淇等愤于今日中国“柔懦不武，屡败于外”，追慕“尚武好侠”的三吴古风，遂联名发起成立苏商体育会。体育会成员以商人、店员和学徒为主，成立之初，主要习柔软体操，后改习兵式体操，更请领枪支、弹药，“以商卫商”，担负起保卫城市商业、治安的职责。辛亥革命后，苏商体育会扩大组织，添置枪械，改组为商团③。

学务公所。1905 年科举制度废除后，苏州创立了民间办学总机构——长元吴学务公所。该公所总理为彭福孙，协理吴本善，有议董 30 名，干事员 5 名。办事机构分设理事、议事、财产三部，任务是“调查公立各学堂之校舍、课程、经费，以期逐渐统一。管理宾兴、公车、紫阳书院其他各项公捐学堂之款，养成教员、管理员，推广小学，注意实业教育”④。以后，此学务公所演变成两个团体：长元吴学务总

---

① “苏州商会档案”乙$_{2-1}$259/2（其中 259 为卷号，2 为页码，下同）。

② 马敏、朱英：《传统与近代的二重变奏：晚清苏州商会个案研究》，巴蜀书社，1993 年版，第 33～56 页。

③ 章开沅等：《苏州商团档案汇编》，巴蜀书社，2007 年版，第 1～2 页。

④ “苏州商会档案”乙$_{2-1}$92/26。

汇处和长元吴教育会，主持人均为蒋炳章和吴本善。

农务总会。农会的创立肇始于 1907 年袁世凯在直隶劝办农会。同年秋季，农工商部上奏朝廷，颁布《农会简明章程》，农会组织遂在全国得到推广。苏州农务总会创设于 1910 年，陶惟坻出任第一届总理。其简章宣布宗旨为："务以开通农民知识，因地制宜，改良种植，一切冀农业之发达。"① 议董资格规定为：一、"置有田地，熟谙农事者"；二、"曾经考求农学有心得者"；三、"平日顾全公益，能为地方兴利者"；四、"素有实业，热心任事者"②。这表明农会基本上是一个以工商地主占主导地位的团体③。

市民公社。市民公社是清末地方自治运动趋于高涨的产物。1909 年 1 月清政府颁布《城镇乡地方自治章程》，地方自治运动在全国范围内进入遵旨筹办的阶段。该年年底，苏州始出现了第一个以全面城市自治为己任的基层自治团体——观前市民公社。该公社办社缘起称："资群策以谋公益，为地方自治团体中之一自治团体者，即我市民公社之原素也。公社以自治为原素，当其组织之始，虽警于宫巷之两火；而实则自治原理，因早为吾人所久蓄而得发者也。"④ 稍后继起的还有间门下塘桃坞、渡僧桥四隅、道养、金阊下塘东段等处市民公社。市民公社系由市民（主体为商人）所组成的"专办本街公益之事"⑤ 的自治社团。据目前所知，此种组织仅发现于苏州地区的苏州、吴江和常熟三地。

除上述新式社团外，在新政和自治运动期间苏州城中先后成立的新式民间社团尚有警务公所、拒烟总会、救火联合会、讲报社、体育观摩

---

① "苏州商会档案"乙$_{2-1}$73/37。

② "苏州商会档案"乙$_{2-1}$73/37。

③ 朱英：《辛亥革命前的农会》，《历史研究》1991 年第 5 期，第 27 页。

④ 《苏州市民公社档案汇编》，《观前大街市民公社缘起》（1910 年 6 月），《辛亥革命史丛刊》编辑组：《辛亥革命史丛刊》（第四辑），中华书局，1982 年版，第 58～59 页。

⑤ 《苏州市民公社档案汇编》，《观前大街市民公社缘起》（1910 年 6 月），《辛亥革命史丛刊》编辑组：《辛亥革命史丛刊》第四辑，中华书局，1982 年版，第 58～59 页。

会、女界保路会、城厢自治公所、自治调查研究会等 20 余个[①]。与善堂、会馆、公所等传统地方社会组织不同，这些新式社团通常由属于早期资产阶级范畴的绅商所创设，和新的资本主义生产关系发生密切联系，具有一定的近代民主色彩，反映了早期民族资产阶级要求发展资本主义，参与地方事务管理的强烈愿望。如果说在善堂、会馆、公所等社会组织中“社团”与“法人”（juristic person）的概念尚未尽一致，那么，在这类新式社团中，“社团”与“法人”则达到了初步的统一[②]，中国民间社会组织首次得到了法律的认可，通过“依法自治”而成为法律所保护的对象[③]，在中国历史上，这无疑是石破天惊的变化。

商会等一大批新式民间社团和自治组织的产生，使中国城市中传统公共领域开始酝酿某种带有体制意义的变革，呈现出若干新的特征，这在 20 世纪初期的苏州表现得十分明显。

首先，城市公共领域的范围开始突破传统慈善、教育、公益的狭小格局，扩张到原本属于封建国家权力影响和控制之下的领域，诸如工商管理、城市治安、民事裁判、舆论工具等领域，使商人和其他市民介入地方公共事务的广度和深度均有极大的扩展。如商会以其崭新的姿态，在经济上具备了以管理和振兴工商业为主旨的各项职能，如联络工商、调查商情、兴办商学、调息纠纷、改良品物、发达营业等，使商界“有事公商，悉持信义，向来搀伪攘利，争轧倾挤之风，为之一变”[④]。商会的职能虽以经济为主，但又不限于经济方面，而常常超出其经济职能的范围，扩展到政治、教育、理案、地方自治、社会公益等十分广阔的社会领域。苏商总会成立后，一再强调，商会的使命是要“合群情以商

① 马敏、朱英：《传统与近代的二重变奏：晚清苏州商会个案研究》，巴蜀书社，1993 年版，第 115 页。

② “法人”本意为法律拟制的人格，系指依照法定程序设立的团体组织，这类团体在法律上享有民事权利和承担民事义务。

③ 晚清所颁布的《商会简明章程》《农会简明章程》等文件虽非正式立法，但已具有结社法会的性质，结束了商人和市民结社无法律保护的历史。

④ “苏州商会档案”乙$_{2-1}$68/43。

战，俾争列国之长，开民智以会通，冀辟三吴之利”①。同时还呼吁："当兹万国交通竞争，商界所赖，四方同志，联络众城，公益维持，和衷共济。"② 足见商会所关心的公益事业，范围极其广泛，绝不限于商务一端。

其次，城市公共领域的组织联结，逐步从散在的、缺乏横向沟通的传统地方社会组织过渡到以新式民间社团组织网络为主要联结、沟通方式。商会、商团、教育会等新式社团组织在组织形式、构成原则、社会职能方面都较多地借取了西方近代社团组织的经验，具有较浓厚的民主因素。例如，它们普遍实行的会员制、选举制、议事制，便体现了近代社团的自愿原则、选举原则、权利与义务相结合等基本准则。这些传统社会组织所不具备的素质，正蕴含着中国近代民主政治的芽蘖。其中，最引人注目的，就是这些新式社团所孕育的近代市民权利意识，如根据商会章程，会员享有同等的选举权与被选举权，表决权与建议权等内部权利。对外而言，会员又享有被保护权，受到商会的一体保护，"各商因钱债细故被控者，由本会随时酌觅担保，以免羁押之累"；"入会各商既已循理守法，如有土棍吏役讹诈凌压，借端滋扰商业者，本会代为申诉"③。社团与法人的初步统一、民主意识和市民权利意识的增长，使中国 20 世纪初的城市公共领域呈现出空前的活泼景象，明显区别于 19 世纪以前传统的公共领域。

最后，传统公共领域主要由趋于保守的旧绅董所把持，他们一般不具备适应时代变化需要的新思想，基本上依循传统惯例（如会馆、善堂的规约）来经营公共事务和管理公产。反之，20 世纪初年，大量资产阶级化绅商入主公共领域，使地方事权的性质逐步发生实质性的变化，即日益成为早期资产阶级起主导作用的领域。在世纪交替之际，新绅商

① "苏州商会档案"乙$_{2-1}$259/19。
② "苏州商会档案"乙$_{2-1}$259/26。
③ "苏州商会档案"乙$_{2-1}$3/22。

与旧绅董在地方事务中的矛盾冲突随处可见。《申报》上的一篇社论即评论："近现各地办理自治，大抵与旧日地方政事划而为二，即办理自治之绅董，亦与旧日绅董分为两派，一若彼此不相容。"① 苏州商会董事们甚至宣布"一应善举，无关大局、无关要义者（原注：如布施、周济、养而不教之类），本会经费虽裕，概不担任，亦不得于会中提议"②，十分清楚地与传统社会组织"划清界限"。

随着 20 世纪初晚清城市公共领域性质的变化，某种更复杂的社会机体自组织过程亦随之发生，其结果便是导致带有早期资产阶级社会性质的"市民社会"的雏形的形成③。当时，有人称这种"市民社会"为"独立社会"④，以别于晚清的专制国家政权和自主的、分散的、缺乏内聚力的传统城市民间社会。

二、苏州市民社会的结构

黑格尔在论述其市民社会的概念时，认为市民社会建构于家庭与国家之间的地带，同时又是与自然社会（家庭）和政治社会（国家）相对的概念。黑格尔尤其强调同业公会、自治团体等在市民与国家之间的中间组织的作用，认为"合法的权力只有在各种特殊领域的有组织状态中才是存在的"，因而个人只有作为各种社团、等级的成员才能进入政治领域⑤。

晚清苏州市民社会的构成不可能完全符合黑格尔的思辨性概念，但

① 《申报》1911 年 3 月 13 日。

② 《苏州商会档案丛编》（第 1 辑），华中师范大学出版社，1991 年版，第 31 页。

③ 之所以称之为"雏形"，乃是因为它属于初期的、尚不成熟的"市民社会"，与近代欧洲的资产阶级"市民社会"有很大差异。

④ "独立社会"的提法出自上引《苏州市民公社档案汇编》（未刊），《观前大街市民公社缘起》（1910 年 6 月），《辛亥革命史丛刊》编辑组：《辛亥革命史丛刊》（第四辑），中华书局，1982 年版，第 58～59 页。

⑤ 黑格尔：《法哲学原理》，商务印书馆，1961 年版，第 311 页。

在组织特征上，又的确表现为以商会为核心的各种民间新式社团的组织整合，以及通过这种整合而产生的社会组织的聚合效应。大体而论，其整合方式可分为两种类型：

第一种类型，系商会通过代为向政府呈报立案、经费资助、人事渗透和业务联系将其吸纳为自己的外围和基层组织。此可举苏州商会与苏商体育会和市民公社的关系为代表。

苏州商会与苏商体育会的关系极为密切。首先，苏商体育会实际的发起创办者正是苏州商务总会的头面人物。“苏商体育会发起者姓名、台衔”中所开列19名发起人，近半数系曾担任商会议董的绅商①。而据“体育会辅助开办义务员姓名表”，16名义务员中，竟有13人为商会中的主要绅商人物，包括商会总理尤先甲、协理吴理杲，名誉会员王同愈、蒋炳章，议董彭福孙、张履谦等②。连苏商体育会创设禀文也是由商会代为呈递给官方，官方批文亦直接下达给苏州商务总会。因此，刘栋华在《苏商体育会成立缘起》中直言：“苏商体育会自光绪三十二年丙午秋，由商务总会发起集款创办。”③ 苏商体育会成立后，又由商会议董和会员直接出任领导。第一届职员中，会长洪毓麟和副会长倪开鼎均为商会议董④。此外，苏商体育会的活动经费也主要由商会提供，在创办阶段，商会为之筹集经费2900余元，以后又按月接济。体育会购置操衣、枪弹和其他装备的经费也均由商会拨给⑤。因此，作为商团前身的苏商体育会名为独立社团，实则从属于商会领导。

首先，市民公社与商会也存在类似的纵向隶属关系。据有关记载，苏州先后创立的27个市民公社，其中有26个经由商会代为呈报创办，只有一个公社是直接向自治公所提出成立请求的。其次，市民公社举行

① 章开沅等：《苏州商团档案汇编》，巴蜀书社，2008年版，第42～45页。
② 章开沅等：《苏州商团档案汇编》，巴蜀书社，2008年版，第42～45页。
③ 章开沅等：《苏州商团档案汇编》，巴蜀书社，2008年版，第1页。
④ 章开沅等：《苏州商团档案汇编》，巴蜀书社，2008年版，第50页。
⑤ 章开沅等：《苏州商团档案汇编》，巴蜀书社，2008年版，第408页。

选举时，一般都邀请商会派员监选，选举结果亦呈报商会备案。再次，市民公社遇有需要与地方官府交涉事项，大多请商会代为陈转。由于相沿成习，官府有事需要贯彻，通常也经由商会转饬市民公社，再由公社分别通告各商家铺户。市民公社与商会的密切关系，恰如有人所归纳的："市民社会始终把商会看作自己的顶头上司，而商会也俨然把市民公社看作自己的基层组织。"① 救火会与商会也存在相似的隶属关系，此不赘论。

商会与其他新式社团关系整合的第二种类型，系通过人事上的渗透和业务上的往来建立起协作型的关系，达到功能互补的目的。这类社团不仅自成系统，而且名义上同商会是平行团体，不存在隶属关系，彼此往来文件程式通常用"照会""移文"而不用"禀报""札饬"等行文，以示关系平等，彼此尊重。这些社团包括学务公所、教育会、农会、自治研究会（社）、讲报社、书画研究会、医学会，等等。

从苏州的情况看，其与商会的联系和合作主要具体表现在以下两方面：其一，人员互渗。苏州学务公所30名议董中，"学绅"（从事新式教育的士大夫）19人，占63%；不同程度涉足商务或商事活动的绅商有9人，占30%；有留学经历者2人，占7%②。此外，长元吴学务总汇处和教育会的负责人蒋炳章、吴本善均同时为商会名誉会员。苏州农务总会的创设者兼议董如尤先甲、潘祖谦、张履谦、倪开鼎等亦均系商会的主要负责人，对农会的运作影响甚大。其二，业务往来与协作。商务与学务表面上看来互不搭界，但实则相互交叉、彼此依赖。"时至今日，所谓商战世界实即学战世界。……学堂也，讲习所也，陈列所也，皆为商界下新种子也。"③ 在兴学育才的商学活动中，商会在师资选用、教材确定、课时编排等具体业务上，往往不得不求诸学务公所、教育会

① 章开沅、叶万忠：《苏州市民公社与辛亥革命》，《辛亥革命史丛刊》（第4辑），第47页。

② 据"学务公所议董衔名清折"统计，"苏州商会档案"乙$_{2-1}$92/1。

③ "苏州商会档案"乙$_{2-1}$43/53。

等办学团体。在各办学团体一方，为了筹集办学资金，也有赖于商会方面的掖助。如近代苏州因办学经费短绌而新开辟的几项财源，诸如路息（苏省铁路公司支付）、纱捐（苏经、苏纶厂支付）、乐捐（商人捐款）等款项都得经由商会拨付①，商会与各教育社团的财务联系因而变得更加广泛和密切。

商会与农会之间也存在着协作关系。例如，1911 年苏州农务总会曾委托苏商总会通过爪哇泗水商会在南洋代购良种，供农业试验场使用②。另外，农会在承领荒地从事开垦等问题上，也是经由商会总理尤先甲、议董潘祖谦、张履谦等率先出面同官府打交道③。商会绅商则指望农业改良的成果或可回馈实业和地方公益，"果使办理得宜，五年之后当有成绩可观。预计每岁收入款项、盈余亦可操券，或以推广各种实业，或充作地方自治经费，均属当今急务"④。

晚清苏州新式社团组织整合的结果，是以商会为中心和基线，通过横向和纵向的联结，形成了一个关系紧密的新式社团网络。与过去会馆、公所、善堂等传统社团组织的孤立存在状态不同，在这张新式社团组织网络中，各社团之间存在实质性的内在联系，并通过彼此的功能互补，形成一个官方权力之外的民间市政权力体系。在职能上，这一民间市政权力体系已拥有不完全的市政建设权（通过市民公社）、商事裁判权（通过商会）、地方治安权（通过体育会、救火会等），以及工商、文教、卫生和其他社会公益事业管理权。如果不拘泥于字面意义，在实质上，所谓民间市政权力体系就是黑格尔等论述过的"市民社会"的结构形式。在这一结构形式中，我们不仅能看到新式民间社团的居间联结，而且还可以清晰地观察到由资产阶级化绅商阶层⑤所体现的"民权"的

---

① "苏州商会档案"乙$_{2-1}$，"长元吴学务公所决算册""长元吴学务总汇处决算册"。

② "苏州商会档案"乙$_{2-1}$73/39。

③ "苏州商会档案"乙$_{2-1}$73/31。

④ "苏州商会档案"乙$_{2-1}$73/37。

⑤ 有关近代绅商阶层的系统论述，参见马敏：《官商之间：社会剧变中的近代绅商》，天津人民出版社，1995 年版。

扩张。

晚清苏州市民社会的构成，尽管尚处于雏形阶段，但已具备了如下的特征：

第一，商会在市民社会中扮演着首脑机关的角色。从上述已可以看到，苏州新式社团的整合运动是以商会为中轴进行的，几乎所有的社团都与商会发生了程度不等的联系，在这一点上，甚至连专办地方自治的城厢自治公所也无法与之匹敌。广泛的社会渗透加上经济和政治上的优势，使商会不仅成为"综握商务机关"[①] 的商人领袖团体，而且使之能够"登高一呼，众山皆应"[②]，在地方事务中享有很高的威望和权力，成为各新式民间社团众望所归的事实上的领袖团体。过去我们往往对商会的政治作用估计不足，至少从苏州的情况来看，清末商会在其实际发展过程中，已经逾越了清廷颁布的《商会简明章程》圈定的界限，使自身功能得到极大的扩展，不再单纯是一种统一的商业组织，而且具有了浓厚的政治色彩。或许，这正是中国近代商会组织与西方商会组织的一个重要区别之所在。

第二，商会之所以能够成为市民社会的中枢，起到组织和联结新式社团的作用，关键又在于那些主持商会的颇为奇特的社会媒介——资产阶级化的近代绅商。绅商阶层亦官亦商亦学亦农的复杂多维的社会属性和气质，赋予它某种独特、奇妙的社会功能，即能够成为联结商会和其他新式社团的黏合剂。一个突出的历史现象是：许多有影响的绅商通常同时供职于若干不同社团和机构，形成既相互渗透又相对集中的人事组结。如苏州绅商王同愈、尤先甲之于商会（尤任总理，王为名誉会员）、体育会（均为议事员）、学务公所（均为议董）、警务公所（均为议董）、

---

① 《苏州市民公社档案汇编》，《金阊下塘东段市民公社致苏州商务总会呈略》（1910年10月26日），《辛亥革命史丛刊》编辑组：《辛亥革命史丛刊》（第四辑），中华书局，1982年版，第92页。

② 《苏州市民公社档案汇编》，《江苏苏州巡警道汪致苏州商务总会片》（1910年8月），《辛亥革命史丛刊》编辑组：《辛亥革命史丛刊》（第四辑），中华书局，1982年版，第57页。

农务总会（发起人和议董）、城厢自治公所（均为议董）；倪开鼎之于体育会（副会长）、商会（议董）、市民公社（评议部职员）；蒋炳章之于商会（名誉会员），教育会（会长）、学务总汇处（总理）、体育会（议事员）、城厢自治公所（议董）；等等。在上海、天津、武汉等地，情况也大抵如此，如曾任知县、提调之类官职的“沪绅”领袖人物李平书，曾先后出任上海城厢内外总工程局领袖总董、城厢自治公所总董、总商会议董、南市商团公会会长、南洋劝业会淞沪协赞会会长等职，并且往往是同时身兼数职①。这批城市绅商能同时涉足于多种民间社团，正是自身以商为主但同时又亦官亦学亦农的过渡时期多重社会背景为之提供了终南捷径。例如苏州商会总理尤先甲，就既是苏州的大绸缎商，但又曾梯荣举人，授职侍读衔内阁中书，家中广有田产，官绅商学和城市地主身份集于一身②。由此不难得出结论，晚清地方新式民间社团的组织整合，主要是经由资产阶级化绅商阶层的媒介作用实现的。尽管究竟是由商会还是由自治公所或总工程局之类的组织机构充任市民社会的权力中枢，尚得视各地具体情况而定，但无论如何，资产阶级化的绅商阶层的组织和领导，却始终是理解晚清市民社会自组织过程的一大关键。

第三，晚清苏州市民社会在结构上的另一重要特征，系通过市民公社这种基层社会自治组织的疏导，把商人和市民自治的触角伸及城市社会生活的各个领域。这与上海资产阶级化绅商所建立的以自治公所（前身为总工程局）为主轴，以商会为后盾的垂直统一的城市自治系统相比，是极不相同的③。以全面城市自治为己任的苏州市民公社，组织上的一个显著特征系按街道的行政区划组建，由本街区的商人和市民联合

---

① 李平书：《且顽老人七十岁自叙》，文海出版社，1974 年版。

② 据“苏州商会档案”中的有关记载及笔者在苏州走访调查尤氏后代的记录。

③ 有关清末上海地方自治运动的发展，参见吴桂龙：《清末上海地方自治运动述论》，《近代史研究》1982 年第 3 期，第 161～182 页。上海总工程局和自治公所曾称自己为“地方全体之代表”，“总览自治之机关”。

创设，具有明显的街区性、基层性特征。如所谓“观前”，即指“自醋坊桥起，察院场口止”的苏州最繁华的街区。因由邻近街坊成员组成，市民公社不仅凝聚力强，组织比较细密，而且应变性和活力也较强，在清末民初得到长足发展。自宣统元年（1909）至民国 17 年（1928），19 年中在苏州先后建立的市民公社多达 27 个，分别是：观前、金间、渡僧侨、道养、山塘、齐溪、临南、临北、胥江、临本、护北公安、阀门马路、城南、郡珠中、双塔四隅、娄江、溪、城中、胥盘、上山塘、山塘下塘、盘溪、护中、城北、金门、新闻、枫江等①。在社会职能上，清末市民公社的自治范围主要为“卫生”“道路”“保安”三项。卫生包括清洁街道，蠲除污秽等；道路包括修缮街道、疏通沟渠等市政工程；保安主要指“联合救火”“弭盗防匪"等事项，尤“以救火会为下手之方”②。民国建立后，市民公社所从事的“公益之事”，扩展到学务（夜学、宣讲团、阅报社等）、善举（借本所、施棺等），以及金融、税务、物价、军需、杂捐等方面的管理③。

综上而言，苏州市民社会的结构可概括为：以资产阶级化绅商为领导，以商会为中枢，依仗由众多新式自治团体和组织机构结成的社团网络，尤其通过市民公社这种基层组织的疏导，把早期资产阶级城市自治的触角扩展到社会生活的各个领域。

三、市民社会与国家政权的关系

围绕公共领域与市民社会所展开的讨论，核心在于国家与社会的关

① 《局所》，民国《吴县志》（卷 30）；《苏州市民公社档案汇编》，《辛亥革命史丛刊》编辑组：《辛亥革命史丛刊》（第四辑），中华书局，1982 年版。

② 《苏州市民公社档案汇编》，《观前大街市民公社缘起》（1910 年 6 月），《辛亥革命史丛刊》编辑组：《辛亥革命史丛刊》（第四辑），中华书局，1982 年版，第 58～59 页。

③ 《苏州市民公社档案汇编》，《观前大街市民公社缘起》（1910 年 6 月），《辛亥革命史丛刊》编辑组：《辛亥革命史丛刊》（第四辑），中华书局，1982 年版，第 58～59 页。

系问题。哈贝马斯所论证的，乃是资产阶级的市民社会如何成功地占领了欧洲专制王权遗留下的“公共领域”，从而演化成近代资本主义民主社会①。在托克维尔（De Tocquville）看来，近代西欧市民社会与国家的关系始终呈现紧张甚至对立的状态，市民社会必须通过各种自由结社，用“独立的眼”来监视国家，以防专制政府的侵扰②。

然而，在晚清中国，尤其从苏州区域研究的结果看，中国近代市民社会建成的初衷，却并不是与专制国家权力对抗，而毋宁是调谐民间与官方的关系，以民治辅助官治，尝试建立一种新型的国家——社会关系。在这方面，急于解决经济发展问题，以与列强相抗衡的清政府（官方）甚至表现出更大的主动性。20 世纪初年大量新式民间社团的涌现以及与之相联系的公共领域的扩张、市民社会的成长，很大程度上正是清朝官方推动的结果。

例如，从苏州商会的设立过程看，一方面包含了商人的愿望、要求和行动，另一方面又与以地方官为代表的封建国家政权的提倡、督促有密切关系。上海、常州等地相继设立商会后，省商务局和苏州府县的官员曾屡次传集各业绅商，“妥为劝导设立商会公所，借资联络，并将商会章程札发”③。当苏州商会筹而未办，章程和总协理候选人名单迟迟未拟定之时，商务议员陆树藩曾照会王同愈等，反复催促：“希即会商各业领袖商董赶速筹办，实力举行，万勿再延。”④ 苏州市民公社也是在官方号召实行地方自治的情形下设立的，《渡僧桥四隅市民公社缘起》即谓：“光绪己酉夏，苏州城内玄妙观前大街商民，援光绪三十三年十一月宪政编查馆、民政部会奏结社集会律，合众联结公会，因尽出自商民，故曰市民公社。”⑤ 显然，正是因为得到清政府的大力提倡和扶植，

① 哈贝马斯：《公共领域的结构转型》，学林出版社，1999 年版，第 50 页。

② 约翰·金：《市民社会与国家》，伦敦 Verso，1988 年版，第 55～62 页。

③ “苏州商会档案”乙$_{2-1}$69/20。

④ “苏州商会档案”乙$_{2-1}$69/21。

⑤ 《苏州市民公社档案汇编》，《渡僧桥市民公社缘起》（1911 年），《辛亥革命史丛刊》编辑组：《辛亥革命史丛刊》（第四辑），中华书局，1982 年版，第 59～60 页。

各地新式民间社团才得以迅速建立起来。

在上述背景下所形成的晚清市民社会，自然不愿意与国家权力处于抗衡状态，而总是小心翼翼地寻求得到官方的认可和保护。在苏州等城市的市民社会中扮演着首脑机关角色的商会，便多少带有半官方机构的意味，其成员大多具有准官僚的社会地位。按规定，商会直接接受商部（后改农工商部）管辖，其总、协理均由商部“札委”，并颁给“关防”（印章）。商部文件云：“查奏设商会，自应归本部管辖，与地方他项公会不同。地方官虽无直接管理之权，实有提倡保护之责。”① 根据商部颁发的商会与地方官之间的“行文章程”，商务总会对总督、巡抚用“呈”，而对布政使、按察使以下地方官用“移”，以示地位平等②，以致时人批评：“中国虽立商会，而事事皆仰成于官，断无能久之理。”③ 可见，作为晚清市民社会中间组织的商会一类社团，往往从一开始就包孕着民间和官方的二重因素，成为国家与社会之间的纽带和中介，同西方民间社团那种纯民和纯自治的性质大不相同。这不能不影响到中国式市民社会的性质和特点。换言之，晚清市民社会雏形似更接近于黑格尔关于市民社会依属于国家的观念④，而并非与国家始终处于紧张的对峙之中。

不过，强调晚清市民社会对于国家的依赖，并不意味着市民社会与专制权力之间就不存在着摩擦和离心倾向，也不意味着晚清市民社会成长过程就没有民权的扩张。历史的事实是，晚清市民社会与国家之间的合作与冲突往往是并存的。孰大孰小，孰轻孰重，则视政治“局势”的转移而定。国家政权推动民间的自治，本意在于通过权力的部分让渡和

---

① “苏州商会档案”乙$_{2-1}$32/20。

② “苏州商会档案”乙$_{2-1}$37/12。

③ 《论商会倚赖政府之流弊》，《警钟报》1904年6月2日。

④ 黑格尔指出，市民社会虽说外在于国家，但却不可避免地具有一种自我削弱的趋势。如果市民社会要维持其“市民性”，那么它就必须诉诸一个外在的但却是最高的公共机构，即国家。

转移，以换取地方绅士的支持，重新加强对基层社会的控制，即“自治者，专办地方公益，辅佐官治为主”①。然而，这一主观愿望能在多大程度上实现，实现之后又能维持多久，就很难说清楚了。借用黑格尔的术语，作为“外在的国家”，资产阶级市民社会几乎必然要同专制性的“实体国家”发生矛盾冲突，而且随着市民参政权的扩大，这种矛盾和冲突也将随之趋于表面化、尖锐化，这倒是双方所始料未及且不愿看到的。照某些资产阶级中人的解释，地方自治并非仅仅是“辅佐官治”，而是“使社会有势力之各阶级，各担任国家之行政”②；或“由立于被治者地位之人民，而参与行政”③。民权扩张的意图显而易见。一些苏州市民甚至直接提出了建立“独立社会”（即市民社会的另一种说法）的口号，认为市民公社系“独立社会之起点”，“异日者，合无数小团体成一大团体，振兴市面，扩张权利，不惟增无量之幸福，而且助宪政之进行”④。

在某些敏感的公共领域中，市民社会的权限每增添一分，封建官府的实际统治权力就被削弱一分，所谓：“地方局所归绅士经理者，其与官府权限，初无一定，于是视官绅势力之强弱，以为其范围之消长。争而不胜，则互相疾视，势同水火。”⑤ 这类敏感领域包括市政、警务、司法、税收等。

在市政管理中，市民公社的归属问题曾在苏州商会与地方官府之间引起很大的争议。地方官府认为市民公社不应归属商会领导，而应归他们所控制的自治公所管辖。为此，封建官绅所把持的苏属地方自治筹办处曾多次照会苏商总会，提出：“惟查地方自治所以辅官治之不及，即

① 《自治名义之释明》，《江苏自治公报》1909年第11期。

② 《敬告乡人》，《浙江潮》第2期，第4页。

③ 《论地方自治》，《四川》第2号，第64页。

④ 《苏州市民公社档案汇编》，《观前大街市民公社缘起》（1910年6月），《辛亥革命史丛刊》编辑组：《辛亥革命史丛刊》（第四辑），中华书局，1982年版，第58～59页。

⑤ “苏州商会档案”乙$_{2-1}$96/14。

应受监督于该管地方官。上年准贵总会移送观前市民公社组织章程，其时城厢自治议事会、董事会尚未成立，故暂准如来禀径报该管地方官立案，先行试办。现在自治职均已成立，该公社虽设于市街繁盛之区，然并无买卖经营之关系。且阅该社章程，即非营业商人，但有社员介绍，年满二十五岁，住居本社范围者，均得为社员，故不能用商人名义而称市民，即为应属自治公所管辖之证。"① 但商会却并未因此而放弃对市民公社的领导权，俨然以市民公社为其基层组织视之。1910 年 10 月，金阊下塘东段市民公社筹建时，曾递呈略给苏商总会，谓："维思贵会综握商务机关，凡我商民均隶属之，谨以原禀、章程附呈略请总、协理大人钧鉴，俯即备案，以俾稽考。"② 显然，商会仍通过对市民公社的控制而插手市政建设与管理。

在警政方面，苏州的警政管理权在官方和民间几经易手。苏州之有警政，始于 1903 年新政期间官办巡警总局和七路警察分局，以苏州府知府为总办。1909 年遵旨筹办地方自治运动之初，绅商通过创设名为"警务公所"的自治团体，一度接办警务，王同愈、尤先甲等出任议董。但未及周年，官府即札委汪瑞闿为巡警道，撤换全部警官，收回警政大权。随着"警务公所"的名存实亡，苏州绅商染指警务的努力终成南柯一梦③。苏州市民社会亦不具备黑格尔所说的作为市民社会组成部分之一的"警察机构"。

在司法问题上，尚处于雏形状态的市民社会与官府的矛盾也比较明显。1904 年，清政府在该年初颁行的《商会简明章程》中规定商会有

---

① 《苏州市民公社档案汇编》，《江苏苏属地方自治筹办处复苏州商务总会照会》（1909 年 7 月 15 日），《辛亥革命史丛刊》编辑组：《辛亥革命史丛刊》（第四辑），中华书局，1982 年版，第 88 页。

② 《苏州市民公社档案汇编》，《金阊下塘东段市民公社致苏州商务总会呈略》（1910 年 10 月 26 日），《辛亥革命史丛刊》编辑组：《辛亥革命史丛刊》（第四辑），中华书局，1982 年版，第 92 页。

③ "兵防考"2，李根源：《吴县志》（卷 21），苏州文新公司，1933 年；张直甫、胡觉民：《苏州警察的创始》，政协苏州市委员会文史资料委员会：《苏州文史资料》（第 1—5 辑），1990 年。

权调处商事纠纷①。于是，各地商会成立时，均把受理商事纠纷、保护商人利益写进章程，并设立专门机构负责受理商事纠纷。从1905年至1911年，苏州商务总会共处理了393起商事纠纷案件，其中70%以上的案件均顺利了结。在内容上，这些案件主要是与商业和商人有关的钱债纠纷、地产争执、官商冲突等情节较轻的民事案件②。商会在处理这类案件中所获得的巨大成功，初步显示了市民社会所具有的自治潜力，受到工商户交口赞誉："遇有亏倒情事，到会申诉，朝发夕行，……各商借资保护，受益良非浅鲜"③。但同时也引起某些地方官府的忌恨，认为商会理案是对地方官司法权限的侵夺，因而表示出强烈的不满。如1909年，湖州劝业道曾批示武康县商务分会章程说："查核所拟章程，诸多不合，并有理案问案等名目，尤属侵越行政之权。即欲调处商界争端，亦仅能由该会协议和息，不得受诉讼。"④ 此批示在《华商联合报》刊出后，立即受到许多商会和商人的指责。对于已经初步取得的商事裁判权，商会采取了比较强硬的态度加以维护。但商会有权理处的，始终只是情节较轻的商事纠纷，绝不允许参与刑事案件和与商事无涉的民事案件的审理⑤。

税收问题因直接关系商人和国家各自的经济利益，因此成为市民社会与官府矛盾最为复杂、冲突最为激烈的领域。晚清商会在商人和官府因捐税问题而不断发生的冲突中，处于非常尴尬的地位。一方面，作为官方通向商民的管道，商会不得不维护政府"裕课"的立场，说服商人完捐纳税；另一方面，作为商人的代言人，商会又不得不考虑商人的利

---

① 《奏定商会简明章程二十六条》，《东方杂志》第1年第1期，第7页。

② 有关晚清苏州商事纠纷的调处，参见马敏：《商事裁判与商会——晚清苏州商事纠纷的调处》，《历史研究》1996年第1期，第30～43页。

③ "苏州商会档案"乙$_{2-1}$68/43。

④ 《海内外商会纪事》，《华商联合报》第15期。

⑤ 晚清上海城厢内外总工程局虽被授权可理处"普通民事案件"，但也仅限于"寻常案件"，"至于重要案件仍解送钧案（指县衙）办理"（"公牍甲编"，杨逸：《上海市自治志》，成文出版社，1915年版）。

益，坚持“惠商”的立场，以求“下有以对诸商，上有以对层宪”①。这就使商会感到为难万分：“盖商会以振兴商业为宗旨，商人对官长劝令如有非礼之抵抗，我商会非特不当助彼，且应极力劝导，以息争端。然果遇捐项重叠，力有难支，则商会断不能漠然坐视也。”② 这段话生动刻画了商会诸人的两难处境与矛盾心态。然而，商会又毕竟是代表商人根本利益的组织，其经费毕竟来自各业商人的捐款，所以，当“裕课”与“惠商”不能两全时，商会主要还是选择站在抗税商人一方，充当市民社会的代言人，有时甚至不惜与地方官府公开对抗。如 1907 年，为反对江苏牙税骤增十倍，苏州商会即会同上海、江震、盛泽、梅里商会呈文商部，痛陈“贸易衰微，商情愈觉难支，若牙税骤增十倍，譬有屋漏加雨无以堪比”，要求咨商苏抚，“酌减几成”③。结果在商会的一再抗争下，当局只得如商会所请，仅加征牙税五成。1910 年至 1911 年，苏省商会和其他民间力量同咨议局相配合，掀起了一次规模宏大、持续时间甚长的“裁厘认捐”风波，直接抗拒官方的厘税政策，初步显示了市民社会在税政自理、自治方面的实力④。

由上可见，晚清苏州市民社会雏形与封建国家政权之间形成一种既相互依赖，又相互矛盾、摩擦的复杂关系。这种关系主要在官商界限不甚明确的一些公共领域中展开。而公共领域本身，“可能是国家和地方士绅合作的一个连结点，但也可以是国家和地方士绅冲突的一个爆发点”⑤。市民社会与国家政权之间的这种不确定性关系，决定了组织起来的市民社会既可能起到“辅助官治”的作用，弥补国家权威流失所造成的真空；但也可能在国家权力对之进行压迫或试图收回某些已让渡的

① “苏州商会档案”乙$_{2-1}$120/7。

② “苏州商会档案”乙$_{2-1}$116/2。

③ “苏州商会档案”乙$_{2-1}$116/66。

④ 有关清末江苏的“裁厘认捐”，参见马敏：《清末江苏裁厘认捐活动述评》，《华中师范大学学报》1985 年第 6 期。

⑤ 王笛：《晚清长江上游地区公共领域的发展》，《历史研究》1996 年第 1 期，第 16 页。

权利时，脱离旧有的统治秩序而走上自谋生存的独立之路。晚清由地方自治、君主立宪到辛亥革命中的各省“独立”，正反映了早期市民社会在政治上的这一内在发展理路。

四、市民社会与近代城市社会动员

市民社会的形成过程，同时就是调动社会资源、激活社会活力、造成广泛城市社会动员的过程。晚清城市社会动员固然是外力压逼和内政改革要求交相激荡的产物，但与城市社会的传统组织资源及历史文化资源亦不无关系。

晚清苏州市民社会的形成，便直接受惠于该地区自明清以来民间结社的传统以及相应的传统社会动员形式。首先，晚清市民社会的组织形态虽然有模仿西方社团组织的新意义，采取了西方社团的一些组织原则，但在组织起源和组织形式上却直接继承了会馆、公所、善堂在长达300余年中所形成的“都市组织资源”。会馆、公所等传统商人结社组织的存在，使商会等新式商人社团不必重新凭空建造，而可以在人力、资金等资源上采取直接汲取的方式。商会“大都以各业公所、各客帮为根据”①，苏州商会章程规定各商帮每年缴纳会费300元以上即可推举一人作为行帮会员，并可自行开列会友名单报会。商会议董往往同时也就是各会馆、公所的董事。可见，商会与行会组织是相互依存、相互渗透的。清末的地方自治与明清时期都市的慈善事业传统也有着历史的连续性，负责经办江苏地方自治事务的江苏巡抚瑞徵曾说过：地方自治事务，“既贵经理之得人，尤赖财力之相济。苏省各属公款、公产，本皆绅董经存，而出于慈善事业为多”。

其次，晚清苏州市民社会的形成，又与明清时期苏州地方社会所培

① “苏州商会档案”乙$_{2-1}$67/24。

育的管理地方公共事务的传统习惯有关。在经营地方公产、公事过程中，会馆、公所、善堂等结社组织所普遍采用的董事制、捐款制、公议制，以及与官府沟通、协商的方式，均已构成一种认定俗成的习惯，并涵育出一种重视公共利益、善于协调、合作的公德精神。这种具有深厚历史文化根基的公事习惯和公德精神，均成为构建近代市民社会，从事近代社会动员的精神文化资源。如在1905年抵制美货运动中，苏州商人便十分巧妙地将传统的公德精神与收回利权的商战联系在一起，提出："商会以公理公德为主。抵制美货一节，为吾中国各行省之公愤，为环球列国之公许。则买卖美货者，实为破坏公理公德之尤。"①

显然，市民社会的兴起与传统社会动员程度有关，越是在那些公共事务比较发达，结社风气比较盛行，传统社会动员较为广泛深入的地方，市民社会的形成便相对较易；而在那些社会风气比较闭塞，公共事务不甚发达，传统社会动员程度很低的地方，市民社会的发育则相对困难。

同时，近代社会动员与市民社会发展也呈现出明显的互动关系。一方面，近代社会动员推动了市民社会的成长；另一方面，市民社会的成长又为近代城市社会动员提供了制度基础和组织保障，使其在深度、广度和组织程度上均超过了明清时期传统社会动员的规模。

1905年全国性的抵制美货运动，正是一次"结民力""鼓民气"的大规模近代社会动员运动。这次运动不仅促进了市民民族主义意识的空前高涨，而且直接促成了商会等近代新式商人社团的迅速建成。在苏州地区，抵制美货运动自发兴起后，虽有各界组成的"争约处"暂行领导②，但"惟苏地并无商会，以致敝处集议之所，外间尚未周知"③。创设商会顿时成为一个十分紧迫的问题："虽举国与共而抵制美货，则商

① 《苏省争约处华工禁约批倒加厉办法》，《时报》1906年2月2日。

② 争约处负责人有汪远焘、朱宝森、李士荧、项森等人，见苏绍柄：《山钟集》（第1册），觉觉社，1906年版，第73页。

③ 苏绍柄：《山钟集》（第1册），觉觉社，1906年版，第139页。

家为首当其冲，而商家之方策，已必赖商会为之机关也，……是商会之利虽不止于争约，而与争约固有密切之关系也。故争约者苟怂恿商会之成立，亦所以为抵制之预备。”① 显然，苏州商会既诞生于声势浩大的抵制美货运动中，又正是以领导这一运动而获得自己最初的声誉。继商会之后，在“合群爱国”的时代氛围中，体育会、商学会、市民公社等新式社团相继破土崛出，标志着苏州市民社会组织形态的初步形成。

如果说1905年的抵制美货运动在苏州更多地体现了社会动员促进市民社会组织程度的一面，那么，1906年至1908年在江苏爆发的拒款保路运动，则更多地体现了初步形成的市民社会在大规模民众动员中所发挥的组织作用。江苏的拒款保路属于牵动全国的江浙铁路风潮的组成部分之一，在风潮中以商会为首的苏州市民社会发挥了重要作用。其一，以集会形式进行动员。大规模的群众集会是近代市民社会动员的一种主要方式，而在过去则非常罕见。在江浙铁路风潮中，苏州绅商就充分利用了这一近代社会动员方式。1907年12月7日，为动员更多的商人和普通市民参加拒款保路，苏州商会和其他民间社团联合召开了集股保路大会，与会者约300人。商会代表发言阐明：“各种商业发达，皆随铁路以进行。若借款事成，实与我民以切肤之痛，故商会宗旨在劝各绅以集股保路为第一义。”② 接着，与会者竞相发表演说，痛陈借债筹路之种种危害，表示坚决抵制。会上，当场集得苏路公司股份9143股（平均每股5元）。同年12月底，苏州商学两界又假教育总会召开成立“苏州拒款会”大会，到会者约800至900人，进一步壮大了运动的声势③。其二，利用社会舆论相号召。市民社会已充分意识到“公论”（即公众舆论）在社会动员中的重要性，并通过大造舆论来广泛动员各阶层民众参加集款保路斗争。除“立会聚议”外，“发电力争”、登报呼

① 《敬告我苏州商业家》，《时报》，1905年7月19日。
② “苏州商会档案”乙$_{2-1}$297/35。
③ “两省开会纪事”，墨悲：《江浙铁路风潮》（第1册），1907年铅印本，第5页。

吁，均是大造舆论的方式。常州商务分会还大量印刷用白话文所写的劝股浅说，遍行散发，以达广招农、工、军、学界入股之目的。一时间，集股保路成为社会舆论所关注的焦点，“各处设会集股，甚为踊跃”①。其三，利用民族义愤相激励。苏州市民社会绅商非常巧妙地将因帝国主义侵略而激起的“公愤”，转化为与切身利害相关的“公利”“公益”思想，进而动员民众参加保路斗争。有的绅商指出：“能多认一股，即多保一份权利也。”② 有的绅商强调：“我苏人热心公益，共谋幸福，见义勇为，何容多让。”③ 一时间，“佣贩妇竖，苦力贱役，亦皆激于公愤，节衣缩食，争先认购”，“民气之感奋，实所仅见”④。由此广泛社会动员所造成的“民力”“民气”，连地方官府也不敢轻视。苏、浙两抚在联名呈请军机处代奏的电文中说：“自铁路借款一事宣布以来，人心大为骚动，各处绅士商民……奔走相告，誓不承认。”虽迭经劝谕，“无如万口一词，无从晓譬”，因此不得不呼吁朝廷“以兴情而维大局”⑤。广泛社会动员所造成的“万口一词，无从晓譬”的情况，在传统城市社会中是不多见的。

由市民社会所发动的近代社会动员与传统社会动员的最大不同处，还在于前者往往是横向展开、跨区域性的，而不是分散的，仅仅局促一地的。无论是1905年的抵制美货运动，还是持续数年的保路风潮，以及1907年的拟定商法活动、1910年的南洋劝业会、1910年至1911年的江苏裁厘认捐活动，均属跨区域乃至全国性的运动和活动。这类运动和活动因规模浩大、牵涉社会层面广泛，往往不得依靠跨区域的社团组织来加以维系。如1907年，趁全国80多个商会赴上海出席商法讨论会之机，上海商务总会即发起成立“华商联合会，拟有简章，出刊会报，

① “开会认股汇记”，墨悲：《江浙铁路风潮》（第2册），1907年铅印本，第27页。
② “苏州商会档案”乙$_{2-1}$297/10。
③ “苏州商会档案”乙$_{2-1}$297/13。
④ 《政艺通报》光绪丁未年卷5，第4页。
⑤ “延寄奏章”，墨悲：《江浙铁路风潮》（第2册），1907年铅印本，第3页。

并设有专门筹备机关华商联合会办事处”①，后终因“签名赞同者为数甚少”而作罢②。1911年6月，为了统一领导江苏全省的裁厘认捐活动，江苏地区25个商务总分会齐集上海，设立“苏属商会联合会”，以“公议关系苏属之商务事宜，研究商业之进步为宗旨”③。在1910年南京南洋劝业会期间，张謇等还发起组织全国农务联合会、工业演说大会、报界俱进会等全国性社团组织④。这种跨区域的或全国性的组织和相应的活动，最能说明近代社会动员的时代特征，并影响各地市民社会的性质。其中，最明显的变化之一，即是从市民意识中已演化出近代“国民”意识。如在江浙铁路风潮中，苏州绅商已俨然自视为“国民”，而不再甘当“子民”，谓：“夫中国为二千余年之老大专制，无论内政外交，向任执事独断专行，国民纤芥，不得预闻。”⑤ 又谓：“国家为人民之集合体，人民为国家之一分子，既担一分子义务，应享一分子权利……今日拒款风潮如此激烈，足见我民气民权发达之一征，于数千年专制政体上放一光明，诚不禁为前途贺。”⑥ 其间所隐含的时代进步消息，显然是以前所无的。

苏州市民社会还通过社会动员，调动市民的组织力，加强了对市政的管理。如城市防火一项，苏州早在清初即有名称为“火社”的民办消防组织，后改称“龙社”，大都附设于各业公所、庙宇或善堂中，十分分散，且“组合不完，人品复杂，一遇火警，则鸣锣扰攘，扰乱人心。甚至夺水争路，恃众逞凶之举，时有所闻”⑦。1908年和1910年，苏州绅商仿行上海的办法，以传统“龙社”为基础，分别创设了“苏州西北

① 《华商联合会（开办处）致天津商务总会函》，天津商会档案全宗（128），二类，第29卷。

② 民国成立后，“中华全国商会联合会”于1912年成立。

③ 《苏属商会联合会草章》（苏州市档案馆藏）。

④ 南洋劝业会日本出口协会：《南京博览会各省出品调查书》，东亚同文会调查编纂部，1912年，第161页。

⑤ “苏州商会档案”乙$_{2-1}$295/14。

⑥ “苏州商会档案”乙$_{2-1}$297/36。

⑦ “苏州商会档案”乙$_{2-1}$38/7。

城救火联合会”和“苏城救火联合会”，以统一救火的指挥和协调。救火会定宗旨为：“联合群力，消除火患，图谋地方之治安为唯一宗旨。”① 不仅组织比较正规、严密，而且灭火器具也比较先进，分工十分明确，灭火队员分盘头、管班和散役三种。盘头“开警传锣，召集夫役”；管班“约束夫役，兼持龙头”；散役则分别负责鸣锣、警灯、冲锋、肩梯、持叉、抬龙、挑水、收筹、给烛，“各司其事”，大大提高了救火效率②。在城市卫生管理方面，苏州绅商也配合官方，发动城市居民开展了大量活动。1907年苏州商会绅商专门拟定了“治理城市卫生简章”十条，大致内容包括：（1）及时清理街道，路中设置木桶倒放垃圾，劝诫商人和居民不乱扔瓜皮、污物；（2）在城中设立一局，指派司事若干人，每日押令挑夫逐户收取垃圾运至城外，并将街道洒扫干净；（3）清洁费所需款项，先由绅董垫款，俟开局之后，分派司事按户收取，“随人允贴，不准勒募”③。这些规定的实施，大大改善了苏州的卫生条件。这充分说明，近代城市社会动员，不仅是发动民众的过程，也是组织市民实施自治的过程，兼具发动与组织的双重功能。

尽管晚清城市社会动员尚有其局限性，由此而造成的社会变动无非是以新绅商的市民社会代替旧绅士主持的传统民间社会，以新兴资产阶级市民势力取代旧绅董和城市地主的联盟。它不仅基本脱离下层民众，而且对来自社会下层的“民变”尚有强力压制的一面。但是，它毕竟推动形成了一个具有一定独立性和相当组织程度的城市市民社会，为新兴社会势力的兴起提供了社会动力和组织保障。辛亥革命中，新旧政权的更迭之所以并没有对苏州城市生活造成太大的影响，同其中存在一个事实上的“市民社会”在维持秩序与稳定不无关系。而这却是过去相对忽略和研究不够的。

---

① “苏州商会档案”乙$_{2-1}$38/8。
② “苏州商会档案”乙$_{2-1}$38/11。
③ “苏州商会档案”乙$_{2-1}$213/12。

五、市民社会与城乡关系演变

在传统中国的城市体系中，苏州极富典型意义。得天独厚的自然条件和人文条件，使苏州地区开化、发达甚早，成为中国古代农业文明中一颗耀眼的明珠，苏州城市也具备了中国古代城市的一般特征。

苏州自春秋时期建城以来，一直是江南的政治中心之一。秦代设县后，苏州即为县治之区。从宋代到清代，以府领县，苏州便成了府的治所。康熙六年（1667），江南省划分为江苏、安徽两省，苏州遂成为江苏省会。雍正二年（1724），苏州分置吴县、长洲、元和三县、吴县在城西，长洲县在东北隅，元和县治东南隅。至此，苏州一城之中并存有省、府、县三套行政机构。据估算，清末苏州城厢拥有约 50 万人口，周围所辖各县约 250 万人口①。

自唐、宋以来，随着中国经济重心逐渐南移，苏州又开始成为江南著名的商业和手工业中心。进入清代以后，苏州工商业的兴旺繁盛较前又有发展，所谓："五方杂处，人烟稠密，贸易之盛，甲于天下。"② 另据立于乾隆二十七年（1762）的《新修陕西会馆碑》碑文："苏州为东南一大都会，商贾辐辏，百货骈阗，上自帝京，远连交广，以及海外诸洋，梯航毕至。"③ 商业的繁荣又进一步促进了手工业生产的发达，以织布业为例，"苏布名称四方，习是业者，阊门外上下塘居多，谓之字号。自漂布、染布及看布，各有其人，一字号常数十家赖以举火。"④

---

① 据《海关关册》中提供的1896年苏州人口数字和《江苏省内务行政报告书》（民国3年出版）中"民国元年各县人口"概算。

② 顾禄：《清嘉录》（卷五）《关帝生日》，上海古籍出版社，1986年版，第93页。

③ 江苏省博物馆：《江苏省明清以来碑刻资料选集》，生活·读书·新知三联书店1959年版，第375页。

④ 《风俗》，乾隆《长洲县志》（卷十）。

除政治和经济中心外，苏州也是传统的文化中心，享有“文化古城”的盛誉。1905年科举制废除之前，苏州城内除府、州、县学外，还有6所古老的书院：文正书院、紫阳书院、平江书院、正谊书院、太湖书院、学古堂，以及义塾、社学共11所[①]。1861—1870年，苏州府长、元、吴三县共有生员764人，清嘉庆至宣统，苏州府考取举人734人，进士6人[②]。

无论从哪方面看，有清一代的苏州仍然保持着中国传统城市的特征，即它“基本上是一种城乡连续体（Urban-Rural Continuum）的结构特征：城和乡基本上没有多大差别，城内城外人民的利害是协调一致的，并未被墙分割”[③]。城内外人民的思想观念和民风也基本是一致的，即显得糜弱闲散、节奏缓慢，缺乏工业化社会所必不可少的紧迫感与开拓创新精神。一般士人“长于持论，短于有为；勇于发端，怯于临事”[④]。而所谓“一读书、二学医、三开典当、四织机”[⑤]，更是普遍流行的社会价值追求。这种传统观念和心态以其特有的韧力维护着正处于解体过程的旧的经济社会结构，并阻遏着新的经济社会结构及其观念形态的发展。至于苏州周围的镇与乡（农村）的区别更是微乎其微，镇基本上是乡的中心。在清末地方自治的官方文书中，地方官员们即表示镇与乡实在难以明确划分，“惟苏属各厅、州、县、镇、乡多相连接，户口向称殷繁，镇之于乡竟致碍难区别”[⑥]。根据自治条例，镇与乡主要靠人口多寡来划分，一般以5万人口以上算镇。由于城、镇、乡之间并不存在严格的户籍制度，“户籍久同虚设，州县按年例报，类同奉行故

---

① 《苏州市教育志》，“资料汇编”（一）（未刊稿）。

② 民国《吴县志》，“选举”。

③ 刘石吉：《城郭与市廛——城市的机能、特征及其转型》，《中国文化新论·经济篇》，台北联经出版公司，1983年版，第306页。

④ 王培棠：《江苏省乡土志》（下册），商务印书馆，1938年版，第370页。

⑤ 苏州民间谚语，苏州市政协：《文史资料选辑》（第3辑）。

⑥ 《苏府瑞徵筹办地方自治折》，《苏州商会档案丛编》（第1辑），华中师范大学出版社，1991年版，第1225页。

事，不足为凭”[1]，城乡之间的人口流动频仍，致使城、镇、乡之间的界限更趋模糊。

然而，随着晚清地方自治运动的开展和市民社会的萌生，传统的城乡一致性也开始逐渐被打破，中国城市迟缓地开始了城乡区别增大、城乡对立加剧、都市文化和都市特性增强的城市近代化过程。在近代苏州，这一过程又具体体现为市民意识增强、市政建设走上轨道、城市社会组织空前活跃等历史现象。

城市居民意识的增强。如果说，在传统中国，市民（城市居民）并不构成一特殊阶级，不代表一种特殊的文化，也不具有都市优越性，那么，在近代城市中（不仅在上海一类的通商口岸城市，而且在苏州一类传统性较强的城市），一种明显不同于乡村文化的都市文化正在出现，与之相应的都市优越感也开始产生，换言之，城市居民开始变得更像真正的城市居民。例如，1909 年后陆续开始在苏州设立的各街区市民公社，均十分强调其城市性、自治性、市民性，并以此为自身特色。最早设立的观前大街市民公社在发起缘由中强调："公社之立，始于去夏五月。地限于元妙观之东西两街，人限于一市之商民，以借合群之策，乃得公益之同意也。"[2] 稍后兴办的"渡僧桥市民公社"也特别强调其城市特征："……于是阊门外渡僧桥四隅铺商，以渡僧桥当城内外之冲，阊门为六门之冠，火车站、轮船埠荟萃于斯，新旧营兵、齐鲁淮徐客民屯聚尤夥，是不可不谋自治之法。于是踵武观前街，设立市民公社。"[3] 各市民公社还均规定成为公社社员的必备条件之一，是必须为"住居本社范围，或营业本街，满一年以上"的城市居民[4]。其他社团组织如商

---

① 章开沅等：《苏州商会档案丛编》（第 1 辑），华中师范大学出版社，1991 年版，第 1227 页。

② 《苏州市民公社档案汇编》，《观前大街市民公社缘起》（1910 年 6 月），《辛亥革命史丛刊》编辑组：《辛亥革命史丛刊》（第四辑），中华书局，1982 年版，第 58～59 页。

③ 《苏州市民公社档案汇编》，《渡僧桥市民公社缘起》（1911 年），《辛亥革命史丛刊》编辑组：《辛亥革命史丛刊》（第四辑），中华书局，1982 年版，第 59～60 页。

④ 参见苏州市民公社档案中各公社所拟章程。

会、体育会、教育会也要求其成员必须是居住本城有年的城市居民。如苏州商会会员入会资格规定为必须是行为规矩、明白事理、年满二十四岁以上，并在苏州经营商业的商人①。苏商体育会会员规定以居住在本城的商人、店员和学徒为主，也包括部分其他职业者，但无论是何职业，均需一名本城的商人作保。苏商体育会的城市性特征也是十分明显的，仅设于苏州城内。“苏州水陆交通，市廛阛溢，凡商界身家财产，奚啻亿兆，咸寄于此，亟宜振刷精神，固结团体，祛畏葸之积习，弭隐患于无形。现经职等公同集议，拟于省垣适中之地，设苏商体育会，以健身卫生为始事，以保护公益、秩序、治安为宗旨。办有成效，为将来商团之先声。”②

城市居民意识的增强又是同市民生活和生存方式的变化分不开的。中国传统的绅士往往与农村和土地有着密切的联系，他们即使人进了城市，早已成为城市居民，但仍在乡下广有田产，其财富的主要来源往往主要是在乡下征收的地租，故称之为“城市地主”。但到清末民初，这些绅士开始逐渐疏远与农村和土地的联系，一般很少添置田产，而是“以田养商”，用田租收入扩大商业性收入，并逐渐增大对新式工厂和铁路的投资。如苏州著名绅商尤先甲虽以长子名义继承了尤家的房产和田地，但在乡下的田产主要由其弟尤先声管理，尤先甲则侧重经商，并长期出任苏州商会总理，广泛参与各种城市公共事务。这种经营兴趣的变化和由此而产生的生活方式的变化，在一定程度上使其对城市的认同感得到了增强。商品市场经济以其特有的魅力将这批城市商人带入了一个更为广泛、复杂的人际关系网络。作为投资者，他们要奔波于各地，了解市场行情，频繁地出席各处的股东会、集资会、劝业会、考工会、物产会等；作为企业的管理者，他们要处理更为头绪纷繁的劳资关系、业

① “苏州商会档案”乙$_{2-1}$3/4。

② 章开沅等：《苏州商会档案丛编》（第1辑），华中师范大学出版社，1991年版，第1227页。

务关系、官商关系等；作为地方头面人物，他们又要加入和组织各种社会团体，广泛参与城市市政管理。这使他们的生活方式与昔日的乡村生活相比，变得更加丰富多彩和更具刺激性、挑战性。

如前所述，市民社会的出现大大推动了城市的市政建设，而市政建设的次第举办，又促使城乡区别进一步扩大，城市与乡村的分离过程加剧。苏州各市民公社申报成立的基本理由，就是要“试办市政”，其范围涉及教育、卫生、慈善、消防、交通、水利、土木工程、通信及公共营业等城市生活的各个方面。救火会的普遍设立和消防工具的改进，大大提高了城市防火的水平；警察局的试办和商团的成立，使城市的治安条件有所改善；街道整治和提倡卫生，在一定程度改变了市容市貌，多少增加了对都市现代化的感受。1905 年苏州商人方中在致商会的一封信中特别提出：“吾吴商业薄弱，亟宜厚集资本，银行也、电灯也、自来水也、肥料公司也，速办为是。”① 1903 年，湖南人马伯亥创办苏州电话局，苏州人开始使用上了电话。1908 年沪宁铁路通车，苏州的交通条件大为改善。城市现代生活设施日新月异的发展，进一步拉大了城乡差距，使传统的城乡一致性遭到更大的破坏。

城市社会组织系统的整合和加强，也空前增强了城市的凝聚力，使城市社会比乡村社会更富有组织性，更具有活力和创造力，成为近代社会变革的中心和源泉，成为新观念和新思想的策源地，相对闭塞的农村则无可挽回地落伍了。晚清商会一类新式社团的纷纷成立，在根本意义上，正是城市社会面临西方压力和刺激所产生的合群意识的外化，反映了分散的市民正在聚合为有组织的社会力量，以解决实现城市近代化所面临的一系列难题。如商会的成立便突破了分散的会馆、公所的局限，将城市居民的主体——工商业者更紧密地联系在一起。苏州商会成立后，工商户即交口赞誉：“盖自设立商会以来，商情联络，有事公商，悉持信义，向来搀伪攘利，争轧倾挤之风、为之一变。”② 专事城市防

① “苏州商会档案”乙$_{2-1}$8/22。
② “苏州商会档案”乙$_{2-1}$68/43。

火事务的城市救火会的设立，则是为了集中有限的人力、物力，有效防止和控制火患的需要。1908 年和 1910 年，苏州绅商仿行上海的办法，以传统“龙社”为基础，分别创设了“苏州西北城救火联合会”和“苏城救火联合会”，以统一城市救火的指挥和协调，弥补分散的“龙社”之不足。两个联合救火会分别统辖各行业所创办的规模较小的救火社、新型龙社。这些新型的城市消防组织已非过去的松散的临时性组织，而有一套比较严密的组织机构，“以联合群力，消弭火患，图谋地方之治安为唯一宗旨”①。

以上分析表明，尽管晚清苏州城市基本上还是传统型的城市，但随着市民社会的产生，已经开始了向近代新型工商城市的转型，由城乡一致走向城乡分离，日益向西方近代都市的标准接近，这一转化的实质，正是中国传统城市的近代化过程。

然而，不能不看到，苏州这类传统城市的近代化又毕竟是一个缓慢展开的过程，城乡之间千丝万缕的血缘联系不可能很快中断；反之，城市的发展和城市经济的活跃在很大程度上还是离不开乡村商品经济的繁荣。同纯粹的西方城市不一样（甚至与上海也不一样），苏州这类城市的成长始终是以周边乡村为依托，从乡村获得现代经济发展所需的原料和市场，因而始终保持着对农村的关怀，主动加强与乡村的联系、协调（这也是所谓苏南发展模式的根本特点之一）。这一点可以从苏州的商品经济结构特点得到证实。苏州商品结构中，农副产品及其加工品的成分比重很大，生丝、绸缎、大米、棉花、茶叶、烧酒等均属大宗流通商品。农村地区也是苏州钱业、典业放款进行高利贷剥削的主要地区。正因为如此，苏州早在晚清便成立有以农村发展为己任的农务总会，这种农会并非农民的组织，而是由居住城中的城市工商地主组成，规定宗旨为：“务以开通农民知识，因地制宜，改良种植，一切冀农业之发达。”② 苏

① “苏州商会档案”乙$_{2-1}$38/8。
② “苏州商会档案”乙$_{2-1}$73/37。

州农务总会成立后，先后开展了承领荒地、创办农业试验场、农产品调查、改良种子和为第一次南洋劝业会提供参赛展品等活动，对苏州地区的农业发展起到了一定促进作用。又如商会这种工商组织西方一般设于城市之中，但在中国因照顾城乡结合、城乡依托的特点，除在重要城市和省会设立商务总会而外，在城市与乡村的结合部——县城与市镇尚设立有商务分会或商务分所，商务分会“每属只准设立一分会，其设会所在不论系城埠、系村镇，总以在该州县中商务最盛之地为断”①。而商务分所则“就各乡镇凡有商铺荟聚之所，次第筹设分会之分会，借广联络，而资调察”②。设于乡镇的商务分会和商务分所实际从属于设于大、中城市的商务总会，形成一个覆盖城市和乡村的商人组织网络，共谋城乡商品经济的发展。

因此，我们要看到苏州市民社会主要是城市产物，是城市市民的聚合体。但出于中国传统城市的特点，成长中的市民社会与乡村社会又有着千丝万缕的联系，有着利益上的一致性。这是我们在分析苏州市民社会特征时所不应忽略的。

［本文原刊于《辛亥革命史丛刊》第 10 辑，湖北人民出版社，1999 年版］

① “苏州商会档案”乙$_{2-1}$69/17。
② “苏州商会档案”乙$_{2-1}$66/38。

商会史研究与新史学的范式转换

近20年来，中国商会史研究越来越为中外学者所瞩目，成为中国近代史研究的热点之一，并在很大程度上促进了城市史、经济史、社会史、现代化史诸研究领域的进展。换言之，商会史研究的开展是与改革、开放后新史学的构建相同步的，商会史研究中的突破体现了新史学所取得的进展。

之所以认为商会史研究的进展与新史学的进展有着内在关联，乃是因为商会史研究能在不长的时间中异军突起，取得较好的学术成果，首先便在于广大商会史研究者能够勇于解放思想，更新观念，自觉地将社会学、社会心理学、法学、政治学等相关学科的理论及方法引入史学研究，从而带来了研究视野的开拓和研究层次的提升。否则，“商会史研究只能是一种表象的陈述，而不能充分显示商会史研究应具有的特色”①。

新史学的建构其实也才刚刚起步，还有许多新的领域需要拓展、许多新的问题需要研究。商会史研究亦如此。过去在理论架构上，商会史研究中主要运用的是社会学中结构—功能理论，并深受现代化理论的影响。在这种理论范式的支配下，比较注重商会的社会属性、角色地位、组织结构、功能作用和商会中的现代性因素，却相对忽略商会的复杂性

① 赵洪宝：《近几年来大陆学者关于中国商会史研究综述》，《近代中国史研究通讯》（台北）1993年第16期，第138页。

和区域性特征，忽略其与传统相联系的一面。对引进的一些西方理论，如“公共领域”和“市民社会理论”，也多少有食洋不化之嫌。这些，也在一定程度上反映了新史学建构中所存在的理论和方法上的问题。总之，本文拟在商会史研究与新史学建构的相关层面，深入探讨商会研究在研究视角、历史解释、理论思维、范式突破诸方面对新史学构建的学术意义，而重点又将放在商会史研究中的范式转换问题上。

一、缘起：范式与范式转换

究竟什么是“范式”（paradigm，或译规范、典范）？其实这一概念的发明者库恩也从未给出明确的定义。从他对“范式”在科学革命中的作用的阐释，大致可理解为某一科学群体在一定时期内基本认同并在研究中加以遵循的学术基础和原则体系，它通常包括一门学科中被公认的某种理论、方法，共同的对事物的看法和共同的世界观。库恩认为，范式为科学共同体（科学工作者按同一规范组成的集体）所一致拥有，他们按照统一的规范从事科学研究活动，这就是科学。在从事科学研究中发现有些事实不能纳入共同体的范式内，就形成反常。反常发展到一定阶段就形成危机。在危机中逐渐产生了提出新范式的需要，于是开始了科学革命。科学的发展便是如此循环往复，以至无穷。

库恩有关“范式”的理论，虽然主要是对自然科学发展规律的认识和归纳，但对人文社会科学（包括历史研究在内）同样具有指导意义。人文社会科学除各种各样的理论主张外，似乎也同样存在贯穿于各种理论之中，但又超脱于各种具体理论之上的研究“范式”。如有的研究者认为，政治史、文化史、社会史在某种意义上说也就是几种不同的研究范式。也有的研究者提出，近现代史研究中所谓“革命”模式、“现代化”模式、“国家—社会”模式等分析框架，也就相当于库恩所说的“范式”。

尽管有的研究者主观上并不认可，但在史学研究中却总是自觉或不自觉地在使用某种范式或受到某种范式的制约，这乃是不争的事实。因为任何带有概括性质的科学研究，不可能凭空产生，总是要受某些理论的暗中制约，总是要建立在前人研究的基础之上。理论思维的前提性和非空白性特征，决定了"范式"总是客观存在的。问题的关键是如何理解人文社会科学研究中"范式"的转换？究竟存不存在范式的转换？范式转换对史学研究究竟有何实在的意义？应该说，这些才是史学从业者所关注的重点所在。

杨念群在评论德里克关于中国近代史研究中现代化史学取代革命史学的"范式转换"时，提出相反的意见，认为"革命"模式与"现代化"模式之间不是范式转换的关系，"而是复杂的重叠关系，由于各自处理的对象和范围并不一致，怎么可能要求出现像自然科学那样的范式转换奇观呢?"他还进一步认为："历史学可能根本就不存在自然科学意义上的'范式转换'的可能性，因为我们无法满足库恩所规定的那种彻底性要求，即在放弃一个范式之前必得先证明其无效，或者既能解释支持旧范式的论据，又能说明用旧范式无力解释的论据。"① 我想追问的是，如果真的根本就不存在"范式转换"的可能性，那么"范式"概念的运用对历史学究竟还有何实在的意义？库恩所强调的似乎恰恰是"范式转换"在科学革命中所起的作用，而不是范式本身。他认为："一种规范（范式）经过革命向另一种规范逐步过渡，正是成熟科学的通常发展模式。"② 虽然"自然科学"的范式与"社会科学"的范式有所区别，后者较之前者可能会具有更大的主观色彩，但这似乎并不能否定"社会科学"的范式之间仍存在哲学意义上的否定或扬弃基础上的"范式转换"，而这种范式转换是否也恰是社会科学认识不断走向进步的机制?

① 杨念群：《空间记忆社会转型："新社会史"研究论文精选集》，上海人民出版社，2001年版，第55页。

② T. S. 库恩著，李宝恒、纪树立译：《科学革命的结构》，上海科学技术出版社，1980年版，第10页。

正如有的研究者所指出，作为“新史学”出现的新社会史“绝不仅仅是历史学的一个分支学科，而是一个史学新范式，一个取代传统史学的政治史范式的新范式”①。这里明显地发生了范式的转换。同理，我们似乎也可以认同德里克的假设，认为“革命”史学向“现代化”史学的转变也就是库恩似的“范式转换”，是一种史学认识的突破和升华，尽管它无法在史学中构成一个唯一或主导范式，也不可能完全彻底地否定先前的“革命”范式。其实，即使在自然科学中，也很难有如此彻底的完全否定。爱因斯坦的相对论固然是对牛顿经典物理学的否定或扬弃，但这并不意味着牛顿的古典理论已毫无价值，在一定的层次上和一定的范围内，它仍有自身的解释意义。

我始终认为，在将库恩的理论借用于历史研究中时，最适宜于“观其大要”，而不能拘泥于细节。这就是要认真去思考这一理论对于我们深化历史思维的启迪作用，而“范式转换”对史学研究的启迪作用，首先就在于对某些规范性认识的质疑。

黄宗智曾将中国经济史研究中解释框架的危机归结为“规范认识”的危机，提出：“所谓规范认识指的是那些为各种模式和理论，包括对立的模式和理论所共同承认的，不言自明的信念。”他认为，这才是库恩“范式”一词的真正含义。在黄氏看来，规范信念和规范认识比起任何明白表述的模式和理论来，有着更为广泛、更为潜移默化的影响力。它们的影响还不仅仅在于引导人们去想什么，更在于不想什么。它们往往构成不同理论、模式间发生争议时共同的前提和出发点。但不幸的是，恰恰是某些不言自明的共同前提和出发点似乎发生了危机，即规范认识的危机。危机主要来自实证研究所揭露的一系列悖论现象，而悖论现象则是指那些现有规范信念认定有此无彼的对立现象在事实上的同时出现。黄氏所列举的悖论现象包括：商品化和经济不发展同时存在；城

① 赵世瑜：《再论社会史的概念问题》，《历史研究》1999年第2期，第12页。

市发展与乡村过密化的同步发展；分散的自然经济与整合的市场并存；没有公民权力发展的公众领域的扩张；没有自由主义的规范主义法制；等等①。

尽管黄氏所揭示的若干悖论现象是否真的成立，在具体历史研究中已引起诸多争议，至今未有定论，但至少有一点，黄氏可能是极富洞察力的，即对规范认识的质疑构成范式转换的前提，也是学术发展的动力。在目前对史学发展的种种束缚因素之中，最隐秘的可能便是某些看似科学实则不科学的常规性思维定式的潜在影响，它们往往表现为某些似乎毋须置疑、理所当然的规范性联想、暗示和推理。我在过去的一篇小文章中曾提到，“中国近代史研究中使用得颇为频仍的‘洋务派’‘改良派’‘买办阶级’等概念便带有某种规范性、暗示性的否定价值评判在内。历史人物一旦与这些概念沾上边，往往就成为灰色的乃至反面的历史人物，批判有余而肯定不足；反之，对待像太平天国、义和团运动这类来自下层的农民运动，则总是自觉或不自觉地要去寻找和论证其革命性、进步性”②。我至今仍坚持这种看法，并进一步认识到这与史学研究中狭隘的政治史范式不无关系，也是我们必须突破这种范式而实现研究范式转换的理由所在。随之而起的是，现代化研究范式虽然不能完全包容革命史范式，但在从更大的时空范围考虑近代社会的演变，获得某些更具中性的历史认识上，毕竟体现了史学思维的进步。

其次，范式转换的意义，又在于打开我们的历史思维空间，从更加宽广的视角去观察和解释历史。从革命史范式转换到现代化史范式，或从现代化史范式转换到后现代化范式，或从单一的政治史范式转换到全面的社会史范式，因认识范围和论述侧重点的不同，很难说有一种能绝对包容和取代一切范式的终极范式，但伴随范式的转换，基本上可以看

① 黄宗智：《中国农村的过密化与现代化：规范认识危机及出路》，上海社会科学出版社，1992年版，第101页。

② 马敏：《规范认识的超越》，《读书》1994年第3期，第54页。

到我们的思维空间一步步被打开，观察历史的视角日趋多元化，对历史本身的认识也愈见丰富多彩，逐步更逼近历史的真实。我曾经指出，在近些年的中国近现代史研究中，我们大致可以观察到三种日趋明显的历史观，即更趋精细的历史观、长程的历史观和内部取向的历史观。精细的历史观提倡多向度的历史视角，主张历史中的区分和具体化，通过对历史细节的重建，再现历史的复杂性和多面相；长程的历史观以“大历史”为口号，提倡在更大的时空范围内梳理历史发展的脉络，揭示历史表象之下更深层次的运动；内部取向的历史观主张站在中国自身立场，从中国历史继承性方面，从中国内在自身规定性方面，从中国传统文化的可变性与不变性方面，重新审视西方对中国的影响，观察中西互动的复杂情形①。这三种历史观从某种意义上说，均是研究范式转换的结果，而且体现了范式转换中思维方式的变更和历史思考空间的扩大。这正是范式转换最根本的意义所在。

所以，我们可以花一些时间去探讨各种范式的区别和转换，但更值得做的，却是捕捉范式转换所带来的思维的乐趣和无限的历史想象空间。没有史实便没有历史，只有史实也不是完全的历史。如何在二者中间找到平衡，正是科学研究范式的使命。

以下将从中国商会史研究中的范式转换来作具体的考察和反思。

二、政治史范式下的商会史研究

中国大陆的商会史研究最早无疑是作为辛亥革命史的一个领域来加以拓展的，因此，一开始基本上没有脱出政治史范式的框架。所谓政治史范式，即是以政治人物和政治事件为论述中心的历史，其关注的对象乃历史过程中异彩纷呈的宏大政治叙事，视政治因素为推动历史发展的

---

① 马敏：《放宽中国近代史研究的视野——评价〈近世中国之传统与蜕变〉》，《历史研究》1999年第5期，第137～139页。

最为关键的力量。正如有的学者所归纳："当历史著述的主要内容都是政治史，所依据的材料都是政治方面的文书档案，把政治层面的因素（包括重大政治事件、重要政治人物在历史上的作用）看成是决定历史发展的关键力量，同时尽量从政治方面去解释历史，其功能也是服务于国家的政治统治的时候，政治史就是一种史学范式。"①

中国传统史学中的"正史"，以帝王将相为中心，王朝兴衰为主干，"专取关国家盛衰，系民生休戚，善可为法，恶可为戒者"② 作为撰述的主要内容，因此，也是一种典型的"政治史"。20 世纪初年，梁启超倡"新史学"，其明确的取向，就是要突破此种以帝王将相为中心、以扬善惩恶为职志的陈旧史学格局，试图把视野从"朝廷"转向"国家"，从"个人"转向"群体"，从"英雄"转向"平民"。简言之，要突破狭隘政治史的格局。但是，因梁氏新史学定位在"国家意识"的启蒙，认为"史学革命不起，则吾国遂不可救"③，试图以史学为"国民资治通鉴"或"人类资治通鉴"，因此，事实上又很难摆脱以"资治"为目的的政治史范式。

值得注意的是，最早提倡商会史研究的前辈学者的初衷，同样是要想突破狭隘政治史格局，赋予辛亥革命史研究更为宽广的视野。早在 20 世纪 80 年代初，章开沅教授便曾指出："我们 30 年来对辛亥革命史研究的论著大多侧重于政治史，而政治史的研究又很不全面，注意力往往集中在少数革命领导人身上。这样，自然就很难进一步扩大研究领域，也很难探索新的课题，从而限制了辛亥革命史研究的广度和深度。"在提及资产阶级研究时，他认为，"过去，我们对资产阶级的研究，往往侧重于个别企业主的经济活动，这自然是必要的，却又是不够的。应该扩大我们的科学视野，要从这个阶级的整体着眼，认真考察他们社会

---

① 赵世瑜：《再论社会史的概念问题》，《历史研究》1999 年第 2 期，第 10 页。
② 司马光：《资治通鉴·进书表》，中华书局，1956 年版，第 87 页。
③ 梁启超：《新史学》，《饮冰室文集》，台湾"中华书局"，1960 年版，第 7 页。

生活的各个方面。譬如商会，我们一向就研究甚少，其实这是从整体上考察资产阶级不可缺少的重要课题”①。在1983年8月上海复旦大学召开的“近代中国资产阶级研究学术讨论会”上，章开沅教授再次强调了商会一类社会集团研究的重要性，认为这种研究可以补资产阶级研究中单纯“类型研究”和个体研究的不足，扩展我们的研究视野。他说：“已故的邵循正教授曾多次强调需要加强集团研究，给我留下颇为深刻的印象。根据近年来的工作体会，我认为，集团研究可以作为个案研究与类型研究（或个体研究与阶级、阶层研究）之间的中间层次。因为，阶级、阶层绝不是个人简单的相加，正如资本主义经济体系也不是企业的简单相加一样，而集团则是个体与整体之间的纽带。”②

章开沅教授的上述见解，曾引起学术界的普遍共鸣，并在一定程度上推动了对中国商会史的研究热情。但是，在具体的史学研究实践层面要真正做到突破政治史范式，开创新的研究意境，却并非易事。因为政治史范式的制约，主要还不在于究竟以什么为研究对象，更在于如何去进行研究，即到底以什么样的视角、眼光和问题意识去进行研究。

中国商会史研究之初，形成这样一种局面：资料、问题和领域是新的，但思考的角度和路数却是旧的，多数研究者仍然习惯于从政治史的角度去思考商会问题，以政治因素（往往又化约为革命与否、进步与否）作为商会评价的关键值。而由商会问题所带来的更为宽广的历史研究领域却一时意识不到或难以企及（当然也包括我自己在内）。这充分印证了黄宗智指出的范式危机（黄氏称为规范认识的危机），最重要的不是在于让人们去研究什么，而是不去研究什么，即造成史学认识上的若干难以察觉的“盲点”，从而限制了自己的研究视野和研究深度。

正如冯筱才在其综述文章中指出的，初期的商会史研究基本上是被

---

① 《辛亥革命研究中的一个问题》，章开沅：《辛亥前后史事论丛》，华中师范大学出版社，1990年版，第38～39页。

② 《关于改进中国资产阶级方法的若干意见》，章开沅：《辛亥前后史事论丛》，华中师范大学出版社，1990年版，第62～63页。

置于社会阶级分析模式之下，成为对资产阶级进行集团分析的一个样本，而分析的动机则是为了更清楚地把握资产阶级在辛亥革命时期的政治态度和动向①。如最早一篇研究汉口商会的论文，其出发点便是通过商会的活动进一步证明“辛亥革命是一场资产阶级民主革命性质的革命”②。初期研究者们最为关心的乃是商会的阶级属性问题。针对过去认为商会代表“大资产阶级”和“买办资产阶级”利益的观点，研究者们试图证明商会其实是民族资产阶级的工商团体，代表着民族资产阶级的利益③。只不过有的认为商会是由民族资产阶级上层所控制，有的则认为主要由民族资产阶级下层所控制，有的则通过对会董成分的比例分析，认为商会主要代表商业资产阶级的利益，而买办则不占主导地位④。

比较一致的看法是，认为清末商会的设立主要是中国资本主义初步发展和资产阶级力量增长的结果，标志着中国资产阶级“独立阶级队伍的形成”，或标志着资产阶级由“自在”阶级向“自为”阶级过渡。朱英比较系统地阐述了商会与资产阶级形成的关系，认为“1840 年以后各地资本家社团组织——商会的建立，可以作为中国资产阶级初步形成为一支独立阶级队伍的重要标志”。这是因为，一个阶级的形成有赖于其成员之间相互联系的加强和组织程度的提高。商会成立之后，“资产阶级不仅依靠自己的这一组织在地方上团聚起本阶级的力量，改变了过去分散自发的狭隘落后状态，而且通过相互之间的照应和协调运动，一定程度地突破了省区的界限，在全国建立起虽比较松散但却令人瞩目的政治经济网络，逐渐成为一支独立的政治力量”，“新兴的资产阶级不仅通过商会联成一个有着共同政治经济利益的社会集团，更重要的是获得

① 冯筱才：《中国大陆商会史研究之回顾与反思》，《历史研究》2001 年第 5 期，第 158 页。

② 冯崇德、曾凡贵：《辛亥革命时期的汉口商会》，湖北历史学会：《辛亥革命论文集》，湖北人民出版社，1981 年版，第 41～76 页。

③ 徐鼎新：《旧中国商会溯源》，《中国社会经济史研究》1983 年第 1 期，第 135 页。

④ 屠雪华：《略论清末的苏州商务总会》，《近代史研究》1992 年第 4 期，第 21～38 页。

了‘法人’地位，进而能够采取种种办法将自己的势力和影响层层渗透到社会生活的各个领域”[①]。虞和平则明确提出，社团法人资格的获得和商会组织的凝聚力，使得过去呈散在状态的资产阶级从“自在阶级”向“自为阶级”过渡，而1912年“全国商会联合会”这一全国性的资产阶级联合团体的成立，使中国资产阶级的组织程度发展到更高层次，“全国商联会的成立是中国资产阶级全国性整合的一种标志”，意味着中国资产阶级完整形态的最后形成[②]。其共同特征，是以商会研究作为中国资产阶级研究的突破口，从资产阶级的成长来说明和解释商会组织的成长。

回顾起来，首先在开展商会研究之初，在习以为常的政治史范式的制导下，研究者们常常怀有两个基本情结：一是要回应西方学者认为中国近代并无资产阶级的论断，可称之为“资产阶级情结”；二是要通过商会的表现来证明辛亥革命的性质就是资产阶级革命，可称之为“革命情结”。这两个情结导致商会研究的早期兴奋点实际是政治性的，是一种政治性的关怀。我并不认为政治性关怀有什么不妥，“资产阶级情结”和“革命情结”有什么不当，而只是想强调这种关怀或本身就已大体规定了我们的问题意识和研究工作的出发点。循此思路，当然可以解决历史研究中的某些问题，也可以对某些悬而未决的问题作出更合乎情理的解释（比起没有解释或解释不清仍是一种进步），由此而形成较好的史学研究成果，但这种范式的局限性也是很明显的。它常常使我们在关心政治性问题的同时忽略了历史的其他方面，不能完全实现“由革命转向社会”的初衷。

举例来说，初期的一些商会研究成果尽管有开辟新领域之功，也给人耳目一新的感觉，但由于这些论著本身在立意上是为更深入地研究辛亥革命而作的，走的是政治史的路子，因此细读之下，又总觉得缺少了

① 朱英：《中国早期资产阶级概论》，河南大学出版社，1992年版，第7～9页。
② 虞和平：《商会与中国资产阶级的“自为化”》，《近代史研究》1991年第3期，第35页。

些什么，有不甚满足之感。如前面提到的冯崇德、曾凡桂所著《辛亥革命时期的汉口商会》，以及杨立强、沈谓滨所著《上海商团与辛亥革命》（《历史研究》1980年第3期），皮明庥所著《武昌起义中的武汉商会与商团》（《历史研究》1982年第2期）等论文，虽提供了大量的新资料与新史实，在辛亥革命史研究上有新的突破，但着重论述的显然是商会和商团在辛亥革命中的政治作用，而不是商会和商团本身，对其大量的经济和社会活动则不可能作深度的开发，研究视域也自然受到限制（附带地说，这也正是为什么我始终认为对商会的正规研究始于徐鼎新1983年所写《旧中国商会溯源》一文的原因）。太为关心商会的政治态度和政治表现，造成我们即使突破辛亥革命时段，即使以商会本身的产生、发展为论述中心，也会不自觉地突出政治史意义的商会史而忽略经济史或社会史意义的商会史。如被学术界征引很多的商会史研究的开山之作——徐鼎新、钱小明所著《上海总商会史（1902—1929）》（上海社会科学出版社，1991年），除了第一、二章外，基本上是上海总商会的一部政治参与史，着重研究的是晚清至民国期间商会在历次政治变迁和重大事件中的政治活动。当然也有部分经济活动，但却不居主导地位，往往是作为政治活动的背景、基础和延伸。由此，该著虽是一本研究上海商会史的力作，但又还不是一部完整意义的商会史。这很可能与当时占主流地位的政治史范式的垂范作用不无关系，而不完全是作者自身的问题。

其次，由于政治史范式的制约，不仅研究视域受到一定程度的影响，很难真正放开视野，而且极易落入一套已设立好的研究规范、逻辑、思维习惯和话语系统之中，即有一种顺着前人的话往下说的感觉，很难有实质意义的突破。比如，我们之所以认定商会是“资产阶级的社团组织”，“为资产阶级提供了说话办事的地方”，是不是因为事先便有个“资产阶级”的影子在，暗地里受到“阶级斗争是推动历史前进的动力”这类价值判断的影响，试图寻找合乎这种历史逻辑的解释？反过来看，是否存在还没有成为“阶级”的作为商人联合体的商会呢？我们往往一方面承认商会所代表的资产阶级有一定促进经济发展的“进步性”，体现了资产阶级发展资本主义的要求，另一方面又认定它无法摆脱半殖民地半封建社会性质的制约，政治上表现出很多的“软弱性”，是否因为先前就有的“民族资产阶级的两重性”这类政治判断的潜在影响呢？还有，我们之所以习惯从反帝爱国斗争和辛亥革命这类政治事件中来观察商会的政治活动和政治态度，离不开从收回利权运动、抵制美货（或日货）运动看商会的民族主义和爱国主义立场，从立宪运动看商会的妥协性，从辛亥革命看商会如何转向革命等，是否原本就已认定商会自成立之日便已经成为“资产阶级争取政治地位与利益，以及与帝国主义与封建主义斗争的重要场所”，因此，要为之找到事实上的根据呢？

总之，我们在研究之先就已经被太多的“预设”“假定”“不容置疑”所包围，很难创造出自己的概念、推理和话语系统，简言之，很难进行真正的史学创新。这是传统政治史范式制约对我们研究工作不利影响的一面。当然，作为学术研究共同体的一员事实上又是很难摆脱承继下来的既定研究范式的制约。研究对象的转移是相对容易做的，而真正突破传统范式的制约另辟新路又是相当困难的，因为我们毕竟不能完全脱离自己所生存的学术环境，无法规避先前的一套研究规范、术语乃至问题意识。

三、现代化范式下的商会史研究

政治史范式在客观上的种种局限性，促使商会史研究者努力寻求新的理论解释框架，而从 20 世纪 80 年代开始在中国兴起的现代化理论自然成为一个合理的选择。

一些研究者认为，从晚清开始到民国时期，中国实际经历了一个类似于西方的早期现代化（或称为近代化）过程。早期现代化涉及中国近代社会从农业社会过渡到工业社会的方方面面，但最基本的核心含义应是经济的工业化与政治的民主化。除此而外，也有的研究者认为由于中国的早期现代化是在半殖民地社会状况下展开的，因此其核心含义还应增加一个民族化——反对帝国主义侵略，争取民族独立①。就商会与中国早期现代化的关系而言，无论从现代化的经济、政治或社会发展目标来看，二者之间都有密切的关系，商会或以商会为主要依托的中国早期资产阶级理应成为中国早期现代化的一个主要承担者。虞和平认为，商会在早期现代化过程中所发挥的作用主要有两个方面："一是促进资产阶级本身的现代化——从分化到整合；二是促进经济和政治的现代化——资本主义工业化和研究，或是对早期现代化的研究，或是对资产阶级的研究，都将会产生一种'柳暗花明又一村'的感觉。"② 这已经将运用现代化范式从事中国商会史研究的意图和目的表述得十分清楚了。

现代化理论系探讨一个国家如何从传统农业社会过渡到现代工业社会的理论，重点在于探讨落后国家如何实现现代化的问题。作为一种综合性的社会科学理论，现代化理论涉及的学科面非常广泛，包括政治学、经济学、社会学和人类文化学等，其中运用最多的又是社会学理论。这一源于欧洲的理论，经历了 18 世纪末至 20 世纪初的"酝酿期"（其理论代表人物为法国的圣西门、孔德、杜克海姆，英国的斯宾塞，德国的马克斯·韦伯等）、20 世纪 60 和 70 年代的"形成期"（以美国社会学大师帕森斯、经济史学家罗斯托、政治学家阿尔蒙德、历史学家布莱克等人为代表）这两个阶段的发展，综合各家各派的学说，在理论上已趋于成熟，对社会发展过程具有很强的阐释能力。因此，将这种理论运用于同是现代化产物的商会一类社团组织，可以强烈地冲击已渐呈颓势的政治史范式，给这一领域的研究带来新的话语、新的视野和新的

① 关于早期现代化和近代化的含义，参见马敏：《过渡形态：中国早期资产阶级构成之谜》，中国社会科学出版社，1994 年版，第 222～226 页；虞和平：《商会与中国早期现代化》，上海人民出版社，1993 年版，第 4～8 页。

② 虞和平：《商会与中国早期现代化》，上海人民出版社，1993 年版，"前言"第 2 页。

阐释框架，简言之，带来全新的理论活力。

现代化理论中，尤其是从社会学衍生出的一派，格外强调社会转变过程中各社会系统、层面的相互影响和相互联系，强调现代化是一个“连贯的整体”，“都市化、工业化、世俗化、民主化、教育，以及传播媒介的参与等等，并不是零乱地偶然发生的”，“这些因素如此紧密地联系在一起，使人难以相信它们是完全独立的因素，它们经常有规则地一起出现”①。这种系统、整体、发展的观点，对商会史研究启发是相当大的，它促使我们以系统、整体和发展的观点去看待商会组织，而不是孤立、割裂地看待它们。同过去单纯就商会谈商会不同，新的研究往往从商会的组织系统、商会与社会的关系中去把握商会的性质与功能，除研究总会、分会和分所所组成的商会本体组织系统外，也研究商会与商团、商学会、教育会、救火会、市民公社、农会等新式社团组织的相互关系，极大地拓宽了研究视野，丰富了研究的内容。

现代化是一个不断从传统性向现代性转变、发展的过程，尽管过度夸大传统与现代性的二元对立会带来诸多负面效应，同时也不合乎历史实际（详后），但这种传统—现代的二分框架又毕竟给我们提供了一个可资观察商会组织功能发展变化的理论分析视角和手段，使我们的研究一开始便具有比较明确的目的性和方向性，而不被零碎的事实牵着鼻子走。比如，正是依据从传统到现代的理论界定，才使我们可以对商会的近代社团属性下一判语，进行比较准确的定位，而不再简单视之为传统行帮组织的集合体或官办机构（过去通常如此认为）。同时，也使有的研究者可以据此来观察商会自身的组织现代化和其如何参与社会现代化的过程。如虞和平关于商会与早期现代化的著作，便是根据现代化理论来观察中国资产阶级及整合化和世界化的过程，为先前的资产阶级及研究注入了新内容。他认为资产阶级组织形态现代化过程，充分体现在商

① 亨廷顿：《变革社会中的政治秩序》，华夏出版社，1988年版，第32～33页。

会的产生发展过程中，“经历了以行会为中心的行业性整合；以各省商务总会为中心的省区性整合；以全国商会联合会为中心的全国性整合的三个阶段”①。

现代化与法制化相伴随，从传统到现代实质上是一个从人治到法治的合理性过程。这一视角的确立，使我们能更准确地把握商会现代法人社团的根本社会属性。如朱英指出，新成立的商会“基本上保持了民间法人社团的性质，具有较强的独立性和自主性，也表现出明显的自愿和民主原则，突出地体现出以契约性规章维持其内部运作的特征”②。虞和平则更进一步论证了商会的现代法人社团属性，认为这种属性特征贯穿于商会的目的认同体系、成员资格界定、组织协调系统和社会整合功能之中，“是商会组织的根本社会属性”③。这些认识无疑使我们对商会的认识较前大大推进了一步，逐渐成为共识。也有的研究者对商会在处理商事纠纷中的作用进行了探讨，从商事审判和整个民事审判近代制度化发展的角度，研究了商会在近代司法审判制度中所扮演的辅助性角色，将商会与近代法制化研究延伸到了司法实践层面④。

然而，现代化史范式在给商会史研究带来新的问题意识、概念话语和分析视角与方法的同时，也存在自身的局限性。因为这一范式基本上是以欧美的经验，尤其是美国的经验发展起来的，而把非西方国家的现代化过程视为对西方道路的仿效、重复，因此，存在根深蒂固的“西方中心”主义色彩，这也是后来所谓“后殖民理论”“世界体系理论”起而对之进行反拨的深层次原因。利用现代化理论范式来研究中国商会，

① 虞和平：《商会与中国早期现代化》，上海人民出版社，1993年版，第29页。

② 朱英：《转型时期的社会与国家》，华中师范大学出版社，1997年版，第69页。

③ 虞和平：《近代商会的法人社团性质》，《历史研究》1990年第3期，第45页。

④ 马敏：《商事裁判与商会——论晚清苏州商事纠纷的调处》，《历史研究》1996年第1期，第30～43页；邱澎生：《禁止把持与保护专利：试析清末商事立法中的苏州金箔业讼案》，2000年4月提交北京“廿世纪中国法制回顾与前瞻”国际学术研讨会；付海晏：《民初商事公断处：商事裁判与调处——以苏州商事公断处为个案研究》，华中师范大学硕士学位论文，2001年。

极易犯的一个错误，便是以西方商会的“理想型”来硬套中国的商会，并把一些西方商会所具有的特征误认为是中国商会的特征或中国商会应该有的特征。如我们在分析中国商会是否是民间社团或是否具有近代民主性特征时，基本是因为心目中已有西方商会的“理想范型”在那里，剩下来的便是从其章程、公告、规定等条文中去搜寻证据来证明其与西方商会一样，同属近代工商社团，殊不知中国商会的章程条文多系抄自西方和日本的商会章程，而并不完全反映中国商会的实际和特征，有的民主性往往不过具文而已，条文背后的“利”与“情”有时反倒起着更为关键的作用。如商会会董按章程规定应民主选举产生，但实际上却往往由大的商帮、行会头面人物和大绅商所瓜分，按资产拥有多寡和社会地位的高低来决定，民主的原则常常为经济—政治实力原则所侵削和左右。冯筱才也曾留意到，一些论者往往不自觉地将1927年前带有浓厚“自治”色彩的商会，尤其是上海总商会等活跃商会视作“理想范型”，并以此为标准来衡量此后的商会，从而得出“衰落等价值性判断”①。

前面说过，现代化理论的传统——现代二元分析框架的运用，曾经给予商会史研究一种新的思路和分析手段，使研究者们从政治作用之外开始更多地注意商会的社会属性、角色定位、组织结构、功能作用和现代性等问题，但与此同时，往往又相对忽略了商会组织本身的复杂性、区域性，忽略其与传统相联系的一面，造成研究的简约化、表面化倾向。比如在初期的商会研究中，受现代化理论的影响，包括本人在内的一些研究者倾向于把近代商会与公所、会馆等传统行会作为两种对立的组织来看待，认为前者是对后者的历史否定与突破，商会所表现的近代法人社团性质与行会所体现的中世纪传统工商组织的观念是截然不同的，商会之新与行会之旧似乎势不两立②。但正如随后的研究成果所证

① 冯筱才：《中国大陆商会史研究之回顾与反思》，《历史研究》2001年第5期，第164页。

② 马敏、朱英：《传统与近代的二重变奏——晚清苏州商会个案研究》，巴蜀书社，1993年版，第131页。

明的，商会与行会存在相互依赖和相互影响的功能，行会自身也处在“近代化”过程中，而且往往被纳入商会组织系统之中，构成商会的组织基础。二者之间并非水火不容、截然对立的关系，而是存在相当的“继承性”。历史过程本身并不像我们想象的如此简单和泾渭分明，中国的情况往往不同于西方，这是运用现代化范式进行分析时必须警惕和注意的。

再者，现代化范式既已确立有一个“现代”范型，因此极易落入“典型论”的思维定势，即仅据若干“典型”来推及其他。商会史研究中不少论著均认为上海商会或苏州商会具有一定的典型性或代表性，并由此来推论全国商会的情形，作出有关商会特征的概括。正如有的研究者所指出的那样，全国各地存在众多的商会组织，不仅大中城市的商务总会与集镇的商务分会、分所在成员构成、运作方式上不尽相同，就是同一层级的商会因地区条件的差异和与政府关系的不同，也很难用一个模式去套用，所以一些学者认为可能根本就不存在所谓典型的商会，而必须对各地方的情形和具体的商会组织作具体的分析。“典型论”的一个思维方式根源是“总体论的倾向”：仅根据一地商会的活动即可得出对全体商会的看法；或各自基于其所掌握的一地商会的材料（未必完整），然后来进行普遍性命题的争论。此外，“典型论”的出现也与现代化范式着重结构——功能分析方法不无关系，从“同质同构”的推导出发，论者往往以苏州、上海、天津等地商会的组织结构情况来概括中国近代商会的性质、结构与功能。

由此可见，现代化范式实际是一柄双刃剑，它既带给我们锐利的理论分析的锋芒，但同时又带来若干理想化、简约化或结论先行的偏见，关键在于如何去运用这种利弊皆明的理论模式。

四、“市民社会”范式下的商会史研究

“公共领域”与“市民社会”理论（简称“市民社会”理论），原是

德国学者哈贝马斯用于分析欧洲近代社会转型中的一种假设性理论概念，在20世纪80至90年代，海外汉学界尤其是美国汉学界将之运用于中国历史研究，形成了一批颇具争议的研究成果，引起异乎寻常的关注，并由此而形成明清史和中国近现代史研究的一个热点。

美国汉学界最早将“公共领域”概念引入中国近代史研究，并与商会组织相联系，始自萧邦齐（R. Keith Schoppa）的专著《中国精英与政治变迁——二十世纪早期的浙江省》。稍后，斯特朗（David Strand）在其北京人力车夫的专著中更直截了当地将商会视作“公共领域”的组成部分。

在美国学者的启发下，中国国内的一批学者开始将“市民社会”理论引入国内的商会史研究，并逐渐形成一种从现代化范式中衍化出来的一种新范式。最早的尝试可能是我本人在20世纪90年代初期撰写《官商之间：社会剧变中的近代绅商》一书时，以“公共领域”扩张来形容当时由商会、商团、教育会、救火会、市民公社等新式社团组织所构成的一种都市自治组织的活跃情况，而用“早期市民社会”概念来观察和解释商会与其他新式社团互动而形成的一种新兴都市社会（一种半独立的自治社会）。而在更早之前，在我撰写的硕士学位论文《辛亥革命时期的苏州绅商》（后刊于《辛亥革命史丛刊》第8辑，中华书局，1991年）以及我与朱英合著的《传统与近代的二重变奏——晚清苏州商会个案研究》（巴蜀书社，1993年）中，我们已注意到，晚清苏州商会组织已经把自己的影响力渗透到城市社会生活的各个领域。以商会为核心，众多民间社团组织纵横交错，从而形成一个官府以外的“在野市政权力网络”，通过这种“在野市政权力网络”，城市绅商控制了相当一部分市政建设权、司法审理权、公益事业管理权、社会治安权以及工商、文教、卫生等多方面的管理权，在很大程度上左右着城市经济和社会生活①。

---

① 马敏、朱英：《传统与近代的二重变奏——晚清苏州商会个案研究》，巴蜀书社，1993年版，第115～116页。

尽管我们已经直觉地意识到，“在野市政权力网络”实际上已是一种潜在的、正在形成中的、职能尚不完善的“地方性民间自治社会”，但由于当时并未接触到哈贝马斯的“公共领域”与“市民社会”理论，也基本上不甚熟悉萧邦齐、斯特朗、罗威廉（William T. Rowe）、冉玫铄（Mary B. Rankin）等美国同行的研究成果，因此，完全没有将“在野市政权力网络”与“地方性民间自治社会”和西方概念中“公共领域”“市民社会”挂上钩，自然也谈不上运用市民社会理论来研究商会问题。

直到写作《官商之间：社会剧变中的近代绅商》一书时，经过前此在美国期间对美国同行相关成果的了解以及亲历相关激烈讨论之后，我个人才意识到：商会与“在野市政权力网络”和“地方性民间自治社会”的关系，实际可以纳入争论不休的“市民社会”理论中加以探讨，尽管这一理论基本上是西方社会的产物，有很大的理论局限性（详后），但在作一定修正之后，仍可用于分析同样处于近代转型过程中的中国社会。其基本原因，便在于中国近代社会随着西方的入侵已在很大程度上半殖民地化了，业已包括许多与西方近代社会相同的因素（习惯上我们称之为“西化”）。正因为如此，我大胆地在新著中采用了“公共领域”与“市民社会”的概念来概括一些我先前已经认识到的社会演变现象，把城市传统社会组织机构的转型和新式民间社团的扩张视为“公共领域的扩张”，把由这种扩张而导致的“在野市政权力网络”视为“市民社会”的雏形或中国早期的“市民社会”。正如我在新著中所强调的，“更为重要的是大量绅商自治团体的涌现，进一步促使了晚清城市公共领域及民间社会性质的变化，开始形成类似于西方前近代资产阶级市民社会的雏形”①。

表面看起来，采用“公共领域”与“市民社会”的概念，仅仅是一

① 马敏：《官商之间：社会剧变中的近代绅商》，天津人民出版社，1995年版，第281页。

个概念转换问题，但实际上却涉及一种理论分析框架或研究范式的转换问题，涉及采用一整套新的范畴去拓宽研究视野的问题。如果说，现代化史框架主要是从经济变迁和社会变迁去观察、分析近现代社会转型，那么，“公共领域”与“市民社会”理论则主要是从政治—社会变迁的角度来观察和分析近现代社会转型，但其观察的视角和分析范畴与传统的政治史范式又有所不同，它同时强调了两个面相——国家与社会及其互动关系（传统政治史范式则通常仅仅强调国家或政权更迭一个面相）。

如果我们能够充分注意到中西语境之不同，不仅仅是作为一种理论假说，而且主要是作为一种思维和研究范式来借用“公共领域”与“市民社会”理论，则可能在现代化范式和政治史范式之外，沿国家与社会两个面向更深入地展开对商会史的考察，并由此而拓展中西历史进程的比较。简言之，作为一种理论假说，“公共领域”与“市民社会”理论更多的是西方（主要是欧洲）历史经验的结晶，有其特定的历史背景和内涵，很难套用非西方社会历史。但如果将其作为一种包括视角、思考方式和方法在内的研究范式来使用，这一理论又可以对非西方社会历史研究起到一种借鉴作用，开辟新的研究领域，帮助建立一套能够更有力阐释历史事实的新的话语系统。

回到商会史研究中来，借用“公共领域”与“市民社会”的分析框架，首先可以使我们更加明确商会与政府的关系。与欧洲的情况不同，晚清公共领域的扩展与市民社会的出现，在很大程度上得力于清政府推行“新政”所产生的客观影响，系国家权力“让渡”的结果。市民社会雏形在很大程度上存在对国家的特殊依赖性，其建成的初衷，是为着调谐官民关系，以民治辅助官治，而非与国家权力相对抗①。

其次，沿着商会与晚清社会的方向思考，商会的出现并非一种孤立

① 朱英：《关于晚清市民社会研究的几点思考》，《历史研究》1996年第4期，第122～136页；马敏：《官商之间：社会剧变中的近代绅商》，天津人民出版社，1995年版，第281～292页。

的社会现象，而是若干传统和新式社会组织共生、互动的结果。正是这些社会组织的互动和新发展，20 世纪初期一些城市公共领域在很大程度上已不同于先前（主要指明清时期）传统的公共领域，其间已隐含着某种体制意义的变化，在许多方面是可以和哈贝马斯所揭示的欧洲资产阶级初现时期的“公共领域”相提并论的（当然二者也有某些不同之处）。伴随城市公共领域性质的变化，某种更复杂的社会机体自组织过程亦随之发生，其结果是导致城市行政权力部分由官方下移民间，形成国家权力机关之外的社会权力体系——在野市政权力网络，亦即“市民社会”雏形，用时人的话说，乃“独立社会”之起点①。

作为一种研究范式，“公共领域”与“市民社会”理论不仅拓展了国家与社会两极研究的深化，而且更着眼于国家与社会的互动关系，从互动中看各自的变化和影响，以及由互动所造成的新领域。许多从事实证研究的学者不赞同在中国语境下将国家与社会视作二元对立的关系，而是实事求是地描述和解释其长期的合作关系（当然其中也有不断的摩擦甚至冲突）。朱英在其新著中便试图从“国家—社会”这一角度切入商会史研究，用“国家—社会”的概念框架来阐释商会与政府间的关系。他认为，清末民初中国最具有社会特征的组织就是商会，具体反映在商会所具有的独立自治、契约规则与民主制度三个方面。以商会为主体的市民社会雏形一方面在很大程度上存在着对国家的特殊依赖性，双方保持着较好的良性互动关系，另一方面也确实对国家产生了一定程度的制衡作用②。马敏也认为，晚清市民社会雏形与封建国家之间形成的，是一种既互相依赖又互相矛盾、摩擦的复杂关系，其中，依赖的一面又占据着主导地位③。

---

① 清末苏州已有街区自治组织“市民公社”的出现，商人们称这种“市民公社”为“独立社会”起点。

② 朱英：《转型时期的社会与国家》，华中师范大学出版社，1997 年版，第 112～113 页。

③ 马敏：《官商之间：社会剧变中的近代绅商》，天津人民出版社，1995 年版，第 281～292 页。

从国家与社会的互动看，中国在国家权力与民间社会之间，的确还存在一块两者交叉的中间地带，这实际上就是中国传统“公”的含义所在。过去，我们要么侧重研究国家政权，要么偏重研究民间社会本身，恰恰忽略了夹在两者之间的“公领域”或“公共领域”，黄宗智称之为“第三领域”。黄氏认为，所谓“第三领域”系指国家与社会之间所存在的第三空间，“国家与社会都参与其中”，“我们把第三领域看作具有超出国家与社会之影响的自身特性和自身逻辑的存在”，确立“第三领域”某种程度上可以使我们免于陷入国家与社会的简单对立，“而不会把此一领域消融到国家或社会里”。黄氏指出，这样离析出来的“第三领域”似更符合哈贝马斯有关“资产者公共领域”介于国家与社会之间的三分概念。联系到商会研究，黄氏认为，诸如商会或自治社团这样的新制度形式为型塑国家与社会间新的权力关系开拓出了许多可能性，“地方商会的商人群体或自治社团的士绅相对于国家的日益资助，当然是一种可能性。但国家控制的巨大强化却也是一种可能性。就民国时期成为现实的一切而言，我觉得比起社会自主性的增长或官僚控制的加强，社会与国家两方在第三领域里的持续合作更加引人注目”①。由此可见，“公共领域”与“市民社会”概念的分析力度，可能主要在与国家与社会的过渡地带或两者的关系上，而不在国家与社会本身。单纯从社会组织或国家权能体系出发，都无法正确领会其内涵。在这方面似乎还有更多的研究空间可以去加以拓展。

“市民社会”范式无疑进一步推动了商会史的研究，但这一范式也的确存在自身的一些局限性，因而招来诸多非议。如所周知，“公共领域”与“市民社会”均是源自西方的学术概念，既是西方历史事实的抽象，又是西方学术语境中的一种推理。如黄宗智已注意到的，哈贝马斯关于公共领域兴起的研究相当于对民主起源的研究，从民主起源的视角

① 黄宗智：《中国的“公共领域”与“市民社会”？——国家与社会间的第三领域》，邓正来、J. C. 亚历山大：《国家与市民社会》，中央编译出版社，1999年版，第436页。

出发，“不仅仅是生活之公共领域的扩大具有关键性质，更加关键的还有肯定公民权利对抗国家权力之意义上的公共领域的扩大”。哈贝马斯论说的关键，实际上就是资产阶级的市民社会如何成功地占领了欧洲专制王权遗留下的“公共领域”，从而演化成为近代资本主义民主社会。而这一整套话语和思维逻辑对近代中国而言，可以说都是陌生的，甚至“市民”本身的含义，中西方社会也有不同的理解，难以一致。中国学者比较熟悉的是源自本土的“民间社会”的概念。但“民间社会”并不完全等同于“市民社会”。如许纪霖所指出的：“西方的市民社会强调对于国家制衡的一面，更强调自身的独立性。而中国的市民社会多少来自古代的‘民间社会’的传统，具有复杂的性格特征，既有草莽政治中民抗官的对抗模式，也有士大夫政治中官绅合作的良性互动先例。”① 就此而言，首先存在一个如何厘清“市民社会”与“民间社会”的关系问题。二者是否存在某些契合之处？人们是否常以“民间社会”的思维去套用和解释“市民社会”？显然，如何将“市民社会”这一种源于异域历史经验与思想资源的理论运用于中国历史的研究，是一个很大的难题。它既需要对西方历史背景和相关理论渊源的真切掌握，又需要对中国历史语境熟悉和设身处地，否则便无法运用自如，出现南辕北辙或削足适履的情形。

如邓正来所警告的，研究者在应用市民社会模式时，最突出的问题首先便是可能将作为解释模式的市民社会作为现实中的社会现象，进而有意无意将国家与市民社会分别作实体化及同质化的处理。然而，这种实体化和同质化的国家与市民社会无论在历史中抑或现实中都不存在②。张志东也指出了将市民社会模式运用于中国近代历史研究时所存

---

① 许纪霖：《评论：从范型的确立转向范例的论证》，张静：《国家与社会》，浙江人民出版社，1998 年版，第 306 页。

② 朱英：《转型时期的社会与国家》，华中师范大学出版社，1997 年版，“序二”第 9 页。

在的五个方面的问题①。除对他所指出的第四点和对某些学者的近于武断的批评我略持保留意见外，余皆有同感。尤其在运用市民社会理论研究商会问题时，正如张氏所指出，我们最容易犯的一个错误就是程度不同的“商会中心主义”，不自觉地给人以“商会就是市民社会的错觉”，不自觉地“把近代中国的商会等同于、混同于市民社会”。的确，近代中国市民社会（我只承认其雏形）毕竟是一个庞大而复杂的社会体系，如果我们过分沉湎于商会与市民社会的关系问题而忽略对市民社会其他环节的研究，便很容易导致片面的学术成果，夸大了商会的实际作用②。

其次，国内学者在运用“市民社会”理论框架研究中国历史时，经常犯的另一个错误，便是过分强调了“市民社会”的产生，而忽略了与之紧密相连的“公共领域”的概念。然而，在哈贝马斯理论体系和美国学者对近代中国历史的探讨中，恰恰是“公共领域”才更多地被作为一个“历史范畴”加以讨论。在许多人看来，近代中国虽有“公共领域”的扩张，但却并不一定有“市民社会”的产生，二者并非是一个不言自明或连在一起的历史过程。比如，罗威廉对汉口的著名研究基本上是承认有由商人行会和慈善团体等所体现的“公共领域”扩张现象，而并不太倾向于主张 19 世纪的汉口业已存在一个“市民社会”。又如叶汉明在对山东潍县商会的个案研究中也指出，如果说商会领袖之类的地方城市精英的一些活动已显示出“公共领域”的存在，这个领域的扩展却受到诸多限制，难以向较高层次的“市民社会”过渡③。

---

① 这五点包括时间跨度上主要把焦点集中于晚清时期特别是 20 世纪前 10 年代中国社会，忽略了民国初年即 1912 年至 1928 年的市民社会状况，在空间跨度上主要涉及长江上游的成都和长江下游的苏州两个城市，缺乏足够的代表性；迄今尚无全面而系统的近代中国市民社会研究成果面世，已有的研究给人以支离破碎的感觉，相关中国学者普遍缺乏扎实的西方社会科学理论功底，难以把握西方理论和学术的全貌；多多少少的“商会中心主义”倾向，有商会就是市民社会的感觉。张志东：《中国学者关于近代中国市民社会问题的研究：现状与思考》，《近代史研究》1998 年第 2 期，第 304 页。

② 张志东：《中国学者关于近代中国市民社会问题的研究：现状与思考》，《近代史研究》1998 年第 2 期，第 304 页。

③ 叶汉明：《商会与民国时期的地方领袖：山东潍县的例子》，提交 2000 年香港“第三届中国商业史国际研讨会”论文（未刊）。

可见，在范式突破意义上引进“公共领域”与“市民社会”理论来推进对商会史的研究，并无可厚非，但在使用这一理论模式时却必须作适当的调适，使之适合中国自身的历史实际，而不能全盘照搬，挖空心思地寻找中国的史实去印证这样一个纯西方的理论。那种以西方经验和西方诠释为唯一标准的研究态度，实不可取。即使是引进西方的理论解释模式，也必须建立起中国自己的话语系统并使之适合中国的特殊语境，简言之，存在一个“本土化”问题。否则，我们就只能在西方的逻辑概念中左冲右突，永远找不到正确的出路。

五、结语：走向“总体史”的新史学

以上商会史研究中的范式转移考察，比较具体地反映出新史学建构的一个重要方面：即通过范式转换所体现的史学认识的不断深化，而其基本方向则是指向以新社会史为标志的“总体史”。

商会史研究中业已发生的从政治史范式向现代化史范式继而向市民社会范式的转化过程，实质上是史学认识层累发展的过程的体现。如前所述，人文社会科学中的范式转移与自然科学中的范式转移有所不同，虽然其间也有思想突破的意义，但后一范式的产生并不意味着对前一范式的彻底之否定或推翻，而只是在前者的基础上进一步拓宽人们的认识，从而带来新的视野和新的方法。也就是说，政治史范式、现代化史范式和市民社会范式往往强调了同一历史过程的不同面向。当我们使用现代化史范式或市民社会范式的时候，并不意味着政治史范式已经过时或不再适用，它仍然是史学层累结构中的一级。而且，在这一层累结构中并不存在高下之分，而只是问题意识和观察角度不同，所使用的理论体系和话语系统不同，同样具有一定史学认识意义。总体的史学认识正是这样一层一层推向深入的，逐渐导致所谓“总体史”或“综合史”的新史学。所以，历史中不仅存在一个史学解释的层累结构，而且存在一个研究范式转换的层累性结构。在研究范式上，“总体史”追求的是层累结构的丰富性和范式转换的多次性、多样性，不能局限于现有的某一典型范式或终极范式。

从中国近代史学发展的内在理路看，从梁启超当年所提倡的“新史学”到今天所说的“新史学”，其实存在某种承继关系和内在渊源。概而言之，是从单一的王朝史、政治史向文化史、经济史和社会史等“综合”的历史发展。20世纪初，梁启超“新史学”的实质，即是要突破以王朝兴替为中心的旧史藩篱，拓宽史学的视野，重新厘定“什么是历史”，发起所谓“史界革命”。为此，梁氏批判旧史学是“知有朝廷而不知有国家”，“知有个人而不知有群体”，“知有陈述而不知有今务”，“知有事实而不知有理想”，主张“新史学”应从“君史”转向“民史”，写“国家”与“国民”、写“群”与“社会”，而这种史学的特征应为“和人类全体而比较之，通古今文野而视察之。内自乡邑之社团，外至五洲之全局，上自穹古之石室，下至今日之新闻”都在研究之列①。这显然与司马迁“究天人之际，通古今之变”的大历史观一脉相承，为20世纪下半叶以“整体史”为职志的“新社会史”开启了先河②。

从西方近代史学发展的渊源看，“新史学”依然是以“总体史”“综合史”为其使命和特征。法国学者雅克勒高在论述“新史学”的特征时，便提出了“任何形式的新史学都试图研究总体史”的命题，指出新史学“以无所不包的总体历史自居，并要更新历史的全部活动范围。新史学在任何领域中的开拓性著作全都表现它们不受任何专业限制的雄心壮志。它们是旨在介绍和研究社会整体的历史著作”。雅克·勒高还认为“年鉴学派”的创立正是“新史学”诞生的标志，年鉴学派虽主张研

① 梁启超：《中国历史研究法》，《饮冰室文集》之七十三。

② 这里的“新社会史”更接近于“经济—社会史”或以整个社会为研究对象的社会史，与杨念群等所提倡的“在由传统经济史出发而建构的整体论式的架构笼罩之外，寻求以更微观的单位深描诠释基层社会文化”的“新社会史”似仍有所区别。参见杨念群：《空间·记忆·社会转型：“新社会史”研究论文精选集》，上海人民出版社，2001年版。

究经济和社会史，并将自己的代表性刊物命名为《经济和社会史年鉴》，但同时又宣称："所谓经济和社会史其实并不存在，只存在作为整体的历史。就其定义而言，整个历史就是社会的历史。""新史学仍不以此为满足，它以无所不包的总体历史自居，并要更新历史的全部活动范围。新史学在任何领域的开拓性著作全都表现出它们不受任何专业限制的雄心壮志。它们是旨在介绍和研究社会整体的历史著作。"① 可见，以研究长时段和深层次结构著称的"年鉴学派"，实际上就是"总体史"的代表，也因此而成为西方新史学的代表。

因此，无论中西，现代史学潮流都是以"总体史"为指归，"总体史"范式也就是目前我们所能预见到新史学的根本范式。在中国，这一"总体史"根本范式通常又与"社会史"（或称"新社会史"）相联系，在这一意义上的"社会史"，往往成为"新史学"的代名词。赵世瑜便曾指出，作为流派和范式意义上的社会史与"新史学"本来就分不开，而且也无须分开。"新史学"思想的实践必然导致社会史，也必然导致从社会史的角度去改造传统的政治史、经济史等。尽管有关社会史本身的性质还存在种种争议，但有一点似乎是无可争议的，即在范式意义上的社会史通常是"总体史""综合史"，而不再仅仅是特定意义的专门史②。诚如赵世瑜所继续指出的，目前社会史所取得的成果，无论是与以前的成果相比，还是与其他领域如政治史、经济史、思想史等相比，"都明显地带有综合性和整体性"。"综合地、总体地研究某一个历史现象，正是社会史的特征；或许，当人们从社会史的角度，利用社会史的

① 蔡少卿：《再现过去：社会史的理论视野》，浙江人民出版社，1988年版，第94～95页。

② 最近周锡瑞撰文指出，在美国中国史学界，作为专门史的社会史已呈明显的衰落之势，而文化史正异军突起，取社会史的地位而代之，"向文化研究发展是一股强劲的趋势"（周锡瑞：《把社会、经济、政治放回二十世纪中国史》，《中国学术》（第一辑），商务印书馆，2000年版）。其实，当前时新的文化史只要不执着"符号""话语"之类的空洞概念，而与活生生的社会生活相联系，形成社会—文化史的架构，实质上反映的也是"总体史"或"综合史"的一个方面，不出"整体历史"的大趋势。

范式去研究政治史、经济史、法律史、军事史的时候，后面的这些学科分支也会被改造成总体史、综合史。”①

显然，作为“新史学”根本研究范式的“总体史”，更多的是就方法论意义而言的，是一种“新的研究方法、新的研究态度和新的研究视角”。其中，视角的转换和视野的开阔又是最具关键性的，它主张对历史进行“全景式”和“全幅式”的把握。总体史固然强调宏观的、综合的、长时段的研究，具有“大历史”的特征，但它却并不排斥微观的、具体的历史研究，而常以微观、具体的历史研究作为其载体，或者更确切地说，是小中有大、以小见大，把握和审视是宏观的，切入和描述是微观的，将宏观历史研究与微观历史研究、长时段研究与短时段研究有机地结合在一起，从而形成一种新的史学风格。比如，商会史研究和社会群体研究本来是非常具体的研究，但我们却可贯注“大历史”的精神，对之进行“总体史”的研究。所谓总体史的研究，也就是全方位的研究。即对一个具体的商会和活跃其中的商人，既可从经济史、政治史角度切入进行研究，也可从社会生活史、心态史、思想文化史角度切入进行研究，形成立体化研究格局。在研究方法上，也要采取多学科的研究方法，历史学、社会学、社会心理学、政治学乃至法学的各种理论和方法均可采用。这种研究的结果，是在一种新的视角和眼光之下，使某种具体的研究更趋精细化和精致化，展现历史的多面相、多维度，更接近于历史的客观真实。

最后，所谓总体史的研究，也是一种“透视”法的研究。落实到商会史研究中，不能就商会看商会，而要透过商会看社会，看各种社会组织之间错综复杂的联系，看社会与政府之间的复杂关系（合作中的冲突

---

① 赵世瑜：《再论社会史的概念问题》，《历史研究》1999年第2期，第16页。如在欧洲仍保持长盛不衰的“经济—社会史”，便体现出当前“综合史”仍然是一种发展潮流和趋向，这一由法国年鉴学派所开启的史学流派似还远未走到尽头。关于“经济—社会史”的述评，参见侯建新：《开拓史学研究新领域：经济—社会史》，提交“二十一世纪中国历史学展望学术讨论会”论文（未刊）。

与冲突中的合作俱在），看商会与整个城市生活之间的关系，看商会在近代社会发展中所扮演的角色和所起的作用，这样才能真正做到“以小见大”，真正能够体现和贯彻“总体史”范式的研究宗旨并深得其精髓。

［本文原刊于《华中师范大学学报》（人文社会科学版）2003年第5期］

近代中国的商业启蒙

启蒙运动是17至18世纪欧洲的一场思想解放运动，它以民主、自由、平等、人权、理性为旗帜，为资产阶级革命的兴起作了思想准备和舆论宣传，标志着欧洲最终从中世纪走向近代。近代中国虽然并不存在西方意义的思想启蒙运动，但在明清启蒙思潮和近代西方思想双重影响下，又的的确确经历了自己的思想启蒙过程，有着一批最早睁眼看世界、不乏真知灼见的启蒙学者与思想家。在近代启蒙思潮中，除救亡、科学、民主等喧腾一时的思想观念外，与工业化潮流和资本主义兴起密切相关的重商思潮①，也是中国近代启蒙运动中一股不容忽视的思想潮流。以重商思潮为标志的近代商业启蒙运动，对近代中国冲破封建专制的束缚，走向工业社会和实现近代化起到了重要推动作用。本文拟对近代中国的商业启蒙过程及其内容和影响作一初步的探讨。

---

① 对近代重商思潮或重商思想，史学界通常有狭义和广义两种解释。狭义上，它主要指以“商战”为核心的重商主义思想，强调商业在对外贸易和国家经济发展中的重要地位，时间上主要指19世纪中后期的晚清时期。广义上，重商思潮或重商思想指的是既包括“商”，也包括“工”在内的“振兴工商”的思想，实质上是指重视实业或经济发展的思想，不再仅仅指重视商业，时间上则跨越晚清和民国初期。本文正是在广义上使用“重商思潮”一词。

一、重商思潮与近代商业启蒙

关于近代重商思潮，史学界已有过许多详瞻的研究与讨论[①]，但将重商思潮置于整个近代启蒙的大背景和长过程中来考察，凸现其在近代启蒙过程中的意义与作用，从思想史延伸到社会史，似还有可深入探讨的余地，也可借此加深我们对近代启蒙运动更为全面、深入的思考。

对于什么是启蒙，各家有不同的解释。福柯倾向于将启蒙视作一个历史的过程："不应忘记，'启蒙'是一种事件或事件以及复杂的历史性进程的总体，这总体处于欧洲社会发展的某个时期。"[②] 从近代西方历史发展过程看，启蒙运动（the Enlightenment）的兴起与重商主义（Mercantilism）思想不无内在的历史联系。正是从 15 世纪末兴起的重商主义思想和政策，与新航路的开辟、文艺复兴和宗教改革一起，构成欧洲资本主义社会的历史起点，并为 17 至 18 世纪的思想启蒙运动奠定历史基础。如马克思所言："商人资本的存在和发展到一定的水平，本身就是资本主义生产方式发展的历史前提。"[③]

而在思想史意义上，如果将启蒙视作从中世纪不断迈向近代的思想解放过程，那么与文艺复兴运动具有早期思想启蒙意义一样，重商主义思想本身即为早期启蒙思想的组成部分之一，反映了西欧封建社会瓦解和向资本主义社会过渡时期商业资本的意识形态。一方面它破坏了中世纪基督教宣扬的"守贫节欲"的道德规范，为不惜以一切手段敛财开启了道德之门，使资本一来到世间便"打上了血淋淋的烙印"；另一方面，

---

① 这方面的成果实在太多，无法一一列举。近期成果中对笔者有较大启发的论著包括缐文《晚清重商思想研究》（西北大学博士学位论文，2008 年）、冯筱才《从"轻商"走向"重商"？——晚清重商主义再思考》（《社会科学研究》2003 年第 2 期，第 123～129 页）、邱志红《近代中国商战思潮"新论"之商榷》（《浙江社会科学》2002 年第 6 期，第 164～169 页）等。

② 福柯：《何为启蒙》，杜小真：《福柯集》，上海远东出版社，2003 年版，第 537 页。

③ 中共中央马克思恩格斯列宁斯大林著作编译局：《马克思恩格斯文集》（第 7 卷），人民出版社，2009 年版，第 364 页。

它又重新阐释了财富的意义和追求财富的合理性，将对财富的拥有作为评价人类行为的最重要的价值参照系，宣扬金钱面前人人平等的观念。这样，就从根本上冲击了中世纪欧洲社会盛行的等级制度和等级观念，为财产私有、自由、平等等资本主义社会的主流观念扫平了道路。因为自由是商人从事商业活动的必要前提，平等则是商业活动的基本原则。如同马克斯·韦伯所揭示的，重商主义精神与新教伦理相结合的结果，便是“一种特殊的资产阶级的经济伦理形成了”①。由此可以清晰观察到重商主义与启蒙运动之间的内在历史逻辑：启蒙思想家后来所大力宣扬的一些基本观念，在早期重商主义者那里几乎都可以寻找到蛛丝马迹。重商主义思想乃是启蒙运动历史发展链条中不可或缺的一个关键环节。

欧洲近代历史发展对我们具有一定的启发意义。如果从启蒙的视角来观察近代中国的重商思潮，我们亦可将之视作中国近代早期的启蒙思想之一。换言之，中国近代最早经历的也是商业启蒙的过程，商业启蒙是研究中国近代启蒙运动绕不过去的一个重要话题。商业启蒙构成近代启蒙思想通往普通民众的一条思想通道，它与普通民众的日常生活最为接近、关联度最高，因此也相对容易被普通民众所接受，使平常百姓于不知不觉间受到近代工商社会价值观的洗礼，为适应正在发生的、空前的近代社会转型奠定一定的心理和思想基础。

有学者从哲学启蒙的角度，将明清以来的中国启蒙思想家划分为五代②。实际上，就近代思想启蒙的内容而言，似还可在鸦片战争前夕主张经世致用的地主改革家一代和19世纪末20世纪初改良派与革命派一代之间，加上与之并存的以重商思潮（包括后期的实业救国论）所代表和体现的近代商业启蒙思想家一代（他们中许多人往往同时具有哲学、政治、经济、社会、教育等多方面的启蒙思想），这样中国近代启蒙思

① 马克斯·韦伯，于晓、陈维纲等译：《新教伦理与资本主义精神》，生活·读书·新知三联书店，1987年版，第138～139页。

② 萧萐父：《中国哲学启蒙的坎坷道路》，《吹沙集》，巴蜀书社，2007年版，第17页。

潮才能真正较为完整和连贯。

产生于19世纪中晚期的中国近代重商思潮，与西欧近代的重商主义并不完全相同，它是社会转型时期一种更为复杂的思想体系，有着自身的历史发展脉络，虽然它与明清的早期重商思想和嘉道年间的经世致用思想有着历史渊源关系，但更多是受到西方资本主义外来思想的影响，基本上是西学东渐的产物。

尽管在最初阶段与西欧重商主义类似，晚清“重商”论者所强调的“商”或“商战”，主要指在流通领域和对外贸易中与国外商品展开竞争，仿效列强，“以商立国”，“以商强国”，改变既往重农抑商的政策，走重商之路。随着时局的发展和人们认识的加深，“商”本身被赋予越来越多的内涵，实际上成了“经济”或“实业”的代名词，延伸到“农”“工”“矿”“交通”诸方面，越到后期，“工”的作用越发突出，实际已演变为“重工”或“重实业”。正因为如此，就一个完整的历史过程来看，稍后兴起的“实业救国论”其实也可以包括在广义的重商思潮之中，是重商思潮的后期表现形式。诚如郑观应所言：“商之义大矣哉！”[①] 对重商思潮的探索，要更多关注“商”在中国语境下的丰富内涵以及许多言外之意，不能简单“在商言商”或就商说商。

尤其值得注意的是，重商思潮中有一种“连环套”式的思维，层层放大，而涉及社会改良与发展的方方面面，“有国者苟欲攘外，亟须自强；欲自强，必先致富；欲致富，必首在振工商；欲振工商，必先讲求学校、速立宪法、尊重道德、改良政治”[②]。正如有研究者指出，“由此，重商思想又成为中国社会整体转型的‘酵母’，其内涵包括了对中国早期现代化因‘通商’而触发的一系列重要经济社会问题的连锁式回应”[③]。这里所谓“连锁式回应”，实则为与“通商”和“商战”相关联

① 夏东元：《郑观应集》上册，上海人民出版社，1982年版，第607页。

② 夏东元：《郑观应集》下册，上海人民出版社，1988年版，第11页。

③ 缐文：《发展经济学的滥觞：晚清重商思想三题议》，《西北农林科技大学学报》2011年第3期，第116页。

的经济、政治、军事、教育、文化各领域的变革与反思，以及这些反思在社会各阶层包括普通民众中所激起的反响。这样，就将重商思潮与近代启蒙勾连起来，使之成为近代启蒙的重要环节，以及各种经济思想和社会思想承接转换的重要平台，其中，尤其为以“救亡”为中心的经济民族主义大行其道和迅速普及开启了大幕①。

二、近代商业启蒙的演进及其主要内容

以重商思潮为标志的近代商业启蒙是一个不断递进的发展过程，在不同发展阶段中，重商的内涵及其侧重点各不相同，由此商业启蒙的内容和受众面也各异。大体而言，近代商业启蒙经历了兴起（19 世纪 60 年代至 90 年代）、嬗变（19 世纪 90 年代至 20 世纪 20 年代）、深化（19 世纪末至 20 世纪 30 年代）这样三个大的发展阶段。当然，三个阶段的商业启蒙思想内容在实际历史中有时是并存或交叉的，但仍能观察到其中层层递进的发展趋势，以及商业启蒙思想的不断深化和普及。

（一）近代商业启蒙的兴起（19 世纪 60 年代至 90 年代）

19 世纪 60 年代至 90 年代，尽管清政府发起了所谓“自强运动”，力图抵御外侮，挽回利权，意味着自上而下“重商”的开始，但 30 年过去，鸦片战争以来所丧失的利权不仅没有挽回，反而还在不断地丧失。这在中国有识之士之中激起极大的愤慨，同时也引发了深度的思考。1894 年郑观应刊行《盛世危言》，首次系统阐释了“商战”思想，以“商战”为口号的重商思潮遂达于高峰，同时也标志着近代中国第一

---

① 就研究方法而言，重商思潮与近代商业启蒙运动的关联性研究，又可使重商思潮研究从单纯的思想辨析推向思想与社会的双向互动研究，从对知识分子群体的单向性研究推向对广大商人和一般普通民众的研究，从各种重商的思想主张推向对这些主张的实现途径和社会效应的研究，简言之，由虚而趋实，由一般思想议论而落实到社会行动探索。这种社会学取向的研究，在既往对重商思潮的研究中似仍注意不够。

波商业启蒙大潮的汹涌而至。如郑观应的《盛世危言》正式出版后，很快便受到各方高度重视，“都中各处求者”，“络绎不绝”，发行量也极其可观，先后于1895年和1900年修订再版，“闻各省书坊辗转翻刻，已售至十余万部之多。早识先几，朝野称赏，何风气尚未大开乎?”①

这一时期的商业启蒙主要围绕“重商”与“商战”展开，首先强调的还是商业和商人在“今世”的极端重要性，对传统社会中“重农抑商”的政策和“轻商”“贱商”的观念进行了严厉的批判。此又以维新派思想家陈炽的言论最为典型。在陈炽看来，要改变中国贫弱的现状，必须通过通商惠工，振兴商业，“商务盛衰之枢，即邦国兴亡之券也”②。与陈炽类似的重商主张，有王韬提出的“恃商为国本”③，以及薛福成提出的著名的“商握四民之纲”的观点④。

在启蒙史意义上，最值得注意的是启蒙思想家们的重商思想业已在商人中引起一定的社会反响和回应，通过对抑商、轻商传统的批判，近代中国商人也逐渐开始摆脱长期形成的自卑感，变得越来越自尊与自重。商人们将自己的经商与国家的富强相联系，认为“商业无论巨细，皆与国家有密切之关系”，并由此而生发出一种强烈的社会责任感与职业自豪感，不再视经商逐利为低人一等的旁门左道⑤。有人甚至认为经商的人具有“天下最有活泼的精神，最有发达的能力”，甚至能够称得上“人类的总机关”，“除了商，别的再也没有这种价值”⑥。话虽说得有些极端或过于夸张，但却透露出因时代变迁而体现出的新兴社会力量的自信与抱负。

---

① 夏东元：《郑观应集》下册，上海人民出版社，1988年版，第337页。

② 赵树贵、曾丽雅：《陈炽集》，中华书局，1997年版，第20、98页。

③ 王韬：《代上广州府冯太守书》，《弢园文录外编》(卷10)，中华书局，1959年版，第299页。

④ 丁凤麟、王欣之：《薛福成选集》，上海人民出版社，1987年版，第297页。

⑤ 《兴商为强国之本说》，《商务报》1904年第8期（又载《东方杂志》1904年第3期，第43页）。

⑥ 《经商要言》，张枬、王忍之：《辛亥革命前十年间时论选集》（第1卷，下册），生活·读书·新知三联书店，1960年版，第890页。

这些已然汇聚成流的尊商、重商意识，对刚刚迈入近代门槛的中国社会无疑具有振聋发聩的启蒙作用。它使中国几千年长期占据统治地位的抑商、贱商思想观念和社会风气受到前所未有的挑战，与近代工商社会发展趋势相符合的重商思想逐渐对当时的社会风气产生重要影响。检阅晚清商会档案文献，诸如“今商界风气渐开”“商智日开”“近今风气已开”等字眼触目皆是①。也有直呼当今为“重商时代”，商人“皆当自认为国商”②。还有人称“今日之天下，故一变而为重商主义，商人之力足以操纵天下之权利”③。可见，重商思潮开社会风气之先的思想启蒙意义是不容低估的，并成为诸多近代经济思想意识的触发器，诸如与“商战”密切相关的近代商人“利权”和“权利”意识的形成，便是“重商”的思想成果之一。

“商战”论的产生，直接导源于近代中国在对外贸易中“利权”的大量外溢，而“利权”的争夺，又是“商战”的核心和关键④。商人们意识到“能于外洋收回一分利权，即为国家增长一分势力；能于商界多占一分位置，即为国家多获一分光荣”⑤。在争利权的同时，商人也开始强调自身的经济、政治地位和经商权利，呼吁政府加以保护、扶持，即所谓“保商权”，“我国之贱商，数千年矣。……不保商而扰商，不利商而剥商不止”，“无怪乎商权常落外人之掌中”⑥。如何才能“保商权”呢？薛福成提出了设专官、兴公司、励新法、杜伪品、改税则等五项

---

① 章开沅等：《苏州商会档案丛编》（第1辑），华中师范大学出版社，1991年版，第34、135、730页。

② 天津市档案馆等：《天津商会档案汇编（1903—1911）》（上），天津人民出版社，1989年版，第193页。

③ 林作屏：《商箴》，《绍兴商业杂志》1910年第5期，转引自冯筱才：《从“轻商”走向“重商”？——晚清重商主义再思考》，《社会科学研究》2003年第2期，第124页。

④ 《光绪四年四月十九日湖广道监察御史李璠奏折》，中国史学会：《洋务运动》（第1册），上海人民出版社，2000年版，第165～166页。

⑤ 《兴商为强国之本说》，《商务报》1904年第8期（又载《东方杂志》1904年第3期，第43页）。

⑥ 《论中国商业不发达之原因》，张枬、王忍之：《辛亥革命前十年间时论选集》（第1卷，上册），生活·读书·新知三联书店，1960年版，第468页。

“保商”措施①。这些措施实际上是借鉴西方的成功做法，提出了中国近代商业制度的基本框架，以适应“商战”时代的需要。

可见，以“商战”为核心的重商思潮不仅将“商”的重要性推到事关民族生存的战略高度来评价和认识，与后来勃兴的民族主义思潮有着渊源关系，而且围绕对“商权”“利权”“权利”的思考，更广泛涉及传统封建社会向近代工商社会转型过程中商人社会地位、商人自由经营权利、外贸保护主义、振兴工商政策、国家主权意识、商业法律观念等一系列的近代思想启蒙问题。尽管这只是思想启蒙长过程的开端，但许多近代思想史的题中应有之义都大致包含其中了。

（二）近代商业启蒙的嬗变（19世纪90年代至20世纪20年代）

这一阶段商业启蒙的特征是由“重商”向“重工”转变，“工战”和“实业”逐渐浮出水面并成为重商思潮的核心。

如前所述，中国近代重商思潮的一个显著特点，是对“商”的概念的泛化和拓展，此时之“商”，既不完全等同于中国古代之商，也不等同于西方重商主义时代之商，从一开始就包含有“工”的因素，“工商”往往连带加以考虑。如薛福成提出“商握四民之纲”，但晚年又有“工体商用”的思想，“泰西风俗，以工商立国，大较恃工为体，恃商为用，则工实尚居商之先”②。连主张“商战”最力的郑观应也认为应“以工翼商”，“若有商无工，纵令地不爱宝，十八省物产日丰，徒弃己利以资彼用而已”③。

不过，对启蒙思想家而言，真正认识到“工”比“商”更重要，使“工战”的呼声盖过“商战”，还要到19世纪末20世纪初，其标志则是“实业”一词的大流行。

---

① 丁凤麟、王欣之：《薛福成选集》，上海人民出版社，1987年版，第616页。
② 丁凤麟、王欣之：《薛福成选集》，上海人民出版社，1987年版，第482页。
③ 夏东元：《郑观应集》上册，上海人民出版社，1982年版，第588页。

清末状元资本家张謇是较早认识到"工"的作用胜过于"商"的人士之一。早在1895年，针对当时还很流行的重商思想，张謇曾指出外洋富强之本在于工①。1905年发表的文学作品《市声》第34回，则直截了当地提出了"工战"的口号，"学界的口头禅，都说现时正当'商战'，据兄弟看来，现时正当'工战'世界"。1906年，章京柏锐也提出："广兴教育，以培人才，以为工战之基。""工战"口号的提出，表明商战思潮已出现一个重大的思想转折，即由重商向重工的思想转换。从现存商会档案中，也可看到"重工"和"工战"思想对商人的直接影响。如1905年拟定的苏州商务总会《试办章程》，便特别指出："农、工、商三者实相表里，今商界风气渐开，农、工尚少讲求，顾工与商尤有直接之关系，工以商为尾闾，商以工为源头也。……工固不可不重。"②

这种"重工"的呼声在当时并不孤立，受1894年甲午战后外国资本投资狂潮的刺激，人们逐渐挣脱"以商立国"的重商主义的束缚，经济思想益发逼近资本主义生产方式的本质——以机器生产为代表的近代工业及其经济社会组织形式。近代工业化思潮呼之欲出。最早意识到中国必须走工业化道路的近代启蒙思想家有梁启超、康有为等人。1897年，梁启超就曾提到，"中国他日必以工立国"③。1898年，康有为主张要"成大工厂以兴实业"，将"定为工国"作为"国是"④。这种朦胧的工业化意识，随着20世纪初"实业"一词的广泛流行，已俨然成为近代商业启蒙思潮的主流。近代中国"实业"一词的内涵，既是"商"的扩充，也超越了一般意义的"工"，是一个内容相对芜杂、兼容并包的

① 张謇：《代鄂督条陈立国自强疏》，曹从坡，等：《张謇全集》（第1卷），江苏古籍出版社，1994年版，第37页。

② 章开沅等：《苏州商会档案丛编》（第1辑），华中师范大学出版社，1991年版，第730、731页。

③ 梁启超：《变法通议》，《饮冰室合集》（第1册），中华书局，1989年版，第65页。

④ 康有为：《请励工艺奖创新折》，中国史学会：《戊戌变法》（二），上海人民出版社，2000年版，第225～227页。

经济新词，是对农工商等生产和流通事业的总称，但又首先指以资本主义生产方式来经营的近代工业。张謇曾说过，“实业者，西人赅农工商之名，义兼本末”①。时人则进一步阐释，“夫实业者，国民资赖以生之物，而国家之血液营养也。实业之盛衰，原为国民生计之舒惨所系，亦为国政隆污之所系”②。

从鼓吹“实业竞争”到力倡“振兴实业”，再到“实业救国”论，当时的中国报纸杂志充斥着有关“实业”的宣传和议论，实业似乎已成救世的灵丹妙药。“实业之兴衰，关于国势之存亡是也。”③ 张謇和孙中山皆为“实业救国”论的力倡者。张謇认为只有通过振兴实业才能救国救民，“救穷之法唯实业”④。为此，他提出著名的“棉铁主义”，试图通过重点发展棉纺织和钢铁业来推进中国的工业化，发展实业。孙中山也认为，实业建设是救国的根本之道，“发展实业，乃振兴中华之本”⑤。为此，他专门拟订了宏大的“实业计划”，拟通过重点发展铁路、公路交通和港口，全面发展中国经济，实现中国的工业化。

张謇的“棉铁主义”与孙中山的“实业计划”互为补充，为中国的工业化和近代化指出了具体路径，是晚清以来重商思潮发展的高峰，也是“商战”“工战”和实业思想的集大成者⑥。在商业启蒙意义上，张謇和孙中山的实业救国思想分别实现了商战思想、实业思想、救亡思想、改良思想、革命思想的大汇聚、大整合，初步回答了中国工业化和近代化如何实现的时代课题，为后来中国经济思想的发展奠定了思想基础，十分值得进一步研究其在思想启蒙史上的意义。

---

① 张謇：《记论舜为实业政治家》，曹从坡，等：《张謇全集》（第5卷，上），江苏古籍出版社，1994年版，第151页。

② 《实业救国之悬谈》，《东方杂志》1910年第6期，第194页。

③ 《论实业所以救亡》，《东方杂志》1904年第8期，第107页。

④ 张謇：《代鄂督条陈立国自强疏》，曹从坡，等：《张謇全集》（第1卷），江苏古籍出版社，1994年版，第38页。

⑤ 孙中山：《在上海中华实业联合会欢迎会的演说》（附：同题异文），《孙中山全集》第2卷，中华书局，1981年版，第341页。

⑥ 关于张謇与孙中山的实业思想的比较，可参见马敏：《孙中山与张謇实业思想比较研究》，《历史研究》2012年第5期。

（三）近代商业启蒙的深化（19世纪末至20世纪30年代）

在这一阶段，随着重商思潮的进一步演化，商业启蒙由“重商”“重工”向范围更广的“重学”即实业教育和实业观念的培育转变，更深层次的“学战”使近代商业启蒙得以不断深化。

一些商战论者开始意识到，中国工商业颓萎疲敝的症结，在于经商者缺乏市场意识和企业精神，经营管理不善，自身素质低下，这些均有赖于教育的普及与发展。晚清商人也认为“时至今日，所谓商战世界，实即学战世界”①。兴商与重学密不可分，只有通过“学战”以开启商智，具有先进的商业观念和经商知识，才能在“商战”中立于不败之地。有关教育与实业的关系，又以张謇“父教育而母实业”一语最为中肯切要。张謇认为，教育是救国的根本，“非人民有知识，必不足以自强”，但实业又是教育的基础，教育需要实业的资金来扶植，“然非先兴实业，则教育无所资以措手”②。

在“学战”思想的影响下，清末民初各地纷纷兴办商务学堂和实业学堂，极大地普及了商业和实业教育，也直接促成了对民众的商业启蒙。清末苏州商会成立伊始，即将兴商学、开商智作为义不容辞的职责，在其章程中即以“研究商学、发明新理”为其宗旨之一，规定：“有人发起欲设立商业学堂或别项实业学堂者，本会当实力为之提倡扶助。”③ 天津商务总会于1904年成立时，也曾在其章程中明文规定：“本会拟妥筹经费，设立商务学堂，造就人才，以维商务。”1906年又创办了中等商业学堂④。各地商业和实业学堂的举办，反过来又极大促

① 章开沅等：《苏州商会档案丛编》（第1辑），华中师范大学出版社，1991年版，第30～31页。

② 张謇：《垦牧公司第一次股东会演说公司成立之历史》，曹从坡等：《张謇全集》第3卷，第384页。

③ 章开沅等：《苏州商会档案丛编》（第1辑），华中师范大学出版社，1991年版，第30页。

④ 天津市档案馆等：《天津商会档案汇编（1903—1911）》（上），天津人民出版社，1989年版，第48、86页。

进了商业和实业知识的启蒙，“实业既有以提倡，风俗又从而改良，无用之财，皆归有用，一举而数善兼收”①。

在兴商学的同时，各地商会还办有《天津商报》和《华商联合会报》等10余种商报，《天津商报》于1905年12月创刊，主要报道各地商务和市场消息以及商会的活动，每月出刊约1000份，“论说精详，商情洞达，有裨于商界诚非浅鲜”，以至“各商称颂”，“不胫而走，省城购阅者为数甚多”②。《华商联合报》于1909年3月创办于上海，系华商联合会办事处的机关报，1910年2月改称《华商联合会报》，每月出版两期，分寄海内外各商会。该报以“联合商队，振兴商业”为宗旨，起到沟通商情、唤醒商界、启迪商智的作用③。

值得注意的是，晚清兴起的博览会、商品陈列所、博物馆等，也成为“学战”的利器，对近代商业启蒙意义甚大。有人指出：“推究赛会（即博览会）之本意，实系商学上事，并非商业上事。在开设会场之国罗致各国物产制造以供研究，使其工商人等通知各该国之学识理想好尚及其历年程度之比较，以开发其进步思想。”④ 1910年在南京召开的中国第一次全国博览会——南洋劝业会所编之《观会指南》也曾指出赛会的最大功效是“实于精神上施以实物的教育，而养其兴业殖产之观念”⑤。1909年武汉举办劝业奖进会期间，为了普及博览会知识和商业知识，办会者还特别印制了白话文宣讲书达5万多册，在武汉三镇广为散发，极大普及了商品博览会知识⑥。

民国初年，孙中山等资产阶级革命派将其关注重点从革命转向实业

① 章开沅等：《苏州商会档案丛编》第1辑，华中师范大学出版社，1991年版，第730页。

② 天津市档案馆等：《天津商会档案汇编（1903—1911）》（上），天津人民出版社，1989年版，第162～163页。

③ 赵洪宝：《清末商会兴商学活动述论》，《历史档案》1997年第1期，第115页。

④ 《前出使英国大臣汪咨农工商部论办理赛会事宜文》，《东方杂志》1907年第9期，第87页。

⑤ 南洋劝业会：《观会指南》，南洋劝业会事务所，1910年，第96页。

⑥ 张廷海：《奏办武汉劝业奖进会一览》，上海经武公司，1909年版，第91页。

建设，先后成立了20余个实业团体，通过办报刊、开演讲会和举办展览会等，专门开展有关实业尤其是铁道建设的宣传、教育活动，普及实业知识，收到了很好的效果。如其中之一的中华民国工业建设会，每逢周日晚上便举行宣讲会，内容则“注重学理”，介绍各种产品的生产方法，“听讲不限会员”，故“听讲者倍形踊跃”①。在各种以宣传实业为主题的报刊中，李文权等1910年6月在日本创办的《中国实业杂志》颇负盛名。该刊原名《南洋群岛商业研究杂志》，1912年改名为《中国实业杂志》，由中国实业杂志社编辑，改季刊为月刊，在东京出版，商务印书馆在北京、上海发行，1917年移至天津出版。该刊以“实业救国”为宗旨，分设图画、论说、译著文牍、传记、调查报告、来稿、访问等栏目，内容涉及经济、政治、外交、侨民、风俗、地理等方面，尤以主张华侨投资、兴办实业、开展经贸调查、促进国际贸易、开展国民外交为著名，人物传记多为介绍中外著名实业家，对各种商品陈列所、展览会、博览会的报道与论说亦极为详赡，可谓一部实业的百科全书②。

可见，清末民初的商业和实业教育还是有相当规模和普及度的，其方式也是多种多样的，不失为近代思想启蒙的重要形式之一。

中国近代重商思潮的演变过程深刻说明，以“商战”思想为起点的近代商业启蒙经历了从商业到工业、从商品到制度、从物质到精神、从单一到系统、从实业到教育、从浅层到深层的复杂演变过程，“商战”—“工战”—“学战”的层层递进，恰好反映了人们思想观念的由浅入深，由物质到制度再到心智的认知逻辑发展过程。在此过程中，发生了两方面的启蒙：一是商业、商品等物的启蒙，一是思想、观念、认知等精神方面的启蒙。物的启蒙导致对商品背后的商业制度、工厂制度等“制度文化”的认知；精神启蒙则导致对竞争精神、契约精神、平等

① 《工业建设会进行》，《民立报》1912年3月12日，第10页。

② 李文权：《三十七年自述》，《中国实业杂志》第6年第9、10合期；果鸿孝：《中国实业杂志》，丁守和：《辛亥革命时期期刊介绍》（第5集），人民出版社，1987年版。

观念、权利观念等工商社会新精神的认知。这两方面的结合意味着资本主义现代社会的全面启蒙，意味着从封建等级社会向现代职业社会漫长转型的开始。

三、近代商业启蒙的意义与局限

以晚清重商思潮及其演变发展为标志的近代商业启蒙，是继明清商业启蒙之后中国又一次重要的经济思想启蒙运动，它上承明清思想启蒙之端绪，下开近代思想启蒙之先河，在思想史乃至社会史意义上，具有不可替代的过渡、中继性作用，具有重要的学术研究价值。

与明清时期以“新义利观”和“新四民观”的兴起为主要内容的商业启蒙思想相比[①]，近代商业启蒙不仅深刻反映了自鸦片战争以来中国社会“三千年未有之大变局”，以及“大变局”对人们思想观念的巨大冲击和影响，而且所涉及的思想内容也远为广泛和深刻，是中国思想、文化整体性近代转型的体现，也是“世运转移”“新旧交替”的时代思潮变化使然。

首先，在启蒙意义上，同尊商、重商意识相适应的是更深层次的社会价值观念取向的重大变化，集中表现为对“义利之辨”的新诠释和近代功利型价值观的逐步形成。

在近代商业大潮的冲击下，人们对自古以来“重义轻利”的传统价值观进行了更深刻的反省和更尖锐的抨击，与近代工商社会相适应的功利型价值观逐渐占据上风。有人大胆为“言利”正名，认为义与利根本上是不能够分开的，求利乃人生的本能[②]。也有人从“优胜劣汰”的天下大势出发，强调求利求富的功利型价值观对民族自强、保国保种的重

① 关于明清时期的商业启蒙和商人精神的变迁，参见余英时：《中国近世宗教伦理与商人精神》，联经出版事业公司，1987 年版。

② 《争利失利说》，《申报》1890 年 4 月 12 日，第 1 页。

要性①。而何启、胡礼垣等维新思想家还特地将求利观念与鼓吹财富至上、个体本位至上等属于新兴工商资产阶级的价值观念挂上钩。如对待财富和财产的态度，他们提出："凡事而能使人心悦诚服竭力而前者惟财。凡物而能令人取诸怀中割爱与我者亦惟财……除性善之外，则天下事事物物无不因财而动，因财而成者矣。"关于利与私，他们直言私在社会进步中有着不可或缺的作用："为今日言，则家不妨私其家，乡不妨私其乡，即国亦不妨私其国，人亦不妨私其人……如此则合人人之私以为私，于是各得其私，而天下亦治矣。"② 如所周知，鼓吹财富面前人人平等，强调个人价值第一，人人有追逐私利的权利，国家不得干预，这些正是近代资本主义社会所奉行的基本价值准则，从西方启蒙思想家爱尔维修、边沁等人所倡导的功利主义思潮中，不难看到极其类似的思想主张③。何启、胡礼垣等将之借用到中国，正是试图以近代功利主义价值观取代传统的伦理型价值观，为以私有制为基础的近代工商社会的诞生而张目。

与根本价值观念变迁相一致的是商人竞争意识、合群意识、法律意识等方面的观念变迁。如竞争意识，人们业已认识到工商社会实则为一竞争社会："今适届实业竞争最剧烈之时代，商也工也，投身商战之场。使有生货而无熟货，将何所挟持而为战胜之利器?"④ 只有在竞争中才能求生存、谋发展，"竞争者，进步之原因也。对外而言，则我国当与他国竞争；对内而言，则我省当与他省竞争"⑤。如合群意识，"中国商人素无合群思想，故数千年来，未占有历史之荣光者"⑥，"今宜亟为合

---

① 《中国政务日兴喜而论之》，《申报》1896 年 5 月 7 日，第 1 页。

② 郑大华点校：《新政真诠——何启、胡礼垣集》，辽宁人民出版社，1994 年版，第 485、413 页。

③ 关于爱尔维修、边沁的近代功利主义思想，可参见 G. 希尔贝克、N. 伊耶著，童世骏等译：《西方哲学史——从古希腊到二十世纪》，上海译文出版社，2004 年版，第 324～325、348～349 页。

④ 魏声龢：《最新中国实业界进化史》，点石斋书局，1906 年版，第 124 页。

⑤ 《劝业道宪周：商业讲习所开学演说》，《成都商报》1910 年第 1 期，第 3 页。

⑥ 《论商会倚赖政府》，《东方杂志》1904 年第 5 期，第 55 页。

小以致大，联散而成聚，舍个人商业而营社会商业，舍家庭工业而营工场工业矣”①，“而提纲挈领，保卫维持，俾商务日有进步者，实惟商会是赖。盖商之情散，惟会足以联之；商之见私，惟会足以公之”②。正是这些认识促使商人联合起来兴办股份公司，创设工厂，筹建近代商会组织。如法律意识，“我中国商人，沉沉冥冥为无法之商也久矣！中国法律之疏阔，不独商事为然，商人与外国人贸易，外国商人有法律，中国商人无法律，尤直接受其影响，相形之下，情见势绌，因是以失败者，不知凡几，无法之害，视他社会尤烈，此可为我商界同声一哭者也”③。从这些认识中则可以捕捉到商人有组织开展商界习惯调查，发起拟订商法活动的思想认识根源。商人观念的种种变迁，体现出近代商业启蒙已通过价值取向的变化而影响到商人意识形态和社会活动的方方面面，其意义十分深远。

上述与重商思潮相伴随的价值观念及意识形态的变迁，虽然主要体现在工商实业领域，往往与商利、商权、商法等相挂钩，但随着启蒙思想的扩展，常常又由启蒙思想家们推及政治制度、法律制度、社会制度等更广泛的领域，引发更多的批判性思考。如1880年前后，重商论者钟天纬便已意识到西方富强的根本不只在“重商”，而更在于其“政教修明”“律法最尊”，能够建立起“通民情、参民政”的政治制度和相应的法律制度，这才是欧洲各国臻于富强的“大关键”处④。1909年，郑观应在《盛世危言后编》自序中，也有类似的表述，指出：“盖宪法乃国家之基础，道德为学问之根柢，学校为人材之本源。政治关系实业之盛衰：政治不改良，实业万难兴盛。”⑤ 到20世纪初，这种思想业已在

① 《论组合》，《商务官报》1906年第15期，第7页。

② 章开沅，等：《苏州商会档案丛编》（第1辑），华中师范大学出版社，1991年版，第3页。

③ 《上海商务总会致各埠商会拟开大会讨论商法草案书》，《申报》，1907年9月10日，第1页第2版。

④ 钟天纬：《综论时务》，《刖足集内篇》，1932年刻本，第34～36页。

⑤ 夏东元：《郑观应集》（下册），上海人民出版社，1982年版，第11页。

商人中引起比较广泛的认同，如有人认为，商人“无政治之思想，乏国民之精神，终无以争存于商战之世，独立于列强之间也”①。也有人指出：“我商界不欲为立宪文明之国民则已，苟其有立宪国民之思想，则当先尽立宪国民之义务，而国会请愿之举，自不得不继续各界以行之。”② 这说明，在当时商人眼中，商业发展与政治发展已有莫大关系，商人已不可能游离于国会请愿之类的政治运动之外。

显然，商业启蒙同整个近代启蒙思潮有着割不断的内在联系，系整体性近代启蒙中不可或缺的重要一环。而且，这种启蒙实际上已从思想家的书斋走向广大的社会，一变而为不可阻遏的社会思潮和层出不穷的社会改革运动。

尽管意义重大、影响深远，但近代商业启蒙也有其自身的历史局限性。

与西方的重商主义思想和早期启蒙运动相比，中国近代商业启蒙主要不是内生的，而是外发的，是商潮东渐所引发的中国社会内部的反映，商战的目的主要在于御侮与救亡，手段则是对外贸易与阻塞漏卮。外发性特征，使中国近代商业启蒙一方面固然接续了明清以来的经世思想和实学传统，另一方面又主要是从西方接受重商主义的思想启蒙。但可惜的是，这种启蒙毕竟是不系统的，有一种理论上的不彻底性，许多来自对西方或肤浅或深刻的观察。更何况西方重商主义经过 300 余年的演变，早已面目全非，本身就有早期与后期重商主义之分，已发生了很大变化，无法全盘引进。如马建忠的重商思想历来被认为是最接近西欧重商主义思想，但经过有关专家的深入分析，却认为他的重商主义与真正的古典重商主义仍有实质区别③。晚清以商战为口号的重商主义，其

① 太孟：《商业发达论》，《江苏》，1903 年第 3 期，第 89 页。

② 《联合海内外华商请愿国会公告书》，《时报》，1910 年 5 月 1 日。

③ 胡寄窗：《中国近代经济思想史大纲》，中国社会科学出版社，1984 年版，第 100 页；薛玉琴：《近代思想前驱者的悲剧角色：马建忠研究》，中国社会科学出版社，2005 年版，第 87～88 页。著者业已指出：“在中国近代史上，与其说马建忠是一位洋务专家，还不如说他是一位启蒙思想先驱更为贴切。”（薛玉琴：《近代思想前驱者的悲剧角色：马建忠研究》，中国社会科学出版社，2005 年版，第 206 页）

实是一种古典重商主义与近代自由贸易思想相混杂、西方冲击与经世思想相交错的混合型思想，其目的主要在于挽救因外贸巨额逆差和白银大量外流所引发的巨大社会危机，使中国不致被西方列强所“灭国”“亡种”。

也就是说，中国近代商业启蒙始终受制于急剧变化的救亡形势。为了适应救亡的需要，近代重商主义的内涵始终处于急速的过渡、转化之中，带有某种不确定性，很难形成为“思想定式”。在短短几十年间，中国近代重商主义便走过了西欧重商主义 300 余年的思想历程，呈现出极其短暂又极不稳定的思想特征。在民族救亡的时代主旋律之下，从 19 世纪六七十年代兴起的“重商”“商战”，到 20 世纪初年的“重工”“工战”“实业救国”，再到辛亥革命后全面的“实业建设”“社会革命”，不到 60 年的时间，中国近代的经济思想发展和商业启蒙已经历过了多次内容、主题变迁，但每一次变迁，都缺乏深度的思考和充分的实践，像一场场突如其来的春雨，刚刚打湿了地皮，就倏然停止了。这种思想启蒙的“跳跃式”发展和一波接一波的“思想快速接力”，其实也就是整个近代中国思想启蒙的真实写照。

不得不承认，近代商业启蒙的“未完成时”特征，为现当代经济制度和商业道德文化的建设带来很大困惑和阻挠。商业道德文化是国民整体道德文化的重要组成部分，也是一种重要的文化软实力，为了实现中华民族伟大复兴的中国梦，打造强大的“中国精神”，我们必须大声疾呼中国商业道德文化和商业精神的再启蒙、再建设，这也是中国经济建设实现可持续和健康发展必不可少的前提和基础。

[本文原刊于《中国社会科学》2014 年第 2 期]

博览会史

中国走向世界的新步幅

——清末商品赛会活动述评

中国近代化运动是中国人不断打开眼界，走向世界的艰难曲折的历程，清朝末年兴起的商品赛会活动标志着中国经济被进一步纳入资本主义世界市场，同时意味着中国在走向世界的漫漫长途中跨出了新的步幅。各类赛会既集中体现了中国近代文明所具有的水准，也暴露了它自身存在的严重弊端和不足。通过赛会形式而开展的大规模经济和文化交流，对中国近代化进程有着弥足珍视的影响。本文拟对这些活动作一粗线条的勾勒和评说。

一、自西徂东的“赛会热”

“赛会”的名称在中国虽古已有之①，但同商品经济相联系的近代意义的赛会却是“西潮东渐”的舶来品。它是对英文 exhibition 的迻译。现时代通用的则是由日文转译的“博览会”一词。近代赛会的基本含义有三：(1) 展览观摩；(2) 奖励比赛；(3) 推广销路。概括而言，它是品类复繁的展览会、劝业会、劝工会、工艺会、农产会、渔业会、博览会等的统称。虽兼涉物质文明与精神文明，但又偏重于社会经济方

① 中国古时有所谓“迎神赛会”等。

面；虽强调出品展陈，但也兼及部分销售。所以，确切地讲，应称为“商品赛会”。

近代赛会滥觞于工业革命前夕的欧洲。在此后的一百多年里，它有力地刺激着资本主义经济的发展，并对世界贸易和各国文化交流产生了深刻影响。鸦片战争后的中国既已逐步成为世界资本主义经济体系的从属部分之一，自然难免卷进从西方刮起的“赛会热”。清末中国受西方影响所举办的赛会活动，大致可分成两类：一是出洋赴赛，参加各国举办的赛会；二是模仿西方和日本自己举办国内赛会。

清政府正式派官员和商人携物出洋赴赛，始自 1876 年美国举办的费城国际博览会。据记载，中国参赛物品共 720 箱，值银约 20 万两①。以后，清末中国商人又陆续参加了法国巴黎（1878、1900）、美国新奥尔良（1885）、法属安南（1902）、日本大阪（1903）、美国圣路易斯（1904）、比利时黎业斯（1905）、意大利秘拉诺（1906）等国际性博览会约 20 次。起初清政府对出洋赴赛并不重视，仍以传统的赛珍耀奇、无益之举视之，草率从事，徒引外人讪笑。到 1905 年左右，方才有所醒悟。是年，清朝商部颁发《出洋赛会通行简章》二十条，对华商出洋参加国际性赛会作出了统一规定，并号召各省商家“精择物品”，踊跃赴赛。商人自选物品参赛，改变了以往“委诸税司采办，徒滋笑柄”②的窘况，展品屡有获奖。尤其在 1911 年意大利都朗国际博览会上，中国出品获奖达 256 种，其中卓绝奖 4 名，超等奖 58 名，优等奖 79 名，金牌奖 65 名，银牌奖 60 名，铜牌奖 17 名，纪念奖 6 名③。

清政府于提倡商人出洋赴赛的同时，又迫不及待地在国内倡办商品陈列所，考工厂和劝工会、劝业会、物产会等各种类型的赛会，以刺激工商业的发展。1906 年 10 月，农工商部开设京师劝工陈列所，“专供

① 李圭：《环游地球新录》（卷 1）《各物总院》，第 9 页 a 面，善成堂藏版。
② 乙 2-1 79/5（乙 2-1 为苏州商会档案全宗代号，79 为卷号，5 为页码，后同）。
③ 前刘：《意大利会场之中国出品》，《东方杂志》1912 年第 10 期，第 26 页。

陈列中国自制各货，供人观览，以为比较改良之张本”[①]。稍后，各省会和通商大埠均有仿行，辟专馆陈列本地区精良农工商产品。设在苏州的苏省商品陈列所除展陈各项物品外，又附设寄售处帮助商人展销商品，设劝工场以“奖劝工业”。直隶所设考工厂还特意购进各省和外国物品标签陈列，任人参观。大型地方性赛会办得比较有声有色的数直隶、江苏、湖北等省。

1907年4月，天津商务总会主办的“天津劝工展览会”，一月之内，远近客商报送货物共298200余件，“与未开会之先销货顿增多数，各商受益诚非浅鲜”[②]。1909年，由湖广总督陈夔龙在武昌发起的“武汉劝业奖进会”，是一次规模巨大的地方性博览会。该会设五类陈列室展览本省工商行销产品，另设直隶、湖南、上海、宁波四馆及汉阳钢铁厂、劝工院等七个特别陈列室，会期共四十五日，在一定程度上起到了“奖励本省之工商各业，而助其发达进步”的作用。即便偏远如四川省，也分别于1906年、1907年、1908年、1909年四次在成都召开商业劝工会，“仿外洋博览会之意而变通之”。

中国境内的“赛会热”，在1910年南洋劝业会期间达于沸点。正式开会之先，两江所属各府州分别举办了三十九个物产会，专门展陈地方土特产品，并择优运往南洋劝业会参赛。两江以外的奉、直、豫、秦、滇、蜀、粤、湘、鄂等省则先后成立了出品协会，广为搜罗赛品。南洋群岛的泗水、三宝、爪哇、巴达维亚、新加坡等地也创办了若干出品协会。这样，集无数个地方性赛会精华而召开的南洋劝业会，实际上是我国第一次全国性博览会。会场占地700余亩，除两江所设教育、工艺、农业、机械等九个展览馆和一个劝工场外，又设暨南馆一所，陈列南洋华侨出品；设三所参考馆分别展出英、美、日、德等国的产品。各省还

① 农工商部统计处：《第二次农工商统计表》，“农政”，1909年。

② 《直隶工艺总局详开办商业劝工会情形并请咨部立案文并批》，《北洋公牍类纂》（卷20）《商务一》，全国图书馆文献缩微复制中心，2004年版，第1488页。

自建陈列馆14所，展陈本省出品。另外，还辟有三个专门实业馆及三个特别馆。全部参赛物品数量缺乏准确的统计，据张人骏、杨士琦《开会礼成办理情形折》，仅两江地区物产会出品就达100万件①。会上获奖展品共5269件②，劝业会预算支出70万元，官商各担其半，结果溢支银10万两，商本受亏约20万元③。从赢利角度看，它并不是一次成功的博览会。

南洋劝业会颇为惨淡的结局，使清末中国掀起的"赛会热"逐渐降温而终至跌入波谷。许多有志之士所抱再开第二次、第三次全国博览会，进而开世界大博览会的良谟宏愿，不得不在相当长的一段时期内暂时付诸东流。

二、文明的交流与比较

赛会活动对经济交流和繁荣所起的巨大推动作用是显而易见的。荟萃世界、全国或地方的精良物品于一堂，极大地方便了人们生产经验和技术的切磋交流，尤其是全球性的盛大集会——国际博览会通常都集中显示了世界最新科技成就。1851年伦敦大博览会所建造的"水晶宫"预告了"玻璃时代"的到来；1889年巴黎国际博览会留下一座埃菲尔铁塔，象征钢铁时代的来临。赛会会场同时又是一个巨大的广告场和商品展销地：传统名牌产品通过颁给奖牌，巩固了原有领先地位；而过去名不见经传的优质产品，通过评比宣传，往往声名鹊起，销路日广。

然而，赛会的意义和内容又还不限于单纯的经济交流，而是以经济

---

① 《江督张会同南洋劝业会审查总长本部右堂杨苏抚程奏开会礼成办理情形折》，《商务官报》1910年第12期，第4～6页。

② 《南洋劝业会审查总长本部右堂杨奏南洋劝业会审查事竣分列给奖并办理情形折》，《商务官报》1910年第24期，第6页。

③ 《两江总督张人骏奏南洋劝业会期满闭会情形等折》，《商务官报》1910年第25期，第5页。

交流为核心和基础的整体性人类文明的交流。透过展品的物的外壳，我们看到的是更为广袤和实质性的不同文明形态。在文明交流意义上，如果说携物出洋赴赛是把中国文明带到世界各地，主动与其他文明切磋交流，睁眼看世界的同时也让世界看自己，那么，聚各地物品而开国内博览会，则主要是同一文明中不同地区经济与文化的相互交流。“一日观会，胜于十年就学”①，这是当年举办南洋劝业会的人们所发出的多少有些夸张的感慨。但它再好不过地说明了赛会的功用首在文明的传播与对话，即所谓：“邦交借以联络，国誉借以播扬，民智即借以恢张，裨益处良非浅鲜。”② 赛会所起到的文明交流和沟通作用，最清楚不过地体现为开会期间的人际交流和大规模人员流动。1851 年英国举办首次国际博览会，世界各地参赛者达 17000 人，参观者达 600 多万人次；1867 年法国举办巴黎国际博览会时，参赛者增至 5 万多人，参观者竟达 1020 万人次③。中国召开的第一次南洋劝业会当然不能同上述国际博览会相提并论，但前来观摩的人员也达 20 余万人次，“时武汉政、学、军、绅、商各界，前往参观南洋劝业会者于开幕后不久已多达 3 千人”④。日本和美国还曾先后派出实业代表团来劝业会参观考察⑤。这点区区之人，区区之会，对于西方工业世界来说或许算不了什么，但对刚刚厕身近代文明，尚习于乡居独处，集市庙会狭隘空间的中国人来说，也已经于“荡心骇目”中眼界大开，自觉或不自觉地接受了资本主义近代文明的洗礼。

文明间的渗透和冲突可能是盲目的，但文明的交流与融合却必须以理智的比较为前提。赛会上的文明比较自然首先要体现为展品的比较。

① 《南洋劝业会记事第二》，《东方杂志》1909 年第 4 期，第 49 页。

② 乙 2-1 77/43。

③ 《各国赛会岁次考》，《外交报》1903 年第 3 卷第 9 期，第 5～8 页。

④ 《时报》，1910 年 9 月 5 日。转引自苏云峰：《中国现代化的区域研究：湖北省(1860—1916)》，台北“中央研究院”近代史研究所专刊，1981 年版，第 400 页。

⑤ 关于日、美实业参观团情况，可参看《时报》，1910 年 6 月 18 日；《神州日报》，1910 年 9 月 11 日。

那么，清末中国在一系列国内外赛会中展品情况究竟如何呢？如果用一句话概括，那就是，愧疚多于自豪。

1876年美国费城博览会，“大清国”的展品“物件悉遵华式，专为手工制造，无一借力机器”。经评判，中国赛品“以丝、茶、瓷器、绸货、雕花器、景泰器，在各国中推为第一”①。时隔两年，1878年法国巴黎博览会，中国出品仍以“磁器、茶叶、古铜器、雕刻、象牙折扇独多”②。1903年法属安南博览会，中国展品“既多且美者，北京工艺局景泰蓝，福州漆器、广东、宁波木器，苏杭绸缎，苏粤绣货，九江磁器，皆金碧辉煌，光彩夺目”③。同年日本大阪博览会，“其最精巧者，为银器、象牙器。最艳绮者，为绸缎、绫罗”④。

1904年美国圣路易斯博览会，中国出品获头等金牌的有杭州舒莲红扇庄的折扇，获超等文凭奖的则有上海磁赛会公司的茶叶，“所售余货，为纽约伯兰克茶行，全行包销，并向该公司订立永远交易合同”⑤。

1910年比利时布鲁塞尔博览会，中国某豆腐公司“陈列黄豆制品三十余种，百奇千异，为欧人所未见。复多印图说，各报喧播，各国人争往研究，视为全会场中第一新颖之问题”，又有“手制大小风筝数千具，五光十色，精妙异常。欧人视为美术品之一，日售必数十具”⑥。

上述零星记载向我们展现了当年古老中国文明在欧美先进国家初露头角时的大体形像和获致的赞叹。赞叹固属由衷，然而，冷静深思一下，这究竟是怎样一种赞叹呢？“欧人则心理适与我国人相反，平常轻我之心太甚，以为中国者不过与安南、印度、南美及非洲各国相伯仲耳。及见吾之丝、茶、磁、绣卓然自立，出其意想之外，矍然惊叹，有

---

① 李圭：《环游地球新录》（卷1）《各物总院》，第9页b面、第10页a面。

② 黎庶昌著，喻岳衡、朱心远校：《西洋杂志》，“巴黎大会纪略”，湖南人民出版社，1981年版，第113页。

③ 《详述华商河内赛会情形》，《外交报》1902年第2卷第31期，第13页。

④ 《赛会近事》，《外交报》1903年第3卷第6期，第18页。

⑤ 《中国商业发达之一斑》，《东方杂志》1904年第12期，第87页。

⑥ 《比京赛会记》，《东方杂志》1910年第8期，第42页。

空谷足音之喜，则其誉之有不尽然者矣。”[①] 试问，由中国文明程度竟稍高于已沦为殖民地的落后国家而引发的“空谷足音之喜”，究竟是中华民族的骄傲，还是她的悲哀？

落后就是落后，老是用张骞、班超通西域时就已播声海外的丝绸、瓷器、茶叶等国粹来角逐争胜于声光化电的近代，恐怕实在也算不上多大的荣耀。更何况，同这些国粹相连带还有太多的愚昧、低劣和屈辱。1904 年美国圣路易斯博览会上，与美国等展出的汽车、飞艇等尖端技术相对照，中国由海关洋员承办的赛品中，居然有各种装束的小脚妇人泥塑，以娼妓、囚犯、乞丐和烟鬼造形的小木人，以及鸦片烟具、枷号、杀人鬼头刀等不堪入目的东西[②]。而率队清朝官僚的庸碌无能，更令人为之气夺。那些冠冕堂皇的监督、委员们“均有名无实，事事听外人之所为。而各省委员，有到会场二三礼拜而即去者；有挂委员之名，至会场将停之际尚未至者。其热心任事极力考察者，惟某某二委员”[③]。堂堂大清王朝与西方“蕞尔小夷”相比所呈现出的衰败和没落情形，甚至连载泽、戴鸿慈这样的王公大臣也不得不低首默认，戴鸿慈参观了意大利米兰博览会后在日记中记到：“观各国物品，则法国规模最宏阔。日本精心锐力出赛，赛品皆其上选，骎骎乎有追步英德之概。独我国局面太狭，……殊无足观者。”[④] 载泽在参观了美国某大学博物馆后，也记曰：“内有一室列中国物，大半华商赛会时所遗，陈列无次，且多粤中窳劣之物，徒贻讪笑于外，深为愧疚。”[⑤] 这类惜乎来得太晚的反省和自责，出自昔日虚骄颟顸、目中无人的封建王公大臣的笔下，倒也透露了几丝历史进步的消息。

---

① 《比京赛会记》，《东方杂志》1910 年第 8 期，第 43 页。

② 张继业：《记散鲁伊斯博览会中国入赛情形》，《外交报》1905 年第 5 卷第 11 期，第 5 页。

③ 张继业：《记散鲁伊斯博览会中国入赛情形》，《外交报》1905 年第 5 卷第 11 期，第 4 页。

④ 戴鸿慈：《出使九国日记》卷 11，光绪三十二年五月二十二日，第一书局，1906 年版，第 296 页。

⑤ 载泽：《考察政治日记》，商务印书馆，1909 年版，第 17 页 b 面。

国内赛会的展品，虽仍以农副产品和工艺美术品居多，但多少展陈了一些处在起步阶段的机制工业品，反映了中国社会经济和文明正在经历的深刻变动，同时也体现了中国初期近代化运动所达到的水准。1909年武汉劝业奖进会上，湖北兵工厂的军械、陆军工厂的皮靴、武昌制皮厂的皮箱，以及制麻局、武昌工艺实习厂、善技场、汉口劝工院和几家私立公司的出品，“不乏仿造外洋货物而得其精神者”①。有人参观了1910年南洋劝业会后指出，如日辉的呢布，耀徐的玻璃，启新的水泥，大冶的铁器，广东的花纱、花砖，上海的棉丝、棉布，以及各省所仿造的其他洋货，“大都质美而工精，何遽不若外人?”② 日本工商人士考察了南洋劝业会工艺馆展品后评论：“清国工业现已进入工业革命时期，由手工业、家庭工业逐渐向工厂机械工业发展。”③ 尽管很难说当时中国已真正进入工业革命时期，但这些观察和评论多少还是反映出经过近30年的辗转求生，我国资本主义经济终于获致了初步的发展，这才是中国文明的转机和希望所在。

然而，中国同西方列强和日本之间正以加速度拉开的巨大差距，并不是几年或几十年便可以轻易扯平的。只要把南洋劝业会参考馆陈列的外国机械、电器、化学应用、武器等出品同中国工业展品稍加比较，就会看到，清末的工业新文明尚处在一种多么稚弱和落后的状态。有人对中国工业展品详加研究后，得出这样的结论：“（中国）机械制造尚在萌芽时代耳”④，观教育馆“而实业学堂无几焉”；观机械馆“而普通工业应用机械无有焉”；观通运馆则“交通之设备不得备焉”⑤。南洋劝业会

① 阙名：《游武汉劝业奖进会之感言》，《民国经世文编》，“实业（一）”，沈云龙：《近代中国史料丛刊》（第50辑），文海出版社，1973年版，第4595页。

② 景学钤：《上南洋第一次劝业会书》，《东方杂志》1910年第9期，第252页。

③ 南洋劝业会日本展品协会：《南京博览会各省展品调查书》，1910年；野泽丰：《辛亥革命与产业问题——1910年的南洋劝业会与日、美实业团的访华》，《纪念辛亥革命七十周年学术讨论会论文集》（下册），中华书局，1983年版，第2483页。

④ 南洋劝业会研究会：《南洋劝业研究会报告书》，中国图书公司，1913年版，第139页。

⑤ 南洋劝业会研究会：《南洋劝业研究会报告书》，中国图书公司，1913年版，第127页。

评奖结果也反映出近代新式工业的贫乏和传统农业国的陈旧格局：66种一等出品中，以农产品中的丝、茶，工艺品中的染织品为最多；矿产、陶瓷、教育品、美术品次之；机械、武备、棉纱、面粉、畜牧、水产品仅各占一二①。

综观清末赛会活动，无论走出去外赛还是守着门槛内赛，赛来赛去总是摆脱不了“深为愧疚”的强烈自责。这清楚表明中国所实际依附的农业文明已是一种近乎停滞的落后的文明，而西方列强所凭恃的工业文明乃是一种“勇猛精进求高求大求强求权”的进取的文明。两相比照，中国何能不相形见绌，一败再败？赛品的比较归根到底又转化为文明的较量，而文明的较量实则为实力的较量。恰如时人所说：“我国工业不振，商业日颓，先畴之畎亩，高曾之矩规，民间既故步自封，而国家又少劝诱之方，如是而欲与工商素所发达之诸国相颉颃，何异以未练之兵卒而与强敌对垒，胜败之间，不待智者而决也。”② 很明显，中国欲想在赛会上竞胜称雄，首先有待于文明自身的改造和经济、政治、文化的全面腾飞。向西方学习，走工业化即近代化的道路，这是世纪交替时期中国人在文明比较基础上唯一可行的历史抉择。

三、价值观念的新变化

文化价值观是文明的精髓和灵魂。赛会所体现出的巨大文明反差，实质反映了截然对立的文化价值观念的冲突。著名守旧人物刘锡鸿曾对中西文化的不同价值取向作了如下归纳：“外洋以富为富，中国以不贪得为富；外洋以强为强，中国以不好胜为强。”③ 此种价值标准比较，

---

① 《奏京师及各省出品列入一等名数照商勋章程奏奖等片》，《商务官报》1910年第24期，第7页。

② 《留学日本高等商业学校学生谈荔生等上农工商部书（为条陈慎选出品赴日本万国博览会事）》，《政艺通报》1908年第7卷第2号，第3页。

③ 刘锡鸿：《英轺私记》，“观电学有感”，湖南人民出版社，1981年版，第110页。

成为他构筑自欺欺人的“精神火车论”的理论基点。其实，尽管不同文化体系有着自己独具一格的价值取向，但历史的最终裁决却只能以是否有利于促进现实社会发展为唯一尺度。

在国际博览会这种世界文明立体比较的场合，中国古老农业文明的不合时宜和西方工业文明的进步一望自明。这就不难理解，为什么当年亲临国际博览会的中国人会产生如此强烈的文化困惑感和危机感：“与会各国，若法若德，穷精极巧，各有其强大不可摧毁之慨。后进如日本、澳大利亚、比利时等，皆各有骎骎日上之势。……我中国国虽弱，犹国也，而独为世界上所不齿，夫果安在哉?”[①] 由文明对比引起的巨大文化困惑感和危机意识积聚到一定程度，势必成为新的文化价值取向的触媒。而由此造成的心理不平衡，也将通过文化价值体系的调整达到相对平衡。于是，以清末商品赛会活动为契机，相当一批士大夫和商人的价值观念开始发生某种新的变异，或强化了某种原有的变异。

首先是根本世界观念的新变化。鸦片战争以前，中国基本上处于昧于外情的时代，一般人心目中只有“天下”的观念，而没有“世界”的概念。茫茫宇内，中国既是大地的中心，又是“天下”的共主。鸦片战争前后，人们才逐步形成以近代地理科学为基础的世界观念。然而对“六合之外”其他文明体系的了解却仍局限于零散模糊、穿凿比附的朦胧状态。中国人对世界大势的真正把握和多元国际意识的确定，是在派遣驻外使节、出洋留学和出洋赴赛等一系列走向世界的过程中实现的。出洋参赛及其相应的舆论宣传，使多元化、竞争化的国际社会观念首次大规模普及于商人阶层。赛会分区展陈各国出品的独特形式，有助于人们正确分辨和确定本土文化在世界文明体系中的位置和角色。置身国际博览会的人们最能生动而具体地感受到“盖今之天下乃地球合一之天下”[②]。中国不过是国际大家庭中的普通成员之一，那种“华夷等级秩

---

① 张继业：《记散鲁伊斯博览会中国入赛情形》，《外交报》1905年第5卷第11期，第3页。

② 王韬：《弢园尺牍续钞》卷3《拟上当事书》，中国史学会：《中国近代史资料丛刊·洋务运动（一）》，上海人民出版社，1961年版，第514页。

序”的陈腐国际观念不攻自破。严峻的现实是：原先自以为“天下独尊”的华夏文化并没有受到国际社会太多的恭维，反而被摆在不起眼的次要地位。一位亲自参加了1910年比利时布鲁塞尔博览会的清朝官员抱怨道：“吾国会场凡五楹，居会地边隅，与法属越南及南非洲某部相比，其位置已不合矣。西人尝以建筑之形式，卜其国民文野之程度，而吾国会场，独为不中不西之制，不知何取？”① 这多少是一种妄自尊大心理的余风流响和皮相之见。另一位与会者的见解相比之下就开明多了：“吾国人自尊之心太重，每引英、法、德、比之会场为比较，不知物质文明非一蹴可及，况以财力薄弱，时日局促之中国，则相形见绌，固意中事，毁之有不尽然者矣。”② 冲破孤陋寡闻而又妄自尊大的精神氛围，敢于承认中国在近代文明体系中不过处于半开化文明状态，进而萌发出学习西方、追赶西方的强烈使命意识，这是近代先进中国人世界观念的一大飞跃。清末赛会活动对这一飞跃的完成，无疑起到了推波助澜的作用。

在赛会活动中，振兴工商业的经济新观念也获得长足发展。赛会与工商振兴有着极为密切的关系。有人认为“赛会一事，以争工商学业名誉为第一义；以求工商学业来日之进步为第二义。”③ 正是在赛会上，中国“贵义贱利”传统价值观的弊端暴露无遗。1906年意大利密拉诺（米兰）博览会后，张謇得出这样的结论：提倡实业“在吾国如张单弦而适旷野，固未有屑听而悯我一日之劳者也。夫赛会云者，各竞其长，而短者取人之长而自益。今以我视同列于会场之国，未暇论长短而当论有无。则是我国实业尚在胚胎，未可遽言幼稚也”④。在“重义理轻艺事”的空泛价值观的指导下，中国不仅难以发展新式机器工业，就连固

① 《中国出洋赛会预备办法议》，《东方杂志》1910年第9期，第246页。

② 《比京赛会记》，《东方杂志》1910年第8期，第43页。

③ 《前出使英国大臣汪咨农工商部论办理赛会事》，《东方杂志》1907年第9期，第89页。

④ 张孝若：《南通张季直（謇）先生传记》（第2编第5章）《筹划助成全国及苏省各事业》，中华书局，1930年版，第115页。

有的国粹也是每况愈下。如瓷器："法国细瓷异常精美，……销场能过我者，或绘事见长，或着色干净，或样式崇新，均能趋人之好尚也。"①如丝绸："（我国）丝巾做法不善，粗细相杂，近为洋人深恶。"② 我国之绸仍用旧法所织，西人虽亦爱之，然终嫌其质粗色黯，经纬线缕粗细不匀，挑丝疙瘩触目而是，稍一揉弄，即已起毛。"凡此诸弊，不能改良，绸缎一业，无望行销于外国也。"③ 所以，从赛会展品比较可以看出，我国工商业已处于"或灭或兴"的危急关头。在日趋激烈的"商战"中，"今中国奄奄垂尽之工商，若不起而扶植之，势将无可冀望"④。如何扶植？时人普遍认为必须以工业振兴为先导，"商以工为源头"⑤，而工业振兴又以普及实业教育为当务之急，"讲求格致之学，又振兴工业之本源也"⑥。总之，放弃儒家"以农立国"和"不言利"的千古不易的经典，锐意求新，振兴中国的工商业，大力发展商品生产已属势在必行。

振兴工商业的主张同经济竞争的心理和意识互为表里。倡言竞争正是赛会的本意和宗旨。赛会体现的竞争精神非他，而实为构成资本主义基本价值观念的商品自由竞争意识。它同谋求生产力的解放和追逐最大剩余价值密不可分，"竞争心生，则一切改良进步、精益求精之心思，自蜂起泉涌而不可遏"⑦。显然，此种竞争意识同封建文化形态有着质的不相容性。中国愈是倡办赛会，传统文化中"知足""无争"的保守价值观愈是失去其固有的市场。在赛会上，中国固然勉力同西洋各国争，但更强调同东洋日本争，每次赴赛都十分重视与日本展品的比较。

① 乙 2-1 77/43。
② 李圭：《环游地球新录》（卷 1）《各物总院》，第 10 页 b 面。
③ 凤荣宝：《密拉诺万国赛会物品评议》，《商务官报》1907 年第 12 期，第 15 页。
④ 乙 2-1 77/6。
⑤ 乙 2-1 3/56。
⑥ 汪有龄：《论中国宜求为工业国》，《商务官报》1906 年第 9 期，第 3 页。
⑦ 阙名：《游武汉劝业奖进会之感言》，《民国经世文编》，"实业（一）"，沈云龙：《近代中国史料丛刊》第 50 辑，第 4592 页。

究其原因，第一，日本是我国的近邻，彼强我弱，势必构成严重威胁："日本近年以来怀抱野心，思东辟商场于美洲，西张商权于我国。既乘圣路易之举而略露端倪，其此次所开之（赛）会，虽未敢侈然以东亚商市主人自诩，而影响所及，将来当其冲者，必为我国工商界也。"① 第二，中国与日本起步相若，但别人日富，我们日贫，差距逐渐拉大，从而加深了内心的不平衡和焦虑感："日本工商业之进步，至此已有凌驾欧美，俨然执东方牛耳之势，返观吾国，则又瞠乎后矣。……吾愿吾国自此以后，相率踵行，勿让岛国国民专美于前，此则本报之所馨香祷祝以求者。"② 这半是沉痛的自责，半是迎头赶上的自策，但惜乎来得太晚。

经济竞争说到底也就是市场竞争。赛品的展陈和颁奖的目的均在于打开产品销路、扩大贸易市场，"顾各国赛会之意，原以昭友谊，广人才，其着重尤在扩充贸易四字"③。对墨守成规、目光短浅的中国商人来说，要实现从"集期庙会思想"到近代市场观念（尤其是世界贸易观念）的转变，无疑是一个相当艰巨而痛苦的过程。初期出洋赴赛的中国商人，往往"平时既无预备，临时又不研究"，所以"及至失败，怨嗟频兴，从此裹足，不敢再作此想"④。更有甚者，"虽老于茶叶者，问以伦敦市面之情形，不知也；告以印度、锡兰茶叶之扩张，知愕然而倾听之耳"⑤。市场观念的普遍缺乏，致使中国一些传统出口产品销路锐减。例如瓷器一业，"日就颓败，渐为洋瓷压倒"⑥，其"运贩外洋者甚少，而由日本运售中国各埠，每年约有二百数十万元"⑦。随着参赛日多，

---

① 《留学日本高等商业学校学生谈荔生等上农工商部书（为条陈慎选出品赴日本万国博览会事）》，《政艺通报》1908年第7卷第2号，第2页。

② 朱肇扬：《论各国赛会之种类及沿革》，《商务官报》1910年第4期，第1～2页。

③ 李圭：《环游地球新录》卷1《各物总院》，第10页b面。

④ 乙2-1 79/5。

⑤ 杨志洵：《中国制茶业之情形》，《商务官报》1906年第23期，第31页。

⑥ 阙名：《游武汉劝业奖进会之感言》，《民国经世文编》，"实业（一）"，沈云龙：《近代中国史料丛刊》（第50辑），第4596页。

⑦ 《日本博览会评论中国物品》，《国民日日报汇编》（第1集）《实业》，东大陆图书译印局刊，第2页。

人们逐渐认清了市场竞争的严酷性和极端重要性。有人提议："吾国商民徒为本国之贸易，而不知为外国之贸易，故商业日见其衰。正宜因势乘便，罗列万产，以与世界各国见。"① 先于南洋劝业会召开的"巴达维亚中华货品陈列会"，实际已是一次"张其商权于海外"的赛会。该会由南洋巴达维亚中华商务总会发起，"以介绍中华土货为宗旨"，陈列物品"非中国所产所造者不收"，旨在缓解中国对外贸易"外货之入百，而土货之出一"的逆境②。

综上可见，以清末赛会活动为契机，中国传统文化价值观进一步受到来自西方文化的挑战与冲击，并由此引起了谐应的观念变化。较之于赛会的直接经济效益，这种价值观念的变异似更为深刻和根本。

四、开放与突破封闭性

对外开放是中国近代历史发展的必然。一部中国近代化运动史实即一部不断对外开放的历史。中国通过清末赛会活动而走向世界的步幅，只有放到开放与封闭的背景中观照才能正确评价其历史意义和局限性。

如果把开放界定为沟通中外联系，引进新异文化，侧身世界进步潮流的过程，那么，开放本身则有主动与被动、全面与有限之分。晚清的开放在总体上属于被动开放范畴，是在外部压力下的步步退守，是对既成事实的无可奈何的认可，既缺乏汉唐时期兼容并纳的博大胸襟，亦缺乏日本明治维新所表现出的"坚决吸取西洋文明"的进取精神。被动开放当然只能是有限的开放——犹抱琵琶半遮面。鸦片战争以后的开埠通商和不平等的对外经济贸易无疑是被动的；有些看似主动的抉择，诸如洋务运动、派遣驻外使节和留学生、新政改革等，深究下去也是迫不得已和极为勉强的应变之举。

---

① 《中国出洋赛会预备办法议》，《东方杂志》1910年第9期，第247页。
② 乙2-1 87/2-4。

清末赛会活动显然也正是这种被动与有限开放链条上的一环。中国出洋参赛，往往由主办国再三敦请，方“辗转行文”，“出示晓谕”，勉强“饬商赴赛”。据钱单士厘《癸卯旅行记》记载，1903 年日本大阪博览会“中国则由日本领事向政府及各督抚敦劝，故勉出物品，以应其请，湖北居首，四川随之，各有一小区，列物数十种”①。以这种消极应付的态度，如何能成功地学习、借鉴别国先进经验和文化？对大清帝国来说，请而勉从还算颇为积极的反应，至于请而不动者尚比比皆有。

在被动开放意义上，较诸于五口通商、洋务运动等，清末赛会活动还是迈出了新的步幅。如果说五口通商仅限于让商品自由贸易从更大的门缝中挤进来，而洋务运动所看重的只是以西方的坚船利炮和科技工艺来弥补传统文化的不足，那么，出洋赴赛和召开国内博览会则是人与物、商品与文化、物质文明与精神文明相结合的大规模中外交流活动，也是中国最初的以形式上独立、平等身份参与大型国际社会活动。正是在这种立体性的文明交流活动中，古老中国文明首次作为一个有机整体不加掩饰地在国际场合公开亮相，“绍介我国进运之状态于世界万国”，为外界提供了全面鸟瞰中国现状的机会和场所。南洋劝业会闭幕后，日本立即编辑出版了一部《南京博览会各省展品调查书》，该书长达 1425 页，被誉为“出有凭据的清国物产志”②。同时，与赛会有关的各国风情介绍、赛品的征集和运送、生产经验和技艺的交流、大规模的组织工作，等等，均有助于增强中国社会内部的开放性因素。

然而，开放毕竟并不简单等同于展陈和“亮相”。除“敞开”的含义外，开放还具有引进、改造和消化吸收的内涵，舍其中任何一个环节，均为不健全的“跛脚开放”。不幸，清末赛会活动恰好就是这样一种缺乏真正内在转化机制的“跛脚开放”。首先，一般官员只强调以新

① 钱单士厘：《癸卯旅行记》卷上，光绪二十九年二月十八日，国家图书馆藏抄本。

② 野泽丰：《辛亥革命与产业问题——1910 年的南洋劝业会与日、美实业团的访华》，《纪念辛亥革命七十周年学术讨论会论文集》下册，第 2473～2496 页。

异之物吸引外人的视听，借机炫耀天朝上国的“神威”；而一般商人则关心自己的出品能否获取直接之利，均不注重学习别国的先进技术和经验。例如，近似“清国物产志”的巨书居然得由日本人根据南洋劝业会展品进行编写，而清政府则不能主动意识和承担起这一责任，便很能说明问题。即使个别人进行了考察研究，也很难引起政府和社会的重视，技术改造和引进无从推广。“制造不为改良，拘守成法，一不毫变”的封闭型生产仍是十分普遍的社会现象。其次，仍一如既往地对整体工业文明横加肢解，只承认西方物质文明发达，拒斥吸收其精神文明成果。如载泽等人在西方时虽也发了一通“深为愧疚”的感慨，但一旦踏上“大清国”的国土，马上又钻进自我封闭的圈子，重弹“中体西用”的老调：“夫法制、政教、兵农、商工，当因时损益，舍短取长，此可得而变易者也；伦常道德，当修我所固有，不可得而变易者也。”①

劝业会、国际博览会等发展资本主义的新形式，究其实乃是高度发达的商品经济和工业革命的产物，它要求一种真正开放性的社会经济、政治结构，要求商品生产和市场的极大发展，所谓：“必先筑绝后空前之会所，四通八达之市场，荡心骇目，巍然焕然，乃足以受容中外与会之人与物，及中外观会之人与观会应用之物。”② 然而，反观当时中国，在这个极度贫弱的半殖民地半封建社会中，社会经济的主要基础仍是自给自足的小农经济，社会结构基本保持着大陆型传统农业社会封闭性特征。地理交通相对闭塞和隔绝的状况并无大的改变。经济上的封闭匮乏与政治上的高度集权专制相结合，使一般社会心态和风气趋于保守闭塞、安于现状，儒家传统价值观仍居主导地位。

由于晚清中国社会仍然存在着根深蒂固的封闭性特征，因此，它通过赛会活动而迈向世界的步幅毕竟是十分有限的，也因此，纵使勉强引进赛会之类的新异事物，在缺乏相应社会历史土壤的情况下，终难免枯

① 载泽：《考察政治日记》，“序”，商务印书馆，1909年版，第2页b面。

② 《论今日宜急开内国赛会兴工商》，《东方杂志》1908年第5期，第25页。

萎变形，陷于流产或失败。恰如有人所指出：赛会的成败，“由于时事、国情、人事各大端而异其趣向”①。社会生产力长期停滞和技术落后，使中国展品普遍显得陈旧过时，不足以“炫耀于人而为商战之利器”，只好“循名责实，先自缩小其范围”②。交通运输不发达给出品搜集、转运造成极大麻烦。有限的社会购买力加之外国产品的竞争，致使国内赛会的出品很难就地销售，只好原封运回，徒增开销。南洋劝业会上的展品“售出之物不过十之二三”③。而社会风气的闭塞又造成部分商人及普通百姓对赛会抱极为冷漠的态度。国外举办博览会时，“虽饬商赴赛，而各商率多不前，……刻虽不用洋员，而赴赛之大商犹鲜”④。1910年德国举办卫生博览会，苏州工商“不惟视为畏途，即稍有价值之物，亦不乐为寄运”⑤。同南洋劝业会每日平均仅1000人左右参观形成鲜明对比的是，1903年日本第五次国内博览会参观人数平均每日高达34000多人⑥。此外，各国举办赛会，多由政府大力扶持，提供诸种方便，但陷于严重财政危机的清政府，却视赛会为吸剥商民的大好时机，唯恐抽税不重。南洋劝业会虽勉强邀准免收赛品沿途厘金，但“凡在场内沽售暨离场转运它处销售者”，均需“分别补征税厘”⑦。商人们对此大为恼火，指斥清政府“多方限制，多方束缚，视赛品与寻常商品无异，使商人望而却步”⑧。中国严重缺乏引进博览会一类西方资本主义文明的社会承受力，最明显不过地表现在南洋劝业会期间，当大批赛

① 《万国博览会之效果》，《商务官报》1908年第20期，第1页。

② 阙名：《游武汉劝业奖进会之感言》，《民国经世文编》，“实业（一）”，沈云龙：《近代中国史料丛刊》第50辑，第4592页。

③ 《两江总督张人骏奏南洋劝业会期满闭会情形等折》，《商务官报》1910年第25期，第5页。

④ 乙2-1 77/43。

⑤ 乙2-1 78/24。

⑥ 野泽丰：《1903年大阪博览会和张謇的访日》，《经理研究》（东京），1971年第14期，第127～140页。

⑦ 《税务大臣拟定南洋劝业会赛物联单报运暨在会场内分别征免办法章程》，《东方杂志》1909年第12期，第47页。

⑧ 乙2-1 270/8。

品和人员涌集一地时，封建统治者立即惶恐不安，如临大敌，“遂调防营驻扎会外，并调兵舰游弋长江，水陆兼筹，俾资镇慑。”① 由此就不难看出，近代中国社会的封闭性乃是传统和现行政策的混合物。内中既有无意识的历史遗传，也有人为的强化因素，不能专门执着一个方面去解释。

对外开放必须以对内“松绑”和搞活为前提。渗透于社会各个层面的封闭、停滞性因素，犹如一张剪不断的蛛网严重阻塞了近代中国谋求开放、走向世界的通道。它不仅使商品赛会这类新异事物难以收到预期的成效，而且切断了其吸取先进异质文化、改造落后农业文明的转化机制，使文化引进与改造很难推进到根本社会结构、政治体制、伦常道德和文化心理结构等更深层次。然而，既然没有能拆除深层结构的屏障，浅层的文化开放和融合就很容易淡化或逆反。近代历史业已反复证明，在中国这样具有悠久农业文明传统的半殖民地半封建社会里推行近代化运动，谋求国家的独立、民主和富强，只有通过从经济基础到上层建筑，从物质文明到精神文明的全面而深刻的社会革命，才能真正突破传统文化所固有的封闭性，走上面向世界、面向未来的开放和健康发展的大道。

［本文原刊于《近代史研究》1988 年第 1 期］

① 《江督张会同南洋劝业会审查总长本部右堂杨苏抚程奏开会礼成办理情形折》，《商务官报》1910 年第 12 期，第 5 页。

张謇与近代博览事业

近代博览事业是近代文明发展和近代化的产物，包括各种类型的展览会、陈列会、劝业会、劝工会、工艺会、渔业会、物产会、博览会，等等。在近代中国，一般称之为“赛会”。但其含义与古时之迎神赛会或庙会又有不同，通常与近代商品经济相联系，虽侧重于出品的展陈，但也兼有促进销售，扩展市场之意。而在更广泛的意义上，近代博览事业还涉及着重于教育功能的博物馆、展览馆等。

作为近代著名的士人和实业家，张謇在中国近代博览事业中也同样占有一席之地，系中国近代博览事业的开拓者之一。惜过去限于资料，对张謇在这方面的贡献着墨不多，实有补缺之必要。

一、张謇与1903年日本大阪博览会

张謇对近代博览事业的认识，大致萌发于他于1903年（光绪二十九年）5月东渡扶桑，参观日本的第五次国内劝业博览会，即大阪博览会。

在效法西方举办近代博览会上，日本远远走在清代中国的前面。1877年日本首开国内博览会于东京上野公园，持续3个多月，参观人数达45万多。其后，又于1881年、1890年、1895年先后在东京上野和京都冈崎召开了第二、第三、第四次国内博览会①。第五次国内劝业

① 吉见俊哉：《博览会的政治学：视线的近代》，中央公论社，1992年版，第127页。

博览会从1903年（明治三十六年）3月1日至7月1日在大阪市天王寺召开，参观者多达530余万人，占地10万余坪，设工业馆、农业馆、林业馆、水产馆、通运馆、机械馆、参考馆、教育馆、美术馆、体育馆等，出品数达22万余件。日本天皇及其他政要，如前首相伊田博文、首相桂太郎、外相小村寿太郎等均曾赴会参观①。

张謇作为晚清最重要的绅商人物，自然受到日方的重视，被邀前往参观。此为张謇首次访日。从5月28日抵日到7月26日返国，张謇前后在日本共停留了约两个月。这两个月中，除在大阪参观博览会外，张謇的行踪南至九州长崎，北至北海道，参观、考察了数十个工厂、农场、学校和其他机构，首次对日本有了比较深入、全面的了解。张謇对近代博览事业的实际知识，也主要是通过这次日本之行而获得的。可以说，癸卯东瀛之行乃张謇近代博览思想和事业的实际起点，对张謇以后的实业活动和地方自治事业，有着深远的影响。关于东游访日的动机，张謇曾明白无误地说过："中国须振兴实业，其责任须在士大夫，因先事农桑，竭八年辩论抵持争进之力，仅成一海门蚕业。甲午后，乃有以实业与教育迭相为用之思。经划纺厂，又五年而后著效，此时即拟东游考察……今年正月，徐积余自江宁寄日本领事天野君博览会请书来，乃决。"②

根据张謇日记的记载，张謇一行抵达大阪的次日③，即前往天王寺参观博览会，顺次参观了美术工艺、矿冶机械、教育、卫生数馆，认为："机械、教育出于学校生徒制者，最可羡慕。美术以绣为最精，画平常，不足张也。"从张謇第一天参观的日记看，他对中国参与此次博

---

① 野泽丰：《1903年大阪博览会与张謇来日》，《经理研究》（东京），1971年第14期，第127～140页。

② 《张謇全集》编委会：《张謇全集》（第8卷），上海辞书出版社，2012年版，第536页。

③ 张謇系于阴历五月初一日由神户乘汽车到达大阪，下榻高丽桥清宾馆，该宾馆系由当地华商集资租赁，专门接待前来参加博览会的中国官员和绅商。

览会的情形甚为关注，留意到这次博览会专门设有参考馆，陈列各国的出品，中国置办物品前来参展的仅有江苏、湖北、湖南、山东、四川、福建六省，但展品多为古董。如“鄂品有汉瓦当、唐经幢”等，张謇对此颇为不满，认为这些古董应当摆在博物院供人参观，而不应当在劝业博览会上展出，“劝业以开来，而此以彰往，若移置中国博物院差不倍耳”。张謇还对中日展陈情况作了比较，认为中国在这方面可以说是大不如日本，他指出：“日人自明治十年，始以官帑经理民间农工实业为第一会，此后十四、二十三、二十八年续举二、三、四会，增长发达。自二十八年始，皆先于各府、县、郡设小会，以摩砺之，非精能者不以入大会。良工不示人以朴之道也。中国六省，彼此不相侔，若六国然，杂然而来，贸然而陈列，地又不足以敷施焉”①。

时隔一天，即阴历初五日，张謇又前往博览会参观，专门考察博览会中的农林馆。他注意到，日本农业进步甚速，所产赤豆、黄豆、大小麦都有“大倍于华产者”。在参观北海道开垦图时，张謇特别将他在通州、海门的垦殖事业同日本人伊达邦成、黑田清隆在北海道的垦殖事业作了一番比较，颇为感慨地议论道：“伊达邦成、黑田清隆之致力于北海道也最有名。然竭其经营之理想，劳其攘剔之精神而已。国家以全力图之，何施不可。宁若我垦牧公司之初建也，有排抑之人，有玩弄之人，有疑谤之人，有抵拒扰乱者之人。消弭捍圉，艰苦尤甚。是则伊达邦成、黑田清隆之福命，为不可及矣。”② 类似的感慨，张謇在此次的访日中还不时有所流露，他感到在中国提倡实业，发展工商经济，其难度真是远大于日本，很少得到当权者的实际支持，一般士大夫也不屑一顾，“如张单弦适旷野，因未有屑听而悯我一日之劳也”③。他又说：“日本士大夫为官商，听其人之志愿，方为官则一意官之事，及为商则一意商之事。华士大夫则方官而有商略，方商而有官式。”④ 在日本，

① 张謇：《东游日记》光绪二十九年五月初二日。

② 张謇：《东游日记》光绪二十九年五月初五日。

③ 张孝若：《南通张季直（謇）先生传记》，中华书局，1930年版，第115页。

④ 张謇：《东游日记》光绪二十九年五月十五日。

不仅官商之间分工明确，且政府对工商业的扶持也是不遗余力，“工商之业，官为民倡，有利则付之商。不止不夺也，而维护之，以是知其官智之程度高矣”①。尽管在政商关系问题上，日本也有日本的问题，但明治维新以来，日本之所以能在殖产兴业方面取得巨大成就，成功地召开一次又一次劝业博览会，不能不说与明治政府开明的产业政策有极大关系。

通过参观博览会，张謇对日本明治维新以来在科技、工业及整体文明程度方面所取得的进步，留下了最为集中和深刻的印象。标志当时科技进步水平的电和电灯，对清代中国而言还十分稀罕，但在日本已很普遍，大阪博览会非常突出地展示了日本在工业动力革命方面所取得的进展。张謇日记在这方面也有生动的记载：十一日“……饭后与伯斧观博览会机械馆。是夕为日人金曜日，会场内外电灯尽张，士女阗塞衢路，履声如万竹齐裂。水帘亭以七色镜旋转，现虹霓之色，于光学颇有发明。村井兄弟市孔雀标纸卷烟，有声架一楼四层，自上澈下，电灯约千计”②。关于日本在工业方面取得的进步，日记中记载：“复至博览会观工业馆，织业最良，制箴最精，箴即华人所谓蔻。他如织席、舂米、制面、榨油、炼糖、卷烟、吸水、造磷寸之机无不具者。”③

从张謇日记中不难看出，张謇在日本参观博览会时，除抱有全面了解日本政经、工商和教育发展情况外，始终关注的一个中心问题，就是如何借鉴日本的经验，更为有力地推进在家乡南通所推行的乡村自治和各项建设事业。在这方面他的观察可以说是非常之细致，用心也特别良苦。如第一天参观博览馆，他就对南通的一些优良物品没能拿到此次博览会上来展出，感到非常遗憾，“以余乡而言，通州、海门墨核鸡脚之棉，吕四真梁之盐，皆足与五洲名产争衡，皆不与焉。不有朝鲜，不知孰殿”④。五月十五日再游博览会水产馆，又联想到南通时他记道：“午

① 张謇：《东游日记》光绪二十九年五月十六日。
② 张謇：《东游日记》光绪二十九年五月十一日。
③ 张謇：《东游日记》光绪二十九年五月十二日。
④ 张謇：《东游日记》光绪二十九年五月初二日。

后看博览会水产馆，通州可参酌仿行者，唯十胜川之鱼簖。滨名湖之鹜池，若养蛎法采自厦门，不知宁台之产也。宫城之盐，其第一等与余吕东同，不逮吕四也。”① 为了发展南通的盐业和农业，张謇还于五月二十八和二十九两日接连前往博览会水产馆和农林馆考察，关于日本的盐业，他记录道：“其有模型可见者，一兵库县姬路市大野町，一香川县木田郡泻元村，一爱媛县越智郡令治町，一广岛县松永町田沼，一冈山县浅口郡玉岛町。独味野村有盐品而无模型。欲尽观之，以广参考。”在农林馆，张謇主要是想为南通的农垦事业购置一些农工应用器具，“拟购大犁、中犁、小犁及耙土、播种、割麦、脱粒、薙草、翻草器具各一，工具中拟购织布、缫丝、织绸、织席、绹绳、吸水、精米、造烛器各一具”②。

1903 年在张謇的实业生涯中是一个重要的年头。自 1894 年以“大魁天下”的状元身份“下海”以来，经过近 10 年的苦心经营，张謇在南通兴办的各项事业已初现端倪，借开博览会之机东游日本，不仅使张謇对博览会这一西方文明的产物有了切身的了解，而且以此为契机真正了解了日本社会，见识了现代经济和现代教育的实际发展。稍微作一统计，就可以发现在短短两个月内，张謇风尘仆仆地奔走于日本各地，看到了许多他急于了解的新事物，获取了许多他急于得到的新知识。除博览会上的各种见闻外，张謇认真考察过的还有：东京、大阪等地的中小学校、师范学校、农商实业学校；大阪的工厂、造币局、港口、铁工所、银行；静冈造纸厂与凿井事业；东京活版制作所；北海道制麻工场、育种场、牧牛场；仓敷盐田；等等。

张謇在日本所关心者，实际也就是他在国内又特别是在家乡南通所正在推行和将要推行的各项建设事业。这些事业在 1903 年至 1911 年间陆续兴办的有：1903 年创设的盐业公司、渔业公司、垦牧公司分场；

① 张謇：《东游日记》光绪二十九年五月十五日。

② 张謇：《东游日记》光绪二十九年闰五月二十八日、二十九日。

1904年创设的铅笔公司、日本式试验盐田、轮步公司、内河小轮公司、印刷局；1905年创设的工人艺徒学校、商船学校、初等小学校；1906年创设的冶铁公司、酒厂、农事试验所、铁路学校、法制讲习所、土木讲习所；1907年创办的大生分厂；1908年创建的玻璃公司。还有历年所创办的各种初等小学堂；等等。可见，张謇在日本期间的所见所思，多与他在南通所要实现的地方自治和乡土建设的宏伟蓝图有关。东游日本参观其国内劝业博览会，成为张謇实业生涯的一个新的起点。

二、张謇与1906年意大利米兰渔业赛会

渔业赛会属一种专门性的国际博览会，与包罗万象的万国博览会有所区别，其功用主要是交流、传播各国在养殖、捕捞和鱼产品制造方面的技术与知识。晚清中国参加国际性渔业赛会共有四次：1906年意大利米兰赛会中的渔业分会；1906年在美国波士顿举办的渔业赛会；1907年在比利时的安凡士举办的渔猎赛会；1908年在美国华盛顿举办的万国渔业赛会。张謇所参与策划和指导的正是中国首次参与的意大利米兰赛会中的渔业分会。

先是意大利驻中国使馆于1905年（光绪三十一年）初照会清政府外务部，请中国派人参加该国拟在米兰举办的渔业赛会，照会中说："本国于1906年拟在秘拉喏（即米兰）地方设立赛会，会中特有渔业分会，今接本国政府谕请转咨商部并海关总税务司，通知各省及通行水路各地方官出示劝谕，或渔业公司渔人，均行参加。"① 商部接到外务部转送的照会之后，发函与南北洋大臣相商如何办理。结果，在南洋大臣周馥的举荐下，由时任商部头等顾问官的张謇出马策划参与此次渔业赛会②。

① 李士豪、屈若搴：《中国渔业史》，商务印书馆，1998年版，第63～64页。

② 《外交档·各国赛会公会》，02—20—8—1，台北"中央研究院"近代史研究所藏。

张謇根据1903年考察日本大阪博览会所得经验，并研究了历次渔业赛会的情况后，对此次参赛提出了两点至关重要的建议，在一定程度上影响到清政府赛会政策的转变。

其一，建议成立“七省渔业公司”，由中国官方和民间合作自筹展品赴会。张謇认为过去中国商人参加历届博览会收效甚微，主要原因之一，便在于委派洋人操办，政府很少参与，难以调动民间参赛的积极性。他指出：“中国与各国赛会自光绪二年奥国维也纳之会始，继是有费尔特之会，巴黎、伦敦之会，皆任税务司为之，不措意也。至西历一千九百年巴黎大会，乃于会场自建会亭，费帑十五万，仍任洋员为之。”① 后来民间士大夫和政府稍加留心，效果便大不同，“光绪二十九年大阪之会，安南、东京之会，士大夫乃稍稍措意，京师之景泰蓝得超等文凭一纸于东京。三十年美之散路易斯会，政府重视，特派伦贝子往”②。因此，张謇竭力主张此次渔业赛会一定要合官民之力，“七省设一总公司，各省置二渔轮，不分畛域，彼此往来”，参考各国的做法，“先由总公司规仿章程，量为变通，分渔界、渔具、渔船、鱼类、水产、水产制造为之类别。将此表分寄直、东、浙、闽、广、皖、鄂、赣、湘诸省，饬该关道及商务局派员按表调齐送吴淞渔业赛会汇集出品公司陈列”③。

其二，张謇提请清政府一定要注意此次渔业赛会所暗含的领海主权问题，主张利用本次渔业展览，趁机宣示中国海权。这种见解在当时是非常难得的。早在1904年，张謇已向商部建议将海权和渔业结合，使中国渐有“渔界所在，即海权所关”的观念④。经过仔细考察各国兴办渔业赛会的历史，张謇认为，自1862年英国举办渔业赛会以来，各国

① “自光绪二年”始有误。中国参与各国赛会实际上始于1873年（同治十二年）。

② 张謇：《东游日记》光绪三十二年二月初十日。

③ 李士豪、屈若搴：《中国渔业史》，商务印书馆，1998年版，第64页。

④ 阮忠仁：《清末民初农工商机构的设立（1903—1916）》，台湾师范大学历史研究所，1988年版，第138页。

竞相扩张，“不数十年，由三海里渔界拓充至二千五百余海里。德、法、美、俄、义、奥继之，渔业遂与国家领海主权有至密之关系”①。而中国因渔政久失之故，尚不知有所谓海权。因此，应趁这次召开渔业赛会之机，绘制海图，以表明渔界，同时表明领海主权。

清商部遂接受张謇的建议，以郑孝胥为总理，筹组“七省渔业公司”。同时，商部、南洋大臣周馥令陈寿彭县令、邱宝仁海军副将，设局绘制“江海渔界全图”。1906 年 2 月，在英国海军绘制的海图基础上，完成中国海总图二幅、沿海七省分图七幅，不仅附有经纬线，并以中、英文作详细注释。该年七月，又完成海图三幅，其中一幅由南洋官报局刊印出售②。

在张謇等人的策划和指导下，此次渔业赛会准备和举办均比较成功。1906 年 4 月江浙渔业公司向渔业监督呈报准备情形，谓：“本年义国秘拉喏渔业赛会，叠奉宪台承准部照，令本公司代办赛品，并札委员会先赴义国经理会场、造屋事物。查中国渔业见于古者已尽沦湮，存于今者大多涣散，此次赛会自以渔海全图渔业历史为要。去年南洋督宪暨宪台派员测绘编次，山东、江苏、浙江海产，亦由公司知照渔会收集，此外各省并由公司知照各绅商代为买致，天然品若珊瑚、若鳞介，若海菜，人造品若腌制、若干鲞、若罐诘、若酒精、若药水制，至外海内江鱼市场及各种渔船、网具，或制模型，或制摄影，大略粗备。”③ 在上述征集展品的基础上，江浙渔业公司又于 4 月上旬在上海设展览馆，将展品陈列三日，前往参观者每天达数千人。“驻沪义国领事及各国西商，亦皆络绎前来。”展出完毕后，遂装船运往意大利参展。结果，闭会后计得奖牌、奖凭百余张，而且“赴会参加商等多得微利”，效果较佳④。

---

① 李士豪、屈若搴：《中国渔业史》，商务印书馆，1998 年版，第 64 页。

② 赵佑志：《跃上国际舞台：清季中国参加万国博览会之研究（1866—1911）》，《台湾师范大学历史学报》（台北）1997 年第 25 期，第 319 页。

③ 李士豪、屈若搴：《中国渔业史》，商务印书馆，1998 年版，第 67～68 页。

④ 李士豪、屈若搴：《中国渔业史》，商务印书馆，1998 年版，第 70 页。

但张謇对清政府支持国际赛会的力度仍感不满意，认为政府方面出钱太少，口惠而实不至。“今秘拉喏之会，表以振兴渔业之发端，里以存表见海权之至计，而政府不筹一钱也。责之未成立之渔业公司，百计绸缪，合沿海七省仅筹钱二万五千金而已。轻重失宜如此，可胜叹耶!”①

这次赛会的另一项成果，是首次依照同年颁行的《出洋赛会通行简章》二十条②，由官方和民间联合自行举办国际赛会，中国终于初步摆脱了由海关洋员把持赛会的旧格局，使筹办赛会朝制度化方向发展。这在中国博览会史上是一个重大的变化，而张謇又在其中发挥了重要的影响。

三、张謇与1910年南洋劝业会

清末，除参与国际博览会外，中国也开始自办赛会。1906年10月，农工商部在北京开设京师劝工陈列所，“专供陈列中国自制各货，供人观览，以为比较改良之张本”③。同年，成都召开商业劝工会，“仿外洋博览会之意而变通之”。1907年，天津商务总会主办“天津劝工展览会”，一月之内，远近客商报送货物共近30万件④。1909年，湖广总督陈夔龙在武昌发起“武汉劝业奖进会”，设五个陈列室展览本省工商行销产品，另设直隶、湖南、上海、宁波四馆及汉阳钢铁厂、劝工院等七个特别陈列室，会期共45日，起到了“奖励本省之工商各业，而助其发达进步”的作用⑤。即使偏远如四川省，从1906年至1911年也先

---

① 张謇：《东游日记》光绪三十二年二月初十日。

② 章开沅等：《苏州商会档案丛编》第1辑，华中师范大学出版社，1991年版，第462～463页。

③ 农工商部统计处：《第二次农工商统计表》，“农政”，1909年。

④ 《直隶工艺总局详开办商业劝工会情形并请咨部立案文并批》，《北洋公牍类纂》（卷20）《商务一》，全国图书馆文献缩微复制中心，2004年版，第1487页。

⑤ 有关武汉劝业奖进会详情，参见张廷海：《奏办武汉劝业奖进会一览》，上海经武公司1910年发行。

后在成都召开了六次商业劝工会，“仿外洋博览会之意而变通之”，“每开会时，各属物产，节比竞赛，实为川省前此未有之大观”①。而于1910年在南京召开的“南洋劝业会”则是清末规模最大的首次全国性博览会。这次劝业会持续了近五个月之久，除边疆省份外，各省均建有自己的展览馆，英、美、德、日各国也有展品展出。全部展品估计达10余万件，各地前来参观的达20余万人次，获奖展品共达五千余件。

在清末这次最重要的博览会中，以张謇为首的一批东南绅商发挥了关键性的作用，是这次全国性博览会的实际组织者。南洋劝业会的组织机构以劝业会事务所为中枢机关，设正会长一人，先由端方自任会长，后改为张人骏担任，主任副会长由郑孝胥担任，其余几位副会长则由当时的江宁藩司、江宁学司、江安粮道、金陵关道和上海商务总会议董虞洽卿担任。劝业会事务所设于南京，由陈琪任坐办。事务所下辖董事会，设在上海，具体负责筹款、征集各省赛品等业务。董事中大半为上海绅商。为保证展品征集和运送，劝业会之下又在各省设有协赞会、物产会、出品协会等组织。张謇在1909年8月被委任为劝业会审查长，负责主持审查展品②。

南洋劝业会的开幕典礼上，张謇曾代表江苏咨议局致词，对南洋劝业会的召开表示祝贺。据称，其发言“情足动人”，颇受好评。南洋劝业会正式召开后，张謇又领导发起成立劝业研究会，以李瑞清为会长，张謇自任总干事，拟“集合同志，就南洋劝业会出品，研究其工质之优劣与改良之方法，导其进步，冀合劝业会之真旨，收赛会之实效”。该研究会在六、七两个月内，对农业、卫生、教育、工艺、武备、美术、

① 王笛：《跨出封闭的世界——长江上游区域社会研究（1644—1949）》，中华书局，1993年版，第267页。

② 张謇与晚清著名的刺绣工艺大师沈寿女士相结识，便是在筹备南洋劝业会期间，商部派时任绣工科总教席的沈寿前来参与审查各省送展的刺绣工艺品。张謇对沈寿在刺绣上的高超技艺极为推重，1914年特聘沈寿来南通女子师范学校任新设的绣工科主任，1920年另行组建绣织局与女工传习所，仍由沈寿主其事。沈寿创作的珍品曾在意大利都郎博览会、美国旧金山博览会获“卓绝大奖”，为中国赢得了荣誉。

机械和通运八个馆的展品分别进行了研究。研究项目多为专题性质的，如莫竹�的《中国农业品之种类与外国农业品之比较》、江瘦生的《宁缎与杭缎之比较》、陶先进的《江西瓷与湖南瓷之评论》，等等。劝业研究会的研究方法，首先是各自研究，提出报告；其次为共同研究，“证勘疑义”；复次再请专门人才提出改良办法；最后将全部研究成果编辑出版①。劝业研究会的成立及卓有成效的工作，对中国产品的改良提高作出了一定的贡献。

如上所述，张謇早在1903年参观日本大阪博览会时，对博览会这种促进经济发展和文明进步的新形式已获极为深刻的印象。南洋劝业会的举办，更使他能实地考察如何成功地将这种新的经济发展手段移植到中国。他十分认真地参观了劝业会的各展览馆。五月二十七日，他专门参观了直隶馆，在当天的日记中记道：“颇觉袁（指袁世凯）为直督之能任事，此人毕竟与人不同，工艺殊有擅胜处，江苏不及也。”② 张謇认为，在机械与新式纺织品方面，直隶较江苏更占优势。

劝业会期间，全国绅商云集一地，增强了彼此之间的凝聚力，社会化和组织化程度进一步增强。会上，在张謇等人的推动下，上海、江宁和苏州三个商务总会联合发起召开苏属商界联合大会，集中讨论了如何在江苏全省实行裁厘认捐的税制改革。1910年10月，在上海、天津等商会和实业界代表的发起下，各地绅商酝酿组织一个全国性的中国实业协会，以“联络实业各界调查全国实业，研究进行法，以发达国人之企业能力”为该协会的宗旨。成立会上，选举李平书、向瑞琨为理事，陈琪、虞洽卿等5人当选为会董，并公请张謇等人及各埠商会各大实业机关首脑同入会董行列。该协会设事务所于上海③。张謇还在南洋劝业会上发起组织全国农务联合会、工业演说大会、报界俱进会等全国性社团

① 南洋劝业会研究会：《南洋劝业研究会报告书》，中国图书公司，1913年版。
② 张謇：《东游日记》宣统二年五月二十七日。
③ 《时报》，1910年12月10日。

组织。全国农务联合会由张謇任干事长的劝业研究会发起，宗旨为“联络全国农业机关，调查全国农业状况，规划、劝导全国农业改良与进行”，实际上是各省农会的联合体。全国农务联合会刊行农务联合会杂志，张謇为之作序，云：“于会明农，于农蕲通，则杂志之作不可以已也。士大夫皆知其不可以已，则输彼之说以牖此，征此之说以饷彼。传田父野老终身辛苦不能自达之阅历，为农科学子口耳相授短于实习之导师，证合发明，辗转相益，岂非联合士大夫之责乎？”①

这说明张謇一类绅商的社会关怀度是非常广泛的，他们虽身在商界，又不止于商界，对农业乃至整个国民经济的发展均十分关注，这也是他们能够超乎于猥琐求利的市侩之商的地方，而劝业会这样的盛大场合对提升张謇这类绅商的精神境界，实现其人生抱负，似乎又是十分难得的机遇。

南洋劝业会促进了中外实业家和商人之间的交流，日本和美国都曾先后派出实业代表团前来参观考察。日本实业代表团由团员 12 名、随员 2 名组成，团长为日本邮船会社社长近藤廉平②。美国实业代表团由团员 23 名、同行夫人 17 名、随员 2 名组成，团长为前洛杉矶商会会长威廉·H. 普慈（William H. Booth），但核心人物系大赉轮船公司董事长罗伯特·大赉（Robert Dollar）③。南洋劝业会期间，以张謇为首的东南绅商乘美国实业代表团来访之机，积极开展了所谓“中美国民外交”。由于美国实业代表团的核心人物大赉对通过民间商人交往扩大对华贸易和加强在华投资抱有极大兴趣，因此，张謇所说的“中美国民外交”，很大程度上是指从民间立场出发，同大赉资本集团商讨有关经济合作、交流事宜。

美国实业代表团于 1910 年 8 月 12 日抵达上海，8 月 20 日转赴南京参观南洋劝业会。8 月 22 日，张謇在江苏咨议局举行隆重的宴会招待

① 《农务联合会杂志序》，《张季子九录》《文录》，中华书局，1931 年版。
② 《时报》，1910 年 6 月 8 日。
③ 《神州日报》，1910 年 9 月 11 日。

大赉一行，到会的还有 16 省咨议局代表。张謇在宴会上致词，说："一、中国事事方在递蝉蜕化之时，贵国耳目之所接触，必皆已见其概；二、名为实业改良，而从旁牵制如财政、法律、官厅制度，无事不与相涉，非在同时改良不能大有功效；三、今日之略可指为功效者，謇能举一例以告贵国，即吾人欢聚所托之咨议局也。"[①] 从张謇的致词看，中美实业界人士的接触，其意义又不仅仅局限于经济的合作与交流，更在于通过工商实业界的参政议政，推动中国的全面改革。美商代表朋汉（George Burnham）所致答词，也同样带有浓厚的政治意味，大意为："中国政治进步日著，必以民选咨议局为代表，江苏咨议局尤属首屈一指。深望咨议局他日与弗兰费亚（即费城）之自由厅相颉颃。"[②]

经频繁的磋商和最后正式谈判，中美双方商人就合办实业问题达成如下协议：(1) 双方合资开设银行，资本中美各半。(2) 在中美两国分别举办商品展览。(3) 1915 年在美国旧金山举办博览会[③]。(4) 双方对互相进口货物采取互惠原则。(5) 两国商人相互访问（报聘），增进相互了解，以推动中美贸易发展。(6) 中美合作建造一艘货船，资本双方各半，悬挂中国国旗[④]。

正如在南洋劝业会上所发挥的实际组织者作用一样，在晚清中外商人的交往中，张謇也始终是一位举足轻重的关键性人物。

四、张謇与南通博物苑

博览会与博物馆属两种不同的会展形式，前者一般规模宏大，有一

---

① 《时报》，1910 年 9 月 30 日。

② 《时报》，1910 年 9 月 27 日。

③ 张謇于 1913 年出任民国农商部总长职后，曾负责主持中国赴美国旧金山巴拿马博览会筹办事项，使中国成功地参与了 1915 年召开的巴拿马博览会，获奖为历次参加国际博览会之冠。有关民国期间张謇组织、参与博览会的情况，限于资料，尚不能作深入的探讨。

④ 《大赉访华日记》（英文复印本）第 62 页。张謇于 1914 年致陈锦涛的一封函件中，对中美实业界在南洋劝业会期间所谈合作事有追述，言："所拟办者为银行、航业二事。"曹从坡等：《张謇全集》（第 4 卷），江苏古籍出版社，1994 年版，第 276 页。

定展出期限、后者则规模稍小，在一个固定的场所中长期展出。但就两者通过展陈来发展社会教育，提升公众文明程度，促进科技文化交流而言，又具有共通性。博览会上的精美之物，往往又会收藏在博物馆中供人们长期观览。因此，广义的会展业通常也将博物馆纳入其中。

张謇起心创办博物苑，是因 1903 年日本之行参观各地博物馆而受到启发。1905 年，他根据在日本的考察所得，先后上书学部和张之洞，建议仿照日本在京师设立帝国博览馆，并逐渐推广到全国各行省。他指出，广设博物馆、图书馆是各近代文明国家的通常做法，旨在彰显本国文化，博采各国精华，开化社会风气，意义十分重大。“夫近今东西各邦，其所以为政治学术参考之大部以补助于学校者，为图书馆，为博物苑，大而都畿，小而州邑，莫不高阁广场，罗列物品，古今咸备，纵人参观。公立私立，其制各有不同。”其中日本东京帝国博览馆的设立又别具一格，颇值得中国效仿，“而日本帝室博览馆之建设，其制则稍异于他国，且为他国所不可及。盖其国家尽出其历代内府所藏，以公于国人，并许国人出其储藏，附为陈列。诚盛举也。我国今宜参用其法，特辟帝室博览馆于京师”①。基于在通州创办教育的经验，张謇还特别指出，创设博览馆、图书馆，可补学校教育难以普及之不足，使更多的人可享受到大众教育，提升国家的整体性文明程度，他说：“窃为东西各邦，其开化后于我国，而近今以来，政举事理，且骎骎为文明之先导矣。挦考其故，实本于教育之普及，学校之勃兴。然以少数之学校，授学有秩序，毕业有程限，其所养成之人材，岂能蔚为通儒，尊其绝学。益有图书馆、博物院，以为学校之后盾，使承学之彦，有所参考，有所实验，得以综合古今，搜讨而研论之耳。”②

以实干著称的张謇没有等到清政府的支持和答复，便在南通率先进行创建博物苑的实践。1904 年张謇择通州师范学校校河西面，迁移荒

---

① 曹从坡等：《张謇全集》（第 4 卷），江苏古籍出版社，1994 年版，第 273 页。
② 曹从坡等：《张謇全集》（第 4 卷），江苏古籍出版社，1994 年版，第 272 页。

冢千余并居民 30 余户作为基地，营建了一个公共植物园，占地 40 余亩，是为南通博物苑的前身。次年，张謇在此基础上开始规划、营造博物苑，拟“中建三楼为馆，以储三部（天然、历史、美术）之物，而以教育品附焉”。历史部“拟求官府寺庙唐宋元明之碑，旧家金石车服之器”；美术部“拟求老师先生经史词章之集，方技书画之遗”①。这一粗具规模的南通博物苑乃中国最早的博物馆之一。

张謇对南通博物苑倾注了大量的心血，将自己家中的收藏品悉数捐献给了博物苑，并多次亲拟启事，为博物苑广征展品，希望“收藏故家，出其所珍，与众共守”。张謇对博物苑的营造和收藏关心得非常细，《张謇全集》中收入的博物苑修建过程中张謇致管理人员宋跃门五通函件中，便处处体现出张謇办事的细致入微。如“十一月六日舟中”一函，对博物苑苑门葡萄棚的修建，张謇指示：“苑门向西路上之葡萄棚，高九尺或八尺半，令杨贵做。苑门外藤棚上竹棚，令徐恩做。做法已告杨、徐。”② 二十二日函中又叮嘱：“北馆拟改为楼，下高一丈一尺，上一丈。所添者楼板、楼楞大料耳，免得将来再做三番……起落窗令上海匠做。楼梯在东西边间之靠壁，宽占屋之半。”三月二十七日函谓：“博物苑工程速办（做博物馆、测候所基地，上博物苑柱内之石榜）。细量苑地，画图，南面不平正处，能复量改墙，使平正尤好。若太费事，则于东头另图转弯处修改。”③ 为博物苑添加收藏品，张謇也是颇费心思。在致李拔可的二通函中，所谈皆为收集藏品事。一曰：“……往在劝业会见闽馆榕根几坐及人物假山，有取势至工者，此等雕刻器是否福州产？平时价格若何？有可托购之人否？祈示一二（拟物色一旧刻榕根人物高三四五尺者为博物馆陈列品）。”另曰：“奉惠建窑瓶炉并寄藏李顽石画，谨为博物馆陈谢。”④

① 曹从坡等：《张謇全集》（第 4 卷），江苏古籍出版社，1994 年版，第 278～279 页。
② 曹从坡等：《张謇全集》（第 4 卷），江苏古籍出版社，1994 年版，第 329 页。
③ 曹从坡等：《张謇全集》（第 4 卷），江苏古籍出版社，1994 年版，第 329～330 页。
④ 曹从坡等：《张謇全集》（第 4 卷），江苏古籍出版社，1994 年版，第 331 页。

在博物苑的用人上，张謇也是知人善任，认为在博物馆的陈列管理上，“博物繁难于图书”，“非博物好古丹青之渝之君子，又能精勤细事富有美术之兴趣者，莫克于此”①。他起用通州师范的优秀学生孙钺作博物苑的主任，此人在博物苑工作近30年，工作非常出色，将一生都奉献给了博览馆事业。在苑务管理上，张謇主张一定要用学有专长或有专门技艺的人，分任各事。“博览馆之建设，有异于工商业及他种之会场，非参研学理，确有规则，见者且非笑之。”② “管理工作者，于园丁非但无去取权，即驱使权亦不能十分作主。果如是，则苑亦何必有管理!”③

到1914年，经过十载苦心经营，南通博物苑已拥有较为丰富的收藏，建成天然（自然）、历史、教育、美术四部。据同年编印的《南通博物范品目》记载，天然部包括动物类460号，植物类307号，矿物类1103号；历史部包括金类439号，玉石类86号，瓷陶类51号，拓本类45号，土木类16号，服用类49号，音乐类4号，遗像类5号，写经类3号，画像类2号，卜筮类2号，军器类9号，刑具类7号，狱具类4号；美术部包括书画类101号，瓷陶类113号，雕刻类43号，漆塑类10号，绣织类8号，丝类2号，编物类6号，铁制类1号，烙绘类1号，铅笔类1号，纸墨类8号；教育部包括科举、私塾、学校三类，共87号；四部总共2973号。此后历年有所扩充，到1933年孙钺辞职清点移交时，博物苑的收藏品已增至3605号，其总价值据说不少于50余万元。一个私人创办的县一级博物馆能达到如此规模，已属十分难能可贵了④。

张謇手创的南通博物苑和图书馆、体育场、伶工学社、更俗剧场、城南五公园、唐闸公园等社会文化事业，同他在南通创办的大生纱厂等经济事业相得益彰、交相辉映，使昔日不起眼的南通成了经济发达、人

① 曹从坡等：《张謇全集》（第4卷），江苏古籍出版社，1994年版，第282页。
② 曹从坡等：《张謇全集》（第4卷），江苏古籍出版社，1994年版，第275页。
③ 曹从坡等：《张謇全集》（第4卷），江苏古籍出版社，1994年版，第284页。
④ 章开沅：《开拓者的足迹——张謇传稿》，中华书局，1986年版，第342页。

文荟萃的首善之区。南通博物苑也取得了非常好的社会效益。张謇病逝四年后的1930年，地方报纸报道："该苑总理季直先生下，设一管理员，及数司事而已。南通各校，凡讲关于动、植、矿物，常由教师率往参观，因之人多称为南通各校专设之标本室也。外来参观者，须有参观券，否则无论何人，概不得擅入。"又注云："南通近来各项事业发达，他地人士来参观者接踵，因之而常苦应接不暇之慨，故印有参观券寄托于淮海银行，分普通参观及特别参观。如参观博物苑、军山气象台、观音院及大生纱厂，皆须取参观券，故谓特别参观。"①

显然，通过创办大生纱厂、博物苑、图书馆等经济文化事业，张謇的名字已永远与南通连在一起。张謇因南通而传世，南通因张謇而显名。

章开沅教授曾如此评价张謇："严格地说，张謇的性格与那些唯利是图的资本家的性格是有所区别的，他是一个务实的然而又有理想的事业家。"② 此乃知人论事之见。在同辈人当中，张謇之所以能较早注意到博览会、博览馆等新事物在推动近代经济社会发展上的巨大作用，并殚精竭虑、身体力行地倡导之、实践之、推进之，"做了三十年开路先锋"（胡适语），就在于他不单单是一个士绅和资本家，而且是一个有理想、有抱负的"事业家"，一个有着强烈公益心和社会责任感的一代"儒商"。就此而言，可以认为，张謇之从事近代博览事业，其着重点，亦不在于经营和获利，而更为看重的是这一事业的巨大启蒙和教育功能，所谓"父教育而母实业"。唯其如此，他才能不计功利、不计成败，愈挫愈奋，成为近代中国博览事业的少数开创人之一。日本"近代化之父"涩泽荣一的传记作者曾尊其为"公益的追求者"，移之于张謇，不仅同样适用，或更等而上之亦未可知。

[本文原刊于《华中师范大学学报》（人文社会科学版）2001年第5期]

① 章开沅：《开拓者的足迹——张謇传稿》，中华书局，1986年版，第342页。
② 章开沅：《开拓者的足迹——张謇传稿》，中华书局，1986年版，第349页。

中国近代博览会事业与科技、文化传播

博览会通常包括多国参加的国际博览会（international exhibition or exposition）和在一国或一地区举办的地方性博览会两种。近代意义的地方博览会起源于1798年由法皇拿破仑发起的巴黎工艺博览会；国际博览会（亦称世界博览会，旧译万国博览会或万国赛会）则起源于1851年在英国伦敦召开的“万国工业品大博览会”（The Great Exhibition of the Works of Industry of All Nations）。

中国之参与国际博览会始于1873年清政府派员参加由奥地利政府举办的维也纳博览会。其后，至1949年，中国先后参加了在世界各地举办的20余次国际性博览会。与此同时，又在国内各地举办了各种各样的地方性博览会，著名者有1907年天津商业劝工会、1909年武汉劝业奖进会、1910年南洋劝业会（南京）、1928年上海中华国货展览会、1929年杭州西湖博览会等①。

尽管近年来海内外对中国近代博览会历史已有所研究，但就总体而

---

① 有关中国近代博览会事业的概况，参见马敏：《中国走向世界的新步幅——清末商品赛会活动述评》，《近代史研究》1988年第1期，第115～132页；《中国与世界博览会》，《光明日报》，1999年6月18日。

言，似仍处于起步阶段，许多相关领域尚未涉及①。比如，有的研究者已经注意到中国近代朝野对博览会的认识存在一个从“炫奇”“赛珍”到“交流”“商战”的认识过程，但对这一过程中的许多复杂面相尚缺乏细致的分析②，尤其如何从技术和文化传播的角度来认识博览会的功能，厘清其传播渠道和方式，已有的研究似基本没有涉及。有鉴于此，本文拟依据所掌握的资料，从思想演变和实际运作两个层面，对中国近代博览会事业中科技与文化传播情形及其局限作一初步的探讨③。

一、近代朝野对博览会传播功能的认识

作为工业革命的产物，近代博览会的本意和目的，在于汇集各地的产品与技术于一地，通过陈列和评比，奖优汰劣，鼓励竞争，从而促进经济社会发展和科学、技术与文明的进步。但在博览会事业发展的不同时期，其着重点又有所不同。通常在博览会初起之时，更多强调的是工

① 这方面已发表的比较重要的论文有：野泽丰：《1903年大阪博览会与张謇来日》，《经理研究》（东京）（20周年纪念号）1971年第14期；《辛亥革命与产业问题——1910年的南洋劝业会与日、美两国实业团的访华》，东京都立大学《人文学报》（东京）1982年第154号；吉田光邦：《1910年南洋劝业会始末》，《万国博览会研究》，思文阁出版社，1986年版；铃木智夫：《万国博览会与中国，1851—1876》，爱知大学《人间文化》（名古屋）1996年第11号；刘世龙：《南洋劝业会与清末新政时期的政府产业振兴政策》，《广岛东洋史学报》（广岛）1998年第3号；古伟瀛：《从“炫奇”、“赛珍”到“交流”、“商战”：中国近代对外关系的一个侧面》，《思与言》（台北）1986年第24卷第3期；赵祐志：《跃上国际舞台：清季中国参加万国博览会之研究（1866—1911）》，台北师范大学《历史学报》（台北）1997年第25期；吕绍理：《“始政四十周年纪念博览会”之研究》，周惠民：《北台湾乡土文化学术研讨会论文集》，台北，2000年；马敏：《清末第一次南洋劝业会述评》，《中国社会经济史研究》1985年第4期；梁碧莹：《民初中国实业界赴美的一次经济活动——中国与巴拿马太平洋万国博览会》，《近代史研究》1998年第1期。

② 如古伟瀛的论文采取对档案文献记载进行量化统计分析的办法，观察清朝官方对“各国赛会公会”态度的变化，但并没有就各层面详细展开，而且在统计中也没有将赛会从公会中剔出来单独分析。总之，分析似过于简略。古伟瀛：《从“炫奇”、“赛珍”到“交流”、“商战”：中国近代对外关系的一个侧面》，《思与言》（台北）1986年第24卷第3期，第1～18页。

③ 本文写作承蒙台北“中央研究院”近代史研究所图书馆提供查阅档案方便，又承蒙赵祐志先生无私悉数提供所复制的台北“中央研究院”近代史研究所保存的“外交档案”中“赛会公会档案”有关资料；日本野泽丰先生特馈赠有关博览会的论文和书籍，在此一并致谢。

商品的比较、竞争，即把提倡竞争精神，振兴本国工商实业放在最重要的地位来考虑。例如，拿破仑首倡工艺博览会于巴黎，初衷便是要通过奖励的办法，提高法国产品的竞争力，进而同英国展开全面的经济竞争，实现压倒英国而称霸欧洲的战略目的。为此，法国继 1798 年首次博览会之后，又迫不及待地相继于 1802 年和 1805 年在巴黎召开第二、第三次博览会①。

到 1851 年英国于伦敦首开万国博览会（即世界博览会）时，其重心开始转向宣扬英国的国威和工业革命的成果，促进科学、技术和人文的进步，推动人类的整体性文明交流，从而赋予博览会崭新的含义和更高的境界。这次人类的空前盛会由英国艺术协会（Society of Arts）主办，本身就具有某种象征性意义。恰如时人所指出："（大博览会）符合全人类的利益，所有的国家和民族都可以通过参与其中，而提升自身的知识水平、工业技能、艺术品位与科学精神。"② 从实际成果来看，英国首届万国博览会的确体现了资本主义上升时期那种蓬勃的生气和面对未来的无比自信，使工业革命"求强""求新""求胜"的时代精神得到了淋漓尽致的发挥。该会由维多利亚女王的夫婿阿尔伯特公爵亲自督办，历时 5 个月之久，前往参观人数多达 600 万，作为博览会主体建筑的"水晶宫"巍峨璀璨，体现了当时的先进科技和人类建筑的新形式。

不难看出，由法国、英国开其端绪的博览会本身是 18 世纪至 19 世纪科学革命和技术革命的产物，但反过来又以一种新的形式促进了科学、技术和社会三要素的结合，使工业革命的火种迅速向世界各地传播，迎来了人类社会生产力大发展、科学大普及的黄金时代。人们今天须臾不可离的电灯、电话、电报、打字机、尼龙……最初都是通过各种形式的博览会走进千家万户的。博览会在近代科学传播和文化交流中有着不可替代的作用。

---

① 李文权：《中国对外博览会之失败及对于本年日本巴拿马三宝垄三博览会出品意见书》，《中国实业杂志》1914 年第 1 期，第 95～103 页。

② Charles Babbage. The Exposition of 1851. John Murray，1851.

然而，由于19世纪中国与欧洲社会发展所存在的巨大反差，博览会给欧洲社会发展所带来的勃勃生机，以及博览会本身的重要功用并不能马上为中国社会上下所认识。在近代欧洲已成常识的东西，在近代中国却需要一段时间的艰苦摸索，方能获得共识。这种认知上的偏差或"时差"，可从一个特定的方面解释中国在追步西方文明时所遭遇的困惑，以及博览会这类新事物为何一时难以在中国普及，而且即使强加推广也难免发生变异。大体而言，近代中国朝野对博览会的认识经历了一个由"炫奇""邦交"到"商利""文明"（科技进步）的过程。内中的曲折颇能从一个侧面揭示近代思想开放和中西文化交流的演进历程。

起初，晚清朝野人士仅从赴西方游历的官员和商人那里得知有关洋人举办博览会的一鳞半爪的消息，但对此均不甚措意，视为无关宏旨的赛珍耀奇之举。这从"博览会"的早期译名中可见其端倪，当时一般译作"赛奇会""炫奇会""聚珍会""聚宝会"等，隐然含有"奇技淫巧"的鄙薄之意。有人曾谓："吾国旧时于赛会二字，不求本意，谬译曰赛珍，遂若赛会为炫奇斗异之举者。"① 1866年，清总理衙门首度受邀参加将于次年举行的法国巴黎博览会，但置诸未理，仅例行公事，"行知三口及上海各通商大臣，并札行总税务司转饬各商遵照"②。1870年，奥地利拟在维也纳举办博览会，又邀请中国"提供有趣之物"前往参赛。清政府最初仍不愿参加，以"中国向来不尚新奇，无物可以往助"搪塞。后经奥国公使一再请求"酌量助彩"，始勉强同意民间工商人等"如有愿持精奇之物，送往奥国比较者，悉听尊便"③。但因商人响应者寥寥，遂决定由海关总税务司洋员德璀林、粤海关税务司包腊等负责采购商品前往奥国参展。而此时政府同意赴赛的原因主要即在于联络"邦

① "光绪三十一年十月十七日收留欧学生、商人公禀"，"外交档案"，"各国赛会公会"，02—20—18—2（02—20系编号，18系函号，2系册号）。该档案现存台北"中央研究院"近代史研究所图书馆，下同。

② "法英等国聚珍聚宝会"，"外交档案"，"各国赛会公会"，01—27—9—1。

③ "（同治九年）六月二十八日奥国嘉礼治照会"，"外交档案"，"各国赛会公会"，01—27—4—1。凡年代有括号者，系原档未具明，笔者根据判断所加，下同，不再注明。

交”的政治考虑，而非振兴工商的经济目的，至于借此而传播科技、交流文化则根本连想也没想到。如首次同意参加 1873 年奥国维也纳博览会，主要理由即是“特因两国交谊，不肯膜视……若该商民在公会中，能有利益，亦中外和好之一效”①。1883 年荷兰阿姆斯特丹博览会，总理衙门指示：“中国办货赴会，原为敦睦邦交起见，路费、旅费宜格外节省，但陈设不可过于俭啬，以免比较优劣，贻彼此厚薄之讥。”②

根据赵祐志的研究，清政府官员初期对参与博览会持犹疑态度，除因潜在文化优越感而生的轻慢态度外，其内心深处对博览会这类新事物还有三层隐忧。一是担心博览会实行展品免税会发生走私偷漏，影响政府的税源。1867 年巴黎博览会，法国驻华公使伯洛内请求给予赴赛展品免税优惠，但总署（即总理衙门）答称恐有奸商借赶会为名，趁机偷漏，碍难照准。法国又请中国派员核发执照，总署仍未应允。无奈之下法国自聘福州税务司美理登负责核发免税单，再照请清政府同意，至此总署只得被迫接受，但仍饬美理登须严密稽查，以杜偷漏③。1876 年，日本为召开 1879 年长崎博览会，亦请求赴会货品援例免税，但为江海关道所拒，认为赴会改为商办后，很可能有影射偷漏情形，“混请免税，未便准行”，最后总署接受江海关道的建议，不准免税，致使商人裹足④。二是担心博览会只赔不赚，蒙受损失。如总署在讨论是否参加 1889 年法国巴黎博览会时，便提出，“中国计程遥远，运物艰难，非近在欧洲之国可比，且从前曾与他国赛会，颇多亏赔，是以近年概辞未与”⑤。三是担心运送物品前往参展，自曝家底，引起列强觊觎。1883

① “（同治九年）八月十九日北洋通商大臣李鸿章文”，“外交档案”，“各国赛会公会”，01—27—4—1。

② “（光绪七年）五月十三日出使德国大臣李凤苞文”，“外交档案”，“各国赛会公会”，01—27—9—2。

③ “（同治五年）七月十九日给署总税务司札”，“外交档案”，“各国赛会公会”，01—27—9—1。

④ “日本长崎博览会”，“外交档案”，“各国赛会公会”，01—27—9—1。

⑤ “（光绪十三年）二月初五日给法国公使李梅照会”，“外交档案”，“各国赛会公会”，01—27—9—1。

年荷兰阿姆斯特丹博览会，负责筹办的驻荷公使李凤苞奏报本次博览会分为“万国赛奇会”和“属邦幻奇会”两个会场，提醒“属邦幻奇会”只可寄送与南洋、旧金山贸易的物产器用，至于台湾后山、苗瑶土产虽符合章程，但断不可送会，以杜各国觊觎①。诸如此类的种种担心，说明晚清官员对博览会功能的认识尚十分模糊，常以过去的习惯性思维来忖度新事物②。

与此形成鲜明对比的是，虽然日本由政府派员正式参加万国博览会也是始自1873年奥国维也纳博览会，但其参展目的一开始便非常明确，政治、经济和教育兼而有之：“一曰凡以为出品之物，无论天产人工，必择精者美者以搜集之，俾借国土之丰饶，人工之巧妙，扬国威于海外；二曰各国之出品及著作，必详加考核，俾知西洋之学艺之精妙，机械之妙用，以开产物蕃殖之道；三曰乘今日之机运，创设不可或缺之博物馆，以促学艺之发达，而树他日博览会之基础；四曰本国物产之名目制造，宜力图改良，以博各国之称道，而增输出之数额；五曰各国产物之有名者，必详查其原价销路等，以裨自国之贸易。”③ 近代日本在举办博览会方面能后来居上，直逼欧美，与这种从一开始便对博览会功能有较明确的认识不无关系。

甲午战后，中国在西方和日本的强大压力下继“兵战”之后，复倡“商战”，振兴工商实业的舆论腾播而起，朝野对博览会功能的认识始由“炫奇”和“邦交”向“商利”和“争竞”转化，博览会的经济功能得到重视。博览会一词开始被更多地译为“赛会”④。

---

① “（光绪七年）二月十二日出使德国大臣李凤苞函”，“外交档案”，“各国赛会公会”，01—27—9—2。

② 有关清朝官员初期对博览会的种种隐忧，参见赵祐志：《跃上国际舞台：清季中国参加万国博览会之研究（1866—1911）》，台北师范大学《历史学报》（台北）1997年第25期，第287～344页。

③ 天光：《日本第一次赴赛万国博览会颠末》，《中国实业杂志》1914年第1期，第120页。

④ 将博览会译作“赛会”，显然受到中国古时集期庙会和迎神赛会的影响，赋予其集庆典、娱乐、社交、竞赛和贸易为一体的内涵及功能，但却去掉了庙会和迎神赛会的宗教性功能。对此，成书于1921年的《巴拿马赛会直隶观会丛编》（直隶实业厅公署编）“序言”有清楚的说明，“博览会三字，东译也，我国则译曰赛会。赛会之事，我国自古有之，但其事为定期之市，于今世之所谓博览会者有大小繁简之不同”。

1897年比利时在布鲁塞尔举办博览会，驻比公使龚照瑗即谓：博览会“为兴工惠商……华商多财善贾者，必能体仰朝廷重商之意，挟赀备货，远渡重洋，与西人角利市廛，为我国畅销土产”①。时任北洋大臣的袁世凯亦认为：“西人赛会为商务最要关键，为工艺第一战争，洵中国今日亟应举办之端。”② 这同举国上下对中国在甲午战争中败于日本深感震惊，指望以商战而助兵战，通过兴工商来强国势的社会心态是一致的。吉林将军长顺上书，称博览会为“商战”当务之急，言曰：“今与列国开门通市竞争雄富，号为‘商战’之时，人皆开通，我独自守，断无能胜之理，今日举办赛会实为当务之急。”③ 有人撰文提出，“中国不兴商务则已，中国而兴商务必自赛会始”，并从“联交谊”“扩物产”“奖人才”“察商情”“广贸易”“兴商地”“除积习”等七个方面论证了博览会促进工商业发展的重要作用，指出：“夫恤商惠工，条理万端，而提倡风气，开辟津途，可以破华商之愚，惩华商之伪，劝华商之勇，扩华商之见，合华商之势……孰有先于赛会者乎？”④

正是这种急切希望发展工商业的普遍社会心态需求，促成了20世纪初年“赛会热”在中国大地的兴起。检阅当年的报刊，有关国外赛会的报道和研究可以说是连篇累牍，铺天盖地。不久前还被视为无益之举的赛会，仿佛一下成了振兴工商实业、挽救中国于危亡的灵丹妙药。有人提议，应变易各地古老迎神赛会的形式，使之成为促进商贸发展的近代意义的商品赛会。“宜详考各国立会之制，先于沪汉等埠筹款试行农桑矿务等会，以劝民间。俟东省铁路既成，则于天津购地造展，综集中西，设一博览会，九重亲莅，以重其事……会散后储为博物院，备后人

① “光绪二十二年八月十一日出使大臣龚照瑗函”，“外交档案”，“各国赛会公会”，01—27—13—1。

② “光绪二十九年正月二十二日北洋大臣袁世凯文”，“外交档案”，“各国赛会公会”，02—20—1—1。

③ “光绪二十九年三月二十一日收吉林将军长顺文”，“外交档案”，“各国赛会公会”，02—20—1—1。

④ 刘桢麟：《论中国宜开赛会以兴商务》，邵之棠：《皇朝经世文统编》（卷57），第16～18页。

考镜之资。嗣后逐渐推行数省，一举以开风气，以拓利源。”① 钟天纬亦上书张之洞，请变通迎神赛会而为近代博览会，“不如自行赛会以导华人先路而开富国之基。诚能就南方之赛会迎神、北方之庙集赶墟，变通其法，令百工商贾各行其业，自赛其物产，下至家用什物亦罗列于会场，兼行交易”②。

1905 年清朝商部颁行《出洋赛会通行简章》20 条，表态支持商人出国参加万国博览会，号召各省商家“精择物品”，踊跃赴赛，并改变过去将赛事委诸海关洋员包办的做法，由政府和民间绅商联合置办赛品赴赛。1906 年 10 月，农工商部又开设京师劝工陈列所，“专供陈列中国自制各货，供人观览，以为比较改良之张本”③。稍后，各省会和通商大埠均有仿行。这可能便是中国最早的、形式最简单的博览会。一时间，各种名目的劝工会、劝业会、物产会等地方性博览会接踵而起，大有一发而不可收之势。即使偏远如四川省，也分别于 1906 年、1907 年、1908 年、1909 年先后四次在成都召开商业劝工会，“仿外洋博览会之意而变通之”，“每开会时，各属物产，栉比竞赛，实为川省前此未有之大观”④。

出洋参加国际博览会和在国内各地举办地方性博览会既久，人们方意识到，博览会的功用尚不止于比赛、竞争的直接经济效益，而更在于交流、推广的长远社会效益。博览会传播科技，促进文化交流，提升文明水平的更高、更深层次的功能开始为国人所认识。清末经常在《商务官报》上发表经济时评的杨志洵，通过介绍日本博览会会长金子坚太郎的观点，指出：“博览会之效果，可分为直接与间接二者。夫集世界文明之制品于一堂，知识借以交换，人文借以启发，又陈列坤舆之产物，

① 陈次亮：《赛会》，《皇朝经世文编五集》（卷 30），第 9 页。

② 钟天纬：《扩充商务十条：上南皮张制军》，郡之棠：《皇朝经世文统编》（卷 57），第 8 页。

③ 农工商部统计处：《第二次农工商统计表》，“农政”，1910 年。

④ 周询：《蜀海丛谈》卷 1《布政按察提学三司盐茶巡警劝业三道》，王笛：《跨出封闭的世界——长江上游区域社会研究（1644—1911）》，中华书局，1993 年版，第 267 页。

角其精粗优劣，促实业之振兴，即以助国家经济之发展，可以为国际之一种祝典，以之辑和邦交，宣示国力，凡此皆为直接之效果……然今世界之大势，于会之规模，无不努力扩张者，且以收间接之效果尔。”其间接效果，罗列为“市街之膨胀”“公共之建筑”“工程之新颖”“工业之进步”“商业之进步”诸方面，并进而强调：“凡万国博览会，非徒启发人心，拓展经济，及为世界之广告而已。”① 这已将博览会的功能概括得比较全面，而不执着于联邦谊、争商利的狭隘政治、经济目的。

尤为值得注意的是，博览会“交换知识”、传播文明的根本意义，曾反复被时人所强调，逐渐成为共识。早在1906年意大利米兰博览会，使馆官员谭祖任便观察到博览会振兴实业的功用，主要体现为“出新法”“制新器”的新知传播，指出，“万国赛会之举，原以振兴实业，鼓励商情……何人能出新法，何人能制新器，各国耳目注重于斯”②。民初，有人将博览会的作用区别为两个方面：“一、推广海外交易，以销售国货……值此赴赛之盛举，我国民亟应踊跃从事，各输出大宗物品，以炫耀世界人之眼帘，以争比赛制胜之光荣”；“二、交换知识以期本国之实业改良。物产之优秀，表示于比较，比较之方法，莫善于赛会。罗万国之珍馔，以供各国民之批评，知识既可交换，且能诱起实业之竞进。”③ 显然，前者讲的是博览会促进外贸的经济功能，后者则强调的是博览会交流知识、推广实业教育的社会功能。前者落实到物质上，后者落实到人文精神上，所谓“国随之以富，种因之以强”。这里已经有了与科学相联系的进化论的影子。

在晚清，“格致”是与“科学”相等同的字眼，但更多侧重于科学中比较、研究和发明的方法论意义，换言之，与技术发明和工艺改良等实用层面有更多的关联。有人总结道：“西人工商之进步，出于格致之

① 《万国博览会之效果》，《商务官报》（合订本）1908年第20期，第1～4页。

② “光绪三十一年九月十四日收驻义大使许珏函”，“外交档案”，“各国赛会公会”，02—20—8—1。

③ 《民国经世文编》（实业），文海出版社，1973年影印本，第4578页。

精益求精，实出于赛会之有加靡已。格致内也，赛会外也。赛会者，所以提全欧之精神，而使之一振，所谓登高一呼，众山皆应是也。”① 时人已意识到，在博览会中通过“格致”即科学的研究而改良工艺，比单纯地推销商品、赚取利润更为重要，也更符合博览会的本意。出使英国大臣汪大燮曾评论：“查杨大臣（即出使比利时大臣杨兆鋆）咨内称赛会宗旨专为改良工艺一语至为扼要，推究赛会之本意，实系商学上事，并非商业上事。在开设会场之国罗致各国物产制造以供研究，使其工商人等通知各该国之学识理想好尚及其历年程度之比较，以开发其进步思想。在赴赛之国亦借其会场以增长见闻阅历，为扩充久远之图，皆不仅计较一时盈亏已也。”他并以美国圣路伊斯博览会为例，说明赛会重在研究和长远影响的宗旨，“如前年美国散鲁伊斯赛会时公法有会，法学有会，医学有会，农学有会，似于商业并无关系，初不知萃集各项之专门名家讨论演说，则其人民眼界理想随在被其影响。一言以蔽之，则凡有国家者，无非欲以激发其民进取之心而已。中国向来并无商学，亦未知赛会宗旨所在”。最后，他归结为：“赛会一事，以争工商学业名誉为第一义；以求工商学业来日之进步为第二义，而于贩运销售之盈亏，在所不计。”② 南洋劝业会所编《观会指南》也指出：“赛会者，试验产业进步之最要机关也……一方面固可改良其制作品，他方面则以奖励产业之发达而立国家富强之基矣。且其效力尚不止此也。凡人参观之时，尝可唤起兴味，实于精神上施以实物的教育，而养其兴业殖产之观念。此赛会最大之功效也。”③ 民国初年，时任巴拿马太平洋博览会中国赴美赛会监督的陈琪，对博览会的长远功效亦有精辟论述，提出：“博览会者，商战之舞台，工商之研究所……不惟谋现在之小利，尤当研究商业谋将来之大利；不惟在会场以内扩张贸易，尤当在会场以外浚发利源；

① 《论今日宜急开内国赛会以兴工商》，《东方杂志》1908年第5期，第23页。

② 《前出使英国大臣汪咨农工商部论办理赛会事宜文》，《东方杂志》1907年第9期，第87～89页。

③ 南洋劝业会：《观会指南》，南洋劝业会事务所，1910年版，第96页。

不惟于商业谋发达，尤当以学术启新机。”①

以上从间接、长远的视角来观察博览会功效的观点，与西人的近代博览会观念已如出一辙。曾担任民国工商部次长的向瑞琨对这种看法作了一个比较全面的概括：“盖博览会之宗旨，一曰生计之竞争；二曰世界之教育；三曰国家之盛典；四曰国民之外交……凡经博览会闭会以后，该地方每因之发达。美国芝加哥博览会以后，而该市之高架铁路、电车因之而设，荒芜一变而为通衢，人口遽增至六十万。美术会、博物馆等，建筑一新，工场之烟囱增有二倍，商业之资本增数倍。美国圣路易博览会以后，该市之道路、自来水、消防术等，均大有进步。其铁路直增数线，而银行、旅馆增设尤多。”②

尽管当时还没有使用近代化或现代化一词，但这里实际上已触及博览会促进城市近代化的主题。博览会的综合效用，归结而言，也就是提升城市、社会和人的整体现代化水平。在近代，这种文明水平的提升，是与工业化程度成正比的，是由科技进步和观念变革所体现的工业文明的高歌猛进③。尤其那种规模巨大的世界博览会，在一定程度上可以成为一国现代化过程的标志性事件。有人就曾指出，1876 年为庆祝美国独立一百周年而举办的费城万国博览会，实为美国近代历史的一个界标，“费府大博览会之结果，卒能变农业时代进而为工业时代”④。

虽然在对博览会的认识上，一方面近代中国人存在一个观念调适和逐步加深了解的过程，从最初的以政治、外交为主导，逐渐过渡到以商业竞争为主导，继而以文明的进化为主导，科技传播和文化交流亦逐步

---

① 陈琪：《中国参与巴拿马太平洋博览会纪实》，1916 年，第 91 页，温州市图书馆藏（该书未注刊印者）。

② 《论南洋劝业会之影响》，《中国实业杂志》1914 年第 1 期，第 113 页。

③ 在讨论博览会与城市近代化关系方面，可参见 Keith Walden. Becoming Modern in Toronto：The Industrial Exhibition and the Shaping of a Late Victorian Culture. University of Toronto Press，1997。该书从布展、认同、城市理念、公共空间、庆典与娱乐等文化史视角，全面讨论了工业博览会对促进多伦多城市近代化的巨大功用，颇具借鉴意义。

④ 《论日本大博览会我国之赴赛之准备事宜》，《商务官报》（合订本）1908 年第 4 期，第 1 页。

凸显为时人至为关心的主题，但这种思想史上的理性认识实又经历了一个很大的历史跨度，存在着区域性的认知差距，并不可能完全对应落实到不同时段中国参与或举办的博览会实践上。这是不得不预先加以界定的。另一方面，思想界尽管可能对西来的博览会观念有超前性的领悟，但实践者（即具体的经办人员）却往往只能根据具体国情而强调博览会的某一方面的功能，不能面面顾及，或超越阶段去学西方。一个明显的例子，就是1910年在南京召开的“南洋劝业会”，明明是中国第一次全国性博览会，为何又偏要冠以“劝业会”之名？有人道出了其中的秘密：“博览与劝业性质同而目的异，博览之设在工艺已发达之后，互出其技交换知识；劝业之设在工艺未发达之先，引起国民注意实业。换言之，博览会乃劝业会之结果；劝业会者乃博览会之起因也。”①

可见，由于近代中国实业尚处于幼稚阶段，工业化仍是一个遥远的目标，科学技术也远较近代西方落后，因此，不得不自先降低调子，侧重于实现博览会奖励实业、振兴工商的近期目标，而仅仅兼及其传播科技、提升文明水平的远期目标。这种思想认识逻辑与实际历史演进并不完全同步的情况，在中国近代历史上是十分常见的现象。讨论博览会事业中科技传播与文化交流的实际情况时，显然必须对这一特点予以充分注意。

二、博览会中实际发生的科技传播与文化交流

如果说近代史上时人对博览会的观念调适大致上还可理出一个线索和头绪，有一个从低层次到高层次的认识发展过程，那么，在博览会上所实际发生的科技传播与文化交流，就远为复杂，只能结合中国的实情，大致从以下几方面加以观察。

① 《上南洋第一次劝业会书》，《东方杂志》1910年第9期，第251页。

（一）展陈与观摩

博览会最原本的功能就是专辟一地，集合精良物品供人观览，以起到增进知识，以广见闻的作用。所谓："博物之院，萃于一区，必先筑绝后空前之会所，四通八达之市场，荡心骇目，巍然焕然，乃足以受容中外与会之人与物，及中外观会应用之物，非细故也。"① 这里，集中展陈是博览的关键，也是科技和知识得以传播的前提。无论多么精巧的技艺或新奇的发明，只有集中起来供人观摩，才能发生传播的意义，否则，便无法推广。传播行为的定义便是"通过讯息进行的社会的相互作用"②。或许，古老的集会或集市现象给了博览会发明者最初的启发。博览会的另一英文名称 fair 就具有集市、市场的含义。近代博览会区别于传统集会或集市的，是既有物品和人员的大规模的集中，又有依办会者的思路和物品的特性进行的分类分区展陈。这些，也就构成了近代博览会的基本要素。所谓："赛会之为物，即合一地方或一国之技艺及农工商品次第陈列，以供公众之观览，借以表示一国或一地方之生产力与技能。同时又为竞争广告之最大机关也。"③ "赛会之设，在罗致各国物产、工艺，区分类别，排列会场，俾各国之人咸得较其精良，用资模仿，是于通商之中隐寓劝工之意。"④ 对事物的区分和归类往往是科学认知的第一步。博览会出品的分类集中展示，不仅对人们的感官产生强烈的冲击、示范效应，并且兼以启迪观者的心智。

进而言之，博览会上的展陈与观摩本身就是人们打开眼界，获取新知的重要途径。"赛会者，即农工商各业之进步证明场，又为实业界之

---

① 《论今日宜急开内国赛会以兴工商》，《东方杂志》1908 年第 5 期，第 25 页。

② 丹尼斯·麦奎尔、斯文·温德尔著，祝建华译：《大众传播模式论》，上海译文出版社，1987 年版，第 5 页。

③ 南洋劝业会：《观会指南》，南洋劝业会事务所，1910 年版，第 88 页。

④ "光绪二十八年十二月初七日（总署）奏为美国散鲁伊斯城举行赛会"，"外交档案"，"各国赛会公会"，02—20—2—1。

高等学堂。”① 在电视这种大众传播媒介尚未发明之前，博览会通过展陈、观摩所起的大规模科技传播和文化交流作用，是任何其他形式都不能替代的。1851年英国首次世博会期间，世界各地前来参展的人数达1.7万，参观者多达600多万人次；1867年法国举办巴黎世博会时，参展人数增至5万多，前往参观者竟达1020万人次。甚至连远在东方、非常闭塞的中国也竟有人前往观会，首次受到近代科技和工业文明的洗礼。曾有上书太平天国惊人之举的王韬，便漂洋过海，有幸观览过1867年巴黎世博会会场，对其建筑的恢宏赞叹不置：“至其工作之巧妙，土木之奢华，一时无与埒者……于其中创设聚珍大会，凡中外士商有瑰奇珍异之物，皆可入会，过关许其免税。于是怀宝者自远麇至，美不胜收。”②

1910年在南京举办的南洋劝业会实系中国所举办的第一次全国性博览会，虽无法与西方的世博会相比，但亦规模巨大。该博览会会场占地700余亩，设各省展览馆30余个，并设3所参考馆，分别展出英、美、日、德等国的展品，设暨南馆一所，陈列南洋华侨的出品，会期长达5个月，前来观摩的人员达20余万人次。全部参展物品数量缺乏精确统计，但据称仅两江地区物产会出品就达100万余件③。这么多的物品和人员集中到一地，在当时尚十分封闭、守旧的中国，是难以想像的事，很多人都是于参观博览会之时感觉“荡心骇目”，眼界为之大开，自觉或不自觉地接受了近代文明的洗礼，认为“一年观会，胜于十年就学”④。

也正是通过博览会上的展陈和观摩，许多人首次接触到近代科技的

① 南洋劝业会：《观会指南》，南洋劝业会事务所，1910年版，第88页。

② 王韬：《漫游随录》，钟叔河主编：《走向世界丛书》（第6册），岳麓书社，1985年版，第92～93页。

③ 《江督张会同南洋劝业会审查总长本部右堂杨苏抚程奏开会礼成办理情形折》，《商务官报》1910年第12期，第4～5页。

④ “苏州商会档案”（第7卷），第46页，苏州市档案馆藏。

最新成就，了解了工业进步的现状，感到无比新奇和激动。1876年美国费城世博会召开，李圭作为中国工商界的代表，随几位海关洋员代表中国前往参展。在归来后撰写的《环游地球新录》卷1《美会纪略》中，李圭特别提到了参观机器展厅时的感受，该“机器院”（即展厅）“屋长一千四百零二尺，宽三百二十尺”，“位置之地，美国最大，由西至东皆其器，约居十之八”。其展出的号称“全世界最伟大的机器”的柯丽斯（Corliss）蒸汽机，给李圭留下了终生难忘的印象：

> 正中置大机器一副，轮径三丈余，力抵马一千五百匹……大轮动，则院中各器凡需蒸气者，皆借气以运动。其有不需蒸气，惟借皮条扯动者，各器有大小轮盘缠皮条套梁际铁轴之轮盘，亦可随时拨动运用，如吸水、印字、纺织、锯、磨诸器咸赖焉。器名“哥阿力斯”，为美人哥阿力斯手制，故以其名名其器……如此大器，动时无甚声响，且一人即可运之，是可异也。①

对机器的神力，李圭感慨不已，认为“精益求精，巧益思巧，此出一器，彼仿行之，尔争我竞，莫可底止。何怪机变之事，日出而日盛，且日盛而日新哉！”他已经看到技术进步对美国社会发展的巨大推动作用，提出中国也应讲求机器，不能抱着祖宗的成法不变，“是机器正当讲求，不得援古人桔槔之说，概谓机器不当用，凡机器之可以利民者，置诸弗取也”。李圭的见闻在中国士大夫中引起极大反响，洋务大员李鸿章在为《环游地球新录》所写的序文中，便有感而发：“夫自通商以来，泰西诸国，日出其聪明才力，以相角逐。凡可为富强计者，若铁路、电线、车舡、炮械之属，转相仿效，务极新奇；而于商务，尤所措意，舍是则无以自立其国。”② 由此看来，洋务派之强调引进西方的科技以达到富国、强国的目的，与辗转来自西方博览会的信息亦不无关系。

中国自己举办的博览会上，虽无如巨型蒸汽机那样的近代先进技术

---

① 李圭：《环游地球新录》，钟叔河主编：《走向世界丛书》（第6册），岳麓书社，1985年版，第223页。

② 钟叔河：《走向世界丛书》（第6册），岳麓书社，1985年版，第192页。

可以示人，但其展品多少也反映出中国实业的进步和制造技艺的提高，可以看到中国在学习西方工艺技术方面所取得的进展。1909 年在武汉举办的劝业奖进会上，湖北兵工厂的军械、陆军工厂的皮靴、武昌制皮厂的皮箱，以及制麻局、武昌工艺实习厂、善技厂、汉口劝工院和几家私立公司的出品，“不乏仿造外洋货物而得其精神者。且定价之廉，亦不让外国货”。就器械而言，“如工艺厂藤棚钢丝等，铁床（即车床）、轧花、压布、磨粉、造洋烛等机器，以及汉口劝工院藤篾等器，均属行销有望之物”①。又如 1910 年南洋劝业会上，机械馆中，北洋劝工厂陈列有汽机、消防水龙、起重机、美式水泵、挤铁机、切铁机、切片机、切丝机、轧棉机、钻床、车床等机器；求新机器厂陈列有火油抽水机、豆油榨机等；江南船坞所陈列有双轮汽机两具。在教育馆内的科学仪器馆陈列有物理器械 50 余种②。对博览会素有研究的李文权在参观机械馆后记道：“此馆以较东西各国固曰幼稚，然实则陈列丰富，为吾人初料所弗及。”③ 教育馆还陈列有“苏州农业中学堂动植物标本，及各种机械图。又江南高等学堂之双摆电动器滑车及各种制作；又某君发明不用镜之照相。或仿造或发明，皆有可观。图书仪器部，江南江西官书局、国学保存会、文明书局、中国图书公司皆有陈列，然以商务印书馆出品最多”④。这说明中国在推行近代教育，传播科学知识方面也取得了一定进展。即使在传统的农业领域，通过农产品陈列所、品评会的展陈奖劝，也在一定程度上传播了近代农学知识，促进了农业生产技术的革新。如直隶农务总会有鉴于“我国农学萌芽，尚在幼稚时代”，“先就品评会而仿行之，以为博览、共进之起点”⑤，遂于 1907 年举办第一次农产品评会，“除官绅外，农民赴会者二百余人”，他们通过听取讲演和

---

① 《游武汉劝业奖进会之感言》，《中国实业杂志》1914 年第 1 期，第 166 页。
② 《南洋劝业会游记》，“机械馆”“教育馆”，商务印书馆编译所，1910 年版。
③ 李文权：《南京博览会各馆游记》（续），《中国实业杂志》1914 年第 2 期，第 281 页。
④ 李文权：《南京博览会各馆游记》，《中国实业杂志》1914 年第 1 期，第 180 页。
⑤ 《北洋公牍类纂》（卷 24）《农务》，北京益林印刷公司，1907 年版，第 1 页。

观摩展品，接触到过去闻所未闻的国外农学知识，“欢欣鼓舞，莫可名言”①。

此外，参加国际性博览会的过程，同时也是“绍介我国进运之状态于世界万国”，促进中外文化交流和知识传播的过程。如1873年首次参加维也纳博览会时，中国展团从上海、牛庄、天津、汉口、宁波、福州、厦门、汕头、广州等通商口岸收集的出品，纺织品、衣料服装占绝大多数，尤其属中国特产的生丝、丝绸展品最多，江南生产的22种生丝、421种丝绸参加了展览。

1884年在伦敦举办的国际健康保险博览会上，中国由海关总税务司赫德组织参展的出品，主要是与介绍中国社会生活有关的物品，如服饰、轿子、马具、乐器、书籍（包括传教士的汉译西书）等。到1911年准备日本大博览会的参展出品时，中国有关人士已注意到除展出生丝、茶叶、瓷器、工艺品等传统名牌产品外，亦应注意收集、展出能够反映中国近代化水平的“发明品”和“模仿品”。发明品包括“苏州洋式木器之自由旅行椅、上海朱开甲发明之新式汽机、安徽之新式磨椎、北洋劝业厂之机器等”。模仿品则包括“天津之塞门德火砖、苏州之仿造洋绸缎、上海天津之呢及皮件、各省之学校用品如粉笔、药水、标本、仪器之类”。他们希望通过这类“发明品”和“模仿品”的展出，多少能够反映中国经几十年努力后在实业和教育上所取得的进展，“一以验工业美术之成绩，二以为研究吾国事情者之参考”②。

（二）研究与比较

在由博览会所体现的科技知识传播和文化交流中，展陈与观摩还只是第一步，如果说大众化的参观行为尚属交流、传播中的感性层次，那

① “苏州商会档案”（第73卷），第28页，苏州市档案馆藏。

② 李文权：《余于日本大博览会之意见》（旧作），《中国实业杂志》1914年第1期，第106～107页。

么，有组织的比较、研究，则可使博览会中的交流、传播达到较高的理性层次，大大增强博览会的效果。换言之，研究与比较亦属博览会科技传播和文化交流的重要途径和形式之一。正因为如此，西方举办博览会时对出品的研究格外重视。美国圣路易斯博览会开会期间，“会场中设有全球商业公所，各国商人均入所研究”，只有华商“绝不过问”①。1900年巴黎博览会期间，奥地利政府为了研究博览会出品，“选商业工业其他各实业学校之教师百人为一团，遣往巴黎。一切经费概由政府负担”②。其对博览会出品研究的重视程度可想而知。

所谓研究，用当时的话讲就是“格物致知”，即用科学的方法研究博览会展品收集、布置、展出、评比、奖励、推广的各个环节，其中尤其要研究展出品的优劣状况，其工艺、技术创新的程度，如何改良、提高等，这是关系到能否实现博览会传播科技、增进知识、促进贸易，提升整体文明水平诸功效的关键环节。在现代传播学意义上，只有通过对展出品的研究和宣传，才能使展品的特质凸显于观众面前，吸引其注意力和激发其对之进一步了解的兴趣，以达到展出的目的，因为“大众媒介的效果将取决于传播的知识和信念的性质，取决于知识和信念系统化与多样化的程度，以及取决于我们个人对作为一种信息来源的大众媒介的依靠程度”③。

中国初期组织展品赴赛，通常不注意仔细研究如何收集最精良的物品，如何达到宣传自己、推销产品、切磋交流的赴赛目的，因此通常效果甚差。有人批评，中国出洋参加博览会往往“平时既无预备，临时又不研究，且必待该国照会到部，辗转行文，始行出示晓谕，为期本已甚迫，赴赛商家又不通西国语言，仓惶失措，何能遂其所求”④。这种现

① 高劳：《对于筹备巴拿马赛会之意见》，《东方杂志》1913年第1期，第9页。

② 《1900年巴黎博览会之各国特别馆》，《中国实业杂志》1914年第1期，第129～130页。

③ 丹尼斯·麦奎尔、斯文·温德尔著，祝建华译：《大众传播模式论》，上海译文出版社，1990年版，第12页。

④ 《前出使英国大臣汪咨农工商部论办理赛会事宜文》，《东方杂志》1907年第9期，第88页。

象已为著名士人和实业家张謇所觉察。1906 年意大利在米兰召开国际渔业博览会，张謇便竭力主张设立“七省渔业公司”，认真调查研究如何筹办展品，同时利用本次渔业展览，趁机表明中国领海主权，绘制渔界海图，“而各立渔会之保护，俾各安其业。又趁此会场参考各国捕鱼畜鱼之法”。在张謇等人的精心策划和组织下，这次赴赛不仅调查了中国的渔业资源，宣示了中国的海权，而且参展品精良，在博览会上取得巨大成功，“计得奖凭、奖牌百有余张”，“赴会参加商等，多得微利”①。

在成功地收集到展品之后，如何加以科学的陈列，也同样值得研究。博览会出品的陈列、布置亦是一门专门学问，其中大有讲究。展品分类是否科学，陈列是否得法，将直接影响博览会知识传播的功效。有人经过研究后指出，博览会“集天下之财力、物品于一场，而欲使各方面皆称其意，其势亦甚难。然必使陈列品一望即明，又必使陈列者有尽其心思、材力之余地”，因此，除陈列场馆的建筑式样、采光办法均须讲究外，陈列品的分类也很重要：“世界愈进步，则出品之分类及陈列益趋于专门。每经过一次，则各商店、公司之陈列装饰等法，亦必进步一次。”在展品分类上，“第一则宜便于观者，其二则合于学理。至于橱台装饰、采光配色，均宜先加研究焉”②。

某君经考察 1909 年武汉劝业奖进会的展品陈列后，指出该会出品的展出不甚得法，“会场中陈列室号数，颠倒错乱，毫无次序，观者稍粗心，即不免有顾此失彼之患”。另“出品标注，其文字固宜简单，亦贵明晰”，但该会出品标签上“仅印有物名、产地、出品人、制造者、价值等文，而无用途二字，致观者对于初见之物，徒羡其光怪陆离，而莫悉其用法，是亦一缺点”③。这些，均影响了此次博览会的效果。在

---

① 李士豪、屈若搴：《中国渔业史》，商务印书馆 1998 年重印本，第 64、70 页。

② 南洋劝业会：《观会指南》，南洋劝业会事务所，1910 年版，第 105 页。

③ 《游武汉劝业奖进会之感言》（录《时报》），《中国实业杂志》1914 年第 1 期，第 165 页。

次年的南洋劝业会上，湖北出品的陈列已有明显改进，颇获好评：“陈列布置各省不同，而真能得法者尚少。湖北馆布置最称得法，而直隶馆则分部清晰。”① 这两省所取得的进展，同先前分别举办的武汉劝业奖进会和天津商业劝工会所取得的陈列经验，显有关系。

当然，博览会上的研究工作，最重要的还是由专业人员对各种出品所作的分门别类的专门研究。由这些专门研究所提供的评论、改良建议或研究报告，以及对研究成果的反馈，则构成博览会科技传播和文化交流的主要形式之一。下面拟集中分析1910年南洋劝业会上的出品研究活动及其相应的科技传播和文化交流情形。

南洋劝业会开会不久，以张謇等为首的东南绅商，为使南洋劝业会促进工商业发达，开通民智的目的落到实处，遂仿行西方博览会的做法，发起设立“南洋劝业会研究会”。研究会举李瑞清为会长，张謇自任总干事，宣布宗旨为：“集合同志，就南洋劝业会出品，研究其工质之优劣与改良之方法，导其进步。冀合劝业会之真旨，收赛会之实效。”② 其研究方法，先是各自研究，条具意见；次为共同研究，证勘疑义；再分头请专门人才提出改良办法。该研究会在两个月之内，对农业、卫生、教育、工艺、武备、美术、机械和通运八个展馆的展品分别进行研究，最后将全部成果汇集成一巨册《南洋劝业会研究会报告书》③，由上海中国图书公司于1913年正式出版。透过该书，我们依稀可看到当年中国工艺、科技发展的现状和科学知识普及情况，同时也能读到许多有关改革教育、提高中国工艺和科技水平的真知灼见。以下略举一二。

（1）中国工艺与科技现状。黄守孚的报告书对中国工艺现状持低调

① 南洋劝业会研究会：《南洋劝业会研究会报告书》，上海中国图书公司，1913年版，第129页。

② 《南洋劝业会续闻》，《东方杂志》1910年第6期，第32页。

③ 该报告书内容包括关于教育、工艺、医药、农业、武备诸方面的速记录、演讲稿、报告书、说明书、意见书等。

态度，认为“今世之工艺，当以机械工艺为主，手工次之。而就两工艺馆及各别馆之工艺以视吾国之工，殆犹在纯粹手工业时代……观于机械馆，而普通工业应用机械无有焉；观于美术馆，而图画焉、刺绣焉、雕刻焉……观于通运馆，则无论交通之设备不得备焉，包装捆载之法既无所表见，是亦足以阻工艺之进步”。有鉴于此，他提出“欲兴工业，自以广设工业学校为主。先实际之应用，缓高远之理论，而于机械图画二科尤当认为必要，务使机械之常识普及于一般之青年”①。

也有与黄守孚不同意见者，如天津刘辅臣的报告就对中国机械和科技现状持比较乐观态度，认为进步不小。他以机械馆的出品为例，列举出“天津劝业铁工厂所造水龙、印刷机器、火柴机器，以及他种汽机共若干件。又山东德州制造局陈列造无烟枪、子母机器全分一套，三十马力汽机照片一纸。又上海求新铁厂所造榨油饼机器以及别项之物品”。他认为该三厂“虽系仿造，实属精良”，仿造是创新的必经阶段，“设厂造物，理应由仿造入手，久而久之，心性灵活，创造自出将来，质料亦不购买于外洋，尤为至要”。此外，汉阳铁厂所陈列者，皆系该厂“自行锻炼”，“成绩颇为可观，富国强兵概持于此”②。

（2）外国技术的引进。从所陈列的一些大型机器设备看，国外的一些先进工业技术已开始为中国所应用，其中有些产品的国产化程度已很高。如汉冶萍公司江西萍乡煤矿的电机厂，设备系从国外引进，“购置新式电机于总平巷内，接通电线，遍设电灯，备电车头多部，拖运煤车，双轨交驰，络绎不绝。日出生煤至五六千吨之多。其发电力尽可尽数畅通，较之用人力者，其灵钝迟速有天渊之别”。其所采用的西式炼焦炉，系该矿造砖厂自造，“一切仿造西法，有过之无不及也”。又有江南制造局“向用二千马力汽机轧大钢坯”，后因炼钢日增，须兼轧小号

① 南洋劝业会研究会：《南洋劝业会研究会报告书》，上海中国图书公司，1913 年版，第 109、127～128 页。

② 南洋劝业会研究会：《南洋劝业会研究会报告书》，上海中国图书公司，1913 年版，第 165～166 页。

钢条，遂由总机器厂造成单汽筒汽机一部，马力 56 匹，专轧 4 分至 4 寸方圆熟钢，每日可轧二三千磅，“供本局各厂用并行销华洋官商各厂坞”①。

在农业方面，虽然西方农业机械技术进步很快，以至“排水、灌溉、耕垦、施肥、镇压、播种、收获、除草、脱麸、脱粒、运输以及诱菌、诱蛾、捕蝶，无一不用器，无器不精良”，但并不太适合中国当时比较小型、分散和落后的农业，因此，着重引进的是方便、实用的小型农用机械，并加以改进。如梁祖禄提供的剪茶、筛茶机，原系英国某机械师发明，经改良后，“每点钟能剪茶、筛茶约八百磅”，售价仅大洋 650 元。他所提供的制茶机，也是英国人所发明，引进后再加以改良，“于轴枕处加以弹子枕，比之尤为轻便也”，亦仅售洋 1600 元。西方的一些种植技术也引起国人的注意。如植棉，有人便提出“吾国种棉皆失之密，查美国种棉之地，每畦预立子位相间尺有二或尺有八，疏密交错，如犬牙。今以华棉与美棉比较，其枝干不如美棉之藩衍”，建议采用美国式的播种法。国外良种的引进也进入人们的视线，“今泰西农学家以交换种子，改良农作物，其效大奏，故购求嘉种往往远涉重洋，不嫌劳费也。今萃二十二省之特产，并搜求东西洋之异品罗列会场，以供吾人之研究，择其嘉种而交换之，不亦便乎？”②

（3）科学教育仪器。劝业会上展出的各地提供的科学教学仪器、挂图等颇多，如师范教育类中有教员、学生合制的物理器械，计力学 16 件、水学 15 件、气学 3 件、热学 6 件、电学 21 件、光学 6 件、声学 7 件，均“制法颇佳”。但总的来看还是为数太少，“科学学艺器械美则美矣，惟为数太少，纯用中国质料及制造法者亦不多”。此外，欧美日本多由学生自己动手制作理化器械，而中国学生自制者太少，这对培养学

① 南洋劝业会研究会：《南洋劝业会研究会报告书》，上海中国图书公司，1913 年版，第 11、15、25 页。

② 南洋劝业会研究会：《南洋劝业会研究会报告书》，上海中国图书公司，1913 年版，第 55、57、190、171 页。

生的创造能力显然不利。也有人对教育科学展品不适当的分类提出质疑，认为教育馆中所陈列的讲义、图画、手工等与劝业会所研究的教育主题关系不大，真正的教育科学展品应当“如博物标本，如理化器械，如算绘器具，如各种图画，以及学校用之桌椅、笔墨、簿籍或体操球杆器具之类，皆农工商之出品而为劝业会教育馆之主体者”。但这些理应展出的教育用品却很少见之于教育馆，而散见于科学仪器馆、商务印书馆展馆和某些学校的展出品之中，以致很难从事有关科学教育情况的研究①。

博览会上对展品的研究通常又是以比较为基础的，比较即是基本的研究方法之一。只有通过对不同展品的比较，才能优劣互现、较其短长、促进竞争，如张謇所说：“夫赛会者，各竞其长，而短者取人之长而自益。”② 在比较与竞争的关系上，“无比较则世界亘古无竞争，无竞争则世界亘古无进步，无进步则社会亘古不能进于文明之域”③。

正是通过博览会上与外国展品的比较，人们已看到了中国某些传统工艺和产品所存在的严重不足。如瓷器制造上，一些国家的工艺已有超越中国之势，“法国细瓷异常精美……销场能过我者，或绘事见长，或着色干净，或式样崇新，均能趋人之好尚也”④。又如丝绸一项，“（中国）丝巾做法不善，粗细相杂，近为洋人深恶”⑤。中国丝绸仍用旧法织造，西人虽喜欢，“然终嫌其质粗色黯，经纬线缕粗细不匀，挑丝疙瘩触目而是，稍一揉弄，即已起毛”。因此，人们认为：“凡此诸弊，不能改良，绸缎一业，无望行销于外国也。”⑥

在南洋劝业会上，有人对外国参考馆上的展品做了比较之后，认为

---

① 南洋劝业会研究会：《南洋劝业会研究会报告书》，上海中国图书公司，1913 年版，第 107、101 页。

② 张孝若：《南通张季直先生传记》，中华书局，1920 年版，第 115 页。

③ 南洋劝业会：《观会指南》，南洋劝业会事务所，1910 年版，第 88 页。

④ “苏州商会档案”第 77 卷，第 43 页，苏州市档案馆藏。

⑤ 李圭：《环游地球新录》，“各物总院”，第 207 页。

⑥ 《密拉诺万国赛会物品评议》，《商务官报》1907 年第 12 期，第 15 页。

德国展品最优，“各种电气品如电报机、电话机、无线电报机、电铃等皆精”。其“陈列之动目，说明之切要，出品之精美适用，不惟吾国梦想所不及，抑亦驾英美日三国而上”①。此种评价与当时德国作为后起的工业强国正奋力赶超英美的态势是基本相一致的。通过将中国展品同外国展品的比较，人们不得不承认中国的新工业文明尚处于极其稚弱和落后的初生状态，“（中国）机械制造尚在萌芽时代耳”，观教育馆“而实业学堂无几焉”，观机械馆“而普通工业应用机械无有焉”，观通运馆则“交通之设备不得备焉”②。显然，中国同西方列强和日本在国力与技术上的巨大差距，并非几年或几十年就可以扯平的，需要长时期的不懈努力。

尽管中国总体工业化水平不高，但在某些局部地区，技术水平已有相当的进步，并各自呈现出特点和优势。如军事工业一项，湖北、上海等地的工厂比较起来便各有其特点：

> 湖北汉阳厂所造之枪炮全体质料尚称坚实，唯关紧要机件之钢料大都购自外洋，且瞄准机器自造法，欠称灵巧耳。上海制造局所造枪炮除退力績平水管钢之外，均可由本厂自产，足见其炼钢法较湖北厂为优。且外面各机件之造法亦较湖北厂为巧，但不知其于实际何如。四川制造厂则钢质等俱属平常，所造七响手枪与汽（气）枪乃为特色，亦足以见其制造之思想稍胜于他省也。广东制造局所造机关枪逊于湖北而枪支过之。如是炮以上海厂为最，机关枪以推湖北为先，四川制造厂则手枪尚可，枪支则广东稍优……互有优劣，但望优者精益求精，而与列强并驱，劣者力求改良，以备不足。③

还有人专门将南京生产的宁缎与杭州生产的杭缎进行比较，指出各

---

① 《南洋劝业会游记》，“参考馆”，商务印书馆编译所，1910年版，第30、32页。

② 南洋劝业会研究会：《南洋劝业会研究会报告书》，上海中国图书公司，1913年版，第127、139页。

③ 南洋劝业会研究会：《南洋劝业会研究会报告书》，上海中国图书公司，1913年版，第384～385页。

自的优长与局限以及工艺改良的方向。在各自产品特色方面，“宁缎以元青色著，杭缎以杭青及浅色称；宁缎以厚重擅长，杭缎以轻巧见赏；宁缎惟朴实耐用，杭缎惟华丽夺目。故体质之坚韧杭不如宁，而组织之新巧，宁不如杭；光泽之耐久，杭逊于宁，而颜色之明媚，宁逊于杭”。在改良工艺方面，“愿江浙业缎诸君互相观摩，益求精善。宁人于朴实之中修饰其外观，杭人于华美之外坚韧其体质，然后培植蚕桑，以储原料，置办机器以省人工，减少成本以廉价格，改良花本以新眼界”，如此，方能与洋商角逐于商场，使“漏卮稍塞于万一”，“而数百年脍炙人口为世界推重之缎业蒸蒸日上”。也有人通过对江西和湖南两省瓷器的比较，认为，湖南瓷因注重工艺和花色品种的创新，实已有超过江西之势，“去年武汉劝业奖进会，江西反败于湖南，坐失千百年之荣誉，非不求进化遂致退化之过欤?”故此深望能通过南洋劝业会而使江西瓷与湖南瓷取长补短，共谋中国瓷业的进步。“劝业会者，又交换知识之大市场也，若能使两方面融铸一炉，而各效其天功人力，为吾国瓷业界谋进步，恢复已失之利权，则湖南实为江西之良导师。”①

（三）广告、宣传与推广

博览会本身又是一个巨大的广告场和商品展销地，同时也是近代科技文明的最佳普及场所。一些传统名牌产品往往通过广告效应和颁给奖牌等，巩固了已有的领先地位；而过去一些名不见经传的精良产品，通过评奖宣传，顿时声名鹊起，销路日广。如在南洋劝业会上，山东博山玻璃公司不仅由南洋大臣特准专门设有博山玻璃馆，而且大做广告，声称该厂为“东省之巨厂，中国前此未有之工业也”，其所制造的平片玻璃，“盖实业中之最难办者”，因此该公司“将来发达，非可限量”②。

---

① 南洋劝业会研究会：《南洋劝业会研究会报告书》，上海中国图书公司，1913年版，“丁部”，第8、9页。

② 南洋劝业会：《观会指南》，南洋劝业会事务所，1910年版，附页。

此外，湖南夏布公司、上海中法大药房、上海中国图书公司、杭州照相公司、江西景德镇瓷业公司、湖南磁业有限公司、南京厚大绸缎布庄、广东佛山瑞芝堂药房等，也均在南洋劝业会上做有广告。博览会上的评奖本身也能产生巨大的广告效应，如湖南一绣品公司为其所出湘绣做广告时，便特地说明该公司产品在“东西赛会频获优奖”，尤其在上年所开武汉劝业奖进会上更荣获一等金牌奖①，以此来推销自己的产品。

商品广告和相应的产品宣传活动不仅有促销的作用，而且也有普及、推广知识的功能。如1928年工商部召开的上海中华国货展览会上，一些大的机械厂家为了替国货做宣传，在会场中现场表演机械织布、抽水、印刷、订书等，给观众留下深刻的印象，“而于推广国货也很有相当的功效的”②。1929年举办的规模更大的西湖博览会上，一些厂家也采用了机器现场表演的方式来做广告宣传，收效甚佳，工业馆机械部陈列的纺织机械、电气机械、印刷机械、发动机等，“轧轧机声，最易吸引游人”，“日来致函询问机械价格及索取样本者，日有数起”③。

博览会办得成功与否，同舆论宣传工作关系甚大。因此，历次博览会的主办者都挖空心思，力求花样翻新，扩大声势，以收到最佳宣传效果，而现代科技知识也随之得到最大限度的普及。归纳而言，博览会上的造势宣传除上面提到的广告、现场表演等外，大体还有如下形式。

（1）通过报章杂志等媒体广为宣传。每当举办博览会之前，各地新闻报纸均做了大量舆论宣传，或介绍西方各国和日本等举办各种博览会的情况，或对即将召开的博览会做专门的介绍，提供各种建议、评说。在博览会召开期间，各新闻媒体更是连篇累牍地加以报道，有关赛会的各种花絮亦穿插其间。1910年南京举办南洋劝业会时，进驻会场的新闻社和报刊社有40余家。其中，来自北京的有中国报馆、北京日报馆、

---

①《武汉奖进会一等金牌湘绣到宁出售广告》，南洋劝业会：《观会指南》，南洋劝业会事务所，1910年版，附页。

② 武育干：《近代博览会事业与中国》，《东方杂志》1929年第10期，第19页。

③《工业馆陈列机器畅销续志》，《西湖博览会日刊》，1929年8月28日，谢辉：《西湖博览会研究》，杭州大学1994年硕士学位论文。

帝国日报馆、帝京新闻馆、宪志日刊馆、京津时报馆、国民公报馆；来自上海的有时报馆、神州报馆、申报馆、中外日报馆、舆论时事报馆、天铎报馆等。为扩大影响，劝业会还专门出版日报、旬报，对赛品采集、展出、研究及评奖情况分别详加报道①。1929年召开的西湖博览会专门设有宣传处，除邀请各家新闻单位进驻现场报道外，宣传处还出刊《西湖博览会日刊》《西湖博览会筹备特刊》等，刊登的内容有会务志要、馆所新闻、工商消息、读者评论等。

(2) 通过宣讲、演说等形式使博览会宗旨家喻户晓。1909年武汉劝业奖进会鉴于平民百姓多半不知奖进会为何物的现状，专设协赞会、出张所、宣讲所分途宣讲博览会的历史、性质和武汉劝业奖进会的目的、宗旨。“每日逐渐迁移，至周流普遍而止”；并印制白话文宣讲书达5万余册，在武汉三镇广为散发。其中一本名为《铁匠赛会》的宣讲书，以通俗易懂的语言讲述了一名法国铁匠希利达，如何在法国首次赛会中因制品获金奖而发财致富的故事，说明赛会可能给普通人带来的巨大利益，共散发了5000多份，一时传颂于街头巷尾，加深了人们对博览会功效的认识②。

博览会期间组织的各种专题演说，更是传播先进科学知识和现代文明的有效途径。如南洋劝业会设有工业演说大会，发表了有关工业发达的历史与前途、工业与农业的关系、各种科学发明等主题演讲，深受与会者欢迎③。西湖博览会为宣传新知识，专门设有名人演讲项目，请戴季陶、王正廷、蔡元培、蒋梦麟、马叙伦等先后来会作有关政治、经济、文化、技术等各项专题报告，“诸先生所讲的都是目下最切要的问题，每次开会听众都在数千人以上”。为了宣传当时还相当新奇的航空事业，除进行飞行表演外，还请来专家作有关飞机的专题演讲，如“飞

① 《南京博览会各省出品调查书》，日本出品协会，明治四十五年，第188～189页。
② 张廷海：《奏办武汉劝业奖进会一览》，上海经武公司，1910年版，第91页。
③ 《南京博览会各省出品调查书》，日本出品协会，明治四十五年，第170～171页。

机的功用”“飞机之构造”“飞机之原理及效用”等，增进了人们对新兴航空事业的认识。正因为西湖博览会使人们大开眼界，学到了许多在课堂上学不到的知识，有人称之为“社会一般人的大学，是不要钱的求学机会”①。这很生动、恰当地说明了博览会传播新知的功能。

（3）通过汇编专书使博览会的成果长期流传。将博览会上的各种展品目录、演讲、报告、颁奖及观察汇编成专书刊行，使人们能了解科学的最新进展和新的技术发明，是各国博览会的通常做法。英国于1851年举办首次世界博览会后，旋即编辑出版了《1851年大博览会，或英格兰工业、科学和政府评论》（1851年）、《在四次参观中对博览会的观感》（1851年）、《水晶宫及其展品目录》（附500幅插图，1851年）、《1851年大博览会的交织画面》（两卷本，1854年）、《伦敦大博览会人文与科技进步演讲集》（1856年）等专书②。1915年美国在巴拿马太平洋万国博览会后，也立即编辑出版了该博览会上有关演讲的汇集《1915年旧金山博览会演讲汇录》（1916年），其后编撰的《旧金山巴拿马太平洋博览会记事》（1921年）更长达5巨册，有600多幅插图，集中展示了人类文明所取得的最新进步，为后世留下了一笔丰厚的文化遗产。中国近代的历次博览会也不例外。1909年武汉劝业奖进会召开后于次年便编辑出版了300多页的《武汉劝业奖进会一览》一书，详述了是会召开的经过和展览情形；1910年南洋劝业会后编辑出版了《南洋劝业会研究会报告书》一巨册（详前文），尤其日本编辑出版的《南京博览会展品调查书》长达1425页，被称为“出有凭据的清国物产志”；西湖博览会的《西湖博览会总报告书》也是卷帙浩繁，资料翔实。这些出版物不仅为我们留下了弥足珍贵的历史实录，更重要的是作为知识和文化载体，极大地促进了人类文明的交流与传播。

---

① 《西湖博览会总报告书》第2章，第66页；第6章，第116页。谢辉：《西湖博览会研究》，杭州大学1994年硕士学位论文。

② 这些书大多为伦敦大英图书馆所保存的善本书。

（四）博览会网络所体现的科技、文化传播

近年来一些学者将网络分析理论应用于商业史的研究，在亚洲商业网络、中国商人组织网络等研究中取得了一些令人鼓舞的进展。尽管特定的博览会是有一定时间限制的（短者数日数十日，长者数月不等），但从其酝酿、展品征集、运输、展陈、评奖和陈列品善后处理的全过程看，从博览会与其他组织机构的横向联系来看，博览会系统实际上也是呈一种网状的结构。从地方性博览会到全国性博览会再到各种各样的国际性博览会，从博览会到各种物产会、协赞会、出品协会、商品陈列所，其间都有某种或明或暗的管道联系，构成了一张纵横交错的物流、人流、信息流、商品流的大网。因此，近代博览会网络实际上也是近代商业网络的不可分割的组成部分，应纳入商业市场网络中一并分析。而博览会所体现的科技、知识和文化的传播，往往又是循着这些网络路线进行的，由此使博览会的影响往往超出举办博览会的城市本身。

以南洋劝业会为例，实际存在一个远比劝业会本身更为庞大的运作性组织网络。首先有两江（江苏、江西、安徽）所属各府州所设立的镇江、通海、苏州、江宁、徐州、徽州等39个物产会，其任务是先在本地征集土特产品举办展览，然后再择优运往南洋劝业会赴赛。两江以外的其他各省以及南洋群岛诸埠则分别设立出品协会，这样的出品协会共计有18个①，其功能与物产会相似。如先于南洋劝业会召开的武汉劝业奖进会即是由湖北出品协会负责征集展品，以后又由该出品协会把其中的精良出品选往南洋劝业会上展览，使湖北省能够一省而同时办两个展览馆（湖北一馆、二馆），赢得了普遍好评。为了协助征集展品、扩大宣传、协调关系，又成立了包括官员和地方绅商在内的协赞会，设于江宁（即南京）的协赞总会共下辖18个地方协赞会，第一个协赞会于1909年初开设于上海②。各地先后成立的商品陈列所本来与南洋劝业会

① 《南京博览会各省出品调查书》，日本出品协会，明治四十五年，第26～27页。
② 《南洋劝业会记事第二》，《东方杂志》1909年第4期，第49～50页。

没有直接联系，但因物产会、出品展览会、劝业会上的一部分展品后来又运到各地商品陈列所长期展出，因此，商品陈列所事实上也变成了博览会网络的链条之一。据有学者统计，晚清各省共有这类商品陈列所20个，分别由官方工商管理机构或民间商会设立。其中，河南劝工陈列所率先由该省商务农工局于1904年设立；而规模最大、商品陈列最全的则为1905年由清朝商部设立的京师劝工陈列所，该所曾汇集全国各省最优良的产品进行展出，影响甚大①。南洋劝业会结束后，京师劝工陈列所、天津劝工陈列所、江西劝工陈列所等都曾将南洋劝业会上的部分出品运回该所长期陈列，既扩大了南洋劝业会的影响，又进一步普及了有关的工艺和科技知识②。正如时任南洋劝业会坐办的陈琪所言："劝业会者全国之大钟表也，商人之大实业学校也，商品之大广告场也，输运本国货以向外国之轮船铁道也……为商业界文明之科举，新法之试院。"③ 而先期举办的各地物产会、出品展览会更是把南洋劝业会的影响波及全国各地，等于召开了无数个小型的地方商品博览会，恰如时人所指出："惟是会场虽在南洋（指南京），而商品陈赛，会务组织，非得各省同力合作，相助为理，未易集事。"④

总之，观察博览会中实际发生的科技、文化传播及其影响，不能仅仅局限于该博览会本身，而必须扩大到它所构成的庞大组织系统网络，从上下左右的组织联系中来把握其传播渠道⑤。

① 据刘世龙《南洋劝业会与清末新政时期的政府产业振兴政策》（日文）一文的统计，文载《广岛东洋史学报》1998年第3号，第20～39页。

② 《申报》，1909年6月12日、1910年3月10日。

③ 《南洋劝业会记事第二》，《东方杂志》1909年第3期，第49页。

④ 《南洋劝业会记事第三》，《东方杂志》1909年第5期，第104页。

⑤ 在参加若干大型世界博览会时，往往也是要由各地出品协会在本地征集展品，先行举办展览，如1915年参加在美国旧金山举办的巴拿马太平洋万国博览会时便是如此。通常各地商会也卷入出品征集、展陈之中，并具体承办博览会，因此在一定意义上商会组织系统亦可纳入广义博览会运作组织系统来考虑。这从一个侧面提示，近代商贸组织系统的形态是异常复杂和丰富的，还可作更为广泛的考察。

三、局限性及其社会根源

当然，中国近代博览事业中的科技、文化传播也无可避免地存在自身的局限性。

首先，由于社会生产力没有突破性发展和技术比较落后，中国展品普遍显得陈旧过时，所展出的主要是传统的工艺品和手工品，而机械等科技含量较高的产品则一般模仿多创新少，引进多输出少。因展品不足以“炫耀于人而为商战之利器”，只好“循名责实，先自缩小其范围”，有一种既想开“空前绝后之大博览会”，但又受各种条件的限制而无法开或不能放手开的无可奈何的尴尬。前述 1910 年南洋劝业会不以“博览”名之，只能等而次之名之为“劝业”，恰是这种尴尬的写照。先于南洋劝业会而开的武汉劝业奖进会也有类似的考虑：“（武汉劝业奖进会）不曰赛会，而以劝业奖进名者何耶？考赛会一语，英语名曰 exhibition，表示所列物品之意也。重在物品，其义取于客位。日语名曰博览会者，重在观览之人，其义取于主位。今吾鄂定其名为劝业奖进会，用意似别有所在。所谓业者何？即农业、工业、商业是。萃各种实业家所创造经营之物品于一处，比较其优劣而劝勉之，而奖进之，意不在现在之物品，而在将来之物品，重在制造之人，其义取于客位中之主位……吾国赛会之时期虽熟，而产业之程度尚低，与其虚矜博大之名，而临事竭蹶，宁循名责实，先自缩小其范围之为愈也。”①

正因为认识到中国尚处在“工艺未发达之先”，先自缩小了范围，因此在中国所召开的各种类型的博览会都首先着重于“引起国民注重实业”，“意在振兴实业而尤以抵制洋货为当今之急”②，至于“互出其技以交换知识”则成了第二位的考虑或今后的事情。就当时中国的情况来

① 《民国经世文编》（实业），文海出版社，1973 年影印本，第 4592 页。
② 《上南洋第一次劝业会书》，《东方杂志》1910 年第 9 期，第 251～252 页。

看这种认识自有其道理也符合中国的实际，但客观上却不能不影响到中国自办博览会事业在传播科技文化知识即开民智方面的效能。例如当时就有人注意到南洋劝业会所存在的局限性，指出："吾国提倡实业，已届十年。而收效之宏，莫如南洋劝业会，自该会举行后，全国实业，始有生气"，"然亦有自该会参观归，惟侈陈建筑之宏丽，游览之娱乐，而于陈赛品物，毫不加察者，此无他，无参观之学识及资格故也"①。民智未开或注重开民智不够给博览会本身造成的局限，于此可见一斑。

此外，中国当时虽已受到欧风美雨的影响，但基本上还是一个以小农经济为主的农业社会，存在相当大的封闭性，这也在客观上限制了博览会可能起到的传播科技知识和文化交流的作用。地理上的相对闭塞隔绝以及交通运输的不发达，给展品的收集、运送和人员的大规模流动造成一定的障碍；而社会风气的趋于保守、封闭，又造成部分商人及普通百姓对博览会持冷漠态度，缺乏参与的热情和考察的兴趣，自然也错失了接受教育的机会。武汉劝业奖进会中，人们多注重留心繁华虚艳之物，真正能用心考察实业的人非常之少。"本会（即劝业奖进会）初虑出品之不踊跃，继虑观览人之不多，今幸皆不减色。然而可虑者，转从此愈甚，何也？逐日观览者，多趋彩色斑斓之处，而罕留心工艺良窳。"② 在南洋劝业会开会期间，开始也是赴会参观者稀，以致"日来见有持灯牌游行于南京路、福州路等处者，牌上大书：请赴南洋劝业会等字样"。时人批评："夫南京劝业会之开设，固无人不知，必借此以为招徕，何其无术之甚。而是会之资格体统胥失矣。"③ 此外，许多"富商大贾结伴而来，无非快游览，夸富举耳，真能研究农业、考察工艺者百不获一"④。到民国时期，这种因自身素质和知识程度不够而忽视展品研究的情形并无实质性的变化。著名实业家穆藕初便注意到，当时举

① 高劳：《对于筹备巴拿马赛会之意见》，《东方杂志》1913年第1期，第8页。
② 张廷海：《奏办武汉劝业奖进会一览》，上海经武公司，1910年版，第253页。
③ 《神州日报》，1910年9月4日，第4页。
④ 《上南洋第一次劝业会书》，《东方杂志》1910年第9期，第251页。

办的国货展览会上，相当一部分人因缺乏科学素养，到会参观无非走马观花而已，无甚实际收获，他说："夫展览会之效用，在乎百品荟萃，足以供工商业之比较、参考、研究改良。然必其人有科学的头脑，平日有相当的研究，而后在参观会场时，可以发现各种优劣不同之点，而引起其注意，促进其改良。非然者，既无科学素养，又无相当的研究，其到会参观也，无非如走马看花，研究云乎哉?"①

而国外举办博览会时，每每官方"虽饬商赴赛，而各商率多不前……刻虽不用洋员，而赴赛之大商尤鲜"。1910 年德国举办卫生博览会，苏州工商"不惟视为畏途，即稍有价值之物，亦不乐为寄运"②。这种裹足不前的态度，一是严重影响到参赛展品的质量，无法进行对等的考察、交流，也难以通过比较研究来提高产品的科技含量。如戴鸿慈参观 1906 年意大利米兰博览会后，在其日记中记道："观各国物品，则法国规模最宏阔。日本精心锐力处赛，赛品皆其上选，骎骎乎有追步英德之概。独我国局面太狭……殊无足观者。"③ 二是影响参与博览会的人数。南洋劝业会开会期间，每天的参观人数平均为 1000 左右（多时高达万余人），这在当时已属难得，但同国外的博览会相比，就未免显得规模过小。如 1903 年日本第五次国内博览会日平均参观人数即高达 3.4 万。博览会的教育功能和社会影响是与参与人员的多寡成正比的，"到会观者多多益善。一则可以开通国民之知识，一则可以采众口之评议"④，参与人数太少，"人气"不足，便难以起到大规模文化传播作用。

作为半殖民地半封建社会，近代中国的政治结构也对博览会的传播

① 穆藕初：《科学教育与国货前途》，《穆藕初文集》，北京大学出版社，1995 年版，第 320 页。

② 马敏等：《苏州商会档案丛编》第 1 辑，华中师范大学出版社，1991 年版，第 481、518 页。

③ 戴鸿慈：《出使九国日记》，光绪三十二年五月二十二日。

④ 《游武汉劝业奖进会之感言》（录《时报》），《中国实业杂志》1914 年第 1 期，第 165 页。

功能造成一定的影响。在一个以“人治”为特征的政治结构中，举办博览会起决定作用的往往不是经济或社会的因素，而是政治的因素或政治的考虑，即最终取决于个别封疆大吏或地方官员的开明程度，缺乏稳定性和持续性，“人存政立，人亡政息”的现象非常突出。博览会通常变成了某些政治人物的私人“政绩”，具有很强烈的政治符号象征意义。例如，晚清商品赛会之所以在湖北比较兴盛，能够率先举办武汉劝业奖进会，显然与张之洞督鄂期间所推行的各项“新政”分不开，直接体现了张之洞治鄂的“政绩”。新政期间张之洞所提出的扩充商务十条办法中，第十条即为“赛工艺”。张之洞较早地看到，“西国常有赛会之举，聚本国他国之货物，萃于其中”。“日本效之，故设劝工场，亦名货物陈列所”，他建议仿效西方各国及日本赛会，在沿江沿海及内地各省大城巨镇设立劝工场，备列本省出产货物、工作器具，让人参观，比较优劣，自相勉励，认为“此事并不难，惟在朝廷严饬各省，切实举行”①。为此，张之洞积极在湖北开设商品陈列所、劝工场等。1902年在武昌兰陵街所开设的两湖劝业场，规模宏大，陈列中外各种商品和制造品甚多，起到了“以开风气”的作用。因此，尽管湖北于1909年召开武汉劝业奖进会系在张之洞身后不久由陈夔龙主持，但实际也可视之为张之洞治鄂业绩的延续。

晚清直隶商品赛会的兴起和发展，则直接同袁世凯在直隶所推行的各项“新政”改革有关。1901年以后，袁世凯札委周学熙总办直隶工艺总局，使其成为“括全省工学界之枢纽，以创兴实业”。在袁世凯授意下，周学熙广兴提倡、奖励、劝诱、保护工商之策，具体措施之一，便是创设各种实习工场、劝工陈列所、商品展览会等，使人人思奋，“而生其激发工业之心”。1906年10月，直隶首开天津劝工展览会于大经路河北公园内，展览各式货品，“于是商民乃奔走相告，每日购票参

① 苑书义：《张之洞全集》，河北人民出版社，1998年版，第3774页。

观者以一二千人，计寄售货物几及万品，价值乃自数万至十万金，奋发勃兴几有一日千里之势”①。1909 年 11 月起，为前往南洋劝业会参赛做预备，直隶工艺总局先在天津河北公园开办劝工展览会一个月，从征得的“合格赛品一万二千一百十件”中，再选取特别优秀出品 57 件，置于劝工陈列所楼上，先行预展，以供观览、考察。正因为直隶办展有如此雄厚的基础和前期准备，所以在 1910 年的南洋劝业会上才能取得格外优异的成绩②，引起张謇等对袁世凯北洋政绩的如许好评③。至于南洋劝业会的发起得益于时任两江总督的端方和干员陈琪，论者已有定评，此不复赘论④。

博览会被视作某些政治强人的“政绩”而被推动、被夸耀，在其初始兴办阶段虽难以避免，但被过分政治化的结果又往往使其昙花一现，既难长久，也难风光再现。为何湖北在武汉劝业奖进会后再开“两湖博览会”的初衷无法实现？而南京南洋劝业会后拟“举行全球大赛会”的宏愿也始终难以付诸现实？除其他诸多经济社会因素外，由政治权势结构移易而导致的“人存政立，人亡政息”（清末民初的湖北尤为典型）现象恐怕也是不容忽视的原因之一。

总而言之，就根本特征而言，博览会实际上是商品经济发展和工业革命的产物，体现了经济发展的全球化、一体化进程，它要求一种与之相适应的开放的社会经济和政治结构，要求商品经济和市场的极大发展，要求开放的价值观念。“必先筑绝后空前之会所，四通八达之市场，荡心骇目，巍然焕然，乃足以受容中外与会之人与物，及中外观会应用

① 周尔润：《直隶工艺志初编》，直隶工艺局，1907 年，章牍类，卷上，第 21、11 页。

② 在南洋劝业会上，直隶获得特别优秀奖 6 个，超等奖 8 个，优秀奖 18 个，金奖牌 58 面，银奖牌 142 面。会后，参加国外博览会，选赴意大利赛品 27 种，选赴德国赛品 129 种。南洋劝业会：《直隶出品类纂合编》（第 2 册），第 77、78 页。

③ 曹从坡等：《张謇全集》（第 6 卷），江苏古籍出版社，1994 年版，第 637 页。

④ 马敏：《清末第一次南洋劝业会述评》，《中国社会经济史研究》1985 年第 4 期，第 73～78 页；朱英：《端方与南洋劝业会》，《晚清经济政策与改革措施》，华中师范大学出版社，1996 年版，第 184～190 页；蔡克骄：《近代中国博览业的先驱陈琪及其著述》，《近代史研究》2001 年第 1 期，第 307～313 页。

之物。”[①] 对于近代中国，这些理想的条件并不完全具备，博览会的科技传播和文化交流功能存在相当的局限性也就不足为怪，这是我们无法也不能苛求于前人的。

[本文原刊于《历史研究》2004年第2期]

① 《论今日宜急开内国赛会以兴工商》，《东方杂志》1908年第5期，第25页。

博览会与近代中国物质文化变迁
——以南洋劝业会、西湖博览会为中心

近年来，西方新文化史研究出现了一个重要的转向，即从抽象的、文本化的文化史研究转向对物质载体及物质世界的研究，物质文化史作为一个新兴研究领域日渐受到学界的重视①。其实，就物质文化史研究而言，近代中国博览会史是一个绝佳的切入点②。物质文化史所涉及的诸多历史面相，如日常生活物品、工艺品与工业产品、自然景观与历史遗迹、城市建筑与城市环境史、物质发展的时空变化、物质文化与人的关系等，在博览会中都有呈现，都有可能结合博览会的特定时空对之进行深入的探讨。本文即是从“物”（things）或“物质文化”（material culture）视角出发，结合近代中国博览会会场、展馆与展品，对何以为物、物之分类、物之内涵、物之升华等问题，略作探讨。重点在近代中国自办的历次博览会，尤其是1910年在南京举办的南洋劝业会和1929年在杭州举办的西湖博览会，但也兼及某些出国参与的国际博览会。

---

① 有关西方物质文化史研究概况，参见肖文超：《西方物质文化史研究的兴起及其影响》，《史学理论研究》2017年第3期，第92～104页。

② 有关近代中国博览会史研究概况，参见马敏：《中国近代博览会史研究的回顾与思考》，《历史研究》2010年第2期，第156～178页。有关博览会与物质文化史研究，参见吉田光邦：《万国博览会：从技术文明史的视角》，日本放送出版协会，1970年版；葛凯著，黄振萍译：《制造中国：消费文化与民族国家的创建》，北京大学出版社，2007年版。

一、聚物之所：会场、展馆与新型城市空间

博览会作为一种近代兴起的大型或超大型展览会，具有集中性、集聚性等特征，与近代新型城市公共空间的兴起密切关联。博览会将大量的观众、物品、知识在同一时间和空间进行聚集，形成源源不断的物流、人流、信息流的交会和流通，势必需要有宽敞的空间来容纳和展示。“（博览）会者何？择一地以会众物之名也。……物多人众，大有会归有极之象焉。”① 在物质文化意义上，会场、展馆及周边配套设施，其实是以各种大型建筑形式所体现的特殊的“物质”，是博览会的外在之“形”，聚物之“所”，及纳物之“器”，集建筑空间、展示空间和生活空间三位一体。因此，博览会会场与展馆等建筑物均可纳入物质文化史范畴来进行研究。

如果稍加追溯，便可发现，博览会会场与展馆通常既为近代新生之物，属过去未曾有之新型城市空间，但同时往往又有历史踪迹可寻，与传统城市空间有着千丝万缕的联系，常常是对旧有城市空间的利用或拓展。典型者如通常被视作近代博览会起源的法国工艺展览会，即于1797年首次在卢浮宫前院举办，为期四天的展览会取得很大成功，一大批滞销的挂毯、地毯和陶瓷产品被推销了出去。次年，法国又利用练兵广场搭建专门的建筑来举办第二届工艺展览会，并规定展品只展不卖，使之初步具备了近代博览会的雏形②。近代中国举办的最初几次地方性博览会，因规模较小，大多系利用传统的庙会、花会等场所来举办，以符合民间日常生活中的祭祀、贸易和娱乐习惯。例如，中国最早的商品博览会之一，1906年在成都举办的“商业劝工会”，便是从一年

① 《论创会》，《申报》，1881年3月9日，第1版。

② 周秀琴、李近明：《文明的辉煌：走进世界博览会历史》，学林出版社，2007年版，第9页。

一度的青羊宫“花会”（四川民间传统庙会之一种）演变而来的。该年的花会，经四川商务劝工局总办沈秉堃提议，获四川总督锡良批准，拟“就地易作商业劝工场，略仿日本共进会之制”①。于是，首次成都商业劝工会于1906年3月10日至4月3日在青羊宫、二仙庵举办，该会“农商并重”，融春游、花会、商贸于一体，“合全省之工商，谋最优之进步”②，不经意间便创设了中国最早的商品博览会。这种新旧交融的“商业劝工会”“劝业会”，从1906年至1911年，在成都先后共举办了6次，可谓开风气之先③。1907年4月至5月在天津举办的“商业劝工会”，也是借用天后宫庙宇举办，“佥以天后宫地势宏敞，又为津市适中之地，应即筹款改修，以便联络工商，仿照博览会成章，举办天津商业劝工会，自系商市之一大观”④。

1909年武汉举办有“我华万国博览会之起点”⑤ 之称的“武汉劝业奖进会”，在选址时考虑到办会成本，只好借用先前所修建的武昌平湖门乙、丙两栈（实为西式大型商铺建筑），稍加改造而成，占地约1000平方丈（约1.1万平方米）。两栈之间以廊桥相连，南北长160丈，南起皇化馆，北至菜场，南北两端各建有一个牌楼，作为会场大门，门外修建有马路，可直达黄鹄矶⑥。如此利用旧有之地和旧有建筑来开博览会，不失为一个取巧的办法，但却难免空间狭隘、“贻讥简陋”，无法尽展新式博览会的风采。

① 《图说》，《四川成都第一次商业劝工会调查表》，光绪丙午年（1906）刊本，四川大学图书馆藏，第16页。

② 《发给头等商标凭照》，《四川成都第一次商业劝工会调查表》，第8页。

③ 王笛：《跨出封闭的世界——长江上游区域社会研究（1644—1911）》，中华书局，1993年版，第266～267页。

④ 《津商会拟改建天后宫举办商业劝工会文及工艺局复文》，天津市档案馆，等：《天津商会档案汇编（1903—1911）》（上），天津人民出版社，1989年版，第807页。

⑤ 《开会纪事》，张廷海：《奏办武汉劝业奖进会一览》，上海经武公司，1910年版，第238页。

⑥ 《会场之布置》，张廷海：《奏办武汉劝业奖进会一览》，上海经武公司，1910年版，第171～175页。

如果说早期规模不大的“劝工会”“劝业会”，尚可“借地办展”，借用庙会、花会、道观、商栈等旧有建筑物将就举办，那么，一旦举办全国性质的博览会，则因兹事体大，用地面积广，便不得不通过重新选址来整体规划、设计展会会场了。晚清和民国时期举办的两次全国性博览会——1910 年“南洋劝业会”和 1929 年“西湖博览会”，均具有这一会场规划、建设的特点。

有鉴于南洋劝业会实为首次全国性博览会，“体制宜崇”，作为劝业会主要发起人之一的陈琪等建议，该会应另辟开阔新地，完全重新规划设计，“就江南公园界内附近一带，购地六百亩，建筑会场……先开内国博览会，合农工商品蔚成巨观”①。经端方上奏朝廷之后，最后确定会场规模为 700 余亩。根据设计方案，整个会场呈椭圆形，宽约二里，长约九里，“东抵易家巷，南抵丁家桥，西抵将军庙口，北抵公园”，周围建轻便铁路相连，所占面积实达千余亩，系“我中国五千年未有之盛举，亦为近世祺来东亚赛会之特色焉”②。

在会场规划和建筑物分布上，南洋劝业会明显参考了 1903 年日本大阪内国劝业博览会的布局，都是以中轴线为主线来安排建筑物，两边分布场馆③。主会场设在位于玄武湖附近的紫竹林，以丁家桥到青石村的连线为主轴，入口处设松枝门、牌楼，其后是正门、喷水池、纪念塔、奏乐亭、公议厅、审查室、美术馆，沿中轴线左侧分列有工艺馆、通运馆、机械馆、参考馆、农业馆、植物园等，右侧分列有教育馆、卫生馆（又名医药馆）、武备馆、水族馆、暨南馆、劝工场等。

南洋劝业会展馆建筑群，除由劝业会事务所建造的 13 个主馆而外，

---

① 《候补道陈琪为创办博览会事上江督书》，《申报》，1908 年 4 月 21 日，第 2 张第 2 版。

② 《会场之大观》，南洋劝业会：《观会指南》，南洋劝业会事务所，1910 年版，第 47～48 页。

③ 自 1900 年巴黎世博会始，大部分世博会展区都是按照轴线对称的方式集中布局，即展区内有明显的中央轴线大道，各场馆围绕中央大道对称布局，参见郑时龄、陈易：《世博会规划设计研究》，同济大学出版社，2006 年版，第 5～7 页。

另有各省自行建造的14个地方馆（又称各省别馆），以及广东教育馆、醴陵磁业馆、金陵缎业馆、博山玻璃馆、兰锜馆、海军陈列亭等6个专门馆，分布于会场各处。

从表1可以看出，南洋劝业会有9个展馆与1903年大阪博览会相关展馆名称基本相同，另有10个展馆及各省别馆则不相同。在特色展馆中，南洋劝业会强调了能体现中国特色的缎业馆、磁（瓷）业馆、玻璃业馆，以及较为重视的卫生馆、武备馆、地方馆、暨南馆（南洋华侨馆）、兰锜馆（江南制造局馆）；日本则较为强调体现其殖民色彩的台湾馆，以及能体现全球意识的商标馆、世界馆、学术人类馆。

表1　1910年南洋劝业会与1903年大阪博览会场馆对照表

<table>
<tr><td colspan="2">相同</td><td colspan="2">不同</td></tr>
<tr><td>南洋劝业会</td><td>大阪博览会</td><td>南洋劝业会</td><td>大阪博览会</td></tr>
<tr><td colspan="2">场馆名称</td><td colspan="2">场馆名称</td></tr>
<tr><td>工艺馆</td><td>工业馆</td><td>卫生馆</td><td>动物馆</td></tr>
<tr><td rowspan="2">农业馆</td><td>农业馆</td><td>武备馆</td><td>植物温室</td></tr>
<tr><td>林业馆</td><td>京畿馆</td><td>冷藏库</td></tr>
<tr><td rowspan="2">水族馆</td><td>水族馆</td><td>暨南馆</td><td>台湾馆</td></tr>
<tr><td>水产馆</td><td>各省别馆</td><td>商标馆</td></tr>
<tr><td>机械馆</td><td>机械馆</td><td>广东教育馆</td><td>不可思议馆</td></tr>
<tr><td>通运馆</td><td>通运馆</td><td>醴陵磁业馆</td><td>学术人类馆</td></tr>
<tr><td>教育馆</td><td>教育馆</td><td>金陵缎业馆</td><td>世界一周馆</td></tr>
<tr><td>美术馆</td><td>美术馆</td><td>博山玻璃馆</td><td></td></tr>
<tr><td>第一参考馆</td><td rowspan="2">参考馆</td><td>兰锜馆</td><td rowspan="2"></td></tr>
<tr><td>第二参考馆</td><td>海军陈列亭</td></tr>
</table>

资料来源：①《南洋大臣会同苏抚奏陈南洋劝业会开幕情形折（续）》，《申报》，1910年7月31日，第2张第2版；南洋劝业会：《观会指南》，南洋劝业会事务所，1910年版，第51—53、61—63页。

②《风俗画报·临时增刊（第5回内国劝业博览会图会上编）》，东阳堂，1903年

6 月，第 269 号。https://ndlonline.ndl.go.jp/#!/detail/R300000003-I1579697-00，2020 年 1 月 30 日。

南洋劝业会举办 19 年之后由浙江省主办的西湖博览会，是中国首个以“博览会”之名举办的全国性博览会，其主要策划者为时任浙江省主席的国民党元老张静江和时任建设厅厅长程振钧。是会虽然在一定程度上模仿了南洋劝业会，但无论就展品数量还是观众人数而言，都超过了南洋劝业会。为节省办会经费，同时宣传杭州和浙江，西湖博览会的会场选址和设计颇有创意。选址在风光绮丽的西子湖畔，依山傍水，因地制宜，将西湖名胜古刹与展馆巧妙地融为一体。西湖博览会主会场范围遍及里西湖四周，散布甚广，包括白堤、孤山、北山、宝石山麓与葛岭沿湖地区。其具体方位，“起自湖东北断桥与石塔儿头之交界处，至西泠桥凤林寺前而止；左以宝石山、葛岭为屏障，右以白堤断桥、锦带桥、西泠桥为羽卫。周围八华里弱，面积五华方里强”①。

与南洋劝业会几乎全部新建公共设施及展馆不同，西湖博览会会场建筑大多借用景区旧有建筑，仅门面重新设计装饰，完全新建的并不多。主要建筑群大体可分为三类：公务类、公共建筑类和陈列馆所类。公务类建筑系各办事机构的办公处所，基本借用原有房屋。公共建筑包括大门、大礼堂、纪念塔、商店、游戏场等，这些建筑则大多为新建。陈列馆包括八馆二所：八馆分别为革命纪念馆、博物馆、艺术馆、教育馆、农业馆、卫生馆、丝绸馆、工业馆；二所为特种陈列所、参考陈列所②。

从清末民初中国早期博览会会场规划和展馆设计来看，在西方和日

---

① 《会场设计》，《西湖博览会总报告书》，《中国早期博览会资料汇编》（五），全国图书馆文献缩微复制中心，2003 年版，第 420 页。如加上位于岳王庙的参考陈列所、位于道村的宴会厅及设于城内的招待所、旅馆等，西湖博览会的实际面积应更大，“故会场范围虽占里西湖全部，而实际上则已遍满杭城”。

② 《八馆二所》，《西湖博览会总报告书》第 1 章，《中国早期博览会资料汇编》（五），全国图书馆文献缩微复制中心，2003 年版，第 289～291 页。除八馆二所外，西湖博览会还设有三个专门陈列处：沪杭甬路局陈列处、交通部电信所陈列处、航空陈列处。

本博览会热潮影响下，中国自办博览会用比较短的时间实现了自身的“近代化”过程，开始融入以世博会为标志的早期国际化展览历史进程。这也是中国日益走向世界的标志之一。大体观之，这一时期中国博览会的会场规划和展馆建造具有如下特点和意义。

第一，意味着以博览会形式体现的近代超大型城市公共空间的产生。

中国古代城市历来有自身的传统公共空间，包括街道、庙会、集市、佛寺、道观、祠堂、会馆、公所、戏院、酒楼、茶馆等。近代以来，受西方影响，又有新型的公共空间产生，如图书馆、博物馆（院）、电影院、动物园（万牲园）、公园等。但这些新型城市空间的功能往往是单一的，要么注重于知识传播，要么注重于休闲娱乐，而博览会会场则是集物品展示、商品贸易、知识传播、娱乐活动于一体的超大型复合性城市公共空间，属前所未有之新事物。但凡举办博览会，“必先筑绝后空前之会所，四通八达之市场，荡心骇目，巍然焕然，乃足以受容中外与会之人与物，及中外观会应用之物”①。这在相对封闭、孤立的传统农业社会，是难以想象的。如南洋劝业会会场给人的观感是“区域甚广，各馆甚多，一入其中，恒苦茫无适从”②。

有研究者认为，某种意义上，南洋劝业会可被视为“官方有意识地创造的一个公共空间，这个空间试图容纳存在着灭种危机的所有中国人，包括汉人，也包括东三省的满人，这是已经超越了‘同乡’‘宗教’所形成的新的共同体，这是国民（nation）的概念初始形态”。博览会正好扮演了这种“想象的共同体”成长的“有形空间”③。劝业会相关文献中有关“国民”的概念和提法随处可见，该会实际上已被视作针对

---

① 《论今日宜急开内国赛会以兴工商》，《东方杂志》1908年第5期，第25页。

② “《南洋劝业会场图》广告”，《中国早期博览会资料汇编》（二），全国图书馆文献缩微复制中心，2003年版，第172页。

③ 徐苏斌、青木信夫：《南洋劝业会与近代城市空间的创出》，张复合：《中国近代建筑研究与保护》（六），清华大学出版社，2008年版，第650页。

所有中国国民的全国性博览会，是为全体国民提供的公共空间，“为工商之广告场，国民之大学校”①。博览会无形中变成了吸引并凝聚“国民”的平台与纽带，促进了近代国家意识的成长。

作为近代城市中超大型复合性公共空间，劝业会、博览会最大的特征之一，便是其人流（观众）的容纳量远超过去所有形式的传统公共空间，绝非旧式庙会、花会、集市所能及。如武汉劝业奖进会举办的45天中，参观人数达20余万，平均每天约5000人②；南洋劝业会在所举办的半年期间，参观人数达到30余万，每天参观人数平均为1700左右③；西湖博览会举办的128天中，参观总人数累计有“二千万之多”④，排除重复统计人数，实际参观人数估计为200万—300万人。博览会参观人数之众，所涉及的各阶层人群之广，所产生的社会集聚效应之大，以往均无法企及。

第二，在建筑形式上，博览会会场和展馆具有“似曾相识”“中西合璧”的特点，体现了从传统到现代的转型、过渡。

近代中国社会是一个过渡型社会，在西方文化影响下，传统社会正在发生急剧的分化与转型，中与西、新与旧相互纠缠，“道出于二”的现象十分普遍⑤。作为新生事物，各种劝业会、博览会也正好具有这种新旧杂陈的特征，虽目之为“新”，但仍又带有几分“旧”；虽视之为“洋”，但骨子里又透着“中”，总使人感觉“似曾相识”。

最早期的博览会，如成都商业劝工会、天津劝工会等，因系直接借用旧式花会、庙会的场地举办，往往给人以不伦不类、不中不西的奇特

---

① 《南洋劝业会观会指南弁言》，南洋劝业会：《观会指南》，南洋劝业会事务所，1910年版，第1页。

② 张廷海：《奏办武汉劝业奖进会一览》，上海经武公司，1910年版，第249页。

③ 王树槐：《中国现代化的区域研究——江苏省（1860—1916）》，台北“中央研究院”近代史研究所，1984年版，第430页。此参观总人数尚须作进一步的考证。

④ 《参观团体及人数》，《西湖博览会总报告书》，《中国早期博览会资料汇编》（五），全国图书馆文献缩微复制中心，2003年版，第365～367页。

⑤ 关于“道出于二”与近代中国新旧中西的纠缠，参见罗志田：《道出于二：过渡时代的新旧之争》，“自序”，北京师范大学出版社，2014年版，第1～17页。

观感，自然不足为奇。即便如最接近西方博览会模式的南洋劝业会和西湖博览会，其中西合璧的特征也非常突出。

南洋劝业会公共建筑和展馆设计风格多样，既有中式，也有西式，还有中西合璧式，但总体而言，仿西式更多①。如会场大门系中式红木牌楼，高三丈余，上书“南洋劝业会”五个金黄大字，两旁“龙旗招展”。大门前按中国旧习扎有松柏牌楼，称“松枝门”，但形状上则仿法国凯旋门式，以壮观瞻。公议厅为会议场所，仿美式，能容纳两千余人，厅内外置电灯八百余盏。纪念塔系中西合璧式，高 91 英尺，有 104 级台阶，内置电梯，可直达最顶层。教育馆、工艺馆、武备馆、机械馆均为仿德国式，美术馆为仿罗马式，卫生馆为仿意大利式，水族馆为仿荷兰式，通运馆为仿美国式，第一参考馆为仿英国式，第二参考馆为仿法国式，农业馆外部为洋式、内部为中式。地方馆中京畿馆、江西馆、浙江馆为洋式，暨南馆为仿南洋群岛式，其余则多为中式，颇类似于一座“万国建筑”博物馆②。

同南洋劝业会中心场馆主要由西人在上海开设的建筑事务所设计不同③，西湖博览会场馆建筑的设计者主要是刘既漂（1901—1992）等由欧洲归国的杭州国立艺术院的教师。作为留欧派艺术家，他们所追求的艺术目标是“调和中西艺术”“创造时代艺术”，因此，在西湖博览会的场馆设计中，兼容中西的“中西调和”成为主流设计思路，中西合璧的“美术建筑”风格则成为西湖博览会建筑的主要风格。例如，西湖博览会大门设计便是“中西调和”的典型。该大门设计者为刘既漂与李宗侃（1901—1972），大门内立面以传统的中华牌坊作为入口装饰，借以体现

① 这同 1905 年以前由海关办理的历次国际博览会中国场馆设计，为吸引外国参观者，一般都采用地道的中国式建筑风格截然不同。

② 《各馆暨各重要之建设》，南洋劝业会：《观会指南》，南洋劝业会事务所，1910 年版，第 51～55 页。关于南洋劝业会建馆思路大多仿效日本，在《南洋劝业会说略》中，已有清晰的说明：“最近所开之东京劝业会，其正门采巴黎之凯旋门式，各馆则采德意英法式，其可法者。”（南洋劝业会：《观会指南》，南洋劝业会事务所，1910 年版，第 107 页）

③ 据上引徐苏斌和青木信夫的研究，南洋劝业会场馆建筑主要是由 B. Atkinson 和工部局技师 A. Dallas 在上海设立的通和建筑事务所（Civil Engineer&Architect）所设计。

中国传统文化，大门正立面则完全采用法国“装饰艺术”的风格，讲究体块的组合与主题的呈现，类似于巴黎凯旋门。这种内面中式、外面西式的奇特组合多少显得有些生硬，但却凸显了“中西调和”的艺术主张，也体现了当时的时代精神。此外，各场馆入口处也多由刘既漂设计，同样体现了法国“装饰艺术”的主导风格，但又并非机械照搬，而是作了较多本土化尝试，基本上仍是“中体西用”“中西合璧”①。

第三，作为新型城市空间，博览会会场带动了周边城市公共设施的发展，扩大了近代城市公共空间范围，起到了“建造市面”的作用。

曾担任南洋劝业会帮办的向瑞琨对博览会带动城市经济和市政发展的功效作过较为全面的概括，他指出：“凡经博览会闭会以后，该地方每因之发达。美国芝加哥博览会以后，而该市之高架铁路、电车因之而设，荒芜一变而为通衢，人口遽增至六十万。美术协会、博物馆等，建筑一新，工场之烟囱增二倍，商业之资本增数倍。美国圣路易博览会以后，该市之道路、自来水、消防术等均大有进步。其铁路直增数线，而银行、旅馆增设尤多。”② 由此可见，博览会作为新型城市空间，其功效不仅在于会场本身的巨大容纳性，而且还带动了其他城市空间的扩张，塑造了城市新面貌。譬如，南洋劝业会的宗旨之一，便是“建造南京市面”，这一目的，经过努力在很大程度上得到了实现。除公共建筑和展馆而外，许多服务于劝业会的市政设施和娱乐场所也同时建立起来，如商店、邮政局、电报局、电话厅、医院、消防局、巡警局、劝业银行、保险公司、公共厕所、劝业场、自来水站、电影院、游戏场、动物园等。为了方便交通，还专门修建了宽敞的劝业路，增开了专门的公共汽车，铺设了直达会场的轻便铁路，使南京城北一带，“另辟新市，

① 费文明：《1929年西湖博览会设计研究》，南京艺术学院硕士学位论文，2007年，第18页；青木信夫：《建筑家刘既漂与中国“新建筑”的诞生：从巴黎万国博览会到西湖博览会》，佐野真由子：《万国博览会与人类的历史》，思文阁出版社，2015年版，第199～200页。

② 向瑞琨：《论南洋劝业会之影响》，《中国实业杂志》1914年第1期，第113页。

俨然有欧洲特立之市场风焉”①。有人将南洋劝业会同国外博览会相比较后，认为，“论其阔大，虽日本之第三次博览会尚不能及，论其繁盛，亦可与欧洲之地方博览会相颉颃”②。

西湖博览会因利用西湖布局，对杭州城市建设整体带动效应有限，但对西湖风景区和周边地区的设施建设仍具有极大促进作用，推动了民国时期杭州旅游和文化事业的发展。博览会召开期间，不仅建造了西湖博览会纪念塔、西湖博览会桥、大礼堂等标志性建筑，还配合博览会宣扬的国民革命精神，修建了陈英士纪念塔、北伐将士纪念塔等建筑物，成为民国时期杭州滨湖一带颇具特色的新景观，使“西湖面目，焕然一新”。孤山轻便铁路、葛岭公路、博览会桥和各种商场、旅馆、游乐场的修建，不仅极大方便了观众参观，而且改善了西湖周边的旅游设施③。会后利用西湖博览会留下的建筑和展品所建立的西湖博物馆、浙江经济图书馆、杭州电厂用户娱乐电影院等，则成为新的文化和娱乐设施，长期留存，拓展了新的城市公共空间④。

由此可见，博览会的展示空间与城市公共空间及市政建设是联为一体的，是近现代城市公共空间得以拓展的重要渠道，也是各种新式建筑设计、建造的试验场，极大地促进了城市自身的现代化进程。

二、物以类聚：展品征集、分类与陈列

对举办博览会而言，修建会场与展馆，只能算是前期和基础性的工作，只是为“聚物”——安置众多的展品（出品）提供了必不可少的空

① 《调查第一：中国调查录：调查劝业会会务纪略》，《东方杂志》1910年第2期，第14页。

② 《会场之大观》，南洋劝业会：《观会指南》，南洋劝业会事务所，1910年版，第48页。

③ 徐旭东：《西湖博览会筹备之经过》，《东方杂志》1929年第10期，第45～49页。

④ 《留遗之贡献》，《西湖博览会总报告书》第8章，《中国早期博览会资料汇编》（五），全国图书馆文献缩微复制中心，2003年版，第861～862页。

间和场所①。如果说会场、展馆乃是“聚物之所”与“纳物之器”，那么，展品则是博览会的实质之“物”。“赛会之建筑，特别之建筑也，集天下之财力、物品于一场。”② 展品始终是博览会聚焦的中心，是展会的灵魂。能否搜集、展陈大量好的展品，则是一届博览会能否成功举办的关键所在。

而要搜集到大量好的展品供展出，首先是要制订科学、完备的展品征集目录，正确分类，按图索骥。众多杂乱无章的物品，只有通过适当分类才能谈得上搜集和展览，也才能赋予自然存在的物品以展品的典型性、代表性意涵。物品分类的意义由此而凸显。“博览会开设的目的，就是在征集各种物品，分类陈列，供人纵览参考。”③ 近代中国博览会的展品分类，固然主要是受西方和日本博览会展品分类法的影响（详后），但因展出的主要是中国物品，因此也多少继承了古代中国物品分类传统。如陈琪所指出：“夫赛会之设，萃本邦之物品，列异域之珍奇，精校其良楛巧拙，以劝商励工，兴教进化，与周官司市所谓平市征续，诵训所谓观事知俗者，义实符合。又举凡百新发明之学艺，以示国子弟，上稽邃古文明之迹，下逮红棕黑诸族蒙犷之俗，生畜之繁，咸陈之一隅，以资其考察，激动其国人竞胜之思想。”④

对“本邦之物品”“邃古文明之迹”，中华文化传统中历来有其条分归类之旧法。作为有几千年历史的农业文明国家，中国历史上有关农作物分类和农业生产的农书数量最多，其中，南北朝时贾思勰的《齐民要

① 近代中国博览会中一般称展品为出品、赛品、陈列品，后期也有称展品者，但更多是称为出品（尤其在展品的征集阶段）。根据现有习惯，本文除引用史料外，一般称展品，但与出品含义基本相同，可互换。

② 《附刊劝业会说略》，南洋劝业会：《观会指南》，南洋劝业会事务所，1910年版，第106页。

③ 《西湖博览会之概况及其作用》，《西湖博览会总报告书》，《中国早期博览会资料汇编》（五），全国图书馆文献缩微复制中心，2003年版，第597页。

④ 《江宁公园办事处为创办博览会上南洋大臣端方禀》，章开沅等：《苏州商会档案丛编》（第1辑），华中师范大学出版社，1991年版，第385页。

术》（约538年）是现存最早且最完备的综合性农书，共十卷九十二篇，涉及农林牧副渔各个方面。其次是记载中草药分类及药性的医药书，尤以明代李时珍的《本草纲目》（1596年）最为著名，该书事实上是中国古代植物学与动物学分类集大成之作①。较之农书和医书，中国历史上关于传统工艺之书，相对较少，但也并非完全乏善可陈，其中最具代表性的综合工艺之书，二是成书于春秋战国时期的《考工记》，一是明代宋应星所著《天工开物》（1637年）。在中国产品与工艺技术分类史上，《天工开物》更具有特殊的意义，可视之为中国历史上产品与工艺综合分类的开山之作。该书将中国古代工农业产品及工艺分列为18个部门，分门别类详述各种产品的性质、用途及工艺技术②。

不难想见，当近代博览会组织者们对神州大地上“天覆地载，物数号万”③ 的物品进行分类征集和展陈时，古人所遗《本草纲目》《天工开物》等著作中“凡有相关，靡不备采”的博物思想，“物以类从，目随纲举”“以部为纲，以类为目”的分类思想④，势必对之产生影响。如成都第一次商业劝工会展品就被粗略分成两大类：“首天产，次制造”。“天产门”包括农业类、植物类、动物类、天然类（矿物等）四类；“制造门”则分为教育类、手工类、纺织类、美术类、杂货类、饮食类、游戏类共七类。除教育类外，大都沿用传统的分类办法再行细分⑤。

另以武汉劝业奖进会展品征集为例，其改订章程规定，“凡在本省出产及在本省地方贩卖之天产、制作、采取各品，无论卖品与非卖品，

---

① 《本草纲目》在分类上遵循“以部为纲，以类为目”的原则，将1892种药物分为水、火、土、金石、草、谷、菜、果、木、服器、虫、鳞、介、禽、兽、人16部，共60类。参见唐明邦：《本草纲目导读》，中国国际广播出版社，2011年版，第12～16页。

② 宋应星著，钟广言注释：《天工开物》，中华书局，1978年版；薮内清等著，章熊、吴杰译：《天工开物研究论文集》，商务印书馆，1961年版，第15页。

③ 宋应星著，钟广言注释：《天工开物》，中华书局，1978年版；薮内清等著，章熊、吴杰译：《天工开物研究论文集》，商务印书馆，1961年版，第1页。

④ 唐明邦：《本草纲目导读》，中国国际广播出版社，2011年版，第3、12页。

⑤ 《商场贸易表例》，《四川成都第一次商业劝工会调查表》，第26～27页。

均得为出品。惟不得以外国物产为出品"[①]。而后制定的《武汉劝业奖进会出品规则》，则明确规定将展品划分为天产品、工艺品、美术品、教育品、古物品五大部类进行征集。天产品即"凡可以供本国及外国之饮食或制造之原料者"，包括农产类、树艺类、蚕桑类、水产类、药材类、矿产类、狩猎类；工艺品则为"凡由人工或机器制成，足供人生之用者"，包括染织类、服装类、陶瓷类、髹漆类、琉璃珐琅类、五金类、玉石类、牙角类、鞣革类、竹木类、笺扇类、化学制造类；美术品为"凡基于美学以自我发挥其意匠技能者"，包括绣织类、绘画类、雕塑类、锻冶类（镶镀器等）、陶烧类（紫砂壶等工艺品）、手工编织类；教育品为"凡以教育为目的而与实业相关系者"，包括教育用品类、理化器械类、图书类、成绩类、标本模型类；古物品为"凡足以供历史及美术之研究者"，包括金类（钟鼎、刀剑、古币、古镜、印章等）、石类（古玉、石碑、古砖瓦、古砚等）、陶瓷类、书画类、杂物类[②]。其中，美术品和古物品的分类主要仰仗中国古时传统的分类方法，教育品则更多采用了西式的分类方法。

而到举办全国性博览会（如南洋劝业会、1928 年中华国货展览会和西湖博览会）时，展品分类则一改过去相对粗疏的传统分类方法，更多参照了西方和日本博览会的分类方法[③]，更趋正规化和国际化，分类本身也变得更为系统、细致。这从南洋劝业会和西湖博览会的展品分类目录可以看得十分清楚。

根据南洋劝业会事务所开列的《出品分类细目》，全部展品共分为 24 部，90 门，444 类（见表 2）。

---

① 张廷海：《奏办武汉劝业奖进会一览》，上海经武公司，1909 年版，第 7 页。

② 张廷海：《奏办武汉劝业奖进会一览》，上海经武公司，1909 年版，第 19～24 页。

③ 西方博览会的展品分类方法有其自身的发展过程，大体上是从按物件性质分类，过渡到更为系统地按物品的生产领域和来源划分为不同的部类，并逐渐同国别和地域区分相结合。

表 2　南洋劝业会出品分类细目

部	门		类
教育部	最初教育、学校教育、社会教育	3门	16类
图书部	图书、报帖、装订	3门	6类
科学学艺器械部	科学用器、测定器	2门	16类
经济部	普通事业、交通事业、金融事业、保险事业、商业公共机关、劳动政策	6门	26类
交通部	轮船模型、车辆及其模型、交通器具	3门	14类
采矿冶金部	采矿机械及方法、矿物种类、冶金机械及方法、冶金制品	4门	27类
化学工业部	化学制品、烧窑品	2门	19类
土木及建筑工业部	水利工事、交通工事、卫生工事、教育工事、公众工事、杂工事、作业机具	7门	32类
染织工业部	染法及其用具、织物	2门	10类
制作工业部	家具、服装、头饰、文具、杂用品	5门	25类
机械部	原动力、传动及附属品、补助机械	3门	30类
电气部	电灯、电车、电报德律风、各种应用电气	4门	14类
农桑部	农事改良、植物类、动物、肥料、农产制品之器械器具	5门	37类
丝业及蚕桑部	丝业、制丝、出口丝检查、（原缺）、树桑	5门	15类
茶业部	茶商、制茶、出口茶检查	3门	8类
园艺部	庭院点缀、栽植品、栽植装置及其方法	3门	9类
林业部	林业之经营、林产品、林业器具	3门	13类
狩猎部	狩猎制品、狩获品、狩猎器械、猎装	4门	13类
水产部	渔业、水产制品、养殖	3门	17类
饮食品部	茶食、面粉、酒（附调味品）、蜜渍（附酱醉品）	4门	15类
美术部	绘画、雕刻嵌镶、铸塑、美术工艺品、美术手工品	5门	23类

续表

部	门		类
卫生及医药（附救济）部	卫生研究、体育、医学、慈善组织	4门	16类
陆海军及其用具与战品部	分为陆军、海军、经理、战品、军事卫生	5门	33类
统计部	各种统计、各种表式	2门	10类

资料来源：《南洋劝业会出品分类细目》，《东方杂志》第6年第12期，1910年1月6日，“章程”，第31～45页。

如果将南洋劝业会的出品分类目录与同时期的日本1903年大阪博览会和美国1904年圣路易斯博览会出品目录作一比较（见表3），可发现其展品大类划分十分接近，不同者主要是南洋劝业会针对中国情况所制订的丝业、茶业、饮食、军事、统计等项目的分类。

表3　南洋劝业会与日本大阪博览会、美国圣路易斯博览会出品目录大类比较表

名称	出品类别
1910年南洋劝业会	教育、卫生及医学附救济、美术、经济、林业、园艺、水产、机械、电气、采矿冶金、制作工业、化学工业、染织工业、图书、交通、科学学艺器械、土木及建筑工业、农桑、丝业及蚕桑、茶业、狩猎、饮食品、陆海军及其用具与战品、统计
1903年日本大阪劝业博览会	教育、学术、卫生及经济，美术及美术工艺，林业，农业及园艺，水产，机器，采矿及冶金，制作工业，化学工业，染织工业
1904年美国圣路易斯博览会	教育、社会经济学、美术、农业、鱼类之狩猎、林业、园艺、心艺、机械、电气、矿冶及冶金学、制造品、图书、运搬法、体育

资料来源：《南洋劝业会出品分类细目》，《东方杂志》第6卷第12期，1910年1月6日，“章程”，第31～45页；第5回内国劝业博览会协替会：《出赛录》，裕隣馆编辑局：《大阪博览会便览》，裕隣馆，1903年，第3～25页；《美国圣路易斯博览会出品部类目录》，《艺书通辑》卷一，光绪癸卯第一号（1903年2月12日），第35～37页。

1929年西湖博览会的展品分类更是体现了新的时代特征和更为明

显的中国特色。根据西湖博览会筹委会最初制定的《征集出品细则》，规定出品范围“以国货为限，出品人以有中华民国国籍者为限”，出品须具有如下条件之一：“现为国际贸易品及将来可为国际贸易品者”；“在国内推销甚广者”；“有足供参考及改良者”；“对历史上学说上有足贡献者”①。出品征集共分十二大类，其后为扩大博览会范围，又制定了外国参考品的征集范围，分为两大类：机器类与原料类（见表4）。

表4　西湖博览会征集出品分类表

类别	细目
染织工业类	棉、丝、麻、毛、草等原料与织就之布、绸、缎、纱、绉、绢、绡、葛、呢、绒、毯、草席等织物编物及染色印花物品等
工艺品类	工艺制造品如竹、木、藤、漆、陶瓷、绣料等器物及衣服、权度、钟表等
机电工业类	各种机器工具电气电料等
化学工业类	天产物经化学作用而制成之品如化妆品、肥皂、火柴、油漆、颜料、烛、纸、碱、毛革、橡皮制品
矿产品	各种矿产原料等
医药用品类	医用标本、器械、药物、药材等
教育用品类	文具、标本、仪器、印刷机件、打字机、油墨及运动用品等
文艺品类	文艺著作、书籍、字画、雕刻、泥塑、碑帖、刺绣、照相、影片、铜板、玻璃板、古玩、玩具、音乐用具等
农产类	谷类、蔬类、果类、花草、茧、棉、麻、毛、木材、藤、竹、烟类、蜜蜡等
饮食制品类	经加工制成之饮食品如茶、果露、汽水、果脯、油、盐、酱、醋、酒、糖、味精、腊味、海味及罐头食品等
动物类	鸟兽、水产、昆虫等

① 《西湖博览会征集出品细则》，《中国早期博览会资料汇编》（七），全国图书馆文献缩微复制中心，2003年版，第530～531页。

续表

类别	细目	
革命纪念品类	革命纪念品、革命宣传品、摄影、烈士遗物及其他足供景仰者	
外国参考品	机器类	毛纺、毛织、丝织、棉织、染色、电力、电信、原动力、汽车、电车、火车、制碱、印刷、炼钢、制纸、制革等 35 类机器
	原料类	染料、建筑材料、电料、化学肥料、医药原料及其他原料

资料来源：《征品规程》，《西湖博览会总报告书》第 3 章，《中国早期博览会资料汇编》（五），第 385～386 页。

综合南洋劝业会和西湖博览会的展品分类目录，可以看出，同西方普通国际博览会的分类方法已大体趋于一致，“天产品”“古物品”等名称在正规展品分类目录中一般已不再使用，普通农作物、植物、古玩、字画等已不再是展品征集重点，而工艺品、机器制品、化学品、农产加工品等能体现实业发展和国货现状的展品则成了征集和陈列的重点。西湖博览会还顺应当时政治时势，专门强调了“革命纪念品”的收集和展出。博览会展品征集、陈列分类目录的变化，亦从一个侧面折射出时代及社会观念的变迁。

值得注意的是，清末民初，国内所举办的博览会与赴海外参加国际博览会在展品征集内容上也有很大不同，前者往往重在展示中国的“变化”和“新奇”，后者则往往重在展示中国的“古老”“独特”“国粹”。有学者曾对晚清中国参与的多次国际博览会的展品作过初步统计，发现从 1851 年到 1910 年近 60 年时间里，中国展品几乎没有什么变化，基本上是以反映“农业中国”和“传统中国”的物品为主。大致可分为农牧渔及其副产品、矿产品及其初级制品、手工艺制品、文物和体现中国风俗的物品（如服饰、祭器、刑具、烟具、婚嫁丧葬用品、各类建筑模型等）五大类。参展频率较高的展品主要是丝绸、绣货、茶、瓷器、景泰蓝、象牙器、玉器、竹器、古董，得奖的也大多是这类展品，近代机器及其制品则几乎没有①。

追溯造成这种展出格局的原因，一是近代中国因本身落后，根本就没有多少可以拿得出手的先进机器制品到国际博览会上展览，通常“物件悉遵华式，专为手工制作，无一借力机器”②。而更主要的原因，则是晚清中国参与国际博览会事务权长期为洋人主导的海关所把持，以赫德为首的海关洋员太过注重展示中国的“国粹”，有时甚至不分良莠，只要“新奇”就好。对此，1873 年由海关第一次正式办理出洋赛会即维也纳博览会时，便有人尖锐地批评道，派赫德等洋员办赛“似徒供西人之玩视，而无济中国之利益”③。

在拟定出分类合理、切合适用的展品征集目录后，如何按图索骥，真正搜集到好的展品，更是一项耗时费力的大工程，需要依靠庞大的组织机构与广泛的社会动员。展品征集流程涉及展品分类（目录）、挑选、审验、包装、运输、登记、（按类）陈列等环节，极其纷繁复杂。

南洋劝业会的展品征集主要依托物产会、出品协会、协赞会、商品陈列所、商会等官民合办的庞大组织系统来进行，涉及的社会面十分广泛。物产会主要在两江地区（江苏、江西、安徽）所属各府州设立，共有镇江、通海、苏州、江宁、徐州、徽州等 39 个物产会，其任务是先在本地征集土特产品举办展览，然后再择优运往南洋劝业会赴赛④。两江以外其他各省及南洋群岛诸埠则分别设立出品协会协助征集出品，这样的出品协会共有 18 个，其功能与物产会相似⑤。为了协助征集、运

① 洪振强：《民族主义与近代中国博览会事业（1851—1937）》，社会科学文献出版社，2017 年版，第 78～80 页；赵祐志：《跃上国际舞台：清季中国参加万国博览会之研究（1866—1911）》，马敏：《博览会与近代中国》，华中师范大学出版社，2010 年版，第 56～57 页。

② 李圭：《环游地球新录》，湖南人民出版社，1980 年版，第 9 页。

③ 《记奥国格物会院事》，《申报》，1873 年 7 月 30 日，第 1 版。

④ 《南洋劝业会事务所详订各属物产会简章》，《中国早期博览会资料汇编》（一），全国图书馆文献缩微复制中心，2003 年版，第 277～279 页。

⑤ 南洋劝业会日本出品协会：《南京博览会各省出品调查书》，东亚同文会调查编纂部，1912 年版，第 27 页。

输出品，又成立了包括官员和地方绅商在内的协赞会，设于江宁（即南京）的协赞总会下辖 18 个地方协赞会①。正是在这些社会组织的协助下，南洋劝业会征集到约 10 万件展品（一说为 100 万件）②，保证了此次博览会的如期举办。

西湖博览会同样依托一个庞大的组织网络进行展品征集与运输，“对于征集出品，视为先急之务”。主要有四个途径：一是“函电征求”，由浙江省政府函电中央党部、政府各院部、各地方党部和政府，请求协助征集出品，同时函电各学校、社会团体、各厂商，如有特殊物品均可作为展品提供；二是“分会征求”，浙江省的 75 个县均成立了筹备分会，负责征集出品，其他省份的一些城市和南洋等地的华侨也纷纷成立了筹备分会和出品委员会，负责当地出品征集；三是“派员征求”，委派专人共分八路前往各地征集出品；四是由各陈列馆所视所需情况自行征集③。最终西湖博览会总共征集到了 147604 件出品，为历届国内博览会之最④。

如果将南洋劝业会与西湖博览会展品征集组织系统作一比较，可看出：南洋劝业会主要是地方绅商在其中起主导作用，“官商合办”的色彩较浓；西湖博览会则主要是浙江省地方政府官员在其中起主导作用，“官办民助”的色彩更浓。

在征集到大量展品之后，如何根据展品性质再度分类归属、有序布展，既是博物学的主题之一，也是办好博览会的重要环节。近代博览会区别于以往庙会、集市的重要特征之一，便是既有物流和人流的大规模

---

① 《南洋劝业会记事第二》，《东方杂志》1909 年第 4 期，第 49 页。

② 《奏开会礼成办理情形折》，《商务官报》1910 年第 12 期；《奏南洋劝业会审查事竣分列给奖并办理情形折》，《商务官报》1910 年第 24 期。100 万余件应系对物产会出品征集数的估计，10 万余件则系劝业会结束时对各馆展品的综合统计，“综计各馆物品不下十万余件”。因此，共有 10 余万件展品应较为可信。

③ 《征求方法》，《西湖博览会总报告书》，《中国早期博览会资料汇编》（五），全国图书馆文献缩微复制中心，2003 年版，第 383～384 页。

④ 《出品统计》，《西湖博览会总报告书》，《中国早期博览会资料汇编》（五），全国图书馆文献缩微复制中心，2003 年版，第 389 页。

集中，又有依办会者的思路和物品特性进行的分类分区陈列，供众人观览。“近代博览会的意义，是在搜集各种物产而陈列于一定的会所，彼此对照，由当事者审查其优劣，优者则加以奖励提倡。”①

博览会展馆布置和展品陈列如何才能获得最佳效果，内中大有讲究。好的布展，“必使陈列品一望即明，又必使陈列者有尽其心思、材力之余地”②。因此，除展览场馆的建筑样式、装修和采光等均需极为讲究外，陈列品如何分类摆放得当，能够吸引观众，也得事先仔细研究，“世界愈进步，则出品之分类及陈列益趋于专门”③。中国早期出洋参加世博会或自行举办博览会，时常为人所诟病的，便是布展极不得法，陈列水平太低。

中国早期博览会的展馆布置和展品陈列，到 1910 年举办南洋劝业会时已有所改进。作为首次全国性博览会，南洋劝业会展馆既有按展品类别划分的专业性展馆（如教育馆等），又有按省属划分的地方性展馆，还有专门展出外国出品的参考馆，类别划分上清晰完善，有利于最大限度地分类展出全部出品。展品陈列上，各馆水平参差不齐，如浙江馆“占地虽小，出品甚富，惟陈列不甚得法耳”④。河南馆“馆屋不甚宽宏……而各部地位互有错杂，征集亦未见丰富，玻璃厨〔橱〕太低，俯而观之，殊觉困乏”⑤。山陕馆（山西和陕西合用之馆），“建筑为中式楼屋五间，惟楼上为办事处”，地方既狭促，展品陈列“不分部，亦不分类”，颇不得法⑥。京畿馆陈列“莫不得优美二字之旨，亦莫不得奢侈

① 武堉干：《近代博览会事业与中国》，《东方杂志》1929 年第 10 期，第 12 页。

② 《附刊劝业会说略》，南洋劝业会：《观会指南》，南洋劝业会事务所，1910 年版，第 106 页。

③ 《附刊劝业会说略》，南洋劝业会：《观会指南》，南洋劝业会事务所，1910 年版，第 105 页。

④ 冥飞：《浙江馆》，《南洋劝业会游记》，《中国早期博览会资料汇编》（二），全国图书馆文献缩微复制中心，2003 年版，第 59 页。

⑤ 我一：《河南馆》，《南洋劝业会游记》，《中国早期博览会资料汇编》（二），全国图书馆文献缩微复制中心，2003 年版，第 57 页。

⑥ 我一：《山陕馆》，《南洋劝业会游记》，《中国早期博览会资料汇编》（二），全国图书馆文献缩微复制中心，2003 年版，第 56 页。

二字之旨”，展品中“装饰品居大部，而寻常日用之普通品，殊不多见。此非所以提倡工艺之道也”①。湖北和直隶的展品陈列则获得一致好评，“陈列布置各省不同，而真能得法者尚少。湖北馆布置最称得法，而直隶馆则分部清晰”②。这两省在展品陈列上所取得的进步，显然同先前举办武汉劝业奖进会和天津劝工会的经历不无关系。

在展品陈列上，西湖博览会并没有像南洋劝业会那样设专门的地方馆，而是将全部出品按照性质的不同，分别陈列于八馆、二所及三处之中，展馆布局相对简明、集中。虽然展馆大多借用旧有建筑，但在出品陈列上却很下功夫，十分注重细节。如特种陈列所，系借用坚匏别墅、大佛寺、留余草堂三大建筑而成，“规模雄伟，亭阁结构，颇为精巧而曲折”。其中浙江省建设厅陈列室，“所陈列之物品井井有条……分门别类，无美不备，观众必能满意也”③。丝绸馆馆址系借用地藏殿建筑，再加建花园、跳舞厅等，“均经匠心建筑，故堂皇富丽”。陈列室分为丝茧、绸缎、服饰、统计四个部门，另设各丝绸公所及丝绸厂商特别陈列室13间：“陈列出品，搜罗宏富，以省区分”；“搜罗各省丝茧之精华，萃于一室，分类签注，阅者了然”；“室内陈列布置，务求整齐美观”④。工业馆“负山面湖，地位极佳”，展品陈列分置四大分馆，每一分馆又划分为若干区，“各依出品性质而类聚”，“均系精美”。全馆布置，则“无不合于艺术化。各陈列室均不雷同，更足见本馆之独具匠心也”⑤。

“万物皆知识。”⑥ 知识则来源于对物质的抽象和分类。科学分类是

---

① 我一：《京畿馆》，《南洋劝业会游记》，《中国早期博览会资料汇编》（二），全国图书馆文献缩微复制中心，2003年版，第52页。

② 《宋寿恒报告书》，《南洋劝业会研究会报告书》，部乙（内编），上海中国图书公司，1913年版，第129页。

③ 《特种陈列所》，《西湖博览会总报告书》，《中国早期博览会资料汇编》（五），全国图书馆文献缩微复制中心，2003年版，第576～577页。

④ 《丝绸馆》，《西湖博览会总报告书》，《中国早期博览会资料汇编》（五），全国图书馆文献缩微复制中心，2003年版，第543～545页。

⑤ 《工业馆》，《西湖博览会总报告书》，《中国早期博览会资料汇编》（五），全国图书馆文献缩微复制中心，2003年版，第567～568页。

⑥ 袁剑：《分类、博物学与中国空间》，《读书》2018年第5期，第131页。

近代博物学的基础，只有通过系统的归纳与分类，我们对万物的认识才能由繁而简、由粗而细，逐渐变得清晰化和条理化，从而把握万物的特质。分类在人类认识物质世界中所起的关键作用，不言而喻。博览会上，从自然“物品”到“展品”的演化，正是通过人为的分类、组合与评鉴来实现的。

如果说，展品征集目录的意义在于使人们能按图索骥，收集到所需的展品，那么，近代博览会上分门别类的展品陈列，则使人们对中国当时的物产情况有了一个整体性的认识，建立起了有关“物质”中国的知识图景和认知框架。过去，老说中国地大物博，天朝出产丰盈，无所不有，但到底有些什么，却从来没有弄清，或仅处于一知半解状态。通过博览会上展出的物品，人们方有机会直观了解中国物产的构成，填补了这方面的知识空缺。正因为如此，南洋劝业会闭幕后，设于上海英租界的日本展品协会立即着手编辑出版了一部《南京博览会各省展品调查书》，长达1425页，被誉为“出有凭据的清国物产志”[1]。由张謇、黄守孚等人牵头汇编的一厚册《南洋劝业会研究会报告书》[2]，也不啻是一本集中反映晚清物品状况的物产志和工艺报告书（详后）。显然，博览会的展品分类收集和展出，无意中起到了调查和摸清中国物产家底的作用。

沿时间轴线，博览会上的展品分类已隐含有新旧之分。所谓“新”，往往是指那些能够体现工业时代进步的新式机器制品，如电器、机械、化工产品等；所谓“旧”，即在古代农业中国习为常见的稻、黍、麦、茶等农产品，以及丝绸、瓷器、银器、木器、漆器、象牙器、景泰器等传统工艺品。博览会展品的新与旧，又不仅仅限于物质实体的新与旧，它所反映的，实质上是不同历史时代和空间对物质世界认知方式与知识体系的不同。新器往往与“新知”相联系，“新知”包含了人类自地理大发现和工业革命以来突飞猛进的知识体系的增长，以及对物质世界日

① 野泽丰：《辛亥革命与产业问题——1910年的南洋劝业会与日、美实业团的访华》，马敏：《博览会与近代中国》，华中师范大学出版社，2010年版，第324页。

② 《南洋劝业会研究会报告书》未具名，但张謇时任该研究会发起人、总干事，黄守孚被推举为“本会报告书总编辑员”，因此，由二人牵头汇编报告书当属无疑。

新月异的新认识、新发明。这些，在由《天工开物》《本草纲目》等所代表的中国传统物品分类体系中已不能容纳，需要新的分类系统和认知体系来重新整合、归类与解释。伴随新的物品分类系统产生的，恰好是近现代科学知识体系的转型和初步形成。

近代博览会中展品的分省搜集与展出，还加深了人们对中国物产分布的“地方性”“区域性”认知。“赛会之为物，即合一地方或一国之技艺及农工商品，次第陈列，以供公众之观览。借以表示一国或一地方之生产力与技能”①。从各地展出的不同展品，人们看到的地方差异性往往大于同质性，在物质的世界中，并没有一个单一的“中国”；来自不同省份的展品，在展出过程中，既凸显了各省的省际地域差异，促进了各省之间的竞争意识，但与此同时，也为如何建设一个物质上更加“统一”的中国，指明了目标。这就是孙中山曾经讲过的，要做到“人能尽其才，地能尽其利，物能尽其用，货能畅其流”②。通过展品陈列、比赛与竞争，不断提升人们对物质世界的认识与利用，促进物质资源和社会财富的极大丰富。

三、格物致知：展品研究与物品的改良、进化

在博览事业中，展陈、观摩、研究、审查和评奖，构成一个完整博览会不可或缺的重要环节和要素。其中，展陈和观摩属于博览会最基本的传播功能，其对象是广大的参观者，体现了博览会的大众性；对展品所进行的研究和评审，则往往是小众的精英行为，能够将博览会中的知识交流和传播活动提升到更高的水平，体现了博览会在促进工艺改良和科技进步上的实效性，属于更高层次的博览活动。

严格来讲，展品的研究和评审属于不同的范畴，“审查者，就陈列

① 《附刊劝业会说略》，南洋劝业会：《观会指南》，南洋劝业会事务所，1910 年版，第 86 页。

② 孙中山：《上李鸿章书》，《孙中山选集》（上卷），人民出版社，1956 年版，第 7 页。

品之优劣而区别之，予以鼓励耳。研究则应发挥其固有之长，而谋异日改良进步之方法”①。审查的目的是评出等次，对展品予以奖励，扩大参展者和获奖品的社会声誉及品牌效益；研究则重在以“格物致知”②的精神，通过对展品进行细致的比较和分析，使出品人知其出品之长处与短处，共谋改进之策，同时使参观者明了展品的特质与功用，激发其进一步了解的兴趣。时人在论述南洋劝业会的劝业功能时指出：“南洋劝业会糜数十百万之金钱，沥数千万人之血汗，搜集十数行省天产、人造之方物于七百亩之广场，将仅以供百八十日之游观已乎？夫劝业云者，将以劝百业之进步也。”而要使百业进步，便需组织大规模的研究，弄清“工质优劣之何在？改良方法之何如？”③

南洋劝业会的展品研究主要由以张謇为首的东南绅商组成的南洋劝业会研究会进行，“集合同志，就南洋劝业会出品，研究其工质之优劣与改良之方法，导其进步。冀合劝业之真旨，收赛会之实效”④。西湖博览会则设立了专门陈列品研究会，分设革命纪念品、博物品、艺术品、农业品、教育品、卫生品、丝绸品、工业品、特种陈列品、参考陈列品十个部，各部又分成若干研究小组，对展品“或推究其学理，或化验其品质”，“别类分门，无不详尽”，然后形成研究报告，公开发布⑤。

综合南洋劝业会和西湖博览会展品研究成果，我们可对晚清和民国早期中国的物产情况和工艺发展状况获致较为全面的认识，了解当时种种改良产品的建议和动向，从而形成一幅立体、动态的近代物质文化变迁图景。

---

① 《庄俞、蒋维高报告书（教育馆研究意见书）》，《南洋劝业会研究会报告书》，部乙（内编），第81页。

② 对“格物致知”，历来有不同的诠释，这里取较为流行的南宋朱熹的释义：“格，至也。物，犹事也。穷至事物之理，欲其极处无不到也”，即“透彻研究事物而获致知识、道理”，参见朱熹著，陈戌国标点：《四书集注》，岳麓书社，1988年版，第6页。

③ 《通告各团体书》，《南洋劝业会研究会报告书》，部甲（首编），第5～6页。

④ 《简章》，《南洋劝业会研究会报告书》，部甲（首编），第9页。

⑤ 《研究及审查》，《西湖博览会总报告书》（第3章），《中国早期博览会资料汇编》（五），全国图书馆文献缩微复制中心，2003年版，第403～405页。

（一）天产品与人造物：物品总体印象

博览会系万物的大聚会，“劝业幕开，森罗万物，实吾人物品视察之一大宝窟”①。根据上述不完全统计，南洋劝业会展品实际可能有10余万件，西湖博览会展品大致为15万件，这已经能够反映出近代中国物产和工艺的基本面貌。尽管南洋劝业会和西湖博览会在其正式出品分类目录中已不再使用天产品、人造物的旧式分类，但在实际操作中（包括展品征集及研究过程中的分类），“天产”与“人造”二词的使用仍然十分普遍，当可视作时人对中国物品最为习惯和最为基本的定性与区分。如陈琪认为，“谋国者先求经济之发达。于何求之？求之于天产，求之于人工！天产与人工合，则实业昌而经济裕；天产与人工离，则实业窳而经济涸”②。

所谓天产品，主要是天然生成之品，或仅经过初级加工的农产品、矿产品等，是作为农业国的中国物产的主流。两大博览会上所展出的农产品有豆、麦、米、粟、稷、盐、菜油、药材、棉花、烟叶、蚕茧、茶叶、瓜果、种子、木材、鱼类标本、海产标本、各类白酒、葡萄酒、土酒、狸皮、鹿茸、野鸭绒等。这些农产品均为人们日常生活所需之物，展示了各地的土特产。“农业为民食所攸关，吾国之特产出品繁多，为他馆冠”③。另一种主要的天产品是矿产品，除常见的煤、铜、铁、铅、锑、锌、金、银、锡、锰、石棉等矿物标本外，博览会上展出的还有水晶、紫晶、大理石、石乳、翡翠等罕见之物。西湖博览会还详细列出了全国矿产的分布情况、产量以及进出口贸易状况，使人们对中国矿业现

① 《孙观澜报告书（稻、棉之研究）》，《南洋劝业会研究会报告书》，部乙（内编），第243页。

② 《南洋劝业会新事务所开所陈观察兰薰演说辞》，陈渔光等：《陈琪文集》，江苏文艺出版社，2012年版，第407页。

③ 《孙观澜报告书（稻、棉之研究）》，《南洋劝业会研究会报告书》，部乙（内编），第243页。

状一目了然。

所谓人造物，则是经过人为加工制造的产品，包括各种手工艺品、机械品、染织品、交通运输工具、建筑技术等。这类展品体现了中国民间能工巧匠们巧夺天工的精湛技艺和创造智慧，“参观（南洋劝业会）各馆，见各省出品无美不收，且各有特别之点”，“有长于天产者，有长于制造者，而制造之中又有长于人工者，长于机器者”①。表 5 所列是南洋劝业会下属物产会征集展品时天产品与工艺品（即人造物）所涉及的主要内容。

表 5　物产会中天产品与工艺品主要内容

	分类	具体内容
天产品	农业部	五谷、园蔬、树艺、储藏、器具、肥料、水利、益虫害虫标本
	蚕桑部	茧、丝、桑种标本、蚕种标本、器具、场室模型
	水产部	鳞鬐、介甲、两栖、腔囊、植物、储藏、器具、舟船模型
	药材部	植物、动物、金石、制合器具、储藏器具
	矿采部	五金、石炭、杂矿、采矿器具、炼冶器具、山场模型
	狩猎部	皮革、牙角、毛羽、器械、各种标本
工艺品	染织部	漂染、机织、机器、场舍模型
	服装部	衣服、冠履、带配、陈设、装饰、各种制造之器具
	陶磁（瓷）部	陶器、磁（瓷）器、土器、制造器具、窑厂模型
	髹漆部	雕填、磨甸、彩绘、八宝、器具、工场模型
	琉璃、珐琅部	琉璃、珐琅、景泰蓝、荡磁（瓷）
	竹木、笺扇部	竹器、木器、藤器、柳条器、竹簧器、笺纸、扇、画纸
	玉石部	玉器、石器、器具、工场模型
	牙角、鞣革部	牙器、角器、骨器、马尾器、牛革器、马革器、羊革器、鹿革器

资料来源：《南洋劝业会事务所详订各属物产会简章》，《中国早期博览会资料

① 《宋寿恒报告书》，《南洋劝业会研究会报告书》，部乙（内编），第 128 页。

汇编》(一)，第277～278页。

总体而言，无论是在南洋劝业会还是西湖博览会上，对中国展品最突出的印象，便是天产品远多于人造物，陈列“大抵以天产品胜”①。有人在参观南洋劝业会后，对陈列物品的总体情况评价不高，认为“此次南洋劝业会陈列之物，虽形形色色，无虑数千万种，然多系我国固有之物，绝少发明仿造之品，且华丽装饰之品多，朴素应用之物少”。作者还进一步议论道，此次劝业会的陈列物品可概括为：“一、我国物品土产多而人造少；二、人造之物又以徒供装饰无关使用者为多。有此二弊，土货所以日敝，洋货所以日盛，而我国实业界遂成江河日下之势。”② 一些地方馆所陈列的物品，“非特人造之物不多见，即天产者亦寥寥无几”③。

到西湖博览会召开之时，人造物虽仍以手工制品为主，但机器制造品已有很大进步，“虽陈列品物，不能与外货同其精美，然与二十余年前之南洋劝业会比，则确已有惊人之进步矣”④，由此折射出中国早期工业化的进步历程。

（二）传统物品之工艺改良

丝绸、茶叶、瓷器、景泰器以及各种精巧的手工艺品，历来是中国物品中历史最为悠久、制作最为精良的国粹，在历次中外博览会上也获奖最多，广受赞誉。随着时光推移，中国老是以这类物品在博览会上制胜，也开始引起有识之士的担心。他们的担心主要有二：一是除这些传统的优势物品外，中国还有什么新物或新器能够展示于世人？二是西方和日本的类似产品进步迅速，中国的优势正在丧失。典型如瓷器制造，

① 《南洋劝业会游记》，《中国早期博览会资料汇编》(二)，第62页。

② 《对于南洋劝业会之评论》，《申报》，1910年11月7日，第1张第2版。

③ 《对于南洋劝业会之评论》(续)，《申报》，1910年11月8日，第1张第2版。

④ 《工业馆特刊发刊词》，《西湖博览会总报告书》，《中国早期博览会资料汇编》(五)，全国图书馆文献缩微复制中心，2003年版，第623页。

“法国细磁异常精美，丹马着色，莹润罕俦。日本所制为值最廉……销场能过我者，或绘事见长，或着色干净，或式样崇新，均能趋人之好尚也”①。

在南洋劝业会上，劝业会研究会的研究，对改良我国传统优势物品及其工艺提出了许多切合实际的建议：一是要比较借鉴，互取所长。如有人从染色、织工、货身、花样、用途等多方面比较南京生产的宁缎和杭州生产的杭缎后，认为两种产品各有所长，建议“互相观摩，益求精善。宁人于朴实之中修饰其外观，杭人于华美之外坚韧其体质”②。也有人通过“中国绣品与他国绣品之比较”，指出，“吾国之绣品在地球上虽向占优胜之地位，而一经比较，逊色实多。倘长此不变，人进我退，而不消灭者未有之也”③。二是要从技术和制度方面综合施策。如有关丝织品的改良，有人提出，对内之策，“莫如设丝织物竞技会，以较其技术；立丝业研究所，以齐其原料；设染色竞进会，以新其色彩；采用各国良机，以省人工；设织工教练所，以推广新机；设染织学校，以冀发明；设丝织物标本所，集各国之丝织标本，以广师资；设共同贩卖所，以利推行”。而对外之策，“则以派遣留学生为第一义”，“次之则派商务调查于各国”，“次之则设贩卖所于各国”④。有关棉织品的改良，有人指出：“夫吾中国纺织一道，由来久矣，数千年拘守陈法，毫无新奇，所出之布恶劣异常；棉纱之粗，门面之仄，极不适于服御，亦不适于缝纫”，改良之法，应采用机器织布，“机器之纺织固手工所万不能及，而既适于缝纫，又足以美观。”⑤ 有关河南钧瓷改良，有人指陈，

---

① 《清驻意大利大臣黄诰为抄送随员李鸿宾报米兰赛会各节致外务部咨呈》（光绪三十二年十月二十九日），第《光绪三十二年中国参加意大利米兰赛会史料》（下），郭慧：《历史档案》2006 年第 4 期，第 16 页。

② 《江瘦生宁缎与杭缎之比较》，《南洋劝业会研究会报告书》，部丁（外编），第 8 页。

③ 《杨夏报告书（刺绣论）》，《南洋劝业会研究会报告书》，部乙（内编），第 334～344 页。

④ 《黄守孚报告书》，《南洋劝业会研究会报告书》，部乙（内编），第 121 页。

⑤ 《汪肇祥报告书（研究工艺意见）》，《南洋劝业会研究会报告书》，部乙（内编），第 140 页。

"且今之钧磁，不特不及古之钧磁制坯、制釉，而形式亦且过于粗笨，其不能适用于今日可知也"，改良办法建议为"复古之制法，翻新之式样"，即在制法上要采用古法，但在样式和形制设计上则要出新、出奇①。而茶叶销路出现锐减，其原因则在于"采摘时不能一律""碾揉不能洁净" "装潢不能美观" "销路不能直接"等，需要逐一研究解决②。

到西湖博览会召开时，中国传统产业所存在的问题似并未解决，有的甚至更趋严重。如丝绸业，"近年来，丝业固有一蹶不振之势，而绸业亦一落千丈，大有不能维持之概"，究其原因，主要在于"出品不良"，而出品不良的主要原因，又在于"墨守陈法，机械不精"。为此，西湖博览会丝绸馆的丝茧陈列，"除样茧、样丝外，几全部为机械之陈列"，"借以纠正目下丝茧业器械不精，出品不良之缺点"，"知所改良，知所增进者"③。有人在研究工业馆纤维部出品后指出，我国染织品缺点颇多：(1) 对于所染物之用途，无适当之调整。(2) 对于染料之选择，无精密之审查。(3) 染时手续太不完备。因此，必须加强对染色工艺的科学管理，"即勿只顾一时之利益，须日日从事深密之研究，以促进中国染色工业"④。

(三) 西艺、西技的参考与引进

在工业化、现代化潮流的冲击下，物质世界与商品贸易的中西之隔早已被打破，中西器物的杂处、交流成为常态。博览会恰好为中西器物的交流与互鉴提供了绝好的场所。无论是南洋劝业会还是西湖博览会，

---

① 《吴维炎报告书（研究各别馆意见）》，《南洋劝业会研究会报告书》，部乙（内编），第137页。

② 《陆溁茶业讲演》，《南洋劝业会研究会报告书》，部乙（内编），第2～3页。

③ 杨荫溥：《西湖博览会与吾国之丝绸业》，《东方杂志》1929年第10期，第63～76页。

④ 陈承弼：《中国今日之染色工业》，《西湖博览会总报告书·工业品研究报告》，《中国早期博览会资料汇编》（七），全国图书馆文献缩微复制中心，2003年版，第335～336页。

均设有外国参考馆以观摩、借鉴西方的工艺与技术。

南洋劝业会设有两个外国参考馆。第一参考馆分德国、美国两部；第二参考馆分英国、日本两部。这四国出品大多为旅沪外商所提供，其中又数德国展品最优，其“陈列之动目，说明之切要，出品之精美适用，不惟吾国梦想所不及，抑亦驾英美日三国而上之，贸易日盛，国力日隆，有以哉!”①

西湖博览会专设参考陈列所展出外国出品，分原料与机器两大部类。尽管各国出品数量不多，但能够反映工业化最新成果的展品却为数不少，如展厅进口处陈列的飞机模型，展示了航空业的最新发展，“举凡机械之构造，轮轴之转动，原理无不显露无遗”。引擎的展出也十分引人瞩目，由德国西门子公司特建的引擎间，“陈列最新式七十五马力之引擎，附以孟阿斯洋行之马达，日常开动，用油极省，而拖带灯头可二千余只”。其余展品包括各式电器机械，如电炉、电扇、电话、接线机、印字机、起重机等，也有自行车、收音机等各种日用生活品，“最新收音机能听沪宁音乐及新闻行市，按时发音，极能博得参观人之赞美”。尤其令人惊叹的是，天井正中还陈列了一台新式的风力发电机，“高入云霄，不需人工燃料，借风力而发电，可供给灯头二百余盏，构造新颖，极合乡镇之用”②。

从外国展品看，20 世纪初物质世界最大的变化，便是工业化已开始进入电气化时代，“二十世纪之世界，一电气世界也。故发明日新，而用途亦广，其效能之伟大，实有至足惊人者”③。电气化已深刻影响普通人的日常生活，成为日渐普及的生活手段，“欧西初利用煤气燃力时代，见者已骇为新奇。自安迪生研究电力，发明各种机械后，举凡日

① 冥飞：《参考馆》，《南洋劝业会游记》，《中国早期博览会资料汇编》（二），全国图书馆文献缩微复制中心，2003 年版，第 80 页。

② 《参考陈列所》，《西湖博览会总报告书》，《中国早期博览会资料汇编》（五），全国图书馆文献缩微复制中心，2003 年版，第 588～589 页。

③ 《电务》，《西湖博览会总报告书》，《中国早期博览会资料汇编》（五），全国图书馆文献缩微复制中心，2003 年版，第 435 页。

用品物，几无不可利用电气，若电话、电灯、电报、无线电等，更为交通要具，为人生切要之需”①。

同西方展出品相比较，中国工业品尤其是机器制品就逊色多了，参观者常常自愧不如，不得不承认中国“机械制造尚在萌芽时代耳”②。即使到西湖博览会举办时期，同西方工业国相比，中国工业的差距仍然是巨大的，“吾国科学及工业之幼稚，在今日已成为不可讳之事实。……溯自五口通商以来，外人均以工业品竞相输入，而吾国人民既不能自造，且竞相购买。以至民间日用之需，几以外货为主，而号称地大物博之中华，竟为外货销售之场所”③。西湖博览会上展出的我国日用工业品，也是“手工制占十之八九，间有机器，多模仿西式，能创造式样者少”，从而缺乏竞争力，“国外销数甚微，不能与外货竞争”④。

尽管差距巨大，但通过自晚清以来不断引进西方的工艺和技术，中国工业还是获得了不小的进步，尚有可圈可点之处。南洋劝业会机械馆陈列的一些机器物品，便反映了中国在机械工业上的进步。如天津劝业铁工厂所造水龙、印刷机器、火柴机器、汽机，上海求新铁厂所造榨油机等，“虽系仿造，实属精良”。汉阳铁厂陈列的该厂所造钢铁、铁道、铁板、铁条、生铁等，都是“自行锻炼”，“成绩颇为可观”⑤。又如汉冶萍公司萍乡煤矿从国外引进的新式电机，“备电车头多部，拖运煤车，双轨交驰，络绎不绝。虽日出生煤至五六千吨之多，其发电力尽可尽数畅通”。该矿所采用的西式炼焦炉，系自行建造，“一切仿造西法，有过之无不及也”⑥。上海江南制造局所生产用于轧钢的大型汽机，“占地甚

① 《西湖博览会参考陈列所参观指南》，《中国早期博览会资料汇编》（四），全国图书馆文献缩微复制中心，2003 年版，第 556 页。

② 《李训恩报告书》，《南洋劝业会研究会报告书》，部乙（内编），第 139 页。

③ 《参考陈列所》，《西湖博览会总报告书》，《中国早期博览会资料汇编》（五），全国图书馆文献缩微复制中心，2003 年版，第 587 页。

④ 周梅阁：《振兴小工业之伟大希望》，《西湖博览会总报告书·工业品研究报告》，《中国早期博览会资料汇编》（七），全国图书馆文献缩微复制中心，2003 年版，第 366 页。

⑤ 《天津铁工研究会会长刘辅臣报告书〈铁工〉》，《南洋劝业会研究会报告书》，部乙（内编），第 165～166 页。

⑥ 《汉冶萍有限公司江西萍乡煤矿说明书》（节录），《南洋劝业会研究会报告书》，部丙（外编），第 11、15 页。

大”，“用途较广”，既供该局各厂使用，同时还“行销于华洋官商各厂坞”①。西湖博览会上展出的工业制品就更多了，工业馆机械部陈列的展品有纺织机械、电器机械、印刷机械、发动机等，“与十年前中国之制造业相较，则进步之速，可堪自慰”②。

如上述博览会展品所展示，通过参考、模仿西方工艺和技术，中国稚嫩的现代工业已开始逐步从仿造走上自造之路，“设厂造物，理应从由仿造入手，久而久之，心性灵活，创造自出，将来质料亦不购买于外洋，尤为至要”③。近代中国纺织业所使用机械的变化，足可证明此点。20世纪初，中国的纺织机械大多“纺绩部分采用英产，织造部分采用日产”。此后，随着机械工业日渐发展，所造纺织机械，“虽仍不脱模仿窠臼，但亦有足观者。如三星棉铁厂之毛巾机，中国铁工厂之横式摇纡机，都已到恰好地步。大隆铁工厂之布机，寰球铁工厂之中口提花机，亦为织造界所乐用者”④。

（四）国货、科普与观众：物之升华

展品研究其实是一个十分广泛的概念，不仅是对物品和工艺本身的描述、分析，还涉及物品背后的政治符号、知识抽象、观众体验等一系列复杂因素。博览会上的现代“格物致知”，在更深层次上，恰恰是要揭示“物品”自身的进化史，可视为“物之升华”：从“自然之物”到“展品”“国货”“品牌”，形成一条知识抽象、转型之链。

首先，譬如“国货”概念本身，便是一系列知识抽象、转型的结

---

① 《江南制造局汽机说明书》，《南洋劝业会研究会报告书》，部丙（外编），第25页。

② 顾毓秀：《机器组普通研究报告》，《西湖博览会总报告书·工业品研究报告》，《中国早期博览会资料汇编》（七），全国图书馆文献缩微复制中心，2003年版，第248页。

③ 《天津铁工研究会会长刘辅臣报告书（铁工）》，《南洋劝业会研究会报告书》，部乙（内编），第166页。

④ 刘戛鸣：《西湖博览会工业馆纤维工业部之鸟瞰》，《西湖博览会总报告书·工业品研究报告》，《中国早期博览会资料汇编》（七），全国图书馆文献缩微复制中心，2003年版，第330页。

果，博览会则在其中起到了推动该概念形成的作用。南洋劝业会时期，因受“商战”思想的影响，已开始强调劝业会、博览会在国与国商业竞争中的作用，但尚未使用“国货”一词，更多使用的是“土货”一词，认为劝业会可起到抵制外货（洋货），发展本国土货的作用。到民国建立后，民族国家意识空前增强，博览会事业中“国”的观念也更加明晰，“国货”的概念开始流行，各种“国货展览会”也随之不断举办①。

到底什么是国货？很长时间内国货概念并不清晰，有各种各样的定义。直到 1928 年 9 月，国民政府工商部方正式公布了《中国国货暂定标准》，明确定义了国货的四项原则：一是资本，股本必须全属国人；二是经营，经济权、营业权、管理权应属国人；三是原料，应充分采用国产原料；四是工作，应充分雇用本国工人。根据这四项原则，又将国货分为六等，分别制定了具体标准②。但真正执行起来，可以说是困难重重，极不易把握，作为折中，把外国在华经营的工厂，雇用中国工人、采用中国原料所制造的产品称为“参国货”。于是，有了洋货（外货）、国货、参国货三类物品的划分。

尽管国货的概念并不清晰，但并不妨碍 1929 年西湖博览会实质上成了一次国货大会，成为当时国货运动的重头戏。西湖博览会明确规定，所征集的出品，除外国参考馆外，必须一律是“国货”。国货的定义也变得相对简单，规定，“出品以国货为限，出品人以有中华民国国籍者为限”，突出了国货的关键在于“国人经营”，即经营主权在我。但同时又规定，作为展品的国货应有“很广的销路”，“有供参考和改良的价值”③。在经济及政治内涵基础上，又为国货添加了“品牌”的内涵。一些本属各省穷乡僻壤的地方物品，也因被标上“国货”而一跃成为国

① 马敏、洪振强：《民国时期国货展览会研究：1910—1930》，《华中师范大学学报》（人文社会科学版）2009 年第 4 期，第 69～83 页。

② 《工商部为中国国货暂定标准致国民政府呈》，中国第二历史档案馆：《中华民国史档案资料汇编》第 5 辑第 1 编，“财政经济”（八），江苏古籍出版社，1994 年版，第 742～744 页。

③ 《西湖博览会征集出品细则》，《中国早期博览会资料汇编》（七），全国图书馆文献缩微复制中心，2003 年版，第 530～531 页。

家品牌①。

其次，博览会上，物品自身的内涵往往又经过科学的抽象而更趋丰富，科普教育成为“格物”的利器。

南洋劝业会和西湖博览会将展品范围从实物性展品扩充到范围更广的文化、教育展品，是有其考量的，这就是要向大众进行科学普及工作，将科技知识变为更为广博的大众知识，“人民常识之深浅，关乎一国盛衰甚大”②。对科技知识在近代工业发展中的重要作用，人们已有清晰的认识：“中国的出产物，向来很多……可是永远的故步自封，纯靠着传统的人力方法来制造，而不向科学方面研究，所以逐渐的淘汰……至于他们（外国）能够后来居上、喧宾夺主的原因，也就是科学的力量，能利用基本工业的所赐。”③

在南洋劝业会上，人们已经意识到，科技与实业教育的缺乏正是中国实业落后的深层次原因。有人论述教育与工艺的关系，指出，“教育者何？造人而已，造之使有人格而已，故教育家与工艺家一也。工艺家造物，而教育家造人。工艺家日取新法新理以造物，则物质日进于文明；教育家日取新法新理以造人，则精神日进于文明”④。南洋劝业会教育馆陈列的各种科学教学仪器颇多，如物理器械即有50余种，涉及力学、声学、热学、电磁等各领域⑤。此外，还有“苏州农业中学堂动植物标本，及各种机械图。又江南高等学堂之双摆电动器滑车及各种制作；又某君发明不用镜之照相。或仿造发明，皆有可观”⑥。这些所陈

---

① 葛凯：《制造中国：消费文化与民族国家的创建》，北京大学出版社，2016年版，第219页。

② 叶曾骏：《吾人对于博览会应有之认识》，《西湖博览会日刊》，1929年6月11日，第1版。

③ 《西湖博览会参考陈列所参观指南》，《中国早期博览会资料汇编》（四），全国图书馆文献缩微复制中心，2003年版，第549页。

④ 《柳翼谋演稿（社会的人类教育）》，《南洋劝业会研究会报告书》，部乙（内编），第16～18页。

⑤ 我一：《教育馆》，《中国早期博览会资料汇编》（二），全国图书馆文献缩微复制中心，2003年版，第26页。

⑥ 李文权：《南京博览会各馆游记》，《中国实业杂志》1914年第1期，第180页。

列的物品标本和仪器，在普及科学知识上起到了直观的媒介作用。南洋劝业会还设有工业演说大会，发表了有关工业发达历史与前途、工业与农业的关系、各种科学发明等主题演讲，直接对观众进行实业和科学普及教育。

西湖博览会的实业和科普教育形式则更为多种多样，也更加注意吸引一般民众参与。如工业馆，征集了各国货工厂所生产的精美出品，分门别类，详加说明，“使观众得以增加重视工业之心理、工业之常识”。为培养观众对机械的兴趣，还专门于第二分馆平台上设立自动售货机械，“应用科学，运转自如”，“来宾领略无线电放音，而极目四望，天然图画，尤使观众流连不忍去”①。如农业馆，“征求农业优美之出品，罗列农业改良之方法”②。为普及农业机械知识，还特地安装了抽水机进行现场演示，对于农作物的种植、各种病虫害的防治、新式农具的使用，都有详细介绍。“农民来会参观，颇可增进农业智识。种植方法，亦可借以改进。”③ 如卫生馆，“以宣传卫生为唯一宗旨”，征集各种有关卫生出品，“矫正不合卫生习惯，则有各项实质模型，以供展览；人生日常之行动，则有各种图表，以资比较”。此外，“如育儿之常识、生产之指南、食物之化验、药物之应用，莫不详细陈列，以为生命之保障”④。在会场演讲方面，邀请诸多名人来宣讲科学和其他各方面的新知，如邀请戴季陶、王正廷、蔡元培、蒋梦麟、马叙伦等先后来会场作了有关政治、经济、文化、科学等项专题报告，每次听众都在数千人以上。为此，有人称西湖博览会为“社会一般人的大学”⑤，做到了“实

---

① 《工业馆》，《西湖博览会总报告书》，《中国早期博览会资料汇编》（五），全国图书馆文献缩微复制中心，2003 年版，第 566、568 页。

② 《农业馆》，《西湖博览会总报告书》，《中国早期博览会资料汇编》（五），全国图书馆文献缩微复制中心，2003 年版，第 513 页。

③ 《农业馆将试演抽水机》，《西湖博览会日刊》，1929 年 6 月 20 日，第 1 版。

④ 《卫生馆》，《西湖博览会总报告书》，《中国早期博览会资料汇编》（五），全国图书馆文献缩微复制中心，2003 年版，第 531 页。

⑤ 《商务印书馆宣传日》，《西湖博览会总报告书》，《中国早期博览会资料汇编》（五），全国图书馆文献缩微复制中心，2003 年版，第 708 页。

寓教育于无形，其功效之巨，亦倍于学校”①。

最后，对物品特性的认知和科普工作，是在讲解者、观众和物品三方的互动中完成的。陈琪曾言：“筹备开会，责在职员；开会以后，效在观众。”② 观展中参观者的主动性尤为重要，再好的物品和工艺，如缺乏观众的体验和感悟，便无法转化为普通民众的知识，亦达不到举办博览会的目的。为此，西湖博览会上有人倡导“科学化”参观法：“凡到一馆一部，先作大体之观察，然后逐一审视，稔知某省某业某种之主要出品，与其特殊之点，提出研讨之。”③ 也有人提出，看博览会，不能光看热闹，“要活看，不要死看，要纵看横看，不要仅是一隅之看。不仅要看陈列处，还要看他售品所和商场。不仅看着实物的展览，还要看他活动的写真和工作的实验”④。为了便于观众反馈意见和建议，西湖博览会各馆还设置有意见箱，或备有意见簿，“俾可随时容纳中外人士批评”⑤。

以上种种，均反映出博览会举办者欲通过观展培养国人科学观念的苦心。对物品的观察仅仅是第一步，更重要的，是要在观展中提升民众的整体科学素养，使物质层面的知识，上升为科学层面的知识，达致更高层次的“格物致知”：“古人言治国平天下，先致其知。凡兹图表、模型、册籍，俾一般社会群众一目了然，实为求知之利器。今而后，以比较而有竞争，由竞争而得进步。所谓振兴国产，发扬文化，得于最短期间，各竭其心思才力，而呈厥效焉。西湖博览会光明伟大之目的，于以达到。”⑥

---

① 叶曾骏：《吾人对于博览会应有之认识》，《西湖博览会日刊》，1929 年 6 月 11 日，第 1 版。

② 《读〈东方杂志〉本会号》，《西湖博览会日刊》，1929 年 8 月 24 日，第 1 版。

③ 森庠：《科学化的参观谈》，《西湖博览会日刊》，1929 年 6 月 17 日，第 2 版。

④ 天然：《看博览会以后》，《申报》，1929 年 6 月 26 日，第 5 张第 19 版。

⑤ 《本会将设置批评信柜》，《西湖博览会日刊》，1929 年 6 月 19 日，第 1 版。

⑥ 魏颂唐：《特种陈列所特刊发刊词》，《西湖博览会总报告书》，《中国早期博览会资料汇编》（五），全国图书馆文献缩微复制中心，2003 年版，第 626 页。

四、结语

综上所述，形形色色的博览会与近代中国物质文化变迁之间有着极为密切的关联，它们构成人们近距离观察百年间中国人日常生活发展演变的最佳窗口。同时，又是汇聚、传播物质进步相关知识的巨大平台，以实物和工艺的尺子丈量出中国早期现代化的艰难步履。

博览会的诸要素：展馆、展品、分类、陈列、研究、评奖和推广，在物质世界的自然状态与有用状态之间架设了一座桥梁，使“自然之物”成为“有用之物”，使“身外之物”成为“为我所用之物”，使“小众之物”成为“大众之物”，使“私人之物”成为“社会之物”，最终促成了“物”之转化与“物”之升华，也促进了中国近代知识体系的整体转型。

“格物致知”的过程，既是新知的逐渐累积，也是思维方式的不断更新。就博览会而言，知识体系的形成更多源于对物品（展品）日趋精细的分类和观察；认知体系的转型则往往产生于对物品（展品）的研究、比较与科学的抽象，带有更多理性认知的色彩。前者多是知识的量的累积，后者则牵涉国人思维方式的改变。即如何从擅长东方式的整体性、模糊性思维向西方式的解构性、精确性思维转型；如何从对万物的习惯性“笼统归类”向现代科学的“精确归类”转型。较之于知识体系，认知方式的近代转型似更为缓慢。简言之，从近代博览会上展品及展陈方式的变化，我们可以清晰地观察到中国传统知识体系如何与西方传入的近代知识体系相接触、融合与转化；带有很大局限性的“地方知识”如何融入“全国知识”甚至“世界知识”；近代中国科学知识和认知体系的基本框架到底如何整合并最终形成。

“道寓于器。”物质文化与制度文化、思想文化的变迁虽不完全同步，但又相互勾连，相辅相成。从博览会上的器物演化史，大致可观察到近代中国制度演化和思想变迁的蛛丝马迹：从西器到西艺、西制的探索，因落后而产生的普遍焦虑，模仿与学习西方的强烈愿望，国家意识和主权意识的上升，民族主义的强化，近代民族国家特征的形成，从全盘西化向中国文化本位的回归，如此等等，在在皆是物质之“器”所载之“道”的演化，是物质背后隐藏的思想乃至政治。从南洋劝业会到西湖博览会，其间虽然只有短短近20年时间，但可以明显看到经过辛亥革命这场大的社会震荡之后，民初的中国社会从物质生活到政治文化和社会风尚都发生了很大的转移：尚新、趋新、革新已成为不可逆转的社会潮流；新的社会秩序正在构建；以民族建国为中心的“工业化”和“革命化”日益成为20世纪中国的主流叙事。素来重视经济发展的各式博览会，也概莫能外地打上了鲜明的时代印记，对“国货”和“国货运动”的热情持续升温，便是其显著标志。

正是在这一意义上，我们完全可从博览会这一崭新的视角，另辟蹊径，“问道于器”，更加深入地探讨近代中国物质文化变迁和知识转型的具体形式、路径及其广泛的社会影响。

[本文原刊于《近代史研究》2020年第5期]

中西文化交流史

韦卓民的基督教文化观

自冷战结束后，文明冲突的声浪又起，意识形态的对立逐渐淡化，取而代之的是宗教纷争、种族冲突，且每每演化成流血的国际争端或内战。有学者预言："新世界冲突的根源主要的将不是意识形态上或经济上的，人类的巨大分化以及冲突的支配性根源将是文化上的。……文明的冲突将主导全球政治。"① 面对新的一轮的文明冲突，我们是否有可能找到缩小或克服这种冲突的途径，是否还应当对人类文明的未来抱一种乐观态度？

信仰虔诚的著名基督教学者韦卓民先生，一直在对上述带有根本性的文化命题进行思想耕耘，并围绕基督教与中国文化相融通的中心线索，形成独具一格的宗教文化观。这种宗教文化观对中西文化的互动和融合问题进行比较冷静、客观的考察，在众说纷纭的文化融合论中，不失为一家之言。

一、生平及皈依基督的心路历程

韦卓民（Francis C. M. Wei，1888—1976），广东中山人，著名的基督教哲学家、神学家、教育家，曾长期担任位于武昌的教会大学——华中大学的校长。韦氏的家庭并不具备基督教背景，而是一个传统的商

① 亨廷顿：《文明的冲突》，《二十一世纪》（香港）1993年总第19期，第5页。

业世家。他7岁（1895年）入私塾，接受中国典籍的启蒙，打下了较为坚实的国学基础。1903年韦卓民随父到武汉，就读于美国基督教圣公会主办的文华书院（Boone School）“备馆”（中学部），1907年春升入文华“正馆”（大学部）。1911年韦卓民以优异的成绩毕业于文华大学，获文学学士学位，并留校任教，讲授数学和国文；与此同时，还兼读硕士研究生。1915年获文学硕士学位，其学位论文《孟子之政治思想》1916年由上海广学会出版。

1918年，为精研西学，韦卓民远渡重洋赴美国哈佛大学深造，师从哲学家霍金（Hocking）攻读西洋哲学史。韦卓民仅用一年时间即获哈佛大学硕士学位。次年（1920年），在已修满哲学博士学位全部必修课程的情况下，韦卓民决定提前回国，担任文华大学的哲学教授。1927年，他又赴英国留学，受业于伦敦大学哲学家霍普豪斯（Hobhouse）和牛津大学哲学家史曲特（Streeter）；其间短暂就读于柏林大学与巴黎神学院。1929年，韦卓民撰成博士学位论文《孔门伦理》，获伦敦大学博士学位，并于当年回国，出任重组后的华中大学校长。

两度游学海外，师从名师，使韦卓民的学识到了“学贯中西、炉火纯青”的境界。他对西洋哲学史、罗马神学、印度宗教均有精深的研究，并通晓英、法、德、俄、拉丁、西班牙等多种语言文字。坚实的国学基础，又使他对孔、孟、老、墨乃至佛学、道家的思想同样有着相当深入的研究。韦卓民在学术上并不舍本逐末，倾向西化，而是融会贯通东西方的学术思想，并提出自己精辟独到的见解，发表了大量的论文、著述和译著，以其渊博的学识而享誉海内外。据不完全统计，韦氏一生著述、译著达400余万字，已出版发行的有200余万字。

自1911年皈依基督之后，韦卓民在神学的研究与实践上，日形精进，卓然成家，在基督教神学界享有很高的威望。早在1922年，他便是中华全国基督教代表大会的代表。他曾应邀在伦敦基督教大学促进会第三届年会上演讲，还曾赴西敏寺、圣保罗大教堂等世界著名的礼拜堂讲道[①]。1937年至1938年，他曾出任耶鲁大学神学院伦理学客座教授。在此前后还曾出任芝加哥大学专座讲师、哥伦比亚大学比较哲学专座教授，并多次获得欧美一些大学授予的文学、人文学、民法学等荣誉博士。1945年抗日战争结束后，他又曾出任位于纽约的世界基督教协和神学院第一位鲁斯（Luce）客座教授。1946年他在Hewett基金会聘请之下，在波士顿圣公会神学院等地多次主讲。其Hewett讲座讲词，于1947年在美国发表，书名为《中国文化之精神》（*The Spirit of Chinese Culture*）。20世纪50年代初，他是中国基督教"三自"革新运动40位发起人之一，后来又被推选为全国基督教"三自"革新运动委员会领导人之一。

韦卓民皈依基督的道路，可以说是一名近代中国知识分子皈依基督教的典型道路。诚然，宗教首先是一个信仰问题，而不是一个学理问题，但韦卓民之所以走上信仰基督教、为主而献身的道路，乃经历过一番宗教信仰上的艰难、痛苦的心路探险旅程。

中国早期的基督教信徒，多因家庭的习染、熏陶而受洗入教。然而，韦卓民的家庭却全然不具备基督徒背景，相反，却是一尊奉正统儒学的"士商"之家。还在韦氏幼时，其父即训诫他必须勤于学，而不必措意于西洋宗教思想。因此，文华中学阶段的韦卓民虽极注重英文的修习，也经常参加学校的宗教仪式和经文诵读，但对基督教并未表现出特别的兴趣，用力最勤的，仍是中学。显然，晚清由张之洞明确提出的"中学为体，西学为用"的口号，对少年时代的韦卓民也产生过深刻影响。韦氏回忆道：

> 童年束发受学，服膺儒学，废除八股之后，才转习西学，以应时尚，潮流所趋，因应如此。[②]

1907年，韦卓民中学毕业，进入文华大学学习，但仍然不是一名

---

① 《韦校长六秩大庆纪盛》，《华中通讯》（卷3），第4期，第4页。

② 韦卓民：《基督教的基本信仰》，基督教辅侨出版社，1965年版，第1页。

基督徒。在文华大学期间，韦卓民接触到更多的基督教义，思想和信仰逐渐开始发生转变，但直到1911年从文华大学毕业时，他才正式受洗成为一名基督徒。韦氏回忆：

> 当时提倡西学，以教会所办的学堂为最先。故肄业于武昌文华书院，后改名为文华大学，由中学而大学，历时八载，朝夕得聆基督教的意义，参加教会的礼拜，限于校规，不得不尔，原非所愿。于是始而反抗，然以年幼，敢想不敢言。继而知识稍长，闻道愈多，乃将信而将疑，反求诸儒家典籍，渐渐觉得儒家伦理，许多是能与基督教并行不悖的。①

可见，韦氏之皈依基督，并不像一般来自基督教家庭的信徒或一般来自社会下层的信徒，系受家庭或传教士的影响（有时仅仅是对教会特权的向往），而更多地系受基督教文化本身的影响，是由自己成熟的心灵所作出的信仰抉择，是对人生和宇宙进行深入思考的理性思维的结果，其间已经经历了一系列的文化比较和痛苦的思想搏击。这种对基督的皈依具有较为坚实的信仰作为思想基础，是知识分子型的文化的皈依。始信也难，既信而弥坚。此种文化理解型的知识分子的信仰皈依，往往构成韦卓民一类知识分子能长期毫不动摇地坚持其宗教信仰的深层原因。1949年以后，虽历经无数次大大小小的政治运动，在“文化大革命”中也曾遭受冲击，但韦卓民的基督教宗教信仰却始终未曾改变。一如韦氏所述：

> 我的神学，是从各宗教的研究引导进去的。我研究各种宗教是由哲学而引端的，而我的哲学是以逻辑为典型而以伦理为归宿的。因为注重伦理，所以就研究社会科学，研究社会科学，又不得不注重历史。结果是我现在的宗教思想，以世界各种宗教演进的历史为背景，而认识基督教，以哲学为入门，然后得到基督教的神学。兜

① 韦卓民：《基督教的基本信仰》，基督教辅侨出版社，1965年版，第1页。

了许多圈子，还是回到原来教会的信仰，却是因兜了许多圈子的缘故，我对于基督教的神学愈加坚信不移。①

归结起来，韦卓民之皈依基督，在认识过程上大体经历了一个由哲学而宗教，由宗教而基督教神学的过程；在情感上则经历了一个始而抵触，继而怀疑，终则全身心信仰的过程；在宗教经验上也经历了一个初以科学和哲学之所得，去证明神学的合理和上帝的存在，继则彻悟基督教的上帝，绝非科学与哲理所能证明，"惟有跟随救主耶稣，本着过去二千年教会先进客观的经验，才能领略上帝对人的启示"②。

但是，韦卓民毕竟是在东西文化的交汇点上成长起来的。他虽然在信仰上皈依基督，但并未因之而忘情中国文化，而是一如既往地倾心于中国文化和宗教的研究。他于1915年撰成的硕士学位论文，恰是论述中国传统文化的正宗——孟子之政治思想③。这样，韦卓民的宗教信仰与其文化价值取向似乎呈现出某种背离。但在他的内心深处，就他中西兼通的深厚学养而言，却是要竭力避免这种背离。由此，在心理和学理上便构成了韦氏宗教文化观的根本出发点：在中西文化和宗教的融通综合中确立中国特色的基督教。

二、基督教与中国文化融通的可能性

作为杰出的基督教学者与教育家，韦卓民矢志不渝为之奋斗的一个目标，即是要让西方文化的最高体现——基督教根植于中国的土壤，使其在中国有活的生命。与强调文化的本质差异必然导致文明冲突的一派人不同，韦先生是从文化互动必然导致文化整合的理念来认识基督教之移入中国的。在他看来，中西文化的接触早晚会导致两种文化的融会贯

① 韦卓民：《基督教的基本信仰》，基督教辅侨出版社，1965年版，第1～2页。

② 韦卓民：《基督教的基本信仰》，基督教辅侨出版社，1965年版，第1～2页。

③ 韦卓民：《孟子的政治思想》，台北华中大学韦卓民纪念馆，1981年版，原著为英文，由万先法先生译成中文。

通，因此，基督教要在中国得到传播和发扬，一定要根植于中国文化精神之中，并对中国文化发生真正的影响。一种带有理想主义色彩的“文化综合论”构成韦氏宗教文化观的基本特点。

韦卓民首先对“文化”的含义作了新的厘定。“文化”一词，含义极其芜杂。韦卓民主张将文化定义为整体性的社会传统，并强调个体与此种社会传统的关系。简言之，也就是从社会个体与社会传统关系的角度来确立文化的内涵：

> 我们将此一词（文化）用来指个人拥有的社会传统，及经由个人一股心智精神将其表现于外的社会传统……它（文化）是将社会结合在一起的关连，是使人能与同胞交流的共同语言，是全体经验及社会价值储存、保全及传递的方法。①

正是文化的这种带有普遍意义的社会和精神属性，为不同文化间的融合提供了可能性。一如近代文化人类学所认为的，世界上各民族间的文化虽然有先进与落后的差别，但就其各自因民族历史、地理诸因素差异而形成的独特的整合机制或独立的文化体系而言，却无所谓孰优孰劣，都具有同等的交流价值。愈到近代，随着不同文化之间接触面的扩大，文化融合的趋向愈显明确和突出，甚至成为一种时尚、一种潮流。商埠的产生、留学生的出洋、外国书籍的翻译出版，都在不同程度上助长了东西方文化融合的大潮流，“这种（文化）融合的普遍定理也是无可避免的”。

文化的融合必然导致文化的改变。面对文化融合的大趋势，关键在于要有一种成熟民族的豁达大度的心态，认识到文化的改变并不一定危害到民族国家的生命，反而使其更显丰盛。韦卓民将此种健康的文化融合现象比之为有机体的新陈代谢：有机体须从其环境中吸取并同化一些要素，而只有在吸收并同化的过程不断进行的情形下，才可能有生命。

① 万先法等：《韦卓民博士教育文化宗教论文集》，台北华中大学韦卓民纪念馆，1980年版，第53页。

因此，就文化发展而言，吸收与同化较之于冲突与对抗似更具有积极的建设性意义：

我们的文化（目前所接触到的文化）是这种吸收、同化过程的产物。只要稍微研究一下，就可以发现其起源不同，就如历史古城南京，它的砖头来自各地，但这并未减少其坚固，反而增加了它的丰盛。①

文化的吸收与同化过程，又是在文化综合的基础上发生的。文化综合不是表面的贴贴补补的工作，也不是简单机械的融合，而是一种计划周密的、整体性的系统工程。“它意指我们须对我们要综合的文化有完整的分析，比较其优缺点，然后造成一个有机的整体以保存两种文化的优点……而且须以母体系统为新结构的间架。”②

即使如东西方文化这两种截然不同的文化系统，也存在可以相互补充和协调的方面，因而也就存在加以文化综合的可能性。举例来说，西方人的冒险精神及自信，与中国人推崇天人合一、顺其自然或听天由命的人生态度相比较，两者显然是很不协调的，但彼此却可互补。“中国的宿命论，不正是一种对宇宙道德本质的信心，并与西方冒险精神所代表的人生哲学同为一体的两面吗?”③ 一味强调人对自然的征服，甚至不惜破坏自然的生态平衡，与一味强调顺其自然，不同命运相抗争，皆是不足取的。人类文明应取二者的折中路线，避东西方文化之短，扬二者之所长。

能否综合异质文化的优长，关键在于文化主体的主观态度：“要用同情的眼光及欣赏的心境，方能发现不同文化的真正本质。”④ 也就是

① 万先法等：《韦卓民博士教育文化宗教论文集》，台北华中大学韦卓民纪念馆，1980年版，第54页。

② 万先法等：《韦卓民博士教育文化宗教论文集》，台北华中大学韦卓民纪念馆，1980年版，第55页。

③ 万先法等：《韦卓民博士教育文化宗教论文集》，台北华中大学韦卓民纪念馆，1980年版，第56页。

④ 万先法等：《韦卓民博士教育文化宗教论文集》，台北华中大学韦卓民纪念馆，1980年版，第58页。

说，在两种异质文化的接触过程中，双方均不能抱一种文化沙文主义的态度，试图用自己的文化去征服、同化其他文化。正如在上帝面前人人平等一样，在上帝面前，不同文化传统也是相互平等的。韦氏从内心赞叹：

> 将人类东方和西方两个最大部分——盎格鲁萨克逊及中国——的精神产物结合在一起，这是多么大胆的计划！想象东西方文化联合，打破目前分隔我们的一切障碍，那又是多美好的一幅景象啊！然而研究、评析及选择明智的保存及聪明的建构，又是多么伟大的工作！①

以韦氏理想主义的文化综合论来观察基督教之移入中国及其与中国文化的关系，其自然的结论，即是同20年代在中国兴起的“本土化”运动相一致——强调基督教与中国传统文化的结合，强调将基督教的根须深植于中国文化和社会的沃壤之中。韦卓民大体从两个方面来展开其思想逻辑：

第一，神是一元的，但神性的表现应是多元的、丰富的。

在韦博士看来，基督教的基本含义有二：一为借着耶稣基督，神生活在人和人类社会；二为人类以种种形式来表达神的生活。在前一意义上，基督教是一元（或一源）的，一个上帝，一个基督，一个信仰，一个希望。在后一意义上，神的生活随地域、时间、个人的变迁而不同，如同一轮皓月投影在不同的水面上，幻映出不同的景象。“基督在我心中，不是我在基督心中（Christ in me，not I）。”

每个人都过着自己的基督生活。每个人的神的生活的表现都有其不同的个性色彩，差异无处不在。“任何强制一致性表现的尝试，将是活力的枯竭。”同理，每一国家、民族有它的个性，所以有它独特的历史和文化，“假若我们一定要试图限制这种表现的差异性，人类将会极其

---

① 万先法等：《韦卓民博士教育文化宗教论文集》，台北华中大学韦卓民纪念馆，1980年版，第55页。

贫乏”。由是之故，“一定要给予所有国家或民族一种表现的自由，在这种方式下，最适于他们的历史背景和他们的特殊天才。只有在那种方式之下，从不同的国家、民族到全世界才有真正贡献的来临”①。在这里，宗教的自由集中体现为“表现的自由”。

第二，基督教真理的本体是绝对的，但是基督教的作用的显现或表达并不是最后的。

韦卓民这里试图论证的是基督教文化的开放、生成和综合性特征。由于个体、民族和国家均有某种宗教“表现的自由”，因此，对基督教义的文化阐释，随历史的发展而不断丰富、成熟，基督教最终将成为集人类文化之大成的宗教。“一直要到所有各类型文化在吸收了大部分人类积累的精华之后，归向于主，才算是最后的显现或表达。实际上，基督教的绝对真理不可能达到最后显现或表达的境界，除非人能够成长到上帝的地位。这一步不能速成，我们必须要等到上帝指定的时间。”②韦氏将基督教文化在吸收其他文化精华基础上的生长、完善的过程，比喻为上帝心目中的理想图画逐步绘成的过程：“基督不是到世上来毁灭，而是来充实的。将一幅图画中的缺失予以变动，使得这幅图画能够更为完善，乃是完成一种意愿，照着画家心中原有的美感而充实的。”③

基于以上两个论点，韦卓民自然地过渡到“基督教的中国化”的命题，即以中国思想方式来解释基督教义，以中国文化表达基督信仰的问题：“由于中国是世界上最伟大的国家之一，拥有世界人口的四分之一，具有四千年悠久历史，更由于在世界上没有另外一个民族，能像中国这样保留它的形式不变……完全与外来的思想隔离，可否大胆地以一个中

① 万先法等：《韦卓民博士教育文化宗教论文集》，台北华中大学韦卓民纪念馆，1980年版，第46页。

② 万先法等：《韦卓民博士教育文化宗教论文集》，台北华中大学韦卓民纪念馆，1980年版，第117～118页。

③ 万先法等：《韦卓民博士教育文化宗教论文集》，台北华中大学韦卓民纪念馆，1980年版，第128页。

国人的立场，来建议我们以东方较为古老的文化来解释基督教，以中国文化作为实验的开始?”①

韦卓民指出，当试图以中国文化来解释基督教义的时候，要避免两种可能的错误思想倾向。一种错误倾向是过分强调基督教与以儒家思想为主的中国文化之间的基本差异，以致趋于极端地认为基督教根本不可能与中国文化相并存、融合。例如一种普遍的看法是，儒家思想体系是以人文为基础，认为人通过自己的努力，通过其内在的良知，可以臻于至善，“人皆可以为圣贤”。这同基督教以为人是依靠上帝的教义，通过基督而得救的基本信仰是完全相违背的。因此，基督教文化完全不可能与中国文化传统相协调。有的传教士甚至认为：“中国的三个宗教派别（佛教、道教和儒教）同错误的历史、错误的科学、错误的地理、错误的年代学、错误的哲学密切地交织在一起。然而这些谬识都被说成是具有某种神学基础，从而使得错误的神学支撑着错误的教育，错误的教育又支撑着错误的宗教。”② 由是之故，基督教要在中国得到传播，必须排除中国传统宗教（儒学也包括在其中）的障碍。

另一种错误倾向是把基督教义解说成具有太多的中国理想，以传统中国观念来附会基督教义，或者在引用若干中国名词来解说基督教时，过于宽松随便，忽视了这两种文化之间的许多不同的特质。正确的态度应当是首先承认中国文化不是基督教的，但是同时又看到它可以基督教化。既要明确中西文化的本质区分，又要有兼容并蓄、从事文化综合的博大胸怀。

韦氏强调，以其他一种文化来解释基督教义和制度，最重要的，就是要深入体会那种文化的精神。“那种文化愈复杂，历史愈悠久，这种了解也就变得更重要。找出基督教和另一种伦理宗教体系的同异，永远

---

① 万先法等：《韦卓民博士教育文化宗教论文集》，台北华中大学韦卓民纪念馆，1980年版，第118、130页。

② 《史蒂文斯给波特的信》，1877年，卢茨著，曾钜生译：《中国教会大学史》，浙江教育出版社，1987年版，第17～18页。

是可能的。”① 具体到以中国文化来解释基督教，或以中国文化为载体使基督教得以更丰富的表现时，就必须深入中国文化的精神之中，以及多少世纪以来为中国文化所吸取的各种宗教、社会以及知识传统的精神之中，来考察有没有和基督生活观念能够相配合、相协调的地方；在不抵触中国人观念、感情的情况下，有没有若干因素可利用作为表达媒介和接触的交点，用以将基督教义和制度传播给中国人民。“为了达到这种目的，我们要吸收中国文化的高层次，但也不要忘记中国文化中显已存在的黑暗部分。”②

三、基督教与中国文化融通的具体路径

以上所述，皆是韦卓民博士有关基督教与中国文化相融通的必要性与可行性的理论思考。接下来的问题是，基督教与中国文化究竟如何具体相融通?

韦卓民认为基督教之中国化或中国之基督教化的具体路径有以下两种选择或方式：

第一，基督教的内核辅之以中国化的形式。

韦卓民系基督教本土化运动的积极倡导者之一。然而，所谓本土化运动，其基本出发点仍是要维护基督教的基本信仰，并最大限度地传播这些基本信仰。因此在韦卓民相对开放和自由的宗教体系中，基督教的基本信条是不可以变更的，这些不容变更的基本信条构成其宗教文化观的内核。大体上，这些信条应包括：一神论的上帝观、基督教的创世论、原罪论、救赎论、道成肉身、三位一体（圣父、圣子、圣灵）、神与人在耶稣生命里合而为一等。韦卓民曾用最精炼的语言，对基督教的

① 万先法等：《韦卓民博士教育文化宗教论文集》，台北华中大学韦卓民纪念馆，1980年版，第130页。

② 万先法等：《韦卓民博士教育文化宗教论文集》，台北华中大学韦卓民纪念馆，1980年版，第132页。

内核作了如下的概括：

> 简单地用一句话来讲，基督教的信仰，是我们基督徒由信仰救主耶稣而得到对于上帝的信仰。我们信仰的对象是上帝，然而我们对于上帝的认识，却是由信仰基督而来……先有历史上救主耶稣对于上帝的信仰，然后才有我们信仰救主耶稣而得到我们对于上帝的信仰。①

在认定基督教基本信仰的内核不变的前提下，韦卓民竭力主张给予中国基督教会一种“表现的自由和试验的自由”，在宣传基督教义时，充分顺应中国人的思维方式，充分采取中国文化的形式，和中国人“原有的生活融为一体”。从基督教在中国传播的历史看，自唐朝时景教传入中国起，到清朝雍正时止，基督教非但没有在中国得到大规模的传播，反而几经禁绝。1807年，马礼逊抵澳门传教，奋斗了27年，只有10个人领洗。自19世纪初叶以来，100多年中，基督徒才不过200万人，仅占中国人口的5.5%，且大多数为中下层阶级，知识分子（士大夫）甚少，成绩颇不理想。究其原因，实在是由于西方传教士不肯从中国文化意识和社会背景去了解中国文化。针对这种情况，韦卓民大力倡导基督教应吸取中国文化形式，在仪式、服饰、建筑、音乐等方面尽可能融入中国色彩，采取中国人喜闻乐见的方式，使其充分中国化。他建议甚至连教会祈祷文也最好以中文来编印，形成自成一格的中国形式的祈祷文。韦卓民期待通过这些形式上的改造，最终培育出一种属于中国人自己的基督教。

> 当基督教或借着耶稣基督的上帝之神性生活君临中国和中国人之中，这种生活必将表现于中国家庭、中国社会、中国国家以及中国教会之中。当这种形式完全中国化，那必是土生土长的。设若任其自由珍视，它不得不是土生土长的。②

---

① 韦卓民：《基督教的基本信仰》，基督教辅侨出版社，1965年版，第8页。

② Francis C. M. Wei. Making Christianity Live in China, The Chinese Recorder, February 1926.

韦卓民格外重视教会在基督教中国化中的作用，认为“土生土长的基督教问题，一开始便是一个土生土长的教会问题”。为造就土生土长的中国教会，“教会的成员一定是中国人，领导人物也设想是中国人，支援它的活动和机构的财源，也大半来自中国”①。根据韦卓民的设计，土生土长的中国教会在组织形式上应是类似核心细胞的组织，由 35 至 50 个家庭组成，成员人数不超过 100 人，为邻近社区提供方便的社区服务，以符合中国人最具社会性及重视人伦亲情关系的特质②。

第二，除主张采用中国化形式之外，韦卓民更进一步主张通过深入体会中国文化的精神，找到基督教与中国文化相融合的可能的契合点。

韦卓民对于合理利用中国文化因素来阐释和传播基督教的见解，同利玛窦等早期天主教传教士将中国典籍穿凿附会，以证明中国古代圣人的概念同圣经不谋而合的做法，存在明显的区别。他坚决反对通过移花接木似的手法，不正确地引用中国典籍中的名词来解释基督教义，以造成某些基督教的概念在中国古已有之的误解：

> 若干中国名词被不正确地引用，是众所周知的事……由于不够严谨地解释中国文学中若干名词，或是无意地把若干我们自己的意见夹杂到中国哲学宗教文献之中，我们假中国文化之名，表达我们自己的思想。这在把中国语文译成他国语文，尤其是译成欧洲语文时，最为确实。③

在讨论基督教与中国文化相融合的可能性时，正确的态度应当是尽可能深入体会中国文化的精神，不抱偏见地观察这种文化精神之中有没有和基督教生活观念能相契合的地方，有没有若干文化观念和要素可以

---

① Francis C. M. Wei. Making Christianity Live in China，The Chinese Recorder，February 1926.

② Francis C. M. Wei. The Spirit of Chinese Culture，C. Scribner's Sons，1947. 后均译为《中国文化之精神》。

③ 万先法等：《韦卓民博士教育文化宗教论文集》，台北华中大学韦卓民纪念馆，1980 年版，第 128～129 页。

利用来作为沟通两种不同质文化的表达媒介和接触交点，用中国的文化遗产丰富基督教文化，在调适和净化过程中形成中国的神学和中国的基督教。这种态度不是否认中西文化的异质性，而是力图发现两种异质文化的相通点和融合点。

综合韦氏的见解，基督教与中国传统文化之间在下述方面存在相似性和会通的可能：

首先是道成人生与天人合一。韦氏认为，“道成人生”系基督教的基本信仰之一，“离开这道理，就没有什么基督教”。圣经说：“道成肉身，住在我们之间。”① 意思是说，自太初就有的上帝的道（上帝的本性），成了有血有肉、有情有意、完全像我们一样的一个人；然而这个人在他生命里，又完全表明上帝的本性。韦氏还特别解释道，之所以用“道成人生”而不是像一般所使用的“道成肉身”，是要强调上帝的道不只在肉身上显明出来，而且在整个人生中显明出来。“血肉的身体有他的生死，人生又何尝不有他的始终？道成人生不是一件占着时空间某一点的事，而是继续在一长段空间的事。”② 这种来源于早期基督教的基本信仰，在中国传统宗教思想中是找不到的，不能简单地用“神仙下凡”的神话来加以比附。但在思想路径上，它又多少接近于儒家思想体系中“天人感应”的思想。

韦卓民曾专门对中国典籍中所表述的“天”和“上帝”的概念作过仔细的推敲，最后得出结论：“中国人曾一度有过宇宙中之上帝的高贵观念。这观念并不完善，缺点也多。但大体上作为一个初民状态，以及在若干方面，跟世界上有宗教系统的上帝的高级观念相比较，古代中国人仍有足称者。”③ 然而，与基督教的上帝观不同，在中国儒家思想体系中，“君权神授”，神权系经由君权得以体现，地上的君主代天上的上

① 《圣约·约翰福音》。

② 韦卓民：《基督教的基本信仰》，基督教辅侨出版社，1965年版，第19页。

③ 万先法等：《韦卓民博士教育文化宗教论文集》，台北华中大学韦卓民纪念馆，1980年版，第11～12页。

帝实行统治人民之权，王朝的衰替又不过是上天意志的体现，所以周朝开国之主武王说：“作之君，作之师，为其克相上帝，宠绥四方。”[1]《诗经》亦云：“荡荡上帝，下民之辟。”[2] 同是“天人感应”的思想路径，西方基督教导向的是对耶稣基督的宗教信仰，中国儒教伦理却导向对君权的合法性论证，被纳入世俗的“治人之道”之中。

尽管有上述种种本质性区别，但从“天人合一”而衍出的“宇宙即吾心，吾心即宇宙”（宋儒陆象山语）的哲学思维，多少能使中国人体悟到基督教“道成人生”的意蕴，而不致在悟道过程中一无所借，离谱太远。

其次是耶稣之爱与儒家之仁。耶稣之爱与儒家“仁”的学说本属两种不同的文化范畴，前者在宗教意义上系上帝之爱的体现，是同“原罪”“救赎”等教义相关联的。“上帝的爱永不停止。……爱人的上帝，对于犯罪的人，总是怜悯关切的，如父母关切儿女一般……上帝一面审判这罪恶的世界，一面以爱呼召罪人的回归。”[3] 相较之下，儒家之仁，则更多的是一种伦理价值标准，贯穿于普通人的日常生活之中，起着道德规范的作用，调节和维系社会秩序。

然而，耶稣之爱与儒家之仁又并非完全南辕北辙，在具体主张和社会效果方面，存在着若干契合之处。首先，基督教主张“博爱”“爱人如己”，儒家也强调“仁者爱人”。樊迟问仁，孔子答以“爱人”[4]。韩愈也说：“博爱之谓仁。”圣经谓：“爱是联络全德的。”韦卓民受此启发，将“仁”译成 the virtue of perfect humanity，即“具有圆融人道的全德”，非常接近于基督教义中“爱”的内涵。其次，耶稣由爱心而引申出饶恕、赦免、爱仇敌、责备自己等义理。圣经上，彼得对耶稣说：我弟兄得罪我，我饶恕他到 7 次。可是耶稣说，不是 7 次，乃是 70 个 7

---

① 《尚书·泰誓上》。

② 《诗经·大雅》。

③ 韦卓民：《基督教的基本信仰》，基督教辅侨出版社，1965 年版，第 18 页。

④ 《论语·颜渊》。

次[①]。孔子讲仁，也谓："己所不欲，勿施于人。"[②] 孔子还尤其强调，其终身实行之道，是忠恕，即宽恕别人。因此，即使站在中国传统文化的立场，也可理解和接受基督教有关博爱的宗教观念。

最后是永生观念与不朽观念。以相信"复活"的神迹为前提，基督教是讲永生的。古老的《使徒信经》最末一句是："我信永生。"《圣经·约翰福音》也说："认识你上帝独一的真神，并且认识你上帝所差来的耶稣基督，就是永生。"按照韦卓民的阐释，基督教不仅相信死后灵魂不灭，而且相信身体复活，因为"基督教相信生命是从上帝而来，并且每一个人的生命在上帝眼中都有无上的价值，这样，生活不能因为身体的消灭，就和它同归于尽"[③]。当然，基督教的"永生"，并不是单纯的时间问题或来世活着的问题，乃是"生命的素质问题"。永生是和被定罪的生活相对的，永生是不再被定罪的生活，即合乎上帝标准的生活[④]。

在中国传统文化中，同道家追求肉体生命的长生不老相对立，儒家正统文化对个体生命的延续和来生问题抱一种较为自然主义的态度。"未知生，焉知死？"现实生命的意义尚未探讨清楚，领悟透彻，何必去穷究身后的问题？对古代圣贤们来说，更重视的乃是现世的建功立业与死后的精神不朽："人有三不朽，太上有立德，其次有立功，其次有立言。"

灵魂的永生与精神的不朽在内涵和旨趣上均相去甚远，反映了东西方文化的本质差异，但在讨论生命意义的延续问题上，仍有某种内在的思想契合点。

此外，基督教和儒学均十分重视内在的人格修养，强调通过自制与自律达到道德的至善。圣经记载，耶稣在受洗后曾在旷野生活 40 天，

---

① 《圣经·马太福音》。
② 《论语·颜渊》。
③ 韦卓民:《使徒信经十讲》，基督教辅侨出版社，1955 年版，第 41 页。
④ 韦卓民:《使徒信经十讲》，基督教辅侨出版社，1955 年版，第 45 页。

遭受着魔鬼不断的试探和诱惑，美味佳肴、法术魔幻与世间荣华富贵，在耶稣超人的自控力面前，均一一被降服，无法影响耶稣传播上帝福音的毅力与决心。如果说，耶稣的这种强大自制力和自律行为是上帝意志的体现，那么，儒家则格外强调个人（君子）的察识、涵养和居敬等道德修养功夫，强调通过自省、自律而达成完善的人格。孔子曾将“仁”的最高境界规定为“克己复礼”，所谓“克己复礼为仁”。儒家讲“修身”“齐家”“治国”“平天下”，修身是放在第一位的，修齐治平系一个由内而外的展开过程。由此可见，在强调道德人格的培养和劝善惩恶方面，基督教的教义与儒家学说的追求是相一致的，二者均可起到教化社会的结果。

韦氏认为，只要找到中国文化与基督教的契合点，尊重中国人的思维特点与若干思维习惯，顺理成章，因势利导，基督教与中国文化和中国社会相融合，在基督教中国化的同时，实现“中国人的生活基督教化”，乃是完全可能的。

四、世界大同文化与文化融合

值得注意的是，韦卓民试图移基督精神于中国文化之中，以达到改造中国传统文化的目的，尚不能简单纳入“西方中心”或“全盘西化”的文化模式。韦氏的努力，似乎已超出了简单文化综合的范围，而是以一种宗教去改造一种特殊的文化，借助基督教的普世性，而达成其创造世界大同文化的理想。

韦卓民虽然是一位虔诚的基督教神学家，但因他又是从哲学的途径而切入神学的，具有很高的文化素养，加之心胸又非常开阔，思想也极为开明，故而可以突破狭隘民族文化主义的界域，超脱于东西文化之争的是非，在更高的思想起点上构筑其世界大同文化的理念。而其综合中西文化的主张，正是以这种大同文化的理念为根本的前提。一如韦氏所言：

> 我们并非说中国所有的文化，可以弃如敝屣，却是新时代有新的需要，新的局面应该产生新的文明……文化保守既不可能，又不能囫囵吞枣地全盘接受外来的文化，惟有努力于大同文化的建设，而贡献我们原有文化的优点，为一部分的资料，是为当务之急。①

那么，新的世界大同文化之构筑究竟有些什么样的前提条件？换言之，它应具备一些什么样的基本特征呢？韦氏从以下诸方面来具体揭示这种世界大同文化的特征：

第一，这种大同文化的精神，必须是使人类团结而不是起一种分化、隔离的作用。这就意味着这种文化的特征，必定是要超出种族、国家、地域、阶级种种界限的。

第二，这种新的大同文化应该能够满足人生各方面的合理要求，不偏于所谓物质方面，也不偏于所谓精神方面；不轻看物质，又不否认精神，而认识到物质是生活的必要工具，利用物质，以达到精神自由的目标。

第三，这种要建成的新文化，必须承认现世界的价值，但是不把人的生命限于现世界，眼光能够看到一种超越现世的境界，因之而使这现世界得到其意义。

第四，这种未来的大同新文化，必须具有特殊的力量，能以种种形式表现其特具的生命，不为某种形式所限制，却能利用任何的形式。“同尘而不和其光，解纷而不挫其锐”，从而集人类各种文化之大成，使每一种特殊的文化，都在这大同文化之中得到一种新的生命和意义。

第五，这种大同新文化，注意集体的生活，同时又以个人为至高无上的价值，承认个人的这种价值，须在社会的生活中才能充分地表现和发展。

① 韦卓民：《基督教的基本信仰》，基督教辅侨出版社，1955 年版，第 5 页。

第六，这种大同新文化必须不只是一种理想，而且是根据历史的客观事实，是在历史中具体而微地呈现过的一种真实。

在韦氏看来，林林总总的人类文化中，唯有基督教信仰合乎以上六项基本原则，“基督教的信仰是打破种种的界限，使人们团结而不是使人们分化的；基督教的信仰是能在种种形式上表现其精神，而各种形式都因这信仰而充分表现其功用的；基督教的信仰是以个人的生命为至高无上的价值，却相信这价值要在集体中才能充分地表现；基督教的信仰不是一种空洞的理想，而是历史中客观存在的真实”①。因此，只有基督教文化方可充当世界大同文化的基础。

综上所述，它属于一种宗教的文化观，主张以宗教（即基督教）为内核来进行中西文化的沟通与融合。具体来讲，即是存中国文化之构架，再为之安上一个基督教的灵魂。韦氏这一思想主张，从其早年研究孟子的政治思想即发其端倪，以后随其丰富的人生阅历日渐明朗和系统化。早在1915年，韦氏即在其硕士学位论文《孟子之政治思想》中指出，孟子的人性论虽接近于真理，但孟子过于相信人之为善的内在力量，而看不到人总有失落，总需要外在力量以复其初。这种外在力量既非“五百年必有王者兴的王者”，也非外在强制性的国家力量，而是一种“最高的自我”、至善至美的终极存在——上帝。孟子的高尚政治理想与伦理原则，只有借助上帝的超自然的力量方能实际地加以实行。否则，“道则高矣美矣，宜若登天然，似不可及也”②。由此推之，必以宗教（基督教）补中国传统文化之不足，使之臻于圆融：

> 中国需要宗教，宗教赋予古来圣哲之教以生命，中国将发现宗教，仅有基督教，此乃上帝独生子耶稣基督所建立。耶稣基督乃神而人，是真主，即孟子所预言必有王者之同，亦即孟子所等待而终归徒然者。③

---

① 韦卓民：《基督教的基本信仰》，基督教辅侨出版社，1955年版，第7页。

② 《孟子·公孙丑上》。

③ 韦卓民著，万法生译：《孟子的政治思想》，台北华中大学韦卓民纪念馆，1981年版，第89页。

韦卓民的这种宗教文化观，虽然超越了普通的“中体西用”与“西体中用”之争，在文化融合论中另辟一径，但在本质上似亦未脱出早期耶稣会传教士利玛窦们“以天主化中国”的故辙，且与他在平等基础上“综合”中西文化的初衷相违逆。按照韦氏文化综合论的本意，两种不同质的文化的综合，应取二者的精华来加以综合，“造成一个有机的整体以保存两种文化的优点”。世界大同文化也应由各种民族文化的精华构成一种崭新的文化，犹如百川之融于大海，既客观地作为一分子存在，又了无痕迹。若仅取一种文化的内核，而采其他文化的形式辅之，恐很难达到保存各种文化优长的目的。过分强调以基督教作为中国文化和道德的灵魂，或以基督教来改造中国文化，其结果很可能导致中国文化特性本身荡然无存。究其实，基督教文化仅为西方文化之一部分（尽管是其最核心的部分），尚不能涵盖西方文化的全部优长。例如，它至少与西方的科学主义是相抵触的（尽管许多神学家否认这一点）。因此，基督教文化真正可能对中国文化产生影响的，可能只是中国人的宗教观念，而不大可能改变中国人的全部生活和信仰，也难于改造中国几千年一脉相承的文化传统。所以，“基督教的中国化”较之于“以基督教化中国”似具有更大的文化现实性。韦氏抱定“毕生研究，都在导致去发现怎样使中国文化基督教化”的文化信念①，但到最后却难免以失望告终，这是由其宗教文化观所含的内在矛盾决定的。

韦卓民文化观的另一个显著特点，是其超前性和文化理想主义特征。他的思想见解和文化主张，总的来讲，更着眼于人类的明天。这同他从哲学入手来研究宗教乃至一般人类文化，对人类文化命运有着某种终极关怀不无关系。其世界大同文化的理念虽具有太为浓厚的宗教说教的色彩，在对付世俗纷争和文化冲突上，也显得乏力，但仍不乏其深刻性和远见性。人类文明的发展，绝不仅仅是一部矛盾、冲突的历史，百

---

① 万先法，等：《韦卓民博士教育文化宗教论文集》，台北华中大学韦卓民纪念馆，1980年版，第139～410页。

川汇海，万流归宗，人类文明的走向，从长远的观点看，应是从冲突走向融合，从纷呈走向归一，从而达到人类优秀文化的共享。其实，在新近崛起的东亚经济圈中，已很难说是儒家文化的一统天下，其间已然渗入了西方工业文明精神，是东西文化融合的产物。而正在显露轮廓的环太平洋经济圈，则更预示着北美文明与东亚文明进一步融合的壮阔前景。

韦卓民的文化观虽然有着超前和理想主义的一面，但就其个性特征而言，他实在不是一位空想主义者，而毋宁是一位理想实行主义者，无时无刻不在试图把自己的文化理念付诸社会实践。积极投身于创办教会大学，以造成基督教文化与中国文化相融合的样板，正是韦卓民实现其文化理念的实际步骤之一。因是之故，韦卓民不仅是一位思想深刻的基督教神学家，而且是一位成熟的教育家和行政家。他献身基督教高等教育凡数十年，长期主持华中大学的校务。积数十年之经验，韦卓民明确提出教会大学应制定出明确的宗旨和政策，办成综合中西文化的实验基地。在具体原则方面，他主张教会大学里面的外国教师人数的比例不可太大；外国教师应该先了解中国固有文化，否则培养出来的青年可能与中国社会格格不入。同时，教会大学要多请有中国文化修养的中国学者，担任人文及社会科学方面的科目；多开有关中国问题的课程，以训练中国青年以中国人的观点去思考中国问题，了解中国文化背景。这些力求综合中西文化的主张，也逐步为多数教会人士所理解、接受，影响着中国教会大学的办学方向。

如果说，韦卓民怀抱世界大同文化的理想，试图实现“中国的基督教化”的努力并不算成功，那么，他在同一文化理想指导下所从事的教会教育实践，却获得了极大的成功，为中国培养了大批兼通中西文化、能熔基督理想与中国伦理道德于一炉的新型人才。作为文华大学的学生和长期任教于华中大学的师长，韦卓民正是集东西方文化之优长于一身的典范。他兼具西方人的有活力、有干劲、有创造性与东方人的宁静、自制与深沉，温文尔雅，一介儒雅君子。其弟子回忆：韦师“外貌严肃，处事冷静而坚定，发言审慎而坦率，并且言行一致。他为当时的舆论界带来了智慧、尊严和礼貌”①。曾在哈佛任过韦卓民业师的美国教授霍金如此评论他的及门高足：

> 只要你一经认识韦博士，即令人难忘。在哈佛做研究生时，他的活力与敬谨精神，令人感动……其品格之感人，言辞之庄重、安静，深切洞悉中国以及其他地方当时的困难。其人修长有度……仪表动人，诚诸内，而形诸外。②

由韦卓民采撷基督教文化与中国传统文化之精华，而融铸成的独特伦理——心理文化品格，既是其思想学说的内在依据，也是其人生经历和思考的结晶，我们暂且将其名为：具有东方色彩的基督教哲人品质。我们可以预设：剖析这种哲人品质的内在文化质素和形成途径，对于我们在东西方文化的碰撞、融汇中重塑中国知识人的现代人格，以适应新世纪的挑战，将是不无启迪的。

［本文原刊于《道风：汉语神学学刊》（香港）1995 年第 3 期］

① 万先法等：《韦卓民博士教育文化宗教论文集》，台北华中大学韦卓民纪念馆，1980 年版，第 14 页。

② 万先法等：《韦卓民博士教育文化宗教论文集》，台北华中大学韦卓民纪念馆，1980 年版，第 144 页。

马希曼、拉沙与早期的圣经[①]中译

国内著述一般以为，近代历史上系统地把西方最重要的典籍圣经译成中文，介绍给中土，始自最早来华的英国新教传教士马礼逊。最近，笔者在英伦从事短期研究工作期间，十分偶然地在牛津大学的波德林图书馆（Bodleian Library）和安格斯图书馆（Angus Library）阅读到一批早期的圣经中文译本，遂又循此线索，到剑桥大学的圣经会图书馆（Bible Society Library）查阅了若干外界难以看到的早期中文圣经版本，方知圣经中译的历史，远非想像的那么简单。其中，略早于或至少与马礼逊同时进行的马希曼和拉沙的圣经中译工作，由于远在印度，便鲜为国人所知，一般中文著述也很少提及[②]。因此，本文拟主要利用保存于牛津大学安格斯图书馆的英国浸礼会档案中有关马希曼生平的档案和文献资料[③]，对马希曼和拉沙的早期圣经中译工作略作钩沉和评介。

---

① 原文为《圣经》。

② 香港学者李志刚博士所著《基督教早期在华传教史》（台北商务印书馆1985年版）第162页对马希曼的圣经中译略有介绍，第177～178页注⑳对马希曼的生平有比较详细的介绍。

③ 马希曼档案包括："The Marshman Papers, Baptist Missionary Society Catalogue of Papers Relating to South Asia (1792—1914)"; "Bound Volume of Rev. J. Marshman's Correspondence (1799—1826)";"Periodical Accounts of Serampore Mission (1820—1830)"。

一、生平与译经事业

马希曼（1768—1837），英文名 Joshua Marshman，中译名有马士曼、马歇曼、麦西门、麻书曼等。马希曼于 1768 年 4 月 24 日出生于英国威尔特希尔郡（Wiltshire）的威斯伯雷（Westbury Leigh），自幼家贫，父乃一纺织工人。马希曼从家乡的乡村学校毕业后，前往伦敦，在一家书店供职，不久又返回家乡，帮助其父从事纺织工作，工余靠自学阅读了大量书籍。1791 年与出身于虔诚的基督教家庭的汉娜·谢费瑞德（Hannah Shephered）结婚。1794 年，马希曼按浸礼会仪式受洗为教徒。尔后，举家移居布瑞斯托郡（Bristol）的布洛米德（Broadmead），曾一度担任该地浸礼会慈善学校校长，同时，在一个从属于浸礼会的神学院（the Baptist Academy）学习神学。

因受著名传教士威廉·凯瑞（William Carey，1761—1834）在印度传教事迹的感召，马希曼决志加入浸礼传道会，献身于海外传道事业。1799 年 5 月，时年 31 岁的马希曼与妻子一道，作为英国浸礼会派出的传教士，搭乘美国客轮克瑞特伦号（Criterion），越过重洋前往印度，同行的有传教士威廉·霍德（William Ward）夫妇等人。是年 10 月 12 日，马希曼夫妇抵达加尔各答，旋往邻近的塞兰布尔（Serampore）定居、传教。抵达塞兰布尔后，马希曼夫妇即在当地创办了一所教会学校，学生大多数系在该地经商或定居的欧洲人的子女。从这时起，除短暂回国述职和出国旅行外，马希曼的大半生基本上都以传教士的身份在印度度过。1837 年 12 月 5 日，马希曼在塞兰布尔病逝，享年 71 岁①。

与马希曼相比，我们对拉沙（Joannes Lassar）的生平行事知之甚少。从不多的有关材料中，只知他系一位出生在澳门的亚美尼亚人，不

① Joshua Marshman. Biographical Sketches of Joshua Marshman, D. D., of Serampore, Emerson Chamley, 1843.

仅能够讲一口流利的中国话，而且能用中文写作。有记载说，拉沙在澳门居住期间，曾一度负责澳门葡萄牙当局与清廷之间官方文书的往来①。以后他移居印度，应聘任加尔各答英印学院（The College of Fort William）的中文教授。后来，又迁居塞兰布尔，与马希曼等合作将圣经译成中文②。

大约自1805年起，马希曼开始随同拉沙学习中文。尽管马希曼一生从未到过中国，但其中文学习却进步神速。除指导拉沙等翻译圣经外，马希曼还在拉沙的帮助下，陆续将儒家经典《论语》译成英文。该书第一卷于1809年在印度出版，长达725页，由中文原文、译文、文字诠释三部分构成，自《论语》第一章"学而"译至第九章"子罕"，继明末清初天主教传教士之后，首次比较翔实地将孔子学说介绍给西方③。同年，马希曼还撰写了一篇有关汉语文字和发音研究的博士学位论文④。在此基础上，他继续学习、研讨汉语，于1814年正式出版了《中国言法》一书。该书除研究汉语的字形、发音外，主要比较系统地研究了汉语语法，并将儒家的另一部典籍《大学》译成中文，附录于全书之后。这本书共600多页，在西方通常被称作*Clavis Sinica*，比马礼逊的《中文语法》早出一年⑤。

马希曼、拉沙的圣经翻译，肇始于19世纪初新设立的英印学院和英国浸礼会差会的一项雄心勃勃的圣经翻译计划。该计划准备将圣经翻译成全部东方语言及印度的所有土著语言。为推动这一计划的实施，

---

① Marshall Broomhall. The Bible in China. The China Inland Mission, 1934, p. 51.

② 有关拉沙的生平，参见 Hubert W. Spillett. A Catalogue of Scriptures in the Languages of China and the Republic of China, London, 1975, pp. xi-xii；同时散见于英国浸礼会塞兰布尔差会的各项记录和报告中。

③ Joshua Marshman. The Works of Confucius (Vol. 1). The Mission Press, 1809。以后似乎没有再出版该书的第二卷。

④ Joshua Marshman. Dissertation on the Characters and Sounds of the Chinese Language, Serampore, November, 1809。硬封皮装订，存于牛津大学安格斯图书馆。

⑤ Joshua Marshman. Elements of Chinese Grammar. The Mission Press, 1814.

1800 年英印学院在加尔各答正式成立之后，即专设一系，负责圣经翻译，特聘拉沙为中文教授，负责将圣经译成中文。估计拉沙最早于 1804 年或 1805 年初开始着手翻译《新约》，可能是遇到一些难以克服的困难，1806 年左右，他开始在马希曼的指导下翻译圣经[①]。由此，开始了他们长达约 16 年的合作译经事业。

英国浸礼会塞兰坡差会 1808 年的《译经备忘录》，已经有关于马希曼和拉沙联合译经的明确记载：他们依靠约 300 本中文参考书和包括《康熙字典》在内的几部中文字典，勤勉地翻译《新约》中的《路加福音》[②]。其合作方式，在对圣经的理解和阐释上，主要仰仗马希曼，而中文达意则主要是拉沙的工作。另有一位中国人以及马希曼的儿子 J. C. 马希曼也参与其事。马希曼还负责与教会方面的联系和筹款，在整个译经工作中起着举足轻重的作用。

根据马希曼在 1813 年写给大英圣书公会（British and Foreign Bible Society）[③] 的一封书信，他们在印度从事的圣经中译工作是相当烦琐和艰苦的。通常是拉沙每译完一段，马希曼则手持希腊文的《新约圣经》，逐句斟酌修改。每译完一个章节，马希曼又用英语缓慢诵读，拉沙一面注视他的中文翻译，一面作必要的更正，誊录后再交给一个完全不懂英文的中国助译者，请他提出修辞上的修改建议，务必使之通晓明畅。改正之后，还要出一份清样，交给马希曼的儿子审阅，因为他对汉语文言的语辞学有独到的研究。最后，再由马希曼本人把关审定。“经过以上的种种手续，这才得以正式付印”[④]。

马希曼和拉沙最早译出并出版的中文圣经，系《新约》中的《马太福音》。该译本于 1810 年在塞兰布尔问世，中文名为《此嘉语由于呀㘅

① Alexander Wylie. The Bible In China，Foochow，1868，p. 9.

② Memoir Relative to the Translations of the Sacred Scriptures，printed by J. Moris，Dunstable，1808.

③ 大英圣书公会成立于 1804 年，系圣经汉译工作的实际组织者和资助者。

④ “Extract of A Letter from Dr. Marshman to Dr. Ryland”，December，1813.

所著》①。“嘉语”显指“福音”，“呀咪”应为英语 Matthew 的音译（疑为粤语的发音）。该译本系采用传统的木刻雕版印刷，线装一册，共 95 面，但不注页码，仅标“章”与“节”（第 13 章以后标“篇”），封面纸张呈红色，未注出版地、出版时间和译者名字。1811 年，马希曼和拉沙又译出并印行了《新约》中的《马可福音》，中译名为《此嘉音由呀嘞所著》，“嘉音”亦指“福音”，“呀嘞”当为英语 Mark 的音译。此译本同样系木刻雕版印刷，线装一册，共 56 面，封面略呈红色，也未注出版地、出版时间和译者名字②。翻译这两本书时，由于译者远在印度，未参照过其他任何圣经中译本，完全另起炉灶，困难之大，是不言而喻的。许多人名、地名的翻译不得不生搬硬造，以致译文佶屈聱牙，晦涩难懂，亦是不难想像的。

继《马太福音》和《马可福音》中译本问世之后，马希曼和拉沙又于 1813 年译出并印行了《新约》中的《约翰福音》，取中文名《若翰所书之福音》。该译本共 21 章，36 页（双面），封面呈黄色，铅字活版印刷，线装一册。书末附“若翰书函”3 卷，但仅 7 页（双面），不全③。值得注意的是，马希曼和拉沙的这本《若翰所书之福音》，实际上是近代应用铅字活版印刷技术印出的第一本中文书籍。过去一般以为，使用西方铅印技术印刷中文书籍，始于 1814 年英国的职业印刷工人汤姆司携带活字印刷机器设备，受派来华，在东印度公司澳门办事处，从事马礼逊编纂的《华英字典》的印刷工作。在几个中国工人的协助下，汤姆

① 该书现已很难见到，仅在剑桥大学圣经会图书馆发现收藏有一孤本，其内封有传教士签名，并注明于 1810 年出版。

② 笔者所见此书最早版本，分别珍藏于牛津大学安格斯图书馆和剑桥大学圣经会图书馆。牛津藏本有两本，其中一本仍完好无缺。有关此书的出版年代有两种说法，大英圣书公会所出中文圣经目录标明此书出版于 1810 年；而熟知内情的传教士伟烈亚力则认为该书出版于 1811 年。笔者赞同伟烈亚力的说法。理由下文详述。

③ 本书于 1813 年在印度塞兰布尔印行，现收藏于剑桥大学圣经会图书馆。该馆收藏的此书另一版本，内封题名为“耶稣救世使徒若翰所书福音”，书末附“若翰书函”，系 1814 年的重印本。

司等经过几年的努力，终于用含有汉字活字的印刷机器于 1822 年印出《华英字典》①。与《华英字典》相比，《若翰所书之福音》要早出整整 9 年。马希曼等也认为，用铅字活版印刷圣经中文译本，是他们所取得的一项了不起的成就。铅字活版印刷，不仅字型美观、清晰，持久耐用，而且省却了传统雕版印刷的诸多不便，可以随时根据需要增删字词，并可多次和大量地进行印刷，且成本较低，比雕版印刷省费甚多②。根据马希曼的计算，采用铅字活版印刷比传统木版印刷通常节省经费达 2/3③。这套首次使用的铅字汉字活字，系英浸礼会塞兰坡差会印刷所的工人在几个中国人的帮助下，克服各种困难，经过几年时间的摸索，才终于制造成功的。1808 年，塞兰坡的传教士还悲观地认为，鉴于木刻雕版印刷的费时费力以及价格昂贵，“用该语言（汉语）印刷全部圣经，还是一件为时遥远和不太现实的事”④。然而 5 年之后，他们已经可以乐观地宣称，差会印刷所已准备好用铅字活版印刷全部《新约》和《旧约》圣经⑤。

在试印出版《此嘉语由于呀㗅所著》（1810）、《此嘉音由呀嘞所著》（1811）、《若翰所书之福音》（1813）三种圣经早期译本的同时，马希曼与拉沙的全套圣经汉译工作，也在紧锣密鼓地进行。其中，《新约全书》的初稿已于 1811 年译毕，进入修改、待印阶段⑥。《旧约全书》的翻译，到 1813 年已完成过半⑦。自 1815 年起，最后修改定稿的《新约全书》陆续提交塞兰布尔浸礼会印刷所付印。两年后，修改定稿的《旧约

① 熊月之：《西学东渐与晚清社会》，上海人民出版社，1994 年版，第 121 页。

② A Memoir of the Serampore Translations for 1813, printed by J. G. Fuller, Kettering, 1815, pp. 16-17.

③ “Extract of a Letter from Dr. Marshman to Dr. Ryland”, December, 1813.

④ Memoir Relative to the Translations of the Sacred Scriptures, p. 15.

⑤ A Memoir of the Serampore Translations for 1813, p. 16.

⑥ “Memoir Relative to Translations”, Monthly Circular Letters Relative to the Missions in India, Serampore, 1811.

⑦ A Memoir of the Serampore Translations for 1813, p. 16.

全书》也开始陆续提交该印刷所出版。到1821年，《旧约全书》出齐；次年，随着《若翰显示之书》的付印，《新约全书》随之出齐。至此，马希曼和拉沙在印度塞兰布尔进行的圣经中文翻译工作，历时约18年，终于大功告成①。1823年5月，这部世界上第一部完整的中文圣经已送抵英国伦敦。大英圣书公会1824年的年鉴记载："在去年的年会上（于1823年5月7日举行），马希曼牧师的长子将一部译好的中文圣经安放在桌上。"②

归结而言，马希曼和拉沙远在印度的圣经中译工作，有三点是领先于同时代的其他传教士的：其一，他们最早用中文翻译和印出了《新约》中的《马太福音》《马可福音》；其二，他们最早使用近代铅字活版技术印刷中文版圣经；其三，他们最早译成并出版了完整的中文圣经。

二、马希曼与马礼逊

作为第一位来华传教的新教传教士，马礼逊在中国的名气和影响自然远远大于马希曼。而且一般以为是马礼逊和米怜在马六甲翻译并出版了第一部中文圣经。然而，对那些熟知圣经汉译过程及细节的传教士而言，二马（马希曼与马礼逊）往往是相提并论的。长期争论不休的问题首先是，他们二人究竟谁最先译出并出版了第一部中文圣经，其次是，马希曼与拉沙的圣经中译究竟是否曾受到马礼逊的影响。

有关第一本汉译圣经究竟出自谁手的问题，必须把问题限定到一定

① 笔者在牛津大学所见马希曼、拉沙翻译、出版的完整的中文圣经有两种版本，一种系线装5册本，其中《旧约全书》共4册，《新约全书》1册，另一种系西式硬封面装订2卷本。两种版本均为铅字活版印刷，由塞兰布尔浸礼会印刷所出版。

② 密立根著，贾立言、冯雪冰译：《新约圣经流传史》，上海博物院广学会，1934年版，第164页。

的范围内，才能有明确的答案。因为，第一，圣经是一部大书，不仅全书分为《新约》和《旧约》两大部分，而且，有时其中一章即可自成一书。第二，限于当时的印刷条件和译者要不断地修改、润色，从译稿完成到出版往往有一个较长的过程。因此，圣经的译毕和正式出版是两个不同的时间概念，不能混为一谈。

就此而言，马希曼（同拉沙合作）与马礼逊是分别在印度塞兰布尔和中国广州，不约而同地于1810年付梓出版了《新约全书》个别篇章的中译本。马希曼与拉沙出版的是《新约全书》中的《马太福音》（中译名如上述），马礼逊出版的则是《新约全书》中的《使徒行传》（中文名为《耶稣救世使徒行传真本》）①。尽管这两种不同的中文圣经单行本几乎同时面世，但其具体翻译过程却很不相同。马礼逊于1807年奉伦敦会之命抵达广州后，一面继续学习中文，一面开始翻译圣经。他之所以能够进展神速，乃是由于利用了大英博物馆珍藏的部分汉译圣经稿本抄件。这个稿本由曾经来华的天主教传教士巴设（Jean Basset）等译成，包括《福音合参》《使徒行传》《保罗达罗马人书》和《希伯来书》的第一章②。马礼逊于1806年从大英博物馆借阅并抄录了其中一部分，余下的由教他学习中文的华人容三德所抄录③。因此，严格地讲，马礼逊早期的译经工作尚属修正、重译前人的著作。

相反，马希曼和拉沙早期在印度的译经工作，却基本上是独立进行的，无所凭借。这也是他们的早期译本之所以不堪卒读的基本原因。据

---

① 该书为木刻本，线装一册，前有马礼逊所撰序言，现存于剑桥大学圣经会图书馆。原书未注明出版日期，从伟烈亚力和米怜说，判断出版日期为1810年。

② 根据有的学者的研究，大英博物馆稿本中，由巴设翻译成中文的，仅《使徒行传》《保罗达罗马人书》《希伯来书》的第一章，而《福音合参》则系他人的译作，具体译者不详。另据李志刚《基督教早期在华传教史》第160页，此手稿之中文名为《四史攸编基利斯督福音之会编》。

③ 密立根：《新约圣经流传史》，上海博物院广学会，1934年版，第160～161页；简又文：《中国基督教的开山事业》，基督教辅侨出版社，1956年版，第11～12页。

史料记载，早在1809年上半年，马希曼和拉沙所翻译的《马太福音》已交付给塞兰布尔差会印刷所付印①，由于是首次采用木刻版印刷中文，进展缓慢②，估计是到次年底才全部印毕，其中有少量译本随同1811年上半年印出的《马可福音》译本流传到外界③。相比较而言，翻译质量稍次的马希曼、拉沙所译《马太福音》（即《此嘉语由于呀咻所著》），反倒可以称为新教传教士所翻译的第一本汉语圣经单行本。

至于全部圣经的中译，先是拉沙于1811年在塞兰布尔已译出《新约全书》的全部初稿，但可能是马希曼并不满意，仍在对之进行修改，没有立刻付印④。而与此同时，马礼逊在广州依据天主教传教士的早期译本，也正在加紧翻译《新约全书》，估计在1812年到1813年之间，《新约》全部译成，并于1813年在广州秘密印制2000部，取名《耶稣基利士督我主救者新遗诏书》，木刻雕版印刷，线装8册⑤。因此，就《新约》而言，拉沙和马希曼最早译完，但马礼逊却出版在先。到1819年，马礼逊和米怜实际已译完了包括《新约》和《旧约》在内的全部圣经，但一直拖到1823年才正式出版，这部全套中文圣经，取名《神天圣书》，凡21卷，木刻雕版印刷，线装，小开本⑥。在印度，马希曼和拉沙于1820年也译完了全部圣经，次于马礼逊和米怜一年。1817年至1821年出齐《旧约》部分，又于1815年至1822年出齐《新约》部分，

---

① "A Second Memoir of the State of the Translations in a Letter to the Society", Periodical Accounts Relative to the Baptist Missionary Society, Vol. 4, 1810, p. 55.

② 据1809年的《译经备忘录》，印刷工作之所以进展缓慢，主要是因为要更正木雕版上的刻印错误非常困难，常常要花费很长的时间。

③ Memoir Relative to Translations, August, 1811. 由于1810年没有提交专门的备忘录，缺乏关于《此嘉语由于呀咻所著》出版年代的确切记载，此仅据1811年和以前的相关记载推断，同时也参照Hubert W. Spillett所编《中文圣经目录》中的说法。但该"目录"认为《此嘉音由呀嘞所著》亦出版于1810年，似不确。

④ "A Third Memoir of the Translations Carrying on at Serampore", A Letter Addressed to the Society, Serampore, Aug. 20, 1811.

⑤ 马礼逊：《耶稣基利士督我主救者新遗诏书》（共7册），广州，1813年版，牛津大学波德林图书馆藏本。

⑥ 马礼逊、米怜：《神天圣书》，马六甲英华书院，1823年版，牛津大学波德林图书馆藏本。

全部为铅字活版印刷。因马希曼和拉沙所译全本圣经，实际比马礼逊和米怜的《神天圣书》早出版整整一年，因此，马希曼和拉沙的译本是正式出版的第一本完整的汉译圣经。西方多数研究中文圣经版本的专家，也同意此说。如早期来华传教士伟烈亚力即指出："此译本（指马希曼和拉沙译本）系目前所知的第一本完整的汉语《圣经》，是《圣经》流传史上的一座丰碑。"① 较为权威的密立根著《新约圣经流传史》也认为，马希曼和拉沙于 1822 年出版的译本"是新教所译的第一册汉语《圣经》"②。这足以纠正"基督教的全部原始教义得以完整地介绍给中国，始自马礼逊"③ 的笼而统之的说法。

接下来的问题是，即使把马希曼、拉沙的圣经译本和马礼逊、米怜译本作一个最粗浅的比较，也会发现，两者在许多人名、地名的译法上，存在惊人的一致之处。这就引发了一个疑问：马希曼和拉沙后期的译经工作是否受到远在中国的马礼逊的直接影响？或者说，马希曼和拉沙是否曾抄袭马礼逊的译作？这在当时就曾有人怀疑，马希曼的《中国言法》是否有抄袭马礼逊《中文语法》的地方，尽管前者比后者早出版一年④。

然而，最近在英国浸礼会档案中所发现的若干马希曼与马礼逊的通信，以及马希曼自己所作的解释，已足以释清围绕此事所生的疑团。马希曼在 1817 年 4 月所写的一封解释函中，非常清楚地说明，他并没有收到马礼逊本人的任何圣经中译本，倒是在 1810 年左右，收到过马礼逊寄来的那部大英博物馆所保存的巴设稿本的抄本⑤。问题的答案恰恰

---

① A. Wylie. The Bible in China，p. 9.

② 密立根著，贾立言、冯雪冰译：《新约圣经流传史》，上海博物院广学会，1934 年版，第 164 页。

③ 顾长声：《传教士与近代中国》，上海人民出版社，1981 年版，第 24 页。

④ 因为马礼逊曾于 1813 年底将其手稿《中文语法》寄给远在印度的马希曼征求意见，并希望后者能够帮助出版。为了澄清此事，马希曼还曾专门写信辩诬。这些信件最近已在英国浸礼会档案中发现。

⑤ "The Letter from J. Marshman"，Periodical Accounts of the Serampore Mission，1837.

在这册抄本上。换言之，马礼逊的译本和马希曼、拉沙 1810 年以后的译本，皆是以天主教传教士的早期译本为蓝本的，这也正是两者在许多译法上雷同的根本原因。马希曼和拉沙抄袭马礼逊之说，似无从谈起。

作为旁证，我们可以把马希曼和拉沙 1810 年以前的译本同以后的译本作一比较，便更加清楚了。马希曼和拉沙 1810 年以前译出的《此嘉语由于呀哋所著》和《此嘉音由呀嘞所著》，不仅书名与后来所译《新约全书》中的《马宝传福音书》和《马耳可传福音书》相去甚远，而且书中译名也显有不同，如"耶稣"译作"意苏"，"基督"译作"记利时度"，"耶路撒冷"译作"意路沙林"，等等。这些译名显然主要是出自拉沙的手笔，与通用的汉译名大相径庭。马希曼与拉沙的圣经中译在 1813 年出版的《若翰所书之福音》中，突然有了质的飞跃，不仅文笔变得通顺流畅，而且译名也多半与以后通用的汉译名一致起来。如"意苏"改为"耶稣"，"记利时度"改为"基利士督"，"意路沙林"改为"耶路撒冷"，基本上与马礼逊所译《新约全书》中的译名相一致。个中原因，显然是马希曼和拉沙在 1810 年左右看过马礼逊寄来的巴设手稿抄本后，以此为蓝本，对他们自己的译作进行了大幅度的修改。对此，马希曼本人并不十分讳言，认为这是传播福音的需要。

大体上，同时代的人和圣经流传史研究专家都认为，马希曼、拉沙在印度的译经工作同马礼逊等人在中国的译经工作基本上是各自独立进行的，为两个不同的译经流派。正因为如此，曾经选派马礼逊来华的大英圣书公会对马礼逊在华的译经工作和马希曼、拉沙在印度的译经工作一视同仁，分别予以资助，希望能够有不同的中文圣经版本流布于世，互为补充①。

① A. Wylie. The Bible in China，Hubert W. Spillett. A Catalogue of Scriptures in the Languages of China and the Republic of China，p. xii.

三、对后世译经的影响

有的论者认为，尽管马希曼、拉沙出版了第一本汉译圣经，但毕竟他们远在印度，对中国没有产生什么影响①。这其实也不甚正确。著名新教传教士伟烈亚力在其所著《新教在华传教士汇录》中，在马礼逊之先，开篇即列出马希曼的名字及事迹，并特别说明，马氏虽未曾来过中国，但他杰出的汉籍英译和圣经中译工作，已使他成为新教在华传教的先驱②。慕维廉（William Muirhead）也认为，考虑到马希曼和拉沙译经的特殊环境，他们的工作可以说是一项了不起的工作，其中文圣经，“只要稍加修改，即可成为开卷有益的版本”③。

事实上，虽然马希曼和拉沙早期的译本印刷数量很小，流传范围不广④，但到1822年他们译完全部圣经并出版时，印刷数量并不是很小。该年，《旧约全书》4卷共印了1600套，计6400本；《新约全书》共印了3000套。后来，各版本还续有加印。这些中文圣经的一部分，通过不同的途径流传到中国，对中国教会产生了一定的影响，尤其浸礼会一派，曾长期使用马希曼、拉沙的译本。

就对后世译经的直接影响而言，马希曼和拉沙译本的作用也是不可低估的。

1842年《南京条约》签订之后，传教士们认为在中国公开传教的时机终于来临了，英美新教各派遂于1843年推举代表在香港召开译经

---

① 王治心：《中国基督教史纲》，文海出版社，1966年重印本，第147页。

② Alexander Wylie. Memorials of Protestant Missionaries to the Chinese. American Presbyterian Mission Press，1867，pp. 1-2.

③ Marshall Broomhall. The Bible in China. the Religious Tract Society，London，1934，p. 58.

④ 初次印行的《马太福音》和《马可福音》为数不多，主要是为作进一步修改用，而不是为了广为散发。

会议，商讨合作翻译一本比较权威的圣经译本——“代表本”（“Delegates Version”，或称“委办本”），以供使用之需。马希曼、拉沙和马礼逊、米怜等人的圣经译本被列为重要的参考译本。代表们还决议，有关baptism一词，照顾到浸礼会与非浸礼会各自不同的传统，可将同一译本分印两种版本，分别采用马希曼、拉沙和马礼逊的不同译法，即或译作“蘸”，或译作“洗礼”。但这一决议最终还是未被浸礼会一派接受，他们决定脱离出来，以马希曼和拉沙的译本为根据，日后自己出版一种订正的译本。

改订马希曼与拉沙译本的任务，最终落到了高德牧师（Rev. Josiah Goddard）的身上。高德受美国浸礼会的派遣，于1848年自暹罗曼谷来到中国，专事修订马希曼和拉沙的译本。他从修订《新约全书》开始，陆续印出各卷。《马太福音》于1851年在宁波印行，共32页，《约翰福音》于1852年在上海印行，共28页。至1853年《新约全书》告成，于宁波印行，共计251页。该译本后经罗尔梯博士（Dr. Edwardc Lord）进一步修订，于1883年在上海印行十分精美的版本。这部《新约》修订本多为浸礼会人所采用。惠志道博士（Dr. J. Wherry）认为，“通常而论，这比‘代表本’及麦都思译本更接近原文文法的格式，但在汉语写作的文笔上，仍能做到清通易读，殊为难能可贵”①。高德以后因健康欠佳，在译出了《旧约》中的《创世记》《出埃及记》《利未记》诸卷之后，不得不中辍；未完诸卷，则由罗尔梯博士在遴为仁牧师（Rev. William Deam）的帮助下，于1868年出齐。

同时，另一位英国浸礼会传教士胡德迈牧师（Rev. Thomas Hall Hudson），曾在西印度群岛传教多年，后来华工作，也对马希曼和拉沙的《新约》译本进行了修订，先后分卷出版。最早印行的为《马可福

① 密立根著，贾立言、冯雪冰译：《新约圣经流传史》，上海博物院广学会，1934年版，第185～187页。

音》，于1850年在宁波出版，共29页，到1866年，将《新约全书》出齐①。

协助罗尔梯翻译《旧约》的遴为仁牧师，对马希曼、拉沙译本的改订，也作出了很大贡献。他于1842年受美国南方浸信会的派遣来华，主要在香港传教，中文名除遴为仁外，还经常用“为仁者”“怜”“林”等。根据马希曼、拉沙译本，遴为仁于1844年重新翻译出版《圣差保罗寄罗马人书》；1847年改订出版《新约》中的《使徒行传》，取名《圣差言行》；1848年著《马太传福音书注释》，首次将baptize一词译作“揾”，取代马希曼、拉沙惯用的“蘸”，以强调该词的动作性②；1849年改订出版《使徒行传》，共57页；1851年著《出麦西传注释》③；1853年又改订出版《马太福音》，取名《圣书新遗诏马太传福音》。这些工作皆是在马希曼、拉沙旧译本的基础上进行的，对促进马希曼、拉沙译本在中国的流行起了一定的作用。

在圣经译本的文体分类上，马希曼、拉沙译本和马礼逊译本皆属文理译本（或称文言本），与国语（亦称官话）译本相区别。无论是“代表本”（《新约》和《旧约》分别于1852年和1854年出版）或后来的“文理和合译本”（1919年出版），其源头皆可上溯到马礼逊和马希曼、拉沙的译本。然而，马希曼、拉沙译本与马礼逊译本在大同的前提下，又有小异，两者的风格毕竟不一样。马希曼、拉沙译本注重译文的合乎文法和讲究文辞，甚至不惜用一些古怪、生僻的典雅字眼；马礼逊则较为注重译文的流畅、明快，在文言与白话之间采取一种折中的立场，以适合大众的口味。

马礼逊在圣经翻译上的态度和追求，加之他身在中国境内的有利条件，使他的译本逐渐成为文理译本中的主流，对后世译经事业影响至

① 密立根著，贾立言、冯雪冰译：《新约圣经流传史》，上海博物院广学会，1934年版，第187页。

② 为仁者：《马太传福音书注释》，香港裙带地藏版，1848年。

③ 为仁者：《出麦西传注释》，香港藏版，1851年。

深。后来主持“代表本”翻译的，便主要是与马礼逊关系较深的一批传教士，如麦都思、裨治文、施敦力、W. C. 米怜（米怜之子）等①。相反，马希曼、拉沙的译本由于比较生硬和晦涩难懂，难以为浸礼会以外的教会人士所接受，并招致许多批评。如1890年在上海举行新教中华布道总会时，惠志道博士批评马希曼和拉沙译本，“与今日通行的《圣经》在文体上显有不同，很是艰涩粗拙，令人不能终读。其缺点乃是由于过于拘泥文字，以及译者汉文字汇的狭小”②。甚至连马希曼精通汉语的儿子也婉转地批评父亲：“站在一个公正的立场，就塞兰布尔差会的环境和需要而言，马希曼博士将如许精力投放在一个勉为其难的遥远目标上（即《圣经》汉译），不能不说多少有些遗憾吧。”③

尽管马希曼、拉沙的圣经汉译存在这样和那样的问题，有许多未尽完善之处，但作为第一部正式出版的完整的汉译圣经，其在中西文化交流史上的地位和意义，是不可低估的。尤其马希曼其人，虽从未到过中国，但通过其艰苦而浩大的汉籍英译和英籍中译工作，为近代中西文化的接触和交流写下了富有传奇色彩的一章，似更不应被治史者忽略和淡忘。

［本文原刊于《历史研究》1998年第4期］

① Hubert W. Spillett. A Catalogue of Scriptures in the Languages of China and the Republic of China, p. xiii.

② 密立根著，贾立言、冯雪冰译：《新约圣经流传史》，上海博物院广学会，1934年版，第168页。

③ Marshall Broomhall. The Bible in China, London, 1934, p. 57.

马士曼与近代最早的铅印中文书籍

近年来，随着苏精《马礼逊与中文印刷出版》《铸以代刻：十九世纪中文印刷变局》[①] 两书的出版，有关中国近代使用西方铅活字技术印刷出版中文书籍的起源问题，引起学术界的关注。对于此问题，1998 年笔者在撰文探讨马士曼（Joshua Marshman，1768—1837）、拉沙（Joannes Lassar，1781—1853）于 19 世纪初在印度塞兰坡（Serampore，今译塞兰布尔）的圣经中译活动时，曾提及马士曼和拉沙于 1813 年翻译并印行的《若翰所书之福音》（即《新约》中的《约翰福音》），"实际上是近代应用铅字活版印刷技术所印出的第一本中文书籍"[②]。如今时光已过去了 20 年，其间我曾有机会两次前往印度塞兰坡实地考察当年英国浸礼会传道站旧址，并收集到保存在当地的一些书籍和资料，这对于进一步深入理解这一历史事实无疑大有助益。因此，希望能利用一些新的资料，就这本最早用铅活字印刷的中文书以及塞兰坡传教士的中文印刷事业作进一步的探讨，以求教于同行先进。

一、若干旧说的检讨

在中国古代印刷史上，除主流的雕版印刷外，活字印刷也有着很长

① 苏精：《马礼逊与中文印刷出版》，台湾学生书局，2000 年版；《铸以代刻：十九世纪中文印刷变局》，中华书局，2018 年版。

② 马敏：《马希曼、拉沙与早期的〈圣经〉中译》，《历史研究》1998 年第 4 期。Joshua Marshman 本无中文名，我最初曾译作"马希曼"，现从众译为"马士曼"。

的历史，最早可追溯至宋代，但多为泥活字和木活字，金属活字如铜活字、锡活字、铅活字虽也有使用的记载，却并未真正流行①。15世纪中叶德国人谷腾堡（Johann Gutenberg，1400？—1468）发明了西式铅活字印刷术，从而引发了欧洲印刷史上的一场革命②。1588年西方铅活字印刷技术始由耶稣会士传入中国③，并在澳门印刷了三本拉丁文书籍。其中，首本图书为玻尼法爵（Juan Bonifacio）神父著《基督教儿童教育》（*Christiani Pueri Institutio*），该书由耶稣会澳门区主教范礼安神

---

① 一般认为，活字印刷术是在中国北宋庆历年间（1041—1048年）由毕昇所发明的，毕昇发明的活字，系先用木后以泥为原料制成，故木活字和泥活字是世界上最早的活字。对毕昇所发明的泥活字，宋代科学家沈括《梦溪笔谈》卷十八“技艺门”曾有详细的记载。相较于泥活字，木活字的流传则更为广泛，到明清时期，木活字印刷已是风靡于世。清代政府最大规模的一次采用木活字印书，是乾隆年间排印“武英殿聚珍版丛书”，多达134种，为此雕刻的木活字多达25万字。至于用铜、锡、铅等金属制作活字进行印刷，在历史典籍中也屡有记载，一般又以铜活字为更多。清代最大规模的一次铜活字印刷是雍正四年至雍正六年（1726—1728年）排印《古今图书集成》，全书共1万卷，分订5000册，另编目20册，共计5020册。其书籍卷帙之大，排印、印刷之精，皆著称于世（张树栋、庞多益、郑如斯：《简明中华印刷通史》第四章“活字印刷术的发明与发展”，广西师范大学出版社，2004年版，第152～168页）。辛德勇则认为，“所谓明代铜活字印书，在历史文献中就找不到任何可靠记载，事实上根本无法认证它的存在”，真正使用的仍是泥活字、木活字或少量锡活字，文献中通常所讲的“活字铜板”“铜板活字”和“铜板”（或写作“铜版”），“也不一定是指二者组合之后形成的书版，而有可能只是指承放字钉的版片”（辛德勇：《中国印刷史研究》，生活·读书·新知三联书店，2016年版，第325、346页）。

② 关于谷腾堡发明的铅活字印刷术对近代中国社会的影响，参见芮哲非著，张志强等译，郭晶校：《谷腾堡在上海：中国印刷资本业的发展（1876—1937）》，商务印书馆，2014年版，第18～22页。值得注意的是，谷腾堡发明的西方近代铅活字印刷术，虽然曾受到中国古代发明的活字印刷术的启发和影响，但却是一种更为先进的新技术。该项技术所使用的铅活字是由铅和锑两种金属按比例合成（也有认为是由铅、锑和锡三种金属合成），其印刷工艺流程，主要包括字模镌刻、铸造铅活字、拣字排版、装版印刷等工序，并使用依靠机械操作的印刷机（韩琦、米盖拉：《中国和欧洲——印刷术与书籍史》，商务印书馆，2008年版，第149～150页）。

③ 关于西方近代印刷技术传入中国的经过，张秉伦等所撰《范利安与西方印刷术的回传》一文，对此作了较为详细的记述：“1587年5月，返回的日本赴欧使团携带着包括印刷机在内的西方印刷设备途经果阿时，他（按：指范利安主教）又和日本赴欧使团一起带着包括印刷机在内的西方印刷设备，由果阿出发，经过马六甲，于1588年7月到达澳门。由于日本幕府反对传教，他们被迫在澳门等待了一年多时间。此期间，他们原本打算带到日本的西方印刷设备，在澳门耶稣会住地开展了后文将要讨论的第一批印刷活动。直到1590年6月这批印刷设备才离开澳门，于同年7月运到了日本，又在长崎、九州一带印刷过一些西文书籍。”（张秉伦、孙舰、吕凌锋：《范利安与西方印刷术的回传》，《中国印刷》2001年第11期，第41～44页）。

父（S. J. Alexander Valignano，1530—1606）编辑，共252页。该书的原版于1575年在法国Salamamca出版，后又在西班牙的Burgos出版，1588年在澳门出版的系该书第三版。第二本书为《日本使团旅行记》，或译《日本赴欧少年使节》，该书由耶稣会士孟三德（S. J. Eduard de Sande）翻译成拉丁文，并于1589年首次在澳门印刷，1590年又第二次印刷，书名稍有更动。第三本书为*Sanazario Emendato*（书名意为“修正”），系马斯亚神父（S. J. Lorenzo Mexia）的诗集，该书原件现已散佚①。

那么，近代用中文铅活字印刷中文书籍，到底始于何时呢？

学界过去通常认为，中文铅印书籍是从第一位来华的新教传教士马礼逊开始的。比如，张树栋等著《中华印刷通史》说：“英国伦敦布道会传教士马礼逊（Robert Morrison，1782—1834），是第一个进入中国传教并带来近代铅活字制作技术的基督教新教传教士。”该书“大事记”则云：1814年，“马礼逊派中国教徒和其助手米怜到马六甲设立印刷所，继续致力于用西方铅活字印刷术制作中文活字，印刷中文书籍”。1815年，“英国印工汤姆氏在澳门雕刻金属活字，印成《马礼逊字典》，这是在中国境内用西方铅活字印刷术排印中文书之始”。1819年，“马礼逊派人在马六甲设立的印刷所，用中文铅活字印成第一本中文《新旧约圣经》”②。

熊月之在《西学东渐与晚清社会》中提道：“1814年，英国的职业印刷工人汤姆司携带活字印刷机器设备，受派来华，在东印度公司澳门办事处，从事《华英字典》的印刷工作。……他们在含锡的合金块上，雕刻汉字活字，速度很慢，也很麻烦。经过几年的努力，终于刻出第一

---

① 杨福馨：《澳门印刷技术及其发展》，《印刷杂志》2000年第3期，第42～44页；张秉伦、孙舰、吕凌锋：《范利安与西方印刷术的回传》，《中国印刷》2001年第11期，第41～44页；林玉凤：《出版技术的西学东渐——16至19世纪基督教在澳门的中文印刷活动》，北京外国语大学中国海外汉学研究中心、中国近现代新闻出版博物馆：《西学东渐与东亚近代知识的形成和交流》，上海人民出版社，2012年版，第42～59页。

② 张树栋等：《中华印刷通史》，印刷工业出版社，1999年版，第426、996页。

副汉字活字，用含有汉字活字的印刷机器印出《华英字典》。”①

张秀民著、韩琦增订的《中国印刷史》（下）述及：“马礼逊在澳门编一部《华英字典》，或称《马礼逊字典》，东印度公司同意为他出版。约1814年一个职业印工汤姆司（P. P. Thomas）带着印机活字和其他必需设备，从伦敦被派来华。他到后，同几个中国刻工着手在含锡的合金块上，从事麻烦的雕刻活字工作。1815—1822年之间，印成六卷本的字典六百部，费用为一万二千英镑，这可说是西人用中文活字印的第一部印本。但活字仍是用中国旧法雕刻，而不是西法铸造的②。同时，在张秀民、韩琦稍早合著的《中国活字印刷史》中，他们指出：“除翻译《圣经》外，他（指马士曼——引者）还著有英文著作若干种。《中国言法》（*Clavis Sinica*）是一本介绍中文语法的书，1814年在Serampore出版，书后附有《大学》之中英文对译，其中的汉字显然为活字印刷。”③

万启盈等编著的《中国近代印刷工业史》亦提及：“1814年，有一本英文著作《中国言法》（*Clavis Sinica*）在塞兰普尔（Serampore）出版。该书附有‘四书’之一的《大学》首句‘明明德、亲民、止于至善’汉字字样，字体酷似铅活字印刷。”④ 范慕韩主编的《中国印刷近代史》也提到，1815—1823年马礼逊的字典在澳门出版之前，“马士曼（Joshua Marshman，1768—1837，英格兰浸礼会传教士）曾于1814年在塞兰布尔出版了一本介绍中文语法的书《中国言法》（*Clavis Sinica*），书后附有中英文对照的《大学》，其中的汉字极似活字”⑤。

方鸣编《近现代中国出版史大事编年》记载：1819年马礼逊在马

---

① 熊月之：《西学东渐与晚清社会》，上海人民出版社，1994年版，第121页。

② 张秀民著，韩琦增订：《中国印刷史》（插图珍藏增订版）（下），浙江古籍出版社，2006年版，第445页。

③ 张秀民、韩琦：《中国活字印刷史》，中国书籍出版社，1998年版，第167页。

④ 万启盈编著，郭宝宏助编：《中国近代印刷工业史》，上海人民出版社，2012年版，第11～12页。

⑤ 范慕韩：《中国印刷近代史（初稿）》，印刷工业出版社，1995年版，第69页。

六甲的印刷所始印第一部《新旧约中文圣经》，这既是第一部中文版圣经，也是第一部铅印的中文书[①]。

贺圣鼐、赖彦于编《近代印刷术》述及："马礼逊收得刻工蔡高为教徒，此为我国人崇信基督教新教之始。马礼逊知官厅侦之严，恐再蹈前辙，乃遣助手米怜（William Milne）及蔡高二人，同往马六甲，设立印刷所，至一八一九年始印成第一部《新旧约中文圣经》，华文之用欧式活字印刷书报，即始于斯时也。"[②]

以上诸说，各不一致，有的叙述明显是不正确的[③]。但是，即便就各书所提到的 1814 年、1815 年、1819 年、1822 年这四个时间点，无论哪个都比 1813 年马士曼等在印度塞兰坡用铅活字印刷中文圣经《若翰所书之福音》要晚！正因为如此，钩沉这一段耐人寻味的历史，对之进行清晰的说明，就显得尤为必要。需要指出的是，苏精在其两部有关近代印刷史的著作中，尽管没有明确指出《若翰所书之福音》为第一本铅活字印刷的中文书籍，但对 19 世纪早期马士曼等在印度塞兰坡的圣经汉译和中文活字印刷活动均已有所述及[④]，本文则是在其研究的基础上，主要利用牛津浸礼会档案文献和印度塞兰坡所保存的部分文献，对塞兰坡浸礼会差会印刷所用铅活字印刷中文书籍的若干细节作进一步的补充和考证。

---

① 方鸣：《近现代中国出版史大事编年》（一），《中国出版》1991 年第 Z1 期，第 124～128 页。

② 贺圣鼐、赖彦于：《近代印刷术》，台北商务印书馆 1975 年版，第 3 页。

③ 如马礼逊就没有在 1819 年用铅活字印刷过圣经，他在米怜协助下于 1813 年、1817 年出版的《新约全书》（分别命名为《耶稣基利士督我主救者新遗诏书》及《我等救世主耶稣新遗诏书》）和 1823 年出版的全本圣经（命名为《神天圣书》），均系木刻本。

④ 苏精在其 2000 年的著作中曾简略提到印度塞兰坡印刷所曾于 1813 年使用铅活字印刷出版了约翰福音书与约翰书信集，1814 年和 1815 年又分别出版了《中国言法》与《通用汉言之法》；其 2018 年的新著则提到"1812 年起，马士曼又进一步以西法铸造中文活字"（苏精：《马礼逊与中文印刷出版》，台湾学生书局，2000 年版，第 144 页；苏精：《铸以代刻：十九世纪中文印刷变局》，中华书局，2018 年版，第 10 页）。但因为没有系统利用牛津浸礼会档案和塞兰坡当地保存的文献，这些介绍似乎都过于简略。

二、塞兰坡英国浸礼会差会印刷所

1792 年英国浸礼会创办了自己的海外传道会——Baptist Missionary Society（BMS），是欧美各国的第一个基督新教海外传教团体。该会的发起人之一威廉·凯瑞（William Carey，1761—1834）与另一位传教士约翰·托马斯（John Thomas）于 1793 年 11 月来到印度的加尔各答传教，由此开启了 19 世纪风靡全球的基督新教海外传教运动①。

因浸礼会不属于英国国教，印度英国殖民当局禁止浸礼会在加尔各答传教，无奈之下，凯瑞只好避居乡间，以开设染坊为生。直到 1799 年浸礼会又派出后续传教士马士曼、沃德（William Ward，1769—1823）等前往印度之后，他们遂在加尔各答附近的丹麦殖民小镇塞兰坡（Serampore）建立起传道站，由此正式开创了英国浸礼会在印度的传教事业②。

在塞兰坡传道站，传教士们为了维持生计，不仅开办了若干寄宿学校，而且为同时满足生计和译经事业的需要，还于 1800 年开设了塞兰坡差会印刷所（Serampore Mission Press，简称塞兰坡印刷所）③。当时，塞兰坡传教士的经费来源十分有限，主要依靠国内总部提供的经费

---

① 有关威廉·凯瑞的生平事迹，可参见 Joseph Belcher. William Carey：A Biography，American Baptist Publication Society，1853。

② Sunil Kumar Chatterjee. William Carey and Serampore，Serampore，2004，pp. 9-10. 塞兰坡系加尔各答以北约 16 英里的一个小镇，位于恒河支流胡格利河的右岸，胡格利河流经此地最终注入印度洋的孟加拉湾。这个不起眼的小镇，有着几百年的历史。1755 年，塞兰坡正式成为丹麦的殖民地，丹麦人在这里不仅开始行使行政管辖权，而且逐步建立起了码头和工厂，塞兰坡的航运和商贸得到发展，城市近代化历程也随之展开。1799 年 10 月，马士曼等英国传教士在这里登陆之时，正值塞兰坡历史上城市化进程最好的时期之一。同当时英国殖民当局的政策相反，塞兰坡丹麦殖民当局不但不反对基督教新教传教士前来传教，还主动提供相应的保护措施。

③ John C. Marshman. The Life and Time of Carey，Marshman，and Ward. Council of Serampore College，2005，Vol. 1，p. 129.

和大英圣书公会（British and Foreign Bible Society）的部分资助，但这些资助数量甚少，完全不能满足传播宗教及自身生活的需要。据有关文献记载，从 1799 年到 1804 年五年间，浸礼会总部寄给塞兰坡差会的总经费不超过 5740 镑，但他们的总支出却不少于 1.3 万镑，经费缺口十分巨大①。这迫使传教士们设法通过包括印刷业务在内的商业活动来弥补差会的财务赤字。凯瑞认为，开办印刷所，一是可以承接一些印刷业务，使传教士们有谋生的手段，同时也可以扩大其社会接触面；二是为了将圣经译成各种东方语言并出版发行；三是可以为那些皈依基督的当地人提供一些工作的机会②。凯瑞、马士曼和沃德三人之间作了分工：由凯瑞负责将圣经译成各种印度方言，曾担任过小学教师的马士曼负责主持寄宿学校，印工出身的沃德则负责印刷所事务。在沃德的主持下，塞兰坡差会印刷所自 1800 年正式设立后得到很好的发展。从 1801 年出版孟加拉语的新约圣经开始到 1832 年，塞兰坡印刷所共出版了约 40 种语文、21 万余册传教与世俗书刊③。而其中最了不起的成就，便是打造出多种印度土著语言和中文铅活字，使应用西方近代铅活字印刷技术出版这些东方语言书籍成为可能④。

为了实现塞兰坡传道站在 1804 年制定的将圣经翻译成全部东方语言的庞大计划，自 1806 年初开始，马士曼便与其长子约翰·C. 马士曼（John C. Marshman，1794—1877）一道跟随拉沙学习中文，并受凯瑞之托负责塞兰坡印刷所的中文印刷事务⑤。

塞兰坡的中文印刷经过了几个阶段的发展。

---

① Joseph Ivimey. Letters on the Serampore Controversy, printed for, and sold by the Author, 1831, p. 11.

② Sunil Kumar Chatterjee. William Carey and Serampore, p. 168.

③ G. A. Grierson. "The Early Publications of the Serampore Missionaries", The Indian Antiquary, 1903, pp. 241-254. 苏精：《马礼逊与中文印刷出版》，台湾学生书局，2000 年版，第 133 页。

④ 塞兰坡差会印刷所从 1800 年成立到 1867 年转设为加尔各答浸礼会出版社（Calcutta Baptist Mission Press），前后共存在了 67 年。

⑤ John C. Marshman. The Life and Times of Carey, Marshman, and Ward, Council of Serampore College, 2005, Vol. Ⅰ, pp. 244-245.

最初是1804年左右尝试以中国传统的木刻雕版印刷拉沙从亚美尼亚文圣经中翻译的《创世记》和《马太福音》的样张，但仅是实验性质①。对当时塞兰坡的传教士而言，由于中文雕版印刷技术很难掌握，且经费昂贵，他们甚至考虑从英国雇请一名善于木刻的技工到塞兰坡从事雕刻工作②。

大约从1808年开始，在继续尝试采用雕版印刷《马太福音》的同时，为了印刷出版马士曼的英译《论语》（书中有大量中英文对照的《论语》引文），塞兰坡印刷所开始以每月4镑的薪水雇用一名华人来督导孟加拉土著工匠雕刻中文木活字，每个字为1.6至1.8平方厘米。这些工匠曾长期在木头上雕刻用于印染在棉布上的各式花卉图案，木雕技艺极为娴熟③。他们采取的办法是在整片木板上雕刻好汉字后，再逐行锯成长条，与《论语》英译文的英文铅字对照排印④。1809年《论语》的英译本正式出版，由中文原文、译文、评注三部分构成，自"学而第一"译至"乡党第十"，这是继明末清初天主教传教士之后，首次用英文比较翔实地将半部《论语》介绍给西方。该书出版时，因穿插其间的中文木活字很大，英文铅字间留空很多，以致造成四开本的英译本竟长达725页⑤。

1809年，作为学习中文的成果，马士曼还同时撰写了一篇研究中文字符和发音的专题论文《论中文之字符与字音》，其中所使用的汉字

---

① John R. Hykes. Translations of the Scriptures into the Languages of China, p. 2, "Marshman's Version", American Bible Society, 1916.

② Baptist Missionary Society. Memoir Relative to the Translations of the Sacred Scriptures, printed by J. W. Morris, Dunstable, 1808.

③ Baptist Missionary Society. Memoir Respecting the Translations, Monthly Circular Letters Relative to the Mission in India. the Mission Press, 1809.

④ "A Second Memoir of the State of the Translations in a Letter to the Society", Periodical Accounts Relative to the Baptist Missionary Society, 1810.

⑤ Joshua Marshman. The Works of Confucius, Vol. 1. the Mission Press, 1809. 从该书的译文看，其使用的《论语》版本很可能是朱熹《四书集注》中的《论语集注》。据康太一的考证，该译本"评注"部分实际上是马士曼对朱熹《四书集注》中《论语集注》的英译，有的是全译，有的则是节译（康太一：《从英译〈论语〉到汉译〈圣经〉：马士曼与早期中西对话初探》，北京外国语大学中国海外汉学研究中心博士学位论文，2013年，第65～66页）。

木活字则较小，应该是整片木板刻成后逐字锯开排印，和大活字排印的处理方法有所不同①。这种逐字锯开的小木活字汉字以后也应用到圣经的中文翻译印刷中，以补充部分不常用字（图 1、图 2）。

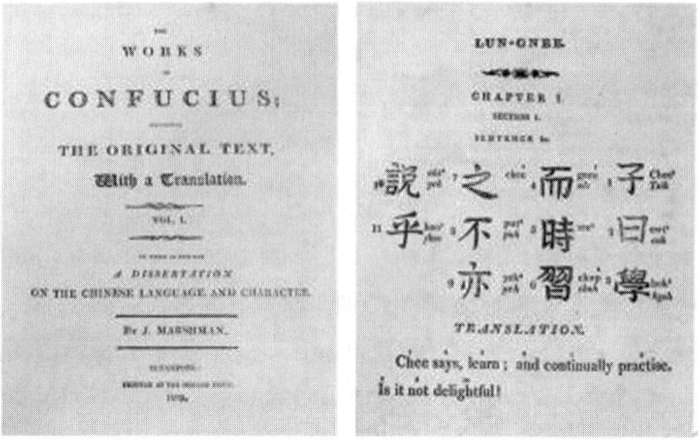
WORKS
CONFUCIUS;
THE ORIGINAL TEXT,
With a Translation.
VOL. I.
A DISSERTATION
ON THE CHINESE LANGUAGE AND CHARACTER.
BY J. MARSHMAN.
1809.

LUN-GNEU.
CHAPTER I.
SECTION I.
SENTENCE 1.
子曰學而時習之不亦說乎
TRANSLATION.
Chee says, learn; and continually practise. Is it not delightful!

图 1　英译《论语》（1809）中的木活字样张（牛津大学安格斯图书馆藏本）

ON THE CHINESE LANGUAGE. xxxv
1. 見 K-in, 溪 kh-ee, 郡 k-wun, 疑 gn-ee.*
2. 端 T-uin, 透 t'h-ou, 定 t-ung, 泥 ng-ee.†
3. 知 Ch-ee, 徹 chh-it, 澄 ch-ing, 娘 n-yong.‡
4. 幫 P-ong, 滂 ph-ong, 並 p-ing, 明 m-ing.§
5. 非 F-uee, 敷 fh-oo, 奉 f-oong, 微 m-ee.‖
6. 精 Ts-ing, 清 tsh-ing, 從 ts-oong, 心 s-in, (or sum) 邪 s-e¶
7. 照 Tch-eu, 穿 tchh-in, 狀 tch-ong, 審 sh-in, 禪 sh-yun**
8. 影 Y-ing, 曉 h-yeu, 喻 y-ee, 匣 hh-ip.††
9. 來 L-ai (or loi) 日 y-ut (or yit*).‡‡

图 2　《论中文之字符与字音》（1809）样张（牛津大学安格斯图书馆藏本）

由于木活字体积太大，印刷时会耗用大量的纸张，加之容易损坏，时常需要重刻，并不实用。因此，在 1813 年之前，新教传教士们在中国沿海和印度塞兰坡翻译、出版的中文圣经，基本上均是采用中国传统

① Joshua Marshman. Dissertation on the Characters and Sounds of the Chinese Language, Serampore, November, 1809.

的雕版印刷技术，与中国坊间流传甚久的刻书、印书方法无异。

1810 年，马礼逊在广州根据他从英国携带来的由法国耶稣会传教士白日昇所遗留下来的部分汉译圣经稿本《四史攸编耶稣基利斯督福音之会编》，整理并出版了《新约全书》中的《使徒行传》，取中文名《耶稣救世使徒行传真本》，该书的印刷即采用传统的雕版印刷方式①。同年，马士曼和拉沙在塞兰坡翻译出版了《新约全书》中的《马太福音》，取中文名《此嘉语由于呀咪所著》，该译本也是采用传统的雕版印刷，线装一册，共 95 面②。1811 年，马士曼与拉沙又在塞兰坡翻译出版了《新约全书》中的《马可福音》，取中文名《此嘉音由呀嘞所著》，此译本同样系采用木刻雕版印刷，线装一册，共 56 面③（图 3、图 4）。

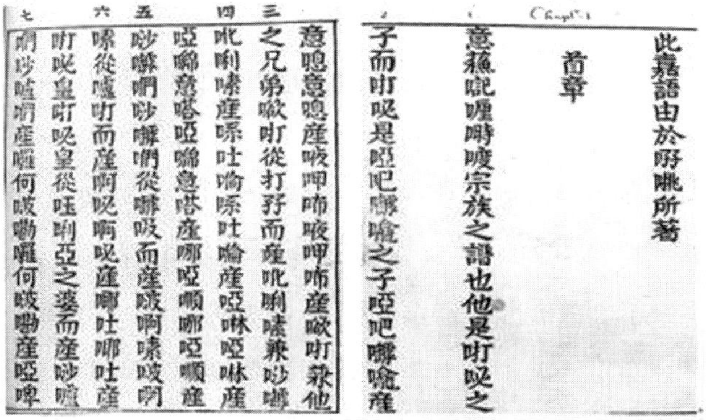

图 3　《此嘉语由于呀咪所著》（《马太福音》，1810）样张（剑桥大学圣经会图书馆藏本）

① 马礼逊：《耶稣救世使徒行传真本》，木刻本，线装一册，前有马礼逊所撰写的序言，现藏剑桥大学圣经会图书馆。原书并未注明出版日期，笔者从伟烈亚力和米怜说，判断出版日期为 1810 年底。

② 马士曼、拉沙：《此嘉语由于呀咪所著》（《马太福音》），塞兰坡差会印刷所 1810 年木刻版，藏剑桥大学圣经会图书馆。该藏本不注页码，仅标“章”与“节”（第 13 章以后标“篇”），封面纸张呈暗红色，未注出版地、出版时间和译者名字，但其内封有传教士签名，并注明此书于 1810 年出版。

③ 马士曼、拉沙：《此嘉音由呀嘞所著》（《马可福音》），塞兰坡差会印刷所 1811 年木刻版。分别藏于牛津大学安格斯图书馆和剑桥大学圣经会图书馆。有关此书的出版年代有两种说法：大英圣书公会所出中文圣经目录标明此书出版于 1810 年；而早期传教士伟烈亚力则判断该书出版于 1811 年。笔者从伟烈亚力说，因在 1810 年初的《译经备忘录》中，提到了《马太福音》的整个雕版已完成，并开始少数印张的校对，但尚未提到《马可福音》的制版和印刷情况，应是稍晚于《马太福音》的印刷和出版。

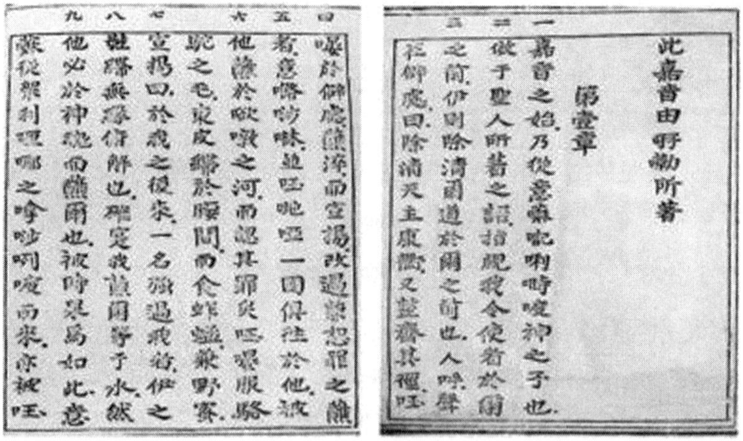

图 4《此嘉音由呀嘞所著》(《马可福音》，1811) 样张（牛津大学安格斯图书馆藏本）

大约在 1811 年上半年，塞兰坡传教士们开始借用西方的铅印技术来制造中文的铅活字。据称最初的想法来自一位学习中文的传教士的子弟，他建议改变传统的中文印刷方式，采用西式铅印的办法印刷中文圣经。其原因是在采用雕版印刷《马太福音》和《马可福音》的过程中，他发现最困难的是校对，一旦发现有错误就得重刻，十分麻烦①。于是，他们决定引入西方的铅活字印刷技术以改进中文的印刷。他们依靠当地的工匠，并在几名中国人的帮助下尝试制造了两副中文铅活字。其中，一副每个字为 0.8 平方厘米，另一副为每个字 0.5 平方厘米，比《论语》英译本中所使用的中文木活字要小许多②。在不长的时间内，他们克服重重困难，中文铅字铸造工作进展迅速。在 1808 年，传教士们还悲观地认为，鉴于雕版印刷的费时费力以及价格昂贵，“用该语言（汉语）印刷全部圣经，还是一件为时遥远和不太现实的事”③。然而在 5 年之后的 1813 年，他们已经可以乐观地宣称，塞兰坡差会印刷所已

---

① A Third Memoir of the Translations Carrying on at Serampore, in a Letter Addressed to the Society, Serampore, Aug. 20, 1811.

② 苏精：《马礼逊与中文印刷出版》，台湾学生书局，2000 年版，第 144 页。

③ Memoir Relative to the Translations of the Sacred Scriptures (printed by J. W. Morris, Dunstable, 1808), p. 15.

准备好用中文铅活字印刷全部圣经[①]。其间，尽管在 1812 年3 月11 日夜间，塞兰坡印刷所曾经发生了一场大火，造成巨大损失，但庆幸的是多年积累的各种东方语言（包括中文在内）的字范（punches）和字模（matrices）却在火灾中得以幸存，这使印刷所的铅活字印刷工作很快得以恢复[②]。

三、《若翰所书之福音》——中国第一本西式铅印的中文书籍

对塞兰坡传教士的中文印刷事业而言，1813 年是一个重要的转折点。其标志性的成果，便是通过若干年的探索和尝试，塞兰坡印刷所在马士曼的主持下，终于在该年用西式铅印技术印刷出版了很可能是近代第一本铅活字汉语书籍的《若翰所书之福音》（即《新约全书》中的《约翰福音》）[③]。

笔者所见的《若翰所书之福音》，一是收藏于剑桥大学圣经会图书馆的最早版本（1813 年），该译本共 21 章，36 页（双面），封面呈黄色，铅字活版印刷，线装一册，注明于 1813 年在印度塞兰坡印行，书末附有《若翰书函》三卷，但仅存 7 页（双面），不全。该馆所收藏的此书另一个版本，内封题名为《耶稣救世使徒若翰所书福音》，书末附“若翰书函”，系 1814 年的重印本。此外，笔者还在牛津大学摄政公园

---

① Memoir of the Serampore Translations for 1813（printed by J. G. Fuller，Kettering，1815）.

② John C. Marshman. The Life and Times of Carey，Marshman，and Ward，Vol. 1，p. 469. 根据一份当时的“火灾损失清单”，这场大火烧毁了“四箱中文铅活字”（four cases of Chinese metal types），以及精心刻制的《论语》《中庸》和《大学》的木雕版（Katharine Smith Diehl. Early Indian Imprints，the Scarecrow Press，Inc.，1964，pp. 54-55）。苏精的著作亦提及，“这些活字（指塞兰坡中文活字——引者）在 1812 年印刷所大火中焚毁，但灾后又迅速重铸重刻”（苏精：《马礼逊与中文印刷出版》，台湾学生书局，2000 年版，第 144 页）。而现在看来，当年能够迅速重铸重刻的关键，可能就在于一批已打造好的中文字范竟意外得以保存下来了。

③ 《若翰所书之福音》（《约翰福音》），塞兰坡差会印刷所 1813 年铅活字版。

学院（Regent's Park College）的安格斯图书馆（The Angus Library）见到该书1813年的另一个版本（图5），系铅字活版印刷，西式精装一册，英文题名，共21章，72页，印刷和装帧均十分精美①。

在1813年8月致瑞兰德的一封长信中，马士曼详细介绍了印刷出版《若翰所书之福音》的整个过程。他认为，能够用铅字活版印刷圣经的中文译本，是塞兰坡浸礼会传道站所取得的一项了不起的成就，铅字活版印刷不仅字形美观、清晰，持久耐用，而且克服了传统雕版印刷的诸多不便，可以随时根据需要增删字词，并可多次和大量地进行印刷，且成本较低，比雕版印刷省费甚多②。根据马士曼的计算，采用铅字活版印刷比传统雕版印刷通常节省经费达2/3③。马士曼还指出，如果在塞兰坡同时用铅字活版和雕版两种方式印刷圣经，铅字活版印刷从铸字到出版的费用仅为雕版印刷的1/4，如果将在塞兰坡用铅字活版印刷圣经与马礼逊在中国用雕版印刷圣经相比，前者的费用仅为后者的1/3④。

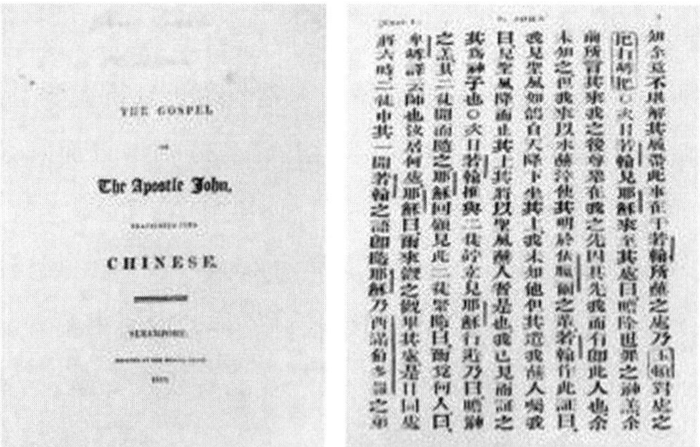
THE GOSPEL

The Apostle John,

CHINESE

图5 《若翰所书之福音》（《约翰福音》，1813）样张（牛津大学安格斯图书馆藏本）

① 该书刚一出版，马士曼即寄赠一本给瑞兰德，并同时寄赠一本给浸礼会国内总部的相关委员会，足见其对首次用中文活字印刷该书极为重视（A Letter from Dr. Marshman to Harrington&Thomason，Jul. 28th，1814）。

② A Letter from Dr. Marshman to Dr. Ryland，Aug. 20th，1813；A Memoir of the Serampore Translations for 1813（printed by J. G. Fuller，Kettering，1815），pp. 16-17.

③ Extract of a Letter from Dr. Marshman to Dr. Ryland，December，1813. 马礼逊则认为马士曼的估计过于乐观，实际上在中国国内，雕版印刷并没有马士曼想象得那么贵。

④ A Memoir of the Serampore Translation for 1813，pp. 36-39.

对1813年马士曼等首次用铅字活版印刷中文出版物的意义，马士曼的长子约翰·马士曼评论道：“这是自2000年前中国印刷术发明以来的一项最值得纪念的改进之一，不仅仅因为它使书籍在印刷过程中易于修订，而且经济实惠。在其他传教团体采用铅印技术之前，这项源于塞兰坡并在相当程度上成熟于塞兰坡的印刷技术的改进，开创了中国印刷史的一个新的时代。毫无疑问，当中国人自己大量采用这一印刷技术时，便意味着中国传统的雕版印刷开始逐渐被西方近代印刷术所替代。”① 传教士们预言，这项发明如能运用于对一个拥有约3亿人口的中国传教，以及汉语使用广泛的爪哇、槟榔屿等东南亚岛国及缅甸等地，其传播基督教的意义和商业意义都是难以估量的②。

根据约翰·马士曼的记述，塞兰坡印刷所最初的中文铅字制造虽得力于当地的几位技工，但使中文铅字真正变得精美、实用，则是在1812年左右印工出身的传教士约翰·劳森（John Lawson）加入塞兰坡差会之后。早在1807年，马士曼就曾向伦敦的浸礼会总部写信，希望能得到劳森的帮助以发展塞兰坡的中文印刷事业。劳森1811年受洗成为浸礼会信徒后，即携妻与几名传教士一道启程前往加尔各答，后几经周折，方获准前往塞兰坡传道站。正是他的到来，使塞兰坡印刷所的中文铅活字印刷技术取得了突破性进展，具备了批量印刷中文书籍的可能性③。劳森的功劳主要是通过他在铅活字雕刻和铸造方面的专业知识，使塞兰坡印刷所的金属中文活字字形变得更小，更实用，也更加美观，这使得无论是印刷圣经、教科书、传道小册子，还是一般意义上的知识传播，都变得更加容易，其应用也更为广泛④。

---

① John C. Marshman. The Life and Times of Carey, Marshman and Ward, Vol. Ⅱ, pp. 63-64.

② Brief View of the Baptist Missions and Translations (printed by J. Hadden, 1815), p. 30.

③ John C. Marshman. The Life and Times of Carey, Marshman and Ward, Vol. Ⅱ, p. 63.

④ Katharine Smith Diehl. Early Indian Imprints. the Scarecrow Press, Inc., 1964, p. 41.

研制中文金属活字，在当时大致有单纯制造中文活字和先制作汉字字模再铸成活字两种不同的制造办法。前者有：(1) 在铅锡合金铸成的坯上用手工刻成单个活字。较早的事例有 1815 年英国工匠汤姆斯 (Thomas) 于澳门印刷所在铅锡合金块上雕刻汉字①。(2) 用中国的木质雕版翻铸铅版再锯成单个铅活字。如 1833 年左右，英国传教士台约尔 (Dyer，又译戴尔)② 在马六甲用一套木刻书的雕版浇铸铅版，然后再锯成单个中文活字的初期尝试；以及在 1834 年，英国有人用一套雕版浇铸成铅版，制成 700 个中文活字③；1834 年春，在美国波士顿有人用中文布道书的雕版 24 面浇铸铅版，制成活字两套，并运至广州的美国传道会书馆④；1838 年，法国巴黎皇家印刷局购得中文雕版一副，浇铸铅版，锯成活字，输入中国国内排印教会印刷品⑤。

先制作汉字字模再铸成活字的事例则有：(1) 在铜板上刻凿凹下的字模用以铸字。如 1833 年德国传教士郭实猎 (Gutzlaff)⑥ 在铜板上用手工刻凿出正文凹下的汉字字模，约 4000 字，后送往印度塞兰坡用以浇铸铅活字，但未能取得成功⑦。(2) 用手工雕刻反文高凸钢质字范 (punch)，再用字范翻制成铜质阴文字模 (matrix)，最后通过字模浇铸

---

① 至于认为汤姆斯系受马士曼之托到澳门“镌刻字模，浇铸华文铅字”（贺圣鼐、赖彦于：《近代印刷术》，商务印书馆，1935 年版，第 3 页）的说法，则缺乏足够证据。

② 台约尔在世时所使用的中文名目前不可考，1875 年出版的王韬《翁牖余谈》（卷五）的《西国印书考》一文中，曾率先使用台约尔之名，故以台约尔为其中文名较妥（张陈一萍、戴绍曾：《虽至于死：台约尔传》，广西师范大学出版社，2015 年版，第 324～327 页）。

③ 张秀民、韩琦：《中国活字印刷史》，中国书籍出版社，1998 年版，第 170～171、173 页。

④ 范慕韩：《中国印刷近代史（初稿）》，印刷工业出版社，1995 年版，第 67 页。

⑤ 贺圣鼐、赖彦于：《近代印刷术》，商务印书馆，1935 年版，第 4 页。

⑥ 郭实猎过去通常译为郭实腊、郭士利、郭士立等中文名，黄时鉴、李骛哲等主张应采用他自己所起的中文名“郭实猎”。李骛哲关于郭实猎的中文姓名及其生平事迹的最新研究，可参见李骛哲：《郭实猎姓名考》，《近代史研究》2018 年第 1 期，第 138～148 页。

⑦ S. Wells Williams. Movable Types for Printing Chinese, The Chinese Record and Missionary Journal (1868—1912), Jan. 1, 1875. 同时参见范慕韩：《中国印刷近代史（初稿）》，印刷工业出版社，1995 年版，第 67 页。

成铅活字（type）。这是西方制造铅活字的常规工艺①。如台约尔在后期制造铅活字时主要采用此法，他生前共制成钢质字范 1845 枚，并已开始着手打造一副更小的字范，但并未完成②。1833 年《中国丛报》还报道过当时印度（极可能在塞兰坡）有人铸造中文铅活字，可能也使用了钢字压模③。（3）1834—1835 年间，法国铸字工匠李格昂（Marcellin Legrand）在汉学家包铁（Guillaume Pauthier，1801—1873）的指导下，通过雕刻钢质字模，采用拼合字（又称叠积字）的办法制作中文活字，取得成功，并经美国长老会传至中国。但因按部首和偏旁拼合出来的活字字形难看，不合比例，故难以流行④。

遗憾的是，塞兰坡浸礼会传教士当初所用的铅字制作工艺方法，缺乏完整、明确的记载。根据 1813 年约翰·马士曼的记述，他们开始应该是先铸造出高度一致的金属柱体，然后在上面雕刻单个中文字（engraved the Chinese character），其工匠则称之为刻工（cutters），类似于汤姆斯在澳门为印刷马礼逊字典逐字雕刻金属活字的方法，遇到需要重复使用的汉字，则先采用西法制作钢质字范（steel punch），然后再用钢质字范铸造出所需的汉字。因此，大体上是苏精提到过的采取

① 苏精曾论述中西活字印刷术的不同：“中国活字是逐一手工雕刻而成，同一页文字内容出现几个同一字，就要雕刻几个同一字，每个字多少都会有些不同；活字排版后以手工左右水平刷印，并使用无法双面印刷的水性墨和薄纸。西式活字则先打造钢质字范（punch），再以字范在铜板上敲出字模（matrix），接着以字模铸出铅活字（type），同一页不论出现几个同一字，都自同一字模铸出整齐划一的活字，排版后以机器上下垂直压印，使用的是可以双面印刷的油性墨和较厚的纸。”（苏精：《铸以代刻：十九世纪中文印刷变局》，中华书局，2018 年版，第 5 页）

② S. Wells Williams. Movable Types for Printing Chinese, The Chinese Record and Missionary Journal（1868—1912），Jan. 1，1875. 同时参见贺圣鼐、赖彦于：《近代印刷术》，商务印书馆，1935 年版，第 5 页。

③ 范慕韩：《中国印刷近代史（初稿）》，印刷工业出版社，1995 年版，第 65～69 页。

④ S. Wells Williams. Movable Types for Printing Chinese, The Chinese Record and Missionary Journal（1868—1912），Jan. 1，1875. 张秀民、韩琦：《中国活字印刷史》，中国书籍出版社，1998 年版，第 174～177 页。值得注意的是，该书将 Guillaume Pauthier 译作“叟铁”是错误的，这个类似于“叟”的字，实系 Guillaume Pauthier 自造之字，为上“爪”下“叟”的组合。

“半铸半刻”的方法。关于塞兰坡印刷所的中文活字制作法，约翰·马士曼有如下一段较为翔实的记载：

这一年（1813）的翻译年报，特别提到了中文印刷术方面所取得的重大改进。第一本《福音书》就是采用中国普遍使用的传统印刷技术，在木质雕版上进行单面印刷，木雕版上的汉字都是由当地土著工人刻上去的。但是，大家很快发现，这种传统印刷方式使得《圣经》修订出版和印刷既费时又费钱。因为每次修订或发行新的版本都要对木质雕版重新刻制，每次都要开支刻版费。为此，采用欧式金属活字，这种既高效又经济的印刷系统，是一种明智的尝试。为了做到这一点，他们开始铸造高度一致的空白金属方块，再由刻字工人在上面刻上汉字。人们发现，相比雕版印刷，这种金属活字印刷要耐用五倍，并且其汉字笔画的清晰度不受任何影响。而且，使用这种单个铅字时，译者可以在译文校样上进行反复修订，非常便利。只有出现需要重复使用的汉字，他们才会打造钢质字范，用这些字范可以浇铸出任何数量的相同汉字。①

约翰·马士曼的记述还特别提到，在1812年约翰·劳森来到塞兰坡之前，“当地的字范刻工已经制作了大量的字范。不过，在劳森先生指导下，这些字范在美观和准确性方面才有了大幅提升”②。至于塞兰坡传教士和工匠们是否在钢质字范的基础上，进一步采用了西式铸字法的第二步——用钢质字范翻制成铜质阴文字模来浇铸汉字铅活字，约翰·马希曼的记述并没有作出进一步的说明，也暂时还没有发现明确的文献记载。因此，他们究竟是如何用钢质字范来铸造活字的，其工艺流程还并不清楚。尽管没有明确的记载，但至少他们在制作印度和其他各

① John C. Marshman. The Life and Times of Carey, Marshman and Ward, Vol. Ⅱ, p. 63.

② John C. Marshman. The Life and Times of Carey, Marshman and Ward, Vol. Ⅱ, p. 63.

种东方语言文字的铅活字时，的确曾采用了铜质字模来铸字的方法①，可见他们对这一技术并不陌生，也完全有可能用此法来浇铸常用的中文铅活字，只是目前暂时还没有发现直接的文字证据②。

四、1813年以后的中文印刷出版

继1813年首次出版《若翰所书之福音》之后，塞兰坡印刷所又相继印刷出版了一系列铅印中文书籍。

1814年，塞兰坡印刷所印刷出版了马士曼用英文写作的研究汉语语法的著作《中国言法》。该书是马士曼在其前期论文的基础上，从汉语的字形、发音、语法等方面对汉语作了系统的研究，应该是最早出版的用英文所撰写的中文语法书③。

值得注意的是，该书虽用英文写成，但其中引用了大量中文典籍原句作为例句，涉及四书、五经、《四书章句集注》（朱熹著）等大量古

---

① 根据约翰·马士曼的记述，1812年3月11日晚塞兰坡差会印刷所发生大火后，凯瑞、马士曼等第二天意外地得知，沃德在清理曾经存放字范和字模的废墟时，竟出乎意料地发现它们并未毁损，“如果传教士们花费了十年工夫打造的、价值连城的字范和字模毁于一旦，其正在推进的印刷事业势必被耽误很长时间。因此，当沃德发现这批保持完好的字范和字模之后，失望之心情顿时一扫而空，于狂喜中开始盘算如何尽快恢复活字印刷工作”（The Life and Times of Carey, Marshman and Ward, pp. 469-470）。由此可见，这些东方语言文字的字范和字模对传教士们有多么重要，同时也说明他们当时已经引入了利用字范、字模铸字的完整的西式铅活字制作和印刷工艺。也有记载更清楚地说明，当时火灾中保留下来的还有14种印度语言的4000个钢质字范以及5台印刷机（Sunil Kumar Chatterjee. William Carey and Serampore, p. 169）。

② 传教士们之所以没有提到用字范如何打造出中文铅活字，其原因也有可能是在铅活字制作过程中，打造实用的钢质字范是关键一步，有了钢质字范后，在铜板上冲压出字模并浇铸铅活字是极其自然的后续工艺，或用不着专门叙述。如台约尔就曾经提及，“制作中文铅字最大的困难便是打造美观、便宜的钢质字范，有了这样的钢质字范，就可以冲压出铜质字模，并浇铸出活字”。Samuel Dyer. “Chinese Metal Type”, The Chinese Repository（1832—1851）, Feb. 1, 1834.

③ 《中国言法》，英文名 *Elements of Chinese Grammar*，塞兰坡差会印刷所1814年版。其中的中文系用铅活字印刷，全书长达600余页。通常又被称作 *Clavis Sinica*，比马礼逊的中文语法书《通用汉言之法》早一年出版，故称第一本用英语撰写的汉语语法书。

籍，这些中文例句均用中文铅字印出，穿插于英文著述之中。《中国言法》之后还附有中国儒家典籍《大学》的英译本，系由约翰·马士曼翻译，由马士曼审定。该译本系中英对照，并附有汉字的对照解释及相应练习。因此，该书虽系英文著作，却也可作为中文铅字印刷的样本进行分析（图 6）。

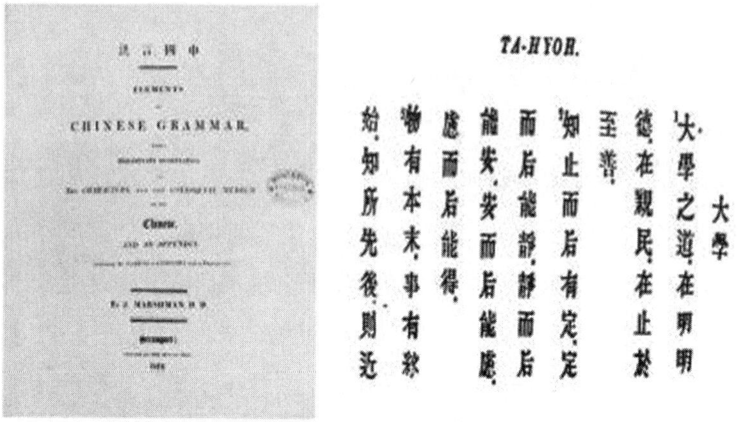

图 6　《中国言法》(1814) 样张（牛津大学安格斯图书馆藏本）

在《中国言法》出版一年之后，1815 年经英国东印度公司的牵线介绍，塞兰坡印刷所出版了近代在华传教史上的另一部重要著作——马礼逊的《通用汉言之法》①。同马士曼的方法相同，马礼逊也是运用英语语法分析的方法，对中文语法进行系统的分析研究。该书涉及对汉语的发音、名词、数词、代词、动词、副词、介词、连词、感叹词的研究，末尾部分则论述了中国的方言、句法及韵律。尤其对汉语动词的研究极其深入，占全书的 2/3。书中所列举的大量汉语例句也是采用中英文对照方式，汉字则用铅活字印刷，十分精美。

“二马”（马士曼与马礼逊）的汉语语法书几乎同时出版，这在早期传教史上引发了一段“公案”：马士曼的语法书是否抄袭了马礼逊的语法书。“二马”双方当时各执一词，闹得很不愉快。根据笔者的研究和

① 马礼逊：《通用汉言之法》(*A Grammar of the Chinese Language*)，塞兰坡差会印刷所 1815 年版。其中的中文系用铅活字印刷。

判断，尽管马礼逊这本完成于 1811 年的汉语语法书在印度被耽搁至 1815 年才出版，而且负责出版的又是马士曼本人，但基本上马士曼并没有抄袭马礼逊，而是事出有因①。这里值得一提的是，当初（1812 年）广州英国商馆特选委员会（或译“决策委员会”）之所以将马礼逊的语法书推荐到遥远的印度去出版，正是考虑到当时塞兰坡差会印刷所已初步掌握了用铅活字印刷汉字的技术，并将其运用于中文圣经和相关中文书籍的印制出版工作②（图 7）。

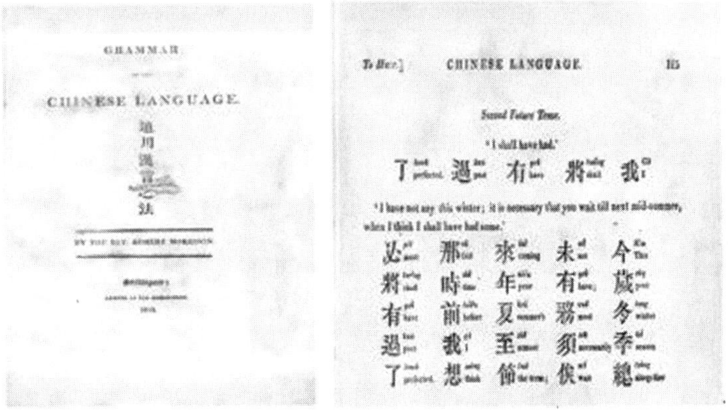

图 7 《通用汉言之法》(1815) 样张（加州大学伯克利分校藏本）

1815 年之后，塞兰坡差会印刷所的中文圣经翻译和印刷出版事业进入高潮期，先后用铅字活版印刷出版了以下汉语圣经篇章和全套汉语圣经③（图 8、图 9）。

---

① 具体分析可参见马敏：《语法书：马希曼是否抄袭马礼逊——19 世纪初早期英国传教士之间的一场争论》，陶飞亚、梁元生：《东亚基督教再诠释》，香港中文大学出版社，2004 年版，第 367～387 页。

② 1815 年左右，塞兰坡差会印刷所已经拥有 16 名工匠，共铸造了 4 副中文铅活字，计划总共要打造 6000 个铅活字，以满足印刷全部圣经及其他中文印刷物的需要，其西式中文印刷术在当时处于绝对领先地位。Brief View of the Baptist Missions and Translations (printed by J. Hadden, Tabernacle, 1815), p. 29。

③ 以下所列圣经各单行本和全书，均系笔者依据在牛津大学安格斯图书馆和剑桥大学图书馆所见各版本列出。关于 1830 年前早期传教士的中文圣经翻译及出版事业的情况，亦可参见《中国丛报》(*Chinese Repository*)，1835 年第 4 卷第 6 期，“圣经中译本”(Chinese Version of the Bible) 和约翰 · R. 海克斯所著《〈圣经〉中文译本列表》(John R. Hykes. Translations of the Scriptures into the Languages of China and her Dependencies. American Bible Society, 1916)。

图 8 《旧约圣经》(1817—1821 年)

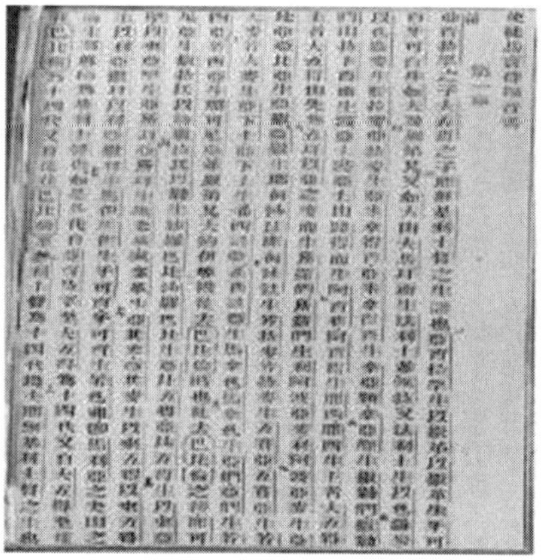

图 9 《新约圣经》(1815—1822 年)

1815—1822 年：《新约全书》，铅字活版印刷，线装，1 册，自《使徒马宝传福音书》(《马太福音》) 至《若翰显示之书》(《启示录》)。

1816 年：《神造万物书》(《创世记》)，铅字活版印刷，西式精装，1 册。

1817—1821 年：《旧约全书》，铅字活版印刷，线装 4 册。其中，《神造万物书》至《摩西复示律书》(《律法书》)，1817 年；《若百书》(《约伯记》) 至《所罗门之诗歌》(《雅歌》)，1818 年；《先知以赛亚之书》（《以赛亚书》）至《依士得耳之书》（《以斯帖记》），1821年。

1822年：圣经，铅字活版印刷，西式精装，两册。第一册：《神造万物书》至《依士得耳书》；第二册：《若百书》至《若翰显示之书》。此即世界上第一部正式出版的中文圣经。

1823年：《神造万物书与以至百多书》，铅字活版印刷，西式精装1册，修订本。

五、塞兰坡浸礼会中文印刷事业之地位与影响

印度塞兰坡英国传教士所开创的中文铅活字印刷事业说明，由古腾堡发明的西方近代印刷术的西学东渐，实际有多个源头。其中最主要的，一是19世纪初期马士曼等在印度塞兰坡浸礼会传道站最早开始的中文铅活字印刷的尝试；二是几乎在同一时间，伦敦会的马礼逊、汤姆斯、米怜、马儒翰（John R. Morrison）、台约尔等先后在澳门、马六甲、槟榔屿、新加坡等地对中文铅活字印刷的不断探索[①]。尽管最终是伦敦会台约尔铸造的中文活字成为近代中国印刷市场上铅活字的主流，其造字方法也一脉相承地流传下来[②]，但在早期却是远在印度的塞兰坡

---

① 台约尔在1833年曾提到，19世纪30年代之前，实际上仅有三副金属中文活字在用于印刷实务。一副是汤姆斯在澳门印刷所打造的中文活字，一副是由马礼逊、米怜在马六甲主持打造的中文活字，再者就是马士曼在印度塞兰坡印刷所主持打造的中文活字。台约尔认为，这三副金属中文活字共同的缺陷是活字的数量和种类还太少，字形也不太美观，太过西方化，再就是它们都是在金属柱体上按中式方法逐字雕刻而成，很难制作（当时台约尔很可能还不知道塞兰坡印刷所实际已采用了西式的铸字办法，但系半铸半刻——引者注）。参见“Literary Notices：Chinese Printing”，The Chinese Repository，Feb. 1，1833。

② 台约尔虽然只活了39岁，英年早逝，但他所倡导和实践的依照欧洲活字印刷术原理，通过打造中文字范、字模逐字铸造中文活字的方法得到不断推广。从1850年代初起，以美国人柯理（Richard Cole）研制的“香港字”为代表（柯理1851年铸成大小两副活字，每副4700个字；到1865年更达到每副约6000字），成为中文印刷市场上最主要的活字，已基本能满足印制普通书籍的需要，深刻影响到其后150年间中文印刷出版传播的方式（张秀民、韩琦：《中国活字印刷史》，中国书籍出版社，1998年版，第172～173页；苏精：《马礼逊与中文印刷出版》，台湾学生书局，2000年版，第201～202页）。

浸礼会传教士的铅活字印刷一度占得鳌头，领风气之先①。澳门印刷所自1815年创立后，主要工作是用铅活字印刷马礼逊的《华英字典》（1815—1823年），此外则主要印刷用英文撰写的中文学习用书，以及英译的中文作品，基本上没有用铅活字印刷过完整的中文书籍（包括汉语圣经在内）。与之相对照，马士曼所在的塞兰坡差会印刷所，不仅用铅活字印出了第一部完整的中文书籍《若翰所书之福音》，而且还用铅活字印刷出版了全部中文圣经，再加上马士曼和马礼逊两部语法书中的大量汉字，可以说，塞兰坡差会印刷所的中文活字印刷相较于同时期的澳门印刷所，具有自身的优势和特点，其在中文活字印刷方面所取得的成就甚至超过了后者。

同时，也并非像一些人所想象的，马士曼等塞兰坡传教士的中文印刷事业因远在印度，因此对中国近代印刷技术的变革影响便十分有限。反之，通过传教士们频繁的信件往来以及传教团体之间的不断沟通，印度塞兰坡传教士的工作已突破地理的阻隔而影响到远在中国的传教士。

首先，需要澄清的一点，是印度塞兰坡传道站的中文铅活字印刷工作虽然为时短暂（1822年出版全部中文圣经之后便跌入低谷），但其印刷量和流通范围也并非原来所想象的那么微不足道。如马礼逊的《通用汉言之法》在1815年第一次印刷时共印了500部，其中大部分流入中国境内。又如，马士曼等1822年用铅活字印行的首部中文圣经，其中《旧约全书》共印了1600套，《新约全书》共印了3000套②，以后无论

① 据记载，从1800年至1834年，塞兰坡差会印刷所一共制作了包括中文在内的19种东方语言的铅活字（Sunil Kumar Chatterjee. William Carey and Serampore，p.170）。正是由于当时塞兰坡差会印刷所的中文活字印刷技术领先于其他地方，在1817年2月澳门印刷所遭香山县丞派差役突击搜查，华人工匠逃逸后，东印度公司广州商馆特选委员会（或译“决策委员会”）曾写信给印度总督，请求协助雇用四名孟加拉工匠到中国帮忙刻制中文金属活字，并指明最好是从塞兰坡浸礼会印刷所为马士曼刻制中文活字的工匠中挑选。后有两名孟加拉工匠应征，由广州商馆付费在马士曼指导下学习一年零七个月后，于1819年初搭船从孟加拉来华，约定工作期限为三年。可惜的是，有关这两名工匠来华后的工作情形，在广州商馆档案中却未有进一步的记载（苏精：《铸以代刻：十九世纪中文印刷变局》，中华书局，2018年版，第44页）。

② Brief Review of the Translation and Printing of the Sacred Scriptures by the Serampore Brethren，1834.

是全本圣经还是单行本的圣经篇章都陆续有加印。这些来自塞兰坡印刷所的中文圣经，相当一部分通过不同途径流传到南洋和中国，对中国教会产生了一定的影响，尤其在中国的英国浸礼会、美国浸信会等传教团体曾长期使用马士曼和拉沙的圣经译本。1843 年中国各教会在香港召开译经会议，商讨合作翻译一本比较权威的圣经译本——“代表本”(Delegates Version，或称“委办本”）时，马士曼和拉沙译本也被列为重要的参考译本之一①。

其次，还必须看到马士曼等在印度塞兰坡的铅活字印刷工作对马礼逊印刷观念的改变，也曾产生过重要影响。马礼逊于 1807 年来到中国后，一开始非常喜欢中国传统的雕版印刷方式，认为这是最适合印刷中文典籍的方式，其早期翻译的中文圣经也均采用雕版印刷。1811 年以后，马礼逊逐渐得知印度塞兰坡浸礼会传教士马士曼等正尝试使用铅活字印刷圣经，并收到过他们寄来的铅活字样品，但当时并未过于留意②。直到 1815 年，伦敦会理事会来函要求马礼逊比较雕版印刷与铅活字印刷在中国的利弊，他才开始认真思考这一问题，但他的结论是雕版印刷绝对优于铅活字印刷。在马礼逊看来，雕版印刷具有如下几项优势：一是可以节省排版的工夫与可能发生的排版错误；二是刻字比铸字便宜，刻板比活版更耐于压印；三是刻板用后可以储存并重复印刷；四是刻板印刷的文字可平匀地呈现于中国的簿纸上，美观醒目，更适合于印刷中国经典文献③。马礼逊还批评马士曼等塞兰坡的传教士过分夸大了铅活字印刷的成本远低于雕版印刷的说法，认为他们所述与事实不符，大有招徕生意之嫌。马礼逊还指出，按照他本人在中国出版新约圣经的经验，估计刻印全部圣经的费用应为 560 镑，而不是马士曼过高估

① 马敏：《马希曼、拉沙与早期的〈圣经〉中译》，《历史研究》1998 年第 4 期，第 45～45 页。

② LMS/CH/SC，1.2A.，Morrison to the Directors，Macao，no date，November，1811. 苏精：《马礼逊与中文印刷出版》，台湾学生书局，2000 年版，第 14 页。

③ 苏精：《马礼逊与中文印刷出版》，台湾学生书局，2000 年版，第 14～15 页。

计的1600镑。这样，马士曼所宣称的印刷全部圣经所需要的金属活字成本（400镑），只是木刻（1600镑）的1/4的说法是站不住脚的①。但在1820年代中期以后，马礼逊对铅活字印刷的态度有了较大的变化，不再固执地认为雕版是中文印刷的唯一之法，转而认为加快铸造铅活字，采用西方近代印刷技术才是中国印刷业发展的根本出路。他也开始积极支持和尝试用铅活字印刷中文书籍，认为“没有什么比铸造出便宜的中文活字更为重要”，“这是在东亚和南洋各岛传播有用知识和基督宗教的首要目标”，甚至提出希望英国成为第一个造出中文铅活字的国家②。

马礼逊态度的转变，固然有多方面的原因，但其中也不排除他在与马士曼等塞兰坡的传教士就印刷媒介的长期争论中，也逐渐体会到铅活字印刷的先进、便利之处。如在塞兰坡印刷出版的马礼逊的《通用汉言之法》，内中汉字的印制和封面装帧都极其精美，绝不亚于中国传统的雕版印刷。尽管没有明确的记载，但相信通过各种途径，尤其是通过长期支持他和马士曼圣经中译工作的大英圣书公会（British and Foreign Bible Society）的介绍，马礼逊有机会见到过塞兰坡的传教士用铅活字印刷的圣经版本，这应该给他留下了深刻的印象。至少，他曾提及，他收到过马士曼寄赠的中文语法书，以及辗转从友人处得到过塞兰坡印刷所翻译印制的部分中文圣经。虽然马礼逊对他们的汉译水平不敢苟同，但对其印刷水平却未置一负面之词。如果大胆设想一下，在中国本土作出赶超塞兰坡传教士印刷水平的事业，很可能是晚年马礼逊隐藏胸中的大志。他晚年对中文铅活字印刷不遗余力地提倡，以及对他的儿子马儒翰、后继者台约尔在中文铅活字印刷事业上的大力支持，似乎都可以加

① LMS/CH/SC，1.4B.，Morrison to Burder，Canton，11 October，1815. 苏精：《马礼逊与中文印刷出版》，台湾学生书局，2000年版，第146页。

② “Literary Notices：Chinese Printing”，The Chinese Repository（1832—1851），Feb. 1，1833. 苏精：《马礼逊与中文印刷出版》，台湾学生书局，2000年版，第16页。

以印证。

很有意思的是，据约翰·马士曼所言，在19世纪30年代，塞兰坡所开创的有别于中国传统雕版印刷术的新的汉字印刷方法——中文铅活字印刷法，已经对在中国的传教士产生了广泛的影响。一位新教传教士曾写信给马士曼，希望能了解塞兰坡中文活字印刷的细节，包括他们是如何制造铅活字的，有没有造出钢质的字范，他们的印刷工匠都是些什么人，等等。同时，马礼逊的儿子马儒翰和德国传教士郭实猎也曾来函询问对他们翻译的《新约圣经》印象如何，能否用塞兰坡印刷所的铅活字印刷。一位在越南（1803年前称安南）待了多年的天主教主教也专程来到塞兰坡，表示希望能用塞兰坡的中文活字印刷他正在编辑的一部大型越南语-拉丁语字典（Anamitic and Latin Dictionary），即多位天主教传教士持续多年编纂的《南越洋合字汇》①。而根据塞兰坡差会1838年第11期《译经备忘录》，那位给马士曼写信求教的新教传教士，其实就是当时居于马六甲的伦敦会传教士台约尔。台约尔所要实现的目标，是要以纯粹的西式活字铅印技术来印刷中文，而他当时遭遇到的最大难题，就是如何制造钢质的中文字范（steel punch for Chinese character）。他提出，希望塞兰坡差会能将已制造出的较小的中文字范寄给他一些以供参照，后者答应了他的请求，同意寄给他所要求的字范作为参照②。由此可见，台约尔在打造他的中文铅活字字范时，在一定程度上得到塞兰坡差会的帮助，或者说多少受到塞兰坡铅活字制作和印刷方法的影

① 以上相关记载均见于John Clark Marshman. The Life and Times of Carey，Marshman and Ward，Vol. Ⅱ，p. 498。其中所提到的那位法国主教实系巴黎外方传教会让·路易·塔贝德神父（Jean Louis Taberd，1794—1840），他曾长期在越南（安南）传教，后为逃避越南明命帝（Minh Mang，1820—1841）、阮福晈（1791—1841）对传教士的迫害，先于1834年逃亡到槟榔屿（Penang），然后又于1836年移居印度加尔各答，在逃亡期间继续重新编纂天主教传教士百多禄主教（Pigneau de Behaine，1741—1799）等未完成的《南越洋合字汇》这部大字典，并于1838年在塞兰坡印刷出版。而之所以要用塞兰坡的中文活字来印刷《南越洋合字汇》，则是因为当时的越南文字中包含大量中文词汇（“The Cochin-Chinese Language”，The North American Review，Vol. 52，No. 111，1841，pp. 404-423）。

② Eleventh Memoir of Translation，Baptist Mission Press，1838，p. 4.

响①。根据1838年第11期《译经备忘录》的记载，塞兰坡印刷所在先前印刷各版本圣经时，曾经总共铸造了1300个常用汉字的钢质字范（这同台约尔经过精心计算后认为常用汉字的数量约为1200个十分接近），而为印刷《新约圣经》在铅合金柱体上直接刻制的不常用金属活字则为1700个。他们曾计划将这1700个不常用字全部打造成字范，以便形成一套完整的用字范、字模铸造的规范、适用的铅活字，认为这样就能满足世界各地用铅活字印刷中文的需要②，但他们的这一计划显然并没能最终完成。塞兰坡最后实际使用的铅活字仍为半铸半刻的大小四副（其实际的总数量尚不清楚，只是曾计划要打造约6000个活字），在规格上基本上是不断缩小字体，外形上则越来越清晰、美观，以尽可能符合中国人的审美情趣③。他们曾用其中最大的一套铅活字于1813年印刷了《若翰所书之福音》（《约翰福音》），而从1815年到1822年陆续印刷全本中文圣经时使用的则是其中最小的一套活字，以求尽可能同英文的八开本圣经版本在厚薄上保持大体一致，便于传教士们出门时携带④。在1837年左右，又曾准备用大号活字印刷郭实猎提供的中文《新约圣经》（其预订费为2665.97卢比），但这项工作后来似乎并未完成⑤。

在19世纪末和20世纪初，虽然是以马礼逊为先驱的伦敦会传教士

---

① 1832年台约尔已意识到，在开发中文铅活字印刷中，“字范是永久性的基础，只要一副字范便可以供应马六甲、广州、英国或任何地方的任何活字需要”。他建议伦敦会总部派人到南洋开始打造1200个常用汉字（参见苏精：《马礼逊与中文印刷出版》，台湾学生书局，2000年版，第196页）。这也正是他之所以写信向塞兰坡差会印刷所请教汉字字范制作技术的原因。19世纪30年代，以《中国丛报》为核心，金属中文活字的研制成为传教士们讨论的热门话题。从1832年到1835年，仅台约尔便围绕这一话题发表了7篇文章（张陈一萍、戴绍曾：《虽至于死：台约尔传》，广西师范大学出版社，2015年版，第84～86页）。

② Eleventh Memoir of Translation. Serampore: Baptist Mission Press, 1838, pp. 3-4.

③ 到1816年左右这四副大小不一的活字已基本打造成功，传教士们已在使用第四副最小的铅活字印刷圣经中的《摩西五书》和《使徒书信》。参见Memoir Relative to the Progress of the Translations of the Sacred Scriptures in the 1816. the Mission Press, 1816.

④ Eighth Memoir of Translation. Baptist Mission Press, 1822, pp. 24-25.

⑤ Eleventh Memoir of Translation. Baptist Mission Press, 1838, pp. 3-4. 郭实猎提供的中文《新约圣经》后来为什么没能在塞兰坡印刷所得以出版，其原因还有待进一步探讨。

将西方铅活字印刷技术普遍推广到中国国内，取代传统雕版印刷成为主导近代中国印刷业的主流①，但我们对远在印度塞兰坡的以马士曼为代表的浸礼会传教士的中文铅活字印刷技术的开创之功却也不容淡忘。历史的进步，毕竟是多种力量、多个源头合力推动的结果。历史研究者的责任，便在于客观地厘清内中相互缠绕、相互影响的复杂历史联系，而不仅仅是简单地以成败论英雄。

六、余论

马士曼等英国传教士在印度塞兰坡所开创的中文铅活字印刷事业，不仅是世界上最早采用谷腾堡发明的西方铅印技术来改造中国传统雕版印刷术的尝试，对中国近代印刷业的发展产生了深刻的影响，而且，对我们理解传教与经商、传教与文化传播等历史现象亦具有广泛而深刻的启示。

尽管英国传教士们在印度塞兰坡创办印刷所和采用铅活字印刷中文书籍，其首要目的是满足传教的需要，但同时不能排除其中也有商业的目的或采用商业手段来保障传教事业的需要。在实践中，传教士们往往不得不将传教与经商二位一体，在传教的同时又经商，通过经商为传教奠定物质、经济的基础。相较于天主教和基督新教中的基要派而言，浸

① 1860年代中期以后，其他的中文活字相继问世，尤其美国长老会传教士姜别利(William Gamble)在上海美华书馆所发明的电镀铸字法所铸活字，以其方法的简便易行和字型美观适用，逐步取代了台约尔中文活字在市场上的地位，成为中文活字印刷的主流方法，并东传至日本，对日本近代铅字印刷的发展起到了革命性的推动作用。但后起的活字在方法上与台约尔用西方办法逐字铸成美观、实用活字的方式并无二致，因此，实际上是一脉相承(参见张秀民、韩琦：《中国活字印刷史》，中国书籍出版社，1998年版，第187～189页)。印工出身的英国伦敦会传教士麦都思(W. H. Medhurst)在全面比较了雕版、石印和活字三种中文印刷方法之后，认为最适合和最可取的还是活字印刷法(参见"Estimate of the Proportionate Expenses of Xylography，Lithography，and Typography，as Applied to Chinese Printing；View of the Advantages and Disadvantages of Each"，Typographus Sinensis. The Chinese Repository，Oct. 1，1834)，这也预示了铅活字印刷法势将取代雕版和石印，中国书籍出版社，1998年版，成为近代中国印刷市场的主流方法。

礼会、伦敦会等力主海外传教的新教社会福音教派似乎对经商、办学、办报、慈善等社会活动更为热衷，认为这并不妨碍甚或有利于他们的传教事业①。在这方面，塞兰坡差会在新教传教史上也为我们提供了一个很值得研究的典型个案。

其实，塞兰坡传道站所从事的各种东方语言文字的活字印刷业务，只是其多种商业活动的一小部分，或者仅仅是其中的一个传动链条，它曾十分有效地带动了传教士们其他商业活动的扩展。除有偿承接塞兰坡丹麦殖民当局、英国殖民政府、东印度公司等的各种印刷业务外，塞兰坡传教士们的商业经营活动还包括投资债券、房产、造纸厂、印染厂，开设商业银行，举办有偿教育，发行报刊等十分广阔的领域。

在 19 世纪初，当浸礼会差会刚刚在塞兰坡立足时，经凯瑞提议，塞兰坡的英国浸礼会传教士们便将伦敦浸礼会总部汇来的 3000 英镑经费用来投资购买英属殖民政府发行的债券，按 12%的年利率计算，每年将获得 360 镑的利息用于扩充差会的经费。后来，他们又把从印刷业务中赚的一部分钱投入购买债券。马士曼夫妇则开始在塞兰坡举办教会寄宿学校（Mission Boarding Schools），主要招收当地欧洲侨民和商人的子女，实行全英语教学，收取学费②。按照凯瑞的估算，包括伦敦方面的汇款和印刷及办学的收入，如果每年有 4000 英镑用于购买英属殖民政府的债券，那么每年将会有 480 镑利息的收入，这样，“差传工作或可自主开展，而毋须再四处乞讨度日了”③。到 1825 年，马士曼夫妇及其长子约翰·马士曼在印度各地创办了 27 所收费和慈善性质的学校，

① 值得一提的是，天主教中的耶稣会也同样注重以商业的手段辅佐传教事业，从 16 世纪到 18 世纪，耶稣会士在澳门、广州、长崎、果阿等地便从事了大量的经贸活动，这些活动被称为“天主和财神的联盟”，为其传教事业奠定了雄厚的经济基础（参见顾卫民：《从印度洋到太平洋：16 至 18 世纪的果阿与澳门》，上海书店出版社，2016 年版，第 295～304 页）。

② Sunil Kumar Chatterjee, Hannah Marshman. The First Woman Missionary in India (published by Sri Sunil Chatterjee, 6 Chatterjee Para Lane, Sheoraphuli, Hooghly, 2006), pp. 43-45.

③ John Clark Marshman. The Life and Times of Carey, Marshman and Ward, Vol. Ⅰ, p. 122.

有学生 554 名①。也有记载认为，到 1818 年为止，塞兰坡英国浸礼会传教士在印度总共创办了 100 多所各类学校，招收的学生有将近 1 万人②。

1811 年，为了支撑塞兰坡的印刷事业，凯瑞、沃德和马士曼等还专门创设了一个规模不小的造纸厂（paper mill），以供应塞兰坡印刷所及当地所需的大量纸张，并使塞兰坡印刷业构成一个更加完整的企业体系。该厂起初主要是通过生产本地土纸，满足塞兰坡和孟加拉地区用纸的需求，后来通过引进英国的造纸原料和技术，逐步改造了易于被虫蛀的本地土纸，造出了可以替代欧洲进口纸的印度纸，尽管质量还比不过进口纸张，但却因成本低廉，拥有价格上的优势。该厂在 1820 年左右还引进了西方机器引擎来提供造纸的动力，此举不仅开创了印度近代机器造纸之先河，而且使塞兰坡逐步成为孟加拉重要的造纸中心，到 19 世纪五六十年代，其生产的纸张甚至可以在亚洲市场上同英国纸相竞争③。

报业也是塞兰坡英国浸礼会传教士较早介入的商业领域之一。1818 年 4 月，塞兰坡传教士创办了孟加拉语的《孟加拉期刊》（*Bengali Periodical*），由马士曼的儿子约翰·马士曼担任编辑。同年 5 月，马士曼又创办了孟加拉语的报纸《镜报》（*Mirror of News*），由塞兰坡差会印刷所刊印发行，凯瑞担任主编，但实际主要由马士曼主办，其子约翰·马希曼担任编辑，此报通常被视为印度本土现代报业的开端。同年，凯瑞、马士曼等还创办了一份名为《印度之友》（*The Friend of India*）的英文月刊，该刊以介绍印度本土的宗教和文学为主，同时也

---

① Joshua Marshman. Brief Memoir Relative to the Operations of the Serampore Missionaries, Bengal, 1827, pp. 12-13.

② Sunil Kumar Chatterjee. William Carey and Serampore, 2004, p. 121.

③ Sunil Kumar Chatterjee. John Clark Marshman (A Trustworthy Friend of India) (published by Sri Sunil Chatterjee, 6 Chatterjee Para Lane, Sheoraphuli, Hooghly), pp. 149-156; John Clark Marshman. The Life and Times of Carey, Marshman and Ward, Vol. Ⅱ, pp. 224-225.

介绍基督新教在印度及亚洲各地传教情况①。

1820年塞兰坡传教士们还尝试性地开设了一家小型的商业储蓄银行，引进了英国的商业储蓄银行模式，以吸收当地教徒和居民的存款，为印刷业、造纸厂等提供周转资金。但该银行的经营似乎并不太成功，仅仅维持了4年多便关闭了②。

到19世纪30年代左右，塞兰坡差会的各项商业（包括印刷所、造纸厂、各类学校、报刊等）估值（assets）约为126455.11卢比，与此同时，其承担的债务（liabilities）也高达135491.64卢比③。塞兰坡差会在传教外的这些广泛的商业活动以及其相对独立的财产权，后来曾一度引起英国浸礼会国内总部的质疑，并引发了塞兰坡差会与浸礼会总部长达十年的分离（1827—1837）④。

尽管存在争议，但作为新教世界传教运动的开创者，凯瑞、马士曼、沃德等传教士在印度塞兰坡将传教与经商融为一体，通过商业、教育、慈善和广泛的社会活动来推动传教事业的做法，为全球各地社会福音教派所竞相仿效，尤其以马礼逊为代表的伦敦会传教士在中国沿海不仅仿效凯瑞、马士曼等在印度的传教方式，而且也建立了自己的印刷所，围绕圣经汉译、中文论著、印刷媒介等领域，同远在印度的塞兰坡浸礼会差会展开了激烈竞争。传教与经商相结合、福音传播与知识和技术传播相结合，成为基督新教主流教派在亚洲各地传教的普遍做法。由此可见，塞兰坡传教士以圣经翻译和印刷事业为中心，扩展至教育、报业、社会慈善等领域的传教模式，影响所及不仅限于印度和中国沿海，而且还通过各地的浸礼会传道站扩展到爪哇等东南亚岛国和缅甸等地，

① John Clark Marshman. The Life and Times of Carey, Marshman and Ward, Vol. Ⅰ, p. 161, 164-165; Sunil Kumar Chatterjee. William Carey and Serampore, pp. 72-73.

② John Clark Marshman. The Life and Times of Carey, Marshman and Ward, Vol. Ⅱ, p. 223.

③ Sunil Kumar Chatterjee. William Carey and Serampore, p. 60.

④ John Clark Marshman. The Life and Times of Carey, Marshman and Ward, Vol. Ⅱ, pp. 345-346.

融入了日益扩大的近代亚洲知识传播圈和商业贸易圈①。

显然，如何通过研究塞兰坡传教士的中文印刷事业和其他商业活动，进而扩展到新教传教士在印度、中国乃至整个亚洲所建立的传教网络和商业网络，在更广阔的视域中进一步研究近代亚洲知识与技术的传播路线，追踪早期全球化在亚洲的扩散过程及其载体，这又是另一个更富有挑战性的学术课题。

［本文原刊于《近代史研究》2019 年第 6 期］

① 1840 年鸦片战争前，与塞兰坡差会印刷所相类似，兼具传教与商业双重性质的文化传播机构，还包括马礼逊、米怜、麦都思、裨治文、郭实猎等传教士在澳门和南洋创立的东印度公司澳门印刷所（1814）、马六甲印刷所（1815）、巴达维亚印刷所（1823）、新加坡印刷所（1835）等，它们都有自己相应的传教与商业活动的网络，并彼此相互支撑，共同推进在亚洲的差会传教事业。

牛津藏马士曼文献及其相关学术研究述论

自20世纪90年代以来，随着牛津藏英国浸礼会档案中马士曼相关文献的发现，学者们在基督教新教（以下简称“新教”）对华传教史研究中突破马礼逊（Robert Morrison）为“第一人”的成说，将视域扩大至印度，取得了一系列新的学术进展。本文拟系统梳理和介绍牛津藏马士曼文献的内容、价值及其相关学术研究，同时讨论在现有基础上如何从史料与理论两方面进一步深化新教对华传教史研究。

一、牛津藏马士曼文献概况

马士曼（1768—1837），英文名Joshua Marshman，中文文献中提到的译名有马施曼、马殊曼、马歇曼、麦西门、麻书曼、马士曼等。1768年4月20日，马士曼出生于英国威尔特希尔（Wiltshire）郡的威斯特伯雷（Westbury Leigh）。1794年，他加入了英国浸礼会，曾在从属于浸礼会的布里斯托神学院（the Bristol Academy）学习神学。1799年，继首个新教传教士威廉·凯瑞（William Carey）之后，马士曼与妻子一道，作为英国浸礼会派出的传教士赴印度加尔各答附近的塞兰坡（Serampore）传教。马士曼一生最大的成就，便是与拉沙（Joannes Lassar）一道，经多年努力，于1822年将全部圣经译成中文，开启了新教对华传教史的新篇章①。

1997年上半年，笔者在牛津大学访学期间有机会接触到摄政公园学院（Regent's Park College）安格斯图书馆（Angus Library）所保存的马士曼文献，该文献从属于英国浸礼会档案［The Baptist Missionary Society Archives，1736—1939，Reference code（s）：GB 0469 BMS］，大体上由三部分档案和文献构成：（1）马士曼文件（the J. Marshman Papers）②，系各种与马士曼相关的生平介绍、传记资料、各种纪念文章、传教活动记载和报道、马士曼本人手稿，等等。（2）马士曼通信（the J. Marshman Correspondence）③，包括他与浸礼会伦敦总部以及众多传教士、各界人物的大量通信。（3）安格斯图书馆汉籍收藏（Chinese Collections in Angus Library），主要是一些传教小册子和各种中译圣经版本，以及马士曼的中文著作，其他传教士的中文著述，虽然数量不算很大，但却弥足珍贵。尤其是马士曼和拉沙在塞兰坡翻译并于1822年出版的全本中文圣经，更可以说是圣经翻译史上划时代的文献。

有关马士曼文献的规模，很难给出准确的数量评估，根据安格斯图书馆的公开目录④，英国浸礼会档案（共约165900页）涉及印度部分的主要有：（1）1793年至1962年传教士及其他人员的通信、旅行日记等，共150盒，另53卷。（2）1812年至1959年差会的各类报告、会议记录、文献等，共10盒，另93卷及70件未分类的文件。（3）1888年至1920年印度传教会议记录，共6卷。（4）1783年至1959年，塞兰坡差会档案，包括差会会议记录、塞兰坡学院下属委员会的会议记录、传

① 马敏：《马希曼、拉沙与早期的〈圣经〉中译》，《历史研究》1998年第4期，第45～55页。

② The J. Marshman Papers，Baptist Missionary Society Catalogue of Papers Relating to South Asia，1792—1914.

③ Bound Volumes of Rev. J. Marshman's Correspondence，1799—1826.

④ http://www.mundus.ac.uk/cats/10/1092.htm.

教士的各类文章和书籍、传教士的手稿和笔记，这类档案共有21盒，另3卷。这其中相当一部分都涉及马士曼，尤其塞兰坡差会档案，许多都与“塞兰坡三杰”（Serampore Trio）——威廉·凯瑞、马士曼、威廉·沃德（William Ward）——直接相关。

安格斯图书馆保存的关于马士曼生平事迹的介绍和回忆录，最重要的有两种：一是由马士曼的长子约翰·C. 马士曼（John C. Marshman）所撰写的两卷本《凯瑞、马士曼和沃德的生活与时代：塞兰坡差会史》①，这部长达511页的书籍，依据翔实的资料，以编年体方式详细叙述了凯瑞、马士曼和沃德的生平事迹及其赴印度传教的经历，实际上就是一部英国浸礼会塞兰坡差会的编年史。另一本则是上书的简写本《凯瑞、马士曼、沃德的故事：塞兰坡传教士》，该书略去了许多细节，行文比较简洁，相当塞兰坡差会的简史，适合于一般读者阅读②。此外，还有一本由约翰·A. 芬威克（John A. Fenwick）编辑的小册子《马士曼传略》，虽然篇幅很短，但系由马士曼逝世后的相关纪念文章和报道汇集而成，可信度比较高③。

两百年多前，通信是人们沟通联系的最普遍的方式，浸礼会档案中数量众多的马士曼通信包含着大量信息，是研究马士曼的主体资料之一。据笔者初步统计，马士曼名下的各种信件约有140封，其中最重要的有：

（1）马士曼与富勒的通信。马士曼与英国国内人士往来信件最多的，当首推富勒。富勒（Andrew Fuller，1754—1815）是英国浸礼会海外传教的积极倡导者之一，曾长期担任浸礼会海外传教会的秘书长。凯瑞、马士曼、沃德等传教士与英国浸礼会总部的联系，主要便是通过与

---

① John Clark Marshman. The Life and Times of Carey, Marshman, and Ward: Embracing the History of Serampore Mission. Longman, Brown, Green, Longmans & Roberts, 1859.

② John Clark Marshman. The Story of Carey, Marshman & Ward. the Serampore Missionaries, 1864.

③ John A. Fenwick. Biographical Sketches of Joshua Marshman, Newcastle, British Library, Historical Print Edition, 1843, p. 20.

富勒的通信进行；塞兰坡差会的经费拨付、管理等也主要由富勒经手。因此，富勒实际扮演着浸礼会总部与塞兰坡差会之间联系纽带的角色。而事实上富勒也的确帮助马士曼等解决了不少实际问题，是马士曼在英国最知心、最可靠的朋友之一。马士曼当初能毅然决定赴印度传教即是因为有富勒坚定的支持，后者保证在英国为他们提供一切必要的保障①。

（2）马士曼与瑞兰德的通信。瑞兰德（John Ryland，1753—1825）是英国浸礼会的创始人之一，曾长期担任布里斯托神学院的院长，也是马士曼一生中最重要的引路人和恩人。当初，正是在瑞兰德的鼓励和推荐之下，马士曼在布若米德（Broadmead）的教堂受洗并成为浸礼会教徒，也正是瑞兰德将马士曼招进布里斯托神学院学习了整整五年，使其打下了传教生涯的坚实知识基础。到印度后，马士曼一直保持着与瑞兰德的经常性的通信。在其 1806 年 8 月给瑞兰德的信中，马士曼提到了他向拉沙学习中文的情况以及对拉沙的介绍，这是不可多得的了解拉沙其人的可信资料之一②。另外，在 1816 年 12 月给瑞兰德的信函中，马士曼则详细地讲述了他撰写中文语法书（《中国言法》，1814）的经过以及同马礼逊的争执，系了解这一争执真实情况的关键史料之一③。

（3）马士曼与马礼逊的通信。马士曼同马礼逊的通信虽然不多，仅几封而已，但却非常重要，是了解这两位新教对华传教先驱人物的不可多得的第一手资料。马礼逊与远在印度的马士曼的通信可追溯到 1808 年左右，主要是为圣经中译进行交流，1810 年马礼逊在澳门曾收到过来自马士曼的一封非常友好的信函④。浸礼会档案中保存有马士曼写给

---

① John Clark Marshman. The Story of Carey, Marshman & Ward. the Serampore Missionaries, 1864, pp. 50-51. 马士曼档案中与富勒的通信，有的是整理好的复印件，更多的是有签名的原件，例如：Letter from Joshua Marshman to Andrew Fuller（Object number：B/HO 3/4/51 Quantity of material：1 letter）等。

② Joshua Marshman. Letter to Dr. John Ryland（BMS），Serampore，August 20th，1806.

③ Joshua Marshman. Letter to Dr. John Ryland，Serampore，December 13th，1816. 这封长信共复制了 50 份分发给马士曼的友人，以澄清此事的原委。

④ LMS/CH/SC，1. 1 D.，Morrison to J. Hardcastle，Macao，January 18th，1810. 香港浸会大学图书馆缩微胶片。

马礼逊的五封信函及马礼逊的一封回复函。马士曼信函的时间分别为1813年5月、1814年1月、1815年4月、1815年8月及1816年5月，马礼逊的回复函则为1814年7月。这些函件不仅是了解早期传教士圣经中译历史的珍贵史料，而且也是了解马礼逊与马士曼围绕中文语法书所起争执的关键性史料①。

马士曼在印度塞兰坡从事的主要事业之一是将圣经译成中文，“为有一天（中国的）传教之门完全打开而做准备”②。关于塞兰坡差会的译经事业，浸礼会档案中保存有比较完整的《译经备忘录》（*Memoir Relative to Translations*），记载了自1804年（或更早）至1838年间塞兰坡差会将圣经译为主要印度方言以及尼泊尔语、波斯语、缅甸语、汉语、爪哇语、普什图语等东方语言的译经计划以及工作进展。其中涉及马士曼等人汉语学习、圣经汉译过程以及译经成果的记述甚多，是研究马士曼圣经中译的不可多得的原始资料③。此外，《塞兰坡差会定期

① 马敏：《语法书：马士曼是否抄袭马礼逊——19世纪初早期英国传教士之间的一场争论》，陶飞亚、梁元生：《东亚基督教再诠释》，香港中文大学出版社，2004年版，第367～387页。

② Joshua Marshman. Letter to Dr. John Ryland (BMS), Serampore, August 20th, 1806.

③ 塞兰坡差会的《译经备忘录》大致有10余期，档案中可见的分别为：(1) Memoir Relative to the Translations of the Sacred Scriptures, Dunstable, printed by J. W. Morris, 1808; (2) Memoir Respecting the Translations, for 1809, Monthly Circular Letters Relative to the Missions in India, Serampore, December, 1809; (3) Memoir Relative to Translations, Monthly Circular Letters Relative to the Missions in India, Serampore, 1811; (4) A Third Memoir of the Translations Carrying on at Serampore, in a letter addressed to the Society, Aug. 20, 1811, London, J. Haddon, Finsbury, 1812; (5) Memoir Relative to Translations, Monthly Circular Letters Relative to the Missions in India, Serampore, 1812; (6) A Memoir of the Serampore Translations for 1813, Kettering, J. G. Fuller, 1815; (7) Brief View of the Baptist Missions and Translations, Serampore, 1814, London, printed by J. Huddon, Tabernacle Walk, 1815; (8) Memoir Relative to Progress of the Translations of the Sacred Scriptures in the Year 1816, Serampore, printed at the Mission Press, 1816; (9) Seventh Memoir respecting the Translations of the Sacred Scriptures into the Languages of India Conducted by the Brethren at Serampore, Serampore, 1820; (10) Eighth Memoir respecting the Translations and Editions of the Sacred Scriptures Conducted by the Serampore Missionaries, Serampore, 31st Dec. 1822; (11) Tenth Memoir respecting the Translations of the Sacred Scriptures into Oriental Languages by the Serampore Brethren, London: Parbury, Allen & Co., 1834; (12) Eleventh Memoir of Translations, Serampore, 1838. 随着英国传教士“塞兰坡三杰”的去世，1840年以后的译经报告则由已迁至加尔各答的浸礼会出版社印刷出版，陆续又出版了多期，但已重新编号，并侧重于报道将圣经译为各种印度语言的情况。

报道》（*Periodical Accounts of the Serampore Mission*）杂志对马士曼的圣经中译工作也有许多记载和报道①。

除上述档案文献外，牛津藏马士曼文献中最具特色的还是与马士曼相关的汉籍收藏以及他本人的圣经中译本及中文研究著作，这也是近些年被研究得最多的课题。马士曼相关的译著和著作大致如下。

（一）圣经中译本（1810—1822）

马士曼与拉沙的圣经中译工作大致开始于 1806 年底②，持续了约 16 年之久，开始翻译的是若干取自《新约》的单行本，以后则是圣经全本的中译，全部翻译工作以 1822 年整部中文圣经在塞兰坡正式出版告竣，包括下列主要版本（以出版时间为序，未特别注明者，均系牛津大学安格斯图书馆收藏）：

（1）1810 年，《此嘉语由于呀𠼻所著》（《马太福音》），塞兰坡浸礼会印刷所印刷，木刻版，线装，一册，95 页。此系新教传教士所翻译的最早的一册圣经单行本。牛津大学未见有该书收藏，其孤本现藏于剑桥大学圣经会图书馆③。

（2）1811 年，《此嘉音由呀嘞所著》（《马可福音》），塞兰坡浸礼会印刷所印刷，木刻版，线装，一册，56 页，封面略呈红色，未具出版地、出版时间和译者名④。

① Periodical Accounts of the Serampore Mission，1827 — 1837. 该“定期报道”(Periodical Accounts) 的出刊，可追溯到 18 世纪末至 19 世纪初，早期刊名为 *Periodical Accounts Relative to the Baptist Missionary Society*，对威廉·凯瑞和马士曼等传教士早期在印度的传教活动，时有报道。

② 有记载表明，拉沙最早在 1804 年即尝试将亚美尼亚文的《创世记》和《马太福音》中的个别章节译成汉语。现仍有其 1807 年的《马太福音》中文译本手稿和 1808 年的木刻本存世。

③ 该书剑桥大学的藏本不具页码，仅标“章”与“节”（第 13 章以后标“篇”），封面纸张呈暗红色，未著出版地、出版时间和译者名字，但其内封有传教士签名，并注明此书于 1810 年出版。

④ 笔者所见此书最早版本，分别藏于牛津大学安格斯图书馆和剑桥大学圣经会图书馆。有关此书的出版年代有两种说法：大英圣经会所出中文圣经目录标明此书出版于 1810 年；而早期传教士伟烈亚力则判断该书出版于 1811 年。

（3）1813年，《若翰所书之福音》（《约翰福音》），塞兰坡浸礼会印刷所出版，该译本共21章，36页（双面），封面呈黄色，铅字活版印刷，线装，一册，现收藏于剑桥大学圣经会图书馆。该馆所收藏此书的另一个版本，内封题名为《耶稣救世使徒若翰所书福音》，书末附“若翰书函”，但仅有7页（双面），系1814年的重印本。牛津大学安格斯图书馆藏有该书1813年的另一个版本，系西式精装，铅字活版印刷，英文题名，共21章，72页。

（4）1816年，《神造万物书》（《创世记》），塞兰坡浸礼会印刷所出版，铅字活版印刷，精装，一册。

（5）1817—1821年，《旧约全书》，塞兰坡浸礼会印刷所出版，铅字活版印刷，线装四册。其中，《神造万物书》至《摩西覆示律书》，1817年；《若百书》至《所罗门之诗歌》，1818年；《先知以赛亚之书》至《先知者马拉记之书》，1821年。

（6）1815—1822年，《新约全书》，塞兰坡浸礼会印刷所出版，铅字活版印刷，线装一册，自《使徒马窦传福音书》至《若翰显示之书》。

（7）1822年，圣经，塞兰坡浸礼会印刷所出版，铅字活版印刷，西式精装，两册。第一册：《神造万物书》至《依士得耳之书》；第二册：《若百书》至《若翰显示之书》。此为世界上第一部正式出版的全本中文圣经。

（二）《论语》英译本（1809）

大约自1806年初起，马士曼开始跟随拉沙学习中文，尽管起步较晚，但却进步神速。其间，为了掌握高深的汉语文言，马士曼在拉沙的帮助下，开始尝试将《论语》译成英文，以此加深对中国古籍和中国文化的理解。1809年，塞兰坡差会印刷所出版了马士曼翻译的半部《论语》——*The Works of Confucius: Contained the Original Text, with A Translation Vol. 1*（直译为《孔子著作》，卷一）。该书共723页，西式精装，英文部分横排，中文部分竖排。

译本结构上，开篇为“献词”（dedication），表达作者对赞助此书出版的时任印度总督明托（Lord Minto）的感激之情①。然后是长达四页的“勘误表”，对书中不少拼写和读音错误进行了纠正。紧接着是一篇“孔子的生平”，通过翻译朱熹《论语集注》中的《论语序说》，介绍孔子其人，并附以马士曼本人对孔子和“四书五经”的理解和论述。随后便是对《论语》二十篇中前十篇的全文英译，自《论语》开篇“学而第一”译至“乡党第十”。每篇均由中文原文、英文译文和“评注”（comment）、“汉字备注”（remarks on the characters）四部分构成（也有个别句子缺后面两部分）②。

（三）《论中文之汉字与音韵》（1809）

在前面介绍的《论语》英译本《孔子著作》中，马士曼已在扉页中标明与该书相关联的是其先前所撰写的专题论文《论中文与汉字》（*A Dissertation on the Chinese Language and Character*），但同年（1809）正式印出的论文则更名为《论中文之汉字与音韵》（*Dissertation on the Characters and Sounds of the Chinese Language*）③。

该论文大致包括五个方面的内容：首先是对中文及其历史的简介；然后是有关汉字的论述，包括汉字在中文中的实际运用、汉语与其他语言的差异、基础汉字概述（约 214 个），等等；其次是汉语的音韵，包

---

① 明托（Gilbert Elliot-Murray-Kynynmound，1st Earl of Minto，1751—1814），1807 至 1813 年任印度总督。

② 据康太一的考证，“评注”部分实际上是马士曼对朱熹《四书章句集注》中《论语集注》的英译，有的是全译，有的则是节译。“汉字备注”则对原文中出现的生字，以“词汇表”的形式列出，包含有注音、释义和汉字结构三部分。康太一：《从英译〈论语〉到汉译〈圣经〉：马士曼与早期中西对话初探》，北京外国语大学博士学位论文，2013 年，第 65～66 页。

③ Joshua Marshman. Dissertation on the Characters and Sounds of the Chinese Language：Including Table of Elementary Characters，and of the Chinese Monosylables. Mission Press，1809. 牛津安格斯图书馆的该书藏本系硬皮精装本。

括汉字首音规则、汉字与印度语字母的类同关系、汉字与暹罗（今泰国）、缅甸、越南、藏语字母的类同关系、汉字尾音规则、汉语四声、官话、方言，等等；再次是汉语实词语法构成，包括数、性、格、介词、形容词、代词、人称代词、关系代词、指示代词、疑问代词、动词、语态、时态、单复数及人称、副词，等等。最后是有关汉语字典的介绍，包括汉语字典溯源、官方字典、汉字数量等。

（四）《中国言法》（1814）

1814 年，马士曼正式出版了《中国言法》一书，该书除研究汉语的字形、音韵外，还比较系统地研究了汉语语法，并将儒家的另一部典籍《大学》译成英文，附录于全书之后。这本书共 622 页，正文部分 566 页，附录的《大学》英译部分 56 页，在西方通常被称作“Clavis Sinica”，即拉丁文《汉语入门》①。

《中国言法》全书由三大部分组成：第一部分为“原初论文”（preliminary dissertation），系在 1809 年出版的论文《论中文之汉字与音韵》基础上撰写的“汉字”与“口语媒介”（colloquial medium）两个章节。第二部分“中文语法要旨”（elements of Chinese grammar）为全书主体部分，分为名词、形容词、代词、动词、虚词、句法、韵律、方言共八章，再加上最后的“综述”。第三部分是以附录形式呈现的《大学》英译，并附相关汉字（400 多个）的对照解析②。

除与马士曼直接相关的文献外，牛津安格斯图书馆所藏与马士曼关系密切的其他人物档案，也是研究马士曼及其传教事业的不可或缺的宝

① Joshua Marshman. Elements of Chinese Grammar, with a Preliminary Dissertation on the Characters and Medium of the Chinese, and on Appendix Containing the TA-HYOH of Confucius with a Translation. the Mission Press, 1814. 牛津安格斯图书馆藏本系铅活字印刷，硬皮精装。

② 值得注意的是，该书所附《大学》的英译，并非马士曼本人的手笔，而主要是由他的长子约翰·马士曼所译，马士曼加以审定。在此之前，马礼逊已于 1812 年翻译出版了《大学》的英译本，早于马士曼父子两年。

贵资料。这部分档案资料包括汉娜·马士曼（Hannah Marshman，马士曼夫人）通信、威廉·凯瑞通信、威廉·沃德通信、约翰·马士曼通信等。

二、与马士曼文献相关的若干研究

过去，国内关于圣经中译史或更广泛意义的圣经传播史研究著述中，马士曼与塞兰坡传教士的工作及其贡献仅偶尔被提及，但通常语焉不详，或仅仅是作为正文中的注释一笔带过。自笔者 1997 年偶然在牛津大学安格斯图书馆发现马士曼、拉沙的汉译圣经和马士曼相关汉语研究著作，并于 1998 年在《历史研究》杂志上撰文予以介绍之后，国内历史学界开始关注马士曼其人以及他所属的英国浸礼会传教士在印度塞兰坡的圣经中译活动及其他中文事业①。截至目前，这方面的研究主要涉及以下几个方面。

（一）关于马士曼、拉沙的圣经中译研究

马士曼、拉沙在印度塞兰坡将圣经翻译成中文的过程、影响以及与马礼逊所译汉语圣经的比较，是研究新教对华传教史的学者最为关注的话题之一。

最早介绍马士曼汉译圣经的专书，估计是英国传教士亚历山大·伟烈亚力（Alexander Wylie）于 1867 年所撰《新教在华传教士汇录》一书。书中指出，尽管马士曼终其一生都在印度传教，从未到过中国，但他花费了大量时间，与拉沙一起最早将全部圣经译成中文，“间接地促

① 对笔者在这一课题研究中最初的学术贡献，康太一博士认为：“值得一提的是马敏是国内学界首位关注马士曼研究的学者，最先发现了藏于英国牛津大学安格斯图书馆的相关历史档案资料并予以公开与分析，故而他的文章中相对涉及更多关于马士曼个人生平背景与塞兰坡译经事业的历史考据内容。”（康太一博士学位论文，第 4 页）

进了中国的传教事业"，因而应该在来华传教士名册中占有一席之地①。1916 年，约翰・R. 海格斯（John R. Hykes）所著《〈圣经〉汉译题名录》一书，详细列举了之前出版的所有圣经中译本的各种版本，其中，便包括马士曼和拉沙所翻译的各种圣经版本的目录②。1934 年密立根所著《新约圣经流传史》（贾立言、冯雪冰译），也对马士曼和拉沙的圣经中译工作作了介绍和评价，认为马士曼和拉沙于 1822 年出版的圣经全译本"是新教所译的第一册汉语圣经"③。贾立言在翻译密立根书的同时，又参照其他人的研究成果，用英文著成《汉文圣经翻译小史》一书，并由冯雪冰译成中文与《新约圣经流传史》同时出版（有合订本和单行本两种）。正是在该书中，冯雪冰首次将 Joshua Marshman 译作马士曼，将 Johnnes Lassar 译作拉沙。这应当就是马士曼和拉沙中文译名的由来。在《汉文圣经翻译小史》第二章"新教文理圣经译本"中，贾立言、冯雪冰更为清晰地介绍了马士曼与拉沙译本，明确指出，"那最初供新教之用的汉文圣经译本系在印度译成，并且也在该处印行。这个译本为马士曼（Joshua Marshman）与拉沙（Johnnes Lassar）两人合力译成"④。

中国学者较早期著作提到马士曼圣经中译工作的，有简又文编撰的《中国基督教的开山事业》以及王治心著《中国基督教史纲》，但均是略为提及，语焉不详⑤。唯香港历史学者李志刚在其所著《基督教早期在华传教史》中，对马士曼的圣经中译作了较为清楚的介绍，指出，"于

---

① Alexander Wylie. Memorials of Protestant Missionaries to the Chinese: Giving a List of their Publications and Obituary Notices of the Deceased. American Presbyterian Mission Press, 1867, pp. 1-2.

② John R. Hykes. Translations of the Scriptures into the Languages of China and Her Dependencies, Tabulated to December 31, 1915, American Bible Society, 1916.

③ 密立根著，贾立言、冯雪冰译：《新约圣经流传史》，上海博物院广学会，1934 年版。

④ 贾立言著，冯雪冰译：《汉文圣经翻译小史》，上海博物院广学会，1934 年版，第 19～20 页。

⑤ 简又文：《中国基督教的开山事业》，基督教辅侨出版社，1956 年版，第 11 页；王治心：《中国基督教史纲》，文海出版社重印本，1966 年版，第 147 页。

马礼逊在广州译经之时，在印度塞兰坡（Serampore）则有英国浸信传道会之教士马士曼（Joshua Marshman）于1811年将新约译成中文圣经，1822年译就旧约，同年以活版铅字出版，得以率先呈现英国圣书公会”[①]。

20世纪90年代末，随着海内外两本重要学术著作的出版以及牛津浸礼会海外传教士汉语文献的发现，对马士曼、拉沙汉译圣经的研究才有了实质性的进展。这两本几乎同时出版的著作，一是由德国汉学家尤思德（Jost Oliver Zetzsche）所著《和合本与中文圣经翻译》，其英文版于1999年由德国华裔学志研究所（Monumenta Serica Institute）出版，其中文版由香港学者蔡锦图翻译，2000年在香港出版[②]。该书对中文圣经的翻译历史作了较为全面、系统的概述，其中单辟一节对马士曼和拉沙在塞兰坡的圣经中译工作及成就作了较为详细的介绍，并对马士曼、拉沙译本和马礼逊译本、白日昇（Jean Basset，又译巴设）译本作了初步的比较，探讨了彼此之间的来源关系，但对塞兰坡传教士们的其他中文事业则几乎没有涉及。另一本重要著作是台湾学者苏精的《马礼逊与中文印刷出版》一书[③]。尽管该书讨论的主题是以马礼逊等为代表的西方传教士在中国的中文印刷出版事业，但也涉及马士曼与马礼逊在中文圣经翻译中的竞争，以较大篇幅系统论述了马士曼等浸礼会传教士在印度塞兰坡的中文事业。就使用的资料而言，以上两本专著主要是利用伦敦会档案和伦敦亚非学院图书馆等相关机构的资料，尚未系统利用牛津安格斯图书馆的浸礼会档案和汉籍收藏，也没有提及塞兰坡当地的文献收藏，多少留下一些资料利用方面的遗憾。

---

① 李志刚：《基督教早期在华传教史》，台湾商务印书馆，1985年版，第162页。

② Jost Oliver Zetzsche. The Bible in China: the History of the Union Version or the Culmination of Protestant Missionary Bible Translation in China. Monumenta Serica Institute, 1999. 尤思德著，蔡锦图译：《和合本与中文圣经翻译》，国际圣经协会，2000年版，其中第34～47页涉及马士曼和拉沙的圣经汉译工作。

③ 苏精：《马礼逊与中文印刷出版》，台湾学生书局，2000年版。

近年来大陆和港台学者所发表的与马士曼中文圣经翻译相关的论文，除本人1998年的论文外，尚有谭树林《〈圣经〉“二马译本”关系辨析》《近代中文〈圣经〉翻译史上的“二马译本”》①，蔡锦图《白日昇的中文圣经抄本及其对早期新教中文译经的影响》②，曾阳庆《白日昇〈四史攸编耶稣基利斯督福音之会编〉之编辑原则研究》③，赵晓阳《二马圣经译本与白日昇圣经译本关系考辨》《马士曼〈圣经〉汉文全译本的文化意义》④，张西平《明清之际〈圣经〉中译溯源》⑤，以及张西平教授指导的博士生康太一的博士学位论文《从英译〈论语〉到汉译〈圣经〉：马士曼与早期中西对话初探》。日本学者发表的论文则有内田庆市《马礼逊参照的汉译圣经——新发现的白日昇译新约圣经稿本》，永井崇弘《关于马礼逊与马士曼所依据的新约圣经希腊文本》等⑥。

如果说笔者本人最初的研究是着重于考证马士曼、拉沙圣经中译本的成书过程及其影响，赵晓阳则通过对马士曼译本、马礼逊译本以及白日昇译本的文本比较，在实证意义上揭示了这几种早期圣经译本之间的渊源关系，将此项研究实质性地朝前推进了一步。蔡锦图、曾阳庆、张西平和内田庆市等的新贡献，则是通过追溯白日昇译本的最初来源，将

---

① 谭树林：《〈圣经〉“二马译本”关系辨析》，《世界宗教研究》2000年第1期，第109～116页；《近代中文〈圣经〉翻译史上的“二马译本”》，《烟台师范学院学报》2003年第4期，第84～89页。

② 蔡锦图：《白日昇的中文圣经抄本及其对早期新教中文译经的影响》，《华神期刊》（台北）2008年第1期，第50～77页。

③ 曾阳庆：《白日昇〈四史攸编耶稣基利斯督福音之会编〉之编辑原则研究》，《成大宗教与文化学报》（台湾）2008年第11期，第156～188页。

④ 赵晓阳：《二马圣经译本与白日昇圣经译本关系考辨》，《近代史研究》2009年第4期，第41～59页；《马士曼〈圣经〉汉文全译本的文化意义》，《中国宗教》2009年第12期，第34～36页。

⑤ 张西平：《明清之际〈圣经〉中译溯源》，《澳门理工学报》（澳门）2012年第2期，第70～80页。

⑥ 内田庆市：《马礼逊参照的汉译圣经——新发现的白日昇译新约圣经稿本》，《亚洲文化研究》2010年第5号，第53～68页；永井崇弘：《关于马礼逊与马士曼所依据的新约圣经希腊文本》，福井大学教育·人文社会系部门：《福井大学教育·人文社会系部门纪要》，2018年1月第2号，第1～9页。

汉译圣经的源头推及新发现的18世纪初白日昇汉译圣经的“罗马本”，以及可能还更早的17世纪上半叶阳玛诺神父的《圣经直解》（出版于1636年）①。近期周永、宋刚的论文则对白日昇译本作了更为深入的分析，认为白日昇译本其实大部分出自一位四川的天主教信徒徐若翰（？—1733）之手，因此，严格地讲，应称之为“白、徐译本”②。

（二）关于马士曼对中国儒家典籍的翻译研究

近年来国内学界利用牛津安格斯图书馆的汉籍收藏和相关资料，对马士曼的儒家典籍英译陆续开展了一些研究。

有关《论语》与《大学》的英译，王辉的《传教士〈论语〉译本与基督教意识形态》一文对马士曼英译《论语》已有所提及。稍后，他与叶拉美合作的《马礼逊与马士曼的〈大学〉译本》一文，对译本的文本分析则更加深入，认为相比之下，马士曼译本较马礼逊译本在内容上要丰富许多，也较少文字理解上的错失，但基于其共同的基督教文化背景，“二马译本”中均不同程度地存在以西方概念误读中国典籍的现象③。崔玉军的《英国汉学界的〈论语〉英译：历史与问题》一文概述了英国汉学界不同时期英译《论语》的情况，认为马士曼译本尽管不完全，但属第一部翻译成英文的《论语》，填补了当时英译《论语》的空白，对爱默生、梭罗等人的思想皆有所影响④。

---

① 内田庆市：《再论马礼逊〈神天圣书〉的成书过程》，关西大学文化交涉学教育研究中心、出版博物馆：《印刷出版与知识环流：十六世纪以后的东亚》，上海人民出版社，2011年版，第3～12页。

② 周永：《从“白、徐译本”到“二马译本”》，《天主教研究学报》（香港）2011年第2期，“圣经的中文翻译”，第261～310页；宋刚：《小人物的大历史：清初四川天主教徒徐若翰个案分析》，《国际汉学》2017年第1期，第30～57页。

③ 王辉：《传教士〈论语〉译本与基督教意识形态》，《深圳大学学报》2007年第6期，第122～126页；王辉、叶拉美：《马礼逊与马士曼的〈大学〉译本》，《中国文化研究所学报》（香港）2009年第49期，第413～428页。

④ 崔玉军：《英国汉学界的〈论语〉英译：历史与问题》，复旦大学出土文献与古文字研究中心网站论文，2010年2月15日。

到目前为止，对马士曼英译《论语》论述最详瞻的当属康太一的博士学位论文《从英译〈论语〉到汉译〈圣经〉：马士曼与早期中西对话初探》。作者不仅详述了马士曼英译《论语》的版本情况，而且对其释义原则、翻译手段与翻译风格均作了较为深入的探讨，认为“其译本始终在试图架联中西文化，沟通儒学思想与基督教思想”。作者还同时对马士曼的汉译圣经进行了文本分析，试图在比较意义上探讨两个译本之间跨文化的“观念流动”①。

（三）关于马士曼中文语法书的研究

对马士曼《中国言法》的研究，苏精在《马礼逊与中文印刷出版》一书中，以“中文论著之争”专节的形式，作了概略性的论述，并提到了围绕“语法书”问题马礼逊与马士曼的“世纪性”争论②。笔者在苏精提示的基础上，曾撰专文探讨了马士曼在《中国言法》写作与出版中是否抄袭马礼逊《通用汉言之法》的问题③。令人鼓舞的是，近年来一些语言学者也加入对马士曼《中国言法》的研究，其中最有代表性的是郑梦娟的博士学位论文《论 19 世纪上半叶英国汉语语法研究——以〈中国言法〉、〈上海方言口语语法〉为例》，以及她与苏小妹合作的《〈中国言法〉及其汉语韵律研究》④。这类研究另辟蹊径，从语言学范畴研究《中国言法》，认为《中国言法》是第一部汉语文言语法专著，初步创立了汉语文言语法系统，并勾勒出其基本面貌，而且就量词、虚词、词序、韵律、特殊的单句形式等汉语的特别之处进行了最早的阐释，比同类相关文言语法著作早了半个多世纪，可以说给了马士曼《中

---

① 康太一博士学位论文，第 102、133 页。

② 苏精：《马礼逊与中文印刷出版》，台湾学生书局，2000 年版，第 139～143 页，第 142～144 页，第 144 页。

③ 马敏：《语法书：马士曼是否抄袭马礼逊——19 世纪初早期英国传教士之间的一场争论》，陶飞亚、梁元生：《东亚基督教再诠释》，香港中文大学出版社，2004 年版，第 367～387 页。

④ 郑梦娟：《论 19 世纪上半叶英国汉语语法研究——以〈中国言法〉、〈上海方言口语语法〉为例》，中国传媒大学博士学位论文，2007 年；郑梦娟、苏小妹：《〈中国言法〉及其汉语韵律研究》，《修辞学习》2008 年第 6 期，第 29～35 页。

国言法》极高的评价。

（四）关于马士曼与中文印刷出版历史的研究

以威廉·凯瑞、马士曼和威廉·沃德为代表的塞兰坡传教士积极推动了近代印度文字和中文的铅活字印刷技术，其中马士曼对中文铅活字印刷的发明和推广贡献尤大。过去，这方面的研究成果极为罕见。台湾学者苏精的专著《马礼逊与中文印刷出版》，率先对近代西方传教士的中文印刷与出版事业进行了系统的研究，同时也涉及马士曼等在塞兰坡的中文圣经印刷出版以及与马礼逊围绕中文印刷出版问题的“印刷媒介之争”，认为传教士之间的这种竞争对推动近代中文印刷技术的发展有其积极的意义[①]。万启盈等著《中国近代印刷工业史》曾提到，1814年，有一本英文著作《中国言法》（*Clavis Sinica*）在塞兰布尔出版，该书附有“四书”之一的《大学》首句中的“明明德、亲民、止于至善”的汉字字样，字体酷似铅活字印刷[②]。范慕韩主编的《中国印刷近代史》中也曾提及，在马礼逊的字典1815年到1823年在澳门出版之前，马士曼曾于1814年在塞兰布尔出版了一本介绍中文语法的书，书后附有中英文对照的《大学》，“其中的汉字极似活字”[③]。美国学者芮哲非（Christopher A. Reed）所著《谷腾堡在上海：中国印刷资本业的发展（1876—1937）》也曾指出：“1805年至1810年间，孟加拉邦塞兰坡的浸礼会传教士在中字体刻制上取得了部分成功，他们将这些活字用于印刷《新约》。”同样的基本字体，“还被用来印刷浸礼会传教士乔舒亚·马士曼（Joshua Marshman，1768—1837）博士编著的《中国言法》

---

① 苏精：《马礼逊与中文印刷出版》，台湾学生书局，2000年版，第143～148页。苏精《铸以代刻：十九世纪中文印刷变局》（中华书局，2018年版，第9～11页）则进一步论述了马礼逊与马士曼围绕引入西式活字印刷汉语书籍的争议。

② 万启盈编著，郭宝宏助编：《中国近代印刷工业史》，上海人民出版社，2012年版，第11～12页。

③ 范慕韩：《中国印刷近代史》，印刷工业出版社，1995年版，第69页。

(*Elements of Chinese Grammar*, 1814)"①。

笔者在 1998 年的论文中已经提到，马士曼和拉沙于 1813 年翻译并印行的《若翰所书之福音》(即《新约》中的《约翰福音》)，"实际上是近代应用铅字活版印刷技术所印出的第一本中文书籍"。16 年之后，根据收集到的一些新资料，笔者又于 2014 年撰写了《马士曼与近代最早的铅印中文书》的会议论文，继续深入探讨了这一问题②。

三、相关研究的重要学术意义

以上简述的牛津藏马士曼文献及其相关研究，涉及新教对华传教史研究的若干重要领域，并在这些领域中分别作出了原创性的学术贡献。概括而言，目前研究所取得的比较重要的学术新进展主要有以下几点。

(一) 论证了近代新教传教士所译最早的中文圣经

过去，国内学术界通常认为，是由伦敦会派来的首位新教来华传教士马礼逊及其助手米怜 (William Milne) 翻译并出版了第一部中文圣经。顾长声著《传教士与近代中国》认为，"基督教的全部原始教义得以完整地介绍给中国，始自马礼逊"③。熊月之著《西学东渐与晚清社会》指出："根据伦敦会指示，自 1808 年至 1813 年，马礼逊花 5 年时间，译完了《新约全书》。自 1814 年至 1819 年，他又与米怜合作翻译了《旧约全书》。他们在马六甲陆续排印，1823 年出版，取名《神天圣书》，线装 21 册，这是第一次完整地将圣经译成中文，在中西文化交流

① 芮哲非著，张志强等译，郭晶校：《谷腾堡在上海：中国印刷资本业的发展 (1876—1937)》，商务印书馆，2014 年版，第 39 页。但值得注意的是，1805—1810 年间使用的汉语活字还不是铅活字。

② 马敏：《马士曼与近代最早的铅印中文书》，"东亚知识的生产、规划、流通与影响学术研讨会"会议论文 (未刊)，上海复旦大学，2014 年 5 月 8—9 日。其英文译文刊于 *Journal of Cultural Interaction in East Asia* (*Vol. 6*)，2015，Kansai University，Japan。

③ 顾长声：《传教士与近代中国》，上海人民出版社，2004 年版，第 24 页。

史上有着重要意义。”[1] 顾卫民《基督教与近代中国社会》一书也认为，“基督教的《圣经》得以完整地介绍入中国，马礼逊为第一人”[2]。然而，近年来依据牛津藏马士曼文献所作的最新研究成果表明，正如一些海外研究者曾经揭示的，马礼逊及米怜并非是将全部圣经译成中文并出版的“第一人”，早在1822年，马士曼和拉沙就已经将整部圣经译成中文，并于该年在印度塞兰坡率先印刷出版。也就是说，新教最早的圣经汉译，不仅仅只有一个源头，而是两个源头。除伦敦会马礼逊和米怜在广州、澳门和马六甲从事圣经中译外，远在印度的塞兰坡还有浸礼会的马士曼、拉沙等人也在孜孜不倦地将圣经译成中文。

牛津藏马士曼文献的意义，不仅在于证实了马士曼（在拉沙协助下）于1822年翻译出版了第一部完整的中文圣经，更重要的还在于，它有助于我们追溯和了解其完整的翻译过程，并在此基础上对马士曼和马礼逊的圣经中译（即“二马译本”）进行详细的比较研究，从而揭示早期圣经中译的更多历史细节及其丰富的内容。毫无疑问，这里面有许多可能是远远超出我们过去历史认知的新问题和新发现。

比如，“二马”之中，究竟是谁最先译出和出版了第一本中文圣经？其答案和个中缘由可能就远比我们所想像的更为复杂和曲折。

就《新约》中译而言，首先是马士曼（同拉沙合作）与马礼逊分别在印度的塞兰坡和中国广州，不约而同地于1810年付梓出版了《新约》个别篇章的中译本。马士曼与拉沙出版的是《新约》中的《马太福音》（原中译名《此嘉语由于呀𠺕所著》），马礼逊出版的则是《新约》中的《使徒行传》（中译名为《耶稣救世使徒行传真本》）[3]。尽管这两种不同

① 熊月之：《西学东渐与晚清社会》，上海人民出版社，1994年版，第97页。

② 顾卫民：《基督教与近代中国社会》，上海人民出版社，1996年版，第99页。

③ 该书为木刻本，线装一册，前有马礼逊所撰序言，现存于剑桥大学圣经会图书馆。原书未注明出版日期，笔者从伟烈亚力和米怜说，判断出版日期为1810年底。

的中文圣经单行本几乎同时面世，但其具体翻译过程却很不相同。马礼逊基本上是把他携带来华的天主教白日昇圣经译本中的《使徒行传》进行适当编辑后出版，严格讲还不能算自己的译作①。相反，马士曼和拉沙早期在印度的译经，却基本上是独立完成的。所以，相比较而言，翻译质量稍次的马士曼、拉沙所译《马太福音》（《此嘉语由于呀哋所著》），反倒可以称为新教传教士所翻译的第一本汉语圣经单行本②。

整部圣经的中译，情况则更为复杂。依据相关记载，拉沙于1811年已译出了《新约》的全部初稿，但马士曼并不感到满意，没有马上提交付印，而是对之不断进行修改甚至重译③。与此同时，在广州和澳门，马礼逊也正在加紧翻译《新约》，约在1812年到1813年之间全部译毕，取名《耶稣基利士督我主救者新遗诏书》，并于1813年在广州秘密印制了两千部④。因此，就全部《新约》而言，拉沙和马士曼最早译完，但马礼逊却出版在先。而如前所述，无论是马礼逊还是马士曼，在《新约》的翻译过程中，又都曾很大程度上参考了天主教的“白日昇译本”。在此意义上，可以说“双源”又返归到了“一途”（借鉴天主教的遗产）。

估计在1819年，马礼逊和米怜已经译完了包括《新约》和《旧约》在内的全部圣经，但直到1823年才在马六甲正式出版，取名《神天圣书》，共21册（小开本）⑤。在印度塞兰坡，马士曼和拉沙于1820年也

---

① 马士曼在1816年12月13日致瑞兰德的信中提到，对照白日昇译本，马礼逊出版的《使徒行传》，全书146页（大八开纸）中，马礼逊仅更动了1113个字，平均每页7个字，因此很难说是他自己的作品。马礼逊后来也坦承，这本译作基本上只有序言是他自己写的。

② 依据1809年塞兰坡差会的《译经备忘录》，该书实际上在1809年上半年就已提交付印了，只是因采用木刻雕版印刷，故进展十分缓慢。

③ A Third Memoir of the Translations Carrying on at Serampore, in a Letter addressed to the Society, Serampore, Aug. 20, 1811.

④ 马礼逊：《耶稣基利士督我主救者新遗诏书》（共8册），广州，木刻本，1813年出版。笔者所见译本藏于牛津大学波德林图书馆和安格斯图书馆。安格斯图书馆藏本译名为《救世我主耶稣新遗诏书》，系1815年的重刻本。

⑤ 马礼逊、米怜：《神天圣书》（载旧译诏书兼新译诏书），马六甲英华书院1823年木刻线装版。牛津大学波德林图书馆和安格斯图书馆均有收藏。

译完了全部圣经，1821年出齐《旧约》部分，1822年出齐《新约》部分，1823年整部中文圣经已被送至伦敦圣书公会总部。由于马士曼和拉沙所译全本圣经实际比马礼逊和米怜的《神天圣书》早出版整整一年，因此，马士曼和拉沙译本才是世界上正式出版的第一部完整的汉译圣经①。

显然，相关研究不仅纠正了"基督教的全部原始教义得以完整地介绍给中国，始自马礼逊"的传统说法，而且通过对圣经汉译"双源"说的探讨，扩展了新教对华传教史研究的时限和地域，更接近于历史的真相。

（二）判定了马士曼英译《论语》的价值

同最早将圣经翻译成中文一样，儒家典籍的西译也是始于明清时期来华的耶稣会传教士。目前可考的最早的拉丁文儒家经典译本，是1662年殷铎泽（Prosper Intorcetta）在江西建昌府编辑刻印的《中国的智慧》（*Sapientia Sinica*），其中收入了他的老师郭纳爵（Inácio da Costa）等人翻译的《大学》（部分）和《论语》前五章。1687年，比利时耶稣会士柏应理（Philippe Couplet）将各位耶稣会士前后翻译的《大学》《论语》《中庸》，编辑成《中国哲学家孔子》（*Confucius Sinarum Philosophus*）在巴黎出版。最早的《论语》英译本则出现在1691年，名为《孔子的道德》（*The Morals of Confucius*），该书是将拉丁文本的《中国哲学家孔子》的法文节译本转译成英文②。

因此，在严格意义上，马士曼于1809年翻译出版的《孔子著作》

---

① 牛津大学安格斯图书馆所收藏的马士曼、拉沙圣经全译本有两种：一种为线装5卷本，其中《旧约全书》共4卷，《新约全书》1卷；另一种为两卷本西式硬封皮装订，《旧约》与《新约》合订，共653页。两种版本的全本圣经均系在印度塞兰坡用铅活字印刷出版。

② 梅谦立：《〈孔夫子〉：最初西文翻译的儒家经典》，《中山大学学报》2008年第2期；王辉、叶拉美：《马礼逊与马士曼的〈大学〉译本》，《中国文化研究所学报》（香港）2009年第49期，第413～428页。

(*The Works of Confucius*)，尽管只有半部，但却是世界上第一本由中文直接翻译成英语的《论语》。

马士曼的半部英译《论语》价值到底如何？同时代的马礼逊等评价甚低。1811年3月马礼逊首次看到马士曼的英译《论语》后，便毫不客气地引用东印度公司斯当东（George Thomas Staunton）的话，将之视为“率尔操觚之作”①。在随后的一封信函中，马礼逊写道：“他（马士曼）的第一本著作《论语》遭到批评，但因为我代他雇的中文教师会说官话，他又看到我的文法稿本，《中国言法》才大有改进。”②

经过一些学者对马士曼英译《论语》的文本进行仔细研究之后，发现这部首次从汉语直译为英语的《论语》，尽管有不尽完善之处，但在中英文化早期交流史上却有着不可替代的位置和较大的学术影响。其中，康太一就认为，“马士曼《孔子的著作》（*The Works of Confucius*）无疑是十九世纪初期对于儒家经典之跨文化阐释的一次有益尝试”，“作为历史上首部出版的《论语》英语直译本来说，它确实填补了十九世纪初期西方对于儒家经典与中文认知的空白，而后又于十九世纪中期在美国思想界得以复苏”③。为此，康太一并不赞成马士曼《论语》英译本为“粗浅之作”或“带有基督教文化曲解”的看法，认为“这样的评价有失公允，且缺乏人文历史研究者应具备的同情之理解与包容。就马士曼所处的情境与时代而言，其译本始终在试图架联中西文化，沟通儒学思想与基督教思想，无论是从语言上文学上，还是从历史与哲学上，都竭尽所能，不遗余力”④。

马士曼所英译的《论语》，不仅对后来西方汉学家翻译《论语》或

① LMS/SC，1. 2. A，Morrison to the Directors，Macao，9 March，1811，苏精：《马礼逊与中文印刷出版》，台湾学生书局，2000年版，第140页。

② LMS/CH/SC，1. 4. B，Morrison to Unidentified Person，Macao，5 July，1815，苏精：《马礼逊与中文印刷出版》，台湾学生书局，2000年版，第141页。

③ 康太一博士学位论文，第102页。

④ 康太一博士学位论文，第102页。

研究中文语法提供了重要借鉴，而且于19世纪中期传至美国，对美国重要思想启蒙家爱默生和散文家梭罗产生过重要影响，他们在构建其超验主义和自然主义思想时，均曾从《论语》和《四书》其他篇章中获得过思想的启迪。爱默生最早于1836年读到马士曼英译《论语》，爱不释手，在其日记和笔记本中抄录了好几十段。1843年4月和10月，爱默生和梭罗还曾从马士曼翻译的《论语》和高大卫（David Collie，又译科利）翻译的“四书”中，摘录了60余段语录，分两次刊载在爱默生任主编的《日晷》（*The Dial*）杂志上①。可见，马士曼翻译的半部《论语》，在早期儒学西传过程中可谓功不可没。

（三）初步厘清了马士曼与马礼逊围绕“语法书”的争议

对汉语语法的研究，始于明清时期来华的天主教传教士和同时期的欧洲汉学家。19世纪以前，由天主教传教士和欧洲汉学家所撰写的语法书，主要有以下几种：意大利耶稣会士卫匡国（Martino Martini）的《中国文法》（*Grammatica Sinica*，1653），西班牙多明我会士万济国（Francisco Varo）的《华语官话语法》（*Arte de la Lengua Mandarina*，1703），法国耶稣会士马若瑟（Joseph de Prémare）的《汉语札记》（*Notitia Linguae Sinicae*，1728），德国汉学家巴耶（T. S. Bayer）的《汉语杂纂》（*Museum Sinicum*，1730），法国汉学家傅尔蒙（Étienne Fourmont）的《中国官话》（*Linguae Sinarum Grammatica*，1742）等。其中又数马若瑟的《汉语札记》最为出色，被誉为“19世纪以前最完美的汉语语法书”。该书于1831年由英华书院在马六甲出版拉丁文本，1847年由新教传教士译成英文，在广州出版，1893年在香港重印拉丁文本。该书手稿现藏于法国国家图书馆，另有部分残稿藏于英国大

① 钱满素：《爱默生和中国——对个人主义的反思》，生活·读书·新知三联书店，1996年版，第63页；谢志超：《爱默生、梭罗对〈四书〉的接收——比较文学视野中的超验主义研究》，上海师范大学博士学位论文，2006年，第44～45页。

英图书馆东方手稿部[①]。

19 世纪以后新教传教士的汉语语法研究则始于马礼逊和马士曼。马礼逊在 1811 年，即他来华的第四年，已经编写成一部中文语法书，即《通用汉言之法》。1812 年，广州英国商馆特选委员会将它寄送英国印度总督明托，委托其帮助在印度付印。但此书的正式付梓却耽搁了很久，直到 1815 年才在印度塞兰坡正式出版，共印行 500 部。而如前所述，在此之前的 1814 年，马士曼则率先出版了自己的汉语语法书《中国言法》，比马礼逊的语法书早出版一年。

围绕汉语语法书问题，“二马”之间的争议主要集中在两点：一是他们两人中究竟是谁最先著成了汉语语法书？二是马士曼的语法书是否抄袭了马礼逊的语法书？

关于第一点，已经比较清楚的是：如果暂时不去评价两本语法书水平孰高孰低，马士曼无论是开始研究或完成中文语法书，估计都稍早于马礼逊。如前所述，马士曼系于 1806 年初便开始系统学习中文及其语法，早在 1809 年，马士曼在出版英译《论语》时，便已同时出版了长篇专题论文《论中文之汉字与音韵》，该论文正是他最初研究中文语法的心得和成果。据他自己所言，以此论文为基础，他在 1810 年便已经完成了《中国言法》，以后则是不断对之修改和完善。而据马礼逊的说法，他是在 1811 年即他来华四年之后完成了《通用汉言之法》，并于 1812 年初交由东印度公司代为出版。考虑到马礼逊系 1807 年来华之后才比较系统地学习和研究中文语法，因此，他撰写和完成其语法书可能稍晚于马士曼，也是合情合理的。

至于第二点，马士曼是否抄袭过马礼逊的语法书（马礼逊正是如此认为的）。经过相关考证后，得出的结论是，马士曼并没有抄袭马礼逊的语法书，基本上是独立完成了自己的汉语语法书——《中国言法》。

---

① 李真：《来华耶稣会士马若瑟生平及学术成就钩沉》，《东亚文化交涉研究》2012 年第 5 号，第 131～160 页。

其理由有三：

第一，从时间上看，马士曼没有抄袭马礼逊的足够时间。马礼逊的书稿 1812 年初由东印度公司送到印度，在殖民地政府各部门之间辗转旅行了约一年半之久，直到 1813 年 9 月才交到加尔各答的威廉堡学院（Fort William College）审查，并由马士曼估算出版所需的资金，又约三个多月后（1814 年初）才由威廉堡学院院务会议审查通过，向英国殖民政府建议出版。马士曼收到马礼逊书稿的准确时间是 1813 年 10 月，当时他自己的语法书已经送交印刷所三年之久，校样已看过几次，从时间上看大规模抄袭似已完全不可能①。

第二，从内容上看，没有抄袭的足够证据。就著述而言，是否真的有抄袭，需要对两本著作的内容进行严格的比对，这有赖于语法专家来细心比较。而根据有的研究者初步的比较，“两书比对后可以发觉，在数百例句中虽有少数几条类似，却无明显证据足以确认是抄袭”②。

第三，从写作风格上看，马士曼的《中国言法》与马礼逊的《通用汉言之法》应是两种不同类型的语法书。马礼逊的语法书偏重于对汉语口语的语法分析，因此所举语例多为汉语口语的例子。与之相对照，马士曼的语法书则更偏重于对中国文言语法的研究，所举的约 500 个例子主要引自中国历代典籍。如日本语言学者何群雄就认为：“从主旨和结构来看，《中国言法》是文言语法著作，与马礼逊的口语语法著作是个极好的对照……马士曼在理论方面投入了很大精力，从汉字、音韵、语法几方面把汉语、梵语、希腊语、拉丁语等进行了比较研究。”③ 郑梦娟也指出：“《中国言法》是第一部汉语文言语法专著，初步创立了汉语

---

① 马敏：《语法书：马士曼是否抄袭马礼逊——19 世纪初早期英国传教士之间的一场争论》，陶飞亚、梁元生：《东亚基督教再诠释》，香港中文大学出版社，2004 年版，第 367～387 页。

② 苏精：《马礼逊与中文印刷出版》，台湾学生书局，2000 年版，第 142～144 页。

③ 何群雄：《中国语文法学的开端——以〈马氏文通〉之前在华传教士的著作为中心》，三元社，2000 年版，第 103 页；郑梦娟、苏小妹：《〈中国言法〉及其汉语韵律研究》，《修辞学习》2008 年第 6 期，第 30 页。

文言语法系统。”① 显然，通过对马士曼《中国言法》的研究，中国近代汉语语法史的研究变得更加完整。

（四）确认了近代最早使用铅活字印刷的中文书籍

过去通常认为，用铅活字排印中文书籍也是从马礼逊开始的。比如，张树栋等著《中华印刷通史》说：“英国伦敦布道会传教士马礼逊（Robert Morrison，1782—1834），是第一个进入中国传教并带来近代铅活字制作技术的基督教新教传教士。”② 张秀民著、韩琦增订的《中国印刷史（插图珍藏增订版）》（下）则提到，约 1814 年英国职业印工汤姆司（P. P. Thomas）带着印机活字和其他必需设备，从伦敦被派来华。他到后，同几个中国刻工着手在含锡的合金块上从事雕刻活字工作。1815—1822 年之间，印成六卷本的（华英）字典六百部，费用为一万二千英镑，“这可说是西人用中文活字印的第一部印本”③。据方鸣编《近现代中国出版史大事编年》记载，1819 年马礼逊在马六甲的印刷所开始印第一部《新旧约中文圣经》，这既是第一部中文版圣经，也是第一部铅印的中文书④。

尽管以上论述有的不甚正确，如马礼逊 1819 年在马六甲出版的仅系《新约圣经》，且为传统的木刻本，并非铅印本，但不难看出，以上各家所提到的时间点，显然都晚于 1813 年马士曼等在印度塞兰坡用铅活字印刷中文本《若翰所书之福音》，因此几乎可以确认：1813 年由塞兰坡浸礼会差会印刷所出版的《新约全书》中的《若翰所书之福音》，应为近代第一本用铅活字印刷的中文书籍。

---

① 郑梦娟、苏小妹：《〈中国言法〉及其汉语韵律研究》，《修辞学习》2008 年第 6 期，第 29 页。

② 张树栋等：《中华印刷通史》，印刷工业出版社，1999 年版，第 426 页。

③ 张秀民著，韩琦增订：《中国印刷史（插图珍藏增订版）》（下），浙江古籍出版社，2006 年版，第 445 页。

④ 方鸣：《近现代中国出版史大事编年》（一），《中国出版》1991 年第 Z1 期，第 124～128 页。

依据牛津藏马士曼文献，已大致可以勾勒出这本近代第一本中文铅活字书的产生过程。

大约是从1808年初开始，塞兰坡差会印刷所为了印刷出版马士曼的英译《论语》（书中有大量中英文对照的《论语》引文），雇用一名华人督导孟加拉土著工匠开始雕刻中文木活字，采取的办法是整片木板雕刻成功后，再逐行锯成长条，与《论语》英译文的英文铅字对照排印。1809年《论语》的英译本正式出版，其中的中文引文即系采用中文木活字印刷[①]。然而，传教士们在印刷出版他们早期翻译的圣经单行本时，却仍然是采用中国传统的木刻雕版印刷的方式。

大约在1811年上半年，塞兰坡差会印刷所在马士曼的主持下，开始尝试探索在金属上雕刻汉字，采用西式铅活字印刷技术来印刷中文书籍，以后进展迅速，在1813年他们已乐观地宣称差会印刷所已准备好用中文铅活字来印刷全部圣经[②]，并于该年终于出版了很可能是近代第一本铅活字汉语书籍的《若翰所书之福音》。

根据约翰·马士曼的记述，塞兰坡最初的中文铅字制造虽得力于当地的几位印度技工，但真正变得精美、实用，则是在印工出身的传教士约翰·劳森（John Lawson）于1812年左右加入塞兰坡差会之后。正是他的到来，使塞兰坡的中文铅活字印刷技术取得了突破性进展，具备了实际印刷中文书籍的可能性[③]。

有关1813年马士曼等首次用铅活字印刷中文出版物的意义，约翰·马希曼在其著作中评论道："这（指铅活字印刷）是自2000年前中国印刷术发明以来的一项最值得纪念的改进之一，不仅仅因为它使书籍在印刷过程中易于修订，而且经济实惠。……在其他传教团体采用铅印

---

① 苏精：《马礼逊与中文印刷出版》，台湾学生书局，2000年版，第144页。

② Memoir of the Serampore Translations for 1813, printed by J. G. Fuller, Kettering, 1815.

③ John Clark Marshman. The Life and Times of Carey, Marshman and Ward, published and reprinted by Council of Serampore College, 2005, Vol. Ⅱ, pp. 63-64.

技术之前，这项源于塞兰坡并在相当程度上成熟于塞兰坡的印刷技术的改进，开创了中国印刷史的一个新的时代。毫无疑问，当中国人自己大量采用这一印刷技术时，便意味着中国传统的木刻雕版印刷开始逐渐被西方近代印刷术所替代。”① 显然，塞兰坡传教士们在当时就已经意识到了这项发明对于改进中国古老传统印刷术的革命性意义。

综上所述，牛津藏马士曼文献及其研究的重要学术意义，主要便在于揭示和论证了新教对华传教史上的若干个“第一”：第一部汉译全本圣经，第一部英译《论语》（实为半部），第一本用英文撰写的中文语法书，第一本用铅活字印刷的中文书籍。正是这若干个“第一”，使此项系列研究在近代早期新教对华传教史和中西文化交流史研究中具有其独特的学术价值，值得学术界予以持续关注。

四、进一步深化对相关研究的思考

从以上挂一漏万的介绍不难看出，牛津藏马士曼文献及其相关研究，的确具有重要的学术价值，是新教对华传教史和圣经翻译史研究领域近些年所取得的最新进展之一。平心而论，已有的研究还仅仅是一个开始，很难说是系统、全面和深入的。比如，在资料方面，多半还限于已经发现的牛津浸礼会档案文献和各英国教会在本土所留存的档案和文献，印度塞兰坡和加尔各答当地的档案文献开发利用则非常有限；在研究方法上，多半还限于一般的历史考证和文本分析，往往是从各自擅长的领域出发，做切割式、单向突破式的研究，如人物考证、译本分析、翻译史研究、印刷史研究、语法书研究等，尚缺乏立体式、贯通式、全方位的社会史、文化史、宗教史研究；在理论上，虽然尝试使用了“东方主义”“观念史”理论、阐释学理论、语境论等来加强分析的力度，

① John Clark Marshman. The Life and Times of Carey, Marshman and Ward, published and reprinted by Council of Serampore College, 2005, Vol. Ⅱ, pp. 63-64.

但如何与具体的史实分析相结合，得出恰如其分又富有新意的结论，似乎还缺乏真正令人满意的学术成果。

根据个人的肤浅见解，要将这项极富挑战性的学术研究引向深入，似还须从如下几方面展开进一步的探讨。

（一）在全球化史视野下，进一步拓宽研究的范围

近些年来方兴未艾的全球化史研究，要求我们以一种更宏阔的“全球化视野”观察历史发展进程，注重地域性事件的大区域、全球性联系，注重“小事件”的“大背景”和“小人物”的“大网络”，在广泛的联系和宏大的空间中把握具体的历史事件。就马士曼文献研究而言，“全球化视野”似应体现在以下两个方面。

一是“世界眼光”。从研究课题性质上讲，这是一个具有世界意义的研究课题，圣经与基督教义的传播，是在全球范围内展开的，因此，研究者必须具备世界眼光，善于从中发掘出背后所蕴藏的全球化联系和世界史意义。否则，无论如何我们都不会想到最早的圣经中译，居然要到印度加尔各答旁的一个小城去寻求答案。

近年来，全球化史业已引发了不同学科的各种讨论，在基督教史研究中，已有学者开始从全球化视角重新审视基督教向其他国家和地区的宣教历史。有的学者认为，基督新教向其他国家和地区的传教运动，已使基督教具有了全球地域化的意义，不仅仅是属于西方国家的宗教了。达拉·罗伯特甚至将基督教的宣教运动视作第一个全球化运动（First Globalization）①。这种认识，与近代基督教世界宣教运动的发起人威廉·凯瑞的见解不谋而合。凯瑞被尊称为“近代宣教运动之父”，他于1792年出版了著名的小册子《探询：论基督徒有竭尽所能引领异教徒归化的责任》，通常被公认为是新教大规模传教运动的开端。正是在该

① 吴梓明等：《边际的共融：全球地域化视角下的中国城市基督教研究》，上海人民出版社，2009年版，第7页。

书中，他直言不讳地指出，基督徒应按照《新约》中的要求，“使一切国家实现基督教化”，并认为这是全体基督徒都应尽的义务①。为此，凯瑞等于1792年创立了世界上首个以在全球宣教为使命的基督教差会——英国浸礼会海外传教会（BMS），即马士曼所最终归属的教会②。

因此，讨论马士曼文献研究的意义，我们必须回归到威廉·凯瑞等创办英国浸礼会海外差会的初衷，回归到基督教传教运动的全球化社会运动的本质，跳出印度或中国的单一国家地域概念，看到各国和各地传教活动的国际化本质，看到连接各差会的巨型国际传教组织网络，看到其背后起支配作用的共同的理念、信仰、规则以及相互间的竞争与合作，如此才能对他们在译经活动中既激烈竞争同时又相互支持作出合理的解释。正因为基督教传教运动是一个由不同国籍、不同差会甚至是不同宗派教会的传教士联手的国际性合作活动，所以研究中国的传教史，不能忽略与印度传教史的关联性；研究在各国活动的差会，不能忽略其与各自所在国总部的关联性。各差会只是教会整体网络中的一部分，都联结着各自的总部，各差会之间也有着密切的联系和互动，并不是完全孤立的。

二是跨文化、跨区域研究。传教史研究中的“世界眼光”和“全球视野”，落实到具体研究中，就是要开展大量的跨文化、跨区域的多语种、“大范围”研究。因涉及不同国家和地区的各种语言及不同的文化传统，传教史中跨文化、多语种研究是不言而喻的。至于跨区域“大范围”研究，则需要我们打破地区、国度概念，从更大的区域，甚或跨大陆、跨大洋的地理范围中，把握教会组织的广泛国际联系与互动，复原

① William Carey. Enquiry into the Obligation of Christians to Use Means for the Conversion of the Heathen, printed and sold by Ann Ireland, and the other book sellers in Leicester, London, 1792.

② William Carey. Enquiry into the Obligation of Christians to Use Means for the Conversion of the Heathen, printed and sold by Ann Ireland, and the other book sellers in Leicester, London, 1792.

其覆盖全球的传教组织网络。

以马士曼文献和塞兰坡差会研究所涉及的地域而言，就绝不限于塞兰坡一镇或加尔各答一城，而应扩充到中国、英伦甚或北美大陆。英国浸礼会的活动实际上是在这一极其广阔的地理空间中展开的。在与中国的关系上，中国不仅是浸礼会瞄准的另一个传教对象国，而且塞兰坡浸礼会本身就与当时在中国沿海传教的伦敦会之间有着千丝万缕的联系，这种联系已具体反映在马士曼与马礼逊之间复杂而微妙的关系之中。在与英国本土的关系上，塞兰坡差会与浸礼会伦敦总部始终保持着密切的联系和沟通，在经费和传教任务方面听命于浸礼会总部和英国圣书公会。在同北美教会的关系上，雷登·威廉姆斯和莫内·威廉姆斯于1892年编辑出版的《塞兰坡通信：威廉·凯瑞及其他人与约翰·威廉姆斯的未刊信件（1800—1816）》①，清楚地揭示了过去鲜为人知的19世纪初浸礼会塞兰坡差会与纽约、费城等北美浸信会教会之间十分密切的通信和人员往来，以及经由这种往来所建构的浸礼会教徒之间的“跨洋友谊”②。由此，我们可以观察到1840年鸦片战争前由各种不同教派传教组织编织而成的“跨洋网络”或“传教圈”，其关键性节点包括伦敦、纽约、费城、加尔各答、塞兰坡、广州、澳门、香港、马六甲等地。连接这一“跨洋网络”或“传教圈”的是往来各地的定期商船航班（当时尚为帆船）和由这些航班所输送的人员、信件、报纸等媒介。马士曼等在印度的圣经中译活动和马礼逊等在中国沿海的传教活动，只有纳入这张巨大的全球性传教组织网络之中，并与东印度公司等的殖民及

① Leighton Williams, Mornay Williams. Serampore Letters: Being the Unpublished Correspondence of William Carey and Others with John Williams, 1800 - 1816, G. P. Putnam's Sons, 1892, “preface”.

② 在1813年以前，为了维护东印度公司对印度的绝对统治权，英属印度殖民政府和东印度公司一直禁止包括来自本国的传教士进入印度传教，直到1813年东印度公司通过对“1793年大宪章”的修订，才终于废除了实施多年的“禁止传教令”。因此，在1813年以前，英国传教士要进入印度，往往得绕道北美，这无形中加强了英国浸礼会与美国东海岸浸信派教徒之间的联系。

商业活动相结合，重建其间错综复杂的关系，才能予以最清晰的论述，并了解其所产生的广泛影响①。一个明显的事实是，在新教传教过程中，尤其是对其中占主流的社会福音派而言，传教与经商是不能分开的，他们往往通过经商活动和其他社会活动（诸如办学、办慈善事业等）来支持其传教活动，因此，只有将“传教圈”“商业圈”“差会网络”“商品网络”“殖民网络”结合起来观察，我们才能看清早期新教传教运动的本质及其特点。

（二）在比较史框架下，进一步加强各种比较研究

对这项涉及超大区域和不同文明、不同国籍人物的跨区域、跨文化研究，最重要和最有效的研究手段，就是比较研究的方法。

首先是圣经中译的文本比较。即要厘清各种版本的沿革、发展、内容及相互影响。比如，要确定马士曼、拉沙所译中文圣经，是否取用了马礼逊的译本，甚或是否存在抄袭之嫌，就必须对马士曼本、马礼逊本和白日昇本三种圣经版本作细致的文本对照比较，方能得出正确的结论。许多研究者（包括笔者）之所以断定马士曼、拉沙早期的译作并没有抄袭马礼逊，乃是基于对照比较二马译本和白日昇译本之后，发现二马译本在许多人名、地名、专有名词的翻译上，均与早出的白日昇译本高度一致，这只能说明他们二人都是参考了白日昇译本，继承了天主教传教士的“遗产”。而赵晓阳之所以进一步断定在《新约》后期的翻译与定稿上（1815—1822年），马士曼并不是完全独立地翻译，而是“非常严重地参考了马礼逊译本”，也是通过列表的方式对马士曼本和马礼逊本进行了细致的对比考辨，方得出此结论②。此外，内田庆市、张西

① 有关马礼逊早期在华南沿海的传教活动及其与东印度公司错综复杂的关系，可参见吴义雄：《在宗教与世俗之间——基督教新教传教士在华南沿海的早期活动研究》，广东教育出版社，2000年版。

② 赵晓阳：《二马圣经译本与白日昇圣经译本关系考辨》，《近代史研究》2009年第4期，第41～59页。

平、蔡锦图、曾阳庆、周永、宋刚等近期判定白日昇编《四史攸编耶稣基利斯督福音之会编》（简称《四史攸编》），其实是新近发现的罗马卡萨纳特图书馆收藏《玛窦攸编耶稣基督圣福音》抄本（简称“罗马本”）的修改节本，也是通过对这两个版本的内容甚至书法习惯进行细致比较的结果①。显然，通过对各种中文圣经版本作更进一步的细致比较和大数据研究，我们可能还会不断得出一些新的意想不到的结论。

其次是传教士人物比较。比如，对“二马”（马士曼与马礼逊）的比较研究，已经在很大程度上深化了对首个来华传教士马礼逊的研究，同时也使我们加深了对马士曼在印度的译经和中文事业的了解。如果不提“二马”，单就马礼逊研究马礼逊，我们就不可能对马礼逊在对华传教方面的业绩和个性特征看得很清楚，包括马礼逊主观意志较强、多少有些刚愎自用的一面，没有比较往往便无从了解。在很多人眼中，马礼逊就是一个充满献身精神的基督教圣人，但圣人也是会犯错误的，也会有自身的不足，这在马礼逊对待马士曼的态度上表现得淋漓尽致。对马士曼也同样如此。马士曼在出版自己的《中国言法》时，根本不提马礼逊即将出版的语法书（他本人就是这本书的审稿者之一），也是有自己的小算盘和私心，想拔得头筹。如果不跟马礼逊比较，马士曼的个性特征和历史地位就很难确定。人们议论较多的他们两个人的中文水平到底如何，各自擅长什么领域，也是要通过比较才能发现。

从更大的范围看，还有一批传教士，他们在近代中西文化交流互动中扮演了十分重要的角色，像米怜、高大卫、麦都思（Walter Henry Medhurst）、理雅各（James Legge）、伟烈亚力、李提摩太（Timothy Richard）、傅兰雅（John Fryer）等人均在此列。只有将“二马”（马士曼和马礼逊）置身于这个独特的社会群体之中，进行群体分析和比较研

① 内田庆市：《白日昇汉译圣经考》，北京外国语大学中国海外汉学研究中心、中国近现代新闻出版博物馆：《西学东渐与东亚近代知识的形成和交流》，上海人民出版社，2012年版，第91～100页。关于书法习惯的比较，参见宋刚前引文。

究，才能反过来看清楚“二马”的历史地位和作用。比如，要讨论马士曼父子所译《论语》和《大学》的价值，就必须与高大卫和理雅各的译作进行比较。高大卫是继马士曼和马礼逊之后，最早将“四书”完整译成英文的传教士。理雅各于1843年后长期居住在香港，主持英华书院，一生中主要的成就即为研究和翻译中国古代的经典。很长一个时期，海外人士了解“四书”“五经”以及中国传统文化，主要便是通过理雅各的一些翻译作品，像《论语》《大学》《中庸》《孟子》《春秋》《礼记》《书经》《孝经》《易经》《诗经》《道德经》《庄子》等，许多中国经典都是经他之手翻译的①。因此，在汉籍英译上，马士曼、马礼逊只能说是开了个头，集大成者还是理雅各。

（三）以“历史原生态”为标的，进一步发掘新资料

前些年章开沅先生曾提出“历史原生态”的概念，即历史学科有自身的学科特征，但归根到底，它还是一门实证的学科，必须要秉持实证的精神，用原生态的史料去还原原生态的历史，以尽可能接近历史事实的原貌，书写真实的历史。“历史的真实就是历史对象的原生态”，“只有充分运用了原生态的史料，史学著作才能经得起时间的检验，保持它的生命力”②。

史料是一切历史研究的依据和出发点，要回复到“历史原生态”，就必须占有大量原始资料，做到言必有据，证据充分、确凿，并据此形成科学、合理的历史解释。任何范式和理论，离开了可信的史料，往往都成为缺乏说服力的空中楼阁，是经不住推敲和检验的。马士曼圣经中译及其他中文事业研究，是一个全新的课题，必须通过不断发掘新的历史资料去拓展和深耕。

---

① 段怀清：《理雅各〈中国经典〉翻译缘起及体例考略》，《浙江大学学报》2005年第3期，第91～98页。

② 章开沅：《寻梦无痕：史学的远航》，北京师范大学出版社，2011年版，第19页。

目前研究中，之所以许多问题还未弄清，最根本的还是由于史料的欠缺。比如，关于与马士曼合作译经的拉沙（Joannes Lassar），因缺乏第一手资料，我们对他的了解就只能停留在一知半解。从不多的有关材料中，只知他系一位出生在澳门的亚美尼亚人，精通汉语，不仅能够讲一口流利的中国话（很可能是广东话），而且能用中文写作。有记载说，拉沙在澳门居住期间，曾一度负责澳门葡萄牙当局与清廷之间官方文书的往来①。以后他为做茶叶生意移居印度，在生意做不下去的情况下，因精通中文而被聘为加尔各答威廉堡学院的中文教授，后来又在布坎南（Claudius Buchanan）的引荐下，来到塞兰坡与马士曼合作将圣经译成中文②。至于拉沙的父辈作为亚美尼亚人如何来到澳门？在澳门究竟有哪些活动？拉沙又是如何到了印度？他本人的中文水平到底如何？在圣经汉译中究竟起到了多大作用？这些问题，似乎都有待进一步发掘相关史料（包括在澳门的史料）。此外，塞兰坡差会采用铅活字印刷中文书籍的细节及其工艺技术，以及马士曼、拉沙所译圣经在中国国内的传播情况等，也仍须通过进一步发掘史料作更为深入的研究。类似的问题，还有许多。

在新史料发掘上，除牛津藏浸礼会档案和马士曼文献外，还有一些档案资源需要进一步利用和开发③，包括：

（1）印度藏塞兰坡浸礼会差会档案文献。这是牛津藏马士曼文献的源头，但也是目前马士曼研究中资料利用最不充分的部分。马士曼与其家人在塞兰坡度过了漫长的38年，印度藏塞兰坡差会档案文献理所当然应当是马士曼研究的主体文献群。根据笔者的初步查勘，塞兰坡差会

---

① Marshall Broomhall. The Bible in China. The China Inland Mission, 1934, p. 51.

② 布坎南曾担任加尔各答威廉堡学院的教务长。有关拉沙的生平，目前尚未发现专门的较为系统的记载，仅散见于英国浸礼会档案的各项记录、报告以及信件中，尤其在1806年8月20日马士曼致瑞兰德的一封长信中对拉沙的情况有较多描述，同时散见于英国浸礼会塞兰坡差会的各项记录、报告以及信件中。

③ 以下介绍的部分档案收藏分布情况，参考了苏精《马礼逊与中文印刷出版》（台湾学生书局，2000年版）第293～297页相关内容。

档案文献部分保存于塞兰坡学院的凯瑞纪念图书馆兼档案馆（William Cary Library and Resource Centre），包括凯瑞、马士曼、沃德等人的部分手稿、中文圣经、中文研究著作等，也有大量当时留存下来的报刊文献资料和原始记载。尤其“塞兰坡三杰”遗留下的当年使用过的文物，也同样具有实物史料的价值。一部分与马士曼和浸礼会相关的档案文献则有可能保存在加尔各答的图书馆和档案馆，但具体情况不详。

（2）大英圣书公会（British and Foreign Bible Society）档案与剑桥大学圣经会图书馆藏书。大英圣书公会成立于1804年，其主要工作便是资助和支持海外传教士的圣经翻译工作。当年凯瑞、马士曼等在印度的译经工作，马礼逊在广州和澳门的译经工作，都是由大英圣书公会予以资助，他们不仅要向大英圣书公会提交年度译经报告，而且与该公会总部保持密切的信函往来，完成译经工作后，还须将出版的译作样本提交给该会总部保存。大英圣书公会的年度报告则详细报告了海外各差会圣经翻译、出版的进展情况，以及所获得经费资助和开支等情况。大英圣书公会的档案现寄存于剑桥大学图书馆，是研究马士曼圣经中译不可或缺的重要档案。作为大英圣书公会档案的保存地，剑桥大学图书馆还附设有圣经会图书馆（Bible Society Library），保存了世界各种语言的圣经版本，其中不乏早期的稀有版本。马士曼和马礼逊早期汉译的圣经版本，在此馆（现已归属于剑桥大学图书馆珍本阅览室）均有保存。

（3）伦敦会档案。该档案全宗包括伦敦会自1795年创办以来的全部档案，数量非常庞大，共有2358盒之多，现保存于英国伦敦大学亚非学院（School of Oriental and African Studies，SOAS）图书馆。其中与马士曼相关的档案资料，主要是当年马士曼与马礼逊的通信，马礼逊与总部的通信和发给总部的报告，以及与中文印刷出版相关的档案。作为与浸礼会在东方传教展开激烈竞争的主要传教团体，伦敦会的档案有不少记载了浸礼会在印度和在华传教的情况。

（4）东印度公司档案。马士曼与马礼逊的传教活动，尤其是他们的中文印刷事业都与东印度公司有关，该公司还于1814年专门开设了澳门印刷所，印刷出版马礼逊字典等书刊。早期塞兰坡印刷所大量的印刷业务即来自东印度公司，马礼逊的有关中文的语法书《通用汉言之法》，也是由东印度公司介绍给马士曼在塞兰坡印刷所出版的。东印度公司档案无疑也是研究塞兰坡传教士的重要资料来源，这批档案大部分收藏于大英图书馆（The British Library）的东方暨印度部，少数档案则由英国政府外务部所接受，目前收藏在英国公共档案局（Public Records Office）[①]。

（5）天主教传教档案和文献。如前所述，现有的研究已经证明，基督教新教的传教工作实际上对更早期的天主教传教士的历史遗产有所继承，在圣经中译过程中，无论是早期浸礼会“马士曼译本”还是伦敦会“马礼逊译本”，其源头都可追溯到17世纪末至18世纪初天主教神父白日昇与中国信徒徐若翰合作翻译的《新约》（即通常所称的“白日昇译本”）。“白日昇的圣经翻译是在天主教十七世纪对圣经的介绍和部分翻译的历史传统之中展开的。”[②] 新教传教士对华传教活动与明清时期天主教在华传教史之间有着“剪不断、理还乱”的历史渊源关系。因此，研究马士曼的圣经中译，必须追溯到明清时期天主教汉译圣经的相关档案与文献收藏，而不能仅仅局限于基督教新教自身的历史资料。

由此可见，历史本质上是一门实证性的科学，任何一个历史研究领域要有新突破，关键是要发现新材料，并据此形成科学、合理的历史解释。新教对华传教史要寻求新突破，其根本途径还是要系统地发掘新的材料。过去若干年，正是由于大量新资料的发现和利用，才使得马士曼等在印度圣经中译活动的历史线索和事实逐渐浮出水面，变得越来越清

---

① 东印度公司档案业已数据化，其网址为 http://www.eastindiacompany.amdigital.co.uk。

② 张西平：《明清之际〈圣经〉中译溯源》，《澳门理工学报》2012年第2期，第70～80页。

晰。而要进一步推动这一学术领域研究的深入发展，关键还是要通过继续发现新的史料，不断拓宽研究视野，开辟新的研究领域，将实证研究与理论研究、全球化研究与地域化研究、文本研究与语境研究等更好地相结合。

[本文原刊于《澳门理工学报》2019 年第 1 期]

后　记

今年适逢华中师范大学120周年校庆，学校出版社拟出版一套“华大经典文库”丛书，为十分难得的双甲子校庆献礼。本人的文集尽管绝不敢妄称“经典”，但能忝列其中，躬逢其盛，亦不胜荣焉！

本文集所收入的文章，既有旧作，也有新出，大致按“现代化史研究”“孙中山与近代中国社会”“商人、商会与绅商”“博览会史”“中西文化交流史”五个序列编排，体现了我本人近30年来治学中五个重点耕耘的领域。所收文章，大多已在各种学术刊物上发表过，收入本文集时，又略有修订。企盼各位方家不吝指正。

我个人的学术生涯起步于桂子山、成长于桂子山，尤其得益于业师章开沅先生的悉心指导。如今开沅师已驾鹤西去，思之念之，不禁怅然！唯有黾勉于学，锲而不舍，以学术上的日积寸进，以报先师教诲之恩。

本文集的出版，除责编王胜老师的认真把关外，在文稿校阅过程中，还得到我的博士生高航、王超宇、曹明康、张敏的协助，在此特致谢忱！

马敏　谨记

癸卯夏于南湖淡泊斋